CHINA ANIMATION INDUSTRY ANNUAL REPORT

中国动画产业年报

2008 - 2009

主编 ◎ 孙立军　俞剑红

京华出版社
北京

内容简介

《中国动画产业年报》系国内动漫领域最权威性的专业年度报告。本版年报较为详细、系统地报道了2008—2009年中国动漫领域各个方面的发展状况。首先宏观地回顾了动漫产业的政策、经济、投资、社会和国际市场的环境；比较全面地展示了国内4个直辖市、28个省（自治区）（包括香港、澳门、台湾地区）动漫产业基地的发展；有重点地探讨了国产原创电视动画片和动画电影的生产创作；客观详实地披露了31个中心城市动漫作品收视及其观众性别、年龄、职业、收入及教育程度等市场动态数据；介绍了漫画期刊及单行本出版在主要城市的销售状况以及新媒体漫画创作、动漫图书出版、动漫玩具市场、动漫主题公园经营、动漫舞台剧演出、新媒体动漫经营、动漫衍生产品拓展、动漫产业节展活动等各个方面的发展概况；严谨认真地分析了新媒体网络、游戏、广告、手机增值服务业发展及对动漫产业的影响；最后按时间顺序列出了2008－2009年度国内动漫产业的大事记。

图书在版编目(CIP)数据

中国动画产业年报. 2008—2009/孙立军，俞剑红主编. —北京：京华出版社，2010.10

ISBN 978-7-5502-0002-9

Ⅰ.①中… Ⅱ.①孙…②俞… Ⅲ.①动画片—产业—中国—2008～2009—年报 Ⅳ.①J954-54

中国版本图书馆CIP数据核字（2010）第195929号

总体企划：北京电影学院中国动画研究院
书　　名：中国动画产业年报2008—2009
主　　编：孙立军　俞剑红
责任编辑：王　巍　秦仁华
编　　辑：黄梅琪　周京艳
出　　版：京华出版社
发　　行：北京创意智慧教育科技有限公司
发行地址：北京市海淀区知春路111号理想大厦909室（邮编：100086）
经　　销：全国新华书店
编 辑 部：（010）82665118转8011、8002
发 行 部：（010）82665118转8006、8007
（010）82665789（传真）
印　　刷：中煤涿州制图印刷厂北京分厂
版　　次：2011年1月北京第1版
印　　次：2011年1月北京第1次印刷
开　　本：889mm×1194mm　1/16
印　　张：25
字　　数：586千字
定　　价：150.00元

本书如有印、装质量问题可与010-82665789发行部调换。

中国动画产业年报2008—2009

指导单位　国家广播电影电视总局宣传管理司

主编单位　北京电影学院动画学院

北京电影学院中国动画研究院产业经济研究所

北京电影学院管理系

央视—索福瑞

支持单位　漫友文化传播机构

中国传媒大学动画学院

北京大学文化产业研究院

吉林动画学院

中国美术学院传媒动画学院

《中国动画产业年报》顾问委员会

主任委员：

金德龙——国家广播电影电视总局宣传管理司司长

委　员：

张会军——全国政协委员、北京电影学院院长、教授、博导

余培侠——中国动画学会会长、中央电视台少儿节目中心主任

高福安——中国传媒大学副校长

欧阳逸冰——中国动画学会常务副会长

庞邦本——中国东方文化研究会连环漫画分会常务副会长

侯克明——北京电影学院教授、博导

贡建英——中国动画学会秘书长

《中国动画产业年报2008—2009》编委会

《中国动画产业年报2008—2009》编辑部

序 言

《中国动画产业年报》自2004年由国家广电总局批准立项，六年来以年度为单位已经正式出版2004—2005年版、2006年版、2007年版，是一卷可以全面、真实、客观地反映中国乃至世界动漫产业发展概况及中国的动漫教育事业和理论研究发展现状的专业性报告。为便于读者对中国动漫产业发展有对比性的了解和系统性的认识，《中国动画产业年报》编辑部将2008年和2009年度中国动画产业年报整合编撰一册出版。

本版年报汇集了国内外百余位动漫产业专家、学者考察调研和辛勤编撰的成果，较为完整、系统地介绍了中国政府对动漫产业发展所制定的各项最新政策，并以鲜活的海量数据、客观的梳理审视、理性的深入分析揭示了全新的市场发展动态。此书为政府指定政策、产业基地管理、动画公司运营、财团投资决策提供了极具经济价值的参考资料，也是动漫专业院校师生必备的读物，更是动漫原创和理论研究人士的首选工具书刊。

在此谨对本版年报编撰工作中，给予鼎力支持的各位专家、各企事业单位以及全体编委会成员致以诚挚的谢意！

CHINA ANIMATION INDUSTRY ANNUAL REPORT

《中国动画产业年报》顾问委员会

主任委员： 金德龙

2010.9.20

目 录

图目录

表目录

第一章

1

中国动画产业年报 CHINA ANIMATION INDUSTRY ANNUAL REPORT

2008—2009年中国动漫产业宏观环境

- 2008—2009年中国动漫产业的政策环境
- 2008—2009年中国动漫产业的经济环境
- 2008—2009年中国动漫产业的投资环境
- 2008—2009年中国动漫产业的社会环境
- 2008—2009年中国动漫产业的国际市场环境

第一节 2008—2009年中国动漫产业的政策环境

一、2008年动漫产业相关政策

1. 动漫产业发展总体概况

2008年，国产动画产业的发展得到了党中央、国务院的高度重视，得到了地方党委和政府的大力支持，为中国动画产业的健康发展提供了良好的政策环境。浙江、江苏、湖南、山东、重庆、杭州、广州、深圳、福州、厦门、南京、苏州、无锡、常州、长沙、沈阳、青岛、烟台、济南等地都把动漫产业作为文化产业的增长点，或列入"十一五"发展规划，或出台相应的奖励扶持政策。

从总体上看，中国动画产业进步很快，发展势头良好。这充分说明，在党中央、国务院的领导下，我们推进影视动画产业发展的指导思想、工作思路是正确的，采取的政策措施和工作方法是得当的，取得的成效是明显的。中共中央政治局常委李长春同志2008年1月24日在《国家广电总局关于2007年中国动画产业发展情况的报告》上批示：1.中国动漫产业打了翻身仗，可喜可贺。2.电影要学动漫，提高竞争力和国际影响力。中共中央政治局委员、中央宣传部部长刘云山同志批示：2007年中国动画产业的突破性进展得益于改革创新、得益于政策扶持、得益于部门有力的指导和有效的措施。各单位要总结经验，乘势而上，推动中国动画产业更快更好的发展。中央领导对动画产业发展给予了充分肯定，是我们进一步繁荣发展中国动画产业的强大动力。

2008年，在对中国动画发展状态的深入研究的基础上，国家相关部门建立了一系列行之有效的动画管理制度。剔除了宣扬凶杀暴力、封建迷信、崇洋媚外等不良思想的动画题材，削减了相同内容的动画题材的制作数量，调控了同一题材类型动画项目过多的现象，有效地把握了中国动画制作和播出的导向、内容、数量、趋势及发展情况，加强了优秀国产动画的推广力度，强化了信息交流，在播出机构和制作机构之间建立了有效衔接，从根本改变了境外动画充斥国内动画市场的状况。科学有效、完整严密的管理体系有力地促进了中国动画产业的发展。

2. 政府部门明确职责分工，确定产业发展目标

2008年7月，《国务院办公厅关于文化部、国家新闻出版总署主要职责内设机构和人员编制的有关规定》颁布，动漫产业和网络游戏管理的职责分工得以理顺明确。根据规定，文化部是动漫主管部门，接替国家新闻出版总署负责动漫和网络游戏相关产业规划、产业基地、项目建设、会展交易和市场监管；国家新闻出版总署负责在出版环节对动漫进行管理，对游戏出版物的网上出版发行进行前置审批；国家广电总局负责对影视动漫和网络视听中的动漫节目进行管理。

2008年8月13日，《文化部关于扶持中国动漫产业发展的若干意见》（以下简称《意见》）提出了文化部关于扶持中国动漫产业发展的指导性意见和具体措施，全面阐述了文化部扶持中国动漫产业发展的政策。《意见》指出中国动漫产业的发展现状与人民群众不断增长的精神文化需求还不相适应，与旺盛的市场需求不相适应，提出了用5~10年时间实现跻身世界动漫大国和强国行列的目标。

3. 政府规范与约束并行

为了规范产业发展，给本土动画产业提供良好的生存发展空间，2008年2月14日，国家广电总局对黄金时间段的动画播放内容进行了更为强制性的规定：自2008年5月1日起，全国各级电视台所有频道黄金时段不得播出境外动画、介绍境外动画的资讯节目以及展示境外动画的栏目的时段；时间段由原来的17：00—20：00延长至17：00—21：00。同时为了防止动漫基地过多过滥和同质化，文化部在2008年8月起暂停审批各类动漫产业基地，现有基地要接受评估。

除了规范措施外，政府还拟订了一系列激励机制：文化部将联合有关部门，制定《动漫企业认定标准》，使符合条件的动漫企业享受到财政、税收等方面的优惠政策。文化部还将以奖励和补贴的形式，鼓励动漫企业走向世界，促进中国动漫产业国际化。比如，将优秀动漫出口企业产品列入《文化产品和服务出口指导目录》；鼓励和组织动漫企业参加国际知名展会；设立国产动漫产品出口奖励和

补贴专项资金等。

同时中宣部表示将把动画纳入2009年的“五个一工程奖”。“五个一”政策的出台，意味着影视动画将上升到与文学、戏剧、电影相等的地位，将使各级文化主管部门更加重视动画创作。一些地方政府也纷纷采取措施，加快动漫企业的发展。广州市天河区、贵阳市、南京市、吉林省等都出台了一系列扶持政策。

4. 设立专项资金，加强人才培养

为促进中国原创动漫产业发展，中央财政设立了扶持动漫产业发展专项资金。2008年9月文化部“原创动漫扶持计划”启动，700万元人民币（若无特别说明，本书中的货币单位为“人民币”）专项资金将分别扶持10部优秀原创漫画作品；扶持10个漫画创作者（团队）；扶持10~20部优秀原创动漫演出作品；扶持10个动漫演出创作者（团队），每个给予扶持资金5万元；扶持30部优秀原创网络动漫作品；扶持30个优秀网络动漫创作者（团队）。在积极扶持原创动漫作品和作者外，专项基金将积极推广原创动漫作品，以多种形式向社会特别是青少年推介优秀原创动漫作品。培育一批具有活力、专业性强的动漫企业和具有中国风格、国际影响的动漫形象和品牌。

为促进动画剧本创作及市场开发、营销，2008年11月国家原创动漫高级研修班在北京电影学院开课，这也标志着动漫人才系列职业教育将全面快速启动。文化部还将发挥文化行政部门的艺术教育与培训资源优势，将动漫人才培养纳入国家文化艺术类人才培养规划，在学科门类、学位设置(包括博士、硕士点)、教学研究经费上给予积极支持。以高等职业院校和知名动漫培训机构为依托，大力推进动漫人才职业教育。

二、2009年动漫产业相关政策

当前动漫产业发展面临着十分有利的条件，国务院出台《文化产业振兴规划》，将动漫产业列入国家重点发展的文化产业门类之一，为动漫产业发展提供了难得的机遇，使中国动漫产业有可能成为经济增长和产业发展的新亮点。

1. 动漫备受中央政府和领导重视

国家将动漫产业作为新型产业给予了高度关注和大力扶持。在第十一届全国人大二次会议上，国务院总理温家宝首次在政府工作报告中提出积极发展网络、动漫等新型消费的工作任务，并在年内多次考察了天津豪峰动画、武汉江通动画、深圳华强动漫、吉林动画学院和厦门青鸟动画等一批动漫机构，谆谆鼓励极大地鼓舞了各地、各方发展动漫产业的信心。中共中央政治局常委李长春在参观了首届中国动漫艺术大展后，专门对动漫产业发展作出了重要指示。中央领导的指示充分体现了党和国家对动漫产业的重视与关心，可以说动漫产业正在受到前所未有的关注。

2.《文化产业振兴规划》将动漫产业列为重点发展门类

国务院出台的《文化产业振兴规划》将动漫产业列入国家重点发展的文化产业门类之一，为动漫产业的发展提供了难得的机遇。《文化产业振兴规划》是中国第一个文化产业专项规划，标志着文化产业已经上升为国家的战略性产业。动漫产业被列为八大重点文化产业门类之一。《规划》中明确提出：动漫产业要着力打造深受观众喜爱的国际化动漫形象和品牌，成为文化产业的重要增长点；继续推进国产动漫振兴工程，实施重大项目带动战略；加快文化产业园区和基地建设，建设一批动漫产业示范基地；鼓励非公有资本进入动漫领域；支持动漫文化产品进入国际市场，扩大对外文化贸易等。《文化产业振兴规划》的出台，极大地促进和推动中国动漫产业的快速发展。

3. 部际联席会议发挥部门协作制度优势，形成推动动漫产业发展合力

动漫产业涉及面广、产业链长，扶持动漫产业发展的政策涉及多个部门。联席会议制度的建立，符合动漫产业发展规律，有利于协商和解决动漫产业在发展过程中所遇到的重大问题，为推动动漫产业发展提供了制度性保障。扶持动漫产业发展部际联席会议在2009年召开，传达学习中央领导同志关于动漫产业发展的一系列重要指示精神，通报了联席会议各成员单位自2008年下半年以来为推动动漫产业发展所做的工作，研究部署当前扶持动漫产业发展的各项工作。这些工作充分反映了政府推动动漫产业发展的良好态势，在动漫业界取得了良好的反响，对于推动产业发展发挥了积极的促进作用。

4. 中国动漫艺术大展全面展现经典优秀动漫

由文化部牵头，财政部、教育部、科学技术部、工业和信息化部、商务部、税务总局、工商行政管理总局、广播电影电视总局和国家新闻出版总署九部门参与的扶持动漫产业发展部际联席会议在中国美术馆成功举办了首届中国动漫艺术大展，以展览、展播、展映、展演四位一体的方式全方位地展示传播动漫产业的发展概况。首届中国动漫艺术大展举办了动漫艺术展览、动漫演出展演、动画展映和学术研讨会等一系列主题活动，通过丰富多样的形式使参与者充分了解中国动漫的发展历程和突出成就。本次大展涉及幽默讽刺漫画、连环画、新时期漫画、动画、动画短片、电视动画系列片和新媒体动漫等多个艺术领域，如此大规模、系统性地梳理新中国成立以来并适当兼顾建国前的各类动漫艺术作品，在中国尚属首次。首届中国动漫艺术大展的举办，得到了领导、专家、专业人士和社会群众的一致好评，对于推动中国原创动漫艺术繁荣和动漫产业发展具有深远意义。

5. 文化部、财政部、国家税务总局积极推进动漫企业财税扶持

对动漫企业实行财税扶持政策是扶持政策的重中之重，意义非常重大。《关于推动中国动漫产业发展的若干意见》（国办发[2006]32号文件）规定了经认定的自主开发、生产动漫产品的动漫企业，可申请享受有关增值税、所得税优惠政策，这一政策在2009年取得重大进展。文化部、财政部、国家税务总局联合发布《动漫企业认定管理办法》（试行），规定了动漫企业认定的标准和程序，并从2009年1月1日起开始实施。为确保动漫企业认定工作顺利推进，文化部、财政部、国家税务总局还联合下发《关于实施〈动漫企业认定管理办法（试行）〉有关问题的通知》，财政部、国家税务总局联合发布了《关于扶持动漫产业发展有关税收政策问题的通知》，明确了经认定的动漫企业将享受增值税、企业所得税、营业税、进口关税和进口环节增值税等方面的税收优惠政策。12月30日，文化部、财政部、国家税务总局联合公布了首批通过认定的全国百家动漫企业名单。在全国23家省级认定机构初审通过的303家企业中，共有100家企业通过文化部、财政部、国家税务总局的审核，被认定为国家级动漫企业。首批通过认定的动漫企业，在获得由省级认定机构颁发的认定证书后，可凭证书到地方税务部门办理税收优惠手续，在增值税、企业所得税、营业税、进口关税、进口环节增值税等税种上切实受惠。

6. 动漫产业实施宏观调控，引导行业健康发展

动漫产业的发展离不开政府部门的有效管理，对动漫产业实施宏观调控，对于引导和推动动漫产业的科学有序健康发展具有积极作用。2009年9月，中央编办再次重申，并明确了文化部是动漫产业的主管部门，对动漫进行统一的宏观管理和日常管理，包括相关产业规划、产业基地、项目建设、会展交易和市场监管。《文化产业振兴规划》出台后，文化部迅速出台了《关于加快文化产业发展的指导意见》和《文化产业投资指导目录》，引起社会各界高度关注，反响强烈。文化部《文化产业投资指导目录》鼓励社会资本进入动漫创作、动漫工作室、动漫文化推广、动漫技术开发与应用、动漫服务平台和动漫衍生产品开发等领域，限制进入国内大型动漫游戏类会展。为改变全国范围内的各类动漫游戏会展交易活动（含节庆、比赛、论坛等活动）过多的现状，文化部于6月份下发《关于加强动漫游戏会展交易节庆等活动管理的通知》，指出要严格控制和压缩政府参与主办的动漫游戏会展交易活动，并要求各级文化行政部门加强对动漫游戏会展交易产品和活动的监管。

7. 文化部连续实施“原创动漫扶持计划”和“原创动漫推广计划”

打造拥有自主知识产权的动漫形象和动漫品牌，是发展中国原创动漫的重中之重。文化部实施了“原创动漫扶持计划”和“原创动漫推广计划”，为中国动漫产业的发展推波助澜。“原创动漫扶持计划（2008）”共扶持了漫画、动漫演出（动漫舞台剧和Cosplay）、网络动漫和手机动漫四大类别的50个项目和51个团队，资助总额为700万元人民币。“原创动漫扶持计划（2009）”投入资金1400万元，再次对漫画、动漫演出、网络动漫、手机动漫原创作品和原创人才进行扶持。目前，对申报作品的全部评审工作业已完成。“原创动漫推广计划”是文化部继“原创动漫扶持计划”之后又一项有力举措，旨在全社会广泛营造动漫文化氛

1 2 3 4 5 6 7 8 9 10

围，宣传推介优秀原创动漫作品，倡导原创动漫文化，培育动漫市场，促进动漫文化消费，推动动漫产业发展。为使全国动漫业界和广大动漫爱好者充分感受到近年来中国原创动漫发展的成果，文化部特别组织在北京、上海、天津、深圳和贵阳等地举办“中国原创动漫推广展”，同时编辑出版《2008中国原创动漫扶持计划成果》画集，向社会公众和业界人士集中展示优秀原创动漫作品。

8. 国家广电总局全面推进影视动画产业发展

国家广电总局积极加强电视动画播出管理，构建和完善中国动画播映体系。2009年10月12日，国家广电总局发出了《关于进一步加强电视动画播出管理的通知》，要求自2010年1月1日起播出国产动画黄金时段由原先的17点到21点延长至17点到22点，进一步扩大国产动画的播出需求，为国产动画产业的发展营造良好的市场环境。2008年度全国少儿节目精品及动画精品评审共奖励优秀少儿频道、动画频道22个，优秀国产动画栏目7个，优秀国产动画41部，奖励资金1126万元。在2008年国产原创电视动画及国产动画创作人才扶持项目评审中，最终确定2008年度三大类20个扶持项目，奖励资金890万元。《小鲤鱼历险记》、《福娃奥运漫游记》、《喜羊羊与灰太狼》等5部作品获“国产电视动画系列片（长篇）扶持项目”，《少年狄仁杰》、《大耳朵图图》、《小卓玛》等5部作品获“国产电视动画系列片（中篇）扶持项目”，蔡志军、亢宝晶等10人获“国产动画创作人才扶持项目”。2009年前三季度，国家广电总局共向全国各级电视台推荐播出35部优秀国产动画，包括《月亮大马戏团》、《郑和下西洋》、《美猴王》、《三国演义》、《虹猫蓝兔光明剑》等。

9. 国家新闻出版总署大力推动动漫出版

2009年，国家新闻出版总署相继启动了中国原创动漫出版扶持计划、青年原创动漫作品大赛、中国原创动漫作品版权保护工作项目，对优秀的动漫出版、原创作品及相关人员、单位进行资金扶持，推动出版单位出版更多贴近实际、贴近生活、贴近群众，富有中国文化底蕴与时代精神、承载中华优秀传统文化和社会主义核心价值观的动漫作品。2009“原动力”中国原创动漫出版扶持计划有54种作品、10个作者/创作团队及10位动漫出版编辑最终通过终评，获得了3万元到15万元不等的资金扶持。国家新闻出版总署在向全国青少年推荐的百种优秀图书和优秀少儿报刊评选活动中纳入了一批优秀动漫图书和报刊。在第六次向全国青少年推荐的百种优秀图书名单中，包括12种动画图画类图书；《漫友》、《漫画世界》、《漫画派对》、《卡通王》、《中国卡通》、《米老鼠》和《漫动作》七种优秀动漫期刊成为总署2009年向全国少年儿童推荐的优秀少儿报刊。

10. 国家联合力量推动中国动漫走向世界

商务部、文化部、国家广电总局、国家新闻出版总署与中宣部、财政部持续推进国家文化出口重点企业和重点项目评选工作。《2009—2010年度文化出口重点企业和重点项目目录》共评选出211个文化出口重点企业和225个文化出口重点项目，其中包括动漫类企业36家，动漫类项目40个。商务部下一步将继续会同中宣部、财政部等有关部门调整《文化产品和服务出口指导目录》，进一步加强文化贸易统计工作，出台相关政策，完善现有政策体系，进一步加大对文化出口重点企业和重点项目的支持力度，培育一批中国文化出口品牌企业和品牌项目，加快提升文化出口企业的国际竞争力，推动中国文化贸易实现跨越式发展。此外，近两年文化部先后组织中国动漫企业参加了法国的昂古莱姆国际漫画节、东京国际动漫展等国外著名的动漫节展，成为推动中国动漫走向世界的具体举措。第八届东京国际动漫展期间，中日两国10家动漫企业就8个项目签订合作协议，签约金额与合作意向将近1亿元人民币，中国动漫产业的活力得到初步展现。

11. 大力培育动漫人才助推产业发展

文化部在培育动漫人才方面做了大量工作。2008年文化部开始举办国家原创动漫高级研修班，2009年举办了动画导演班，在2010年初又举办了动漫市场班。研修班聘请了国内外一流专家集中授课，意在为培养高端动漫人才起到探索和示范作用。为提高高等学校动漫类专业人才的培养质量，2009年教育部、文化部联合组建了高等学校动漫类教材建设专家委员会，在制定教材建设规划、评选教材建设项目、推荐优秀教材等方面，启动并展开了一系列扎实有效的工作。为提高动漫产业管理干部的专业素质，以便于更好地推动中国动漫产业的发展，还举办了全国文化行政部门动漫产业管理专题研修班，邀请来自财政部、商务部、工业和信息化部等有关部委的业务主管干部，以及动漫产业和法律界的相关专家为来自全国各省市的学员们授课。此外，为提高动漫出版水平，增强期刊社市场适应能力，推动动漫出版产业又好又快发展，国家新闻出版总署培训中心在京举办漫画期刊国际研讨班和漫画书刊骨干编辑培训班，140余名漫画期刊、书刊有关负责人、骨干编辑参加了为期一周的学习。

12. 加强市场监管，保护动漫产权，制定金融支持配套政策

2009年8～11月，为规范动漫市场经营秩序，维护动漫市场文化安全，保护动漫产品知识产权，推动原创动漫产业发展，为未成年人健康成长创造良好的社会文化环境，文化部、国家工商行政管理总局在全国范围内开展动漫市场专项整治行动。2009年，国家广电总局大力加强互联网视听节目内容管理，严格要求未取得公映许可证及发行许可证的境内外电影、电视剧动画一律不得在互联网上传播。在12月份国家广电总局开展的严查互联网视听许可证行动中，包括BT China在内的多家主流BT下载网站遭到关停，TLF、CHD联盟等已经停止提供下载源。随着国家广电总局对BT资源分享类网站进行清理整顿，许多字幕组面临解散，未经授权自行翻译的国外动漫内容在互联网上的肆意传播受到遏制。此外，国家新闻出版总署启动了中国原创动漫作品版权保护工作项目，每年定期举办动漫版权服务周活动，推动动漫版权价值评估工作和扩大投融资渠道，深入开展著作权登记服务工作。

2009年，文化部会同有关部门研究制定了金融扶持文化产业，包含动漫产业的发展政策措施。先后与中国银行、中国进出口银行、中国工商银行等金融机构积极接触并达成共识。文化部与中国进出口银行签订了《关于扶持培育文化出口重点企业、重点项目的合作协议》，三星堆影视动漫城综合项目建设，宋城演艺、动漫、创意产业园综合开发项目，《山猫和吉咪》动画项目，原创三维动画情景喜剧《家有酒神》项目等多个项目获得了中国进出口银行的优惠贷款支持。文化部将与金融机构建立长期合作关系，不断扩大合作领域，共同为广大文化企业融资努力，提供更大的金融便利。通过积极引进实力雄厚的战略投资者，开展多种形式的长期投资合作，增强动漫企业的资金实力。

13. 地方政府加大扶持力度，创造良好产业发展环境

地方政府继续加大推动动漫产业发展的力度，陆续出台了进一步扶持动漫产业发展的实施办法和具体举措，研究部署新形势下的工作任务。北京市发布《关于支持影视动画产业发展的实施办法（试行）》，对在北京市立项、具有自主知识产权的优秀原创动画剧本和样片择优予以前期资助，对影视动画在中央电视台、北京电视台卫视频道、北京电视台卡酷卫视播出进行奖励，对在国内院线上映的动画提供200万元以内的奖励，对当年生产原创影视动画超过3000分钟的动画机构给予奖励；江苏省利用2009年度文化产业引导资金，对动画《快乐奔跑》、三维动画《诺诺森林》、动画《象棋王》等十余个动漫类项目给予重大资金扶持；湖南省召开“湖南动漫产业面临的形势与对策”座谈会，传达省领导关于湖南省动漫产业形势的批示，客观分析2009年以来湖南省动漫产业发展的新亮点和面临的严峻形势，提出了一系列建设性意见和措施；湖北省发布《关于推动全省动漫产业发展的意见》，从2010年起，连续3年每年安排2000万元专项扶持资金用于支持动漫产业发展，同时在税收上对动漫企业给予减免等优惠措施，在信贷上给予利率优惠；江西省召开动漫产业座谈会，建立优秀原创动漫产品评选、奖励和推广机制，每两年组织一次省级优秀动漫原创作品评比，对内容健康、艺术性强、创新度高、深受群众喜爱的动漫原创产品进行奖励；广州市认定漫友文化、艺洲人、奥飞文化、原创动力等7家企业为2009年度广州市重点动漫企业，并到动漫龙头企业召开市长现场办公会，切实帮助企业解决实际困难问题；杭州市召开加快动漫产业发展专题会议，明确了2010年杭州市政府为促进动漫产业发展将推出的八大举措；福州市出台《关于推动动漫产业发展的若干政策》，以免租、创业补助等方式吸引台湾业界来榕创业，同时拟建设中小软件动漫企业投融资服务平台，解决企业在融资担保、风险投资方面的瓶颈；济南市出台《关于扶持济南市动漫产业发展的若干意见》，鼓励通过参

1 2 3 4 5 6 7 8 9 10

股、控股或兼并等方式重组壮大现有动漫企业，鼓励非公有资本投资和参与各类动漫产品的研究开发和创作生产，鼓励各类企事业单位与海外留学人员合资或合伙创办动漫企业……种种地方扶持政策、措施和相关工作对于促进本地动漫产业发展、提升企业竞争力、打造动漫精品和品牌等多个方面具有一定的积极推动作用。

第二节　2008—2009年中国动漫产业的经济环境

一、2008年中国宏观经济状况

1. 国民经济总体情况

2008年是极不平凡的一年。外部环境持续恶化，国内需求也出现“拐点性变化”，再加上重大自然灾害的频繁发生，导致2008年中国经济增长显著调整。特别是2008年9月份，经济形势变得十分严峻。

受美国金融海啸的冲击，2008年全球经济增速大幅放缓。2008年全球经济增长率下降到4％，远低于2007年全球5.5%的增长率。

根据国家统计局的初步核算，2008年全年国内生产总值300670亿元，比2007年增长9.0%。其中，一季度增长10.6%，二季度增长10.1%，三季度增长9.0%，四季度增长6.8%。呈现出明显的持续回落态势，其中四季度GDP增速仅有6.8%，是2000年以来的最低季度增长水平，显示2008年四季度经济的急速降温，见图1-1。

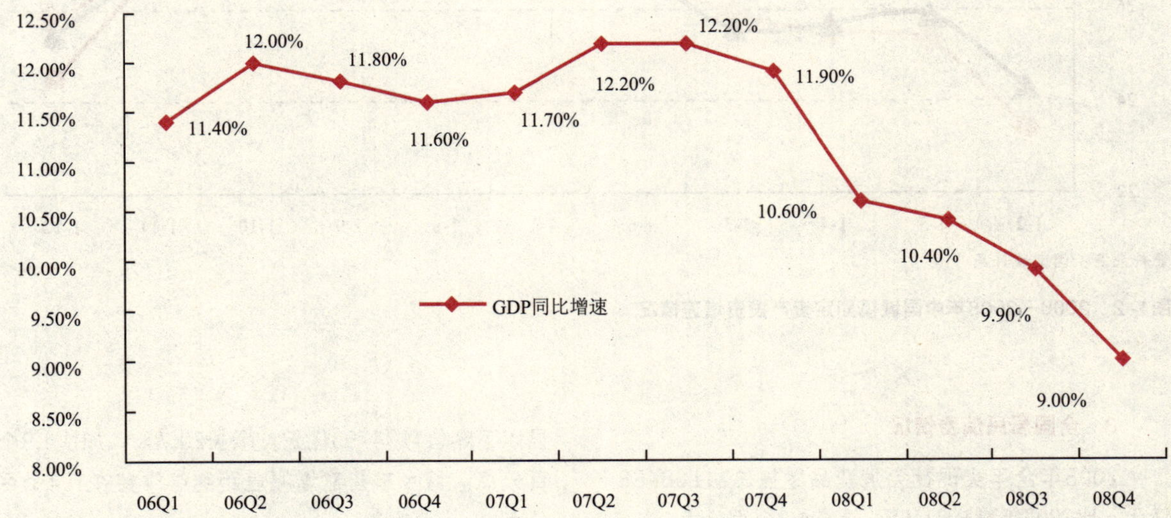

资料来源：国家统计局

图1-1　2006年以来中国季度GDP增速情况

受外部经济金融环境恶化的影响，进出口增长速度双双大幅回落，2008年中国外贸进出口总值同比增长17.8％，其中，出口增长17.2％，进口增长18.5％，贸易顺差2954.7亿美元，比上年增长12.5%。全年居民消费价格上涨5.9%，涨幅比上年提高1.1个百分点。PPI同比上涨6.9%，涨幅比上年提高3.8个百分点。规模以上工业增加值同比增长12.9%，增速比上年回落5.6个百分点；全社会固定资产投资172291亿元，同比增长25.5%，增速比上年加快0.7个百分点；全社会消费品零售总额108488亿元，同比增长21.6%，增速比上年加快4.8个百分点；城镇居民人均可支配收入15781元，同比增长14.5%，扣除价格因素后实际增长8.4%；农村居民人均纯收入4761元，同比增长15.0%，实际增长8.0%。70个大中城市房屋销售价格比上年上涨6.5%，12月同比下降0.4%，全年涨幅比上年回落1.1个百分点。

2. 固定资产投资情况

2008年全社会固定资产投资172291亿元，比2007年增长25.5%，增速比2007年加快0.7个百分点。其中，城镇固定资产投资148167亿元，增长26.1%，加快0.3个百分点；农村固定资产投资24124亿元，增长21.5%。分地区看，东、中、西部地区城镇投资分别增长21.3%、33.5%和26.7%。

固定资产投资的行业结构仍以制造业、房地产业和基础设施为主。2008年1~11月(累计)固定资产投资行业构成中比重排在前5位的行业依次是：①制造业，②房地产业，③交通运输、仓储和邮政业，④水利、环境和公共设施管理业，⑤电力、燃气及水的生产和供应业。其中制造业投资在固定资产总投资额中所占比重延续了2004年以来逐年上升的态势。从制造业内部固定资产投资的部门构成看，仍以重化工业的发展为主。而房地产开发投资增速大幅下滑，累计增速回落至20.9%，与2007年相比回落幅度达9.3个百分点，见图1-2。

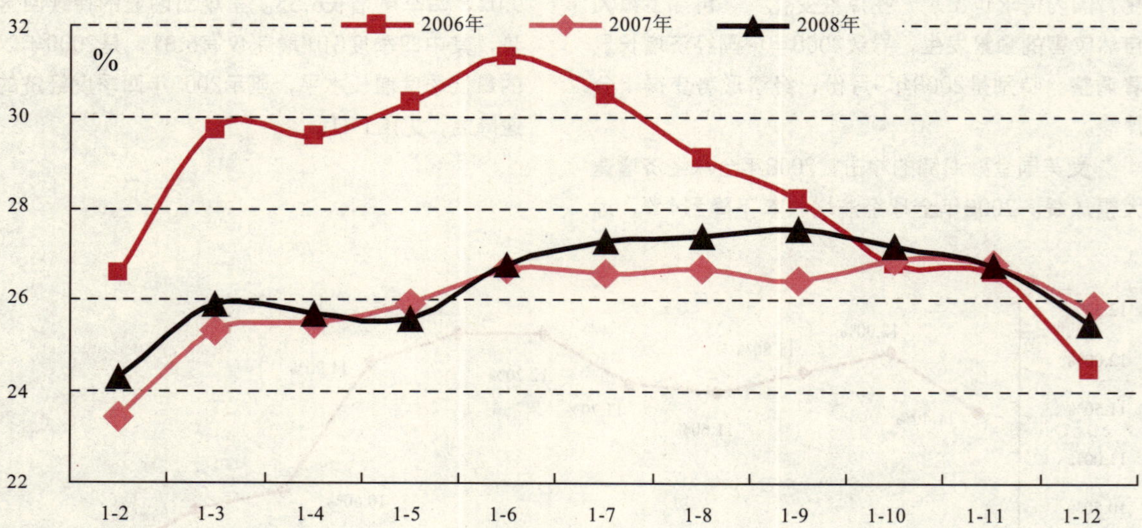

资料来源：国家统计局

图1-2 2006—2008年中国城镇固定资产投资增速情况

3. 全国居民消费情况

2008年全年实现社会消费品零售总额108488亿元，比2007年增长21.6%，提高4.8个百分点。

从市场运行动态看，与2007年同期相比，一季度社会消费品零售总额增长20.6％，二季度增长22.2％，三季度增长23.2％，四季度增幅滑落到20.6％，季度间增幅高低落差为2.6个百分点，市场运行轨迹呈抛物线形。

2008年，城市消费品零售额73735亿元，比2007年增长22.1％，同比加快4.9个百分点；县及县以下零售额34753亿元，增长20.7％，加快4.9个百分点。城乡零售额增幅差距继续维持在1.4个百分点。

从区域消费品市场发展变化看，2008年东、中、西部零售额与2007年相比，增速分别为21.4％、23.1％和22.3％，同比提高4.3、4.9和4.3个百分点。从各区域市场份额看，东部地区所占比重由2007年的58.6％下降到58.3％，中、西部分别由2007年的24.3％和17.1％提升到24.5％和17.2％，分别提高0.2和0.1个百分点，见图1-3。

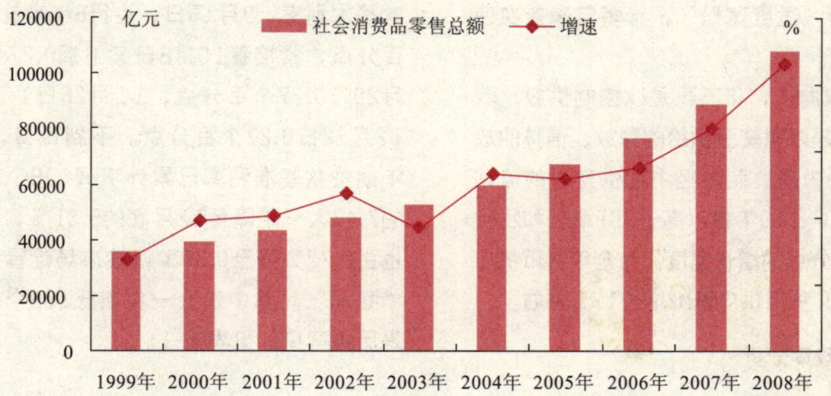

资料来源：国家统计局

图1-3　1999—2008年中国社会消费品零售总额情况

4. 进出口情况

2008年进出口总额达到25616亿美元，比2007年增长17.8%，自2002年连续六年保持在20%以上的增速首次回落至20%以下区间。其中，出口14285亿美元，增长17.2%；进口11331亿美元，增长18.5%。实现贸易顺差2954亿美元，比2007年增加328亿美元，同比增长12.5%，增速同比回落35.2个百分点，见图1-4。

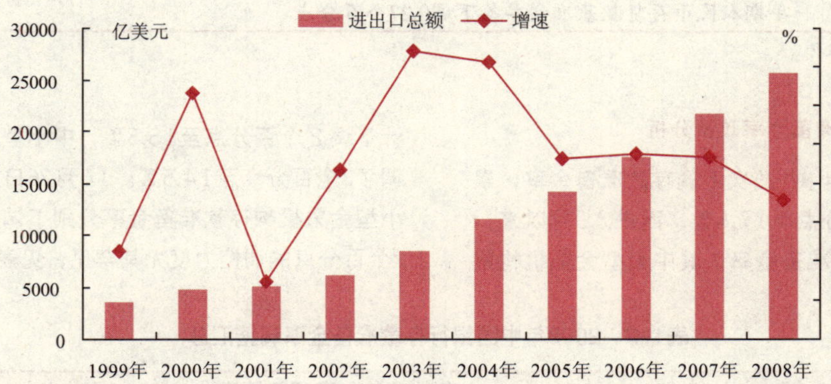

资料来源：国家统计局

图1-4　1999—2008年中国进出口总额情况

2007年中国外贸运行的特点：

一是四季度以来尤其是11月份，中国的出口、进口增速双双出现了负增长，出口增速的显著回落表明金融危机对主要经济体的影响正不断地扩散和加深，2008年二、三季度以来三大经济体的不断衰退使得外需的疲软在四季度表现得尤其明显。11、12月份，中国对美国、欧盟的出口额同比开始负增长。而进口增速的更快回落则是原材料价格回落以及进口需求萎缩的共同影响。

二是一般贸易实现顺差持续攀升。从不同贸易方式进出口增长看，与2007年不同的是，2008年一般贸易方式实现顺差持续扩大，到12月份达到了178亿美元的近期新高。观察一般贸易进口和出口规模可以看到，下半年以来虽然两者都呈持续缩小态势，但进口规模减少的幅度明显高于出口规模，由此使得一般贸易方式实现顺差持续扩大。而一般贸易方式进口额的减少是国内投资需求减弱和大宗商品价格回落的综合影响。

5. 国家货币政策分析

中国从2003年起进入新一轮经济增长周期的上升期，货币政策持续呈现收紧态势。然而，进入2008年9月下旬以来，各种宏观经济数据都发出了橙色警报，经济下滑远超预期，央票锐减、正回购缩量等迹象均显现货币环境开始出现了松动。在这种大背景下，中国政府果断地扭转宏观调控风向，将货币政策定调为“适度宽松”，十多年来首次使用宽松的货币政策。

在货币供给取向上，将不再是以控制供应、收缩信贷为基调，而是以对资金供给的释放、信贷的放松为基调，为拉动内需、刺激经济提供充分的流动性。央行报告指出，2009年将以高于GDP增长和物价上涨之和3~4个百分点的增长幅度作为全年货币供应总量目标，争取广义货币供应量M2增长17％左右。

6. 国家利率政策分析

从2008年9月中旬至年底，央行密集下调存贷款基本利率：9月15日，央行6年来首次降息0.27个百分点，紧接着10月8日又下调0.27个百分点，10月29日0.27个百分点，11月26日1.08个百分点，12月22日0.27个百分点。不到百日，连降5次，1年期贷款基准利率已累计下调198个基点，从年初的7.47％一路降至12月底的5.31％，活期存款利率也由0.72％降至0.36％，被市场诠释为刺激经济的“猛药”。其中最大一次调低108个基点的幅度更是历史罕见，见表1-1。

表1-1　2008年中国银行利率调整汇总

调整时间	利率调整内容
9月16日	一年期贷款基准利率下调0.27个百分点
10月8日	一年期人民币存贷款基准利率各下调0.27个百分点
10月29日	一年期存贷款基准利率下调0.27个百分点
11月26日	一年期人民币存贷款基准利率各下调1.08个百分点
12月22日	一年期人民币存贷款基准利率各下调0.27个百分点

数据来源：中国人民银行

7. 国家存款准备金率政策分析

2008年上半年央行5次上调存款准备金率，累计上调了3个百分点至17.5％，而进入9月以来，央行4次下调存款准备金率，其中大型金融机构累计下调2个百分点至15.5％，中小型金融机构则下调了3个百分点至14.5％。11月26日，对大型、中小型金融机构存款准备金率分别下调1个百分点和2个百分点的调控力度尤其罕见，见表1-2。

表1-2　2008年中国银行存款准备金率调整汇总

调整时间	存款准备金率调整幅度
1月25日	0.50%
3月25日	0.50%
4月25日	0.50%
5月20日	0.50%
6月7日	1%
9月25日	-1%
10月15日	-0.50%
11月26日	大型金融机构下调1%；中小型金融机构下调2%
12月22日	-0.50%

数据来源：中国人民银行

8. 居民消费价格指数分析

2008年全年中国的居民消费价格上涨了5.9%，涨幅比2007年提高1.1个百分点，也高于2007年4.8%的预期目标。5.9%的CPI涨幅创下了1997年以来的新高。

5.9%的CPI涨幅主要是因为上半年CPI涨幅居高不下。2008年上半年CPI涨幅连续6个月在7%以上，但7月份开始CPI得到控制，以后涨幅逐月下降，到12月份涨幅仅为1.2%，通货紧缩压力陡增，见图1-5。

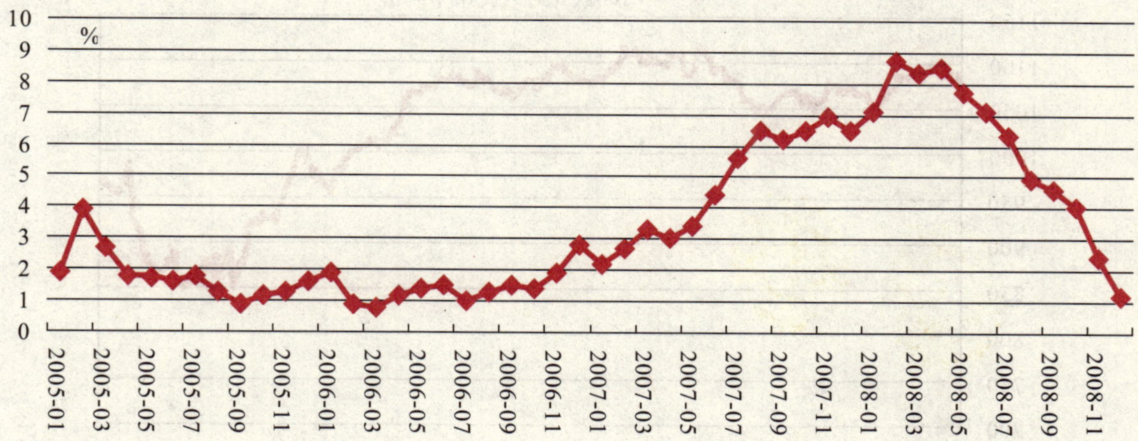

资料来源：国家统计局

图1-5　2005年以来月度CPI走势情况

从结构分析看，在5.9%的物价涨幅中，食品价格上涨贡献了79%，居住类价格上涨贡献了14%，两者合计拉动CPI上涨5.5个百分点，是拉动物价上涨的主力。从与2007年的比较来看，食品价格上涨对CPI的拉动率提高了0.65个百分点。居住类价格上涨对CPI的拉动率提高了0.15个百分点。

9. 汇率水平分析

2008年，日元、美元和人民币表现最为抢眼，美元特殊的地位令其摆脱了多年的疲软；日元异乎寻常的强劲表现，超出了所有投资者的预期；由于中国外贸出口形势急速恶化，人民币兑美元加速升值的趋势在2008年年中被市场突然“叫停”，由于事实上的“盯住美元”，人民币兑非美货币保持升势。

人民币汇率的变动，对中国经济的多方面将产生不同的影响，其变动也受到多种因素的制约。2009年人民币汇率走势依然持续面临人民币升值的外压和促进国内出口增长的贬值内压，最终的走向必然是内外因素博弈下的选择。从全球情况与中国的实际情况出发，2009年人民币保持稳定是最佳的选择，大幅贬值或者继续快速升值都不利于中国经济金融稳定，见图1-6、图1-7。

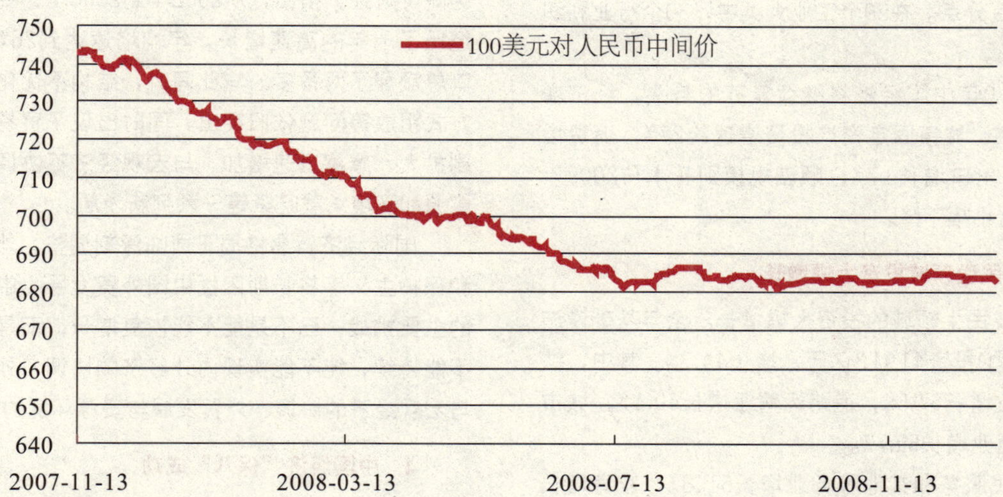

资料来源：人民银行

图1-6　2008年人民币对美元中间价走势情况

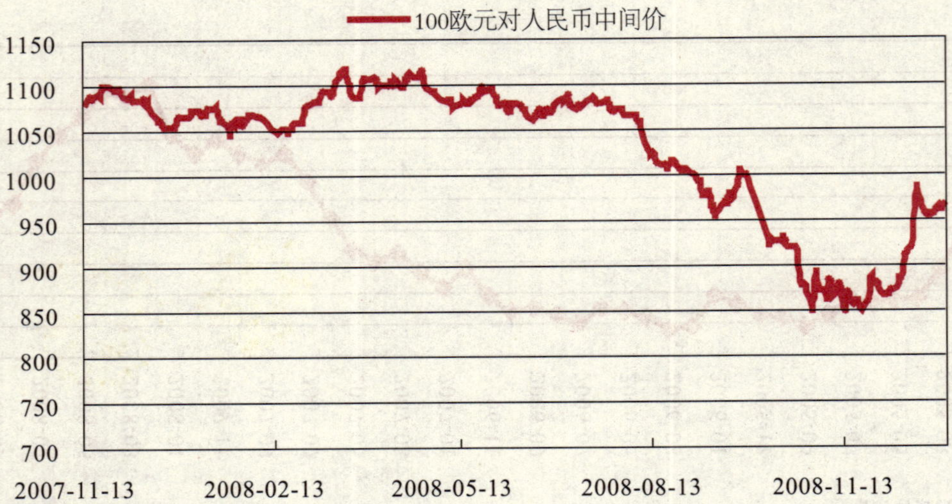

资料来源：人民银行

图1-7　2008年人民币对欧元中间价走势情况

二、2009年中国宏观经济状况

2009年国民经济总体回升向好，全年国内生产总值33.5万亿元，按可比价格计算，同比增长8.7%，全年“保八”超额完成。

1. 经济稳步回升

2009年全年全社会固定资产投资比上年增长了30.1%，增速比上年加快4.6个百分点。全年规模以上工业增加值比上年增长11.0%，增速比上年回落1.9个百分点。其中，一季度增长5.1%，二季度增长9.1%，三季度增长12.4%，四季度增长18.0%。

2009年1～11月份，全国规模以上工业企业实现利润25891亿元，同比增长7.8%，比上年同期加快2.9个百分点。在39个工业大类中，30个行业利润同比增长。

2010年中国经济将继续复苏的势头，经济增长约9.8%，城镇固定资产投资增速约27%，消费增长16%，出口增长17%，顺差规模则基本与2009年持平或者小幅下降。

2. 民生领域投资大幅增长

涉及民生领域的投资大幅增长。全年基础设施(扣除电力)投资41913亿元，增长44.3%。其中，铁路运输业增长67.5%，道路运输业增长40.1%，城市公共交通业增长59.7%。

居民服务和其他服务业增长61.8%，教育增长37.2%，卫生、社会保障和社会福利业增长58.5%。

2009年全年房地产开发投资36232亿元，增长16.1%，增速比上年回落4.8个百分点。

2009年全年社会消费品零售总额125343亿元，比上年增长15.5%，扣除价格因素，实际增长16.9%，实际增速比上年同期加快2.1个百分点。

2009年汽车类销售增长32.3%，使汽车板块成为2009年股市的大黑马。

3. 出口复苏谨慎乐观

2009年全年进出口总额22073亿美元，比上年下降13.9%。2009年11月份进出口总额增长9.8%，12月份增长32.7%。贸易顺差1961亿美元，比2008年减少994亿美元。

商务部对外经贸研究院进出口研究所副所长李健向《财经》指出，从2002年到2008年，中国外贸经历了七年的高速增长，年均增速达到26%，进出口总额翻了两番多。与此同时，结构不优化、增长方式粗放等问题依旧突出，同时出现了贸易顺差急剧扩大、摩擦迅速增加、与宏观经济不协调、资源能源和环境承载吃紧等一系列新矛盾。

国际经济贸易格局正面临深刻调整，外需不足和保护主义等将长期困扰中国外贸发展。中国面临的主要挑战，已不是能不能恢复增长，而是增长能不能持续，能不能实现内外经济的协调、外贸发展与宏观经济的协调、外贸发展与资源环境的协调。

4. 中国经济“保八”成功

8.7％——在国际金融危机冲击下经济“最为困难”的一年，中国经济交出了一份令世人瞩目的答卷，不但成功实现年初提出的“保八”目标，而且增速大大超过预期。

国家统计局21日在国务院新闻办发布的数据显示，2009年中国经济比上年增长8.7％。其中，一季度同比增长6.2％，二季度增长7.9％，三季度增长9.1％，四季度增长10.7％。

“如果说用不多的字来描述2009年，最好的字就是两个字——收获。”国家统计局局长马建堂指出，面对国际金融危机的强烈冲击，中央及时实行了积极的财政政策和适度宽松的货币政策，果断出台并不断丰富完善一揽子计划，较快扭转了经济增速的明显下滑，率先实现了经济的总体回升向好。

回首2008年年底、2009年年初最为困难的时期，世界经济陷入深度衰退，“底”在哪里谁也不知道；中国经济增速骤然下降到6％平台，出口大幅下降，上千万农民工失岗返乡。

信心确实比黄金和货币还重要。面对严峻形势，中央领导多次强调信心比黄金和货币还重要。现在回过头来看这句话是何等的正确和有远见。如果没有信心，经济就会愈来愈糟糕。有了信心，再加上应对危机的各项措施逐步到位，经济也就逐步回升。

统计显示，在2009年35.3万亿元的国内生产总值中，22.5万亿元的投资起到首要拉动作用，12.5万亿元的社会消费品零售总额也是骨干力量，净出口依然拖了后腿。

国务院发展研究中心宏观经济部研究员张立群分析指出，国际金融危机严重冲击了中国出口，中国经济2009年的“V”形反转，靠的是国内需求。中国目前仍处于工业化、城镇化加速发展阶段，有着巨大的发展潜力；政府宏观调控能力和水平也不断提高，在危机中出手快、出拳重。这两个因素组合起来，通过扩大国内需求实现了“保八”成功。

统计显示，2009年中国全社会固定资产投资同比增长30.1％，增速比上年加快4.6个百分点；社会消费品零售总额实际增长16.9％，加快2.1个百分点，汽车、房地产市场表现活跃。

在内需拉动下，中国规模以上工业增速从2009年一季度5.1％的低点，迅速反弹至四季度的18％。企业经济效益由大幅下降转为有所上升，使得就业形势好于预期，全年城镇新增就业910万人，也超额完成了预期目标。

“保八”成功，意味着中国快速发展的过程没有因为外部冲击而中断，证明了中国经济应对各种冲击的能力达到新的水平。中国目前需要保持比较快的经济增速，对增加就业、提高居民收入、增强综合国力有着非常重要的意义。

三、动漫产业成为经济危机中的热门行业

动漫游戏展会的举行，也为冰冷金融危机中的动漫业增添了许多热力，更将成为动漫产业发展的又一助推力，见图1-8。

图1-8　动漫游戏展会情况

中国各游戏厂商在金融危机之下仍积极推出多款新机台，为业界带来丝丝暖意，见图1-9。

图1-9　多款新游戏机台展示情况

广州动漫行业协会会长金城指出，从国际经验来看，经济萧条时文化活动的消费反而会逆市上扬，当前的金融危机也给文化产业的发展带来了机遇。见图1-10。

“东京国际动漫展”中，红色祥云背景的“中国馆”格外醒目（见图1-11）。中国成为全球动漫产业中的新亮点。

图1-10　广州动漫行业协会会长金城介绍经验

图1-11 “东京国际动漫展”中的中国馆

美国引发的全球金融危机对外贸、制造、房地产等各行业造成了非常严重的影响，各行业企业纷纷通过大规模裁员、降薪来应对成本上升、销量下降所带来的经营压力。而就在各行业遭遇严重金融危机影响的时候，动漫等创意产业却逆势而动，呈现出一片繁荣的景象。

被誉为21世纪最具发展潜力的朝阳产业——动漫创意产业，在国家政策和当地政府的大力支持下，近年来一直保持着快速的发展势头，相关机构预测，仅北京地区未来5年内动漫市场将保持每年至少50%的增长率，全国250亿美元（约合人民币1700亿元）的总体市场规模，市场蛋糕巨大。

自2006年财政部、教育部、科技部、信息产业部、文化部等十部门提出《关于推动中国动漫产业发展的若干意见》之后，中国动漫产业一直保持快速的发展势头，特别是，广东、江苏、浙江、四川、山东、辽宁等全国15个省市动漫产业基地建设已经基本完成。业内人士指出，2009年将是中国动漫产业发展的“井喷年”。

1. 广州动漫产业逆势飘红

在严峻经济环境下，广州动漫产业逆势飘红，取得一连串市场佳绩，令人侧目。当下，广州动漫产业正乘胜追击。百余家广州动漫企业在位于广州番禺的百万葵园集体信心宣誓：“发展自主创新，不畏金融风暴，坚定原创信念，缔造产业未来！”

2009年农历新年期间，总投资600万元人民币（以下同）、由广州原创动力生产的动画《喜羊羊与灰太狼之牛气冲天》票房逼近9000万元，已创下国产动画票房纪录，见图1-12；广东宇航鼠动漫制作的中国第一部宇航题材的大型系列动画《宇航鼠》，在中国中央电视台少儿频道首播后广受热捧，目前其研究开发的相关玩具、文具、服装等已达数千种，见图1-13。

图1-12　动画《喜羊羊与灰太郎之牛气冲天》海报

图1-13　动画《宇航鼠》海报

游戏方面，各游戏厂商积极行动，或参加展会，或举办赛事，或推出新机台，皆获得不小成果。如华立科技、肯琰优电子、凯昌电子、尚莹电子、巨成科技、富佳娱乐、雄翔（雄业）电子、神采飞扬、华通电子等游戏厂商积极参加了“第五届中国(广州)国际电玩暨游艺设备展览会”，吸引了众多海内外客商洽谈合作；有些游戏厂商还赴中国台湾参加了台北主办的“第十六届台湾电子游戏机国际产业展(简称GTI台北展)”，更是取得了不菲成绩。在9月广州流花展馆举行的2009年第17届广州博览会之“国际动漫游戏展”筹备工作也已积极进行，届时将吸引更多海内外买家，给参展商提供更好的交流与买卖平台，更是让业界引颈以盼，无疑为冰冷金融危机中的动漫业增添了许多热力，更将成为动漫产业发展的又一助推力。

此外，著名游戏厂商中国台湾鈊象电子(IGS)及中国大陆地区总经销商华立科技合推的网游化街机游戏开山作“唯舞独尊”成功引爆市场。2008年年底，首批生产完成的60台“唯舞独尊”被中国知名游乐场连锁品牌“城市英雄”、“神采飞扬”等第一时间认购。华立科技表示，从2008年12月13日“唯舞独尊”新机推介会至2009年3月底，是IGS和华立科技所共同界定的“唯舞独尊”公开测试阶段，也就是“机台尝试性销售阶段”，销售成绩相当不错。为时数月的内测和公测，验证了“唯舞独尊”操作系统相当稳定，玩家的接受度也非常高，游戏也于4月1日顺理成章地进入正式发售期。而仅在“唯舞独尊”公测半年后的5月份，同样是双方合作的“IQ乐园”网游街机也将正式上市。

而日本游戏厂商也不甘寂寞，积极与广州游戏厂商合作。SNK继2008年首次针对中国市场推出被汉化的“拳皇—终极之战”之后，尽管也曾引起一部分不明经纬的普通玩家的误解，但SNK在2009年再次向中国市场推出全新的街机游戏“拳皇—复仇之路”，并已于4月在中国香港和广州进行了全球首度的公测。在香港的公测可以用“大成功”一词来形容。当天，公测现场的玩家基本上是围了个“里三层、外三层”，玩家得用钱币放在机台上进行排队来等候试玩。因为想玩的人实在太多，很多玩家还没有玩到。广州天河城广场“环游嘉年华”的公测也是非常热闹，玩家的热情度非常高。为带动三地娱乐场所宣传及营收，“复仇之路”代理商NEW CHANNEL与通利电子科技有限公司活用“赛事行销”法则定于2009年12月份在广州举办“拳皇复仇之路总决赛”，而在此之前，则是中国内地、中国香港及中国台湾地区的区域选拔赛。

在漫画方面，获得“金龙奖”后落户广州的漫画家朱斌，推出的新派搞笑漫画《爆笑校园》，目前已经推出8册，单册销量达30万册，销售总量接近240万册，朱斌也一跃成为内地最畅销的漫画作者，见图1-14。

图1-14　漫画作品《爆笑校园》海报

广州动漫产业所取得的佳绩，更得到了国家的认可。在日前文化部公布的“原创动漫扶持计划(二〇〇八)”中，来自于广州的原创动漫作品和创作者(团队)占总数的两成，获奖总金额超过100万元。

对于金融风暴下捷报频传的广州动漫产业，专家分析，广州市作为国家游戏动漫发展产业基地之一，政府高度重视游戏动漫产业的发展，将其纳入《广州市现代服务业发展“十一五”规划》，出台了一系列扶持政策。

当然，动漫产业的繁荣发展离不开一大批活跃的动漫企业。据介绍，广州目前从事游戏动漫产业的公司有140家，从业人员逾15000多人，全市动漫产业的产值超过100亿元，占全中国动漫产值的五分之一左右。

2. 中国成为全球动漫产业中的新亮点

在近一个世纪的时间里，中国动漫产业摸爬滚打，沉沉浮浮，如今逐渐成为全球动漫产业中的一个新的亮点。

2010年3月18日全球规模最大的国际动漫展"东京国际动漫展"在日本拉开帷幕。在700多个展台中，红色祥云背景的"中国馆"格外醒目。这是中国首次以国家为单位参展，也是该展览有史以来首次设立国家展馆。

2010年3月19日下午，"中国馆"举行了隆重的《中日企业合作签约仪式》。中日两国10家动漫企业就8个项目签订了合同，签约金额与合作意向近1亿元人民币。国内关注度很高的《武林外传》、《秦汉英雄传》、《风云决》等多部国产动漫作品与日本知名的ADK公司等知名动漫企业签订了国际发行、游戏授权、海外播映等相关合同。另外，中方还举办了"中国日"论坛，邀请日本动漫产业的业内人士与中国动漫企业代表共商交流和合作事宜。

ADK公司常务董事永井秀之说，我们购买了中国动漫产品的海外版权，并与北京联盟影业公司和北京卡酷卫视成立合资公司，是因为我们看好中国的动漫产业，中国将成为全球动漫产业中的新亮点。

此次"中国馆"的主办方中国文化部市场司副司长张新建说，动漫产业是目前国家扶植的支柱性产业。我们需要走出去，看看世界先进水平的动漫，向他们学习，同时也向他们展示我们的优秀作品。虽然中国的动漫业还没到姹紫嫣红的季节，但我觉得它就像是暖春三月的一枝迎春花，迎春花开了，中国动漫产业的春天也就不远了。

由于起步晚，企业规模小，抗风险能力弱，原创人才不足，市场不规范等原因，中国动漫产业与日本或其他动漫强国的差距还很大。但中国正在迎头赶上，且发挥着自己的优势和特色。目前，中国有18岁以下青少年近4亿，拥有5000多家动漫企业和17个动漫基地。业内人士说，凭借中国古老的文化底蕴、国家的大力扶持以及优秀的动漫专业人才，相信中国的动漫产业定能取得快速发展。

3. 动漫产业是2008十大海归热门行业

除了国内业者在积极发展动漫产业，一些在海外学成归来的学子也纷纷利用他们在海外所学的各方面知识，为中国动漫产业的发展贡献力量。

工信部副部长娄勤俭在写给"2008中国国际动漫产业发展高峰论坛"的致辞中提到："中国动漫及相关产业年产值约为500亿元，是一个相当可观的市场，年收入百亿元的低能耗、低污染的支撑绿色GDP的新兴产业。"

早在之前的第九届广州交流会上，广州市副市长甘新就曾经表示："广州大力发展软件和动漫产业，人才需求非常巨大，海外留学人员将是其中的中坚力量。"同样在此年，中关村数字娱乐留学人员创业园成立，这也是全国第一家专注于数字娱乐产业的留学人员创业园，动漫产业渐成海外归国创业的热门行业。SJS动漫公司是进驻上海张江高薪技术产业园区的第一家动漫企业，由归国留学人员创办，在基本确立了商业模式之后，SJS开始立足本土，采用原创加联合制作的方式，制作了不少动漫作品，受到了迪士尼、福克斯等投资者的关注。

而在广州番禺的游戏厂商中亦可见"海归"的身影，如华通电子的"少帅"，也在积极用从海外所学知识为游戏动漫产业的发展尽一份力。

"中国动漫产业进行整合并形成产业链还需要相当长一段时间的磨合。"中央美术学院城市设计学院动漫系主任薛云祥认为。人才的缺乏和与其他产业的关联度不够紧密是业内对动漫现状的普遍共识。

"绿色产业"的称号是动漫未来发展的动力，大量的人才缺口和市场缺口给拥有技术优势的海归们带来前所未有的创业机遇。

4. 动漫人才需求旺盛，培育高端动漫人才

据国内一家大型动漫培训机构的负责人介绍，中国动漫产业正处于迅速发展的时期，作为国家大力支持的新兴产业，动漫产业人才供不应求。据统计显示，目前动漫行业存在数十万的人才缺口，行业薪金水平比其他大多数行业普遍高很多，甚至呈现出万元月薪找不到合适动漫人才的现象。目前，很多从事传统IT培训和游戏人才培训的机构也纷纷转行做起了动漫培训。

这家培训机构的负责人指出，很多动漫培训机构根本没有受到金融危机的影响，相反全国渠道开拓正在如火如荼地进行着。据悉，在一年多时间内，这家机构在北京、石家庄、烟台、无锡、武汉、长沙、太原、徐州、合肥、哈尔滨、沈阳等全国各大城市已经建立起了10多个加盟机构，而且呈现出快速增长的发展势头。2009年将是动漫产业发

1 2 3 4 5 6 7 8 9 10

展的黄金时期，计划2009年全国加盟机构从现在的10家发展到25～30家，全国渠道规模比2008年翻一番。

动漫培训机构全国加盟机构在当地的招生情况都很火爆。比如山东省烟台市当地加盟机构平均每个月可以招到2个长期班，一共有30多名学员，而且在每年春秋旺季的时候情况要更好。按照每个长期班2万元学费计算，仅烟台地区一个加盟商一年的营业额就可以达到600万元，这也是为什么动漫培训火爆的根本原因。

其独特之处在于走的是“产”、“教”结合的差异化发展道路。据了解，在教学模式方面，一些动漫人才培育机构采用了“商业驱动式”教学，从软件基础功能学习，到商业案例讲解，从模拟项目训练，到真实制作项目实践，整个培训课程的每个环节，都十分注重实战结合，力求学员制作能力的大幅飞跃。在整个培训过程中，每个学员都要参与到具体的商业项目制作中，通过这种长期的项目制作和团队协作，最终真正成为一个具有丰富理论知识和创作经验的高端动漫人才。

第三节　2008—2009年中国动漫产业的投资环境

中国动画产业的融资操作起步较晚。2004年，国家广电总局发出了《关于发展中国影视动画产业的若干意见》，明确表示鼓励多种经济成分共同参与中国影视动画产业的开发与经营。当前，中国动画产业的融资现状已呈现多元化格局。

一、争取政府力量的扶持

目前广电系统内部的国营制作机构依然是中国动画制作业的一支重要力量。每年都有大型的项目被立项和生产。这些大型项目的部分资金来源主要是靠国家拨款或者是由其他国营单位按计划提供。与计划经济时代不同的是，现在国家的资金投入是作为一种过渡阶段的积极扶持，不可能解决全部的企业生存问题。因此国营动画制作机构为了适应现在的市场经济体制，已经开始主动出击，寻找国有资金之外的资金来源的支持。例如，上海美术电影制片厂现在每年有一半以上的制作资金要靠自己从社会上筹集，而且自筹资金数目正呈现逐年上升态势。

二、吸引产业外资本的注入

近些年中国动画产业发展的持续升温和相关政策的逐渐开放，对产业外资本的注入无疑起到积极的推动效应。例如，湖南宏梦卡通在2006年获得红杉中国基金750万美元注资；浙江中南集团卡通影视有限公司获得美国DMM发展好莱坞有限公司10亿元的投资；2007年5月，中卡世纪完成首轮融资，获得由智基创投、远邦投资和Miven三家风险投资机构共计1000万美元的战略投资，并开始收购中国台湾电视豆股份有限公司。

武侠动画影片《风云决》是由深圳方块动漫文化有限公司与上海文广新闻传媒集团合作打造的，其中上海文广集团投入1000万美元制作资金，见图1-15。

图1-15　武侠动画影片《风云决》海报

2008年11月26日，由中央新闻纪录电影制片厂等联合打造的中央电视台新科动漫频道正式开播。频道公司由中央新闻纪录电影制片厂、河南省文化产业投资有限公司、南京软件园动漫产业基地股份有限公司三方按6：2：2投资组建。同时，中央新闻纪录电影制片厂与南京高新区按6：4共同投资的“新影动漫文化城”项目也正式签约启动。

三、调动产业内资本的投入

除了上述两种融资渠道外，目前也有少数企业开始尝试公司内部持股，或者在单个项目中实现生产团队持股来解决动画制作的资金来源问题。

从客观经济规律角度，这种融资渠道是一种能够极大激励生产团队发挥最大生产积极性的方法。动画产业是一个以“内容为王”的产业，其核心生产力是来自于创作和制作人员组成的生产团队，因此让生产团队成员承担部分风险将有助于团队共同努力、共享收益、同甘共苦。更进一步说，如果企业中的产业资本力量能够控股，那么企业的决策才会真正有利于振兴产业这个长远目标。

四、手机、网络动漫兴起，但仍难成气候

手机动漫作为动漫产业发展的新形式，经过近两年的市场培育，使用户对这项新兴业务的认知有显著提高，从而推动了手机动漫的快速发展。中国工业和信息化部数据显示：截至2008年9月，中国移动电话用户总数达到6.24亿户，比2007年末新增7674万户。专家预测到2010年，中国手机用户数量将到7.38亿户。据媒体调查显示，近四成受调查读者表示会看手机动漫；近六成的受调查者认为自己会订阅手机动漫，占到手机用户的35.71%。可以预见，随着相关技术的开发和普及，中国手机动漫将会有更为广阔的市场前景。

当然，中国手机动画的发展也不是一蹴而就的，还面临着诸多困难，可谓挑战与机遇并存。

中国原创动画产业相对落后，尤其是动画内容开发方面更是不尽如人意，这就是说动画内容创作的优质化问题依然成为中国手机动画发展亟待解决的课题之一。

手机终端缺乏足够的支持。手机动画业务主要是由矢量图形技术作为内容的呈现形式，需要专用的播放器显示和播放。但目前市场上支持手机动画业务的手机类型还不多，而且价格相对比较昂贵。移动终端的内存容量通常也比较有限，这些都不能很好地支持多媒体图像以及应用的处理。

目前中国手机动画的商业模式还不够清晰。目前手机动画业务是挂在WAP移动业务之下的，但它和传统的彩信、铃声业务有质的区别，如何向用户说明手机动画与彩信的区别，如何定位手机动漫服务领域今后的业务方向和业务项目，如何认识和发挥产业链中各关键环节的业务资源和业务优势，如何在现有的模式上进行增值和扩展，建立新的业务规范等，这些都是目前阻碍手机整体产业发展的关键性问题。

网络动漫在中国已经发展了六七年的时间，但受困于国内整个动漫产业的疲软与动漫网站盈利能力的羸弱，其市场规模一直都很小。据艾瑞市场咨询调查统计，2005年网络动漫市场规模约为800万元，2006年突破1000万元，增长比重约为25%。2007年市场规模将达到2500万元，增长率约为150%。2007年的统计数据显示，在中国84万个各类网站中，动漫网站约有1.5万个，占全部网站的1.8%。这一数字比2006年初同期相比增长36%。动漫网页总数达到570万个，增长率约为50%。随着政府推动下国内动漫产业的整体好转，各项针对网络出版法律规范的陆续出台，网络动漫行业发展将呈现良好势头，网络动漫市场规模的增长速度将会越来越快。预计2010年，中国网络动漫市场规模将接近8000万元。

第四节　2008—2009年中国动漫产业的社会环境

在这个日益崇尚个性化的年代，动漫与我们的生活愈加密不可分，其影响远远超过了一般人的想象。“动漫一代”终于成为生活用语和生活焦点，卡通文化成为了我们的生活背景。目前动漫爱好者

已是一个从几岁到几十岁的庞大消费群，这是一个有思想的群体，不仅有很高的鉴赏力，同时也具备了强大的购买力，对他们来说，价格等因素都不再是唯一问题，重要的是商品要满足这些以“我”为主的消费者的个性需要。动漫形象发展至今，已经不再单单是娱乐形象，它逐渐成长为“酷”、“轻松”、“自由”、“快乐”等个性元素的载体。

动画和漫画书成为很多成年人的阅读新宠。有心理学家认为：漫画篇幅短小，情节简单，一目了然，适合现代人快节奏的生活方式；其次，现代人的生活压力越来越大，漫画能使人的心态暂时放松，精神得到调节；最后，漫画中所体现的个性、自我、反叛其实也代表了现代年轻人对时尚文化和生活方式的一种理解。

与此同时，动漫的多元化发展也使人们对它有了更多更广的了解，从中派生出的杂志使人眼花缭乱，周边产品一直热销，大大小小的漫画展开得热热闹闹，Cosplay也是秀得如火如荼，动漫已经受到了社会的肯定，越来越贴近我们的生活，也渐渐融入我们的生活。

第五节　2008—2009年中国动漫产业的国际市场环境

一、国际动漫行业发展现状

国际动漫产业从动画业开始，至今已有百年历史。早在2004年，全球数字内容产业产值2228亿美元，与游戏、动画产业相关的衍生产品产值超过5000亿美元，并形成了美国和日、韩三足鼎立的态势。美国的网络游戏业已经连续4年超过好莱坞电影业，成为全美最大的娱乐产业；日本的动漫产业产值每年230万亿日元，成为日本的第二大支柱产业；韩国动漫产业产值仅次于美国、日本，已成为韩国国民经济的六大支柱产业之一。而中国2007年，动漫产业只有200亿元人民币的产值，其中相当一部分还是外商支付的加工费，而美国迪士尼公司一年的产值就达到300亿美元。

二、国际动漫行业发展模式

1. 美国模式

大而全的集团垄断原创发展模式。美国是动画产业的发源地，从20世纪初动画在美国面世，到形成产业，至20世纪五六十年代进入了繁荣时期，这一时期也正是美国经济进入工业化时期，美国动漫产业在80多年的发展中，依托发达的经济力量、雄厚的创作和技术力量、完备的市场化组织力量，始终处于世界领先地位和强势发展势头，美国动漫产业的出口仅次于计算机产业，产值达2000多亿美元。

美国动漫产业在发展中形成了迪士尼、皮克斯、时代华纳、梦工厂等几大动漫垄断企业集团。这些集团对动漫产品进行大投入、大制作、大产出、大运作，形成了进行独立开发和市场独立运营，比较单一的原创产业结构，国内外并举的市场结构，其产品处于向国际社会强势输出地位，并主导国际动漫产业的发展。美国媒体的私有化为这几大集团把动画的创作、生产和销售融为一体提供了可能。他们依靠其把控的电视、电影、报刊和衍生品销售等资源和渠道，以国内外两个市场为目标，进行整体和全方位运作，使动画能够获得最大限度和持久的市场利益，为动漫产业的良性发展提供了巨大的市场和资金支撑。此外，美国将大量的中低档次的动画制作和衍生品设计及生产发包给其他国家，降低了成本，同时还承接世界上三维动画高水平制作的服务外包。

2. 日本模式

销售集团垄断，创作和制作企业小、散、多，原创为主，外包为辅的产业结构，国际化和市场化并举的市场结构。上世纪70年代，日本承接了美国的动画制作加工转移，80年代日本经济开始腾飞，动漫产业原创也得到了迅速发展，并逐渐成为了动漫大国强国，世界市场的65%，欧洲动漫产品80%来自于日本，销往美国的动漫产品是其钢铁出口的4倍，广义的动漫产业实际上已超过了汽车产业。但日本仍然是国际上高水平动画外包的承包国。

日本销售集团主要被5家大的广告公司垄断，它们上对媒体，下对众多的动漫制作公司，采取多种形式获取作品，包装后卖给媒体，并开发衍生品；另外还有约50家中型的动漫综合性公司，他们进行独立策划、制作和发行；其他为小型制作公司，主要是将制作的产品卖给大的销售集团，形成了大中小企业并存，以大为支柱，中为补充，小为基础的格局。日本是世界上动漫产品制作、衍生品设计和生产发包最大的国家，也承接高水平的动漫制作外包。

3. 韩国模式

原创为重点，服务外包为主的产业结构，国际市场为主要目标的市场结构。上世纪80年代，韩国承接了日本的动画制作加工转移，从简单的上色到后来承接整套工程，在外包中积累了动漫制作技术，成为世界上最大的动画加工厂。90年代后期至今，韩国经济崛起，韩国动漫原创迅速发展，成为第三动漫产业大国。

韩国动漫产业是在承接日本动漫产业服务外包基础上发展起来的，在动漫产业发展中原创逐步形成了本民族创作风格，如《美丽秘语》、《五岁庵》等，均在近年国际著名大展中获奖。由于韩国国内市场容量较小，动漫产业发展只能在国际市场寻找空间，把国际市场作为产业发展的主要目标，同时为了获取资金，获得技术，承接外包仍然是其产业发展的主要支撑。

三、国际动漫行业发展特点

1. 高度的市场化

动漫产业应实行高度的市场化机制，一切动漫产品都是以市场需求来进行创作和开发的。完整的动漫产业链大体可分为三个层次：第一层是动画和电视，第二层是音像产品和连环画等，第三层包括各种动漫衍生产品和授权经营业务等。动漫产业通过播放动画和电视得到的回报只占整个产业链的一小部分，而各种衍生产品的开发是动漫产业最重要的收入来源，只要具有强大的市场开发和营销手段，善于经营，利用动画衍生品品种多、数量大、应用范围广的特点，就可以达到一本万利的效果。美国动漫产业有着完备的市场调研体系、制作体系、宣传体系和播出体系，丰富的衍生产品，发达的授权业和强大的终端销售能力。美国动漫产业已经步入了良性循环的发展模式，在形成产业链的过程中不但积累了丰厚的动漫技术和资金资本，而且抢占了全球许多动漫市场。日本的动漫产业也形成了一套完整的产业链，通过漫画市场的走向确定动漫题材，推出动漫后继续开发游戏、玩具等相关衍生品市场，并通过授权海内外企业继续延长其产业链。

日本最大的玩具制造商万代公司每年的销售总额中，约有15%到17%的份额是机器人玩具的销售收入。

2. 注重动漫企业和动漫产品的品牌建设

动漫企业和动漫产品的品牌是一种无形的资产，可以发挥巨大作用。像美国的迪士尼、华纳、梦工厂和皮克斯等动漫企业，他们的每个产品都会得到市场的普遍关注，为产品的成功增添了胜率。而美国的米老鼠、唐老鸭，日本的机器猫、樱桃小丸子等动漫产品，也家喻户晓，与之相关的商品经久不衰，铺天盖地，通过多种手段不断增加自身品牌价值。

3. 全球化经营

美国首先将动画制作过程中低附加值的动画加工转移到国外，有效地配置资源，降低成本，不但能够达到生产全球化的目的，同时还能起到海外宣传的作用。其次，利用全球文化资源。再次，用授权方式进行特许经营，获得高额回报，包括动画专利产品的授权生产销售和包括电视播映权、音像出版权及一些动画形象的独家代理经营权等。

4. 将高科技应用于动画制作

将高科技应用于动画制作，加强动漫产业电脑技术人才的培训，使动画技术也出现了质的突破，用三维软件创造了更加鲜活的形象，极大地增加了华美而逼真的动画效果。美国动画高端产品的制作人才和动漫企业的经营人才在全球处于领先地位。好莱坞动画大片在技术上无人能及。2004年迪士尼公司关闭了其在佛罗里达的最后一个传统手工动画室，美国已经全面进入三维动画时代。

5. 有效的知识产权体系

动漫产业最核心的价值就是动画形象，要保障动画形象的价值得到开发和利用，就必须建立公平、公正和法制的产业环境，尤其要解决好如何有效打击盗版的问题。有效的知识产权保护体系是动漫产业健康、有序发展的保护神，而盗版问题则是阻碍动漫产业发展的拦路虎。例如，美国的经济体系，有一整套严格的版权和商标权等涉及知识产权的法律，确保了动画产品产权不受侵犯。有赖于这一有效的体系，迪士尼公司的米老鼠问世80多年还在不断地为公司创造巨额收入。

6. 题材的多样化、细致化

要使动漫真正走向市场，必须要有多层次的产品和明确的消费定位。题材要多样化、细致化，受众面广，能满足不同的消费人群。日本动漫的显著特点就是漫画有科幻、体育、讽刺、笑话、恋爱、校园、饮食、历史和商业等多种题材，应用于宣传广告、家电说明书甚至政府法律法规的解说书等。

四、国外对动漫产业的支持政策

由于美国动漫产业发展早，所以在政府并未给予特别的政策和税收支持的情况下，这一产业通过完全市场化也得到了健康的发展。但绝大多数国家的动漫产业起步晚，尚未形成规模。而美国以高科技、高投入主宰着全球的动漫产业源，其他国家无法承担大规模投资的风险，被迫退出动画大片市场，使得强者恒强、弱者恒弱。所以要想有所作为，必须在发展阶段予以特别的政策支持。日本、韩国、英国、泰国等国政府为促进本国动漫产业的发展都不同程度地采取了一定的政策措施。

为了扩大动漫产业在国际上的销路，加快、加大日本文化在海外的传播和影响，日本政府对日本的动漫产业实施支持和扶持政策。日本政府不但将动漫作为一项重要的出口产业，而且还将其作为一种独立的文化来培养，在政策、资金和组织上都给予极大帮助。日本外务省决定利用“政府开发援助”中的24亿日元（约合2300万美元）“文化无偿援助”资金，从动漫制作商手中购买动漫片播放版权，并将这些购来的动漫片无偿地提供给发展中国家的电视台播放，使不能花巨资购买播放权的国家也能够播放日本的动漫片。这样做不仅可以向海外推广日本的动漫文化，培育潜在的经济效益源，还可以增大日本文化对外国青少年的影响，培养更多的“知日派”，一举多得。

五、韩国政府的政策措施

1. 强化对漫画产业发展的宏观指导和协调

1999年2月韩国政府颁布施行了《文化产业振兴基本法》，正式把动漫产业列入文化产业范畴，为扶植漫画产业发展提供了法律依据。

2. 大力支持研发和创作

韩国政府动用电影发展储备资金，支持大学和相关企业从事动画创作、剧本编写和长篇动画拍摄；定期征集、评选和奖励优秀作品，从中发现新人和新作。建有“漫画产业综合支援中心”和“漫画影像产业园区”、“汉城动画中心”等机构，从漫画创作直至销售的全过程给予综合支持。

3. 扩大资金支持和人才培养

2002年韩国政府文化产业预算中，漫画产业预算为8.8亿韩元（约合88万美元），2005年则增至62亿韩元（约合620万美元），比2002年增加了6倍，所占份额也由0.5%上升至3.3%。政府设有文化产业发展基金，用于文化产品开发；建有大型数字音像产业投资组合，共筹资500亿韩元（约合5千万美元）重点支持动画制作；对漫画产业给予减免20%所得税和法人税优惠。韩国政府计划从2003年至2007年期间动用国库、民间和地方财政资金1180亿韩元（约合1亿美元）用于支持漫画产业发展；建立漫画创作、企划、制作、营销和流通等各环节人才培养体系，在16所大学建有漫画学科，强化正规人才培养。

4. 建立健全专门机构

完善基础设施建设。韩国政府计划投资80亿韩元（约合800万美元）建立韩国动画制片厂。

5. 构筑内外流通网络，扩大漫画市场营销

韩国政府大力支持企业举办或出国参加国际漫画节、博览会和研讨会，多方构筑海外营销系统和网络，在语言翻译、广告宣传、法律咨询和招商引资等方面提供便利，广泛开展促销活动，扩大内需并推动韩国漫画走向国际市场。韩国漫画出版协会建立漫画流通管理系统，改善流通结构，减少流通费用。

第二章

中国动画产业年报 CHINA ANIMATION INDUSTRY ANNUAL REPORT

2

2008—2009年中国动漫相关产业发展及对动漫产业的影响

- 2008—2009年中国网络媒体的发展概况
- 2008—2009年中国游戏产业的发展概况
- 2008—2009年中国广告产业的发展概况
- 2008—2009年中国手机增值服务业的发展概况
- 2008—2009年相关产业的发展对中国动漫产业的影响

第一节　2008—2009年中国网络媒体的发展状况

中国的网络媒体经过10多年的发展，其受众已经初具规模、收入快速增长，已经形成了新闻门户网站和各专业网站、传统媒体兴办的网站相互促进、共同发展的局面。但是人们的需求更加丰富化、多样化和个性化，仍然需要有眼光、有胆识和有能力的企业去鉴别、去开发。

一、网络媒体发展的进一步规范

近年来，随着中国经济的持续发展和改革开放的不断深化扩大，网络媒体的变化对社会的发展起着越来越大的作用。政府部门加强对网络媒体的规范与引导是中国网络媒体界的一个重要课题。

当前，政府在规范网络媒体方面做了大量的工作，也建立了各式各样的法规。如：全国人大常委会关于维护互联网安全的决定；互联网站从事登载新闻业务管理暂行规定。

《新闻信息管理规定》中明确规定：

（1）为了促进中国互联网新闻传播事业的发展，规范互联网站登载新闻的业务，维护互联网新闻的真实性、准确性、合法性，制定本规定。

（2）本规定适用于在中华人民共和国境内从事登载新闻业务的互联网站。本规定所称登载新闻，是指通过互联网发布和转载新闻。

（3）互联网站从事登载新闻业务，必须遵守宪法和法律、法规。国家保护互联网站从事登载新闻业务的合法权益。

中国的互联网，在国家大力倡导和积极推动下，在经济建设和各项事业中得到日益广泛的应用，使人们的生产、工作、学习和生活方式已经开始并将继续发生深刻的变化，对于加快中国国民经济、科学技术的发展和社会服务信息化进程具有重要作用。同时，如何保障互联网的运行安全和信息安全问题已经引起全社会的普遍关注。

目前，中国关于网络管理、网络监督的相关法规尚不健全，比如说知情权与隐私权、政务公开与党政机密、社会监督与造谣诽谤、言论自由与人身攻击等，没有明确的法规对其界定。相关法制建设的步伐远远跟不上互联网的发展速度，网络监督不能在法制化轨道上运行，难以发挥其应有的作用。

因此，政府部门应制定相应网络发展的相关法律法规来进一步规范与引导网络媒体的健康发展，发挥网络媒体的优势。

信息的全方位提供并不意味着信息的大杂烩，而是一种看似比较开放但是更加隐性的舆论引导方式，即以优化的信息结构将某种理念渗透在信息服务当中。有创意地提供信息，并不是发明信息，更不是杜撰信息。而是以一种更专业的精神将既有的信息进行系统集成使信息实现更大的社会价值。

网络媒体的发展是社会的进步，面对错综复杂的网络环境，政府部门应当采取相应的措施还网民真正的绿色空间。

二、宽带网络和无线网络用户持续增长

宽带网络的发展经历了三个重大阶段。我们目前面临着的是一个宽带网络大变革大发展的阶段，是一个电信业务转型为以用户体验为核心的阶段，见图2-1。

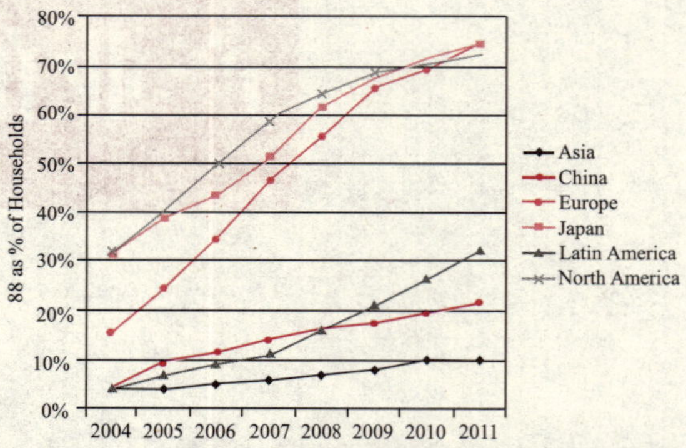

图2-1　2004年到2011年按地区划分全球家庭宽带渗透率预测（家庭百分比）情况

（图表说明：Asia（亚洲）、China（中国）、Europe（欧洲）、Japan（日本）、Latin America（拉美）、North America（北美））

1. 总体网民规模

截止到2009年年底，中国网民规模达到3.84亿人，较2008年增长28.9%，在总人口中的比重从22.6%提升到28.9%，互联网普及率在稳步上升，见图2-2。

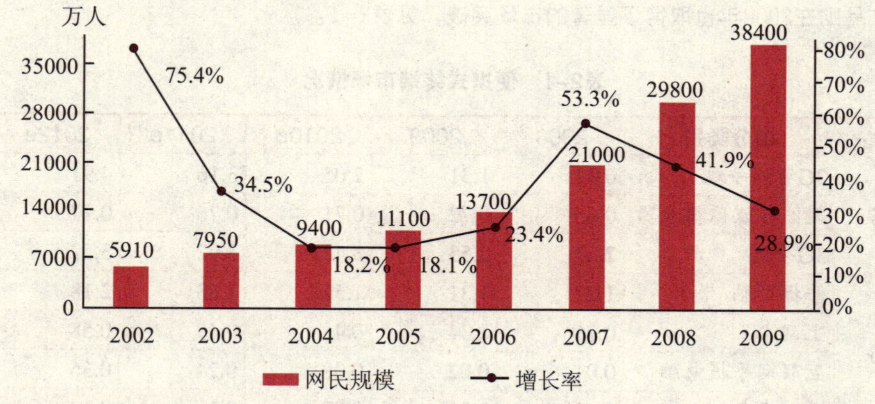

图2-2　中国网民规模与增长率情况

经济的快速发展是互联网用户持续增长的基础。2009全年GDP仍保持8%左右的增长，各项社会事业稳步前进。基础设施投入加大、家电下乡政策鼓励、3G网络正式开通等共同推动了中国网民规模增长。

从绝对规模上看，2009年网民增长8600万，由于中国网民基数庞大，虽然增长率降到了28.9%，但是网民规模增长依然旺盛。

2. 宽带网民规模

随着手机网民的增长，出现了逐渐增大的只使用手机上网的群体，这一群体在2009年年末已经占到整体网民的8%。而其他使用有线（固网）接入互联网的用户占92%，其中有97.9%使用宽带，即目前有3.46亿网民使用宽带上网，占整体网民的90.1%，年增长7598万用户。

2009年，中国基础电信网络的通信能力进一步提升，保障了宽带互联网的发展。据工业和信息化部统计显示，2009年中国基础电信企业的互联网用户进一步趋向宽带化。2009年1～11月份，基础电信企业净增互联网宽带接入用户1917.6万户，达到10205.5万户，其中XDSL用户8315.1万户，见图2-3。

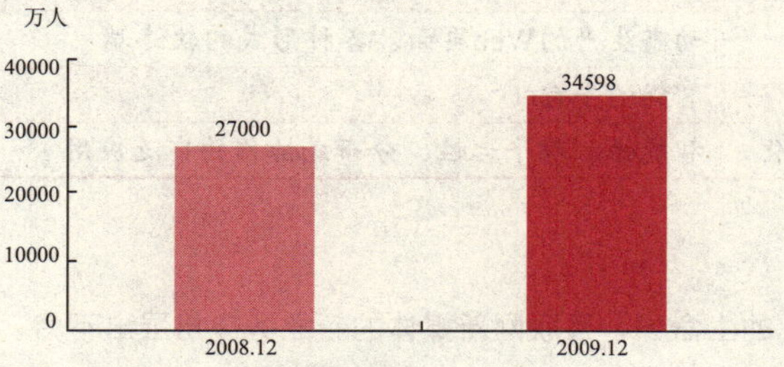

图2-3　中国宽带网民规模情况

3. 手机上网网民规模

中国手机网民呈现迅速增长态势。截至2009年12月底，手机网民规模达2.33亿，占网民总体的60.8%；移动网络、手机终端在中国互联网发展中起着更加重要的作用，见图2-4。

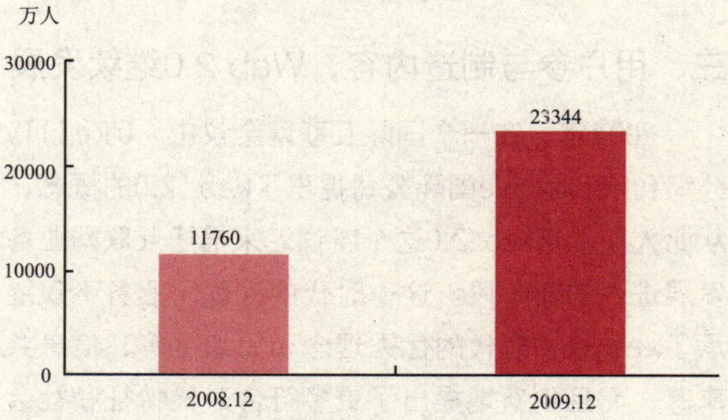

图2-4　中国手机网民规模情况

4. 无线网络用户

手机互联网在规模上呈现直追传统互联网的趋势。随着中国网络覆盖面的逐步拓广，人们对各类终端产品的需求会持续上升；同时，高速无线网络也会越来越智能、便携、高效。

根据统计数据，目前移动互联网用户仍以男性用户为主，占到整体的74.6%。

移动互联网应用产品中，应用率最高的依然为即时通信类，如手机MSN、手机QQ等，占整体的31.2%。

娱乐应用依然是移动互联网用户选择的主流。手机音乐保持着较高的应用率，活跃用户约660万。手机电视、手机博客等活跃用户数量约250万。商务与学习类的产品，正在快速发展，特别是手机WAP邮箱业务，活跃用户总量已达到约480万。

而交友社区类产品则在2008年也取得了显著的市场突破，见表2-1。

表2-1　便携式终端市场情况

产品类别	细分类别	2008	2009	2010e	2011e	2012e	2013e
便携式无线设备	3G智能手机	0.92	1.31	2.05	3.16	4.91	6.56
	无线多媒体播放器	0.66	0.72	0.71	0.76	0.77	0.75
	3G手机	2.27	2.55	3.43	3.92	3.52	3.34
便携式网络设备	手提电脑	1.27	1.31	1.52	1.83	2.18	2.47
	上网本	0.16	0.34	0.4	0.49	0.58	0.63
	互联网平板电脑	0.01	0.02	0.08	0.24	0.36	0.49
	植入设备	0.02	0.04	0.07	0.1	0.13	0.17
无线固定网络终端	游戏机	0.56	0.51	0.58	0.54	0.48	0.42
	家庭设备	0.05	0.06	0.09	0.12	0.16	0.2
	总计	5.92	6.86	8.93	11.14	13.09	15.03
注：单位：亿美元							
SOURCE:Morgan Stanley，2009.12.15.							
©2010.3 iResearchinc.							

数据来源：摩根斯坦利报告

三、用户参与制造内容，Web 2.0继续发展

2004年，在一个国际互联网会议中，O'Reilly公司和MediaLive国际公司提出了Web 2.0的概念，从此人们就用Web 2.0这个新词汇来描述互联网业务发展进入的新阶段。这一时代的互联网业务不仅继承了Web 1.0时代的优秀理念，比如平等、信息共享等，而且创新地提出了更多符合时代特征和社会发展的新理念。包括平台、协同、用户参与、去中心化等。这些理念和特征将互联网推向了又一个快速发展时期。

1. Web 2.0时代互联网新媒体业务的理念和特征

Web 2.0是一个概念，是互联网界标明创新的一种符号；Web 2.0是一个平台，是经济同互联网相结合，媒体同互联网相结合，使用全球力量的平台；Web 2.0是一个时代，在Web 2.0理念下互联网业务发展不断创新和突破，众多新业务展示出了媒体的特征，新媒体就此产生。

Web 2.0时代互联网业务发展的核心理念成就了互联网业务的快速发展，其重要的核心理念包括：鼓励用户广泛参与，聚合理念，集体智慧理念，平台理念。

互联网媒体的属性在Web 2.0阶段基本确立，Web 3.0又被提出并且受到了关注和来自各方的诠释。从互联网业务发展的趋势看，Web 3.0将融入智能化的新特征，并将Web 2.0时代的优秀理念发扬光大，见表2-2。

表2-2　互联网业务发展的三个阶段

	Web 1.0	Web 2.0	Web 3.0
页面形式	静态的HTML页面	动态生产的Web页面	动态生产的Web页面、各种形式的软终端
平台特征	计算的平台	参与的平台	智能的平台
应用特征		交互性、社会性、个性化	智能性、跨平台性、分布式协作的广泛应用

2. 国内外新媒体的热点业务现状及未来发展趋势

由于Web 2.0时代互联网业务的理念具有巨大的生命力，互联网新媒体的新业务应用层出不穷，各具特色。包括Widget、Wiki、RSS、SNS、Mashup

聚合业务等一系列创新的服务让业界耳目一新，各种业务平台的搭建也大大方便了网民，提升了社会信息传播速度和效率。用户借助互联网能够完成的事情越来越多，互联网同自身生活的接触点也越来越多，人们的视野拓展和能力拓展并行。未来互联网业务将向跨平台、跨业务、智能、聚合、协作的方向继续发展。

目前国内外新媒体的热点业务有很多，以下列举三类发展最迅猛、影响较大的新媒体服务。

（1）社会化的新媒体业务：SNS、虚拟世界。社会网络（SNS：SOCIAL NETWORK）服务，是一种以人为中心的平台式服务，基于社会交往的六度空间理论，鼓励人们基于互联网构建社会交往网络，实现真实社会关系的网络映射，以及建立虚拟网络社会体系。基于SNS服务平台涉及的服务很多，包括社区活动、论坛等。中国SNS发展也非常快，中国的“校内网（人人网）”也拥有7500万用户。近期异军突起的开心网也有非常不俗的表现，针对学生以及刚入行白领的定位，促成了这群互联网热衷者的长期在线，培养了互联网服务的使用习惯，并使两个网站发展快速和稳定。

虚拟世界服务，是一种基于3D技术实现的Web 2.0服务，也是一种平台服务模式。社会性是虚拟世界服务最大的特点。由于虚拟世界服务提供商提供的是网络虚拟社会平台，用户在其中扮演角色，进行学习、商务交易、购物买卖、广告、交往等多种活动，因此在真实社会中存在的现象理论上在虚拟世界中都存在。全球目前最大的虚拟世界服务提供商是美国的“第二人生”，覆盖91个国家和地区，每天有超过3万用户在线。

（2）电子化的新媒体服务：电子杂志、多媒体博客。电子杂志，初期很多杂志是从传统杂志电子化后的产物。而如今越来越多的电子杂志不再是传统杂志的电子化了，大批只在互联网上提供的电子杂志也有了大量的读者。中国的ZCOM就是这么一个平台式的电子杂志服务平台。不仅提供众多的官方电子杂志，另外还为网民提供制作，发布电子杂志的工具和平台。

多媒体博客，是从博客逐渐发展而来的服务，保持了博客的用户产生内容（UCC）特征，是一种重要的新媒体服务。目前许多名人在博客网站建立了自己的博客，借助名人效应网站聚集了众多的读者。

未来电子化的新媒体服务还有很大的发展空间，有专家预期未来大量的信息将来自于电子化的新媒体服务。

（3）协作型新媒体服务：Wiki等。“爱问”、“百度百科”等网站都具有wiki的特征。wiki服务其实就是聚合人们的力量，共同完成某些任务和服务。

全球最具影响力的wiki服务是wikipedia，其日访问量在2006年就超过了CNN。

中国提供wiki服务的服务提供商也有不少，使用和参与wiki服务的网民习惯逐步建立。现在中国很多网民在查询信息时首先不是搜索关键词，而是先上“百度知道”查询类似的问题以及解答。未来这种模式还将更加丰富，参与人数也将持续增长。

3. 新媒体业务的发展和管理策略与方法探索

中国的Web 2.0互联网新媒体发展虽然初具规模，但是同全球先进国家相比，还有许多差距。本着党和国家对互联网业务“建设好、利用好、管理好”的期望，我们可以从多个角度促进互联网新媒体业务的发展，同时灵活运用新的技术和手段，加强管理，保障互联网新媒体业务健康有序持续发展。

（1）建设好：基于中国互联网技术和应用创新条件和基础，鼓励具有中国特色的Web 2.0互联网业务，形成中国的Web 2.0产业。

（2）利用好：使Web 2.0时代互联网新媒体业务在提高生产率、改变生产模式，促进经济增长模式的转变等各方面发挥更大的作用。

（3）管理好：发挥政府引导作用，建立三位一体的自律管理体系，加强Web 2.0新业务的相关管理。

4. Web 2.0促进互联网新媒体业务飞速发展

互联网新媒体业务飞速发展得益于Web 2.0的创新理念，以及互联网应用技术的发展和互联网应用模式的创新。Web 2.0核心理念体现在多种互联网新媒体服务中。互联网新媒体业务更加注重用户的参与，更加依赖于互联网网民的集体智慧，并形成平台的模式提供服务。互联网作为基础设施的作用在Web 2.0时代体现得更加彻底。丰富的互联网新媒体应用形式不仅在信息传播中具有了新的特征和模式，而且对生活、生产以及社会经济都产生了深远的影响。为推进网络文化产业又好又快的发展，并有效监管网络文化市场，需要政府发挥大智慧，营造产业发展良好环境，利用互联网新媒体业务提高生产力，创新生产模式，在国民生产和健康网络文化传播中发挥更大的作用。同时需要积极推行自律管理体系，最终使中国的互联网新媒体业务健康、有序、持续的发展。

第二节 2008—2009年中国游戏产业的发展状况

随着网络技术的发展和普及，给中国的政治、经济、文化都带来了深刻的变革，也给人们带来了全新的生产、生活方式。网络游戏产业成为当今电子娱乐产业充满机遇和挑战的朝阳产业，飞速发展，中国网络游戏产业已成为网络经济及文化娱乐业的重要支撑，同时也带动了整个国民经济相关产业的发展。2008年金融危机使得中国对外贸易大受影响，但中国网络游戏产业却仍然保持产品出口的快速增长。

一、游戏产业概况

2008年，中国网络游戏研发公司数量已达131家，比2007年增长了4%。其中15家中国网络游戏企业自主研发的33款游戏产品进入海外市场，实现销售收入为7074万美元，比2007年增长了28.6%。

2009年中国网络游戏实际销售收入为256.2亿元，比2008年增长了39.4%，为相关产业带来的直接收入达555亿元。中国自主研发的民族网络游戏实际销售收入为165.25亿元，比2008年增长了50.1%，占中国网络游戏实际销售收入的64.5%。

游戏产业成为中国文化出口的新势力。中国最大的网络游戏出口企业，在Nasdaq上市的完美时空，2008年前三季度的海外销售额达到1900万美元以上，比2007年同期增长了约两倍。

截至2008年10月，中国网络游戏研发从业人员数量达到24768人，比2007年增长了17.8%。

中国网络游戏研发公司自主研发的网络游戏已经达到286款，比2007年增长了14.4%。

2008年，手机网络游戏市场运营收入达1.5亿元人民币，比2007年增长了25%。预计2013年中国手机网络游戏市场收入将达到15.4亿元人民币，2008年到2013年的年复合增长率为59.4%。

中国单机游戏市场实际销售收入为3060万元人民币，比2007年下降了58%。2008年，出版发行新单机游戏27款，比2007年减少了60.3%。

二、网络游戏

1. 网络游戏用户总规模

2008年，中国网络游戏用户数达到4936万，比2007年增加了22.9%。预计2013年中国网络游戏用户数将达到9453万，2008年到2013年的年复合增长率为13.9%。数据显示，在此期间网络游戏用户增长速度将高于互联网用户增长速度。

2. 付费网络游戏用户规模

2008年，中国付费网络游戏用户达到3042万，比2007年增加了36.0%。预计2013年中国付费网络游戏用户数将达到5946万，2008年到2013年的年复合增长率为14.3%。数据显示，在此期间付费网络游戏用户增长速度将高于网络游戏用户增长速度。

3. 网络游戏市场实际销售收入

2008年，中国网络游戏市场实际销售收入为183.8亿元人民币，比2007年增长了76.6%。预计2013年中国网络游戏市场实际销售收入将达到397.6亿元人民币，2008年到2013年的年复合增长率为16.7%。

4. 自主研发网络游戏实际销售收入

2008年，中国自主研发的民族网络游戏市场实际销售收入达110.1亿元人民币，比2007年增长了60.0%，占中国网络游戏市场实际销售收入的59.9%。

5. 大型角色扮演类网络游戏市场实际销售收入

2008年，中国大型角色扮演(MMoRPG)类网络游戏市场实际销售收入为150.8亿元人民币，比2007

的增幅实现自我突破。与2008年大幅增长相比，电台广告则呈减缓态势，仅增长7%。受到宏观面整治的影响，户外媒体（含地铁）整体投放额负增长4%。

二、宏观趋势

以2008年8月北京奥运会为节点，2008年中国广告市场发展全年出现明显分化，1~7月份因奥运会的拉力和宏观经济的推力强劲，广告市场发展迅速，进入9月份后，宏观经济景气程度下降，奥运拉力随着奥运结束不复存在，广告市场发展明显放缓，出现收缩性增长态势，见图2-6。

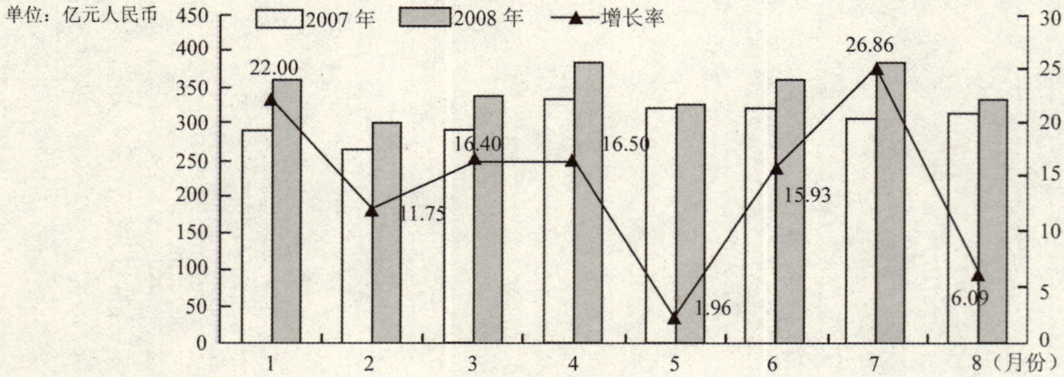

图2-6 2007年及2008年1～8月份广告市场扩张情况

进入2008年8月之后，中国广告市场发展明显放缓。8月份广告市场增长率从7月份的26.86%回落为6.09%。而进入9月份以后，虽然没有奥运资源的广告主广告投放有小幅反弹，但奥运会后全球经济环境和国家经济环境发生明显变化，作为宏观经济发展晴雨表的广告市场整体发展乏力。

2008年年底，中国虽受金融危机影响，但电视广告的地位仍然坚如磐石，户外媒体整体仍有一定规模的影响力，而网络广告的成长却是势不可挡。从广告量来说，电视增长率14%，而2009年中国总体网络广告市场规模虽然受到经济危机影响增长不如预期，但整体来看2009年仍将维持增长力度，除了2009年第一季度同比低于2008年之外，2009年第二季度、第三季度同比都高于2008年，特别是第三季度单季达到57.4亿元人民币，也是首次单个季度超过50亿元人民币的季度。前三季度同比增长7.47%，预期2009年第四季度将较2008年同期至少超过15%以上增长，见图2-7。

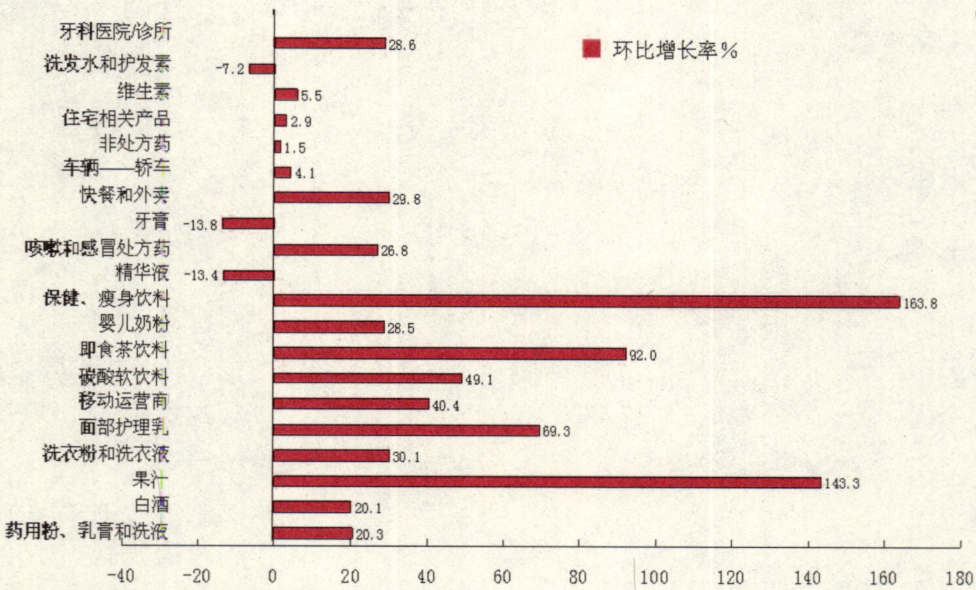

图2-7 2009中国广告量类别及广告主增长状态

第四节 2008—2009年中国手机增值服务业的发展概况

随着通信技术的提升和市场的不断扩大，电信业务正由以语音业务为主导向以数据业务为主导转移，丰富的增值业务是未来移动通信发展最有潜力的领域。随着中国第三代（3G）移动通信标准TD-SCDMA的网络部署，增值业务将成为未来电信运营商能否做好3G服务的最重要的环节。由于3G无线带宽的提高，3G网络能够提供实时在线的无线网络环境，这可以令终端用户在任何时间、任何地点享受各色各样的多媒体服务。同样由于3G无线传输技术的高带宽、高传输速率，使得各种各样的移动增值业务具有了更新的用户体验和更大的发展空间。本节将介绍几种在未来TD-SCDMA移动通信网络环境中会有较大增长的移动增值业务的概况和趋势。

一、移动即时消息

即时消息，即Instant Messaging (IM)，主要是指通过通信网络，在用户之间进行消息的即时传递；中国移动（CMCC）的飞信、腾讯的移动QQ，是典型的移动IM业务。IM是用户间一种双向通信的形式，这种通信方式允许用户以一种接近实时的方式来交换消息，并藉此维持一种谈话的状态和方式。在IM传递的过程中，它可以是点到点，也可以是点到多点的方式。

IM通信的两种基本模式：寻呼模式和会话模式。前者适合简短的消息的交换过程，比如说通告或者致谢之类的，后者与网络举行的会议类似。在移动通信网络中，IM同其他的一些业务息息相关，比如说Presence业务以及POC业务等。

在互联网IM领域，IM产品基于操作系统，在中国PC机操作系统市场基本被微软独占，所以PC终端厂商在IM产业链中的地位很小，但移动IM领域的情况则明显不同，移动IM产品基于手机操作系统，而手机操作系统基本掌握在各手机终端制造商手中，因此手机终端厂商在产业链的地位明显更高。随着服务提供商（SP）对产品的推广，产品与手机适配问题将越发明显，因此未来手机终端厂商将走到移动IM市场前台。

随着2008年移动IM业务的全面商用和用户量的激增，预计移动IM市场规模将在2008年达到增长高峰，市场规模预计达到3.97亿元，2009年市场规模达到6.02亿元，而2010年市场将得益于2009年的调整再次进入高速增长期，2011年市场逐步趋于稳定与成熟。在用户方面，2007年年底移动IM市场用户预计规模达到3000万，2008年用户量将达到8000万人。2006—2010年中国移动IM业务收入现状及预测见图2-8。

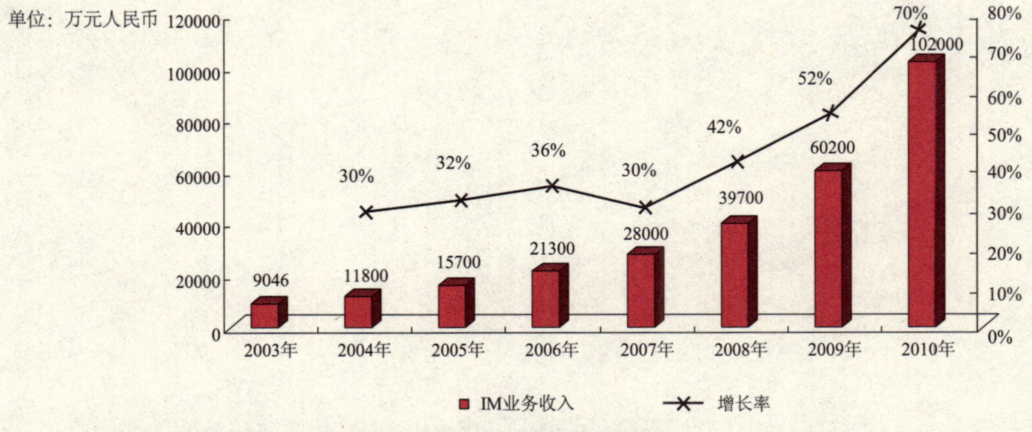

图2-8 2006—2010年中国移动IM业务收入现状及预测情况

二、移动在线游戏

移动通信技术的不断更新，数据通信量得到了迅猛的发展，人们已不再满足简单的语音及文字通信。近年来随着移动终端多媒体处理能力的增强，以及3G技术带来的网络速度提升，使得在移动终端上进行在线游戏成为可能。

业界看好移动搜索市场的发展前景，很重要的一个因素在于手机用户远远超出互联网用户数，并保持持续的增长势头，而手机用户是移动搜索市场的主要潜在用户。据信息产业部发布的统计数据显示，截至2006年4月，中国的互联网网民人数为1.2亿，而移动电话用户数已超过4亿，手机用户数是互联网用户数的3倍有余。只要移动搜索的业务真正符合移动用户的需求，庞大的移动终端用户规模将孕育一个巨大的市场，目前的移动搜索市场还只是冰山一角。

五、移动支付

随着电子银行业务的发展，现代人的消费支付工具已经不局限于现金，而是扩展到银行卡、网上银行、电话银行甚至手机银行。如今，我们利用手机，不仅可以通话、发短信，还可以进行购物、缴费。这些借助手机延伸的功能性服务已经越来越贴近人们的生活。

手机支付的基本原理是将用户手机SIM卡与用户本人的银行卡账号建立一种一一对应的关系，用户通过发送短信的方式，在系统短信指令的引导下完成交易支付请求，操作简单，可以随时随地进行交易。目前手机支付的商业模式主要有四种：以运营商为主体的运营模式；以银行为主体的运营模式；以第三方支付服务提供商为主体的运营模式；银行与运营商合作的运营模式。

日本在非接触式移动支付领域领先于全球各国。NTT DoCoMo针对其3G用户推出了基于RFID技术的手机支付业务。为了推广手机支付的普及，NTT DoCoMo出资为计划推出手机支付服务的商家安装读写器，按照手机支付所带来的营业额收部分手续费。在日本，非接触式手机支付定位于60万亿日元的小额支付市场，4万家便利店是主要消费场所。

虽然中国移动支付推出已经有很多年，但移动支付总体发展比较缓慢，2005年中国移动支付的市场规模达到2.34亿元人民币，2006年移动支付出现了相对比较快的增长，市场规模达到6.7亿元人民币，NDC预计到2008年中国移动支付市场将达到41.2亿元人民币。2004—2008年中国移动支付市场规模见图2-11。

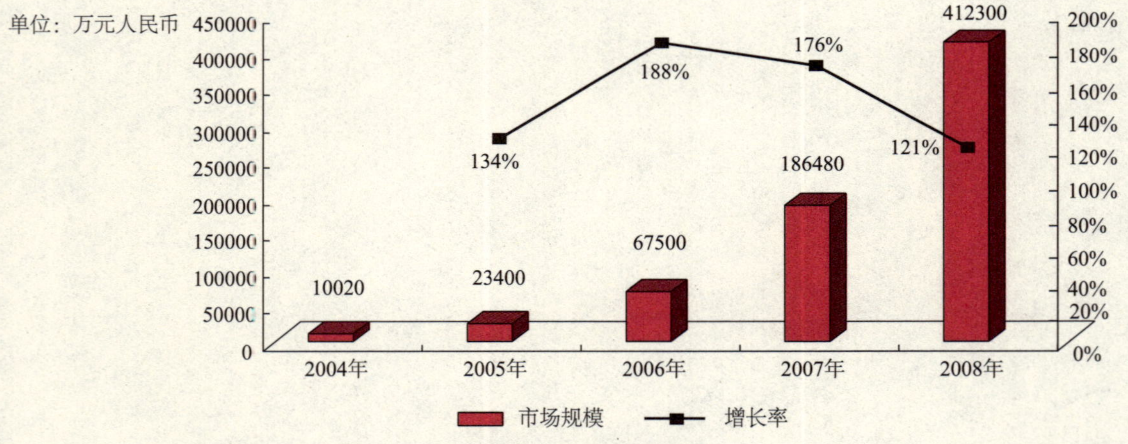

图2-11 2004—2008年中国移动支付市场规模情况

然而，手机支付存在的主要问题有安全性和及时性两个方面。目前手机支付主要还是通过短消息指令进行，所有的信息传递都是明文发送的，这对手机支付的安全性存在一定的影响。二是要通过技术手段保障信息传输的及时性。利用手机支付，一般要求通信的实时性较强，采用短信手段在遇到某些情况时，往往使其不能及时发送而有一定的延时。3G无线通信网络具有高达2M的数据传输速率，能有效地解决网络传输的“梗塞”问题。随着安全性的提高，作为一种新兴的结算方式，相信手机支付将会有非常好的商业前景。

除了以上介绍的新型移动业务外，还有手机电视、手机博客、移动定位、手机彩票、手机股票等移动增值业务，限于篇幅的限制这里就不再详细介绍了。随着无线通信技术的飞速发展，特别是TD-SCDMA第三代移动通信系统的试商用，新的移动增值业务将会不断出现，未来的移动增值业务将会形成庞大的产业链，这是一个非常有吸引力的市场。

第五节　2008—2009年相关产业的发展对中国动漫产业的影响

一、动漫产业与相关产业进入了相互促进的良性循环轨道

据《北京晚报》报道，在上下班高峰，拥挤的地铁车厢里气氛压抑得令人窒息，忽然，人们眼前一亮，隧道里竟然放起了“动画”，这就是新近出现的地铁隧道广告。

地铁广告是商家们争夺的重要阵地。当站台和车厢广告已经无处“插针”的情况下，以往无法触及的地铁隧道，成为一片全新天地。

2001年，北京一家传媒广告公司总裁曹宾第一次在韩国地铁中看到隧道广告，就决定把这种全新的广告形式带到中国。经过多年努力，如今，乘客在北京地铁1号线复兴门到大望路之间，在列车经过黑暗隧道时，已经可以欣赏到9段好看的动画，每条动画长15秒，画面通过软件转换成电子数据并发送到一整列的长70厘米的LED显示柱上。列车通过时同步感应器驱动显示柱，彩色活动广告画面就呈现在乘客面前了。

央视市场研究的调查结果显示：乘客在观看隧道动画时，感觉“路程缩短了一半”。美国隧道广告调查报告显示：被访乘客的广告记忆度高达92%，希望看到更多新颖的隧道广告的乘客比例高达87%，其中八成乘客表示隧道广告能够提升旅途中的享受。

北京地铁每天客流量达200万人次之多，年流量达到6亿多人，地铁广告的受众数量惊人。

据业内行家估计，北京地铁隧道广告的市场规模大约有9亿元，而目前只有一两家公司涉足这一领域。

手机动漫欣荣发展的梦想，在3G时代成为现实。中新社消息，由国家财政部、文化部等投资扶持的国内首个手机动漫公共技术服务平台近日正式启动。文化部文化产业司负责人表示，该平台能促进一个新型的产业价值链的形成，有助于打造一个集运营商、内容提供商、服务提供商、手机终端厂商以及最终用户的完整产业群。

手机动漫是运营商近年来推出的一项新业务，其因信息容量大、表现形式丰富等特点，被业界视作3G的热点业务之一。不过，国内的手机动漫产业还未形成与本行业适配的发展模式，不仅整个行业的营收规模相对较小，而且专业手机动漫企业不多，并存在原创内容匮乏、人才短缺等问题。手机动漫要在3G时代大展宏图，其现存弊端不可不解决。

1. 国内手机动漫初出茅庐

与日本、欧美等国相比，中国的手机动漫还处在萌芽状态。据悉，拓维信息是手机动漫公共技术服务平台的主要开发者，该公司2009年中报显示，手机动漫业务的营业收入为3081．91万元，利润为1789．29万元。拓维信息证券事务代表吴小瑾表示，目前，手机动漫市场竞争还不是很激烈，虽然也有一些小公司在做，不过他们公司是手机动漫领域最大的一家公司。

另据报道，一个名叫“二兔”的动漫形象最近通过手机彩信传送而爆红，下载量已达到300万次。然而，它却面临长久生命力的严峻考验。业内人士指出，其原因主要在于，国内手机动漫产业还没有形成独立创作模式，没有规模企业，没有稳定的盈利渠道。

这“三无”表明，国内手机动漫仍未形成一个稳定发展的产业，更未进入一个快速发展的时期。

2. 3G将为手机动漫创造巨大成长空间

初出茅庐的国内手机动漫行业亟待扶持成长。据悉，手机动漫公共技术服务平台，有利于手机动漫的创作和降低应用的门槛。无论是动漫工作者，还是普通网友，都可在平台上在线制作、上传、下载自己创作的手机动漫，平台同时提供计费功能，能够与电信运营商、银行实现网间结算，保护创作者的利益。由此表明，平台为“全民创作”提供了机会，而动漫产业能否实现跨越式发展的关键之一，还有赖于“全民创作”与“全民参与”。

与此同时，手机动漫巨大的成长空间最主要还在于3G。

首先，3G通信优势为手机动漫发展创造了条件。手机动漫主要以网络和手机为载体，这正好可以充分利用3G终端的通信特点——高速上网、多媒体。以日本为例，手机动漫已经成为其动漫

1 2 3 4 5 6 7 8 9 10

3

第三章

中国动画产业年报 CHINA ANIMATION INDUSTRY ANNUAL REPORT

2008—2009年中国动漫产业基地的发展概况

- 2008—2009年中国动漫产业基地建设发展概况
- 2008—2009年北京市动漫产业发展新概况
- 2008—2009年天津市动漫产业发展新概况
- 2008—2009河北省动漫产业发展新概况
- 2008—2009年山西省动漫产业发展新概况
- 2008—2009年内蒙古自治区动漫产业发展新概况
- 2008—2009年辽宁省、吉林省、黑龙江省动漫产业发展新概况
- 2008—2009年上海市动漫产业发展新概况
- 2008—2009年江苏省动漫产业发展新概况
- 2008—2009年浙江省动漫产业发展新概况
- 2008—2009年安徽省动漫产业发展新概况
- 2008—2009年福建省动漫产业发展新概况
- 2008—2009年江西省动漫产业发展新概况
- 2008—2009年山东省动漫产业发展新概况
- 2008—2009年河南省动漫产业发展新概况
- 2008—2009年湖北省动漫产业发展新概况
- 2008—2009年湖南省动漫产业发展新概况
- 2008—2009年广东省动漫产业发展新概况
- 2008—2009年广西壮族自治区动漫产业发展新概况
- 2008—2009年海南省动漫产业发展新概况
- 2008—2009年重庆市动漫产业发展新概况
- 2008—2009年四川省动漫产业发展新概况
- 2008—2009年贵州省动漫产业发展新概况
- 2008—2009年云南省动漫产业发展新概况
- 2008—2009年陕西、宁夏、新疆、甘肃省（自治区）动漫产业发展新概况
- 2008—2009年中国香港、澳门、台湾地区动漫产业发展新概况

续表

排名	基地名称	部数	长度
10	厦门软件园影视动画产业区	10	3361
11	沈阳高新技术产业区动漫产业园	8	3236
12	重庆市南岸区茶园新区动画产业基地	4	1618
13	苏州工业园区动漫产业园	4	1544
14	上海美术电影制片厂	7	1388
15	深圳市动画制作中心	3	912
16	中国电影集团公司	1	624
17	上海炫动卡通卫视传媒娱乐有限公司	1	539
18	江通动画股份有限公司	1	338

二、国家动漫产业基地生产经营概况

2008年，国家影视动画产业基地的建设得到了各地党委和政府的高度重视，并给予了大力支持。目前，长三角地区、珠三角地区、华南地区、华北地区、东北地区、西南地区以及中部地区都形成了若干个动画产业集群带。国家动画产业基地积极落实中央、地方党委和政府关于推动中国动画产业发展的举措，制定战略规划、完善服务设施、凝聚动画企业、培养动画人才、推进动画生产，取得了较好成绩。2008年全国二十家动画产业基地自主制作完成国产动画片达184部、102047分钟，约占全国总产量的77%，比2007年增长26%，见图3-1。生产数量排在全国前列的十大国家动画产业基地是：杭州高新技术开发区动画产业园（共制作完成动画片24部、16886分钟），湖南金鹰卡通基地（共制作完成动画片22部、16129分钟），南方动画节目联合制作中心（共制作完成动画片20部、11015分钟），三辰卡通集团（共制作完成动画片15部、9910分钟），中央电视台中国国际电视总公司（共制作完成动画片17部、9412分钟），无锡太湖数码动画影视创业园（共制作完成动画片15部、8108分钟），北京市文化创意产业集聚区（共制作完成动画片10部、6775分钟），常州国家动画产业基地（共制作完成动画片13部、6243分钟），南京软件园（共制作完成动画片9部、4009分钟），厦门软件园影视动画产业区（共制作完成动画片10部、3361分钟），见表3-3。这些基地战略规划清晰，产业方向明确，政策扶持有力，服务设施完善，在实际工作中不断探索动画产业链各环节交流合作、资源共享、团结发展的新模式和新经验。

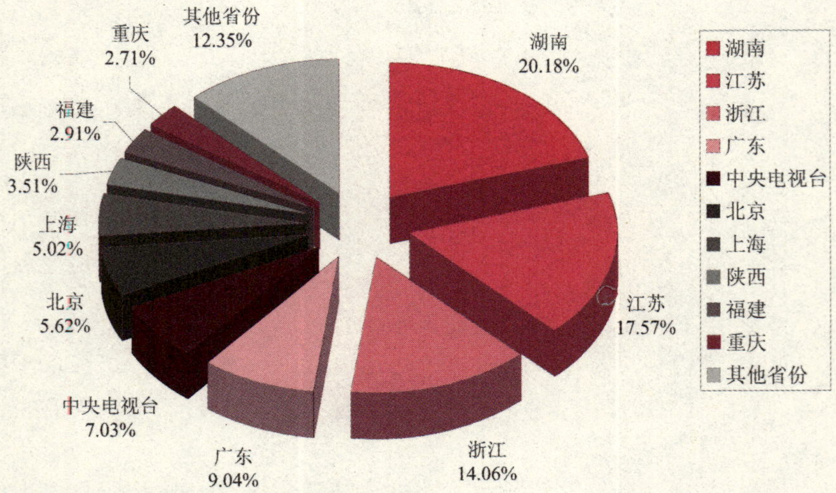

图3-1　2008年电视动画生产地区分布情况

表3-3　2008年度国家影视动画产业基地国产电视动画生产情况前10位

排名	基地名称	部	分钟	以分钟为单位在全国20家动画基地中所占比重
1	杭州高新技术开发区动画产业园	24	16886	16.3%
2	湖南金鹰卡通基地	22	16129	15.8%
3	南方动画节目联合制作中心	20	11015	10.8%
4	三辰卡通集团	15	9910	9.7%
5	中央电视台中国国际电视总公司	17	9412	9.2%
6	无锡太湖数码动画影视创业园	15	8108	7.9%
7	北京市文化创意产业集聚区	10	6775	6.6%
8	常州国家动画产业基地	13	6243	6.1%
9	南京软件园	9	4009	3.9%
10	厦门软件园影视动画产业区	10	3361	3.3%
总计		155	91848	90%

第二节　2008—2009年北京市动漫产业发展新概况

凭借自身政治、文化中心的优势地位，北京的动画产业得到了迅速发展，形成了一批各具特色的产业基地，动画产业正在成为首都文化产业的重要支撑点之一。但与世界发达国家甚至国内的一些省市相比，北京动画产业状况与首都文化中心的地位还不相衬，相对而言还比较落后，需要加快发展。

一、政策现状

2008年，北京成功举办第29届奥林匹克运动会之后，市政府更是将发展动画产业提升到十分重视的地位，颁布了《昌平区促进文化创意产业发展的若干政策》，设立昌平区促进文化创意产业发展专项资金。自2009年开始，将由区政府每年安排3000万元财政专项资金，通过基础设施建设、贷款贴息、项目补贴、政府重点采购、奖励、专项资助等方式，扶持区域内文化创意产业发展。

三年来，按照“突出重点、兼顾一般”的原则，北京市共安排专项资金15亿元，支持重点文化产业项目206个，带动社会资金146亿元，有效发挥了专项资金的示范和引领作用。

从电视动画作品制作情况具体分钟数量上看，北京地区2006年是整体的繁荣时期，2007年小有回落，2008年又是一个高峰，这与2008年北京城市地区重点加强对文化创意产业的扶持和管理以及第29届奥运会为动漫企业提供了难得的市场机遇是密切相关的。

二、国家产业基地情况

近年，从大力发展文化创意产业的总体要求出发，北京迅速形成了若干个文化创意产业积聚区，这些积聚区把动画产业作为重要发展支柱，由此带动了北京动画产业快速发展，且规模效应初步显现。

1. 第一批文化创意产业集聚区建设初现成效

2006年12月，为了规范和引导集聚区的建设，带动文化创意企业形成集聚规模，促进北京市文化创意产业又好又快地发展，北京市首次认定了包括中关村创意产业先导基地、北京数字娱乐产业示范基地、国家新媒体产业基地、中关村科技园区雍和园、中国(怀柔)影视基地、北京798艺术区、北京DRC工业设计创意产业基地、北京潘家园古玩艺术品交易园区、宋庄原创艺术与卡通产业集聚区和中关村软件园在内的10个园区。同时，北京市政府决定设立文化创意产业集聚区基础设施专项资金，3年投入5亿元，用于支持集聚区的基础设施、环境整治和公共服务平台建设。

作为产业发展的空间载体，集聚区对文化创意产业的整体发展具有重要的意义。北京市首批10个

内的多家银行为文化创意企业发放了多笔贷款。

2008年是北京银行迈入文化创意产业领域的破冰之年，其在北京市范围内推出文化创意产业专项贷款，授信额度达50亿元。截至2008年11月，北京银行已累计发放文化创意企业贷款53笔，总金额达9.1亿元，占北京市金融机构发放文化创意企业贷款总额的90%。

2009年，北京银行还将会对21个文化创意集聚区提供免费的、多角度的培训，把银行的政策、产品、渠道都介绍给集聚区的企业，以方便资本和产业的对接。

（3）北京成立再担保机构：北京市为了扭转一些有形资产少、未成熟的文化创意企业成为被金融机构和风投机构忽略的对象的局面，进一步推动文化创意企业的发展，将建立文化创意产业担保资金，北京市还将成立再担保公司。这是北京市为推动文化创意产业发展而采取的又一举措。

将建立的为文化创意、高科技等产业提供服务的不以盈利为目的的再担保机构，以一家文化创意企业为例，担保公司为其提供担保，再担保机构为担保公司提供50%再担保，如果担保公司在担保过程中出现代偿，就可以通过再担保获取50%的补偿。担保机构的积极性将被有效调动，文化创意企业的部分融资问题将可能得到缓解。

（4）其他优势政策：截至2008年，北京市已经提出了35条与动漫相关的产业政策，动漫游戏产业政策也将作为第一个分政策公布实施，包括：①鼓励支持动画产业的服务出口，培养人才。此政策主要目的是形成一批具有国内领先水平的教育基地，支持教育机构与企业建立动漫企业人才基地，建立人才数据库，同时将相关人才纳入进来，对具有较高水平的人员给予工作居住证甚至安置户口。②搭建公共平台，提供公共服务。

北京市新闻出版局推出北京市推动动画产业发展相关促进政策。包括：投资动漫游戏企业、支持本市优秀原创动画产业的创作生产，以及建立动漫公共技术服务体系的动画产业链，并对动漫经济项目实行前期支持等。此外，还将对获得国家级奖的动漫产品给予奖励。

另外，在北京市文化创意产业发展规划中，特别提出要在北京建设全国动漫和游戏产业研发制作交易中心。并规划定期举办相关展会，吸引动漫游戏企业到北京发展，成立北京动漫游戏协会，建立统一指标体系，积极准确地跟踪检测产业发展概况；加强知识产权保护，严格电子网络游戏的出版物的检查，并进行专项治理。

2. 制作优势

（1）制作机构数量占区域绝大多数：立项制作国产动画片的动画制作机构有184家，华北地区有29家，北京16家，占华北地区总数的62%，其中，中直机构6家，北京市10家。

其中以中直机构的央视动画有限公司和北京市级的北京卡酷动画卫星频道有限公司在每年备案制作和制作完成的电视动画片的数量居华北地区最多，在2008年备案制作动画片数量分别是14部和8部。并且，在2008年北京卡酷动画卫星频道有限公司还共同与中华五千年动画文化工程促进会等机构联合制作多部动画作品；央视动画公司与北京其欣然影视文化传播有限公司，北京辉煌动画公司联合央视动画有限公司在2008年制作了多部动画。

北京辉煌动画公司、俏佳人传媒股份有限公司、博雅春秋国际影视文化传媒（北京）有限公司、北京妙音动漫艺术设计有限公司在2008年都有一部以上的备案制作动画作品，成为北京强大的制作机构生力军，见表3-4。

表3-4　华北地区立项批复情况排名

各地区立项批复部数排名				各地区立项批复长度排名			
排名	省（区、市）	部数	占全国比例	排名	省（区、市）	长度	占全国比例
1	北　京	20		1	中直机构	24838	
2	中直机构	20		2	北　京	17134	
3	山　西	9		3	山　西	13944	
4	天　津	7		4	天　津	8760	
5	河　北	3		5	河　北	919	
6	内蒙古	0		6	内蒙古	0	
总计		59		总计		65595	

（2）动画片产量居区域之首：在制作电视动画片的数量和总时长上，北京市（含中直机构）在华北地区也是处在绝对多数的地位，见表3-5。

表3-5　2006至2008年中直机构与北京市级制作公司备案制作电视动画数量

	2006年			2007年			2008年		
	部	集	分钟	部	集	分钟	部	集	分钟
中直机构	19	643	3369	9	683	9774	20	1867	24838
北京市	47	3458	47286	21	1513	14879	20	2147	17134
总计	66	4101	50655	30	2196	24653	40	4014	41972

在北京地区，“中直机构与北京市级制作公司备案制作动画片数量”的情况对比上，可以看出，2006年这一区域总生产动画片数量与全国的趋势保持一致，是呈激增的概况；这与当年国家颁布了《文化部关于扶持中国动画产业发展的若干意见》以及北京市当地下达了一系列的扶持政策有很大关系，这些政策为动画产业提供了台阶性提高的空间和帮助。

从具体分钟数量上看，2006年是整体的繁荣时期，2007年小有回落，2008年又是一个高峰，这与2008年北京城市地区重点加强对文化创意产业的扶持和管理以及第29届奥运会为动漫企业提供了难得的市场机遇是密切相关的。

（3）优秀国产动画片数量位列华北地区第一（见表3-6）。

表3-6　2006年至2008年华北各省市优秀国产动画片数量

序号	地区	省（区、市）	2006	2007	2008
1	华北	中直机构	5	3	6
2		北京	2	2	2
3		天津			2
4		河北			
5		山西			
6		内蒙古			
总计			7	5	10

并且，自2006年以来，每年国家评选的优秀国产动画片中，这一区域更是以绝对的比例在带动整个区域的动画产业发展。

3. 播出平台优势

北京地区拥有像中央电视台、卡酷动画卫视等一批实力雄厚的国产动画播出和制作机构，这在很大程度上保证了北京地区国产动画片的播出和这一地区良好的发展环境。

（1）中央电视台少儿频道：中央电视台少儿频道2003年12月28日开播，核心理念是尊重、支持、引导、快乐。频道以先进的理念、全新的形象、国际化的标准，力争国内一流、世界前列。

2008年6月1日，中央电视台少儿频道顺利进行开播五年来的首次改版。本次改版以提升“绿色收视率”、品牌竞争力和社会影响力为目标，以去“成人化、碎片化和新闻化”为手段，栏目数量由27个减少至16个。改版加强节目编排针对性，凸显整点播出卡通化、黄金时段品牌化和周播栏目活动化的特点。其中，《七巧板》等改为周播栏目，《动画乐翻天》、《动漫世界》等日播栏目延长播出时间。同时，推出全新的少儿频道包装。

据央视索福瑞研究数据显示，5年来，少儿频道核心观众构成与最初频道定位完全吻合，且少儿频道观众的忠实度稳步提升，频道满意度从开播时全国上星频道的第12位提升到第9位，观众规模超过7个亿，日收看观众突破1.5亿人大关。在国内同类节目中，所占份额超过71%，已成为全国开办时间最短、覆盖入户最大，收视份额提升最快的专业频道。目前中央电视台少儿频道已在全国31个省、296个省辖市落地。

少儿频道每天播出的国产动画片达550分钟，

其中首播210分钟，约占频道全天节目播出量的50%，国产动画与引进动画的播出比例为7.5：2.5。

少儿频道始终坚守推动国产原创动画的社会责任，每年投资近1亿元的原创资金。国产动画大片《哪吒传奇》、《小鲤鱼历险记》等不但创下国内收视高峰和海内外销售佳绩，《小鲤鱼历险记》已获准在国际主流儿童媒体，美国NICK儿童电视网播放。

此外，少儿频道始终在积极扩大国际合作，多年来，积极参与慕尼黑国际青少年电视节、法国戛纳电视节、昂纳西动画节、阿姆斯特丹儿童电影节、意大利电视电影展、首尔电视节和"日本赏"等10多个国际电视节、展，有30多个节目入围，5个节目获得大奖。在2008年刚刚闭幕的第45届亚广联节目奖上，少儿频道的纪录片《在路上》荣获儿童节目大奖。

（2）卡酷动画卫视：2008年北京卡酷动画卫视通过积极推进公司化运营，精心打造《福娃奥运漫游记》等动画大片，成功实施了一系列品牌推广战略，实现上星落地，呈现出强劲的发展势头。目前，北京卡酷动画卫视已在全国39个省区和大中城市覆盖落地，覆盖区域人口3.9亿，覆盖到达人口2.3亿，落地范围涵盖沿海，辐射全国，居国内动画专业频道之首，与央视少儿频道持平。成为具有全国竞争力的专业卫星电视媒体。据AGB尼尔森对全国12大城市的收视概况分析，卡酷动画卫视的收视表现在同类动画在少儿频道中遥遥领先，在所有地方卫视排名中稳居前20位，即使在包含央视所有频道的大排名中也是位居30位左右，显示了一个专业动画卫星频道的不俗实力和增长后劲。

2008年初，卡酷动画卫视的收视率迭创新高：根据AGB尼尔森收视调查，2008年1月28日—2月3日，卡酷动画卫视平均收视率达到0.91%，收视份额达到3.76%，在北京地区所有频道（包括中央电视台各频道）占有份额排名中位列第6，在北京电视台10个频道占有份额的排名中位列第3，仅次于北京卫视(BTV-1)和北京电视台影视频道(BTV-4)；并有3档节目进入北京地区收视率排名前50强。

2008年，卡酷动画的三个品牌"卡酷全卡通"、"七色光"和《福娃奥运漫游记》在全国100多家电视台以及铁路、航空、地铁、公交、出租车等新媒体全线播映，受到各界广泛的关注。

北京卡酷动画卫视在2008年"2007中国传媒投资年会"上荣获了"中国最具投资价值媒体"和"中国最具投资潜力媒体"两大称号。

4. 区位经济优势

（1）区位优势提供必然条件：北京具有文化产业发展的独特而明显的优势，文化优势、市场优势、科技教育人才优势、传播渠道优势等，都说明北京必将成为一个文化产业十分密集的地区。

北京的互联网、电视网的普及率都居全国首位，并且北京的常住人口1800万，在首都发达的旅游业的带动下，北京全年的流动人口达600余万人之多，旅游业拉动相关产业的消费量，这就为动画产业的发展提供的广阔的市场。而且北京地区的产品消费模式与周边省市相比起来有更大优势用来发展动画产业。

（2）奥运会带来难得的机遇：借助2008年奥运和体制改革创新的优势，为这一地区从事文化产业的企业提供了难得的市场机遇，近年来北京市文化体制改革的成果也使产业政策得到了优化，将北京的文化产业提升到了全新的国际水平。

借助于奥运的推动，北京正在合理引导动画产业的产业布局，正在加速提高产业聚集度，逐步形成完整的动漫产业链。北京加紧建设以中关村科技园为核心，由中关村海淀园、中关村石景山园、中关村东城雍和宫园组成的国家网络游戏动漫产业（北京）发展基地，国家新媒体产业基地的动漫网络游戏原创和人才培育基地，带动全局共同发展。形成以研发商、运营商，销售代理商、衍生品服务商、中介商、风险投资机构等构成的市场体系。

北京还以此鼓励原创民族作品，支持动漫与网络游戏核心技术开发，提升研发制作水平。

第三节　2008—2009年天津市动漫产业发展新概况

一、发展现状

天津市早在九十年代初就建成了一批动漫游戏开发公司，例如天津光荣软件、天津前导软件、天津金钥匙动画等，在九十年代中期随着天津猛

1 2 3 4 5 6 7 8 9 10

犸科技、天津神界漫画等动漫游戏公司的成立天津的动漫游戏行业出现了第一个小高峰期，但初期的天津市动漫游戏企业主要是以对外加工业务为主体内容，在原创能力与规模上都还处于比较初级的阶段。

随着天津市国民经济快速、持续发展，文化部门全面落实科学发展观，围绕完善政策体系、加强规划指导、强化资金保障、创新体制机制、培育市场体系等展开工作。目前，动漫产业已成为天津市文化产业的重要支柱，依靠本土丰富的文化资源和雄厚的技术基础，天津动漫企业近年异军突起，已形成产、学、研完备的"绿色产业链"，涌现出一批颇具实力的动漫企业，推出了一批有影响力的作品，培养出一大批高水平的年轻动漫人才，一批文化规模企业落户天津，形成了多个动漫产业基地和聚集区，动漫产业市场化运作趋势日益明显，高科技运用进一步加强，自主创新带动能力显著提高。

二、政策现状

为贯彻落实《国务院办公厅转发财政部等部门关于推动中国动漫产业发展若干意见的通知》文件精神，全力推动天津新技术产业园区动漫产业的发展，天津市管委会于2003年5月4日出台了《天津新技术产业园区加快动漫产业发展的鼓励办法》，也是天津市第一批支持动漫产业发展的政策性文件。

该政策充分吸纳了《天津新技术产业园区加快软件与服务外包产业发展的鼓励办法》、《天津高新区鼓励科技领军人才创新创业暂行办法》等相关政策以及与北京、上海、苏州、杭州、深圳、成都、长沙等地制定的动漫产业发展政策进行分析比较，从设立动漫产业专项资金、优秀原创作品予以播出和获奖奖励、原创动漫游戏精品项目启动资金、税收政策、贴息贷款政策等几个方面予以优惠。通过政策推动，为天津动画产业创造了良好环境。

三、国家产业基地情况

1. 产业基地分布及类型

天津市的文化产业园区或文化产业基地有近20个，有4万余家文化企业。综合分析天津的文化产业园区或基地，从业态上可以分为三种类型：一种是资源依托型，像西青区杨柳青文化旅游有限公司、静海的乐器生产基地，主要依托地区的历史文化资源优势，或劳动力资源的优势来发展；第二种是文化创意型，像和平区的6号院、河北区的3526创意工场，是以知识经济为核心来创造效益，靠的是聚拢人才，聚拢知识财富；第三种是科技引领型，像新技术产业园区的动漫基地，它依托园区软件园的科技优势，注重科技与艺术的结合，追求产品原创性、科技性和国际性，以高文化含量、高科技含量、高附加值的动漫产品赢得市场。从发展的模式上也可以分为三种类型：一种是企业主导型；一种是政府主导型；第三种是政府和企业混合型。

如今，世界最大的游艇码头设计公司DHV、韩国CJ电视购物等国内外知名创意企业纷至沓来，培育出了四维动画连续剧、京剧三维动画等国际领先的高端创意产品。某些发展较快的创意产业园，如和平区"6号院"产业园的企业进驻率已达100%，出现了"一席难求"的状况。创意产业的迅猛发展不仅提升了天津市文化产业的竞争力，而且拉动了工业、贸易、旅游等相关产业的发展。

2. 正在建设的产业基地

天津市动漫产业在市有关部门的支持下，在滨海新区和新技术产业园区聚集了一批具有较强竞争力的动漫企业，如推出《四大名著》的神界漫画有限公司、豪峰动画科技有限公司、猛犸科技有限公司、索浪数字软件技术有限公司等。

天津高新区企业百竹科技申报建设的中小企业创业基地和中小企业公共服务平台项目被列入2008年中央预算内投资和国债投资计划，并经《国家发展改革委关于下达2008年中央预算内投资和国债投资计划的通知》下发，列为国家重点支持项目。

四、动画产业发展的优势

1. 政策优势

为了推动天津市动漫游戏产业发展，贯彻落实国务院32号《关于推动中国动漫产业发展的若干意见》，2008年天津出台《天津市文化产业示范基地评审命名管理办法》和《天津市关于鼓励和扶持动漫产业发展的实施意见》，在自主创新资金中设立了"动漫产业发展专项资金"。自2008年起五年内，每年安排5000万元资金，重点支持对动漫创意产业的投资，奖励动漫创意及其高级技术和管理人员。《办法》中所指的各种奖励、资助和补贴均在专项资金中列支。

意在积极培养和满足天津市动漫游戏产业对于紧缺实用型技术人才的需求，天津高新区依据滨海高新区的产业优势和发展需求，启动了“天津高新区动漫游戏人才实训工程”。人才实训工程由天津华苑软件园管理中心、天津市动漫游戏行业协会作为支持单位，天津高盛教育承载运营。通过人才工程的设立与运营、通过人才工程的培养与实训、通过产学研体系的结合、建设全新的实用型人才培育机制，为天津市动漫游戏产业和天津新技术产业园区动漫游戏企业输送大量实用型的人才，依据发展需求吸纳更多的企业、高校参与实训工程的建设和运营体系中，并逐步成长为天津市的动漫游戏人才实训示范样板工程。

并且，基于天津市民营资本企业较发达的情况，为鼓励和支持民营资本以多种形式进入政策许可的文化产业领域，扶持有条件的企业做强做大，天津出台了《关于促进民营经济发展文化产业的实施意见》，进一步调动了社会力量参与文化建设的积极性。

天津市还制定《天津市文化创意产业发展规划（2008—2020）》。通过政策的推动，为天津市文化产业的发展创造良好的环境。除了出台政策，天津市2008年还在全市命名首批文化产业示范基地，充分发挥基地的示范、辐射作用，增强了天津文化产业发展的聚焦效应。

2. 经济区位优势

（1）京津地区与北方经济开发区的双重区位优势：北方经济中心地位的确立使天津文化产业发展迎来了快速发展的外部条件。作为中国第二个综合配套改革试验区，加上创新型城市战略的提出为天津城市文化创意氛围的营造创造了良好的宏观条件。随着建设创新型城市具体措施的落实，天津将形成更加有利于文化创意萌发的整体城市氛围，这一趋势从根本上保证了天津动漫产业发展的活力。

区域性金融中心的形成和相对成熟的资本市场，雄厚的科技创新能力和毗邻北京的地缘优势，尤其京津高铁的开通为天津文化产业发展形成了良好的空间条件。这从宏观上也为动画产业的发展提供了有利条件。

（2）企业运转成本区域内相对较低：当前天津市动漫游戏产业从业人员薪资人月基本控制在2500至7000元人民币左右，同比全国其他省市人力成本计算基本保持在30%的差额优势，同时天津市物价稳定，软硬件投入与管理成本与之其他省市相比存在优势。

（3）文化、历史优势：民间历史文化为动画题材注入独特创意：民间特色文化，如相声曲艺、民俗手工艺、方言文化等是天津市文化产业的优势所在，也是特色品牌，是全市文化产业寻求突破与跨越的基点和依托。这也是天津动画产业发展可以利用的一大特色和优势。事实证明，从天津市在动画制作上取得的广泛反响上看，当地文化对动画题材和表现形式产生的影响和带来的灵感创意，提供了很大的帮助。

（4）老城区改造为新开发区提供更广空间：自2005年来，通过老旧厂房、仓库改扩建等方式，十余家潜力巨大的创意产业园在天津市陆续建成，创意产业发展已呈现集群态势。目前，和平区“6号院”文化创意产业园、河北区“3526创意工场”、红桥区“意库”创意产业园、西青区“凌奥”创意产业园、滨海新区（津南）创意中心等一批基地已初具规模。这些基地各有侧重、错位发展，其中，中心城区着重发展动漫网游、咨询策划、建筑与装饰设计类，而滨海新区则主推以高新技术为支撑的工业设计、数字媒体、软件服务、会议展览类。

天津意库创意产业园作为天津市首家由老厂区整体规划改造而成的创意产业园，主动选择错位发展思路，结合天津市大开发大建设需要高水平规划和建筑设计的实际情况，围绕城市空间设计产业链条，把城市规划、建筑设计、环境艺术、室内装潢等设计企业作为招商重点，快速形成产业、人才、资源的高效聚集，为城市设计提供一站式、一体化的全面服务。园区规划建设面积25000平方米，可容纳150家中等规模的创意企业，其中，空间设计方向的主导产业将占园区入驻企业的94%。目前园区已入驻国内外知名创意企业56家，已经初步形成了产业聚集效应。

3. 制作优势

天津电影制片厂从2003年始，增加了涵盖多种制作类型的动画的创作和生产。目前可以年产1500~2000分钟的原创电视动画片，在全国同类企业中，位居前十五名，是天津市动漫产业中的一支主力军。

虽然在2008年天津电影制片厂只有一部立项制作的动画，但是这并不削弱天津地区整体的动画创作优势所在。

天津豪峰动画数码科技有限公司、天津市仲龙影视文化传媒有限公司等一批天津市优秀的动画制作公司每年都在为天津的动画发展贡献出优秀的动画作品。

4. 人才优势

天津市各类艺术设计高校均设置动漫、影视、绘画专业，而各类社会数字教育培训机构增加与丰富了游戏开发、策划等内容的职业培训课程，这使天津市的动画产业潜在可从业人员每年可达到千余人左右。天津市在全国竞争优势中持续保持人力资源优势特色，同时跟随天津市成为全国经济中心以及环渤海地区经济发展的规划逐渐形成了地域优势，是面向国内外动漫游戏企业设立机构的最佳选择。

天津市借鉴海内外先进地区的成功经验，发挥天津在文化资源和科技等方面的天然优势，打造一批具有核心竞争力的动漫企业品牌，形成门类齐全、产业链完整的产业集群，做到社会效益和经济效益相统一，努力使动画产业成为新的经济增长点。

第四节　2008—2009年河北省动漫产业发展新概况

一、发展现状

河北省的动画产业发展起步较晚，与先进省市相比，河北省无论是在企业实力、制作水平，还是动漫产品的产值上，都处于相对落后状态。

但省内各动漫企业近年来佳作纷呈，产业呈现出良好发展势头。据统计，目前河北省专门从事动漫创作、制作的企业发展到近60家。从事动漫相关成分的数码公司，文化、出版各类传播单位，广告公司等1500余家，从业人员达34000人，主要集中在石家庄、保定、邯郸三个设区市。全省共有51所高校设置了动漫及相关专业。

石家庄市政府近年来十分重视动画产业发展。截至2008年，该市财政已累计投入资金720万元，用于做大做强动画产业，并成功支持举办三届动漫节，投资建成动漫产业园。全市现有动漫产、学、研企业和相关单位2000余家，门类已较为齐全，涵盖了从漫画、插画、报刊、图书、动画制作到网络游戏、手机游戏、动漫衍生品等生产流通的各个领域。

二、政策现状

2007年5月，国家新闻出版总署授予石家庄市国家动漫产业发展基地，使石家庄具有了国家级基地的资质。按照《石家庄市扶持动漫产业发展的若干规定》，2008—2009年，市财政每年安排60万元，设立石家庄市动漫产业发展专项资金，主要用于对进驻国家动漫产业发展基地的国内外大型动漫企业或研发机构提供政策性补助。同时，市财政拿出240万元资金，进行动漫产业园区建设，目前该园已正式开园。为使入驻机构进得来、住得下，市财政还研究制定了“三年内免收入园费”等优惠政策。根据市委、市政府有关精神，市财政将研究具体实施意见，加大投入为园区购置相关设备，建设动漫基地主园区。

三、国家动漫产业基地情况

石家庄国家动漫产业发展基地创业孵化园于2008年5月获准成立，占地168亩，现有建筑面积14万平方米，总投资8638.5万元。并于2008年12月18日在石家庄信息工程学院正式开园，多项河北省级重点动漫项目落户园中。

此外，石家庄东方美术学院投资5亿元的动漫产业结合园区也正在建设当中。保定市由河北大学、河北亿万泰科技有限公司、韩国福乐影像株式会社共同打造“亚洲影像IT文化观光都市”项目，已经列入省重点项目，预计总投资60亿元。

邯郸市职业技术学院投资3000多万元的动漫大楼正在施工中，总面积5000多平方米。

四、动漫产业发展的优势

1. 低成本优势

石家庄的动漫制作成本比京、津、沪等大城市低，能吸引外地公司前来投资兴业。他们在京、津获取业内前沿信息，在石家庄低成本研发制作，再把产品借助外地公司的牌子推进市场，可实现最佳效益结合。目前，已有20多家北京的动漫公司在石家庄落户。

2. 区位优势

石家庄环京津，环渤海，地处京津冀都市圈腹地，陆续启动京石高速铁路等一批重大基础设施建设，与京津和全国的经济文化联系更加紧密，发展动画产业具有雄厚的人才、智力支持。

3. 人文优势

石家庄有深厚的文化底蕴，赵佗、赵云、魏征等历史文化名人灿若繁星，赵州桥、隆兴寺、西柏坡等名胜古迹蜚声中外，这些宝贵的文化资源对海外动漫业有很大的吸引力，也给动漫创作带来丰富的题材和源源不断的灵感。韩国、日本等国客商纷至沓来洽谈业务。

4. 市场优势

石家庄是华北重要商埠，拥有年成交额超10亿元的大型市场10个，南三条、新华集贸中心连续多年跻身全国10大集贸市场，作为全国重要的小商品生产和集散地，为动漫产品生产和市场开拓提供了广阔空间。

5. 相关产业优势

目前石家庄正在打造五大产业基地，其中纺织服装、信息产业、装备制造业为延伸动漫产业链，发展动漫玩具、服装等衍生产品奠定了良好的基础。

6. 人才优势

石家庄信息工程职业学院一直以“优秀员工的摇篮，职业经理的基地”为学院发展理念，注重人才培养模式的创新与特色，现已有3000平方米的动漫产业创业孵化场地，有部分动漫行业的企业入驻。

第五节　2008—2009年山西省动漫产业发展新概况

一、发展现状

位于中原地区的山西省，作为文化资源大省，文化遗产丰富。作为华夏文明的发祥地，山西丰富的文化资源为动漫产品提供了诸多原汁原味的具有鲜明民族特色的创作素材。也正因如此，在2006年，动漫产业化的呼声在全国各地被纷纷提到区域发展议程中的重要位置之前，山西当地凭借优秀的制作团队和领导高水准的指导把关，已经在国内和国际上展现了他们许多优秀的电视动画和短片了。

位于太原市五龙口街的广播电影电视管理干部学院自1985年就建立了动画系，是全国最早开设该专业的高校之一，作品多次获全国大奖。山西大学还成立有专门的学生团体——动漫协会。

而在动漫产业兴起的近几年，山西的动漫产业却没有一路高歌前行，而是默默地在艰难中继续着。这其中有很多直观原因和客观条件中出现的瓶颈，作为一个有良好动漫传统的区域，山西的动漫产业发展自然要走一条有自身特色的道路。

二、政策现状

2007年11月27日，山西省太原市文化广播电视局出台的《鼓励和扶持动漫产业发展的意见》规定，由政府财政设立扶持动漫产业发展专项资金，每年安排总额不少于3000万元，用于动漫产业公共技术服务平台建设、动漫原创项目补助、动漫获奖作品奖励。一系列政策的出台，充分调动了动画制作和播出机构等各方面的积极性，动漫产业呈现出前所未有的良好发展态势。

随即，太原高新区正式成立了创意产业发展中心，这为全省动漫资源的整合搭建起一个平台。

三、国家动漫产业基地情况

山西省第一个国家级高新区——太原高新技术产业开发区着力创优发展环境，吸引了一批动漫企业入驻，目前这里发展成为山西最大的创意产业基地。近年来，太原高新区广泛吸纳动漫企业和相关人才入驻高新区数码港。现已集聚了创意企业36家，动漫游戏企业22家，占山西省总数的80%。

园区政策同时规定，对重点动漫游戏产业项目予以免费提供办公场所，对企业自主的原创性动画给予高额奖励。高新区通过税收优惠、优先融资等一系列扶持举措，使文化创意产业强势启动，实现了跨越式发展。太原市高新区为入驻企业创造了一个良好的发展环境，各个动画公司成为这一平台的受益者。

四、动漫产业发展的优势

1. 经济优势

山西不仅是文物大省，也是能源资源大省，如今煤炭资源整合、循环经济、蓝天碧水工程，这些名词正在改变着山西经济增长的方式，并通过这种全新的方式重新塑造一个中国的新型能源和化工基地。1999年山西省财政收入仅181.5亿元，2005年达757.9亿元——五年翻了两番。增长方式的变化更带来了经济结构的优化，经济对煤炭的依赖性有所降低，经济结构更趋合理，山西这个能源大省正在逐步走上一条发展的新路。在经济发展的同时，文化产业的发展也齐头并进，为动画产业的发展提供了广阔的平台。

2. 制作优势

（1）创作基地——广播电影电视管理干部学院：作为山西重要的动画创作基地，广播电影电视管理干部学院集动画策划、制作于一体，走产、学、研、创相结合之路。近年来，影视动画专业的学生从第二学年第二学期就进入了专业创作阶段，师生共同参与动画作品的生产创作，独立创作和联合制作了动画200余部，累计达到上千分钟，大都在省级以上电视台播出。1999年学生创作的动画小品中，有五部被国家四部委评为入围奖，一部被评为三等奖；2001年在韩国举办的世界大学生动画作品大赛的四十部获奖作品中，中国仅有四部动画获奖，其中就有该院学生创作的动画《小亲圪蛋》。学生创作的动画短片《树》、《京韵国魂》等被授予“中国视协动画学术奖”。

（2）制作机构——舶奥动画公司、山西互象动画：舶奥动画公司制作的环保动画《衡》获得了第四届美国弗吉尼亚视觉电影节“最佳动画放映奖”和“最佳二维动画奖”；舶奥动画公司制作的大型动画《天天健康》还开创了山西省原创动漫在央视首播的先河。

山西互象动画的前身“形与动多媒体工作室”，曾经是CCTV-3《快乐驿站》栏目首播期间的主要制作团队。

这些企业创作的优秀动画为山西的动漫产业迅速发展起到了积极的推动作用。

3. 文化优势

山西作为文化资源大省，文化遗产丰富。作为华夏文明的发祥地，山西丰富的文化资源为动漫产品提供了诸多原汁原味的具有鲜明民族特色的创作素材。在动漫作品的选题立意上山西省具有得天独厚的优势，也是开发以弘扬民族精神为宗旨的国产动漫作品不可或缺的宝贵资源。

4. 人才优势

（1）人才教育：地处山西省太原市的广播电影电视管理干部学院，是全国开办影视动画教育最早的院校之一，影视动画专业经过二十多年的专业建设和教学改革，人才培养质量得到了社会的普遍认可。2002年，中央电视台摄制“动画名校”宣传片，学院作为七所名校之一，被称为“动画的摇篮”。同年，由于动画方面的突出成就，学院被中国动画学会授予“动画突出成就奖”。2003年1月，学院影视动画专业被教育部确定为“国家级教学改革试点专业”、“国家级精品专业及国家级产学合作项目”。学院师资实力雄厚，有80%以上的专业教师具备双师资格，基本上都在上海美术电影制片厂、中央电视台动画部等单位进行过顶岗实践，是一支结构较为合理的创作团队，是培养动画高级创作人才的摇篮。

（2）专家团队：山西省汇集了一批理论水准高、业务能力强的动画专家，他们在创作和教育一线，把握行业前沿动态，能为山西省的动漫产业发展提供强大的专家支持，如《大头儿子小头爸爸》的导演、中国动画学会的常务副会长兼秘书长张松林先生，《黑猫警长》的导演戴铁郎先生，《宝莲灯》的导演常光希先生，《猫咪小贝》的导演曹小卉先生，《三只小狐狸》的导演王启中先生，《哪吒闹海》的导演严定宪先生以及《雏鹰在行动》的导演邢国金先生等。广播电影电视管理干部学院的这批客座教授，不仅参与动画专业的教学改革和学生培养工作，而且还参与学院的创作工作和师资培训工作。另外，中国动画学会首届教育委员会成立大会在学院召开，这充分证明学院有良好的人脉资源，也是山西省取之不尽的专家优势。

5. 组织优势

2007年1月8日，太原市动漫协会成立，这是山西省第一个动漫行业协会。

太原市动漫协会是在太原市文化广播电视局领导之下的山西省唯一的动漫专业社团组织。协会的主要业务是组织会员创作动漫作品，开发动漫产品，开展动漫交流展览，进行动漫教育培训，研究动漫科技，传播动漫文化，促进省市动漫产业大力发展。协会现有20家动漫企业会员单位和98余名个人会员。协会的下属动画产业和动漫工作室，拥有二维动画、三维动画、动画影视、漫画图书、动漫教育、动漫表演、动画周边产品以及商业动画等方面人才和实力。

第六节　2008—2009年内蒙古自治区动漫产业发展新概况

一、发展现状

目前内蒙古自治区的动画公司不多，管理水平低、市场经验少、原创能力差，大企业少之又少，动画产业仍处在一个非充分竞争的市场。

二、国家动漫产业基地情况

内蒙古自治区包头市动漫中心——内蒙古动漫卡通协会第九次常务理事会议透露，内蒙古动漫卡通协会和包头市青山区文化活动中心经过双方协商、协作、协调，在青山区共同成立了动漫中心，并开始正式运转。内蒙古动漫卡通协会副秘书长兼中心负责人段永光的新作，原创漫画系列作品《草原部落》被指定为中心开业点燃的火炬。内蒙古动漫协会为了发挥以“联系政府、服务企业、行业自律”的职能作用，在青山区人民政府职能部门的协作下，在包头地区成立了首家动漫中心。青山区文化活动中心相关负责人说，“由于包头地区经济文化发达、社会稳定、动漫爱好者群体集聚、广大青少年对动漫产业比较青睐，同时具备了有利于开发、利用、发展动画产业的得天独厚的优势和条件，该中心也给我区文化活动增添了新的内容。”

在首届全国民族题材动漫产业研讨会上，举行了“内蒙古动漫产业研发与人才培养基地”挂牌仪式。本次研讨会旨在打造中国民族题材动画创作的交流平台，研究少数民族动漫产业发展战略，探讨内蒙古动漫产业的发展趋势，提高内蒙古民族题材原创动漫水平，推动中国动画产业的发展。

三、动漫产业发展的优势

民族文化是内蒙古动漫品牌之魂。近年来内蒙古的动漫产业从小到大，从慢到快，从弱到强，让国内同行和世界刮目相看。主要是民族文化在动漫舞台上发挥的重要作用。内蒙古有着丰富的动漫题材，如蒙古族的《成吉思汗》《嘎达梅林》等，这些作品都是千百年传承下来的经典民族文献，在国内外都有很大的市场。内蒙古的许多传说和故事都是很好的动漫题材，今后应依托民族文化产业链促进其快速发展，加上良好的商业运作，民族题材动漫作品前景和市场十分看好。

第七节　2008—2009年辽宁省、吉林省、黑龙江省动漫产业发展新概况

东北三省的动画产业起步尚晚，虽然说在短短几年内有一些成果，但相对华东、华南等沿海城市仍有很大差距，发展中存在规模小、缺少资金政策支持、动画专业人才稀缺、未形成动漫专业汇聚平台、市场化运作集群尚未出现等诸多问题，有待于继续发展。

一、政策优势

2008年02月25日——《长春市服务业发展规划》指出，支持发展影视动漫业。巩固长影（原长春电影制片厂）改革成果，大力扶持电影的创作与生产，进一步打造长影世纪城、长影乐团、长影影视频道品牌，积极推进长影世纪城二期工程建设。鼓励社会资本投资改造影院，提升电影放映业的基础设施水平。全力支持国家级动画教学研究基地和动画产业基地建设，营造有利于动漫产业发展的良好环境。加快培育一批动漫创作、生产主体，努力将长春建成国家数字电影制作和国产动漫产品生产基地。

沈阳将从2008年11月15日开始沈阳第二届动漫之星设计大赛，大赛围绕着“活力沈阳，动漫之都”这个主题来开展，总奖金额达100万元。本次大赛由沈阳市委宣传部、沈阳市科技局等多部门主办，浑南新区出资奖励，旨在挖掘动漫人才和鼓励企业发展。与一年前举行的首届动漫设计大赛不同的是，第二届动漫设计大赛特别设置了动漫基地突出贡献奖，重点奖励对动漫基地的建设作出突出贡献的企业和个人，这对该地区的动漫人才给予了强劲的动力，促进了沈阳动漫产业的发展。

二、国家动漫产业基地情况

1. 黑龙江动画产业（平房）发展基地

成立于2006年10月17日，是由黑龙江省委宣传部、省文化厅、省新闻出版局和省广播电视局联合授牌的省内唯一一家动画产业基地，同时也是全国首家省级动漫基地。规划建设“一心一园一校一城一区”。“一心”，即动漫与网络游戏产业发展中心。“一园”，即动画主题游乐园；“一校”，即动画职业学院；“一城”，即文化产业城；“一区”，即文化产业区。该基地建设启动区为动画与网络游戏产业发展中心，以建设动画主题大街为主线。目前，基地已整合创作生产办公楼宇五处，建筑面积近40000平方米，中心建有招商洽谈、企业孵化、企业中转、技术支撑、后期制作、产品展示、动画旅游为主线的综合服务平台，同时提供商务洽谈、对外推介、物业、招商、对外网站、企业俱乐部等综合服务。

2. 吉林动画学院

2004年12月被国家广电总局确定为“国家动画教学研究基地”和“国家动画产业基地”，吉林省政府同时把“吉林动漫游戏原创产业园”设在了这里。生产大批国产原创动画作品成为发展方向。以动画学院为龙头的动画产业园成为一个集人才、技术、设备为一体的平台。

3. 长影集团有限责任公司

长春电影制片厂成立于1945年10月1日，2000年改制为长影集团有限责任公司。作为新中国电影的摇篮，长影及其前身东影曾为中国美术片的发展作出了卓越的贡献。早在1947年和1948年东影就分别摄制完成了《皇帝梦》和《瓮中捉鳖》，这是人民电影的第一部木偶片和第一部动画。从那时起，在广大美术片创作人员几十年不懈的努力下，长影及其前身东影为中国观众奉献出一大批脍炙人口的美术片，像《巧在七中》、《医生与皇帝》、《雁阵》等，都给当时的观众留下了深刻的印象，并且取得了良好的经济效益与社会效益。

4. 大连高新技术产业园区动画产业园

截至目前，大连高新技术产业园区动漫走廊已进驻动漫游企业50余家，楼宇面积6万余平方米，2005年产值达1.2亿元人民币，现有动画、网络游

戏、手机游戏、影视、广告以及用CG手段进行建筑设计等8大类产品，先后被国家广电总局批准为“国家动画产业基地”，被文化部批准为“国家动漫游产业振兴基地”，是全国唯一一个获得国家级“双授权”的动漫游产业发展基地，发展成效赢得全国瞩目。

5. 沈阳浑南新区动漫产业园

2007年，经过全面考核和审查，国家新闻出版总署正式批准沈阳动漫产业基地为“国家动漫产业发展基地”，目前，动漫基地已有来自韩国、中国香港等国家和地区以及内地从事动画制作、网络游戏、手机游戏、虚拟仿真、游戏运营以及技术培训企业93家（其中外资企业5家），原创企业占一半以上。入驻企业注册资金总额2.8亿元，就业人数4000人左右，2007年企业总产值8.4亿元。

三、动漫产业发展优势

1. 充裕的发展空间

作为老工业城市的东北三省，虽然经济起步较早，为新中国的发展壮大作出过历史性的贡献，但在动画产业方面起步较晚，相对华南等沿海城市，该地区的动画市场有很大的提升空间，随着动画发达地区各个制作生产环节的逐渐饱和，从人才方面来看，专业人员聚集密度逐渐增大，竞争激烈程度会越来越激烈，而东北地区就业条件相对宽松，而且政府采取多种扶持措施，积极推动动画产业的发展。从运行模式来看，东北地区可吸取南方成功动画案例的经验，避免多走弯路，结合自身特色开拓出一套完善的产业链，所以说，东北三省的发展潜力是不容忽视的。

2. 国内一流的动画人才教育基地

吉林省有两所民营的动画教育学院。一是吉林动画学院，它是中国艺术高校中同时拥有“国家动画教学研究基地”和“国家动画产业基地”的专业学院，有专职教师400人，其中教授、副教授144人，还从美国、加拿大、德国、法国、俄罗斯、韩国、日本等国聘请了50多位客座教授，有来自全国29个省、市、自治区6606名在校生，办学规模不仅是中国，也是国际上最大的动画专业学院，每年，数以千计的动画专业人才从这里走出来通往全国各地。二是长春知合动画职业学校，它是一所职业培训学校，由吉林农业职业技术学院动画实训中心与长春中加知合动画有限公司联合组建，目前在校学生400人，其中学历教育的动画系有200人，非学历教育的设计系有200人。

沈阳拥有鲁迅美术学院、沈阳音乐学院等30多所高等院校，100多家职业技术学校，年培养计算机专业相关人才近万人，绝大部分大专院校及职业学院都设立了动漫相关专业，动漫培训机构50余家，形成了完备的人才培养机制，年培养动漫人才5000人以上；200多家科研机构可在人工智能、人机交互、三维成像、多媒体、美术、音乐等关键技术环节为动漫产业发展提供保障。

第八节　2008—2009年上海市动漫产业发展新概况

一、发展现状

自1926年中国第一部动画《大闹画室》在上海诞生以来，上海就成为了中国动画艺术的发源地和成长摇篮。票房赢家《铁扇公主》、水墨风格的《小蝌蚪找妈妈》、风靡全球的《大闹天宫》、简洁幽默的《三个和尚》以及与市场接轨的《宝莲灯》，都诞生在上海。这些我们耳熟能详的动画作品都曾在世界动画领域中大放异彩，多次获奖，当时的上海是中国动画产业发展的核心地区。

随着国内动画产业的不断发展，以及得到国家和各级政府的重视和大力扶持，全国各地的动画产业都得到了一定程度的发展。虽然上海动画产业已不是唯一的核心，然而目前它的发展在全国仍处于领先的地位，上海正在形成动画产业研发、制作、播放、运营、教育的“一体化平台”。

二、政策现状

上海的长宁、徐汇、普陀、静安和浦东新区是上海动画产业比较发达的地方，上海市近六成的动画和游戏企业都位于这五个区，这与它们各自实施的发展战略分不开。

长宁区政府在上海将信息产业作为新世纪第一支柱产业的背景下，适时提出了“数字长宁”的战略方针，致力于城市发展的信息化。区位优越、配套完善、规划超前的多媒体产业园由此应运而生，成为数字长宁的战略中心。该园区聚合了人才、技术、资本、市场等要素，为企业提供了良好的发展环境。目前入驻园区的企业达到了360余家，其中不乏著名的动画和游戏企业。

静安区作为中国动画的兴起之地，优势明显。静安区决心打造国产动画产业链，成为中国的“动漫产业硅谷”。静安区推出近3万多平方米的现代产业园作为动漫特色产业园，包括静安现代产业大厦、上海美术电影制片厂部分厂房和一系列老厂房改建的场地，计划逐渐将这里逐步建成动漫产业一条街，为动漫产业链的衔接及衍生产品市场的开拓创造条件。政府为企业创造有利的制度环境、建立健全的公共服务体系、提供创业信用贷款以及建立动漫产业孵化基地等一系列推动政策和制度。

普陀区积极与国家动漫游戏产业振兴基地合作，共同打造“动漫长风”。双方还签订了《战略合作协议书》，力图通过合作扩大国家动漫游戏产业振兴基地的影响，同时加快长风生态商务区现代服务业的功能形成和产业集聚，使长风成为动漫游戏产业的创意制作中心、娱乐体验中心和展示营销中心。普陀区希望通过打造“动漫长风”，培育和增强自身的创新产业实力、提高创新创业能力，成为普陀产业结构调整的重要机遇。

经过最近几年的快速发展，上海地区的动画产业已初见成效。目前，上海的现代化进程正处于由投资驱动向创新驱动过渡的关键时期，2008年政府公布实施了多项产业新政策，包括“上海市文化产业示范基地建设推进办法（试行）”、“上海市文化产业园区认定办法（试行）”、“《上海产业发展重点支持目录（2008）》”、“国家动漫游戏产业基地联盟《上海宣言》”等。同时，政府还大力推行“科教兴市”战略，并将其提升到推进上海经济社会发展主战略的高度。在这种大背景下，具有知识密集型、技术含量高、附加值高的动画产业成为“科教兴市”主战略的重要内容和体现。上海市政府专门制定了《上海市十一五创意产业发展规划》，动画产业是上海创意产业发展的重点行业之一。上海对动画产业寄予厚望，选择动画产业作为创意产业的突破点和重点发展对象，充分发挥自身在资源禀赋方面的优势，由此实现上海产业结构顺利升级的目标。

三、国家动漫产业基地发展情况

上海地区共拥有包括上海美术电影制片厂在内的4个国家级动画产业基地、75个创意产业园区、2500多家创意企业、2万多名从业人员以及众多平面、立体媒体，吸引了许多原创和加工企业，国际高端资源也开始登陆上海并向全国辐射，各类园区和产业基地内初具集聚效应。截至2008年，上海地区产业基地数量共计14家，其中文化部命名的文化产业示范基地8家，国家动漫游戏产业振兴基地1家；国家科技部命名的国家数字媒体技术产业化基地2家；国家广电总局建立的国家级动画产业基地2家；国家新闻出版总署规划建立的国家级网游动漫产业发展基地1家，以及由上海联合产权交易所搭设的中国首个动漫产权交易平台——国家动漫游戏产业产权交易中心。在2008年全国国家动画产业基地国产电视动画片产量排名中，上海美术电影制片厂居第14位，生产原创动画片7部，长度为1388分钟；上海炫动卡通卫视传媒娱乐有限公司排名第17位，生产原创动画片1部，长度为539分钟。

其中上海美术电影制片厂是中国历史最悠久、影响最为广泛的集动画生产、研发于一体的企业，在全国一直处于领先地位，并被国家广电总局命名为“国家动画产业基地”。2008年上海美术电影制片厂投入制作的项目有三部影院动画，五部系列电视动画片，共八个项目。其中，已制作完成的包括动画电影《葫芦兄弟》和数字动画电影《文字国历险记——浩昊智斗谜语城》两个影院动画项目以及电视动画系列片《运尼小子》（2～26集）、《猪猪・吉利・小财神》（18～52集）、《奥运奇闻》（1～40集）、《浩昊智斗谜语城》（1～26集）、《大耳朵图图》（第三季）（1～14集）等多部系列动画片项目，完成长度共计1388分钟，在2008年全国国家动画产业基地产量排名中位居第14位。

此外，2009年国庆献礼影院动画《马兰花》、木偶动画《海底两万里》、立体影院动画《天书奇谭》；电视系列动画片《燕尾侠》、《开心菜园》、《大耳朵图图》第三季（15~26集）；艺术短片《记忆中的鹞》等一大批动画作品也已进入生产制作流程。

2008年，上海美术电影制片厂在进行影院动画以及电视系列动画片的制作之外，还完成了多部委托单位的制作项目：《秦时明月》Q版11分钟样片；《卡卡在行动》10分钟样片；《开心菜园》10分钟样片；《上海学生运动会》（MTV）3分钟开幕式会歌动画。这一系列的合作项目，不仅提升了美影厂品牌的知名度，更加快了美影厂市场化的步伐。

上海美术电影制片厂在2008年获得了多项荣誉：影院动画《勇士》，荣获2008年第四届中国国际动漫节美猴奖“动画长片”、“最佳音乐”、“最佳配音”三项大奖。《大耳朵图图》（第二季）获得“美猴奖”动画系列连续片奖；系列动画《大耳朵图图》（第二季）获得第14届上海电视节白玉兰奖“国产动画金奖”；影院动画《葫芦兄弟》获得第五届中国（常州）国际动漫艺术周动画作品比赛“电影长片类评审团特别奖”；系列动画《大耳朵图图》第二季以及《奥运奇闻》两部作品获第24届中国电视“金鹰奖”少儿动画好作品奖“三等奖”；影院动画《勇士》及系列动画《奥运奇闻》、《大耳朵图图》均获得2008年度上海文艺创作和重大文化活动奖上海文艺创作优品；由美影厂与澳大利亚合作拍摄的艺术短片《甜与酸》连续获得澳大利亚教师媒体奖最佳动画奖、悉尼电影节Yoram Gross最佳动画奖、墨尔本St Kilda短片电影节SBS电视台颁发的“特别广播服务奖”以及2008年第四届中国国际动漫节“美猴奖”合拍动画奖等多项奖项，并已获邀参赛纽约国际电影节、莫斯科国际电影节等十几个国际电影节，并获得2008年度上海文艺创作和重大文化活动奖上海文艺创作优秀单项成果奖，这是美影厂继艺术短片《荷》于2006年获得国际大奖后，又一部连获殊荣的艺术短片。

2008年，在美影厂获得“2007—2008年度中国文化出口重点企业”的荣誉后，美影厂市场营销人员再接再厉，积极寻找外销渠道，取得了卓越成效。截至2008年12月，美影厂有20余部影片远销法国、摩纳哥、比利时、印度、马来西亚、斯洛文尼亚、越南等十几个国家以及中国澳门和台湾地区，海外发行收入总计超过100万元人民币。

2008年，美影厂坚持“文化大发展大繁荣”，努力做好动画的创作生产。首先，通过市场化运作机制，利用品牌作为投入吸引项目投资，不断增强融资能力。2008年11月，美影厂依托品牌的影响力，以“零资金”的方式分别与福建、浙江两家公司签订电视系列动画片《燕尾侠》以及电视系列木偶片《木玩世家》两个项目合作协议，这将是美影厂以品牌价值作为投资进行项目合作的新模式。其次，加强业内合作模式。2008年，美影厂整合上海电影集团发行、上海文广新闻传媒集团宣传和上海美术电影制片厂制作的优势资源后，由三方联合出品的影院动画《葫芦兄弟》获得市场好评。再次，加大与外资公司的合作。2008年，美影厂在与澳大利亚合作的艺术短片《甜与酸》获得成功后，再次与澳洲合作方联手创作动画《妮妮和麻烦的森林》项目。同时，美影厂与美国迪士尼公司合作的系列动画《橡皮泥大盗》也在积极推进中。这一系列的创作合作，使得美影厂的创作生产项目迅速扩张，品牌影响力、社会和经济效益同步提高。

四、动漫产业发展的优势

1. 具有丰富的产业运作经验和深厚的人文底蕴

上海是中国动画产业的诞生地，拥有悠久的动画发展历史。在发展过程中，不但逐步积累了丰富的产业运作经验，而且具有深厚的人文底蕴以及一定的动画文化传播基础。比如上海美术电影制片厂以其下辖的上海亿利美动画有限公司、上海美术电影绘制厂、上海卡通文化发展有限公司、卡通王杂志社和上海美术电影专修学校等经营实体为依托，充分运用所拥有的知识产权，大力开发衍生产品，拓展产业渠道，已取得了初步成效。同时上海的“海派文化”在全国闻名，从20世纪二三十年代开始，上海就已经成为了中国的经济文化中心，今日的上海更是一个国际文化交流和融合的大都市。

2. 具有良好的产业发展环境

上海是开放程度极高的现代化城市，是中国最大的工业基地、最大的外贸港口和最大的商业城市，有超过2000万人口居住和生活在上海及其周边地区，是国际国内产品、信息、资金、人才等市场要素的核心交流平台；不仅有广大动画的消费群体和资金，还提供了更频繁的海内外动画同行交流聚会的平台。作为中国动画起步之地，长久以来积累的产业优势，有利于所有与产业有关的人才、资金等资源向上海聚集，并经过整合后向周边辐射，同时，上海地区还拥有国家级行业协会中国动画协会和多家国家级动画产业基地。

3. 政府大力扶持以及积极制定合理有效的发展规划

上海地区文化创意产业的兴起，为动画产业链的形成提供了可靠的保证。上海专门出台《上海十一五创意产业发展规划》，创意产业已经形成了由政府推动、市场导向、企业为主体的创新机制。从文化事业到文化产业，再到创意产业，观念不断更新，更加与市场贴近。创意产业的蓬勃发展及其成功经验，为动画产业提供了正确的发展思路和市场运作的模式。规划的出台，更是确保了动画产业的发展重要性。由于动画产业具有知识性、创新性等特点，发展动画产业与发展文化产业，与上海实施的“科教兴市”战略具有相互促进作用，动画产业将会成为现代服务业的支柱产业。因此，以集约化的发展思路，抓住上海目前大力发展文化产业、建立现代服务业聚集区的历史机遇，积极打造产业的集成平台，使上海动画产业的比较优势与绝对优势得到进一步发挥，从而带动城市文化产业、创意产业和服务业的整体发展。

4. 先进的文化设施为动画发展提供了坚实的平台

上海文化广播影视集团拥有广播电视、新闻网络、报刊杂志、移动电视、互动电视、宽频电视等多种媒体；把自己努力的方向定为拉升内容产品的生产能力、原创能力、集成能力和营销能力，上海拥有各类展览中心、展览会馆，为动画产业的交流和展示提供了条件。

5. 数字信息化的发展引领动画产业的发展

随着数字电视的发展，对于动画产业来说将会带来新的影响；网络每年以倍增的速度和容量在扩张和升级，网络动画有广阔发展空间；手机动画的出现也为动画发展提供了新的生长空间，国内手机彩信营业额已达数亿，大多数用户使用过铃声和彩图下载。上海目前在信息化方面走在全国前列，上海还在城市公交及地铁上面都安装了移动数字电视，成为动画传播的又一载体。

6. 经济实力雄厚，市场需求旺盛

动画产业是一个高投入、高风险的产业，发展动画产业，需要大量的人力、物力和财力的投入。作为中国的经济中心城市，中国经济最具活力的城市之一，上海在中国经济和社会发展中具有举足轻重的地位，这为动画产业发展提供了雄厚的经济基础。在国家统计局公布的中国综合实力百强城市榜中，上海均名列前茅。

7. 2010年在上海举办的世博会，是上海动画产业发展的一次良机

世博会的举办带动了上海新一轮城市基础设施和旧城改造，拉动一大批相关产业的产能。中心城区实施“退二进三”的战略，加速产业结构升级，而新一轮重点发展的产业中，自然包括了高附加值、低能耗的动画产业。上海世博会推出了集自信、快乐、可爱、俏皮为一身的“人”字型上海世博会吉祥物“海宝”，届时将会成为全球最关注、最闪亮的卡通明星。借此引发的动漫消费市场不容忽视，世博会将为上海动画产业创造巨大的市场空间。

第九节　2008—2009年江苏省动漫产业发展新概况

一、发展现状

江苏是经济、文化大省，中国动画产业的快速发展为长三角地区江苏省的苏锡常三座城市在人才、技术、资本、人文及工业定位等方面拥有的优势提供了契机。近年来，江苏省非常重视动画产业的发展，把发展动画艺术及其产业作为加快推进文

1 2 3 4 5 6 7 8 9 10

化大省建设、促进经济结构调整、增强综合竞争力的重要举措。省政府在《关于加快发展现代服务业的实施纲要》中明确提出“积极发展动漫产业，重点支持苏州、无锡、常州等国家级动漫产业基地建设，形成动画创意设计、动漫产品生产、专业人才培训中心”的重点项目。苏州、无锡、常州、南京等地政府也均已制定了一系列扶持动画产业发展的优越政策及专项发展基金等，江苏省的动画产业已经驶上了繁荣发展的快车道。

二、政策现状

江苏省政府高度重视动画产业的发展，制定了一系列动画产业扶持政策。这些政策主要有：省级文化产业引导资金中将设立动漫产业发展引导资金，支持在江苏省内注册的动漫企业在江苏立项进行动漫原创作品的创作、生产、出版、播映，以及民族民间动漫素材库和动漫公共技术服务体系建设；建立优秀原创动漫产品评选、奖励和推广机制等等。此外江苏各级地方政府也给予政策上的大力支持，推动了动画产业的进一步快速发展。

三、国家动漫产业基地情况

截至2008年，江苏省产业基地数量共计12家，其中文化部命名的文化产业示范基地7家；国家广电总局建立的国家级动画产业基地4家；国家新闻出版总署规划建立的国家级网游动漫产业发展基地1家。江苏省是拥有国家级动画产业基地最多的省份。在2008年全国国家动画产业基地国产电视动画片产量排名中，无锡太湖数码动画影视创业园居第6位，生产国产动画片15部，长度为8108分钟；常州国家动画产业基地排名第8位，生产国产动画片13部，长度为6243分钟；南京软件园排名第9位，生产国产动画片9部，长度为4009分钟；苏州工业园区动漫产业园排名第13位，生产国产动画片4部，长度为1544分钟，见表3-7。

表3-7　2008年江苏省国家动画产业基地国产电视动画片生产情况

省（区、市）	基地名称	2008	
		部数	长度
江苏省	苏州工业园区动漫产业园	4	1544
	无锡太湖数码动画影视创业园	15	8108
	常州国家动画产业基地	13	6243
	南京软件园	9	4009
全　国		184	102047

其中，无锡太湖数码动画影视创业园原创动画片产量在2005年申报国家级动画产业基地时，还淹没在全国的第三梯队；自江苏省第一部原创动画《东方神娃》2005年在无锡诞生后，无锡在原创动画制作领域中开始了跨越式发展，动画产业逐渐由“动画加工”向“动画原创”转型，2008年原创生产能力显著提升，无锡国家动画产业基地原创产量达8108分钟，名列江苏省第一，跻身全国第六，在全国原创电视动画片生产十大城市中排名第四，产业呈现出快速发展的良好势头。

通过动画基地有关园区及全市各有关部门招商引企、招贤引智的共同努力，无锡国家动画基地已有较多国内外知名、有生产实力的企业加盟。2008年，新增动漫相关企业51家，企业总数达到121家。在宏观形势趋紧的大形势下，动画产业产值仍保持较高速度增长，动漫游及其相关产业总产值达14.91亿元，同比增长47.6%。

2008年生产的15部原创动画片中有6部在央视热播，《崽子兔爱运动》伴随着奥运热潮进入中央电视台，成为无锡众多原创片中在央视多个频道播出次数最多的动画片；夺得第24届中国电视金鹰奖优秀动画奖的《哈皮父子》，将亲子情深植入观众心中；《秦汉英杰》、《福五鼠之三十六计》、《东方神娃》、《尾巴梦幻曲》等10部动画片先后获得全国少儿动画精品工程奖、国家广电总局优秀国产动画推荐、全省优秀动画奖等。其中，《秦汉英杰》成为江苏省唯一入选《“十一五”国家重点音像出版规划增补选题目录》的音像制品，并一举获得中国出版界的最高奖项——第二届中华优秀出版物奖。在年度江苏省优秀少儿广播电视栏目、优秀原创少儿广播电视节目、优秀国产动画评比展播活动中，无锡有10部动画作品获奖，占据全省获奖动画片的半壁江山。基地的扶持建设项目“动感芯”技术转化产品成为北京奥运会专用品，在开闭幕式上大放异彩；无锡鹅湖数字动漫基地项目总投资3亿欧元，是中国目前投资最大的动漫类项目。

无锡国家动画产业基地按照“一个基地，多个园区，全市参与”的理念，全市目前设有六个相关园区，可供创意企业使用的载体总面积达42万平方米。无锡广电集团启动建设广电东亭动漫园区，并以此为主体建设无锡数字动漫创业服务中心，寻求动画产业的新亮点、创造新模式。这些特色园区为无锡动画产业的快速高品质发展奠定了坚实的基础。2008年，国际动画协会（ASIFA）中国研发中心也正式在无锡成立。

常州国家动画产业基地也逐渐起步，2008年得到快速发展。基地在硬件设施方面先期启动18万多平方米，其中动画制作10多万平方米，卡通娱乐8万平方米；根据动画产业发展的需要，规划建设了200万平方米的影视产业基地；根据动漫产业发展的需要，建成了“创业”、“常新”、“保纳”三个各具特色的动漫产业园区，总建筑面积近8万平方米；新建了一个3万平方米的动画衍生产品研发中心和生产基地，形成集形象设计、产品开发、制作和动漫衍生产品为一体的“创意梦工厂”；另外有高配置电脑148套，工作站5套、服务器4套及专用数位板140多套、动画拷贝桌100多套。目前基地已有86部、7299集、长度为82179分钟的原创动画作品在国家广电总局立项；共有13部制作完成，20部正在制作，6部已在中央及省级电视台播出，7部在国内外评比中获奖。

在企业和项目开发方面，已有60余家动画企业集聚于动画基地，注册资本达3亿元。另外该基地还吸聚了剧本创意、音乐制作、网络动漫、衍生产品开发和人才培养等40多家动画产业相关企业。经过几年努力，常州动画产业基地各企业共合作签约了31个项目，共计5.2亿元。随着重点项目投入的加大，基地正逐步形成动画研发制作、网络游戏、数字娱乐等各具特色的动漫园区。同时，根据动画产业发展的需要，常州市也着力奏响“一二三四”乐章——建成一个200万平方米的动漫核心区，即西太湖基地；建成两个主题休闲旅游区，即中华恐龙园、太湖湾数字游戏主题文化乐园；建成3个总建筑面积10万平方米的特色园区，即创业、保纳和远东园区；建成4个动漫产业集群区，即影视动画后期制作集群区，动漫人才培养集群区，动漫衍生产品研发集群区，动漫产品产权交易集群区。

常州国家动画产业基地在不断加大招商力度的同时正在注重长短结合，为了动画产业的可持续发展着力营造创业环境，全面打造6大平台：通过艺术周及与美、韩等国的合作，为企业搭建作品交流、交易、参赛、评奖的国际交流平台；建立风险投资主体、设立银行办事机构，为企业提供资金支持的投资融资平台；建立公共技术服务中心，为企业提供配套服务的技术保障平台；引进中介服务，为企业提供市场运作平台；利用常州大学城及其他院校相关动画专业的优势，并引进国内外知名培训机构，为企业提供直接可用的人才支撑平台；建立物业管理公司，为企业提供优质后勤保障的后勤服务平台。

作为国家动画产业基地的南京软件园区已有30多家从事动漫游戏相关产业的专业公司落户，注册资本达300万元以上，具有“广播电视节目制作许可证”的骨干企业有16家。动画产业从业人员达2800多人，其中具有硕士学位以上105人，本科学历1100多人，专科学历1500多人。基地动画年总产量超过6000分钟，其中原创动画产量达4000分钟，部分具有自主知识产权的大型原创动画已先后在央视及各地方台热播。其中，南京鸿鹰动漫娱乐有限公司的原创动画片《饮茶之功夫学园》、《象棋王》，以及阿法贝公司开发的具有自主知识产权的大型原创动画《阿法贝乐园》等已先后在央视及各地方台播出。据了解，南京鸿鹰凭着优异表现被香港漫画大师黄玉郎相中，双方合作的1144分钟原创大型动画片《奇幻龙宝》正在运作中，预计2009年下半年完成。鸿鹰公司的原创动画产量已从2007年公司总量的20%，提高到了接近40%，2009年还将有所增加。另外，南京卡姆士动画制作有限公司目前正在制作的104集，共1248分钟的大型三维动画片《文具总动员》，是以精品动画定位斥巨资打造的，为南京首部大型原创三维动画片。为鼓励动画产业的发展，南京软件园制定了产业发展规划和扶持政策，设立了产业发展基金，建立了公共技术平台和专业化服务平台，构建了多级教育培训体系，为动画企业在园区的发展提供了全方位的服务和保障。

为在同类国家级动画产业基地中抢占发展先机，强势把握动画产业链的最高端，打造南京软件园的动画品牌，基地专门成立“南京软件园动漫产业基地股份公司”。该公司系独立法人，采用市场化运作的模式，致力于建立公共技术平台和专业化服务平台，通过自建动画品牌或合作品牌的衍生品开发及代理，自创动画品牌授权，收费频道参与运营，城市或名企品牌片制作推广，图书出版，电子商务合作，手机及媒体平台内容合作，媒体、传媒有线网络电视投资经营及服务等，打造完整的动画产业链。2008年，该公司与中央电视台新影制作中心、河南省文化产业投资有限责任公司联合投资设立“CCTV新科动漫频道”，11月26日已正式开播。该频道是目前国内唯一的全国性、全年龄段、全天候播放的数字电视收费动漫频道。同时，南京高新区与央视新影制作中心合作共建的央视新影动漫文化城已被国家广电总局批准为“文化创意产业基地”，正在建设的一期动漫大厦，占地12亩，建筑面积3.17万平方米，建成后将拥有数码剧场、数码制作中心、动漫创意孵化器、动漫高端俱乐部等功能区域。

南京软件园动漫产业基地股份有限公司与中央电视台新影制作中心联手打造中国动漫产业联盟，围绕“CCTV新科动漫频道”和“中国动漫文化城”两大载体建立动漫产业制作、营销、信息互动、渠道开发的高端平台。组建CCTV新科动漫产业联盟，使南京作为“CCTV新科动漫频道”文化创意产业的制作基地和衍生品开发基地，携手举办动漫创意大赛、动漫培训、动漫博览会等活动。江苏、浙江、上海等地的重点企业与新科动漫频道签署了关于搭载“金陵之窗”平台播放协议，通过频道开设的“金陵之窗”特色栏目板块形成南京动画产业的宣传窗口和推广平台，推进南京动画产业的对外拓展。

苏州的动画企业主要集中在苏州工业园区、吴中区、昆山软件园等地，目前已有苏州工业园区国家动画产业基地、昆山软件园动漫数字产业基地和长桥动漫特色产业基地三个动漫产业基地。随着近几年国家大力提倡国产原创动画的发展，作为国家动画产业基地，苏州工业园区先后出台了一系列产业政策。在政府的积极支持和扶持鼓励下，苏州动画产业逐渐呈现良好势头，努力走出加工模式，开始在原创性上下功夫，其发展模式出现新转折、新趋势。逐渐完成从单纯承接国外动画公司订单，为其完成动画制作流程中的制作工艺，到将原创动画素材的绘制业务批量转移出去的角色转变，所蕴涵的转型意义深远。苏州工业园区在国际科技园内利用开发区的政策优势，精心培育动画产业，目前拥有动画相关企业30多家，从业人员1500余人，有从事二维、三维动画制作，动漫产品设计，动漫软件开发，互动游戏产品开发，动漫游戏运营等骨干高技术企业10余家，集聚了苏州市80%以上的动画企业。

基地集外包和原创为一体，目前已出现一批优秀的原创二维、三维动画作品。苏州士奥动画制作有限公司制作的原创3D动画连续剧《诺诺森林》，已于2009年初在中央电视台少儿频道强档播出。此前，《诺诺森林》已与加拿大一著名发行公司签订了全球发行协议，完成全球40多个国家的160多个电视台的推广，已陆续在中央电视台、省市电视台及各省电视台卫星频道滚动播出等，这在苏州本土的动画产业发展史上还是首次。原创逐渐成为园区动画产业的一大特点，有超过一半以上的动画企业主要从事原创作品的生产和营销，目前已经成为国内动画产业重要的生产制作基地之一，产业的快速发展得益于园区在载体建设、人才培养和相关公共技术平台建设上给予的支持。同时在资金扶持方面，园区还提出了税收激励、资金支持、知识产权保护、政府采购等多项支持措施。

目前园区的动画企业主要集中在国际科技园内，而由旧厂房改造而来的创意泵站更是将动漫游戏等创业产业相关企业集中到了一起。此外，园区还在湖东沙湖生态公园旁新建了沙湖动漫城。在沙湖动漫城内将建起一家国际动漫博物馆，这也是国内首家集动漫展示、体验、娱乐、交易为一体的综合性动漫博物馆。在公共平台方面，国际科技园内的动漫公共技术平台已正式启用。动漫公共技术平台购买了大量先进的设备，能够向动画企业提供后期制作等服务。

四、动漫产业发展的优势

1. 丰富的历史文化资源为动画产业提供了创意之源

江苏省内拥有多座著名的历史文化名城，如四大古都之一的南京，“上有天堂，下游苏杭”的古城苏州，吴文化的主要发祥地之一、史称“中吴要辅”的常州，具有三千年历史的江南名城、被称为“太湖明珠”的无锡等。风景优美，生态环境良好，历史文化资源源远流长，蕴藏深厚，特别是人文资源丰富多采，各种历史故事、民间传说带有显著的民族特色。文学戏曲，建筑绘画，手工业丰富。苏州刺绣、南京云锦、无锡惠山泥人、淮阴剪纸年画、扬州漆器玉器、南通风筝、宜兴紫砂陶器、常州梳篦、苏州和扬州的盆景等都是在海内外享有盛誉的工艺精品。同时，随着现代化进程的加快以及对外开放的不断深入，江苏省独具地域性的文化中又融入了现代和外来文化的养分，变得更加繁荣。这些都为原创动画产业的发展提供了宝贵的素材，对动画产业具有很大的助推力。

2. 发达的经济和周边产业有利于动画产业链的延伸

江苏是中国的经济大省，全省综合经济实力和社会发展在全国一直处于前列，是长江三角洲地区的重要组成部分。

省会南京是华东地区重要的交通枢纽和通讯中心，拥有现代化的通讯体系。

南京在“2008年福布斯中国大陆最佳商业城市100强”中排名第4，位列国家统计局发布的“中国综合实力城市”第7名，在长三角地区城市可持续发展水平评估中排名第2，赢得了联合国人居奖特别荣誉奖和2008年度“中国人居环境奖”。南京作为区域性中心城市，具有相当大的辐射力。其具有良好的轻工业基础，服装、鞋帽、文具、玩具加工企业众多，适合动画产业衍生产品的生产销售，为动画产业相关衍生产品的开发提供了有利条件。

江苏省的常州市地处苏南地区，位于上海都市圈和南京都市圈之间，是江苏省以至全国重要的工业城市，是江苏省和长江三角洲的经济中心城市之一，苏锡常大都市圈的核心城市之一，也是中国以传统制造业为特色的工业基地之一。拥有电子信息、机电设备、软件研发、纺织服装等厚实的产业支持，成为中国著名的制造业基地。常州在玩具、服装等制造业领域处于全国领先水平，而无论玩具业还是服装业，都与动画产业具有相当大的关联度。因此常州可以把纺织服装业和玩具业都看作是动画产业可以借用的平台，这些产业园区也可以成为动画衍生产品的一个生产基地。

江苏省还拥有实力雄厚的众多民营企业和知名品牌，如熊猫集团、小天鹅、桂花鸭等。民营企业具有很大的创新精神，而动画产业以创意为发展契机，因此民营资本的支持对产业的发展具有重要的作用。如果依托这些企业将动画制作与树立著名企业品牌相结合，既能迅速打造著名品牌又可以解决动画制作的资金来源，同时还可以通过衍生产品的品牌授权将知名品牌效益增值，形成良性循环。江苏省产业资本雄厚，许多资金正在寻求更好的投资渠道，江苏的动画企业如果能在产业发展过程中有效地引导、吸纳这部分资金，就可以突破资金瓶颈，实现产业良性发展。

3. 雄厚的科教资源是动画产业发展的核心竞争力

江苏省科教资源雄厚，科学教育水平居全国前列。南京是全国四大科研教育中心城市之一，是全国重要的高教、科研基地，拥有一批国内一流的高校和科研机构；苏州历来就是善学重教，具有高质量的教育培养能力，教育师资发达，特别是高等教育水平近年来得到快速的提高。苏州市还拥有一支在国内实力一流的儿童文学作家队伍，领军人物金曾豪和王一梅共6次荣获中国作协全国儿童文学大奖，还多次获得中国图书奖等国内最高级别的奖项，其他作家也有很多获国内诸多著名的儿童文学奖。这是苏州动画产业发展得天独厚的文学优势。著名儿童文学作家金曾豪的力作《芦荡金箭》被改编为同名动画，为苏州市动画业走上强强联合的可持续发展新路开了一个好头。这些有利条件都为江苏省动画产业的发展提供了丰富的人力和技术资源。全省拥有的科技力量与科研能力，仅次于北京、上海，居全国第三位；对外科技和教育交流频繁，江苏已与世界上40多个国家和地区建立了科技合作关系，与近30多个专家组织建立了工作关系，江苏各类学校已与国外近300所大中学校建立了交流与合作关系，实现了高等教育大众化。全省拥有艺术和纪念性博物馆91个等。

江苏省内一批软件研发、电子科技信息的高新技术企业聚集了大批专业技术人才，南京大学、东南大学、江南大学、南京师范大学、南京艺术学院等著名高校在文学创作、音乐、美术、影视、计算机等方面的教育优势，也为发展动画产业提供了极大的智力支持。省内几十所院校都相继开办了动画相关专业课程，一些动画企业也设立了培训机构，并与院校签订合作办学协议，进一步探索“产、学、研一体化”的产业模式，这样既满足了企业的人才需求，也增强了专业教育的实践性和针对性。江苏省的教育、人才优势，极大地吸引着国内外优秀动画企业来江苏发展。

4. 政府出台一系列政策为动画产业的发展提供政策和资金支持

江苏省政府高度重视动画产业的发展，制定了一系列动画产业扶持政策。这些政策主要有：省级文化产业引导资金中将设立动漫产业发展引导资金，支持在江苏省内注册的动漫企业在江苏立项进行动漫原创作品的创作、生产、出版、播映，以及民族民间动漫素材库和动漫公共技术服务体系建设；建立优秀原创动漫产品评选、奖励和推广机制等等。此外江苏省各级地方政府也给予政策上的大力支持，推动了动画产业的发展。

南京市广电局作为动画产业管理职能部门，2008年制订了《南京市动漫产业发展规划（2008—2012年）》，在产业规划、指导、管理和政府服务方面积极开展工作，出台了鼓励动画产业发展的一系列扶持政策，为企业市场化运作创造了良好的发展环境。南京市动漫行业协会充分发挥其行业自律、自我完善和自我服务功能，促进了动画产业健康有序发展。

常州动画产业也得到了国家和地方的大力支持。除了常州市政府以外，中央政府对于常州建设国家动画产业基地也给予了大力支持。常州国家动画产业基地从立项到批准，别的城市都是基地先建，牌照后批，但常州反过来，牌照先批给其中的一个公司，然后再建基地。常州市政府对于动画产业基地内的企业制作的动画产品，只要在江苏省台和中央台播出，常州市都加倍支付制作费作为奖励。如果某产品获国家和省的奖励，常州市会再加倍奖励。对于进驻动画产业基地的企业，房租免一年，第二年减半收取。而最优惠的一项政策是市里决定把基地内企业上缴地方财政的税收全部以奖励的形式返还给基地，由基地决定返还给需要重点扶持的企业。

无锡国家动画产业基地以项目创新为主旨，2008年继续开展“动漫产业示范企业”工程；实行“项目攻关”和“衍生产业推进”计划，考核监督确定项目，跟踪、评估新项目，促进众多领域尽快形成动漫产业链，不断提升技术和艺术水平跨越式发展。无锡市动漫办会同市财政局做好动漫产业资金的政策兑现审核下拨工作和组织专家进行项目评审工作，2008年下达市级扶持资金800多万元，自2006年来，市区两级拨付动漫产业扶持资金累计超过3000万元，极大促进了产业集群的优化。无锡市动漫办还编写了《动漫产业服务直通车手册》，建立相应的专门工作体系，明确具体职能部门、人员和责任人，进一步完善服务体系，以“服务直通车”形式为动漫企业提供全方位的服务。无锡市动漫行业协会积极主动提供政策咨询工作，组织原创动画立项、审批、审查发行播出许可证等各种办理手续；组织和配合市各项招商活动；利用各种途径为动画企业解决资金短缺问题，搭建投融资平台；积极做好相关产业资金对上申请工作，组织企业申报江苏省首批文化产业引导资金项目；与市经贸委中小企业局、各银行等相关单位积极沟通，为动画企业的知识产权质押等进行投融资推介，充分发挥行业协会作用，为企业提供信息服务，加强联系沟通，促进政策执行，保障企业权益。同时，无锡市积极建设动漫发展各类平台。自2006年以来，无锡市财政投入平台设备资金近3000万元建设无锡动漫公共技术服务平台，积极为企业提供服务；与国家新闻出版总署合作“中国动漫作品版权服务平台南方中心”，为无锡市乃至江苏动画企业的作品提供版权保护和增值服务；另外，无锡市数字动漫创业服务中心、无锡市动漫公共技术条件网投入使用，进一步有效整合无锡市相关资源，为企业提供更加全面的服务。

苏州市动画产业在政府的积极支持和政策扶持鼓励下，逐渐呈现良好势头。为了促进动画产业的长足发展，苏州市出台了《关于扶持动漫产业发展的政策意见》，苏州工业园区设立了1亿元动漫产业发展基金，扶持动漫游戏产业发展，2008年苏州常熟市也出台《关于加快动漫产业发展的若干政策意见》，从五方面加快动漫产业发展。苏州市、工业园区两级政府都在积极推动动画产业的发展。据了解，为进一步推动动画产业相关项目的发展，各相关地区和部门采取了相应的配套措施。其中，苏州工业园区2009年将投8000万元资金，致力于包括获得引导资金的苏州软件园动漫技术服务平台、苏州动漫创意人才培养平台在内的十大公共技术服务平台的建设等文化产业项目。

5. 动画产业基地注重对动画从业人员的培养

江苏省是拥有国家级动画产业基地最多的省份，同时具备雄厚的科教资源及科技水平，各地区的动画产业基地十分注重对动画从业人员的培养。如无锡市的动画产业人才教育培训规范，拥有一定规模的动画创意人才教育培训机构（包括学历和职业培训）10所，2008年，培训专业人才1000人次。还有苏州动画产业基地培训体系也比较完整。首先体现在所开设的专业上，基地共开设了包括二维动画、三维动画、游戏开发、工业设计等近20个动画相关专业，培养包括原画师、动画师、产品设计、包装设计等从创意策划、中期制作到产品营销动画产业链上的各类人才。并针对所开设的专业以及企业需求，基地为受训人员配备了一流而专业的师资队伍。此外，基地还有一些“特聘教师”，这些特聘教师来自国内外动漫游戏企业的顶尖研发高手、项目经理、技术总监等，通过他们可以让学员在学习中亲身体验一下工作上的“实战”。苏州动画基地还摸索出一套企业孵化的模式——直接从大学实训人员中挑选优秀学员成立工作室，并不断安排工作室完成动画制作项目，当工作室的条件成熟时，新的动画企业也就呼之欲出。此外，基地还采用了另一种孵化方式：当基地获悉某个团队欲与企业合作完成一个项目的时候，基地会针对这个项目为该团队配备一定的师资力量，然后在一起完成这个项目的同时对这个团队进行定向培养，进而将这个团队组建成一个新的动画企业。

6. 重视原创，产业基础扎实

江苏省的动画产业从外包加工开始，经过十多年的发展，已经具备了较为稳定的外包接单能力。主要从事欧美动画外包的制作开发，并且拥有动画制作全流程的加工能力，这是江苏省动画企业最重要的特点之一。通过和动画产业发达的国家及地区进行合作，不仅能学习先进的技术，而且也能接受前沿的创作理念。许多动画企业实践经验比较丰富，已经充分认识到动画原创作品的重要性，从与海外动画企业的合作发展中认识到一个动画企业要做大做强做久，必须要有自己的动画品牌。部分有实力的动画企业已经逐渐转型投入到原创动画作品的制作中，为动画产业的可持续发展奠定了基础。

7. 投资主体多元，国际业务广泛

江苏省动画企业的投资主体具有多元化的特征，投资者中既有国内民营投资者，又有来自台湾的投资者，还有来自其他国家的投资者。江苏地区动画企业的经营以国外外包加工为主，同时积极发展同海外动画企业的版权合作项目，这有利于企业加入国际动画产业合作，获得先进的理念、技术和销售渠道。

江苏是经济强省，又是文化大省，还是旅游大省。江苏动画产业的发展必须建立在自身的比较优势上，才能够将有限的资源集中于自己的优势环节，以寻求突破。

第十节　2008—2009年浙江省动漫产业发展新概况

一、发展现状

浙江省地处中国综合实力最强、经济最具活力的长江三角洲地区，历史悠久，人杰地灵，文化灿烂，素有“鱼米之乡、丝茶之府、文物之邦、旅游胜地”的美誉。经过三十年的改革开放，浙江省以中国近1%的土地、4%的人口，创造了中国7.5%的生产总值。民营经济的迅速发展和创业创新，是浙江省经济社会发展的一道亮丽风景，它创造了全省70%以上的生产总值、60%以上的税收、76%的外贸出口、90%以上的新增就业岗位，民营经济已成为浙江经济发展的支柱。在全国民营企业500强中，浙江就占了203席，总数居全国第一，并拥有许多具有区域特色的浙江民营经济品牌，浙江经济得到了持续快速的发展。浙江省是全国文化体制改革综合试点省份之一，目前正努力打造“文化大省”，省委省政府十分重视文化产业的培育和发展，特别明确把建设“动画产业强省”的目标列入日程，积极依托雄厚的经济实力、良好的体制机制优势、优厚的下游产业链基础和良好的人文区位优势，大力发展动画产业。

杭州市作为长三角南翼中心城市，浙江省环杭州湾产业带的核心区，著名的国际风景旅游城市，全省高新技术产业的龙头和综合物流枢纽、现代服务业中心，多年来稳健发展的轻工业和旅游业，使杭州无论在经济实力还是地理优势方面均闻名遐迩，成为浙江省及东部沿海发达地区中集聚盛誉的地方。杭州已连续14年GDP保持两位数增长，经济总量连续多年居全国省会城市第二位、副省级城市第三位，城市综合实力在国内同类城市中名列前茅。同时杭州也是浙江省动画产业发展的核心，顺应经济的迅猛发展，杭州市政府根据城市的定位及杭州在人才、创意、策划、组织、技术、设备、资金、经营方式等方面的优势，倡导发展“创意、休闲”产业，把动画产品列入市文化精品工程，每年安排专项奖励基金，采取了一系列措施，积极发展和培育动画品牌，让动画产业成为新的经济增长点。同时，杭州借助优越的旅游资源，在动画产业发展的国际态势下杭州市政府积极响应政府号召，出台一系列推动动画产业发展的政策，建立和完善动画产业基地。杭州从众多强有力的竞争对手中脱颖而出，夺得中国首届国际动漫节的举办权，着力打造“中国动漫之都”，并于2006年获得永久性动漫节举办权，进一步扩大了杭州动画产业发展的知名度和吸引力。动画产业作为杭州市的新兴产业已经具备了一定的产业基础和发展优势，基本形成了集约化、规模化发展的良好格局，并在全国确立了领先的地位。

同时，除了杭州之外，省内各地区都在“孵化”动画产业。宁波市正积极探索动画产业发展，“中国未成年人网脉工程实践基地”、“中国动漫电竞活动中心”和“国家动漫游戏原创产业基地”等项目先后落户宁波；拥有全球最大的小商品流通市场的义乌也顺势而上，正全力打造玩具动漫衍生产业基地；绍兴、温州等地区的动画产业也逐渐起步。

二、政策现状

为“营造政策洼地，形成产业高地，加快集聚动画产业”，浙江省出台了不少颇具含金量的扶持政策，包括财政投入政策、投融资扶持政策、园区建设及土地政策、人才政策等，鼓励多元主体参与动画产业发展，推动影视精品动漫创作，努力为产业的发展提供一流的政策环境。财政每年从产业扶持资金中安排“专项扶持资金”，用于动画产业公共技术服务平台的建设、动画作品原创以及对动画企业发展的财政扶持。省会杭州市还在全国率先制定了动漫游戏产业发展“十一五”规划，规划中明确了杭州打造“动漫之都”的指导思想、基本原则和目标思路，争取到2010年，杭州原创动画作品的年生产能力达到30000分钟，动漫游戏产业的产值达到18个亿，带动相关产业收入180个亿。2008年，浙江省杭州市为了加快推动文化创意产业融资工作，鼓励和支持在杭担保机构为中小型文化创意企业提供融资担保服务，有效缓解文化创意企业融资难的问题。市文化创意产业办公室、市财政局联合制订《关于鼓励为文化创意企业提供融资担保的实施办法》和《关于鼓励为文化创意企业提供融资服务的若干意见》；高新区(滨江)国家动漫产业基地与西湖区国家数字娱乐产业示范基地，也都根据新形势适时更新了扶持政策和相关管理措施，正式出台了《进一步鼓励动漫游戏产业发展的若干意见》和《专项资金管理办法》等产业新政；西湖区首创设立了杭州第一只由政府设立的创业投资引导基金，尝试以社会债权融资的方式破解创新型中小企业“融资难”问题，为浙江省的动画产业提供了有利的政策空间。

三、国家动漫产业基地情况

截至2008年，浙江省产业基地数量共计10家，其中文化部命名的文化产业示范基地7家；国家新闻出版总署规划建立的国家级数字娱乐产业示范基地1家。国家广电总局建立的国家级动漫产业基地1家；由国家工业和信息化部批准设立的国家动漫游戏原创产业基地1家。其中重点地区杭州市的动画产业主要集中于国家动画产业基地杭州高新技术开发区动画产业园和国家数字娱乐产业示范基地杭州数字娱乐产业园两大区块，形成了产业集群发展的良好势头。

在2008年国家动画产业基地国产电视动画片产量排名中，杭州高新技术开发区动画产业园动画片产量从2007年的全国第三位上升为第一位，生产国产动画片共计24部，长度为16886分钟。

杭州高新技术开发区动画产业园能取得这样的成绩和政府的大力扶持分不开。根据动漫产业发展的新情况和新特点，2008年高新区又进一步修订完善了动漫产业的扶持政策，对初创型企业的孵化、企业做大做强及动画产业链的培育实现了全覆盖。

融资难是动漫产业发展和企业成长的最大瓶颈。为帮助企业有效解决在发展过程中存在的突出难题，动画产业基地经常组织召开动漫企业融资洽谈会和项目推介会，邀请市创业投资服务中心多家投资机构和动画基地企业负责人面对面进行交流，寻求盈利模式，促成双方合作，为企业牵线搭桥，帮助企业解决投融资困难。同时，"动漫企业知识产权质押担保"是高新区创造性推出的又一项融资服务项目，该模式部分免除了对有形资产的要求，以卡通形象的著作权、注册商标和外观专利等作为反担保措施，为中小企业开辟了新的融资途径。此外，该区还积极探索发行文化创意企业集合债券工作，组织企业主动与风险担保机构沟通，以加大动漫游戏企业在集合债券发行中的比重，加大融资力度。

目前浙江太子龙文化传媒有限公司成功获得300万元的政府引导基金跟进投资，知名风险投资商软银赛富亚洲投资基金已与该公司签订投资框架协议，初期拟投资8000万元。基地内数字电视增值服务企业视线科技凭借广泛的国内市场占有率，已成功获得海泰创新资本的1000万美元投资；而另一家动画企业3000万美元的风险投资也已基本敲定。

为降低企业的制作和运营成本，提高整体竞争力，动画基地根据市、区有关要求，通过市场化运作的手段，努力调动有关企业的积极性，专门搭建了一个技术服务平台。这是一个兼具开放性、通用性、共享性的动画基地公共技术服务平台，通过动漫知识库、专家人才库、动画动作库、材质贴图库、程序编码范例库、开放源码国产动漫引擎库和技术制作平台、测试部署平台、宣传发布平台、业务协作平台等的建设和积累，为企业研发和制作建立了一个一流的可随时借用的"公共网上图书馆"。在平台一期建设初具雏形的基础上，2008年该区又购置了近300万元的后期非编、高清输出、音效录制等专业设备，并引进了相关专业团队，为动画企业提供后期制作和相关测试的"一条龙"服务。

集聚高端的创意人才和动漫专业制作人才的"脑库"，是动画产业可持续发展的基石。为解决动漫游戏人才短缺问题，动画基地与浙江工业大学共同建立基地人才教育实训中心，整合浙江大学、中国美术学院及浙江传媒学院等各校的有关师资骨干，通过菜单式定向培训和专家讲座等形式，为企业创作生产和产业发展培训应用型的专业人才。同时动画基地的企业，也都十分注重人才的引进和培养。基地所在的高新区还与高新人才中心合作，定期举办"相约在高新"动漫企业人才交流会和企业专场招聘会，广泛吸引创意、策划、运营等各类动漫专业人才为基地企业所用。在继续加强动漫人才培育和引进的同时，高新区还借助动画基地与浙江大学经济学院的合作，发挥浙大动漫游戏研发中心及相关实体的团队及运作实力，以版权保护与交易为纽带和突破口，通过网络平台和系列推介活动，为基地企业提供包括品牌策划、信息咨询、版权运营等相关服务，增强企业的发展后劲。

与此同时，创意企业丰富的版权资源如何与下游衍生产品开发制造业实现资源整合，达到双方共赢的目的，这是高新区一直研究探索的问题。2008年，动画基地经有关部门牵线搭桥，与玩具、服装、电子等加工业实力雄厚的广东东莞市建立"杭莞动漫产业联盟"，通过产业上下游整合互补，实现内容创意、品牌树立和产品开发的联动。此项举措受到了基地企业的普遍欢迎，部分合作项目已经展开。此外，该区还积极开展招商引资活动，吸引国内外知名动漫游戏及相关企业入驻动画基地。该区又启动了白马湖生态创意城建设，为未来动画及相关产业的发展开辟更广阔的空间。

优惠的扶持政策和良好的发展环境，迅速形成了"洼地效应"，全国各地的动画企业争相汇聚。目前，已有近80余家动画游戏及相关企业入驻基地，已初步形成创意策划、研发制作、衍生产品开发、服务外包、市场运营、教育培训、投融资和技术服务一体化的动画产业链格局。与此同时，基地部分骨干企业的示范引领作用已初步呈现。

2008年，面对国际金融危机的冲击，杭州国家动画产业基地的动漫游戏产业增长率超过了20％。"高新技术企业"重新认定后，龙头企业中南卡通还成为全国首个通过认定的原创动漫类企业。中南卡通的动漫产品已先后进入63个国家和地区，2008年海外版权销售突破300万美元，国内授权经营实现营业收入2000多万元，该企业还被文化部命名为第三批国家文化产业示范基地；太子龙文化传播公司的项目不仅得到了中宣部等部委的重点支持，其衍生产品“龙太子”童装系列的市场销售也取得了可喜的成绩，仅仅在2008年秋冬服装订货会上就实现销售收入3000万元。漫奇妙动漫影视公司入驻高新区还不到一年，目前已形成集策划创意、编剧制作、市场运营为一体的核心运营团队，2008年产量突破7000分钟，主要作品《奇趣宝典俱乐部》也成为国家广电总局推荐的优秀动画作品。玄机科技公司出品的动画片《秦时明月之百步飞剑》受众范围广泛，其收视率已逼近2008年热播的影视剧，该作品还获得第20届电视文艺“星光奖”、第4届“金龙奖”动漫榜中榜评选中获得“最佳系列动画奖”等三项大奖。近年来，动画基地有多部作品入选省市文化精品工程，并囊括了全省影视动画类的所有奖项；在国家广电总局、文化部、国家新闻出版总署的动漫类各项评比活动中，基地多个动漫产品也名列其中；其中一些优秀的作品更是在国外专业比赛中获奖。

目前，杭州国家动画产业基地正凭借科技创新、人才支撑以及动画产业的先发优势，荟萃一批动画专业人才，形成产、学、研相结合的动画产业链，力争使杭州成为全国动画产业的核心区和示范区。

四、动漫产业发展的优势

1.文化科技优势

（1）独特的历史文化：浙江历史悠久，文化灿烂，是中国古代文明的发祥地之一。以杭州西湖风景名胜区为中心，纵横交错的风景名胜，遍布全省。杭州历来是浙江省的政治、经济、科教、文化中心，有着深厚的文化底蕴，是中国七大古都之一，五代吴越国和南宋王朝两代建都于此，是国家首批命名的历史文化名城，具有很好的自然资源和人文资源条件；副省级城市宁波是具有7000多年文明史的“河姆渡文化”的发祥地，也是著名的侨乡，不仅山清水秀，而且文人荟萃；拥有“水乡、桥乡、酒乡、书法之乡”之称的绍兴以其人文景观丰富、水乡风光秀丽、风土人情诱人而著称于世，自古即为游客向往的游览胜地；浙江省各地区独特的自然风光、历史文化和风土人情都为动画创作提供了丰富的素材资源。

（2）领先的高新技术：浙江省杭州市是国家信息化、电子商务、电子政务、数字电视等四项试点城市，以及国家软件、集成电路设计产业化基地，以信息产业为主导的高新技术产业已成为杭州的一大特色和优势。近年来，杭州致力于“建设数字杭州，构筑天堂硅谷”，通信、软件、光纤光缆、集成电路、数字电视等与动画产业相关的产业发展迅速，现有软件从业人员近10万人，有12家企业进入全国“百强软件企业”行列，15家企业进入国家重点软件企业行列，14家IT企业在境内外上市。杭州还有先进的IP宽带网，已在全省范围内全面开通数字电视，率先实现了“模转数”。2008年杭州市政府还制订了十分明确的“无线城市”发展规划，打造一张覆盖大杭州1.66万平方千米的无线宽带城域网，让全杭州人享受到信息技术带来的便利与实惠，成为“无线杭州”未来两三年内的具体建设目标。信息技术等高新技术产业的快速发展也为动画产业的发展提供了较为雄厚的技术支持和高效的传播平台。

2. 环境优势

（1）生活环境：浙江省的杭州自古以来就被称为“人间天堂”，是一座适合生活、讲究品质的城市。近年来杭州的美名也不胜枚举，比如“东方休闲之都”、“品质之城”和“天堂硅谷”等等。这些都源于杭州优美宜人的自然风光、快速发展的社会经济、安全有序的城市环境以及舒适便利的生活环境。近年来，杭州打响了“住在杭州、行在杭州、学在杭州、创业在杭州”四个城市品牌的发展战略，以“品牌”经营的态度锻造品质，在各个领域塑造了一个又一个备受瞩目的发展样板，成就了一个休闲旅游、生活居住、求知创业的人间天堂。

杭州市过去5年的发展可谓辉煌，GDP从1568亿元增至3441亿元，人均GDP由3029美元增至6505美元，财政收入从188亿元增至624亿元，达到中等发达城市水平。同时，杭州市政府希望在未来五年里，杭州的人均生产总值能超过1万美元，让杭州向发达国家的行列迈进，并不是只一味追求GDP增长，而是在追求经济可持续发展的同时，重视人民的生活品质。从2004年—2008年，在新华社《瞭望东方周刊》组织开展的“中国最具幸福感城市”调查中，杭州已连续五年名列第一，并获得“2008年中国最具幸福感城市”特别金奖。杭州快速发展的优势为市民创造富裕的生活环境，从而对提高审美、娱乐需求创造了有利的社会基础，因此开放的文化环境、活跃的审美情趣都为动画产品推广创造了客观的生存环境和浓厚的文化氛围。

（2）投资环境：浙江省经济的迅速发展带动了社会各项事业的长足进步，特别是省会杭州的城市综合实力在国内同类城市中名列前茅。杭州市相继获得联合国人居奖、国际花园城市、国际环保模范城市、国家卫生城市、全国园林城市、全国绿化模范城市等荣誉，连续3年被世界银行评为“中国城市总体投资环境最佳城市”第一名，连续3年被《福布斯》杂志评为“中国大陆最佳商业城市”第一名。可以说，杭州是中国最适合民营资本创业和投资的城市之一，民营经济占杭州全市GDP的比重达80%，由民营经济大市逐步向民营经济强市转变，呈现出生机勃勃的发展态势。与此同时，杭州市委提出和谐创业的新发展模式，使得近年来动画产业的投资环境不断优化。良好的产业市场前景也吸引了软库香港、创大基金、软银、新加坡电信、IDG等国际知名风险投资机构来杭州投资创业。宁波、温州、绍兴、义乌等地也相继努力改善和优化地区投资创业环境，浙江省正吸引着越来越多的民营资本和国际资本涉足浙江动画产业。

3. 人才优势

浙江的地灵造就人杰，人杰催生出文化创意产业。目前国内IT业、动画产业界不少领军人物如盛大集团总裁陈天桥、联众网络游戏总裁鲍岳桥、网易总裁丁磊以及湖南三辰卡通企业集团董事长孙文华等均为浙籍人士，这些在外成功创业的浙籍人士也纷纷看好家乡动画产业的发展前景。

浙江省把文化创意产业作为主攻方向，而动画产业则是发展的核心。目前，浙江的各大高校也已形成教学、科研、创作各有所长的动画教育培训体系，成为发展动画产业的人才培育基地和自主研发创作的丰富资源。如中国美术学院是中国4个动画教学研究基地之一，投入1亿元资金设立了影视动画学院，学院下设摄影、影视、动画、游戏4个专业，12个工作室和1个研究中心，已经形成了以研究生、本科生、大专生三级梯队为主的多层次人才培养结构；浙江大学在计算机科学、人工智能、计算机图形与网络、计算机动画软件的教学研究上特色鲜明，位于全国前列，浙江大学计算机学院还拥有数字艺术博士点和硕士点。此外，目前省内有浙江工业大学、宁波大学、浙江工商大学、浙江理工大学、浙江传媒学院等几十所高校都将动画作为重点学科予以建设，开设有动画、数字媒体、游戏等专业和课程，逐步形成软件研发、人才培养、自主创作的教学研究基地，在技术和理论研究上为浙江的动画产业提供了支持。杭州本土的动画公司也非常注重技术人才的培养，中南卡通为了建立长期的技术与人才储备，还分别与北京电影学院、中国美术学院、浙江传媒学院合作成立了中南动画影视研发中心，并在北京投资建立了研发实验基地。同时，合理优惠的用人政策为浙江动画人才的集结创造良机，多层次的人才结构和规模已经初步显现出浙江省动画产业的“硅谷”效应。

4. 市场优势

（1）发达的周边产业：浙江省是一个市场大省，是一个小商品市场的海洋。浙江有4600个市场，有50万个商品品种，数量多、规模大、综合能力强、辐射范围广，独特的区域经济优势为动画衍生产品的研发、生产和流通提供了良好的基础。图书、音像制品、服装、饰品、造型、纪念品及旅游产品等都是杭州市的传统产业，不但制作经验丰富，而且工艺水平较高，为生产动画衍生产品提供了技术保证。同时，浙江省义乌小商品市场已经成为全国卡通产品交易集散中心；绍兴有全国著名的全球纺织城与世界纺织品贸易中心，是全国经营规模最大的专业市场；湖州市的织里镇有全国最大的童装市场；宁波市宁海县有玩具生产企业千余家，年产值24亿元，被授予“中国文具之都”；丽水市云和县是全国木制玩具生产基地，年生产木制玩具近10亿元，95%以上出口世界各地。浙江省可以充分利用自身的现代制造业优势，发展以玩具、文具、服装、电子产品等为载体的动画衍生产品，积极发展动画产业下游环节。

（2）实力雄厚的民营企业：浙江省民营经济发达，充裕的民间资本是浙江动画产业发展的强大后盾。省内拥有实力雄厚的众多民营企业和知名品牌，不少民营企业已完成原始积累，进入产业和地域扩张期。面对具有广阔前景的动画产业，目前大量民营资本涌入已逐渐成为浙江动画产业的鲜明特点，各地区已初步聚集了一批动画产品研发、制作和运营等相关企业。浙江民营企业表现出了很高的投资热情，中南集团、太子龙控股集团、广厦集团等民企巨头近年已先后在杭州设立了影视动画制作企业，并取得较好的经济效益、社会效益。浙江省民营资本雄厚，许多资金正在寻求更好的投资渠道，不少民营企业正准备涉足动漫游戏领域，善于捕捉市场机会的民营资本能为浙江发展动画产业提供充足的资本支持。

（3）活跃的动画市场：浙江省一些有发展潜力的动画骨干企业或公司已初步形成了动画产品策划、研发、制作、生产、运营以及周边产品开发的产业链，另外在游戏代理与运营、网络增值服务、动画产品发行方面，一些企业也具备了较强的实力。如今杭州动漫原创和自主研发的比例已经上升到了36%，很多企业逐步从加工动漫游戏产品转向自主原创研发。目前共有12部动画原创作品正处于紧张的创作阶段，多部优秀的原创动画已经和中央电视台、国内外媒体和公司签订了合作协议，并努力拓展海外市场。目前从事动画及相关产业的企业机构都在不断涌现，浙江省动画市场的表现十分活跃。动画企业良好的发展势头，也吸引着众多国际资本的关注。

5. 体制优势

（1）政府的产业引导：动画产业被认为具有无污染、利润高、产业链长等优点，这对于浙江省来说，无烟的动画产业自然成为大力发展文化创意产业的重中之重。浙江省杭州市政府充分利用自身良好的比较优势，高度重视动画产业的发展，建立了动漫游戏产业发展领导小组，对发展战略、总体方案、规划编制、论证评估和基本建设诸方面实施统一的领导，同时可以对产业之间的平衡发展提供有效的协调和指导。浙江动画企业多为中小型企业，为促使其在求得生存的同时更好更快地发展壮大，通过市场法则，采取分类指导的方法，推动有资金实力、有人才团队、有渠道通路的企业走较为完整的产业链路子，而引导大多数的中小企业走特色化经营的道路，专注于动画产业链的某一个环节，从而使基地整体形成一种动漫产业上下游配套的发展格局。并积极推进院校资源的整合，开展了各种形式的动漫交流活动，使得越来越多的企业都将目光盯住了新兴的动画产业。

（2）积极的产业扶持政策：浙江省各级政府为营造动画产业的“政策洼地”，用优惠的政策和周到的服务形成了孵化动画产业的“高地”。作为国家文化体制改革试点地区和经济发达城市，杭州市在发展文化产业和动漫产业方面政府出台了全面、系统的指导意见和产业扶持政策。围绕打造“动漫之都”的战略，杭州市为促进国家动画产业基地的快速发展，设立了动漫产业发展基金，采取奖励、资助、贴息等方法支持动漫企业和原创作品等十五项扶持动漫产业发展的政策，并建立了2.5亿元的动漫产业专项基金。省、市、区各级政府共同促进动画产业发展的良好局面逐步形成，政府有形之手为动画企业的发展集聚了资金和人才，为实现规模化发展创造了条件。

（3）灵活的经营机制和管理体制：浙江发展动画产业具有管理体制和经营机制的先发优势，大多数动画企业基本属非国有资本投资，市场意识较强，具有很强的创新能力和生命力，其拥有的灵活机制尤其使浙江在动画原创方面拥有很大潜力。同时，浙江省的市场经济体制较为健全和完善，各级政府工作规范，服务意识强，特别是省会杭州作为国家文化体制改革试点城市和经济开放城市，明确将动漫游戏产业作为现代服务业中的一个新兴产业予以重点扶持发展，加大了政策引导和产业扶持力度，同时也降低了动画企业在浙江创业、发展的运营成本。

浙江省发展动画产业面临着良好的机遇，通过依托浙江良好的文化优势、环境优势，政府引导和扶持政策，以及借助浙江省内各地区现代制造业生产、集散，强大的吞吐力度，以杭州为龙头和发展平台，集聚全省各种要素，探索动画产业集约化、规模化、现代化、国际化发展的模式。浙江省在各方面，特别是外援方面已处于全国动画行业发展的前沿位置，发展动画产业浙江市场具有着得天独厚的有利条件。

第十一节　2008—2009年安徽省动漫产业发展新概况

一、发展现状

伴随着数字娱乐时代的到来，安徽动画产业发展正逐渐起步，政府预期通过从文化大省向文化强省跨越的发展战略，大力发展动画产业，培育新的经济增长点。为此出台了一系列的配套政策，包括投资融资、科技研发、基础硬件设施建设等方面的扶持性政策，显示了安徽省政府对安徽动画产业发展的重视。

二、产业政策

合肥市和芜湖市是安徽省经济社会发展较好的两个地区，两市科教资源丰富，人才济济，可以形成集约化、规模化的产业群。两市政府都一直高度重视动画产业的发展，成立了动漫产业领导组，制定了多项促进动漫产业发展的政策，包括市场准入、作品原创、设计攻关、产业发展专项资金、建设公共服务平台等方面的政策措施。

安徽省政府在规划指导、政策引导和管理服务上发挥作用，坚持以企业为主体，院校、科研机构协调发展。目前安徽各高校已相继开设动画相关课程，加之出版业等相关行业发展快、潜力大，为动画投资与发展营造了良好的环境。

芜湖市还在全省率先制定了动画产业发展规划，并立足于招大商引巨资，先后引进深圳华强、上海新黄埔科技、杭州和瑞等大型企业，通过大项目形成高起点发展态势。芜湖将动画产业作为新的经济增长点精心培育，实施重大文化产业项目带动战略，培育文化产业骨干企业，吸引战略投资者，力争形成产业优势。芜湖市还专门成立了由市长担任组长的动漫创意产业发展领导小组，制定了动漫产业发展规划和鼓励扶持政策，并设立了每年1000万元的专项发展资金。在芜湖的9所高等院校中，大部分都设有动画专业，动画、美术、计算机专业在校学生接近1万人，安徽工程科技学院还在全省最早设置了本科动画专业，并确立了“深度配合地方经济”的专业建设目标，为动画基地发展壮大奠定了良好的人才基础。芜湖市目标明确，“十一五”期间，将以动漫产业基地、动漫产业孵化中心、华强方特欢乐世界为核心研发平台，充分依托人才、科技、文化、政策等方面优势，打造集动漫创意、研发制作、人才培训、衍生产品生产流通等功能齐全的动漫产业集聚中心，到2020年，具备年产高质量的影视动画60部、1万分钟的能力，形成一批具有较大影响力的动漫品牌。

合肥和芜湖两市都将继续完善相应的配套扶持政策，出台一系列切合文化产业发展的具体措施，吸引更多动画制作、投资、衍生品开发等方面的项目和人才，加快安徽动画产业发展。动漫基地的建设，将对安徽凝聚产业项目、吸引文化投资、推动相关行业发展产生巨大的作用。

三、国家动漫产业基地情况

经过近几年的不断实践，安徽省的动画产业平稳起步并已初具特色，许多特色企业如安徽出版集团、安徽华教集团等企业的动画产品也收到了良好的市场反馈。截止到2008年，安徽省产业基地数量共计5家，其中文化部命名的文化产业示范基地3家；国家新闻出版总署批准国家级动漫产业发展基地2家。

芜湖国家动漫产业发展基地的挂牌，为安徽动画产业更好更快的发展提供了良好条件。该基地包括芜湖华强文化科技产业园、和瑞文化科技产业园和动漫产业孵化中心三个板块。2008年10月2日，芜湖华强文化科技产业园项目签约，标志着该产业园的建设正式启动。和瑞动漫产业园将在年内开工建设，预计3年内建成，形成动漫产业集群。动漫产业孵化中心已有4家外地动漫企业签约进驻，未来3年争取引进30至50家相关企业。同时，动漫教学与培训也正在基地内全面展开。芜湖市还在高新技术开发区建立动画产业基地，包括孵化大楼、生产厂房及配套设施，总规划面积25万平方米，投资总规模达5亿元人民币，以“政府推动、企业主体、市场运作”为发展模式，建设企业孵化中心、作品创意中心、动漫制作中心、教育培训中心、技术研发中心、展示交易中心、投融资服务中心、数字娱乐体验等8个服务中心，形成动画产业发展支撑体系。

合肥已在高新区规划了一个由起步区、拓展区和产业基地三部分组成的动漫产业基地。起步区占地1.05万平方米，将不断吸纳动画企业入驻；拓展区位于合肥科技创新型试点市示范区的首期开工区内，现已建成6栋约5万多平方米的产业大楼，用于孵化动漫企业、培养人才，同时还建有大型软件工程中心和服务外包基地。合肥市政府和高新区计划在2008年至2012年期间，每年安排1亿元资金重点支持动画产业公共服务平台建设、动画原创作品补助、动画获奖作品的奖励等，以此来扶持动画产业发展。

四、动漫产业发展的优势

1.“徽文化”成为安徽动画产业发展的鲜明特色

动画形象作为一种文化传播媒介和艺术符号，既是形成产业的重要前提，又承担着传播文化的功能。因此具有本土化特征的动画形象必然是产生于自身丰厚的文化土壤之中，其特定风格的动画艺术形象在造型语言的背后会深刻表达出一个地区所特有的风土人情。安徽具有深厚的文化底蕴，因此“徽文化”自然成为安徽动画产业发展的鲜明特色。

其一，“徽文化”为安徽动画产业的本土化发展之路提供了丰厚的文化土壤，成为安徽动画创作的源泉，使其动画产业发展具有强大的生命力。其二，“徽文化”形成了安徽动画产业制作和发展的特质，赋予了安徽动画鲜明的内容特色和独特的发展模式。

2. 合肥与芜湖两大动漫产业发展基地的建设

近年来，安徽省坚持自主创新，大力发展文化创意产业，动画产业迅速成长。合肥与芜湖两大产业基地的建成，对安徽省动画产业的发展无疑是巨大福音。两地都拿出了切合实际的具体措施，采取方向明确并具有前瞻性的基地发展规划，依托现有的科技园、软件园，聚集了一批成长性好、实力较强的动画企业。

合肥市作为安徽省会，拥有省级高新开发区，具备一定的动画创作能力。随着当地省级图书出版发行机构和影视制作机构等文化产业部门的发展，加上合肥地处安徽中部，具有连接周边各市及省外的地位优势，这些区位、人才和资源优势都为该地动画产业的发展提供了有力支撑。

近年来全国动画行业形势大好，发展迅速，作为科教之城的合肥理所当然应走在安徽动画产业建设队伍的最前端。大力建设动漫基地，形成区域性特色文化产业群，形成合肥市继“三国故地”、“科教之城”之后的又一张靓丽的城市名片。为了使动画产业立体化，目前，合肥市已制定出以高新开发区为核心的动画产业规划策略。合肥动画产业基地将以动漫数字出版、动漫品牌授权为主导，建立中国最大的动漫图书运营渠道，逐步把合肥打造成“中国动漫产权交易集散地”。为了加大扶持力度，合肥市已设立专项引导资金。合肥市提出的目标是：2010年，建成国内最大的动漫产权交易中心，动画作品制作时间达到1.5万分钟，实现动漫产业产值20亿元，带动相关产业收入20亿元。

芜湖市在经济和文化发展上起步相对较早，有着独特的优势和条件，近年来的建设和发展，打造了芜湖市作为动漫基地的优越条件，相继成立了产业园、软件园、留学生创业园等。这里聚集了很多在省内外处于领先地位的产业，特别是在芜湖市落成的华强方特欢乐世界这一以动漫、卡通、数字影视为一体的主题公园，一期工程2500亩，投资16亿元，已经成为安徽的标志性动漫园区。另外，芜湖市的区位优势也颇为明显，具有浓厚民族文化特色，作为皖南山区的门户，是物质和文化产品的集散地，东连南京、上海等文化大市，西连安庆、九华山和庐山等文化和历史悠久的地区，具有传统与时尚兼备的文化特点，尤其符合当代动画产业的发展需求。

3. 出版业的快速发展为动画产业提供良好的机遇

安徽省具有优势突出的文化产业资源，是全国首个采用以出版业嫁接动漫，进而打造整条产业链这种运营模式的地区。安徽省在动漫图书的出版、发行以及营销上具有丰富的经验，省政府一直大力支持文化产业发展，重视挖掘优势文化产业资源。近年来安徽出版业异军突起、发展迅速，为动漫投资与发展提供了良好的机遇。特别是安徽出版集团开发的《虹猫蓝兔七侠传》、《变形金刚》等图书盈利突出，反响很大，其牵手动画制作企业实现共赢的成功商业模式，受到海内外动漫创意行业的广泛关注，目前产业集聚效应非常明显。

第十二节　2008—2009年福建省动漫产业发展新概况

一、发展现状

动画产业的发展受到越来越多人的关注，在这方面台湾拥有较强的研发实力，基于这点，拥有地缘优势的福建省也逐步加大对动画产业的投入。经过多年的发展，福建省动画产业已有较好的基础，在全国同行业中逐渐占有一席之地。

动画产业是福建省2008年主打的产业之一，从产值来看，动画产业已成为福建培育经济发展新的增长点。福州、厦门市政府现正依托福州、厦门软件园，加快建设动画产业基地，并配套建设公共技术服务平台。按照福建省的规划，在政策的支持下，已有越来越多的省内外乃至国外的企业加入福建省的动画产业发展中。

二、产业政策

2008年12月中旬，国家文化部、财政部、国家税务总局又联合下发《动漫企业认定管理办法（试行）》（以下简称《办法》），明确了符合条件的动漫企业可享受财税优惠政策。《办法》规定了动漫企业认定的相关程序，以及重点动漫企业和重点动漫产品的认定条件，符合认定标准的企业和作品将优先享受国家及地方各项财政资金、信贷等方面的扶持政策。这其中，最主要的就是相关企业可暂减为按3%的税率征收营业税。通过税收优惠政策对动漫企业给予一定税收减免，不仅能减少企业的经营成本，降低其经营风险，而且能够提高企业对动漫产业投资的兴趣。这些政策从税负、人才、市场准入等方面扶持动画产业，意在为产业的发展营造良好的外部环境，有利于产业的可持续发展，特别是在当前特殊的经济形势下，将更加坚定动画企业发展的信心，推动动画产业往更深层次发展。

“十一五”期间，福建省动画产业产值力争年均增长率超过50%，高于全国平均水平。到2010年，福建要建立两个国家级动漫游戏产业基地，2～3个动漫游戏公共服务平台；打造5～10家在全国有一定影响力、年销售收入在1亿元以上的动漫游戏龙头企业；培育10～20个全国知名动漫游戏品牌。

其中根据厦门市动漫产业的发展目标，“十一五”期间厦门将拥有动漫游戏企业近百家，动漫人才近万人，动漫游戏产值达到数十亿元。厦门要形成布局合理、核心突出、分工明确的动漫产业链，创作开发和生产能力居于全国前列。

三、国家动漫产业基地情况

截至2008年，福建省产业基地数量共计3家，其中文化部命名的文化产业示范基地2家；国家广电总局建立的国家级动画产业基地厦门软件园影视动画产业区1家，2008年生产国产动画10部，长度为3361分钟，在2008年全国国家动漫产业基地产量排名中位居第10位。

福建省动画产业的崛起吸引了台湾同行的关注，越来越多的台湾创意企业将目光投向福建。台湾大拇哥动漫已进驻厦门软件园，并与韩国KAF签订立体动画制作合作意向书。目前，台湾“西基”、“草莓”、“普洛尔”等一批动漫游戏骨干企业也都相继落户厦门、福州的软件园。

福建还将依托福州和厦门软件园，建设完善动漫游戏产业基地，扶持一批机制灵活、创新活跃、特色鲜明的中小型动画企业；福建省政府将进一步鼓励扶持各地动画企业和人才来闽创业、投资、发展，对自带大型动画原创题材来闽创业或投资发展的企业或研发机构，视具体情况一次性给予资金补助。这些政策和措施，都为福建省动画产业的发展注入了新的动力，营造良好的市场环境。

四、动漫产业发展的优势

福建省发展动画产业具有一定的本土优势和较好的条件。

1. 独具地域性的本土文化

福建省地处东南与台湾隔海相望，本土文化中既有中原的传统文化根基，又交错着尖锐、复杂的外来文化，其传统文化资源呈现出强烈的地域性和特殊性。我们应注意到动画产业拓展与创新上，对地域文化资源的开发与利用的重要性。闽台文化遗产是中华文化遗产的一部分，对闽台文化的研究有利于闽台文化遗产的利用和保护，也有利于创造出既体现海峡两岸传统文化特色，又富有时代精神的先进区域文化，促进闽台文化资源的持续性发展。闽南文化对台湾地区有着强大的辐射作用，可以进一步推动两岸经济建设和发展，增强产品在国际市场的竞争力，扩大中华文化的影响。福建省的动画产业需要注入鲜活的创作元素，体现出自身的特色，可以把福建本土的文化资源植入国产动画的创作中，将会创造一定的社会价值和文化价值。

2. 福建省是承接台湾动画产业转移的理想地

与台湾的产业对接目前面临国内各区域的激

烈竞争。尽管如此，福建省作为全国区域生产力布局中的重要经济区域，还是具有独特的优势。闽台两地素有“五缘”（地缘、血缘、文缘、商缘、法缘）之称，与台湾的产业对接一直是福建省“海西”战略的主打牌，动画产业是很好的切入点。台湾动画业的发展一度在亚洲领先，目前仅次于日韩。台湾的动画产业起步较早，是全球最大的动画代工基地，市场经验丰富，在动画制作方面不仅有先进的技术，而且培育了一批优秀的动画人才。其产业意欲往大陆转移，而处于海峡西岸的福建省，尤其福州和厦门是最理想的承接地。福建现在正处于产业加速升级的过程中，就发展动画产业而言，福建省的高新技术和现代服务业已具备了与台湾产业对接的基础。因此两岸在市场开拓、技术研发、人才、资金等方面都有很大的合作空间，可以实现互利共赢的局面。

3. 福建动画企业所具有的软硬件发展环境

闽台动画产业的对接，福州和厦门高新技术产业带的建设，是福建省动画产业发展的基础。周边产业如服装业、玩具业、日用品业、印刷业、信息业等的蓬勃发展，也为福建省动画产业的快速发展做好了充分的准备。福州、厦门软件园建立的动画产业基地，提供了良好的软、硬件发展环境。目前，福建省数码娱乐软件产业的发展已呈现出良好的开端。近年来随着网络游戏的崛起，厦门的游戏产业在国内一直处于领先地位，厦门市在软件园二期建立动漫游戏研发楼，建立动作捕捉摄影棚，现有包括台湾动漫游戏企业在内的数家企业入园。

4. 在人才培养方面，快速发展的动画产业催生了动画教育的投资热潮

福建省高校正逐步构建起从高职教育到大学教育以培养动画人才为目标的相关专业群及高、中端与基础人才培养基地。福州大学建起了国内最先进的动作捕捉摄影棚、高清数字电影、后期制作系统等制作设备。福州职业技术学院则以人才培养模式的改革为契机，在加强硬件建设的同时，着力于校企合作产学结合，成功地创建了动漫产业的“项目实战课程”运作等。

福建省应凭借良好的地缘优势，加快与台湾动画业界的交流与合作，抢占先机，打好海西牌，打造国家级动漫游戏产业发展基地，引进大企业，扶持中小游戏企业的发展，建设健全、完善的多媒体和网络文化产品的交易实施平台；以福州、厦门的软件园为依托，主动承接台湾动画产业转移，聚拢资源。同时，借助龙头企业的技术力量与福建省高校的动画人才优势，打造属于自己的动画产业，借助福建省的服装业、玩具业、食品业、日用品等产业优势作为动画产业集聚、辐射与扩张的对象，拉动整个产业链的发展。

第十三节　2008—2009年江西省动漫产业发展新概况

一、发展现状

在华东地区，江苏、上海、浙江、福建等省份的动画产业都发展得如火如荼，均成立了国家级动画产业基地，动画产业已成为一个重要的区域经济增长点。然而，江西省的动画产业却显得相对比较沉寂。江西动画人才遍布全国各地，而本省的产业之车却没有开动起来。

近两年，江西省也已经意识到发展动画产业的重要性，省会南昌是江西省动画市场较为活跃的城市，也是江西动画产业发展的风向标。省市各级政府出台了一系列鼓励产业发展的措施，力争经过5到10年的努力，基本形成比较成熟的动画产业链，使动画产业成为江西省国民经济新的增长点。

二、产业政策

随着国家对动画产业的重视，江西省也加大了产业政策上的扶持力度。为尽快打开动画产业管理新局面，江西省文化部门将加强与省内动画教育机构、动画企业及基地的联系，加快动画产业人才培养，建立优秀原创动画产品评选、奖励和推广机制。在国家政策的引导下，江西省加大对动画实行幼稚产业保护政策的力度，研究出台扶持江西动画产业发展的重大决策措施和实施办法，制定了《扶持江西省动漫产业发展的若干意见》，在产业政策、技术、人才、资金投入、知识产权保护等方面给予扶持，出台《江西省动漫企业认定管理办法》，认定一批重点动漫企业和重点动漫产品给予政府扶持，推动江西省动画产业快速发展。

三、国家动漫产业基地情况

江西省的动画产业虽然才渐渐步上正轨，但它其实是具有一定基础的。江西省目前拥有动画企业和工作室20多家，其中部分企业已制作出自己的原创作品，并初步具备了发展动画产业的人力资源。江西省发改委已批复萍乡市上栗县建立江西省首个动漫产业基地，着力构建三大中心：一是研究创作中心。江西省将建立省内动漫研发、生产单位的协作机制，在省内高校设立相应的动画专业，同时吸引国内外著名大学、科研机构以及企业加盟。建立“产、学、研”一体化的开发机制；二是产业孵化中心。建立开放性公共服务平台，面向中小企业开放。实现资源共享；三是构建产品展示和交易中心。江西省还将集中各个方面的资源和力量，在南昌市着力打造动漫会展品牌，搭建动漫产品及其知识产权展示、交易平台。

此外，江西省各地在积极建设文化产业园的过程中，将动画产业作为考虑重点，如南昌市红谷滩新区规划建设的江西慧谷创意产业园里，动画是规划的重点。目前该产业园内已有6家公司入驻，而思创、北京中关村动漫城以及韩国最大的动漫公司COCOMO等5家公司也正与该园积极洽谈。为支持创意产业园更好更快发展，南昌市专门制定相关优惠政策，规定所有入驻产业园的企业每个项目均可获得专项扶持资金资助，资助金额在该企业投资总额的5%以内，最高奖励不超过150万元。此外，企业入驻产业园后第一年房租可全免，第二年可减免70％，第三年将减免50％，第四年将减免30％。同时新余拟投资8亿元建立“仙女湖”动漫产业园，赣州动漫游戏城也已投入使用。

四、动漫产业发展的优势

江西省动画产业虽然刚刚起步，但其潜力不容忽视，产业上升空间非常广阔。近年来江西省经济发展势头迅猛，为动画产业的发展打下了扎实的基础，并将吸引更多的投资者来江西开辟动画市场。

1. 人居环境及投资环境的改善为动画产业构筑坚实基础

江西省是绿色大省，具有优越的生态文化环境，是华东其他省市及华南地区动画产业向内地梯度转移的重要承载地，有着承接沿海城市产业转移的良好区位优势。不仅交通便捷，而且经贸活跃。随着城市建设进程的加快，交通基础设施、人居环境迅速改善，创业投资环境也得到了明显提高，人均生活水平以及人民的精神文化需求显著提高，这些都为江西省动画产业的发展构筑了坚实的基础。

2. 相对低廉的生产成本为动画产业的发展提供可持续发展的前提

相对经济发达的沿海省市及地区来说，江西省在产业原材料及人才资源等各方面的成本相对较低，而且劳动力资源丰富，不仅为多数正处于创业或起步阶段的中小型动画企业降低了预算成本，同时也吸引了很多外省的动画公司将生产线移至江西，促进了江西动画与外界的交流合作。

3. 优惠政策吸引人才和投资者的目光

江西省根据市场需求，立足动画产业发展实际，相继出台多项优惠政策。鼓励企事业单位及个体创意人员，利用一切符合动画产业生产规律的经营方式和组织形式，发展动画产业。动画产业各类经营主体，凡符合国家法律、规章要求的，均鼓励其发展，平等享受国家和地方政府的扶持政策。鼓励国内外企业以合资、独资等方式来江西设立动画产品研发、生产机构，尤其支持国内外大型企业与本地企业、研究机构进行战略性的技术合作，真正把产品创意、设计和核心技术引进来，并且通过人才、技术的本地化，使之成为江西省动画产业核心竞争力的重要组成部分。

同时，政策性银行将对符合条件的动画企业积极提供融资支持。江西省将具备条件的动画中小企业纳入“科技型中小企业技术创新基金”资助范围，优先安排符合条件的动画企业上市融资。经政府有关部门认定的新办动画企业，将按现行税收政策规定，享受相应的税收优惠。

江西还将建立优秀原创动漫产品评选、奖励和推广机制。每两年组织一次省级优秀动画原创作品评比，对内容健康、艺术性强、创新度高、深受群众喜爱的动画原创产品进行奖励。支持和鼓励动画原创产品的播出、放映、出版，省级各出版、播映单位要增加对原创产品的出版、刊载和播出比例，并在价格上给予优惠，以降低原创动画作品推广的成本。

第十四节　2008—2009年山东省动漫产业发展新概况

一、发展现状

青岛和烟台是山东省动画产业发展较为突出的两个城市。从全国范围来看，青岛市动画产业虽然起步时间不长，但发展前景看好，后劲不容低估。据调研结果显示，目前青岛市共有动漫企业40余家（其中网络游戏、影视动画、多媒体设计企业30余家，游戏研发、运营企业10余家），动漫产业从业人员近千人，涌现出猫小乐、单伟、聂峻等一批在业界有特色、有影响的青年原创漫画家。此外，青岛大学、青岛科技大学、恒星职业技术学院、青岛新未来文化产业人才培训学校、莱阳农学院等一批驻青高校也相继设立了动画相关专业，并将其作为重点学科予以扶持，为青岛市动画产业发展提供了较为丰富的人才储备与技术支撑。

二、产业政策

在对国内外动画产业形势作出了深入分析之后，烟台政府制订了初期以外包业务为主，逐步过渡原创的政策方针。这是由烟台地区的整个市场环境以及地理位置等原因所决定的。由于整个产业刚刚起步，资金缺乏，经验不足，贸然投入大量的资本确实是不理智的行为，再加上烟台毗邻日本和韩国，可以借外包加工日韩动画的机会学习借鉴先进的动画制作方法和科学的经营模式。当然，原创道路是所有动画人的最终目标，相信烟台市在经过产业成型初期的借鉴与积累过程之后一定能够在原创动画领域取得丰硕成果。

三、国家动漫产业基地情况

截止到2008年，山东省产业基地数量共计7家，其中文化部命名的文化产业示范基地5家；国家新闻出版总署批准的国家级动漫产业发展基地2家，见表3-8。

表3-8　山东省动画产业及相关产业基地

审批主管机构	基地名称	山东省产业基地
国家新闻出版总署	国家动漫产业发展基地	济南动漫产业基地
		烟台动漫产业基地
文化部	文化产业示范基地	山东爱书人音像（集团）有限公司
		青岛市文化街
		蓬莱八仙过海旅游有限公司
		淄博东夷齐文化发展有限公司
		嘉祥石雕文化产业园

青岛市为促进动画产业的发展，早在2002年就在市南区设立了动漫产业园——青岛慧谷软件园。产业园的建立加强了企业的管理力度，鼓励企业依靠自身，集中力量，实事求是，创造精品。青岛共有动漫及游戏企业40余家，虽尚未形成完整的产业链条，但这些动漫园区和企业作为动画产业的基础性框架，已构成雏形，产业聚集优势也已初步显现出来。

烟台政府于2007年8月底，一期投入6000万元建立了建筑面积1.7万平方米的山东烟台动漫基地大楼。同年9月12日，该基地被国家新闻出版总署批准为国家级动漫产业发展基地。基地重点发展数字动漫、创意制作、手机游戏等产业，首批已有26家国内外知名动漫企业入驻，其中《伊索寓言》、《晶莹小子》等5部动画作品已经播出；《阿美正传》和《神灵儿传奇》总时长超过1000分钟，正在紧张制作之中；100余集的动画片《八仙过海》已由国家广电总局批准立项。2008年第二批10家企业进驻烟台动漫基地，企业总数已经达到36家。

四、动漫产业发展的优势

1. 区位优势

从当今世界范围内动画产业发展的实际概况看，日韩与欧美无疑是当今世界东西两地的两个“动画核心”、代表着世界动画的最高水准。而山东省与韩国、日本隔海相望，人文相亲，经贸文化交流广泛密切，这一特殊的地缘优势吸引了全国各地区的优秀动画企业来山东投资创业，比如一些原驻深圳、上海的公司正是因为看好山东省毗邻韩日的地缘优势，纷纷“移师”山东，以便于及时了解掌握国际先进动画信息技术，提高产品的制作加工能力。很多优秀的日韩动画公司也来山东投资办厂，加强了两地的技术交流。山东省的动画产业如果能够有效利用这种区位优势，并将其转化为产业优势，将如同站在了巨人的肩膀上，前进道路一片宽广。

2. 文化优势及外部环境

山东是文化大省，是华夏文化的重要发源地，儒家文化在全世界影响深远。深厚的文化积淀，为动画作品的取材提供了得天独厚的优势，如果充分得到开发和利用，势必成为山东动画产业迅速发展的重要内力。不仅如此，山东自古就是美术大省，拥有良好的美术环境和美术传统，众多美术家、书法家都为山东乃至中国的美术发展作出了贡献，这是动画业发展的深厚土壤；山东有着巨大的潜在动画消费市场，拥有九千万人口的山东一旦被动画文化“惊醒”，其市场爆发力绝不可小视。

青岛市正着力打造全国重点中心城市和世界知名特色城市，其经济发达水平和城市综合竞争力迅速提升，46个世界名牌和中国名牌的拥有量位列全国同级城市之首。青岛市委、市政府提出要将青岛建设成“帆船之都、音乐之岛、影视之城”的文化发展新目标。这些都为带动动画衍生产品发展，形成完善的动画产业链创造了优越的外部环境，提供了强大的技术支持。

临沂和青岛地区拥有丰富的服装、鞋帽、文具、玩具、旅游用品加工企业和批发市场，适合动画衍生产品的生产与销售。此外很多实力雄厚的山东大型企业均可继续发扬青岛海尔制作《海尔兄弟》的经验，依托这些企业将动画制作与品牌树立相结合，既能迅速提高企业知名度又可以解决动画制作的资金问题，同时还可以通过衍生产品发行授权实现企业效益增值，形成良性循环，稳固产业链。

3. 硬件设施及市场环境

山东省的动画产业正经历一个从无到有的快速发展期，各类公司、产业基地在成立初期都表现出了强大的活力和旺盛的斗志。现有的青岛、烟台两个国家动漫创意产业基地，为网络动漫游戏产业的集约化、规模化发展搭建了平台。在此基础上各地动画类企业如雨后春笋，纷纷应运而生。仅青岛市目前就有各类软件开发、网络游戏和动漫企业450余家，从业人员1.6万余人，年均经营额62.4亿元，具备明显的产业优势。此外济南齐鲁软件园、软件开发技术平台、通信技术研究院以及青岛市南软件产业园等机构，都为加快山东动画产业的发展创造了良好的技术保障和市场运作环境。

第十五节　2008—2009年河南省动漫产业发展新概况

一、发展现状

近些年来，党中央、国务院从全局和战略高度决定大力发展动画产业，这一重大决策和部署是满足人民群众精神文化需求的重要途径，对建设社会主义先进文化、推进文化产业发展都有着绝对的促进意义。此举措不仅对实现经济、政治、文化协调发展具有重大的现实意义，对全面构建和谐社会更是具有深远的战略意义。

在文化产业发展已经成为一种世界潮流的今天，中部省份正在依托丰富的文化资源打造强势的文化产业，为中部崛起提供强大的精神动力与经济推动力。其中，河南省围绕建设经济强省和文化强省的战略目标，大力推进河南动画产业的发展，营造动画产业发展的良好环境，努力使动漫成为河南省文化产业领域最具竞争力的产业。

2008年，对于河南的动画产业来说可谓是“丰收年”，一连串对于动画产业的利好消息相继传出——3月14日，洛阳市委书记连维良提出要大力推进洛阳动漫产业的发展；3月12日，国内首家大规模动漫职业培训学院成立；《关于推进河南动漫产业发展若干意见》出台；国家动漫产业基地将落户河南；小樱桃208集的动画片8月份在国内外的电视台播出；与央视联手打造“新科动漫频道”，多个有关河南动漫的利好消息不断传来。

在这一年中，河南省的动画产业显得暖意融融，可以说是实现了“大跃进”式的发展。

二、国家动漫产业基地情况

2008年6月19日上午，国家动漫产业发展基地（河南基地）授牌仪式在郑州举行，标志着郑州成为国家发展动漫产业的重点布局城市。

此前，国家新闻出版总署、河南省新闻出版局先后下发关于同意在郑州建设国家动漫产业发展基地（河南基地）的批复，正式确定由郑州市负责其建设和运营，郑州小樱桃卡通公司具体实施。

三、动漫产业发展优势

1. 政府扶持力度及资金投入加大

2005年以来，湖南省各级领导就多次作出重要指示和批示，要求做大做强河南动画产业。省文化厅、省新闻出版局、省科技厅、省信息产业厅、省文联等省直部门均十分重视动画产业的发展。郑州市委、市政府，洛阳市委市政府，金水区委、区政府，郑州高新区管委会把动漫列入重点产业进行扶持。其中，郑州市委、市政府把小樱桃动漫产业作为该市经济社会实现跨越式发展三年行动计划重点工程。

2008年12月8日，郑州市下发了《关于扶持动漫产业的若干意见》，意见规定，为扶持动漫产业的发展，市政府将设立动漫产业发展专项资金5000万元，主要用于对动漫产业的奖励、资助、贴息等，重点向动漫产业基地、龙头动漫企业、重大动漫发展项目倾斜。

2. 动漫基地落户河南

2008年6月19日上午，国家动漫产业发展基地（河南基地）授牌仪式在郑州举行，标志着郑州成为国家发展动漫产业的重点布局城市。

此前，国家新闻出版总署、河南省新闻出版局先后下发关于同意在郑州建设国家动漫产业发展基地（河南基地）的批复，正式确定由郑州市负责其建设和运营，郑州小樱桃卡通公司具体实施。

3.“河南造”动漫企业及产品打响名号

2007年，由广播电视总局公布的河南省具有动画制作资格的机构数为58家，2008年为57家，其中，有3家动漫公司申请立项制作电视动画片，并有5项通过了立项复批；除此之外，还有1家机构申请立项制作动画电影并通过审批。从与2007年仅获立项复批电视动画项目2个且无电影动画立项相比较来看，制作单位的生产能力各方面都有所提高。2007年，河南省总共申请立项电视动画片一项，完成项目也为一项；而2008年，河南省完成电视动画片2部，总时长为676分钟。由此可见，河南动画产业正以加速度的步伐向前迈进。

在河南，与动漫相关的机构有60多家，小樱桃、小破孩、乐天动画撑起了河南动漫在国内外的影响力。

（1）小樱桃：“小樱桃”创牌于1998年，2000年9月，“郑州小樱桃卡通公司”注册成立。创立之初，小樱桃就将目标定位于打造中国人自己的动漫品牌，并愿为此目标奋斗不息。

《小樱桃》是小樱桃卡通公司董事长、漫画家杨尚君的代表作，曾被翻译成多国语言发行，在亚洲以及全世界都有广泛的影响。

《小樱桃》漫画完成上百幅作品后，第一本漫画合集上市并一炮打响，不到一年时间销售量就达到6万册。为积极占领国内、国外市场，2002年5月，在第九届北京国际图书博览会上，小樱桃公司与马来西亚、新加坡、韩国、越南、泰国、阿联酋等多个国家和中国港、澳、台地区签署《小樱桃漫画丛书》版权输出意向书。

2004年5月，《小樱桃》彩色漫画上市。目前，《小樱桃》漫画已经创作了21000多集、共发行了1360万册漫画图书。2003年6月，网络Flash动画《小樱桃》就已经推出，并在互联网上得到热捧，网易、TOM等100多家网站纷纷下载传播。其中，《家有笨贼》、《智取游乐场》等多部动画都在网络动画排行榜上名列前茅。2005年，小樱桃公司在原创漫画图书的基础上，开始制作动画系列片《小樱桃》。

2008年6月19日成立的河南国家动漫产业发展基地正式确定由郑州市负责其建设和运营，郑州小樱桃卡通公司具体实施。

2008年10月20日，由郑州小樱桃卡通公司、国家动漫产业发展基地（河南基地）管委会、河南影视制作集团、河南省创意产业协会、郑州电视台等联合制作的动画《小樱桃》在央视少儿频道首播并大获成功。

"小樱桃"产业化、规模化的整体格局现已形成，该公司计划成立以小樱桃品牌为核心，以资本为纽带，涵盖图书、饮料、糖果、食品、自行车、玩具、服装等产业的动漫产业集团，衍生产品的开发销售年收入可达上亿元，着实有望打造成为具有国际竞争力的大型动漫龙头企业。

在日前结束的第七届中韩日文化产业论坛上，小樱桃公司与日本HAL FILM MAKER株式会社签署了《小樱桃动漫版权出口协议》，授权该公司拓展《小樱桃》电视动画系列片、图书、期刊在日本的市场，这是中国动漫品牌第一次以3种形式走出国境。

（2）拾荒动画："拾荒动画"由洛阳动漫人拾荒创办，作为国内知名的数字动画娱乐内容提供商，依靠专业的动画设计制作和卡通品牌运营致力于数字动画内容创作和营销服务，主要原创作品有《小破孩》（pobaby）系列动画。该动画自2003年初在互联网上推出以来，通过互联网和手机迅速蹿红，这个头上鼓着小红包、身穿小白裤衩的卡通小男孩受到广大动漫友的追捧。在不少电视台的播出同样收到良好的反映。拾荒动画与国内知名网站的动漫平台建立了良好的合作关系，在闪客帝国、闪吧、TOM、SOHU、SINA、网易等网站都设有《小破孩》系列动画的专区，网络人气居高不下。

2003年10月在青岛第二届中国视协动画短片学术奖评选活动中，《小破孩》系列动画片的《景阳岗》和《金瓶梅》分别荣获最佳和优秀网络动画奖，《金瓶梅》更是被评为2003年度最聚网络人气动画奖；导演拾荒被视协推荐为2003中国卡通产业论坛十大新锐导演。2004年7月在大连第三届中国视协动画短片学术奖评选活动中，小破孩又有新的突破，《小破孩》动画的"佐罗"系列荣获优秀影视动画样片奖；同年，"小破孩"洛阳国际动漫节成功举办。2007年3月15日，佐罗造型的"小破孩"被洛阳市工商局授予"3.15维权大使"称号，同年发行了国内第一套动漫邮票。2008年3月，"小破孩"成为中国第一个网络卡通人物志愿者，人气指数飞猛飚升；同年4月，"小破孩"成为洛阳文化产业第1个卡通大使。

"小破孩"作为以中国传统文化为背景的知名原创动漫品牌，已得到全国漫友们的认同，并产生了重要影响。

（3）天乐动画：河南天乐动画影视发展有限公司制作的《独角乐园》除了率先蹦进了影视、少儿频道之外，故事中的那个一只脚的人物还引起了英国人的好奇——天乐与英国乡村公司签订了版权交易协议，将在BBC和欧洲、英联邦地区播出和发行，开创了国内原创三维动画版权对外输出的先例。

正是这部作品成为了河南省近50多年来没有生产一部动画的破冰之石。2008年3月，由河南天乐动画影视发展有限公司制作的《独角乐园》第二部已新鲜出炉。

第十六节　2008—2009年湖北省动漫产业发展新概况

一、发展现状

湖北作为华中地区三大省之一，其动画产业起步较早，从发展区域来看，主要集中在省会武汉市。武汉市作为中国中部地区的重镇，由于其地处南北和东西的交通要冲，故有"九省通衢"的美称。

武汉地区经过近10年的努力奋斗，聚集了一批数字动画创意制作企业和人才，成为国内动画创意人才培养基地和动画创意产业聚集地之一。

二、国家动漫产业基地情况

江通动画股份有限公司于2004年被国家文化部授予“国家文化产业示范基地”，2005年被国家广播电视总局授予“国家动画产业基地”称号，并在2007年被评为“国家文化出口重点企业”、“中国创意产业100强”，见表3-9。

表3-9 湖北省动画基地生产情况

湖北省动画基地生产情况			
年份	动画基地	产量（分钟）	部数
2006	江通动画股份有限公司	169	1
2007	江通动画股份有限公司	338	1
2008	江通动画股份有限公司	338	1

三、动漫产业发展的优势

1. 政府相关政策支持

湖北省“十一五”发展规划提出要把文化产业发展放在更加重要的地位，加快报刊出版、文娱演艺、动画游戏等行业的发展，同时明确指出要“大力开发动画及其衍生产品和网络游戏产业，重点培育1～2家在国内具有影响力的影视动画、网络游戏生产企业，2～3个知名度较高、经济效益较好的卡通形象品牌，动画年生产制作能力力争达到2万分钟，形成一批拥有自主知识产权的动画产品。积极构建影视动画播映体系，加快把武汉建设成为全国动画游戏产品交易中心之一。”

此外，为贯彻落实《国务院关于加快发展服务业的若干意见》（国发（2007）7号），促进全省服务业加快发展，湖北省政府于2007年9月10号颁发了《湖北省人民政府关于促进服务业加快发展的若干意见》，2009年2月27日，出台《关于推动湖北省动画产业发展的意见》，文件中指出要加快动画游戏行业的发展，大力培育江通动画等具有较大影响力的特色文化名牌，重点建设各文化产业园区。深化文化体制改革，推动文化产业多元化发展，建成比较完善的文化产业生产、服务、销售网络体系，形成市场开放有序、设施布局合理、区域特色明显、环境氛围良好的发展格局，努力提高文化产业竞争力。

2. 动画产业园区发展势态良好

从区域分布上来看，全省动画产业主要集中于武汉，武汉主要分布于武汉东湖开发区及周边地区。

在武汉，动画园区建设已经起步，位于武汉东湖高新区光谷软件园的光谷动画产业园内，成长着国内知名的动画产品原创制作企业——江通动画，以及数字媒体、古南都数码、世纪长青动画、奇境动画、昱易数码、东湖三维、魔素动画、易能文化、楚天传媒等动画制作、发行企业以及以讯彩科技、盛科网络、拇指通科技为代表的动画游戏企业等。部分公司，如湖北江通动画公司已经初步形成了动画产品研发、原创、制作、运营和衍生开发的动画产业链，并有一系列具有自主知识产权的动画作品已完成并推向市场。

武汉动画产业基地建有动画国际外包制作中心、动画企业孵化中心、数字媒体制作中心、动画人才培训中心、动画实讯中心五大功能专区。并投资5000万元建设武汉数字动画公共服务与技术支持平台，为广大中小动画企业提供动画制作、技术设备支持、行业研究以及产业融资与经营的公共增值服务。

2008年2月26日，由高科集团和曙光集团牵手打造的位于武汉光谷曙光村的光谷创意产业基地正式揭牌。目前，已有近30家创意类企业和创意名家陆续入驻光谷创意产业基地孵化中心，业务广泛，涉及原创、动画、网游、虚拟现实、电子竞技、手机游戏、工业设计的研发和制作等领域，既有2～3人的初创团队，也有20～30人起步较高的创意机构。

由此可见，一个集动画研究开发、人才培养、企业孵化、动画制作和公共技术服务于一体的光谷动画产业园已初步形成。光谷动画产业链从业人员已近万人，动画年生产能力近3000分钟。截止到2008年，光谷动画产业规模估计达到20亿元。到2010年左右，光谷动画产业园内就将聚集300余家动画企业，力争实现动画产业及相关衍生产品年产值50亿元。为尽快实现这一目标，园内应进一步建立和完善相关政策，吸纳动画企业，尤其是民营企业入园，为其投资、创业提供更好的环境。

3. 动画企业奋起发展

2008年，由国家广播电视总局公布的湖北省具有动画制作资格的机构数量为55家。相关调查显示，到目前为止，全省拥有动画游戏相关企业20余家，其中从事影视动画制作企业10余家。2008年，有3家企业报备、立项达7项。

第一部完全“鄂产”的动画产品，是由江通动画公司制作的26集电视动画《天上掉下个猪八戒》，正是这部动画塑造了湖北动画产业的第一个动画卡通明星，并被称为中国动画“奥斯卡”的“美猴王”。江通动画公司凭借这部作品在央视创下了4.17%的高收视率，并被央视以230万元购买了51%的版权，平均每分钟售价达到6800元。

江通动画股份有限公司于2004年被国家文化部授予“国家文化产业示范基地”，2005年被国家广播电视总局授予“国家动画产业基地”称号，并在2007年被评为“国家文化出口重点企业”、“中国创意产业100强”。2008年，江通公司作为国家动画基地生产了电视动画片《天上掉下个猪八戒之冒险魔幻岛》，并与搜狐动画签订了战略合作伙伴意向书，开始全方位进入图书业，并以“高投入、高品质、大规模”的姿态高调入市。除此之外，2008年3月更有消息称武汉江通动画股份有限公司有望成为全国首批、湖北省首家登入创业板的上市公司。

从动画产品来看，具有自主知识产权的一系列动画精品已完成并推向市场，还有的正在设计制作中。江通公司的《天上掉下个猪八戒》、《小子贱三》；人马公司的《X-PLAN》、《小悟空传》、《敦煌传奇》、《红蓝宝石之恋》；奇境公司的《Q日志》等作品代表了湖北省原创动画的水准和实力。

全省动画产业实施“走出去”战略，与国内外公司广泛合作。江通公司与法国合作的动画《翅膀》，代表了湖北省动画企业参与国际市场竞争与合作的能力；2006年10月，由知音集团策划的“汉产”动画《寻找自我的世界》举行首发式，其法文版和韩文版将在法国和韩国同步出版发行，成为中国首部全球同步发行的漫画作品，并将进入动画图书、在线游戏、网络阅读、数字娱乐等相关行业。该书策划方知音集团的动画期刊《漫客》，将切入动画图书、在线游戏、网络阅读、数字娱乐等相关行业。

2008年，位于光谷全区的武汉数字媒体技术工程有限公司聘请加拿大国际动画大师、美国“艾美奖”得主克里夫指导创作的动画影片《摄氏7°》，长达2小时，该片片花制作已于2008年12月7日完成，截止到目前，制作方武汉数字媒体技术工程有限公司为该片投入资金400余万元，后期还需要融资5000万元，并已有多家海外风险投资公司表示了浓厚的兴趣；此外，该公司2008年与台湾梦工厂合作生产的具有自主知识产权的系列动画《孔子的故事》为中国一部重要的传统文化题材动画。另外，同样位于武汉光谷的武汉卡普士动画制作公司击败北京、大连等地对手，于2008年11月正式与韩国凯帝斯株式会社签订长期漫画电子上色服务外包合同，初期规模为50万美元。海豚传媒经过7年的发展，已成为国内动画出版行业的领头羊，仅2007年出版的芭比系列动画图书销售码洋就接近1000万。拇指通科技有限公司经过4年的发展，其自主研发的休闲游戏“赖子山庄”已有广泛的用户群体，其注册人数达3000万，日在线人次80万，同时在线人数达5万人。2008年成立的盛泰传媒股份有限公司自主研发了《魔法艾贝特》动画作品，在国内首创采用了720P的高清格式，市场前景良好。

4. 动画节展丰富多彩

目前，湖北省已形成了规格较高、规模较大的会展品牌。如“中国武汉国际动画展”是武汉市致力打造的动画文化品牌，该节展是以动画作品为载体、以青少年为目标群体的大型动画文化活动，已成功举办了四届，历届漫展、动画大赛和社团展演均吸引了数十万爱好者和大批相关企业的投入和参与。目前，这一展会已成为覆盖动画产业各领域和环节的大型动画盛会，正朝着国际性、专业化的动画盛会方向发展，成为既能引起社会各界广泛关注，又能促进产业发展和构筑国内外动画行业交流的专业平台。

2008年4月30日，第三届中国光谷国际动画节在光谷广场开幕，作为中部地区规模最大、层次最高的动画主题展会，节展日为期4天。围绕“创新、创意、创业”的主题，举行了COSPLAY大赛、CGS泛亚总决赛、魔兽团体挑战赛、游戏电影节（Machinima）等10项活动。共设展位180个，共有13个国家的180多位国际友人及选手、20个比赛队参加活动。这次活动突出“过节”的特点，吸引市民参与，分享动画游戏“玩”的乐趣。历时三届的“光谷国际动画节”共吸引了110家境内外企业机构参展，共有近20万人次光顾。由此可见，湖北省的动画会展力求突出国际性和开放性，以武汉为基地，面向国内外，体现高水准、整体性、多层次性和循序渐进性；并以展览活动为平台，逐步向实业方向发展，把动画的原创、出版、投拍、制作、播映、延伸等产业链条串联起来，真正做到产业化发展。

此外，全省民间动画爱好者参与会展的积极性也很高，2009年，他们参与举办了第三届中博会国际动画展、动画旅游产业国际合作与发展研讨会、“玫琳凯杯”省青少年环保Flash动画设计大赛、首届“江通杯”少儿动画创意漫画大赛及第一届本土原创故事漫画家交流笔会等。

第十七节　2008—2009年湖南省动漫产业发展新概况

一、发展现状

动画产业作为新兴的文化创意产业，近年来受到中国政府明确的政策扶持及鼓励，持续快速增长。从2004年至今，国家级的动画产业基地纷纷建立，形成了长三角地区、华南地区、华北地区、东北地区、中部地区等若干个动画产业集群带。

中国动画产业发展风卷云涌，其中湖南“动漫湘军”可谓是实力出众，一枝独秀。

二、产业政策

1. 已出台政策

（1）2005年5月26日，出台《长沙市人民政府关于进一步加快动画产业发展若干政策的意见》（长府发〔2005〕19号）

（2）2007年2月13日，中共湖南省委办公厅湖南省人民政府办公厅出台《关于扶持我省动画产业发展的意见》（湘办（2007）16号）

（3）2007年5月23日，出台《鼓励和扶持动画产业发展的若干经济政策》（湘政办发（2007）20号）

2. 部分已落实优惠鼓励政策

（1）公共技术平台：由湖南省科技厅负责投资建立，各动画类企业免费使用。

（2）目前租赁费由科技厅贴补2至3年，各使用企业只需交纳电费等。计划今后大规模使用后将开始向企业收取租赁费。

（3）土地政策：设立长沙动画孵化基地，对入基地的创业者和企业两年免场租。

（4）播出奖励：分档次，按时段，奖励在中央电视台、省电视台和市电视台播出的动画原创作品。

（5）公共技术平台：国家扶持动漫产业发展部际联席会议办公室下拨湖南省2200万元，批准建设（湖南）国家动画公共技术服务平台。

（6）资金奖励：2005年起，市财政每年安排一定奖励专项经费，奖励动画企业。对纳税超过100万元、安排就业500人以上、出口创汇100万美元以上的动画企业给予奖励；对带动相关产业发展好的动画企业给予奖励；分档次，奖励动画的品牌产品；分档次，奖励动画的获奖作品。获中国驰名商标的，市政府奖励人民币50万元。项目经评估立项后，将以资本金注入或无偿资助的方式给予支持。

对在产品创新和成果就地转化方面作出贡献的动画企业，市政府给予一定的奖励；对品牌动画企业和重点动画企业，实行“一企一策”的服务工程，享受有关扶持政策。

（7）贴息贷款：拨出4亿专项贴息贷款用于支持原创动画企业认证成为高新技术企业，享受高新技术产业优惠政策。

（8）税收优惠：享受高新技术产业优惠政策。

（9）人才引进：动画企业引进中级（含中级）以上职称（基地急需的专业技术人才，可一事一议，特事特办）人才或外地来长投资注册资金在50万元以上的投资人，优先在长沙市落户并享受市有关人才政策资金奖励。

（10）展会推介：鼓励动画企业招商引资。民营动画企业参加由政府组织的境内外参展招商活动，与其他参与企业同等享受政府补贴和奖励政策。

三、国家动漫产业基地情况

国家广电总局于2004年12月将湖南金鹰卡通有限公司挂牌为“国家动画产业基地”。由长沙市政府牵头，将长沙高新区、长沙经开区和相关园区组建成长沙动画产业基地。

截止到2008年，湖南省共有由文化部命名的“文化产业示范基地”5个；由国家广电总局建立的20个国家级动画产业基地中，湖南省的三辰卡通集团、湖南金鹰卡通有限公司作为首批国家动画产业基地公布。基地名称及生产情况见表3-10。

表3-10　湖南省动画基地生产情况

湖南省动画基地生产情况			
年份	动画基地	产量（分钟）	部数
2006	三辰卡通集团	15142	22
	湖南金鹰卡通基地	1155	2
2007	三辰卡通集团	10014	16
	湖南金鹰卡通基地	16733	15
2008	三辰卡通集团	9910	15
	湖南金鹰卡通基地	16129	22

四、动漫产业发展的优势

1. 先发优势打牢基础

湖南动画起步较早，目前产业体系已初步形成。长沙动画始于1993年，1996年，湖南第一家专业制作动画的湖南东方卡通公司正式成立，2000年6月，该公司制作的电视系列动画片《蓝猫淘气3000问》同时在全国1020家电视台播出，占国产动画播出率的60%以上。“蓝猫”开发出系列衍生产品6600多个，开设相关产品专卖店3000多家。经过2003年和2004年爆发式发展，湖南动画现在已基本形成研发、制作、发行、教育培训、播出、衍生产品开发等比较完整的产业体系。从2002年收入3亿多元，到2003年收入7亿多元，再到2004年收入16亿元，动画产业创造效益的速度令人惊讶。长沙尝到了动画产业的甜头，在全国率先崛起，赢得了“动画之都”的美誉，为今后全省的动画产业发展打下了坚实的基础。

值得指出的是，湖南动画对整个动画产业的独特贡献，是践行产业化之路的自觉性。在早期，国内涌现出许多优秀的动画，但最终如昙花一现，究其本质，就是没有与产业结合，因而没有强大的生命力。三辰、宏梦，包括手机动画企业拓维信息等，从一开始就直接切入产业运作，使动画品牌焕发出强大的生命力，也使动画行业进入良性循环，实现自我造血功能。

2. 政府积极扶持

任何产业的发展都需要有一个宽松的环境和适合的土壤，这包括由政策、管理和舆论所构建的整体社会环境。

这些年来，湖南政府对动画创作的扶持可谓不遗余力。自2005年以来，湖南有关部委已陆续出台了3个扶持动画产业发展的指导文件和扶持文件，除了提出若干条加快湖南动画产业发展的意见政策之外，还切实从财政、税收、信贷、补贴等各个层面，以不同方式支持和扶助湖南动画的创作和动画产业的发展。

3. 拥有龙头企业，原创实力雄厚

2008年，全国总共制作完成电视动画片249部，时长131042分钟，比2007年增长28%，其中，湖南省完成电视动画片40部，时长达26483分钟，占全国总时长的20.2%，位居全国各省市完成情况首位。26483分钟的成绩则是由湖南山猫卡通有限公司、宏梦卡通有限公司、三辰集团有限公司、湖南金鹰卡通有限公司这四家制作公司创造，这四家公司可谓是撑起了湖南动画的大半片天空，它们以先进的技术、大规模的生产和强大的综合实力稳稳地走在国内动画公司的前列，组成了威震业界的“动画湘军”。加上其后获得大发展的金鹰卡通、手机动画，一幅灿若群星的湖南动画产业图景正在徐徐展开。

（1）宏梦卡通有限公司：湖南宏梦卡通有限公司是以信息技术为支撑，专业从事计算机动画软件研究、卡通影视节目制作及卡通衍生产品开发的大型高科技文化企业。公司于2004年6月成立，注册资本6000万元人民币，近期内将增至1亿元人民币，两年内项目投资将达到2亿元人民币。占地300亩的动画制作基地，正在长沙市星沙经济技术开发区筹建。

公司主要创建者、国家一级导演王宏，被誉为“中国卡通领军人物”。公司艺术创作负责人、国家一级编导贺梦凡，有“中国电视剧岭南派代表”之称。公司自成立以来，先后组建了湖南宏梦传媒有限公司、湖南虹猫蓝兔医药有限公司、湖南宏梦信息科技有限公司及虹猫蓝兔卡通产业发展有限公司，已形成多领域、专业化经营的产业格局。

《虹猫蓝兔卡通天地》是宏梦卡通推出的国内第一部按照迪士尼标准制作、工艺达到“一拍一”的电视动画。该节目在全国300多家电视台每天播出22分钟，赢得亿万少年儿童对虹猫蓝兔动画形象近乎痴迷的喜爱和追捧，形成了有力的品牌冲击波。目前，宏梦卡通已成为技术领先、生产规模大、综合实力强的全国最大的动画生产制作基地。

其分公司有：湖南宏梦卡通传媒有限公司、湖南宏梦信息科技有限公司、湖南虹猫蓝兔卡通产业发展有限公司、湖南虹猫蓝兔医药有限公司、湖南宏梦传媒有限公司。

主要产品：图书、音像、医药、服装、文具、软件。

到2008年4月，宏梦已开41家零售店，其中直营24家，加盟17家，遍布上海、深圳、广州、长沙、杭州等10多个城市。各行业领军企业已与宏梦达成战略合作，包括：隆力奇、伊利、汇源、雅客、华丰、金剑丰、奥迪等；图书发行量已超过2200万册。

在杭州刚落幕的第四届中国国际动漫节上，国内最大的动漫企业宏梦卡通向上海证券报记者透露，计划两年内赴美国纳斯达克上市。宏梦卡通有限公司2005年—2008年动画生产统计见表3-11。

1 2 3 4 5 6 7 8 9 10

表3-11　宏梦卡通有限公司2005年—2008年动画生产统计

宏梦卡通有限公司							
年份	集数	长度（分钟）	占全国产量比	全国排名	部数	占全国部数产量比	部数排名
2005	713	4086	9.6%	3	10	12.0%	1
2006	1909	10590	12.9%	2	38	21.7%	1
2007	1281	15148	14.9%	2	12	6.5%	3
2008	1340	12184	9.3%	3	10	4.0%	8

（2）三辰卡通集团有限公司：三辰卡通的前身是三辰影库音像电子连锁租赁有限责任公司（简称三辰公司）。1996年“三辰影库”项目经文化部批准，由共青团中央、北京兴商投资顾问有限责任公司和中央电教馆共同投资设立；1998年10月三辰影库音像电子连锁租赁有限责任公司在国家工商行政管理局注册正式成立。后经文化部和新闻出版总署批准，三辰公司获得了音像制品和电子出版物的总批发和租赁经营权，对“三辰影库”品牌的音像电子产品独家拥有总批发权，其主管的三辰影库连锁

租赁专卖店同时拥有租赁、零售“三辰影库”音像制品的权力。在发展前期三辰公司发起并完成多个具有重大影响力的工程项目，包括政府的建国50周年影视艺术精品音像出版发行工程。第九届中国电影童牛奖授予三辰影库“热心支持儿童电影事业”荣誉奖。

1999年在国内动画业低迷的情况下，三辰公司立足于自身产业定位，做出新的战略投资，以“知识卡通”概念和“六化”艺术创作理念，致力于国产原创动画生产，并投资成立湖南三辰影库卡通节目发展有限公司，制作大型原创科普动画《蓝猫淘气3000问》系列片，打造出一个响当当的国产原创卡通品牌，2004年2月，“蓝猫”商标被国家工商总局商标局评定为“中国驰名商标”。“动画娱乐＋知识卡通”被业内人士逐步走向认同、理解和赞誉。

三辰卡通集团现为中国最大的数字卡通艺术制作机构之一。集团以卡通制作为龙头，以卡通形象为儿童消费品的代言人，致力于打造中国卡通第一品牌。旗下知名品牌“蓝猫”系列产品深受广大少年儿童的喜爱，其动画先后在中国1020家电视台播出，最新国际版日前顺利出口美国，其衍生产品在市场上广为流通，业绩不俗。三辰卡通集团也在2004年进入图书领域，成立了北京三辰快乐文化有限公司，重点开发以“蓝猫”为品牌的特色图书与动漫图书，建立蓝猫幼教图书和以VCD为核心的全国连锁专卖体系，并在经营理念、商业模式与整合营销等方面进行创新，在出版产业化方面做出大胆尝试。截至2004年底，北京三辰快乐文化有限公司本着“立足原创、深度开发、提升品牌、集群化产品开发”的发展方向，已经推出四十多个系列，五百余本图书；在这一年里，三辰牵手国内最有知名度的连环漫画《雪椰》，也打响了三辰卡通集团向青少年动漫市场进军的第一炮。三辰卡通集团有限公司2005年—2008年动画生产统计见表3-12。

表3-12　三辰卡通集团有限公司2005年—2008年动画生产统计

年份	集数	长度（分钟）	占全国产量比	全国排名	部数	占全国部数产量比	部数排名
2001	424	3816	44.8%	1	1	7.7%	4
2002	384	3456	30.3%	2	1	7.7%	3
2003	576	5184	40.6%	1	2	14.3%	3
2004	257	2313	10.6%	3	1	3.5%	6
2005	220	2320	5.4%	8	3	3.6%	8
2006	1873	15142	18.4%	1	22	16.0%	2
2007	862	10014	9.8%	4	16	8.7%	1
2008	572	9910	7.5%	4	15	6.0%	4

三辰影库通过与中央电教馆的多年友好合作，进入了全国教育系统，同时也获得了国家教育部和其他部门各种形式的支持。国家教育部电化教育办公室批准中央电教馆与中国青基会合作，在中小学配备三辰影库音像电子馆。国家教育部、国家文化部、国家广电总局三部委全国中小学影视教育协调工作委员会发文，把“三辰影库”片目列入适合青少年儿童观看的优秀影片，有力推动了三辰影库市场化发展进程。三辰影库与鑫诺卫星合作，组建公司展开“乡村电子信息馆”和中小学“一平四通”项目。

三辰卡通集团于2004年年底被国家广电总局挂牌为首批“国家动画产业基地”。兴建于湖南长沙麓谷软件园。2005年年初，三辰卡通集团正式由国家工商行政管理局批准，这标志着企业集团化经营的基本形成，它从品牌创意进入到全面的品牌经营阶段，并以现代企业制度加以规范。

2008年10月，国家扶持动漫产业发展部际联席会议办公室已下拨湖南省2200万元，批准建设（湖南）国家动画公共技术服务平台，该平台将落户三辰卡通集团有限公司。

（3）湖南金鹰卡通有限公司：2004年4月29日，经过国家广电总局正式批准，作为中国第一家动画专业卫星频道，金鹰卡通卫视诞生。湖南电视台金鹰卡通卫星频道是一个以动漫、娱乐为主的个性化专业卡通频道。这个频道以青少年为主要观众，涵盖其他各个年龄段的观众。

金鹰卡通卫视在传统媒体经营基础上，确定了以产业化经营为主导的发展道路，利用媒体资源优势，全面发展媒体产业和卡通产业，同时成立了股份制的“湖南金鹰卡通有限公司”，由湖南广电集团控股。湖南金鹰卡通有限公司目前的股东为湖南广电集团和湖南电视台，增资扩股后的股份制公司注册资金将达1亿元人民币，隶属湖南广电集团，成为中国内地第一家获准开播的卫视卡通台，致力于推动中国原创动画产业的发展。还与湖南卫视携手，组成了湖南电视产业的双子星座，首播覆盖全国1.5亿观众，该频道给动画节目提供一个稳定的播出平台。

2004年年底，湖南金鹰卡通有限公司成为国家首批批准成立的“国家动画生产基地”之一。中宣部副部长、国家广电总局局长徐光春出席了授牌仪式并对金鹰卡通卫视开播以来取得的成就给予了肯定。

湖南金鹰卡通有限公司运用灵活的企业机制，除了经营金鹰卡通卫视传统媒体业务外，更积极拓展市场经营活动：寻求优秀企业共同打造卡通形象，进行品牌授权和角色行销，充分发掘利用卡通形象深度价值；实现栏目产业化；联合专业制作方，利用各自优势，资源互补，推进国产动画联合生产；进入教育行业，关注下一代素质教育，建立全国连锁少儿才艺培训机构；开发健康、向上、符合当前教育需求的网络游戏和电讯增值服务；利用自有品牌优势和内容资源全面进入图书音像出版发行、节目发行、少儿音乐制作发行等各个行业，在中、远景规划中，动漫科技园、主题公园等项目也将适时启动。

2008年3月金鹰卡通卫视与上海东方有线网络公司签署合作协议，其数字电视网络于4月1日起，开始传输金鹰卡通卫视节目。截止到目前，金鹰卡通的电视节目已经覆盖全国21个省会城市地区，总用户数量超2.5亿。2005年—2008年动画生产统计见表3-13。

表3-13　湖南金鹰卡通有限公司2005年—2008年动画生产统计

年份	集数	长度（分钟）	占全国产量比	全国排名	部数	占全国部数产量比	部数排名
2005	49	539	1.2%	20	1	1.2%	20
2006	66	1155	1.4%	18	2	1.1%	22
2007	253	16733	16%	1	15	8%	2
2008	248	16129	15.8%	2	22	14%	2

（4）湖南山猫卡通有限公司：湖南山猫卡通有限公司成立于2003年8月，现有员工约500余人，是一家从事计算机动画软件应用、动漫影视节目制作、游戏、音乐制作、卡通衍生产品研发的大型高科技文化企业。公司同时兼营无线有限网络、移动、电信增值业务运营、动漫衍生产品进出口贸易。

该公司制作的“山猫吉咪”系列动画节目现已在全国500家电视台播出，2000余家电视台转播，其九大卡通形象已在国家版权管理部门登记、注册，并获得了国家专利，公司卡通形象在国家工商行政管理总局、商标局注册了135个类别10000多种商标。同时该公司瞄准3G手机电话市场，制作了大量使用于新媒体播放的品牌动画节目。2005年—2008年动画生产统计见表3-14。

表3-14　湖南山猫卡通有限公司2005年—2008年动画生产统计

年份	集数	长度（分钟）	占全国产量比	全国排名	部数	占全国部数产量比	部数排名
2005	49	539	1.2%	20	1	1.2%	20
2006							
2007	126	645	0.6%	37	5	2.7%	9
2008	30	444	0.3%		3	1.2%	

2004年，湖南山猫卡通有限公司被长沙市人民政府列入重点扶植保护企业。

2005年，湖南山猫卡通有限公司被湖南省科学技术厅认定为“长沙国家数字媒体技术产业化基地（国际）制作中心”和“长沙国家数字媒体技术产业化基地制作平台骨干企业”。

2006年，通过层层审核湖南山猫卡通有限公司被湖南国家动漫游戏产业基地授予“手机内容制作中心”称号，成为湖南享有该荣誉称号的唯一企业。

湖南山猫卡通有限公司被国家商务部、国家文化部、国家广电总局和国家新闻出版总署联合评为2007—2008年度国家文化出口重点企业。

4. 国家动画产业基地

动画基地作为当地动画产业发展的主要载体，承担着推动动画产业发展的重任。湖南省目前拥有的两个动画基地——湖南金鹰卡通基地和三辰卡通集团，2008年的产量在全国基地产量排名中分别列第2位和第4位，均属高产基地。

如果把动画产业链比作一个化学反应，那么各类企业就是参与反应的各类化学物质，而动画基地就是反应的催化剂。通过动画基地的催化效应，可加快反应过程，提高效率，增加产出，帮助企业找到自身特点和优势，加速企业成长。

5. 技术领先，高产高质量

湖南拥有先进的制作技术和充满活力的生产机制，在全国独创了无纸化全电脑动画制作技术，大大提高了原创动画的生产能力。在三维动画技术方面，湖南动画达到了国际标准，处于国内领先水平。长沙的数字动画中心为湖南的动画开发制作提供了强大的技术支撑。

2008年10月，国家扶持动漫产业发展部际联席会议办公室已下拨湖南省2200万元，批准建设（湖南）国家动画公共技术服务平台。平台建设以“做强做优”电视动画为重点，以做大做强手机动画为生长点。平台将建立起技术服务体系和服务运营体系。形成动画网络制作、动画后期制作、网络集群渲染、手机动画制作与传播、动画教育培训五大平台，提供制作软件、艺术人才交流、卡通项目外包、卡通制作输出、声优、三维卡通集群渲染、手机动画作品的制作、手机动画作品的传播、网络卡通人才培训、卡通人才实训10项服务。平台具体由三辰卡通集团负责承建。建设完成后的平台所有设备资源实行共享，既能提高设备资源的集约利用，又可为动画创意企业节省大量付不起且不必要的开支。对于一些在起步阶段规模比较小的动画企业，一般无法独立购买昂贵的后期制作设备。平台建成后，企业就不必自己购买设备，只要租用服务平台的设备即可。据平台建设有关负责人介绍，以前企业做电视动画节目每分钟需8000元至1万元，有了平台后每分钟只需2000元至3000元。因此，平台的建立，将有效降低企业创业成本和运营成本，促进动画产业的发展。为湖南省乃至全国的动画企业创造好的生产环境，提高生产量，创作出更多更好的优秀作品，让湖南真正成为动画制作的“梦工厂”。

6. 得天独厚的电视播出平台资源

2007年，湖南金鹰卡通频道的收入超过5000万元，这个卡通少儿类节目卫星平台利用良好的政策和卡通形势全力扩充自己的覆盖范围和影响面。

2008年3月金鹰卡通卫视与上海东方有线网络公司签署合作协议，其数字电视网络于4月1日起，开始传输金鹰卡通卫视节目。开播当天，上海已有的20万数字用户将可以收看到金鹰卡通的电视节目，到2008年年底，该数字已突破80万。同时，由于北京大力推进数字电视进程，金鹰卡通目前在北京的收看用户也达到了近150万。

截止到目前，金鹰卡通的电视节目已经覆盖全国21个省会城市地区，总用户数量超2.5亿。经过4年的发展培育，该卡通频道已逐步进入快速成长期。

第十八节　2008—2009年广东省动漫产业发展新概况

一、发展现状

在过去的几年中，广东省动漫企业发展迅速，在全国立项制作国产动画的动画制作机构由1999年的一家发展到2008年的三十多家，他们在发展中摸索，寻找技术人才，推广动漫产品，尤其是广东省在2008年全国原创电视动画生产城市的排名中跃居第三，2009年春节期间由广东动漫龙头企业原创动力公司、SMG、北京优扬传媒联合出品的动画电影《喜羊羊与灰太狼之牛气冲天》更是以票房8000万元人民币创造了商业奇迹。

二、产业政策

为推动广东省动漫产业发展，2008年广东省各区市结合自身优势与发展推出了一系列与动漫产业相关的政策，主要表现在：为了游戏动漫产业的发展，深圳市人民政府文化产业发展办公室出台了《深圳市文化产业园区和基地认定管理办法（试行）》；为鼓励对作品进行著作权登记，促进广州市版权产业的发展，广州市版权局制定了《广州市作品著作权登记政府资助办法》；为推动网络游戏动漫产业快速发展壮大，广州市黄埔区颁布了《网络游戏动漫产业发展扶持办法》；为贯彻落实《广州市进一步扶持软件和动漫产业发展的若干规定》进一步完善人才奖励政策，加速构筑人才高地，提高天河区自主创新能力，推进创新型城区建设，广州市天河区制定印发《广州市天河区高新技术和软件、动漫企业高级人才奖励暂行办法》；为落实《广州市进一步扶持软件和动漫产业发展的若干规定》相关政策措施，加快扶持广州市软件和动漫产业发展，广州市制定《广州市软件和动漫产业发展资金申请指南》。

三、动漫产业基地情况

文化部命名的文化产业示范基地广东省有12个，分别为：佛山市民间艺术研究社、广州长隆集团有限公司、佛山市孔雀廊影音电器有限公司、深圳华侨城集团公司、深圳大芬油画村、TCL文化发展有限公司、广东潮州关键宇航鼠动漫影视有限公司、广东省广告股份有限公司、深圳市腾讯计算机系统有限公司、中山市小榄镇文化产业发展有限公司、肇庆市端砚文化旅游村开发有限公司、深圳古玩城。

国家广电总局建立的国家级动漫产业基地广东省有2个，分别为：南方动画节目联合制作中心和深圳市动画制作中心；生产情况为：南方动画节目联合制作中心生产动画20部，11015分钟；深圳市动画制作中心生产动画3部，912分钟。2008年国家广电总局建立的二十个国家级动漫产业基地国产电视动画生产情况的排名中，南方动画节目联合制作中心位居第三，见表3-2。

另外，广东省有1个由国家新闻出版总署建立的国家级网游动漫产业发展基地，即国家网游动漫产业发展广州基地。

四、动漫产业发展的优势

1. 区位优势明显

（1）地理位置优势和经济发展优势：广东省地处沿海，是祖国的南大门，历来是中外交流的门户，成为中国与海外经济贸易往来和科技文化交流的最前沿及中国外贸进出口和境内外人员往来的主要通道。另外，广东省还是中国唯一毗邻香港、澳门地区并与港澳水陆相连的省份，这是广东经济和社会发展所特有的巨大优势。并且广东省位于西太平洋沿岸中段，东亚沿海南北航线要冲，东亚经济高速增长地区的中心部位，这些都是广东省经济高速增长的重要因素。广东省这些独特的地理位置对广东省的经济发展和投资开发具有非常重要的意义，同时也为广东发展动漫产业奠定了坚实的基础。

（2）毗邻港台：国内流行文化前沿阵地的天然优势，充裕的国际资源。

广东的动画产业同北京、上海、杭州和湖南的动画产业相比，具有一定先天优势，珠江三角洲的制造业一直领先国内其他地区，而广州也一直是国内流行文化的前沿阵地。

广东毗邻港台，充裕的国际资源使广东有丰富的原创资源可供引进借鉴，也使广东能够便利共享香港的动漫设计人才，很多港台投资者和原创者来粤投资。调研发现，以《乌龙院》作者敖幼祥为首的50多位漫画作家已在广州定居并创立了自己的工作室，香港著名漫画家黄玉郎等人也常到广州、深圳指导，大大开阔了广东动漫界的国际视野。

动漫产业是资金密集型、科技密集型、知识密集型和劳动密集型的文化产业，具有消费群体广、市场需求大、产品生命周期长、附加值高等特点，发展动漫产业，广东省优势明显。广东省与香港、台湾距离近，文化交流多，便于进行动漫人才和创作交流，这是其发展动漫产业的一个突出优势。

（3）地方政府着力打造“华南动漫之都”：广州正在加速迈向“华南动漫之都”。据介绍，目前广州动漫网游产业发展势头强劲，从业人员超过15000人，动漫产业年产值超过100亿元（不含衍生产品），占全国动漫产值的1/5左右。广东省政府负责人曾多次表示，广州要在面向世界、服务全国的坐标体系中大力发展现代服务业，着力打造“区域创意之都”。作为4个国家级的网游动漫产业发展基地之一，广州市近年来强势推出一系列扶持动漫产业自主创新的政策。天河区依托区内多所高等学府和网易、奥飞等一批优秀企业，初步形成了网络游戏、动画、手机游戏、单机游戏和与游戏相关的产业链，年产值超过40亿元。

2. 原创资源丰富

（1）动漫杂志在期刊阵营中异军突起：根据国内权威报刊发行研究专业机构——北京开元策略咨询有限公司最新市场调查报告显示，广东省的动漫杂志在期刊市场中位居第一。

广东动漫原创综合实力全国最强，尤其漫画创作势力鼎盛。目前已形成如光通、爱威公司等优秀动漫品牌，如《大话西游》、《梦幻西游》、《威威猫》等，都已经在全国获得认可。广州盛美数码（“水果部落”）的动漫制作曾获得国内外动画原创大奖，东虹移动（“老鼠爱大米”）网络音乐红极一时。广州冬日漫画社在全国漫画创作公司中排名第二。《漫友》是全国人气较旺的专业动漫杂志，已成为国内原创漫画出版第一品牌，发行量居全国之首，签约漫画家30多个。原创漫画势力鼎盛，为广东省的原创电视动画的发展也提供了不可低估的资源。在2008年全国原创电视动画生产十大城市的评选中，广东省以20部11015分钟动画产量位居第三。

（2）动画和漫画的融合：漫画和动画的相互改编越来越多，通过漫画改编的动画大都表现不错。朱德庸漫画新作《绝对小孩》于2007年6月面市，仅仅两个多月的时间，总销量就突破40万册，并连续数月占据全国图书销售总榜前十位。漫画作品为动画提供了丰富的内容宝库，只要动画开始向青少年和成人群体延伸，势必会促进漫画和动画的大融合。

中国原创漫画图书出版欣欣向荣，市场表现不俗。敖幼祥经典漫画作品《乌龙院》不断推陈出新，倾力打造的《乌龙院大长篇漫画》系列作品市场表现强劲。迄今为止，《乌龙院》系列漫画图书总销量超过2000万册，连续五年位居中国畅销漫画榜首。原创漫画不仅在国内逐步升温，并同时出口到海外，在世界漫坛初露锋芒。很多乌龙迷说，看了很多年的《乌龙院》，一直期待着这部漫画能变成动画，因为这绝对是我们中国原创漫画的经典之作。目前《乌龙院》携手华漫兄弟，并聘请了韩国著名划时代导演吴兴善，联手打造《乌龙院》动画。相信这种由经典原创漫画发展而来的动画势必在一定时期内对国产原创动画带来新的变化。

（3）衍生产品发展良好：动漫衍生品企业良性发展。近年来，广东省动漫衍生品发展态势良好，在全国玩具行业中率先从单纯的玩具生产向以动漫创意设计为核心的文化创意产业链延伸，并涌现出了奥飞动漫、广东原创动力文化传播有限公司、漫友文化等优秀企业，引起了行业和社会的广泛关注。目前全球80%以上的玩具都产自中国，作为中国最大的玩具生产基地，广东玩具出口历来是中国玩具业的晴雨表。

广东发达的玩具、文具等产业市场结构正在转型，由出口代工转向自主品牌内销，因此，对卡通形象需求逐步升温。以玩具行业为例，东莞、澄海共有玩具企业近6000家，大部分使用国外授权的卡通形象，外包加工利润空间日益狭窄（只有2%～5%），越来越多厂商意欲转拓国内市场，都希望将玩具和动漫结合起来，有的玩具企业已经开始自己投资拍摄动画。例如：广东奥飞动漫文化股份有限公司，该公司是中国目前最具实力和发展潜力的动漫文化产业集团公司之一，奥飞股份的前身为广东奥迪玩具实业有限公司。正式成立于1993年，经过十余年的发展，奥迪玩具已经成长为中国玩具行业的领导品牌，是中国玩具行业第一家同时获得“中国驰名商标”和“中国名牌产品”两项殊荣的玩具企业。奥飞股份旗下的奥飞文化传播有限公司是以三维动画制作、漫画制作、动画形象设计、版权代理等卡通形象事业为核心业务的动漫文化传播公司。奥飞文化以创作中国原创的经典动漫形象为目标，拥有上百名富有经验的动画制作及管理团队，动画、漫画、电视剧等主要创意、制作人员均来自香港。目前已成功出品了《火力少年王1》和《火力少年王2》等优秀影视作品，2008年将有4部动漫影视作品推出，并且在未来的五年保持每年4～5部的规模推出奥飞文化出品的动漫影视作品，在中国动漫影视文化产业中打响“奥飞文化”品牌。

衍生品制造商提前介入动画原创:动画产业是资金、人才密集型产业，而且制作时间长，回报周期长。如果没有衍生品制造商及时注入资金，那么许多动画公司都因为中途“缺血”，往往撑不到终点就半路夭折。

传统的衍生品产业链是“动漫生产—播出—衍生产品开发—收益—再生产”，然而广东的一些衍生品制造商提前介入动画原创，使动漫创作在创意之初就引入可营销和市场概念，力主制作出“既有收视卖点又服务于衍生产品”的内容产品。例如近年来很受欢迎的动画《喜羊羊与灰太狼》，动画商在制作“喜羊羊”时，便以产业终端为出发点，在设计卡通形象时，让衍生产品制造商的设计人员也参与了设计，而这正成为“喜羊羊”能够经受市场考验的根本原因。

2008年，文化部文化市场司庹祖海副司长调研后认为，国家的政策既鼓励原创动漫，又鼓励动漫衍生品的开发。动漫企业的税收优惠政策争取尽早出台，给衍生品开发带来好处。同时希望企业能够提出重点产品名单目录，使专项治理活动行之有效，切实保护好原创，促进企业将形象原创与终端结合，形成良好的环境氛围，政府也在探索动漫市场保护知识产权的长效机制。

（4）动漫播出渠道广泛、数字媒体平台发展迅速：全省有少儿频道——南方少儿频道，并且有专业卡通频道，即嘉佳卡通频道。在省内中小学中的有效传播优势明显。嘉佳卡通频道是广东电视台的全新频道，每天播出18个小时，针对不同年龄层的观众，推出四个动画剧场：“波板糖乐园”、“精灵同学会”、“爆米花剧场”、“榴莲剧场”，以及“酷比气象站”、“大话网事”等自办节目，其中“大话网事”是全国首个将卡通与网络结合的电视栏目。

目前所播节目大部分为购买，另一部分为自办栏目，有粤语版的，有岭南特色的。广州特色的“酷比气象站”，这是全国第一档用动物的视角来向观众介绍天气预报的天气节目，这个气象站很受欢迎，小朋友、大人都非常喜欢。自办栏目“大话网事”的观众群年龄比较大，内容都是网络上热点问题，放在电视上集中播出，让一些没有时间上网又很想了解网上一些事情的人，通过看嘉佳卡通频道就可以知道网络上的一些事情。目前播的动画多数都是国产优秀动画，即非常适合儿童、青少年还有大人看的积极向上、健康、绿色的动画，让孩子有一个快乐、健康成长的环境。

受广东政府的大力扶持和培育，嘉佳卡通频道在广东省电视网、广州市有线电视网同时落地，目前，光在广州市，省网用户已经超过90万户，市网用户达到120万户。良好的落地情况让嘉佳卡通频道远远超越省外入驻的其他卡通频道在广东地区的覆盖率和收视率。动画制作出来要播出才有价值，电视是展示动画形象的最理想载体，是吸引众多关联厂商客户的重要渠道，播出平台的广泛建立和播出比例的明确规定以及播出奖励办法的实施，保证了动画有足够的播出时间。需求带动供给，这一措施增强了从业者的信心，有效地刺激了当地动画的制作。广东嘉佳卡通频道自开播以来运营效果良好，已成为国产动画的重要播出平台。不但加强了未成年人思想道德建设而且也带动了动漫产业，带动广东乃至整个国家动漫产业的发展。发育完善的市场机制使得广东省在产业运营上具有得天独厚的市场优势，展示体验广场、出版机构、网络等配套产业的发育日渐成熟。

另外还有众多网络运营商及服务提供商，包括“漫人网”、“南方网”动漫频道、“YACA动漫网”等优秀动漫门户网站形成了强大的播出体系。这一些播出体系的逐渐强大，为优秀动漫作品深入全省各地少年儿童的生活提供了便利。

（5）全国园区最多的国家级网游动漫基地初具规模：广州是继北京、上海、成都之后国家新闻出版总署在全国建立的第四个动漫网游产业基地，而广州市在“一个基地、多个园区”的构想下，根据实际情况先后在天河区、黄埔区、番禺区和越秀区建立了四个园区，成为全国园区最多的国家级网游动漫基地。这些园区的建成更有利于将广东打造成为集产、学、研于一体的全国乃至世界知名的大型动漫游戏设备研发、生产、展示和销售基地，推动国家网游等相关产业的发展。

第十九节　2008—2009年广西壮族自治区动漫产业发展新概况

一、国家动漫产业基地

文化部命名的文化产业示范基地广西有3个，分别为桂林广维文华旅游产业有限公司、桂林愚自乐园和百色靖西旧州绣球村。

二、动漫产业发展优势

1. 丰富的民族文化资源

广西动漫产业建设的优势是自治区领导对动漫产业的发展高度重视，有着丰富的民族民间文化资源和广阔的市场前景，有西南出海大通道和中国东盟贸易区等区位优势。中国动画这一充满神奇色彩的艺术表现形式也是在这一特有的中国传统文化底蕴下形成的。她作为中国艺术的一部分，表现着传统文化和民族文化所特有的审美文化符号，动画产业更多地融入中国优秀的民族文化，共同营造美好的动画氛围。

2. 发展中的动漫院校

目前，广西有桂林电子科技大学等16所高校设置有动画、动漫设计与制作、影视动画等相关专业，在校生1918人（其中本科生433人，高职高专学生1485人，没有研究生层次的学生）。动漫类专业在校生最多的是北海艺术设计职业学院，有509人，占全区总数的26.5%。2005年广西艺术学院有卡通动画专业本科毕业生18人，就业17人，就业率为94.44%。2006年桂林电子科技大学有毕业生56人，就业率92.86%；桂林旅游高等专科学校有毕业生56人，就业率100%。而这些毕业生多数在上海、广州、桂林、南宁等地相关企业和高校就业。

3. 有一支具有发展潜力的人才队伍

广西高等院校动漫及相关专业副教授以上的教师共35名，有一支基本满足动漫教学需要的教师队伍。南宁职业技术学院动漫设计与制作专业采用项目教学法，成立计算机应用研究所和动漫设计制作工程部，对外承接工程项目，对内实施项目教学，形成了产学合作、工学结合的雏形，两年共完成了多个公众媒体项目，如广西电视台“夺宝奇兵”栏目包装部门小元素制作、广西公共频道“新闻在线”片头栏目包装等。桂林电子科技大学陈朔的作品《故居》入选《华人3D作品年鉴》，该校还参与制作中央电视台“快乐驿站”栏目播出的郭冬临小品《车夫老曹》、中央电视台少儿频道正在播出的动画《黑客狙击手》和《绝对拯救》等高品质的作品。广西艺术学院设计学院黄卢健卡通系列图书《一个中国孩子的英雄喜剧》获中宣部第七届“五个一工程奖”。

4. 初步形成较为合理的人才培养体系

广西北海市已初步形成以北航北海学院、北海艺术设计职业学院两所高校为主的动漫产业人才培育体系。北航北海学院主要以软件与信息工程学院的数字媒体技术专业为主，重点培养从事动画设计、动漫制作、多媒体设计、网页设计、影视片头设计、游戏设计等应用型复合型的技术人才。此外，还包括软件工程专业的对日软件开发专业方向，主要培养面向日本的应用软件开发人才，至今已有140多位学生赴日本实习并就业。北海艺术设计职业学院以动漫设计与制作专业为主，重点培养动漫制作的实用型人才，培养具有动漫创作能力和动漫制作技术的综合型高端人才。

5. 市场运营模式初显活力

2004年，接力出版社推出《小小律师》，瞄准的是教育动漫的市场，强调的是抓渠道和终端。这个时候，经济效益已经提到了和社会效益一样高的位置。而对于具体的商业模式，作为多年的图书出版企业，可以说，这部片子的推出，并不代表接力出版社动漫产业发展商业模式的成熟。2006年，在国家广电总局颁布了黄金时段须播放国产动画的规定后，各电视台纷纷挖掘优秀原创国产动画。时隔几个月后，接力出版社控股的广西接力天高动漫影视传媒有限公司又推出了《阳光少年》。此时的广西接力天高动漫影视传媒有限公司，已经具有了一些现代动漫企业的雏形，公司有产品设计部、市场部、商业运营中心，更强调营销资源的整合和动漫平台的建设。从项目运作的角度来看，《神脑聪仔》的策划制作基本上以项目合作的形式展开，到《小小律师》，由项目公司进行运营；发展到《阳光少年》，则项目公司已经基本摆脱一部动画定生死的尴尬局面。

第二十节　2008—2009年海南省动漫产业发展新概况

一、国家动漫产业基地情况

文化部命名的文化产业示范基地海南省1个，即海口市大致坡镇琼剧文化产业群。

二、动漫产业发展的优势

1. 强大的资金支持和政策倾斜

据经济日报2008年报道，动漫产业是海南省重点发展的新型产业之一。2008年5月30日，海南省动漫产业基地在三亚高新技术产业园区挂牌。海南省利用三亚市得天独厚的自然环境和国际知名度，搭建动漫产业发展平台，在蓝天碧海的背景下，实现了海南动漫产业与三亚旅游业的结缘孵化，推动了高新技术产业发展。

据了解，海南动漫基地二期——三亚动漫城已经完成规划。基地占地面积460亩，规划建设面积20万平方米，主要建设项目有艺术原创、技术研发、人才培训中心，动漫影视制作基地，动漫影视衍生产品生产加工基地，动漫博览交易中心，国际动漫论坛暨国际会议中心、主题公园和4D动感播映厅等。目前，公共技术服务平台启用，已有西安玛雅动画制作有限公司、海南天涯在线网络科技有限公司、海南山海天影视公司等10多家企业进驻；基地配套基础设施建设基本完善，动漫城建设即将拉开帷幕，国内外20多位著名艺术家在动漫基地建立工作室。另外，11家国内外企业与基地签订了合作、投资开发建设项目11个，涉及软件开发、动漫人才培养、动漫原创、影视制作、文艺演出、文化旅游、动漫游戏等多个领域，其中，合作开发项目签约金额约20亿元，投资开发项目签约金额约4亿元。

海南省大力支持和发展动漫产业，结合文化体制改革，出台了扶持动漫产业发展的相关政策措施，研究设立专项资金。三亚市委、市政府高度重视动漫产业的发展，将其列入重点支持的高新技术产业和现代服务业，2007年专门安排300万元预算外资金为项目建设配套资金，并计划逐年增加对基地的扶持力度。2008年三亚市政府决定年内再次安排1000万元专项资金，追加对公共技术平台的投资。

据了解，海南省动漫产业基地公共技术平台已被列入该省信息产业重点建设项目，报送国家发改委、工业和信息化部申请专项资金支持，并被列入国家发改委2008年至2010年重点支持备选项目。如此雄厚的资金支持和政策倾斜，海南的动漫产业是否就可以在未来几年脱颖而出、破茧成蝶呢？

2. 前景初现，动漫孵化渐露成效

目前，入驻三亚动漫基地的企业已有10余家，包括西安玛雅动画制作有限公司、点创信息技术有限公司、山海天影视有限公司等。在2年的建设期内，三亚动漫基地已经建成了美丽三亚新传媒视频网站，启动了海南省首个无纸化动漫创作工程——《鹿之缘》。此外，基地联合北京电影学院动画学院，利用当前国际流行的Flash技术，制作了《海南青春深化偶像系列剧》之《鹿回头传说》的片花，启动了海南首个动漫专题期刊《海南动漫》项目，并致力于电子漫画专辑制作流程的创新。三亚动漫基地还在国内率先开展了基于Internet二代的3D动画（无客户端）部署的可行性研究，并取得突破性进展。

3. 北影实验基地落户海南

2008年1月，北京电影学院动画学院三亚教学实习基地正式落户。随后，首届海南国际知识产权与创意产业研讨会暨动漫产业论坛召开，由北京电影学院、中国动画学会牵头组织国内外动漫界的专家，在动漫产业基地内设立一个艺术家工作室聚居区——“动漫艺术大师村”。坊间认为，“动漫艺术大师村”的设立，将使海南省动漫产业基地成为

中国乃至世界又一个动漫原创中心。能否实现三亚动漫产业的升级，能否将省级动漫基地做成国家级动漫基地，不是来自其他城市的竞争，关键还是三亚自己能否坚守最初的选择并认真加以实施。

4. 海南特殊的天时、地利、人和

海南省各级党委政府高度重视动漫发展，这是海南动漫发展的“天时”；海南良好的生态环境、自然风光和丰富的民族民俗文化，是海南动漫发展的“地利”；三亚年接待国内外游客达700万人次以上，这是海南动漫发展的“人和”。这种天时、地利、人和三者合力的作用，必将推动海南动漫产业健康快速发展。

目前，海南动漫基地二期已经由日本著名动漫科技园区设计公司川崎雅子设计工作室完成了规划，并且有一个非常好听的名字——“浮城绿肺”。“浮城绿肺”几年后将成为三亚一个独特的人文景观。到时候，动漫主题公园的“迷你动漫车间”、“浪漫天涯神话体验馆”、“4D动感播映厅”、“卡通克隆互动区”、“卡通精品屋”等将会像著名的迪士尼乐园一样吸引大量的游客。

第二十一节　2008—2009年重庆市动漫产业发展新概况

一、发展现状

动画产业的发展离不开经济的发展、文化理念的与时俱进、政府政策的支持等综合性因素的相互融合和促进。重庆市是中国西南地区和长江上游最大的经济中心城市，位于青藏高原与长江中下游平原的过渡地带，中国经济发达的东部地区与资源富集的西部地区的结合部，同时也是西南地区动画产业发展的领头军。

二、政策现状

自2003年7月起，重庆正式启动文化体制改革，5年来，在中宣部、中央文改办的指导和市委、市政府的领导下，文化体制改革取得了明显成效，重庆文化的整体面貌发生了积极变化，政府出台了一系列政策来加强动画产业的发展。2007年重庆市出台的《重庆市鼓励和扶持动漫产业发展的实施办法》、重庆市高新区管委会出台的《重庆高新区管委会关于鼓励和扶持创意产业发展的若干意见（试行）》等，这些支持动画产业发展的政策和鼓励措施，为重庆动画产业的发展提供了良好的机遇和平台。

三、国家动漫产业基地情况

2007年8月，重庆市南岸区茶园新区动画产业基地被国家广电总局授予“国家动画产业基地”，是目前西南地区唯一一家国家级动画产业基地。这是重庆市自2006年12月高新区软件园区被列为“国家级软件基地”后，重庆创意产业基地第二次获得国家级基地称号。

2008年全国国家动画产业基地上升到20个，全国国家动画产业基地自主制作完成国产动画102047分钟，约占全国国产动画总产量的77%，比2007年增长26%。重庆市南岸区茶园新区动画产业基地产量为1618分钟，占全国总产量比例的1.5%，在全国20个动画产业基地产量中排名第12位。2007年国家动画产业基地重庆市南岸区茶园新区动画产业基地产量为3734分钟，占全国产量比例的3.7%，在全国17个国家动画产业基地产量中排名第7位。

四、动漫产业发展的优势

1. 城市文化

动画产业作为文化创意产业的一部分，除了需要一定产业基础外，还与一个城市的文化沉淀程度息息相关。重庆区域内独具魅力的饮食文化、景观文化、女性文化、旅游文化、民俗文化等，与巴渝文化、抗战文化、红岩文化、商埠文化和移民文化，构成了重庆人文精神的内核和文化的多样性，这些文化资源为重庆动画产业发展提供良好的产业文化基础。

（1）重庆文化独具特色1：赏——被誉为“唐

宋时期艺术殿堂”的重庆大足石刻，其内容丰富，横融儒、释、道，纵观千余载；千年古镇，古色古香的传统文化街区磁器口；山城夜景轻雾弥漫，形成“山、水、桥、路、房、船”的江山城特色。

（2）重庆文化独具特色2：听——茶馆曲调悠扬，江畔夜雨轻轻。

（3）重庆文化独具特色3：辣——辣椒文化节辣出风格。

（4）重庆丰富的人文历史资源：三千多年悠久历史孕育出恢弘的巴渝文化和像巴蔓子这样一批独特的历史文化名人。重庆区域内大禹“三过家门而不入”、神女文化、丰都“鬼城”、巴人老祖宗廪君“只爱江山不爱美人”等历史文化遗迹和民间传说，以及由古代巴人对生与死的独特认知传承下来的文化精华，更是折射出今天重庆人“耿直、善良、仗义、执著、勇敢”等人文特质和独特的人文精神及价值观。同时重庆还是一座移民城市，造就了重庆这座城市多样性、开放性并举的城市文化，为创意产业的成长提供了肥沃的土壤。

作为中国共产党在四川最早的领导中心、抗战临时首都和反法西斯战争的远东指挥中枢，无数的仁人志士在重庆留下了可歌可泣的足迹，留下了诸多能够激励后人奋进的宝贵财富。如抗战文化和红岩文化，既是中华优秀传统文化的真实体现，也是重庆独特的区域文化和人文精神的历史再现，其资源独特性无法替代。

2. 政策支持

动画的制作从策划、制作、最终发行再到衍生品开发，要经历一个复杂而艰辛的投入过程，风险往往存在于各个环节中，而做好的片子得不到播出或中途由于某些因素无法继续完成制作，不仅造成投入资金无法回收，同时也使那些坚持走原创路线的动画公司倍受挫伤，甚至一些小的动画公司或工作室将会濒临破产。

有利的市场环境为动画产业提供持续发展的可能性。2007年重庆市出台了《重庆市鼓励和扶持动漫产业发展的实施办法》、重庆市高新区管委会出台了《重庆高新区管委会关于鼓励和扶持创意产业发展的若干意见（试行）》，2006年设立了重庆市文化产业发展专项资金，总金额为每年1000万元。2007年奖励动漫制作企业156万元，2008年奖励动漫制作企业382.87万元。重庆市第二批文化产业（动漫）专项资金项目正式下达，重庆享弘数字影视有限责任公司制作的二维动画《魔盒与歌声》获得了专项资金播出奖励198万元，重庆原典文化传播有限责任公司制作的《诗歌训练营》获得专项资金播出奖励39万元，重庆奇易门动画科技有限公司制作的《绿娃娃》获得奖励18.40万元，重庆视美动画艺术有限公司制作的《麻辣小冤家》获得播出奖励100万元。政府的重视与扶植，动画产业呈现出前所未有的良好发展态势。

3. 成功先例及衍生产品的探索

重庆动画产业的发展在西南地区相对成熟，在原创动画的制作上有不少成功典范。重庆动画产业的迅猛发展在每年的数据统计中都有所体现，我们可以感受到这座城市的不断努力。成功的先例使越来越多新加入原创动画行业的人们倍受鼓舞。早些成立的动画企业、公司在经验教训中培养自己日趋成熟的团队，逐渐熟悉市场，并尝试将动画以产业的模式去发展。

由重庆视美动画艺术有限责任公司制作生产的《麻辣小冤家》于2007年被央视高价采购，并在国庆期间登陆央视。《麻辣小冤家》共300集，是一部本土味很浓的卡通喜剧，讲述的故事简单而不乏味，非常人性化、生动地展示了重庆市民生活中的趣事。《麻辣小冤家》在青少频道和时尚频道播出的收视率均位居收视排行榜前列，在央视少儿频道的播出，受观众喜爱程度位居第四位。

除此之外，《麻辣小冤家》之《谁送的花》获第13届上海国际电视节“最佳中国动画创意”提名奖，这也是重庆本土动画首次在国际上获得大奖。该公司作品《叽哩咕噜和巴巴猫》获得2007重庆创意产业活动周之重庆动漫设计大赛团体组“最佳原创电视动画”。目前，重庆视美动画艺术有限责任公司制作的大型儿童励志寓言动画《宝贝先锋》得到了中央电视台的青睐，央视主动与视美动画签定购买协议，全权购得该片在全国卫星电视首播权，并在2008年暑期黄金档推出。

重庆享弘数字影视有限公司是中国西部最早进行原创动画制作的企业，在2003年12月就完成了《乐乐熊奇游记一》365集4015分钟的制作。公司全力打造“乐乐熊”动漫品牌，并开发乐乐熊的相关衍生产品。五年内计划生产1000集以上的乐乐熊奇游记系列动画，目前已完成1000集。作为与央视动画战略合作的原创企业，截至2007年年底，公司共完成三部作品，其中两部为木偶动画片《乐乐熊》和《森林故事》，另一部是《魔盒与歌声》，累计830集10000多分钟。《魔盒与歌声》顺利通过2008“美猴奖”的初选和复选，进入终选阶段，荣获国家广电总局精品动画“三等奖”、重庆文广局电视文艺节目动画类“优秀奖”等，并且是国家四部委共同发布的《2007—2008年度国家文化出口重点项目目录》中的四部国产动画片之一。

国内动画衍生品市场一直被外来动画衍生产品占据，国产动画衍生产品所占的份额非常少。目前国内动画企业开始越来越多地关注开发衍生产品市场。重庆享弘数字影视有限公司对《乐乐熊奇游记》系列动画中的动画形象进行产业转化，已先后推出乐乐熊系列童装、玩具、电子产品等，并在市场上取得一定知名度。重庆视美动画有限责任公司已将《麻辣小冤家》动画形象的玩具、家居品牌使用权授予一家总部设于香港的玩具生产商，并投入200万元，由香港公司生产的第一批《麻辣小冤家》系列衍生品于2008年11月正式在重庆区域内销售。

4. 动画产业基地与动画公司发展多元化

重庆的动画产业基地在不断建设和完善之中，利于企业发展的优惠条件吸引大批动画公司、动画工作室入驻，目前重庆的动画产业基地建设已经渗透到主城各区，正在或即将建立的动画产业基地还有九龙坡区视美动画产业及教学基地、沙平坝区大学城数字娱乐动画基地和北部新区高新园动画基地。

重庆正在建设的四大基地特色各异，南岸区茶园新区动画产业基地和北部新区水星数字平台互为补充，形成了重庆动画产业发展的核心力量；四川美术学院与重庆广电集团相互合作，积极探索“产学研”相结合的模式。为了扶持动画产业发展，高新区每年从1亿元产业发展资金中重点安排“高新区创意产业专项资金”，用于动漫企业创业扶持资金、动漫产业公共服务（技术）平台建设与维护、重大项目研发，资助具有自主知识产权的动漫作品，特别是对重点动漫企业发展和获奖作品进行奖励。与此同时，高新区成立了贷款担保中心，很大程度上解决了动漫企业贷款难的问题。

西南地区最大的动画生产企业，广电集团旗下的重庆视美动画艺术有限责任公司，由重庆广电集团和四川美术学院合资（川美影视动画研发生产实验基地），成立于2005年11月，吸收了宏信软件等民营企业参与，作为以国资为主的综合性动画研发生产企业，主要生产影视动画，拥有年产3000分钟以上动画的制作能力，占全市同行业生产总值的80％，居西部第1，全国第6位，是国内生产规模发展最迅速的动画公司之一，并选入中国原创动画制作生产八大机构。而它设在九龙坡四川美院的基地又完美地实现了生产和教学的联合，为动画产业提供大量的生产人才。

视美动画公司是首批入选“重庆市创意产业发展目录”，作为重庆市“十一五”规划期间创意产业发展的重要载体，是全国十大动画生产企业；重庆享弘数字影视有限公司成立于1995年12月，1995年至2003年公司主营业务为影视剧的拍摄和发行，先后完成了几百部集的电视剧、专题片和动画的制作。2004年，公司开始致力于完整的“乐乐熊”动漫产业链的打造，主要着力于原创动漫产品的制作与发行，以原创动漫为基础和源动力，带动其他衍生产品的开发。自公司成立以来已经累计生产并播出了8495分钟原创动画，是中国西部最早进行原创动画制作的企业，也是西部唯一一家同时获得“2007—2008年度国家文化出口重点企业和重点项目”评定的企业。

5. 教育与人才优势

动画产业的发展离不开人才，离不开教育。重庆目前有72所大中专院校，其中，四川美术学院作为全国3大美术学院之一，是中国西部地区唯一一所高等美术专业院校，具有完善独特的美术教育体制；四川外语学院是中国西部地区最知名的外文学府；重庆大学有专门的影视学院；重庆邮电大学是西部地区重要的信息产业科技创新基地，学科建设上设有动画专业，并取得了一定的教学经验和成果，为重庆乃至全国培养、累积了一定的动画人才。现阶段，全市共有高新技术企业628家，城镇经济单位拥有各类专业技术人员达61.75万人。如此丰富的教育资源和雄厚的人才储备，为重庆的创意产业发展提供了充裕的人才保障。

第二十二节 2008—2009年四川省动漫产业发展新概况

一、发展现状

四川是中国动画游戏产品消费和生产的重点地区，已经有一定规模的游戏产业。四川省的动画产业发展还属于初期阶段，尤其是原创动画还相对稀少，但四川省对动画产业的高度重视使其发展前景更加广阔。

二、政策现状

四川省广电局组织召开全省影视动画创作研讨会推动影视动画产业发展。成都市广电局积极扶持原创动画作品生产，制定《成都影视动画产业园区规划方案》，积极推动产业集聚，积极支持全省动画企业开展原创作品生产，改变当前只为他人做嫁衣的被动局面。专门设立了鼓励优秀民族动漫游戏原创作品专项资金。

三、国家动漫产业基地情况

四川省成都市高新区正着力打造两个动画制作基地，注重传统动画的制作及电脑特技的开发。

目前，成都高新区已打造出全国面积最大、聚集企业最多、国家授权支持最多的数字娱乐软件园，产业发展呈现出良好发展势头。

据初步统计，全市共有数字娱乐相关企业60余家，销售收入超过6亿元，带动相关产业产值约30亿元。高新区作为成都市数字娱乐产业的重要承载区域，已聚集包括微软、法国智乐、育碧等54家数字娱乐企业，业务主要涉及网络游戏、视频游戏、手机游戏、动画动漫、数媒客户服务等领域。引进和扶持了以四川精锐动漫、恒风动漫、中轩数码、视魔映画、风之翼等为代表的骨干动画企业。

四、动漫产业发展的优势

1. 城市文化

（1）深厚的文化底蕴。千百年来，四川省素有“天府之国”之称。“天府”的原意，“天”指天帝，“府”指蓄聚，合起来指的是天帝的府库。

雅安女娲补天，峨眉得道成仙的故事，三星堆、金沙文化遗址所代表的千古之迷等四川山水、神话、自然和文化遗产、重要人物、历史故事，丰富的民俗文化，如生活习俗、礼仪习俗、节日习俗等，为动画创作提供大量的创作题材。

（2）与时俱进的文化观念。根据市场需要，为了文化品牌的树立，改变旧观念，制定新制度，力求长远的发展前景。文化娱乐、休闲的消费需求量高，奠定了动画产业的市场基础。

2. 政府的引导和鼓励

从四川省设立鼓励动画产业发展的专项资金到各种扶持政策，可以看出四川省对原创动画作品的生产非常重视，政府的引导也是目前四川原创动画产业发展的一种探索方式。

进一步贯彻落实《国家“十一五”时期文化发展规划纲要》以及《关于推动中国动漫产业发展的若干意见》等政策措施，加快“国家动漫游戏产业振兴基地”建设步伐，促进四川省动漫游戏产业协调发展，构建新兴文化产业集群和动漫游戏内容产业链，提升文化企业的核心竞争力。

四川省广电局组织召开全省影视动画创作研讨会，要求各级广电部门提高认识，加强领导，协调相关部门落实好国家扶持政策，帮助企业解决发展中遇到的问题，为企业搭建好服务管理、宣传播出及交流合作平台，营造良好环境。

3. 企业优势

（1）四川的动画企业数量可观，利于产业内部的交流合作。在2008年全国取得广播电视节目经营许可证的机构中，四川有86家机构具有制作动画的资格，占西南地区的37.7%，除此之外，成都市数字媒体相关企业超过160家。2007年四川省文化厅信息中心提供的资料显示，全省有各类动画企业100余家，除了两家外资支持的动画企业外，其余均为民营企业。并且四川省的民营动画企业具有明显的发展潜力，产品开发和市场营销空间、政策利用和环境利用空间、效益挖潜和资源开发空间等都比较大。

（2）原创动画企业初露光芒。成都中漫伟业文化公司是由四川美卡文化公司与重庆新环企业发展有限公司共同投资组建的大型文化企业，主要从事动画的设计、制作、发行、教育培训等相关业务。中漫伟业，利用拥有“唯一与人民教育电子音像出版社联合系统开发小学教辅教材系列动漫产品、唯一与上海美术电影制片厂共同组建中国第一家动漫研究院、唯一与美国好莱坞达成合作协议成为亚洲最大制作梦工厂”三个唯一优势，开创了中国动画文化产业发展的崭新局面。

4. 技术优势

（1）四川善于提升技术水平。四川基于较强的综合科技实力和相对集中的高校科研机构，在数字娱乐产业尤其是游戏产业的开发方面有一定技术优势，目前已研发、运营60款数字媒体产品，率先建设“国家动漫游戏产业振兴基地微软游戏技术平台”，牢牢把握先进技术的方向。该平台的建设吸引了北京、上海等著名游戏企业的参与，为四川动漫游戏赶超国际先进水平创造了条件。

（2）游戏技术对动画产业发展提供技术支持。虽然游戏产业和动画产业的播出渠道、市场环境不同，但两者的创作设计源头都涉及造型艺术和内容故事统筹，而且相对成熟的游戏制作技术也可以为动画制作技术提供强大的后盾，两者作为文化创意产业，可以互相激发对方的潜在能量。

5. 积极促进原创的繁荣

（1）四川原创动画已经实现“零”的突破。四川的动画发展要拼原创，目前四川省的原创动画产业正在稳步发展，发展形势十分乐观。拥有《天上掉下个猪八戒》、《感动世界》、《星系宝贝》等多款原创动画，部分作品在CCTV频道和地方电视台播放。《大梦王小书包》、《云端的日子》、《小羊当家》三部成都造本土原创动画获准上市发行，并于2008年4月28日至5月3日集中亮相第四届杭州国际动漫节内地原创馆。

（2）打造本土动画新形象。成都牧鹰数码艺术设计有限公司的“酷巴熊”与成都巴斯图恩文化传媒有限责任公司的“巴巴象”，这两个团队将获得文化部“原创动漫扶持计划”的资金扶持和政策优惠。

（3）加强合作与交流，增强实力。四川省原创动画公司和机构与相关院校、电视台等合作，更好地整合产业资源。

由四川省广电局组织参展的“中漫伟业文化”、“恒风动漫”、“风之翼”、“中动联”、“成都电视台少儿频道”、“四川妇女儿童频道”、“西南民族大学”等10家企事业单位，将集中发布涉及动画节目交易、音像图书出版、卡通形象授权、动画教育培训等一系列战略合作项目。

1 2 3 4 5 6 7 8 9 10

第二十三节 2008—2009年贵州省动漫产业发展新概况

一、发展现状

贵州动画产业发展起步较晚、规模小，但政府高度重视，各动画企业积极性高，为贵州发展动画产业营造了良好的发展环境和氛围。

二、政策现状

贵州省已出台《关于推动我省动漫产业发展的意见》等促进全省动画产业发展的指导性文件。贵阳市委、市政府积极支持动画产业的发展，出台了《关于促进服务业加快发展的若干政策措施》，引导贵州省的动画产业发展。

三、国家动漫产业基地发展情况

落户于白云区的贵阳数字内容产业园，是贵州省唯一一家以动漫为主导，涵盖网络和手机游戏开发、动漫衍生产品设计、软件服务和动漫人才培训的特色产业园区。该园区自2007年7月挂牌以来，园区企业已达16家，已具备600分钟/月以上的二维、三维动画的生产制作能力和比较完整的衍生产品开发加工能力，并新增了网络增值服务、网站运营等行业。该园区企业2008年完成产值9550万元，比2007年增长49%。

四、动漫产业发展的优势

1. 城市文化

丰富的自然资源、灿烂的文化资源，17个世居少数民族，经过漫长的生存和发展历史，积淀了丰厚而独具个性的民族民间文化，形成丰富的少数民族特色文化资源和优质旅游资源，这些文化资源推进现代化动画产业链发展，形成动画产业集群，培育新的经济增长点。

2. 政策的不断完善，形成了较好的体制机制环境

贵阳市委、市政府积极支持动画产业的发展，出台了《关于促进服务业加快发展的若干政策措施》，明确规定动漫企业自主开发、生产动漫直接产品，进口设备可免征进口关税及进口环节增值税。

贵州将建立动画产业发展联席会议制度。加大财政和税收支持力度，重点支持动画原创行为、民族民间动画素材库和动画公共技术服务体系建设。贵州省政府提出，贵州发展动画产业将重点加强对民族民间文化养分的吸收、集成创新。

在财政补贴、贷款支持、配套经费资助、专项奖励、人才引进、播出奖励、版权保护、税收优惠等方面给予支持，鼓励有条件的大中专院校开设动画专业或动漫课程，建立动漫企业人才实训基地，重点培养动画原创、制片、经营、管理的实用型人才，积极引进各类动画主要制作和研发人员，引进具有突出贡献的中青年专家和技术带头人。

3. 动画产业园区和动画公司的较快发展

贵阳数字内容产业园的建立为贵州动画产业发展注入新的活力。

按照“政府引导、市场驱动、整合资源、产学研结合、国内外合作”的发展思路，积极推动动画产业园区建设，经过一年多的建设，产业聚集不断加快，初步形成了动画创作、网络游戏、衍生产品生产等一条龙良性发展的产业链及以动画、游戏为主要内容的数字内容产业发展格局。贵州省的动画公司生产制作能力不断提高，无论在质量上还是创新上都有突出表现，一些原创作品多次在国际、国内的相关展会和比赛中获奖。

贵阳数字内容产业园是贵州省第一家以动漫为主的创意产业园，目前园区已具备600分钟/月以上的二维、三维动画的生产制作能力和比较完整的衍生产品开发加工能力。园区企业作品近期在各类媒体和各项赛事中逐步崭露头角。

4. 亚洲青年动漫大赛为贵州省的动画产业发展提供交流平台

举办亚洲青年动漫大赛，是高起点、高水平打造国际动漫产业发展交流与合作平台，落脚点是促进贵阳市的动漫产业发展。大赛活动期间，倡议成立亚太动漫协会，在贵阳设立常驻机构；建立亚洲动漫交流中心、白云动漫主题公园、动漫梦工厂；长期合作开展人才培训、联合拍片，制作动画、开发衍生产品，促进动漫产业发展，带动经济增长；贵阳市的动漫企业从这个平台上找到了与国际动漫企业合作的机会，少走了许多弯路，取得了丰硕的成果。这些足以说明，亚洲青年动漫大赛自身不仅是一个交流平台，更重要的是成为了贵州与国际动漫界长期合作发展的重要纽带。

第二十四节　2008—2009年云南省动漫产业发展新概况

一、发展现状

云南省动画产业发展程度与动画产业起步较早、相对发达的先进城市相比，动画产业在产业规模、周边产品开发以及动画影视作品制作等方面仍处于起步阶段。

二、政策现状

云南省昆明市人民政府结合文化创意产业发展趋势，在《关于加快推进文化创意产业发展的若干意见》中提出对动画产业的相关意见，鼓励并支持云南动画产业的发展。

三、动漫制作机构情况

2008年全国取得广播电视节目经营许可证的机构数量为2874家，西南地区有228家，占总数比例的7.9%，云南50家，占西南地区的21.9%。

在2008年国家广电总局的动画备案公示中了解，2008年云南省在国家广电总局备案的参与动画制作动画公司为0。2007年西南地区计划制作动画的动画机构6家，云南2家，2006年西南地区计划制作动画的动画机构11家，云南3家。2005年西南地区计划制作动画的动画机构3家，云南2家。2004年西南地区计划制作动画的动画机构2家，云南2家。

四、动漫产业发展的优势

1. 城市文化

云南茂密苍茫的原始森林，险峻深邃的大峡谷，卡斯特岩溶地貌形成的石林、溶洞奇观等等，使云南省成为自然风光的博物馆。拥有优美的自然风土人情，其独特的民族文化资源，为动画原创提供了丰富的素材并为动画产业发展提供了广袤的沃土。

2. 节展交流活动带来新的发展契机

在2005年12月举办的首届中国西部（昆明）文化产业博览会上，云南省动画企业已展示了不俗的潜力。在2006年首届云南动漫节活动中，参与的企业和学校达50多家，涉及动画创作、制作，电脑软、硬件开发及经销，衍生产品的生产和经销，图书出版及经销，动画专业人才培养等各个方面。首届云南动漫节为云南动画企业搭建一个展示、交流、合作、发展的良好平台。

3. 在文化产业的拉动下，动画产业初具发展模式

“云南文化热”造就了中国文化产业领域中独特的“云南模式”，云南文化产业不仅需要发展和挖掘丰富多彩且具有民族特色的原生态内容，也开始拓展科技含量高的动画产业。

由云南省精神文明办和省教育厅、中国云南国际文化交流中心等联合制作出版的动画片《八荣八耻小故事》，从少年儿童的日常学习和生活中撷取生活场景和人物故事，认真创作，使之情节化、戏剧化，帮助少年儿童理解并树立荣辱观。由北京新坐标文化公司与云南玉溪聂耳艺术发展中心联合出品的世界首部儿童音乐知识3D动画片《迷失的音乐》自2006年5月启动以来，至今已制作完成12集。该片一经面世，便受到众多海外公司的关注，如今已经签订了美国、英国、德国等欧美7个国家的代理权。

云南缘成影视制作有限公司与楚雄州电视台、云南省文化产业办公室、常州大缘数字影视公司历时两年联合制作完成的国内首部三维木偶动画电影《孙悟空大战二郎神》，已获国家广电总局电影事业管理局审批通过。该片将是云南缘成公司即将摄制的10部电影套拍100集三维木偶动画片《缘缘西游记》的第一部。

第二十五节　2008—2009年陕西、宁夏、新疆、甘肃省（自治区）动漫产业发展新概况

一、发展现状

西北地区是文化资源大区，有丰厚的历史文化、灿烂的革命文化、特色鲜明的民俗文化和一定实力的现代文化。改革开放以来，西北地区文化产业有了较快的发展，产业领域不断扩大，结构层次逐步提高，基础条件不断改善，初步形成了一定的产业规模，文化产业的增加值在国民经济中的比重有了明显提高。动漫产业也是西部陕西、宁夏等省（区）重点发展的文化创意产业之一。

二、政策现状

陕西在2005年6月15日印发了《陕西省文化产业发展纲要》，2005年11月7日印发了《陕西省文化系统文化产业“十一五”发展规划》，2006年12月26日出台了《关于鼓励和推动我省动漫产业发展实施意见》，2006年12月30日建立了扶持陕西省动漫产业发展联席会议制度，2007年11月23日出台了《关于加快发展我省文化产业若干政策措施》。

宁夏在2009年2月14日发布了《关于加快文化

产业发展的若干政策意见》，以及《宁夏自治区文化厅文化产业发展规划纲要（2008—2012）》。

三、陕西动漫产业基地发展情况

近两年来，伴随创意产业的不断发展，西安高新区聚集了50多家动漫游戏企业，形成了游戏动漫产品原创研发、产品开发、美术加工、制作和运营等动漫产业集群化发展的雏形。

2008年，经省扶持动漫产业联席会议审定，授予西安高新区省动漫产业发展示范区称号；授予高新区创意产业发展中心省动漫产业孵化基地称号；授予高新区内一批动漫企业、公司省动漫教育基地称号和省动漫产业重点扶持企业称号。

2008年12月10日，由西安市碑林区政府和西安高新技术产业开发区碑林科技产业管理办公室负责实施的总投资3亿元的“西安碑林动漫产业平台”建设项目正式启动。该项目立足西安碑林科技产业园，利用现有的软硬件条件，改造成为西安碑林动漫产业园，包括改造适合动漫产业发展的公共场所，搭建园区公共服务平台，建设园区动漫实训基地，建设一条数字产业为主的科技文化创意街区。改造总面积为5万平方米，提供1万个相关专业就业岗位，3至5年建成。该项目所在地碑林科技产业园，已有动漫产业或相关企业11家，并与两家日本企业和近十家本地企业达成入驻意向，初步形成了产业集群优势。此项目旨在凝聚更多的中小动漫企业、形成动漫产业联盟、增强西安动漫企业在国际市场上的竞争力，提出了“打造西部动漫平台、实现园区二次辉煌”的口号。

四、宁夏动漫产业基地发展情况

宁夏软件园银川动漫基地是宁夏唯一的软件和动漫开发基地，建筑面积15700平方米。目前共23家软件、动漫企业入驻。这些企业的所有产品均拥有自主知识产权，从业人员达到400余人。2008年上半年，基地完成工业总产值53亿元，工业增加值14.5亿元，技工贸总收入91亿元，主要经济指标均达到了40%以上的增速。2008年，该基地的销售收入达到1.6亿元，成为宁夏经济发展的新亮点。

2009年3月21日，成立了“CCTV—新科动漫频道银川制作基地”。该基地是目前西部13省区中首家集动漫产、学、研为一体的央视制作基地，包括“培训学院”和“研发创作中心”。“培训学院”将为宁夏以及西部地区培养大批动漫人才，以项目带动培训，以产能带动就业，争取将基地打造成西部最大的动漫生产外包基地，形成规模后每年将创造上千个就业岗位。“研发创作中心”面向全国39家省级以上少儿动漫频道，进行动画前期的选题、策划、立项以及投融资。

五、新疆自治区动漫产业基地发展情况

2008年10月27日西安电子科技大学与乌鲁木齐经济技术开发区签约，正式开工建设新疆首家动漫产业园区，作为新疆自治区首家动漫产业园，“科教动漫体验中心”位于西安电子科技大学新疆科技园内，占地82亩。“科教动漫体验中心”依托西安电子科技大学的科研和技术优势，构建面向中亚的科技园合作发展平台，充分发挥新疆本土的民族风情和地域文化特色，通过设计运作一套全新的商业模式，将科技、教育和产业的相关性和延展性有机整合。构建以动漫内容产业为依托的涉及创意设计、图像处理和输出、产品研发、企业孵化、企业合作的产业链，建设一个以动漫体验和消费为载体的、面向广大青少年和应用阶层的数字动漫工厂和娱乐体验中心，最终打造一个集科技、产业、教育、文化于一体的新型主题科技园区。

项目主体“科教动漫体验中心”总投资为9150万元，其中固定资产投资7150万元，建设内容为西安电子科技大学新疆科技园动漫软件工厂、IT人才培养基地、西电—惠普TOP—50色彩工厂，项目建成后年产值可达1.26亿元人民币。

其中动漫软件工厂项目，年产量为5万套光碟教材，年产值达3000万元人民币；与中国惠普有限公司合作建设西电—惠普TOP—50色彩工厂项目，是惠普公司在大中华区的第七家工厂，也是其在西北地区首个工厂，整个项目建成后年产量将达360万米，年产值达8400万元人民币，能有效地整合和推动新疆的色彩输出和高端喷绘市场。此外，根据协议，西安电子科技大学新疆科技园每年还将为当地培养IT人才1.3万人。

六、甘肃动漫产业基地发展情况

2009年3月20日，兰州高新区和兰州大学在雁

滩高新区举行项目签约仪式，共建国际动漫研发基地。兰州高新区以国家级高新区的政策优势、服务优势、孵化优势、开发优势，为共建国际动漫研发基地提供良好的创业和发展环境。兰州大学以在动漫领域的人才优势、研发优势和国际合作优势，实现产、学、研有机结合，走规模化、专业化、市场化、国际化发展道路。

该项目预计总投资2.2亿元，建成后，将拥有完善的办公区、实验室、设备系统、网络系统、播出系统、演播/演示厅（室）、高科技先进数字系统和公共技术服务平台，并将逐步涵盖数字影视、动漫游戏、动画衍生产品开发、创意设计、传媒印刷、影视音像、文化旅游等相关衍生文化产业。

动漫产业基地在3至5年内分两期建成，一期建成后可解决不少于800名大学生就业，安排约800人次大中专院校学生实习；二期建成后可解决不少于5000名大学生就业，提供约5000人次以上的大专院校学生实习。

七、陕西动漫产业发展的优势

1. 领导重视机构健全

2006年12月30日，动漫产业作为21世纪具有巨大潜力的朝阳产业，陕西省政府为了加快动漫产业的发展，出台了鼓励和推动省动漫产业发展实施意见，并建立了由12个厅局及相关部门组成的扶持动漫产业发展联席会议制度。

2008年8月5日，召开了动漫产业发展联席会议，讨论研究推动省动漫产业发展的有关工作。副省长景俊海在讲话中指出，动漫产业作为新兴优势产业，必将成为拉动陕西省经济发展的新的增长点。要进一步加强和提高对动漫产业发展的重要性、前沿性和未来发展态势的理解与认识，加强宏观指导和协调，加大政策扶持力度，要以高新区动漫产业基地建设为重点，提高产业集聚和孵化功能，加快动漫产业专业化人才教育培养基地建设，为陕西省动漫产业发展提供有力的保障，积极开展国际交流与合作，努力实现陕西省动漫产业的国际化。

2. 目标明确，重点突出

2007年起，陕西省积极鼓励支持非公有资本平等地投资和参与各类动漫产品的研究开发和创作生产，重点支持具有自主知识产权的各类动漫产品。初步确立了省动漫产业的发展目标——以西安为重点区域，抓好产业规划，培育和完善省动漫产业链，用5年时间逐步形成艺术形象创作、动漫产品生产供应和销售环环相扣的成熟的动漫产业链；以西安高新技术开发区和相关高等院校为核心，努力建成动漫产业聚集的国家级动漫产业基地和集研发、教育、培训为代表的国家级教育基地；培育2至3个全国知名的动漫品牌，建成5至8家有一定规模、拥有原创品牌的企业和一批中小型动漫企业；以分布在全市范围内的动漫企业、高等院校、动漫培训学校、动漫艺术工作室为重点，以地域性衍生产品生产为载体，以国际化、民族化、市场化为手段，打造动漫产业链。

3. 产业聚集初步形成

近两年来，伴随创意产业的不断发展，西安高新区聚集了50多家动漫游戏企业，形成了游戏动漫产品原创研发、产品开发、美术加工、制作和运营等动漫产业集群化发展的雏形。开发出了《大话李白》、《猫和老鼠》方言版、太空科幻大型网络游戏《星际家园》等优秀作品。

4. 政府、企业、教育互动

2008年10月，为了有效整合陕西动漫产业资源，营造良好的产业环境，建立长效的合作机制，实现陕西动漫产业更好更快发展，发布了《陕西动漫产业发展倡议书》。倡议书提议："建立团结互信的产业合作机制，多方形成合力，共同推动陕西动漫产业的发展；加大培育扶持陕西本土优秀动漫品牌机构和重点动漫项目的建设，培育陕西动漫产业有力的市场环境，提高陕西动漫产业的商业化运作能力，扩大提升产业的影响力和竞争力；建立政府、企业、培训机构间互动机制，加强陕西动漫产业的研究，切实推进陕西动漫产业发展；定期举办中国西部创意产业文化节相关活动，使其成为立足陕西本土，面向西部的创意产业合作交流的盛会；发挥媒体作用，营造良好的动漫产业发展的舆论环境。"希望在各方共同努力下，陕西动漫产业一定会形成产业合力，齐心打造陕西本土动漫品牌，一定会实现产业的突破性发展。

2008年11月19日下午，省委搭台举办了"陕西省宣传文化单位与民营企业项目恳谈会"，来自省8家宣传文化单位的主要领导与48位民营企业家出席，进行面对面的交流。西安市委宣传部首先将西安动漫游戏开发公共技术支撑中心项目、大唐西市国际会客厅项目、2011西安世界园艺博览会项目等8个项目向企业家们推介；省文化厅、省广电局、省新闻出版局等单位也拿出了自己的优势资源，与现场企业家们对接；陕西日报社推出了“陕西日报传媒集团印务有限公司”、“陕西日报传媒集团发行总公司”、“《报刊荟萃》杂志”、“陕西日报传媒集团新闻网站”、“西部文化步行街”5个项目。

5. 人才技术资源优势

西安科研院所、高等院校众多，综合科技实力居全国第三，人才储备力量庞大。西安网吧的数量、规模已居全国前三。

2007年，西安美院设计系动画专业有170余名在校生，140人已经毕业。自发组织的漫画社团也有近300家。

2009年，为了整合学校之间和校企之间资源，实行订单式培养模式，推行人才培养直接面向市场，力促大中专学生就业，西安市打出职业教育“集团”牌。2月25日西安市教育局宣布，西安市将正式成立组建轨道交通、软件服务外包、动漫和旅游四大职业教育集团，今后相关院校、专业的学生将有望坐上学习和就业“直通车”。

八、宁夏自治区动漫产业发展的优势

1. 政府财政支持，创作了具有地域特色的原创动漫产品

2008年以来，开发区将软件动漫服务外包产业作为第四大主导产业来抓，从政策、资金等多方面给予扶持，年初安排800万元扶持资金。

经宁夏软件园入园企业申请，软件园管理办公室、开发区软件、动漫及服务外包产业领导小组审核，宁夏汉恩雅石游戏动画制作有限公司创意的系列动画片《美丽家园》、宁夏荧屏天天传媒广告有限公司创意的动画片《雄浑贺兰》、宁夏西夏盛彩有限公司创意的动画片《梦幻西夏》和《关公出五关斩六将》以及梦之坊个人工作室创作的《月上贺兰》网络版，5个项目获得开发区财政局共计98.5万元的专项资金扶持。

同时，为调动广大创作人员的热情，银川高新区还向在第四届中国国际动漫节、动漫产业博览会上获得美猴奖的设计师奖励2万元。

2. 发展规划明确，初步形成动画产业后发优势

《宁夏自治区文化厅文化产业发展规划纲要（2008—2012）》中指出：“发展网络文化业，研发高新产品，形成后发优势。”将高端服务产业尤其是动漫创意产业作为21世纪宁夏崛起的新兴财富增长点。

自治区政府已经把代表高端服务业领域的软件开发、动漫和软件服务外包确定为银川市开发区未来发展的第四大产业，制定了扶持产业发展的一系列政策。

3. 地域文化特色明显，具有丰富的区域文化资源优势

宁夏素以“塞上江南，神秘西夏”为荣，这里的民族风情、地域特色孕育出了别处无法复制的文化底蕴。从雄浑的贺兰文化到悠久的黄河文化，从鲜明的回乡文化到神秘的西夏文化，这一切都足以引起区内外文化经销商的关注和好奇。这些文化积淀注入宁夏动漫产品中，将有很强的市场竞争力。入驻软件园企业的一系列成就证明了可行性——7部作品在第四届国际动漫节上参展，其中银川盛天彩文化传媒公司作品获得“美猴奖”漫画最佳形象奖。

以贺兰山岩画为背景的大型神话类三维动画电影《雄浑贺兰》在上海宣传时，中央电视台、深圳电视台等多家电视台片商已经看中这个“共工怒撞不周山（即贺兰山）”的神话故事中所表现的岩画文化内涵，竞相购买播映权。

11月份在中央电视台少儿频道播出的《美丽家园》以一对回族兄妹的成长经历为背景，结合了银川人的生活素材和科幻元素，体现的是共建和谐美丽家园的主题。

《鸣沙》、《梦幻西夏》则以神秘西夏国为背景，人物形象独特，贯穿全片的不仅有西夏党项族人的风俗传说，还有沙坡头、沙湖的独特风景，引人入胜。

以舞剧《月上贺兰》为素材，具有好莱坞魔幻色彩的三维动画《月上贺兰》已经作为2008年国际动漫节的重点招商引资项目。

银川方达电子系统工程公司开发的《标准汉语教程》有6个语种的同声翻译，目前已获得国外大量订单。

第二十六节　2008—2009年香港、澳门、台湾地区动漫产业发展新概况

一、香港地区动画产业发展现状

近年来，中国香港动画产业发展迅猛，成果丰硕。无论是外包加工还是本土原创，都涌现出了不少在亚洲乃至全世界处于领先地位的优秀作品。从1997年《小倩》的一鸣惊人，到2007年《忍者神龟》《宝葫芦的秘密》的日臻成熟，直至2008年《风云决》的载誉而归，我们看到了香港动画产业二十多年来的蓬勃发展与广阔的前景。然而，如果提到香港动画产业，就绝对不能忽视两个问题，那就是香港的漫画和电影。相对于目前仍然处于发展阶段、各方面体系建设有欠完备的动画产业，香港的电影产业与漫画产业已经达到了世界一流的水平，正是它们为香港动画制作积累了丰富的经验，同时也提供了充足的资金和人才，成为香港动画产业顺利发展的重要动力源。

1. 香港地区漫画

中国香港漫画发展史大概可以分为三个时期：

（1）1842年左右至建国初期是香港漫画的起步阶段。随着西方版画印刷技术的传入，香港早期漫画业开始发展，那时的漫画作品大多为讽刺性的、以表达惧怕外国人居多的年画，鲜有政治意味。然而随着战争的打响，由于香港的特殊地理位置，1895年后成为了支持内地政治漫画创作的重要基地。例如1902年在内地被迫停刊的《时事画报》，其主要漫画家先后流亡到香港，并创作了大量反对清政府的漫画作品。1927年以前，香港乃至全中国的漫画作品基本都是反映时事和革命活动的，漫画成为了救亡图存的政治工具，其本身应有的艺术特性被忽略。直至1945年日本战败，香港漫画才逐渐脱去了政治外衣，转而以表现日常生活为主，如袁步云和马锦的《细路祥》。

（2）1949年到1980年是香港漫画的发展期。由于建国初期香港是当时中国唯一可出版漫画的地方，加之海外华侨对中文漫画的需求日益增大，香港漫画在多重刺激下迅猛发展。但由于当时的香港与内地处于分离状态，传统中国文化无法对香港造成太大影响，甚至还不及美国漫画的影响力，因此香港漫画逐渐形成了立足于本土化的“中美合璧”的独特风格。内容上更是完全摆脱了政治影响，以表现各方面生活为主，如房屋问题、教育、犯罪等等都是漫画家乐于表现的主题。到了六七十年代，香港经济成功转型并呈腾飞之势，社会财富逐步积累，战后一代也形成了自己的价值观，他们不满足于富足而沉闷的生活，追求新鲜刺激，特别是在美国特工电影《007》系列的影响之下，社会开始滋长一种借以暴力解决问题的倾向。功夫、动作等暴力题材为读者所钟爱，当时这类漫画中比较有代表性的是黄玉郎的《小流氓》。

（3）80年代后，香港漫画进入了繁荣期。黄玉郎将自己的工作室发展为上市公司，并收购上官小宝的公司，成立了玉郎公司，培养出了大批年轻有为的漫画家，如马荣成、冯志明、狄克等。1987年起，玉郎公司的主要漫画家纷纷自立门户，香港漫画界呈现出百花齐放的态势，精品不断涌现，由于画风与日本漫画差异较大，给人留下了深刻的印象，形成了特色鲜明的“港漫”流派，在全世界造成了很大影响。近年来很多我们耳熟能详的香港电视剧、电影、动画都是改编自漫画作品。如电影《古惑仔》系列、《中华英雄》、《风云雄霸天下》，动画《老夫子》、《麦兜菠萝油王子》、《风云决》均改编自知名的漫画作品。正是由于漫画已经接受了市场的检验，保证了部分票房，投资方才会放心投下大资本制作相应的动画，而较高的投资成本在很大程度上给影片质量起到了保障作用，反过来更好地吸引观众。这种改编成熟漫画作品，借漫画的超高人气发行动画的做法与日本动漫产业如出一辙，当然，这是建立在两地均拥有十分完善的漫画产业体系的基础之上的。

2. 香港地区动画

由于近年来香港动画佳作不断，影视特效、广告、高清视频展示等领域更是捷报频传，受到了全世界的瞩目，香港数码动画产业形势较为乐观。

（1）公司前景：根据国际数据信息（International Data Corporation，简称IDC）所编写的《香港数码娱乐产业调查与研究分析2007》指出，有42.95%的香港数码特效公司对未来充满了信心，

16.8%持中性态度，28.2%持悲观态度。2007年，动画类公司雇员增长13.55%，较2006年的10.01%多3.54%；有32.5%的公司表示要增加投资，同比增长5%，其中会增加投资的计算机动画公司较2006年上升15%，达到40%。

从投资方向来看，香港计算机动画公司的三大投资为跨媒体合作（29.17%）、动画开发（25.00%）、营销（14.17%）；香港数码特效公司的三大投资为硬件投资（52.4%）、软件投资（34.9%）、特效投资（8.0%）。从营销伙伴来看，香港公司的三大营销伙伴为跨媒体（22.20%）、媒体（17.82%）及网站（15.75%）。跨媒体的业务可增加收入，亦能减低投资风险；同时随着计算机技术的日益发展，传统的营销渠道，比如开发商，将会逐渐被便捷高效的网络渠道所代替。

在计算机动画制作日益平民化的今天，观众对于动画的理解和认识上升到了前所未有的高度，开设计算机动画公司也并非遥不可及之事，香港机构及行业对创新和多媒体业务的需求亦会增加。《香港数码娱乐产业调查与研究分析2007》估计在未来三至五年，香港将会成立更多的计算机动画公司，同时会有更多不同领域的人加入到数码动画行业，诸多传统公司也会开办子公司，用于不同业务的发展。

（2）客户分布：香港计算机动画及数码特效公司客户主要为香港本土，占76.5%。其次是东南亚，占9.35%，中国内地市场则占6.65%。对未来市场的增长，业界普遍认为中国内地最具潜力，占55.0%，其次是香港和东南亚各占25.0%和7.5%。根据2006年许焯权主编的《香港文化及创意产业与珠江三角洲的关系研究》，内地动漫市场产值达200多亿元人民币，连相关产业在内，市场规模估计可高达1,600亿元，拥有3亿8千万18岁以下的青少年群体，影视动画节目的观众有1亿以上。巨大的市场潜力为香港动画公司提供了充足商机。由中央政府及香港特区政府签署的更紧密经贸关系安排（CEPA），正为这一发展商机打开大门。2004年8月，内地与香港就第二阶段开放措施（CEPA2）达成协议，进一步放宽内地服务市场的准入条件，根据CEPA2的规定，香港与内地机构合拍的电视节目现已可以在广播和发行上享有与内地制作的节目同等的待遇，包括可以在黄金时段播放。国家广电总局于二零零四年十一月二十八日颁布的“四十四号令”亦首次准许外资以合资的方式在中国境内成立广播影视节目制作公司。中方需要持有不少于51%的股权。但合营公司在制作节目性质上有所限制，只可以制作专题、专栏、综艺、动画等电视节目，不能制作新闻节目。合营公司每年制作的节目在总数量上还需要有不少于三分之二的“中国题材”的内容。政府的这些政策支持也为香港数码动画公司拓宽市场铺平了道路。至于出击海外市场，除了要求影片本身具备较高的美术水平之外，还要求兼具本土文化特色和国际化语言。尽管香港有非常丰富的外包加工以及联合制作经验，近几年的原创作品也在国外取得了不错的成绩，但投资海外市场毕竟存在相对较大的风险，目前仅有少数公司具备拓展海外业务的实力，大部分香港数码动画公司对增加海外客户并不持乐观态度。

（3）就业情况：动画产业的高投资突出表现在雇员的工资方面，由于动画制作的特殊性，必须雇佣具备相当技术水准的工作人员才能保证影片的质量。由于更紧密经贸关系安排（CEPA2）、中国政策对动画业的帮助以及广阔的市场，中国内地庞大的美术专业毕业生群体和相对低廉的薪金要求吸引了众多香港公司纷纷将生产线北移。香港本土计算机动画产业员工有灵活创新、了解国内外文化的优势条件，而内地工作人员普遍具有更为深厚扎实的美术功底，相信未来香港员工会以设计、研发及营销为主，集中进行创意工作，生产工作则会转移内地。

《香港数码娱乐产业调查与研究分析2007》访问了19家计算机动漫公司，其中4家于内地设有分部，香港和内地员工的工作性质见表3-15。

表3-15　19家香港动漫公司本地雇员与内地雇员对比

	香港雇员	内地雇员
设计与生产工作	13.8%	47.5%
研发工作	19.3%	13.3%
销售	11.7%	0.0%
营销	13.3%	0.0%

续表

	香港雇员	内地雇员
客户服务	9.3%	0.0%
技术支持（软件）	15.0%	19.5%
技术支持（硬件）	17.6%	19.8%

香港计算机动画公司的男性雇员占69.6%，女性占30.4%；学士学位或本科文凭占51.4%，副学士文凭占20.35%；年龄介于25～30岁之间的占47.9%，平均香港员工（1～2年工作经验）的平均月薪为5千至1万5千港元，内地员工的月薪为4千至5千港元。

数码特效公司的男性雇员占70.58%，女性占29.42%；学士学位或本科文凭占25%，副学士文凭占35%，预科占25%；年龄介于25～30岁占50.85%；香港员工（1～3年工作经验）平均月薪为5千至2万港元，内地员工的月薪为2千至3千港元。

4. 中国香港知名动画公司盘点

香港与动画产业相关联的公司大致分为三类：游戏及娱乐软件公司、电脑动画公司和数码特效公司。有的公司专攻其一，有的则两者甚至三者兼具。除意马国际控股有限公司等少数大型数码特效公司之外，其余动画公司均为中小型企业。香港大约有260家数码娱乐公司，30%为动画及漫画业务；25%为数码特效业务。香港计算机动画公司之业务分布主要为动画开发（57.3%）、动画编辑（13.0%）及动画特许（11.0%）；而数码特效公司主要为广告特效（42.5%）、电影特效（30.0%）及电视特效（25.0%）。

（1）先涛数码影画制成有限公司（Centro Digital pictures Ltd., www.centro.com.hk）：由朱家欣先生（Mr. John Chu）成立于1987年，成立之初为一家后期制作公司，现在已是香港著名电影计算机特技及后期制作公司。先涛资产超过3000万美金，现有130多位全职员工，其中大约60多名是计算机动画师，其余为创作前期、拍摄制作、后期制作、行政管理及市场推广人员等。先涛数码先后担任过《杀死比尔》《少林足球》《功夫》《满城尽带黄金甲》等影片的特效制作，并且与迪士尼合作动画《宝葫芦的秘密》，同时更是为可口可乐、索尼、力士、海飞丝、伊利等知名公司制作过广告动画或特效。合作伙伴遍及海内外，共获得国内外大小奖项40多个。其中动画《宝葫芦的秘密》获得过2007年“华表奖”：年度最佳联合制片奖；2007年“金鸡奖”：最佳儿童电影奖。电影《功夫》获得2005年台湾“金马奖”与“香港电影金像奖”的最佳视觉效果奖。电影《少林足球》获得2001年台湾“金马奖”与“香港电影金像奖”的最佳视觉效果奖。电影《杀死比尔》获得2003年英国电影学院奖提名。

（2）意马国际控股有限公司（Imagi International holdings Ltd., www.imagi.com.hk）：是香港一家主版上市公司，由Mr. Kao Cheung Chong, Michael成立于1983年，但其前身是宝途集团国际有限公司（Boto International Holdings Ltd.），为世界最大塑料圣诞树及庆祝产品制造公司。意马真正投入计算机动画行业为2000年年底，由Mr. Michael Kao的儿子Mr. Kao Wai Ho, Francis为负责人，投资招聘200员工制作其全资的第一套全三维电视动画片集《时空冒险记》（共26集，每集22分钟），此片集于2002年完成并于2002至2004年间于法、日、德、英等国及中国香港播映；2003年为美国梦工厂制作系列三维电视动画《自豪的爸爸》；2004年与日本玩具制造商万代以及东映动画联合制作三维动画《数码暴龙X：进化》；2005年与日本著名动画公司Madhouse合作制作动画《挑战者》，由著名导演川尻善昭指导，同年购入动画《忍者神龟》的制作权，全资制作首部三维动画，2007年《忍者神龟》在北美乃至全球上映，取得北美票房周冠军的不俗佳绩；2008年华纳公司与温斯坦公司已经表示要继续发行意马的两部新片《科学小飞侠》和《阿童木》，两片均有希望在2009年上映。

（3）万宽电脑艺术设计有限公司（Menfond Electronic Art&Computer Design Co. Ltd., www.menfond.com）：由黄宏达（Mr. Victor Wong）及黄宏显（Mr. Eddy Wong）兄弟俩于1990年成立，一直致力于发展计算机动画及特技。最初成立时主

要业务为电视广告及游戏动画特技，现在则多侧重于电影特技项目。在美国，欧洲，日本，中国内地、香港地区均有市场，是香港最为知名的数码动画公司之一。在香港地区和内地有超过200名才华横溢的动画师和数字艺术家为万宽工作。就像公司的名字一样，万宽的业务范围十分宽广，从原创动画、游戏动画，到影视特效、广告制作，以及高清视频展示、交互影像，万宽涉足了几乎全部与数码动画有关的领域。参与了《致命紫罗兰》、《长江七号》、《不能说的秘密》、《十面埋伏》、《霍元甲》等著名影片的特效制作，合作伙伴包括索尼爱立信、马自达、麦当劳、哥伦比亚电影公司、可口可乐等多个国际大型企业。在国内外各种影视、动画、广告类比赛中屡获奖项，主要有：2008年为周星驰电影《长江7号》制作虚拟角色“七仔”；2007年电影《不能说的秘密》获得台湾“金马奖”最佳视觉效果奖；电影《诡丝》获得2006年台湾“金马奖”最佳视觉效果奖；电影《头文字D》获得2006年“香港电影金像奖”最佳视觉效果奖；动画《Animation Pilot of Hairy & Scary》在2005年Siggraph上展出。

（4）特思数码有限公司（DCDC Ltd./ Digital Content Development Corporation Ltd.，www.dcdcorp.com）：于1999年由香港城市大学（City University of Hong Kong）及梁定雄先生（Mr. Raymond Neoh）成立，2001年开始主要负责人为蔡招文基女士（Mrs. Wendy Choi）。特思数码于2001年完成了香港的第一个全三维电视动画片集《Butt-Ugly Martians》（共26集，每集22分钟），合资制作该电视片集的还包括一家英国发行公司（Just' s Group）及一家美国制作公司（MikeYoung Production）。此片集于英、美、法、德等国家都有播映。之后于2005年年初出品了一套全资制作的全三维动画《龙刀奇缘》，2005年1月6日在香港上映。影片以中国古代建筑和中国文化为背景，内容丰富，有精彩的武术、惹人发笑的小精灵、悦目的数码特技及动画效果，力求令观众对含有中国元素的影片有耳目一新的感受。在法国坎城电影节上《龙刀奇缘》进行了公映，并吸引了买家的极大兴趣。当前，特思数码正在就这部电影的放映权与多个全球娱乐企业进行协商，该片将被引入其他媒体范围，包括录像、电视、广播、互联网、电影同时还有游戏。《龙刀奇缘》先后荣获2004年第二届香港数码娱乐杰出大奖——最佳电脑动画长片奖、2005年第十四届中国金鸡百花电影展——港台影展大奖、2005年第四十二届台湾金马奖——最佳动画长片奖提名。

除了电脑动画影片和电视动画片集之外，特思数码的业务亦发展至为国际电影和广告营造及设计电脑视觉特技效果。2003年最卖座贺岁片《鬼马狂想曲》中全部电脑特效由特思数码制作。由于特思数码提供高质量的制作水平，备受各界赞赏，多年来已完成多项电影、电视、广告及音乐特辑的视觉特效制作。曾创国内合拍片票房最高纪录的电影《神话》，由唐季礼执导，成龙监制及主演，片中全部电脑特效镜头皆由特思数码负责制作，获得高度评价。

二、澳门地区动画产业发展现状

5年前，中国澳门曾经成立澳门数码艺术研究院并锐意发展动画业，在第九届澳门国际贸易投资展览会中亦有谈论澳门发展动画的前景，依靠澳门特殊的地理以及历史优势，再配合低运营成本，澳门是有条件发展动画的。但近年来澳门政府倾向发展国际展览及旅游，对于创意产业的投放相对减少，加上商界多投资在赌博及酒店事业，以致动画产业停滞不前。目前澳门动画公司多以小型为主，工作项目主要来自政府及教育机构的动画制作。然而较大型的动画制作，如赌场及酒店的娱乐及宣传性动画，多会选择中国内地、香港及国外的动画公司，原因是他们的经验较为丰富且能妥善保护客户的资料。典型的例子是与内地都市圈合作的澳门三维地图。

此外，澳门特区政府为推广科技发展成立了澳门创新科技中心，也有动画公司在此成立，但这些动画公司只属起步阶段未见有大型动画制作。总括而言，澳门动画工业多用于协助其他行业发展。

三、台湾地区动画产业发展现状

中国台湾动画产业起步较早，于二十世纪三十年代就开始尝试动画制作，七十年代起为日本、美国代工动画，到八十年代末成为世界上最大动画制作中心。很多深入人心的美国动画如《米老鼠和唐老鸭》系列、《猫和老鼠》系列均出自台湾动画公司之手。九十年代由于台湾经济起飞，台币升值，劳动力价格上涨等原因台湾动画产业外移，产业结构被迫调整，原创动画得以发展，制作出了《梁山伯与祝英台》、《红孩儿大战火焰山》等家喻户晓的影片。

以代工起家，在积累经验和资金的基础之上逐步进行原创，进而向完善的产业体系靠拢是台湾动画产业发展的基本情况。与香港和日本不同的是，台湾本土并没有非常发达的漫画产业，除了改编自著名漫画家蔡志忠作品《老夫子》的动画《七彩卡通老夫子》之外，诸如几米、朱德庸这样的漫画大师的作品并没有被有效地发掘为动画素材，可以说台湾的“动”和“漫”是两个较为割裂的范畴。动画主要依靠外包加工盈利，而漫画在出版发行之后也基本走到了产业链的终端。长期的代工历史确实让台湾动画业在很短的时间内积累大量的制作经验，特别是在20世纪80年代中期，仅仅是宏广公司一家就承接了美国70%以上的电视动画制作订单，再加上包括《木偶奇遇记》原画指导派·唐纳森在内的众多美国动画大师亲临台湾授教，使得台湾动画公司无论是创作观念还是画面风格都倾向于美国特色，这从近几年的台湾原创作品《梁山伯与祝英台》《红孩儿大战火焰山》就可以看出。然而在动画制作方面取得进步的同时台湾动画产业也暴露出了产业链脱节、各个环节发展不平衡的问题。由于长期代工，本土制作者的原创意识并没有得到很大的提升，很长一段时间以来台湾原创动画仅仅停留在改编历史故事、神话传说的层面上，缺乏创意，同时在前期宣传和后期发行等环节也没有做得非常到位，降低了影片的影响力。再加上本土市场过小、内需不足这一台湾所有产业都具有的难题，可以说台湾动画产业所面临的挑战依然严峻。其实自20世纪90年代以来由于台湾经济腾飞、劳动力价格上涨，很多日美动画公司纷纷撤离台湾，选择更为低廉的中国大陆或者东南亚地区寻找代工公司，甚至台湾本土产业也被迫出现外移，这些都使得台湾动画产业作出相应调整加以应对，例如提高技术含量，将低端的二维制作部分转移到中国大陆或者东南亚，本土只保留三维制作部分，大力发展网络动画等。

如上所述，起步于代工的台湾动画产业虽然在制作环节积累了相当丰富的经验，但是在前期创意和后期推广等环节相当薄弱，产业链存在较为明显的脱节。“漫画——动画（游戏）——衍生产品——消费者”是现在动漫产业发展比较成熟的一种模式，产业链层次分明且互相关联。但台湾的动漫产业链却处于断裂状态，往往是漫画通过“漫画—读者”盈利，动画通过“动画—企业投资”生存，衍生产品制造商通过“厂商—购买少数动漫形象—消费者”赚钱。整个动漫产业各个环节缺少应有的关联，缺少团结合作精神，各自为政，各自作战，这给整个动漫产业的发展造成不利。中国台湾动画产业目前存在的问题主要有：

1. 缺乏投资

几年来台湾电影、电视工业萎靡不振，经典原创影片稀少，而电视节目也以对外引进和综艺节目为主，因此投资方对于该行业均持十分谨慎的态度。动画制作很难筹集到充裕的资金，令原创动画步履维艰。

2. 创意不足

长期的代工历史使得台湾动画制作者过多地关注于描线、上色等制作技术，而缺乏前期构思与创意。原创作品欠缺新意，即便是号称本土文化色彩浓厚的几部影片（如《魔法阿妈》《梁山伯与祝英台》《红孩儿大战火焰山》《海之传说：妈祖》等）也基本上照搬历史故事和鬼神传说，并未体现太多的创新与时代气息。

3. 缺少品牌，难以推广

同样由于长期代工，台湾动画多年来缺少知名的自主品牌，尽管年产量惊人，但真正属于台湾人自己的动画作品或者动画形象寥寥无几。其中改编自漫画家蔡志忠作品的一系列动画以及知名度很高的阿贵系列flash动画是比较成功的案例。其实许多台湾漫画家笔下的人物都具备开发为成功动画形象的潜质，只是尚未有人将其挖掘出来。当然，这个问题同样与台湾本土市场过小、内需难以调动有关，任何产业都必须在立足于本土市场的基础上才能逐步向外扩张，流失了本土市场就意味着根基的坍塌。然而由于台湾地区消费者数量有限，以及台湾地区政府对日美的亲善政策所导致的外来动画占据台湾市场，台湾原创动画目前在夹缝中求生存，前景堪忧。

4. 播映发行受阻

由于市场被外国公司垄断，台湾原创动画很难顺利进入影院放映，只能以光盘的形式发行，很难为消费者所知晓，有些甚至放弃了本土市场，仅在中国大陆发行。

通过以上问题我们可以看出，产业链的各个环节都是相互联系的，必须保证每一环的质量才能使得整个链条顺畅运营，其中任何一环出了问题都会阻碍其发展，甚至反过来影响其他环节，造成恶性循环，最终导致整个产业的崩溃。为了应对所面临的重重压力，台湾地区政府推出了一些列政策扶持本土动画产业。2002年，政府推出“两兆双星计划”，将数字内容（台湾地区称“数位内容”）产业列为“双星”产业之一，其中动画产业与游戏产业被列为优先发展的项目。随后制订了《数位内容产业发展条例》和《加强数位内容产业发展推动方案》等多项政策加以推动，并设立了“数位内容产业发展指导小组”和“数位内容产业推动办公室”，成立“数位内容产业推广和辅导中心”及“产业资源中心”等服务机构。为切实推动产业政策的执行力度，台湾地区相关部门陆续编列超过100亿元新台币的扶持经费，有效地促进了产业的集聚和带动。同时加大教育投入，重视对于动画人才尤其是高端动画人才的培养。力图将产业重点向上游转移，弥补整个产业链的不足。台湾地区已有16所大学院校开设多媒体、动画、视觉设计等相关课程。此外，2003年台湾成立了“数位内容学院”，该学院整合了台湾各大专院校、研究机构及产业界的教育资源，并编列了四年14亿元新台币用于1000名中高端人才培养计划，其中包括2D和3D动画、游戏、程序、音乐、编剧、企划、行销等各类人才，成为台湾动漫产业中高端人才的培育摇篮。

5. 知名动画公司

台湾动画公司多为加工公司，以承接美国、日本动画订单为主，立足于原创的动画公司中最具规模的就属“中华卡通公司”了。以龙头企业带动行业的整体发展是台湾动画公司的一大特点，二十世纪八十年代的宏广，以及当今的西基、大宇，都是业界的典范，在世界上都享有很高的声誉。下面就几家比较有代表性的公司作简单介绍。

（1）中华卡通制作有限公司：“中华卡通”是台湾为数不多的立足原创的动画公司，为台湾原创动画事业立下了汗马功劳。“中华卡通”由邓有立创办于1972年，是邓有立在吸收了已经解散的“影人公司”部分成员建立起来的动画公司（影人公司是台湾第一家动画公司，成立于1970年，以加工日本动画为主要业务，曾制作《巨人之星》、《东洋魔女排球》等动画，1971年因市场变动等问题被迫解散）。37年来“中华卡通”为台湾地区培育与提供了很多优秀杰出的卡通动漫人才，如朱明灿、蔡志忠、敖幼祥等数十位目前在海峡两岸从事卡通制作的创作家。同时“中华卡通”积极发展电脑数字动画软件内容，创办人邓有立于1991年又成立了新资讯科技事业股份有限公司，结合中华卡通制作公司拥有的人才资源，设计制作了很多集教学、娱乐、动画于一体的多媒体互动光碟，继续为国产数字动画产业献力。

与大多数外包加工公司不同，“中华卡通”从创立之初就立足于原创，风雨坎坷三十余载，取得了丰硕的成就。1972年拍摄第一部卡通影片《新西游记》，一经推出便受到各大媒体的报道和访问。1973年完成了卡通社教影片《生活须知》。1073年7月以卡通手法演绎的《中国文字演变》，获“金马奖”最佳动画奖。2004年动画《梁山伯与祝英台》获得中国电影“金鸡奖”和中国电影“华表奖”。2007年长片动画《海之传说：妈祖》上映，在台湾地区引起了较大反响。

（2）宏广股份有限公司：由美国印第安那大学视听学硕士王中元先生创办于1978年，是一家横跨台湾、中国大陆及泰国三地的大型企业。总公司位于台北新店，在泰国曼谷、中国大陆苏州各设有分公司，目前员工总数达1000多名，包括600多名卡通专业画家（含导演、构图、原画、动画、背景）、400多名行政和其他专业技术人员（如：电脑着色、扫图、特殊效果、合成等部门），是较大型的卡通制片厂，主要承接美国、加拿大、西班牙等欧美地区的电视、电影动画集。

宏广公司的创始人王中元先生在美国留学期间曾在著名的“汉纳・巴巴拉”公司做助理，当时他看到了动画制作在台湾的低廉成本，便向汉纳先生表示自己回台湾开设动画公司的意愿，并得到支持。凭借王与美国的深厚关系，宏广公司短期内接到了大量的美国动画订单，并且得到了包括派・唐纳森在内的很多美国动画大师的指导与协助，动画制作技术突飞猛进。随着技术不断成熟，宏广开始与迪士尼合作，涉足动画领域，动画《烤面包机》是宏广历史上里程碑式的作品，它标志着宏广的制作水准达到了世界一流水平，从此更多的合作与订单如潮水般源源不断。

20世纪80年代宏广公司已经成为世界上出口最大的卡通制作中心，承接了70%以上的美国电视动画业务，宏广事业亦达到巅峰状态。进入90年代，由于台湾经济的飞速发展，劳动力价格提升，大批美国动画生产线转向中国大陆和东南亚地区。宏广公司业务有所萎缩，同时开始涉足3D动画领域并尝试原创，《少年噶玛兰》获得1999年金马奖最佳动画奖，《红孩儿大闹火焰山》获得第42届金马奖最佳动画。

（3）西基电脑动画股份有限公司：成立于1988年，是台湾第一家三维动画公司，成立初期以制作商业广告和建筑模拟动画为主，目前业务已经逐渐转移至影视动画和游戏动画制作。多年来西基承接了很多国际知名公司的项目，曾与SD Entertainment、Creative Capers Entertainment、Silicon Studio Corp、东映动画、Sunrise、日本电视台等多个公司或单位有过合作。制作出了很多著名的影视动画与游戏动画，并且三次在Siggraph获奖。由于西基公司主要为外包业务，因此并没有成熟的原创作品。由于近年来台湾劳动力价格上涨，西基公司已将主要生产线移至厦门，成立了西基动画（厦门）有限公司。

4

第四章

中国动画产业年报 CHINA ANIMATION INDUSTRY ANNUAL REPORT

2008—2009年中国电视动画片和动画电影生产概况

第一节　2008—2009年中国电视动画片生产概况

2008—2009年，在党中央关于促进中国文化产业繁荣发展的精神和国务院《关于推动中国动漫产业发展的若干意见》的政策推动下，国产动画片从生产数量、艺术质量、制作技术、播映效果、市场环境、产业结构、教育教学等方面都取得了显著成绩。

一、国产电视动画片制作备案情况

1
2
3
4
5
6
7
8
9
10

为加快推进国产动画产业的发展，国家广电总局自2006年8月1日起，取消国产电视动画片题材规划立项审批制度，实行国产电视动画片制作备案公示管理制度。根据国家广电总局官方网站“国产电视动画片制作备案公示”专栏的备案公示剧目表，2008年度经国家广电总局备案公示的全国国产电视动画片为384部、30888集、322926分钟，分别比2007年度增长13.27%、21.49%和5.70%。

2004年度全国电视动画片题材规划，经审查批准立项的剧目为158部、11814集、155520分钟；2005年度分两批，共批准立项403部、48778集、575718分钟；2006年度（第一批）全国电视动画片题材规划共批准立项的剧目为220部、14161集、193867分钟，8～12月份备案公示剧目共410部、32823集、413365.5分钟。2007年度全国电视动画片备案公示剧目为339部、25424集、305510分钟；2008年度全国电视动画片备案公示剧目为384部、30888集、322926分钟；2009年度经国家广电总局备案公示的全国国产电视动画片为460部、35461集、428879分钟，分别比2008年度增长19.79%、14.81%和32.81%。综观6年来，国产电视动画片制作申报情况良好，众多生产机构踊跃投资，积极生产，平均每年立项剧目超过36万分钟，为国产电视动画片产量每年跨上一个新台阶夯实了基础。近几年来，每年制作完成的国产电视动画片数量逐年递增，且与当年备案公示剧目数量相比，完成比例也在大幅提升，从2005年的7.5%提高到2009年的40.1%，见表4-1。

表4-1　2004—2009年度国产电视动画片备案剧目及实际生产数量比较

产量 / 年份	备案公示剧目			实际生产数量		以分钟为单位完成百分比
	部数	集数	分钟	部数	分钟	
2004	158	11814	155520	29	21819	14%
2005	403	48778	575718	83	42759	7.4%
2006	410	32823	413366	124	82326	20%
2007	339	25424	305510	186	101900	33%
2008	384	30888	322926	249	131042	40.6%
2009	460	35461	428879	322	171816	40.1%

2008年全国共有198家机构进行了国产电视动画片制作报备。其中，国产电视动画片制作报备的十大机构依次是：北京卡酷动画卫星频道有限公司、湖南电视台金鹰卡通频道、央视动画有限公司、三辰卡通集团有限公司、南京金钥匙文化教育有限公司、无锡电视台、北京科学教育电影制片厂、哈尔滨市盛源文化传播有限公司、无锡雪豹十月数码动画制作有限公司、广州俏佳人文化传播有限公司。以上十大机构共报备48部82776分钟，占全年报备数量的25%，见表4-2。

表4-2　2008年度国产电视动画片制作报备机构前10位

排名	报备机构	部数	集数	分钟	以分钟为单位的比重
1	北京卡酷动画卫星频道有限公司	8	571	9511	2.92%
2	湖南电视台金鹰卡通频道	3	462	9485	2.92%
3	央视动画有限公司	14	633	9130	2.81%
4	三辰卡通集团有限公司	6	604	8700	2.69%
5	南京金钥匙文化教育有限公司	2	600	8160	2.51%
6	无锡电视台	7	731	8065	2.48%
7	北京科学教育电影制片厂	1	780	7800	2.41%
8	哈尔滨市盛源文化传播有限公司	2	778	7750	2.38%
9	无锡雪豹十月数码动画制作有限公司	2	600	7200	2.21%
10	广州俏佳人文化传播有限公司	3	2473	6975	2.14%
总计		48	8232	82776	25.46%

2009年，全国共有260家机构（不含联合制作机构）进行了国产电视动画片制作报备，相比2008年增加了62家。2009年，国产电视动画片制作报备的十大机构依次是：无锡亿唐动画设计有限公司、阜新大圣动漫游戏发展有限公司、常州银河动漫发展有限公司、北京妙音动漫艺术设计有限公司、内蒙古东联影视动漫科技有限责任公司、宁波水木动画设计有限公司、杭州漫齐妙动漫制作有限公司、沈阳龙澜动画制作有限公司、广州四季声文化传播有限公司、江通动画股份有限公司，以上十大机构共报备32部110376分钟，占报备总分钟数的26%，见表4-3。

表4-3　2009年度国产电视动画片制作报备机构前10位

排名	报备机构	部数	分钟	以分钟为单位的比重
1	无锡亿唐动画设计有限公司	11	17151	4%
2	阜新大圣动漫游戏发展有限公司	1	12000	2.8%
3	常州银河动漫发展有限公司	1	12000	2.8%
4	北京妙音动漫艺术设计有限公司	1	11880	2.77%
5	内蒙古东联影视动漫科技有限责任公司	1	11880	2.77%
6	宁波水木动画设计有限公司	4	10630	2.48%
7	杭州漫齐妙动漫制作有限公司	1	9125	2.13%
8	沈阳龙澜动画制作有限公司	5	9050	2.11%
9	广州四季声文化传播有限公司	1	9000	2.1%
10	江通动画股份有限公司	6	7660	1.8%
总计		32	110376	26%

二、动画片题材

根据《国产电视动画片制作备案公示管理制度暂行规定》中对于国产电视动画片的题材分类标准，国家广电总局统一划分为现实、历史、教育、科幻、童话、神话、特殊和其他八种题材。2008年度，进行制作备案公示的全国国产电视动画片，按题材划分，现实题材41部、36652分钟，分别占备案公示总数的11%和11%；历史题材27部、35438分钟，分别占备案公示总数的7%和11%；教育题材100部、96415分钟，分别占备案公示总数的26%和30%；童话题材94部、61146分钟，分别占备案公示总数的24%和19%；科幻题材41部、30682分钟，分别占备案公示总数的11%和9%；神话题材52部、34320分钟，分别占备案公示总数的14%和11%；其他题材29部、28845分钟，分别占备案公示总数的8%和9%；特殊题材无。按所占比例大小排名，备案公示的国产电视动画片题材依次为：教育题材、童话题材、现实题材、历史题材、神话题材、科幻题材、其他题材，题材选择集中在教育、童话方面，这两类题材占了一半左右，见图4-1、表4-4。

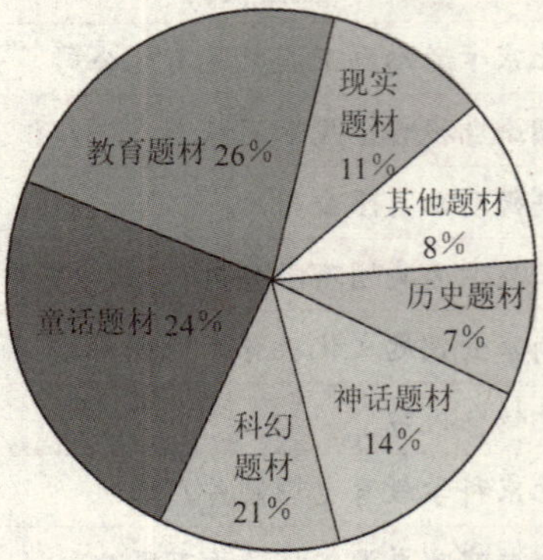

图4-1 2008年各题材占公示总数分布情况

表4-4 2008年度备案公示全国国产电视动画片题材划分比较

题材 / 月份	现实		历史		教育		童话		科幻		神话		其他	
	部	分钟	部	分钟	部	分钟	部	分钟	部	分钟	部	分钟	部	分钟
1	1	1144	3	2821	5	1966	7	3456	4	2016	3	2340	2	1520
2	2	2137	6	16152	4	5532	3	3796	4	2810	1	840	1	1696
3	3	3000	2	450	5	4358	6	2704	6	3153	3	2045	1	45
4	8	7470	4	2925	9	12116	10	5986	6	6714	3	4278	5	3075
5	4	10169	1	230	10	4553	5	4300	1	312	4	4600	1	7680
6	5	1709	1	84	7	13262	13	8222	3	2704	7	3370	5	1171
7	7	5857	3	1584	12	18972	7	1438	6	3996	4	2626	3	2716
8	1	220	0	0	1	338	6	5708	4	2340	5	2028	2	1196
9	2	756	3	5444	10	8392	5	2540	1	1144	4	1384	2	1286
10	3	1594	1	312	6	2982	11	6698	2	2574	3	2094	1	182
11	4	1244	1	484	16	9774	15	12822	2	1981	11	6791	5	7706
12	1	1352	2	4952	15	14170	6	3476	2	938	4	1924	1	572
全年总计	41	36652	27	35438	100	96415	94	61146	41	30682	52	34320	29	28845

2009年度，进行制作备案公示的全国国产电视动画片，按题材划分，现实题材49部、3169集、41869分钟，分别占备案公示总数的11%、8.93%和9.76%；历史题材32部、2163集、26679分钟，分别占备案公示总数的6.74%、6.1%和6.22%；教育题材130部、13184集、128210分钟，分别占备案公示总数的28.26%、37.18%和29.89%；童话题材146部、10758集、133942分钟，分别占备案公示总数的31.74%、30.34%和31.23%；科幻题材31部、1713集、27214分钟，分别占备案公示总数的6.74%、4.83%和6.35%；神话题材31部、1917集、26194分钟，分别占备案公示总数的6.74%、5.41%和6.11%；其他题材42部、30652分钟，分别占备案公示总数的9.1%和7.1%；特殊题材无。按所占比例大小排名，备案公示的国产电视动画片题材依次为：童话题材、教育题材、现实题材、其他题材、神话题材、科幻题材、历史题材，题材选择集中在教育、童话方面，这两类题材占了总分钟数的60%左右，见图4-2、表4-5。

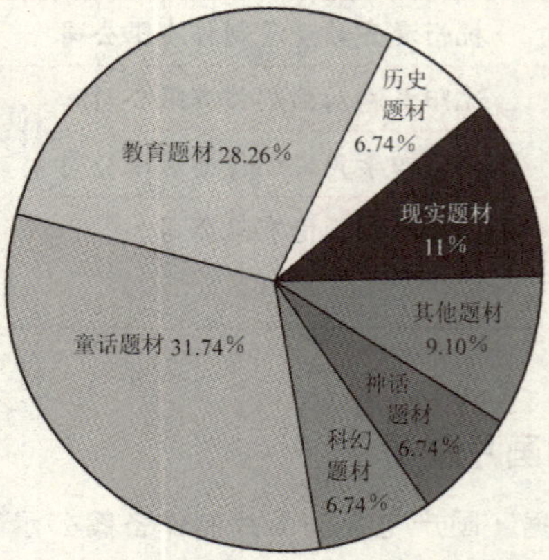

图4-2 2009年各题材占公示总数分布情况

表4-5　2009年度备案公示全国国产电视动画片题材划分比较

题材／月份	现实		历史		教育		童话		科幻		神话		其他	
	部	分钟	部	分钟	部	分钟	部	分钟	部	分钟	部	分钟	部	分钟
1	3	4464	0	0	4	12915	8	5292	1	220	1	1144	0	0
2	0	0	0	0	1	540	12	7018	2	1066	2	1060	0	0
3	5	3380	3	2548	12	6823	13	14601	5	5095	6	3242	1	1050
4	6	5842	1	3650	8	3517	19	12294	0	0	3	3678	4	2072
5	1	520	2	1920	16	14593	8	16152	1	1320	5	3778	4	5882
6	6	6108	1	84	15	24813	15	13460	3	2384	4	2696	2	832
7	11	7927	3	6028	12	9308	27	15971	3	3060	2	2626	4	2522
8	1	420	3	812	9	9070	7	9412	2	1668	2	1144	4	3228
9	6	4472	3	2626	28	29166	15	14057	7	7656	1	3650	6	6058
10	2	2036	6	4716	2	614	5	7540	2	1339	2	1386	7	2016
11	7	6388	10	4379	16	15784	6	6005	4	2808	1	814	8	6278
12	1	312	0	0	7	13982	11	12140	1	598	2	976	2	714
全年总计	49	41869	32	26679	130	128210	146	133942	31	27214	31	26194	42	30652

三、国产电视动画片总体制作情况

2008年度，各级电视动画片审查机构认真审查了各地动画片制作机构报送的国产电视动画片，中国动画片制作机构自主生产的动画片数量大幅提高。根据国家广电总局对国产电视动画片发行许可证发放情况的统计，2008年全国制作完成的国产电视动画片共249部、131042分钟，比2007年增长28%。全国共有20个省市以及中央电视台的动画片制作机构完成了国产电视动画片的制作。其中，全国电视动画片创作生产数量排在前10位的是：湖南省共制作完成电视动画片40部、26483分钟，江苏省共制作完成电视动画片49部、22912分钟，浙江省共制作完成电视动画片28部、18411分钟，广东省共制作完成电视动画片24部、11939分钟，中央电视台共制作完成电视动画片17部、9412分钟，北京市共制作完成电视动画片12部、7380分钟，上海市共制作完成电视动画片21部、6576分钟，陕西省共制作完成电视动画片3部、4564分钟，福建省共制作完成电视动画片12部、3741分钟，重庆市共制作完成电视动画片6部、3510分钟。以分钟为单位全国动画生产数量排名前十位的省市（包括中央电视台）所生产动画数量占全国总量的87.2%，见表4-6。

表4-6　2008年度全国电视动画片创作生产数量前10位排名情况

排名	省市（机构）	部数	分钟	以分钟为单位所占百分比
1	湖南	40	26483	20%
2	江苏	49	22912	17.5%
3	浙江	28	18411	14%
4	广东	24	11939	9%
5	中央电视台	17	9412	7%
6	北京	12	7380	5.6%
7	上海	21	6576	5%
8	陕西	3	4564	3.5%
9	福建	12	3741	2.9%
10	重庆	6	3510	2.7%
总计		212	114928	87.2%

2009年，各级电视动画片审查机构认真审查了各地动画片制作机构报送的国产电视动画片，中国动画片制作机构自主生产的动画片数量大幅提高。根据国家广电总局对国产电视动画片发行许可证发放情况的统计，2009年全国制作完成的国产电视动画片共322部、171816分钟，比2008年增长31%。全国共有21个省市以及中央电视台的动画片制作机构完成了国产电视动画片的制作。其中，全国电视动画片创作生产数量排在前10位的是：江苏省共制作完成电视动画片69部、40314分钟，浙江省共制作完成电视动画片43部、32758分钟，广东省共制作完成电视动画片40部、23487分钟，湖南省共制作完成电视动画片18部、13063分钟，辽宁省共制作完成电视动画片14部、11211分钟，北京市共制作完成电视动画片25部、9357分钟，中央电视台及其所属机构共制作完成电视动画片15部、8478分钟，福建省共制作完成电视动画片16部、6299分钟，重庆市共制作完成电视动画片12部、5267分钟，天津市共制作完成电视动画片10部、4330分钟。以分钟为单位全国动画生产数量排名前10位的省市（包括中央电视台）所生产动画数量占全国总量的90%，见表4-7。

表4-7　2009年度全国电视动画片创作生产数量前10位排名情况

排名	省市（机构）	部数	分钟	以分钟为单位所占百分比
1	江苏	69	40314	23.5%
2	浙江	43	32758	19.1%
3	广东	40	23487	13.7%
4	湖南	18	13063	7.6%
5	辽宁	14	11211	6.5%
6	北京	25	9357	5.4%
7	中央电视台	15	8478	4.9%
8	福建	16	6299	3.7%
9	重庆	12	5267	3.1%
10	天津	10	4330	2.5%
总计		262	154564	90%

2008年按国产电视动画片生产数量，中国原创电视动画片制作生产七大机构是：湖南宏梦卡通传播有限公司（共完成电视动画片10部、12184分钟），三辰卡通集团有限公司（共完成电视动画片15部、9910分钟），杭州漫奇妙动漫制作有限公司（共完成电视动画片9部、7242分钟），央视动画有限公司（共完成电视动画片15部、6240分钟），北京天地人传媒有限公司（共完成电视动画片7部、4975分钟），浙江中南集团卡通影视有限公司（共完成电视动画片4部、4160分钟），湖南金鹰卡通有限公司（共完成电视动画片12部、3945分钟）。以分钟为单位中国原创电视动画片制作生产机构排名前7位的产量占全国总量的37.2%，见表4-8。

表4-8　2008年度中国原创电视动画片制作生产7大机构

排名	制作单位名称	部数	分钟	以分钟为单位所占百分比
1	湖南宏梦卡通传播有限公司	10	12184	9.3%
2	三辰卡通集团有限公司	15	9910	7.6%
3	杭州漫奇妙动漫制作有限公司	9	7242	5.5%
4	央视动画有限公司	15	6240	4.8%
5	北京天地人传媒有限公司	7	4975	3.8%
6	浙江中南集团卡通影视有限公司	4	4160	3.2%
7	湖南金鹰卡通有限公司	12	3945	3%
总计		72	48656	37.2%

2009年按国产电视动画片生产数量，中国原创电视动画片制作生产十大机构是：杭州漫奇妙动漫制作有限公司（共完成电视动画片10部、12945分钟），央视动画有限公司（共完成电视动画片15部、8478分钟），无锡亿唐动画设计有限公司（共完成电视动画片8部、7720分钟），浙江中南集团卡通影视有限公司（共完成电视动画片10部、6474分钟），湖南宏梦卡通传播有限公司（共完成电视动画片9部、5050分钟），深圳华强数字动漫有限公司（共完成电视动画片8部、5032分钟），沈阳非凡创意动画制作有限公司（共完成电视动画片2部、5000分钟），宁波水木动画设计有限公司（共完成电视动画片6部、4770分钟），北京卡酷动画卫星频道有限公司（共完成电视动画片11部、4465分钟），湖南蓝猫卡通传媒有限公司（共完成电视动画片4部、4365分钟）。以分钟为单位中国原创电视动画片制作生产机构排名前10位的产量占全国总量的37.4%，见表4-9。

表4-9 2009年度中国原创电视动画片制作生产10大机构

排名	制作单位名称	部数	分钟	以分钟为单位所占百分比
1	杭州漫奇妙动漫制作有限公司	10	12945	7.5%
2	央视动画有限公司	15	8478	4.9%
3	无锡亿唐动画设计有限公司	8	7720	4.5%
4	浙江中南集团卡通影视有限公司	10	6474	3.8%
5	湖南宏梦卡通传播有限公司	9	5050	2.9%
6	深圳华强数字动漫有限公司	8	5032	2.9%
7	沈阳非凡创意动画制作有限公司	2	5000	2.8%
8	宁波水木动画设计有限公司	6	4770	2.8%
9	北京卡酷动画卫星频道有限公司	11	4465	2.6%
10	湖南蓝猫卡通传媒有限公司	4	4365	2.5%
总计		83	64299	37.4%

2008年，国务院以及各地政府出台的国产动漫产业优惠扶持政策收效显著，一些主要城市动画生产积极性持续增长。国产电视动画片创作生产数量位居前列的10大城市分别是：长沙市（共完成电视动画片40部、26483分钟），杭州市（共完成电视动画片27部、17411分钟），广州市（共完成电视动画片20部、11015分钟），无锡市（共完成电视动画片15部、8108分钟），北京市（共完成电视动画片12部、7380分钟），上海市（共完成电视动画片21部、6576分钟），南京市（共完成电视动画片17部、6297分钟），常州市（共完成电视动画片13部、6243分钟），西安市（共完成电视动画片3部、4564分钟），重庆市（共完成电视动画片6部、3510分钟）。

2009年，国产电视动画片创作生产数量位居前列的10大城市分别是：杭州市（共完成电视动画片35部、27409分钟），无锡市（共完成电视动画片26部、19214分钟），广州市（共完成电视动画片26部、16445分钟），长沙市（共完成电视动画片18部、13063分钟），沈阳市（共完成电视动画片13部、10366分钟），苏州市（共完成电视动画片13部、9801分钟），北京市（共完成电视动画片25部、9357分钟），南京市（共完成电视动画片22部、8019分钟），深圳市（共完成电视动画片14部、7042分钟），重庆市（共完成电视动画片12部、5267分钟）。

四、优秀国产动画片

国产动画片生产和交易数量的大幅增长，进一步丰富了中国各级电视频道的节目源，一定程度上满足了广大观众尤其是青少年的收视需求，也为动画企业树立动画品牌，为完成资金、人才、知识、技术的积累奠定了坚实的基础。同时，国产动画片创作水平、艺术质量也随着动画产量的增长不断提高，一些优秀国产动画片受到观众的热烈欢迎。2008年度，国家广电总局共向全国电视播出机构推荐播出50部优秀国产动画片，仅前三季度就向全国推荐播出34部。其中，江苏动画制作机构11部，湖南动画制作机构6部，浙江动画制作机构6部，上

1 2 3 4 5 6 7 8 9 10

海动画制作机构5部，中央电视台及其所属机构5部，广东动画制作机构3部，北京、重庆、天津、福建动画制作机构各2部。这些动画片思想健康，题材多样，内涵丰富，创意独特，情节动人，制作精良，根据对全国少儿频道和动画频道的收视情况的调查，《福娃奥运漫游记》《小卓玛》《少年狄仁杰》《猪猪侠》《乒乓旋风》《淘气包马小跳》《虹猫仗剑走天涯》《家有儿女》等国产动画片在电视台播出获得了良好的收视效果，收视率毫不逊色于境外动画片。

与此同时，动画电影《风云决》国内票房突破3300万元人民币，在日本、德国等海外票房收入约300万美元，创下了国产动画电影的票房纪录，在社会各界引起了强烈反响，好评不断，许多媒体认为《风云决》让“国产动画风云再起”。而《喜羊羊与灰太狼》的票房收入更是突破了1亿元大关。

从中可以看到国产动画片励精图治，在投资规模、运作方式、制作技术、人员投入、整体营销等环节不断寻求突破，为中国动画进一步发展壮大积累了宝贵的经验。同时，图书、音像、玩具、文具、服饰等衍生产品市场出现了大量国产动画衍生产品，彻底改变了四年前境外动画占据中国动画播映市场和境外动画衍生产品占据中国市场的局面，见表4-10、表4-11。

表4-10　2008年度国家广电总局推荐播出的50部优秀国产动画片目录

省市（机构）	部数	优秀作品目录
江苏	11	《福五鼠之三十六计》、《小卓玛》、《急电小信使》、《神娃学交通》、《时空少年》、《小布吉》、《西母霸龙家族》、《哈皮父子与水金刚》、《卡拉乐队》、《十万个为什么》、《拯救侏罗纪》
湖南	6	《虹猫蓝兔阿木星》、《虹猫仗剑走天涯》、《我为运动狂》、《小小双面镜》、《蓝猫健康特攻队》、《太阳城的故事》
浙江	6	《中国古代科学家》、《劲爆战士》、《秦时明月之夜尽天明》、《奇趣宝典俱乐部》、《无不想》、《科科成长日记》
上海	5	《魔法波鲁》、《游击神兵》、《巴拉邦》、《猪猪·吉利·小财神》、《霹霹乐翻天》
中央电视台	5	《少年狄仁杰》、《乒乓旋风》、《寓言新一族》、《三毛奇遇记》、《幸福大街一号》
广东	3	《猪猪侠勇闯未来之城》、《羊羊运动会》、《童年海螺湾》
北京	2	《企鹅部落》、《家有儿女》
重庆	2	《缇可》、《乐乐熊奇游记》
天津	2	《龙生九子》、《逗你玩》
福建	2	《精灵龙故事屋》、《快乐精灵》
中影集团	1	《淘气包马小跳》
黑龙江	1	《探索地球村》
山东	1	《晶莹小子》
四川	1	《大梦王小书包》
河南	1	《小樱桃》
辽宁	1	《兜兜的世界》
总计	50	

表4-11　2008年国产优秀动画片

序号	剧名	集数	每集长度	制作单位
1	《少年狄仁杰》	1~26	22分钟	中央电视台动画有限公司
	内容提要：该片通过少年狄仁杰成长路程的刻画和描写，展现了祖国的大好河山以及各地的风土人情，塑造了主人公热切追求公平和正义的优秀品格。该片取材新颖，内容健康，故事活泼，情节生动，有益于培养观众的逻辑思维能力和推理能力。			

续表

序号	剧名	集数	每集长度	制作单位
2	《虹猫蓝兔阿木星》	1～30	16分钟	湖南宏梦卡通传播有限公司
	内容提要：该片通过生动活泼、扣人心弦的故事，表现了善良正义与狠毒邪恶之间的较量与斗争。该片人物造型考究，构图色彩精致，动画技巧娴熟，内容丰富紧凑，对少年儿童启迪智慧、培养正义与诚信的品格有积极意义。			
3	《企鹅部落》	1～53	15分钟	北京第五映象空间动画制作有限公司
	内容提要：该片围绕四季岛上一群可爱的小企鹅，讲述了发生在他们身上的一个个充满智慧、生动感人的小故事。该片内容健康，制作精良，色彩明亮，形象独特，是一部风格轻松幽默的优秀动画片。			
4	《福五鼠之三十六计》	1～36	22分钟	无锡电视台，无锡梦幻动画有限公司
	内容提要：该片通过拟人化的卡通形象、充满戏剧性的冒险故事和幽默风趣的情节设置，讲述了勇敢正义的福福鼠和伙伴们与屡屡来犯的猫国国王小气猫斗智斗勇，从而拯救鼠国的故事，传递了中国传统文化知识。该片在故事中对如何正确理解和运用三十六计进行了正面引导，宣扬了诚信、友谊、团结等高尚品质的可贵。			
5	《中国古代科学家》	1～25	13分钟	浙江太子龙文化传播有限公司
	内容提要：该片是一部重塑中国古代杰出科学家光辉群像的大型文化项目。通过生动有趣的故事、精致优美的场景和个性鲜明的人物展示古代科学家们虚心学习、勇于实践、不畏困难、精益求精的科学精神，展现了他们心系百姓、兴利除害、为国为民、百折不挠的优秀品格。			
6	《劲爆战士》	1～39	22分钟	浙江中南集团卡通影视有限公司
	内容提要：该片以陀螺技艺大赛为叙述核心，设计了悬念迭起、扣人心弦的善恶势力对抗的故事，具有较强的情节性和观赏性。该片对白和音效都进行了精心设计，画面精致，动作流畅，色彩和谐，人物突出，产业意识较强。			
7	《魔法波鲁》	1～13	22分钟	上海艾正文化艺术传播有限公司
	内容提要：该片讲述了以波鲁为首的一群快乐的伙伴们一次次挫败卡卡鲁等破坏森林和生物的阴谋的故事，在一系列有趣的神奇经历中，向少年儿童介绍了大自然的植物动物、海洋生态、历史古迹等。该片在潜移默化中宣扬了惩恶扬善的精神，强化了爱护自然、保护环境的意识。适合低幼儿童观赏。			
8	《猪猪侠勇闯未来之城》	1～40	15分钟	广东咏声文化传播有限公司
	内容提要：该片讲述猪猪侠由于科学实验事故，穿越时空隧道来到2080年的未来世界，发现各种高科技产品正在过度消耗能源。为保护珍贵的能源，猪猪侠与强强集团展开了一系列紧张的对抗。该片主题鲜明，立意深刻，人物性格饱满生动，情节脉络清晰，故事设计巧妙。			
9	《游击神兵》（第二、三部）	1～52	22分钟	上海乐趣影视制作有限公司、上海意象数码科技有限公司
	该片讲述了三位机智勇敢、善良可爱的抗日小英雄在游击队长的领导下，组成少年游击队，保护村民，抢救粮食，营救伤员，护送情报，与日本侵略者斗智斗勇的小故事。该片以较为生动、轻松的方式，反映了抗日战争这一重大革命历史，有益于弘扬爱国主义精神和民族精神。			
10	《大梦王小书包》	1～26	13分钟	成都中漫伟业文化产业开发有限公司
	内容提要：该片以精心设计的故事内容、生动活泼的动画形象、风趣幽默的人物对话再现了《卖火柴的小女孩》、《草船借剑》、《狼牙山五壮士》、《丑小鸭》等优秀小学课文内容。主题健康，内容鲜活，寓教于乐。			
11	《晶莹小子》	1～26	13分钟	烟台阳光文华数字传媒科技发展有限公司
	内容提要：该片通过以晶莹小子为代表的正义力量和乌达为代表的邪恶势力之间的斗争，反映了人们治理环境、保护家园的美好愿望和不懈努力。该片主题鲜明，积极向上，塑造了一群健康活泼、机智勇敢、乐观自信的卡通形象，是一部适合少年儿童心理、能够引导观众树立环保观念的动画。			
12	《乒乓旋风》	1～26	22分钟	央视动画有限公司
	内容提要：该片通过描写天空中学在强手如林的乒乓球锦标赛中如何战胜自我并最终取得胜利的过程，展现了乒乓球的独特魅力和多姿多彩的中学校园生活，引导孩子们树立热爱集体、关心他人的高尚品格。该片画面优美，制作精良，符合青少年欣赏特点。			

续表

序号	剧名	集数	每集长度	制作单位
13	《小卓玛》	1～52	12分钟	常州宏图动画有限公司
	内容提要：该片通过藏族女孩小卓玛及其伙伴们战胜毒蜘蛛、保护藏羚羊的故事，颂扬了不畏艰险、不怕困难的精神，对于教育人们特别是青少年保护大自然、珍爱野生动物具有较强的现实意义。该片叙事生动，形象鲜明，动作流畅，制作精美，音乐动人。			
14	《淘气包马小跳》	1～52	12分钟	中影动画产业有限公司北京中奥影迪动画制作有限公司
	内容提要：该片根据同名儿童小说改编，通过描述孩子们的快乐生活以及他们与家长、老师之间的有趣故事，生动反映了当代儿童的生活现实和情感状态，引导孩子们树立健康积极的生活态度。该片故事生动幽默，老少皆宜，适合全家人一起观赏。			
15	《羊羊运动会》	1～60	15分钟	广东原创动力文化传播有限公司
	内容提要：来自地球各大洲的羊族们在青青草原上举行了盛大的羊族运动会，羊族的对头灰太郎也来到了比赛现场，一场羊群与狼之间斗智斗勇的角力又开始了……该片延续了该系列一贯的机智幽默风格，巧妙地穿插了奥运比赛知识，弘扬了不断进取的奥运精神，是一部寓教于乐的优秀动画。			
16	《虹猫仗剑走天涯》	1～108	17分钟	湖南宏梦卡通传播有限公司
	内容提要：该片讲述了虹猫带领的七侠成功利用五晶石除去天狼门恶魔三郎的故事。该片故事跌宕起伏、情节环环相扣，节奏自然明快，人物形象生动，较好地传达了中国古代传统文化中的侠义精神。			
17	《快乐精灵》	1～26	22分钟	厦门青鸟动画有限公司
	内容提要：该片讲述了小男孩罗小布想以出卖快乐来换取自己想要实现的愿望而失去快乐，最终又找回快乐的过程。该片突出了追求美好快乐生活的主题，思想寓意深刻，情节新颖生动，人物造型可爱，动画制作精良，音乐优美动人，具有较强的思想性和观赏性。			
18	《秦时明月之夜尽天明》	1～18	22分钟	杭州玄机科技信息技术有限公司
	内容提要：该片是大型武侠系列动画《秦时明月》的第二部。它采用了全三维CG技术和动态捕捉技术，在故事演绎、场景设计、人物制作、美术音乐等方面都比较精良，具有鲜明的民族特色和较强的视听冲击力。			
19	《急电小信使》	1～36	11分钟	无锡卡通派影视文化有限公司
	内容提要：该片选择了当代生活中的新兴事物“短信”为题材，通过小信使卡噗嗒的故事，寓示了信息社会人类生存状态的变化，传递了热爱生活、关爱他人的重要意义。该片时代感强，生动活泼、可爱有趣。			
20	《神娃学交通》	1～52	7分钟	无锡电视台无锡龙戴特动画股份有限公司，上海富集文化传播有限公司
	内容提要：该片讲述唐僧师徒下凡“取经”，学习交通知识，融会贯通后重返天庭，解决天宫的交通问题的故事。每集都精心构思一个故事化的场景讲解一个交通法规，剧情完整，内容幽默，语言诙谐，对于广大观众提升交通安全意识，培养交通文明行为具有积极的促进作用。			
21	《寓言新一族》	1～40	12分钟	央视动画有限公司
	内容提要：该片以当代意识和儿童视角对中国传统寓言进行演绎和解读。故事结构新颖巧妙，语言生动幽默，可以使观众自然进入寓言的情境当中，较好地阐释了寓言的哲理。			
22	《巴拉邦》	1～13	22分钟	上海艾正文化艺术传播有限公司
	内容提要：该片讲述了巴拉岛上一群来自世界各地善良可爱的小动物们的快乐生活。该片通过孩子们的眼光看待成人世界，让孩子们懂得互帮互助的道理，立意积极、主题健康，色彩鲜艳，风格清新，适合幼儿观看。			
23	《家有儿女》	1～100	25分钟	天地人传媒有限公司
	内容提要：该片是电视剧《家有儿女》的动画版。它以中国人特有的文化生活背景、思维习惯和行为方式来表现家庭教育新旧观念的冲突与变化。该片内容清新健康、幽默风趣，贴近生活，富有教育意义。			
24	《我为运动狂》	1～120	15分钟	三辰卡通集团有限公司
	内容提要：该片以卡通界的运动会为框架，以讲故事的形式介绍了三十多个运动项目的起源和规则，通俗易懂，形象可爱，寓教于乐，传播了奥运知识和奥运理念。			

续表

<table>
<tr><th>序号</th><th>剧名</th><th>集数</th><th>每集长度</th><th>制作单位</th></tr>
<tr><td rowspan="2">25</td><td>《小小双面镜》</td><td>1～26</td><td>12分钟</td><td>中国青少年社会服务中心，湖南电视节目中心联合有限公司</td></tr>
<tr><td colspan="4">内容提要：该片以《小学生日常行为规范》为依据，用动画系列剧形式对小学生进行思想教育。该片围绕三个性格各异的小学生的日常生活展开故事，主题积极，故事贴切，形象生动，富有童趣。</td></tr>
<tr><td rowspan="2">26</td><td>《探索地球村》</td><td>1～40</td><td>15分钟</td><td>黑龙江新洋科技有限公司</td></tr>
<tr><td colspan="4">内容提要：该片以神秘可爱的海底生物人鱼为主人公，通过他们探索自然的过程引出一个个科学道理，并传递了珍爱大自然、保护生态环境的重要性。</td></tr>
<tr><td rowspan="2">27</td><td>《猪猪·吉利·小财神》</td><td>1～52</td><td>22分钟</td><td>上海美术电影制片厂</td></tr>
<tr><td colspan="4">内容提要：该片以一个智商、财商超群的十岁男孩元宝为主角，设计了小财神元宝如何化解重重险境、用自己的能力帮助人们致富的情节，串联了古今中外众多财富小故事，弘扬了乐观、积极、善良的优良品质，在给观众带来欢乐的同时，较好地传达了正确的价值观。</td></tr>
<tr><td rowspan="2">28</td><td>《时空少年》</td><td>1～52</td><td>12分钟</td><td>常州仁永影视动画有限公司</td></tr>
<tr><td colspan="4">内容提要：该片讲述了三个少年穿越时空的科幻冒险故事，穿插了科学探索、宗教神话、异域探险、历史传奇等丰富内容。该片题材新颖、想象独特、情节紧凑、时代感强，是一部引人入胜的优秀动画。</td></tr>
<tr><td rowspan="2">29</td><td>《奇趣宝典俱乐部》</td><td>1～210</td><td>20分钟</td><td>杭州漫奇妙动漫制作有限公司</td></tr>
<tr><td colspan="4">内容提要：“奇趣宝典俱乐部”是一个助人为乐的心理俱乐部，是现代人展示真实生活故事的平台，是烦恼的人们心灵倾诉的港湾。该片创意独特、语言幽默，人物鲜活，情节动人，与现实生活结合紧密，适合全家人一起观看。</td></tr>
<tr><td rowspan="2">30</td><td>《霹雳乐翻天》</td><td>1～52</td><td>15分钟</td><td>上海电视传媒公司</td></tr>
<tr><td colspan="4">内容提要：该片通过对霹雳战队四个可爱动画人物的深入刻画，轻松活泼演绎了孩子们成长过程中的快乐和烦恼。他们用智慧化解矛盾，用幽默解决难题，用幻想缓解压力，用笑声宣泄苦闷。该片运用了很多孩子们喜闻乐见的时尚元素，观赏性较强。</td></tr>
<tr><td rowspan="2">31</td><td>《小布吉》</td><td>1～26</td><td>6分钟</td><td>无锡雪豹十月数码动画制作有限公司</td></tr>
<tr><td colspan="4">内容提要：该片通过小布吉等水车镇居民日常生活中的种种趣事，展示了人们互相帮助、团结友爱、不畏困难的精神风貌，传递了积极向上的人生观和价值观。该片画面清新，对白幽默，适合少年儿童观看。</td></tr>
<tr><td rowspan="2">32</td><td>《蓝猫健康特攻队》</td><td>1～40</td><td>15分钟</td><td>三辰卡通集团有限公司</td></tr>
<tr><td colspan="4">内容提要：该片通过蓝猫特攻队在人体内的历险以及与体内病毒战斗的过程，生动讲述了人体各大系统及各器官的知识，传达了“培养健康生活习惯”的主题理念。该片创意新颖、叙事清晰，节奏明快、幽默生动，是一部寓教于乐的佳作。</td></tr>
<tr><td rowspan="2">33</td><td>《西母霸龙家族》</td><td>1～88</td><td>12分钟</td><td>常州宏梦卡通制作有限公司</td></tr>
<tr><td colspan="4">内容提要：该片讲述小霸王龙奇奇和小慈母龙颗颗进入西母霸龙领地后，遭遇黑头等西母霸龙袭击，在该族的王者刚牙的帮助下获救，又勇敢地救助刚牙孩子的故事。该片通过三只小恐龙在一次次挫折和失败中磨砺自己、超越自己的故事，传递了勇敢、坚强和爱的精神力量。</td></tr>
<tr><td rowspan="2">34</td><td>《逗你玩——马氏相声专辑》</td><td>1～78</td><td>10分钟</td><td>天津福丰达影视科技投资发展有限公司</td></tr>
<tr><td colspan="4">内容提要：“马氏相声”诙谐幽默、耐人寻味，是传统相声艺术的代表。该片以马三立、马志明等相声名家的相声表演原声为依托，通过生动的动画人物形象，夸张的情境描述，表现出相声所要表达的故事情节，同时配以适当的音效，使传统相声名段更具观赏性和趣味性。</td></tr>
<tr><td rowspan="2">35</td><td>《三毛奇遇记》</td><td>1～26</td><td>22分钟</td><td>北京辉煌动画公司</td></tr>
<tr><td colspan="4">内容提要：该片通过三毛保护环境的历险故事，激发青少年热爱自然意识，使观众在轻松愉悦的观赏中，认识到美好环境对生活的重要性。该片立意健康，节奏紧凑，画面优美，制作精良。</td></tr>
<tr><td rowspan="2">36</td><td>《无不想》</td><td>1～52</td><td>13分钟</td><td>杭州漫奇妙动漫制作有限公司</td></tr>
<tr><td colspan="4">内容提要：该片讲述了小王子“无不想”离开“无不国”来到充满欲望的异国他乡，卷入一场利益之争，历经磨难，终于懂得什么是真正的快乐的故事。该片有较为深刻的立意，语言亲切自然，想象丰富、造型生动，传达了正确的人生观和价值观。</td></tr>
</table>

续表

<table>
<tr><th>序号</th><th>剧名</th><th>集数</th><th>每集长度</th><th>制作单位</th></tr>
<tr><td rowspan="2">37</td><td>《小樱桃》</td><td>1～26</td><td>13分钟</td><td>郑州小樱桃卡通艺术有限公司</td></tr>
<tr><td colspan="4">内容提要：该片以“幽默童年”为线索，围绕主人公小樱桃的学校、家庭、日常生活展开故事，以幽默诙谐的手法表现出当代少年儿童的喜怒哀乐，表现出同学之间、师生之间美好的感情，传达了善良、真诚、友爱、勇气、团结等优秀品质。该片色彩明丽，造型可爱，人物鲜明，故事生动。</td></tr>
<tr><td rowspan="2">38</td><td>《哈皮父子与水金刚》</td><td>1～26</td><td>13分钟</td><td>无锡哈皮动画有限公司，江苏广电影视动漫传媒有限公司</td></tr>
<tr><td colspan="4">内容提要：该片讲述了哈皮父子与水桶歪大盗斗智斗勇，一步步解决水污染问题，最后成功治好了超市城居民怪病的故事。该片主题鲜明，积极向上；人物造型独特，表情丰富，憨态可掬；故事情节生动活泼，风格清新，节奏紧凑，具有较强的观赏性。</td></tr>
<tr><td rowspan="2">39</td><td>《龙生九子》</td><td>1～26</td><td>8分钟</td><td>天津豪峰动画科技有限公司</td></tr>
<tr><td colspan="4">内容提要：该片以“龙生九子”的民间传说为题材，讲述了“龙子们”在现代社会中发生的离奇而幽默的故事。该片融入了功夫、京剧、美食等中华传统元素，造型生动，画面精美。</td></tr>
<tr><td rowspan="2">40</td><td>《太阳城的故事》</td><td>1～52</td><td>15分钟</td><td>三辰卡通集团有限公司</td></tr>
<tr><td colspan="4">内容提要：该片讲述了蓝猫在太阳城里的生活和学习故事，有意识地融入了诸多国内外时事热点问题，主题健康，寓教于乐。</td></tr>
<tr><td rowspan="2">41</td><td>《科科成长日记》</td><td>1～52</td><td>12分钟</td><td>浙江中南集团卡通影视有限公司</td></tr>
<tr><td colspan="4">内容提要：该片以科科的成长经历为线索，展现了安全健康、节约能源、保护生态等主题。该片制作比较精良，诙谐、幽默等动漫特有元素运用充分，在轻松娱乐中普及了科学知识，适合少儿欣赏。</td></tr>
<tr><td rowspan="2">42</td><td>《卡拉乐队》</td><td>1～26</td><td>11分钟</td><td>苏州汉文动画有限公司</td></tr>
<tr><td colspan="4">内容提要：该片讲述了四只可爱的卡通鸟组成的先鸟乐队在旋律小镇上为大家演出的故事。每集结尾都精心创作了一曲美妙歌曲，让大家在不知不觉中受到教育和感染，较好地传达了真善美的主题。该片形式新颖，画面鲜丽，对于推广健康优美的少儿歌曲具有积极意义。</td></tr>
<tr><td rowspan="2">43</td><td>《缇可》</td><td>1～57</td><td>10分钟</td><td>重庆视美动画艺术有限责任公司</td></tr>
<tr><td colspan="4">内容提要：该片以二十四节气为立足点，通过跌宕起伏、幽默生动的故事，神奇斑斓的魔幻元素，较好地传播了中华传统文化，并展现了青春励志的思想主题，是思想性与艺术性结合得较好的动画片。</td></tr>
<tr><td rowspan="2">44</td><td>《乐乐熊奇游记》</td><td>1～100</td><td>11分钟</td><td>重庆享弘数字影视有限公司</td></tr>
<tr><td colspan="4">内容提要：该片以乐乐熊在西域奇幻历险的故事为背景，运用动漫特有的手法展示大自然诸多壮丽奇观，表现了主人公不畏艰险、不屈不挠的精神，有利于小观众扩大视野，增长见识，激发想象力。</td></tr>
<tr><td rowspan="2">45</td><td>《幸福大街一号》</td><td>1～26</td><td>12分钟</td><td>央视动画有限公司</td></tr>
<tr><td colspan="4">内容提要：该片以主人公小佳的生活故事为主线，如实描画了现今孩子们的喜怒哀乐。该片别出心裁设计了仿手绘的美术风格，整片格调温暖清新。</td></tr>
<tr><td rowspan="2">46</td><td>《十万个为什么》</td><td>1～26</td><td>13分钟</td><td>常州索奥影视动画有限公司</td></tr>
<tr><td colspan="4">内容提要：该片是知识性和趣味性结合得较好的教育题材动画。它摆脱了传统教育动画的枯燥说教模式，用幽默精彩的小故事和奇妙有趣的知识问答，给小朋友们传递了知识和快乐。</td></tr>
<tr><td rowspan="2">47</td><td>《拯救侏罗纪》</td><td>1～13</td><td>22分钟</td><td>南京合谷科技信息技术有限公司</td></tr>
<tr><td colspan="4">内容提要：该片讲述了星猫与十二星座在侏罗纪抗击黑魔王的故事，较好地融入了历史、地理和生物知识。</td></tr>
<tr><td rowspan="2">48</td><td>《童年海螺湾》</td><td>1～26</td><td>12分钟</td><td>深圳华强数字动漫有限公司</td></tr>
<tr><td colspan="4">内容提要：该片讲述了小男孩阿雷因意外事故来到了海螺湾，与多种多样的海洋生物和谐相处，帮助海洋生物解决各种问题，并寻求自己真实身世的曲折故事。该片主题积极，内容健康，制作规范，造型鲜明。</td></tr>
<tr><td rowspan="2">49</td><td>《精灵龙故事屋》</td><td>1～120</td><td>6分钟</td><td>厦门华榜数码科技有限公司</td></tr>
<tr><td colspan="4">内容提要：该片以童话、故事、寓言串联成篇，讲述了精灵龙善于运用生活中的小常识，帮助小伙伴们认识自己的缺点，改掉不良习惯的故事。该片主要以低幼儿童为收视对象，具有一定的教育和启蒙意义。</td></tr>
</table>

续表

序号	剧名	集数	每集长度	制作单位
50	《兜兜的世界》	1～125	8分钟	沈阳非凡创意动画制作有限公司
	内容提要：该片讲述在一个充满幻想的童话世界里，一群充满朝气、古灵精怪的小伙伴们之间发生的新奇、快乐的生活故事。该片色彩明丽，造型可爱，故事简单，适合低幼儿童观看。			

2009年，国产动画创作水平、艺术质量随着动画产量的增长不断提高，一些优秀国产动画片受到观众的热烈欢迎。《福娃奥运漫游记》、《大耳朵图图》、《郑和下西洋》、《独脚乐园》、《喜羊羊与灰太狼》、《三国演义》六部作品荣获了中共中央宣传部组织的全国精神文明建设“五个一工程”奖。尤其值得称赞的是电视动画片《三国演义》，这部国内首部高清电视动画系列片，也是目前国家广电总局批准的唯一一部中日合拍的国产原创电视动画片。在忠实于原著的基础之上，充分融入动画艺术的元素，同时运用国际视角及世界目前最先进的动画技术创作完成，在播出之后取得了空前的成功和广泛的社会反响。

此外，2009年，国家广电总局还向全国电视播出机构推荐播出了52部优秀国产动画片。其中，江苏动画制作机构9部，浙江动画制作机构9部，中央电视台及其所属机构6部，湖南动画制作机构5部，福建动画制作机构5部，辽宁动画制作机构4部，北京动画制作机构3部，广东动画制作机构3部，天津、河南动画制作机构各2部，重庆、山西、安徽、上海动画制作机构各1部。这些动画片思想健康，题材多样，内涵丰富，创意独特，情节动人、制作精良，大大满足了受众的收视需求，见表4-12、表4-13。

表4-12 2009年度国家广电总局推荐播出的52部优秀国产动画片目录

省市（机构）	部数	优秀作品目录
江苏	9	《诺诺森林》、《芦荡金箭》、《水木宝宝看世界》、《浩昊文字国历险记：智斗谜语城》、《搜救犬阿虎》、《孔小如》、《雪翎飘飘》、《阿拉法的奇妙世界》、《淘气星猫第二部》
浙江	9	《天眼神牛》、《绿树林的故事》、《郑和下西洋》、《宝贝疙瘩丁呱呱》、《十万个为什么剧场》、《不一样的兔子》、《梦幻镇》、《虹猫蓝兔光明剑》、《乐比悠悠》
中央电视台	6	《开心小镇》、《月亮大马戏团》、《美猴王》、《三国演义》、《小牛向前冲》、《中国民族音乐动画艺术片》
湖南	5	《山猫吉咪字母世界历险记》、《山猫和吉咪之快乐篇》、《蓝猫西行记》、《蓝猫龙骑团》、《兔宝宝和三件神奇宝贝》
福建	5	《护生》、《神奇的游戏》、《加油宝贝》、《诚信评书》、《三七小福星》
辽宁	4	《发现王国》、《望儿山》、《侠义小青天》、《绿娃娃之生态小宝贝》
北京	3	《武林外传》、《小鼠和大象的创意》、《魔角侦探》
广东	3	《与阳光一起回家》、《藏羚王》、《聪明伦文叙》
天津	2	《小男生阳帆第二部》、《草莓乐园》
河南	2	《中国戏曲经典原创动画》、《雪孩子之拯救家园》
重庆	1	《缇可之春季篇》
山西	1	《天天健康》
安徽	1	《十二生肖》
上海	1	《霹霹乐翻天之开心乐园》
总计	52	

表4-13　2009年国产优秀动画片

<table>
<tr><th>序号</th><th>剧名</th><th>集数</th><th>每集长度</th><th>制作单位</th></tr>
<tr><td rowspan="2">1</td><td>《天眼神牛》</td><td>1～52</td><td>22分钟</td><td>浙江中南集团卡通影视有限公司</td></tr>
<tr><td colspan="4">天眼神牛梦想成为地球超人并赢得小朋友们的崇拜，却常常弄巧成拙，由此引发了一系列令人捧腹的故事。该片将神奇故事和孩子们日常学习生活紧密结合，具有较强的生活性和贴近性，画面清新、技巧娴熟、制作精良。</td></tr>
<tr><td rowspan="2">2</td><td>《绿树林的故事》</td><td>1～26</td><td>15分钟</td><td>浙江华人卡通有限公司</td></tr>
<tr><td colspan="4">该片描述了一群可爱的动物小伙伴在温馨的绿树林里相亲相爱，过着幸福快乐的生活。他们唱歌、跳舞、游戏，他们互助、互学、互爱。动画形象美丽可爱，语言节奏轻松愉快，美术色彩鲜艳协调，画面环境优美精致，非常适合低幼儿童欣赏。</td></tr>
<tr><td rowspan="2">3</td><td>《诺诺森林》</td><td>1～26</td><td>12分钟</td><td>苏州士奥动画制作有限公司</td></tr>
<tr><td colspan="4">该片讲述了主人公阿布和他的朋友们在美丽的森林里一起生活的有趣故事。该片主题积极，内容健康，格调清新，色彩亮丽。虽然没有对白，却情节生动、节奏流畅、幽默诙谐，适合多年龄层次观众欣赏。</td></tr>
<tr><td rowspan="2">4</td><td>《开心小镇》</td><td>1～26</td><td>13分钟</td><td>央视动画有限公司</td></tr>
<tr><td colspan="4">该片以鸡鸣镇客栈掌柜和包子铺老板两家人为切入点，以两个调皮孩子——铁蛋和妞妞的童年生活为主线，讲述了一连串生动有趣的故事。该片采用了较为独特的定格动画作为表现方式，画面风格和人物形象具有浓郁的中国特色，其坚守文化本位并勇于创新的意识和成果值得肯定。</td></tr>
<tr><td rowspan="2">5</td><td>《月亮大马戏团》</td><td>1～13</td><td>13分钟</td><td>央视动画有限公司</td></tr>
<tr><td colspan="4">月亮大马戏团，是永远都不落幕的马戏团，它的口号是让所有的孩子都永远快乐！团员们的马戏表演异彩纷呈，自己的生活也丰富多彩，他们像每个普通人一样有各自的优缺点，有自己动人有趣的故事。该片的情节设置对少儿观众较有吸引力。</td></tr>
<tr><td rowspan="2">6</td><td>《郑和下西洋》</td><td>1～52</td><td>22分钟</td><td>浙江中南集团卡通影视有限公司</td></tr>
<tr><td colspan="4">该片以郑和七下西洋为故事主线，用动画特有的智慧、幽默和富于想象力的情节和画面，鲜明生动地塑造了以郑和为核心的航海人物群体形象。该片传达了爱国、和平、开放、探索的积极精神，制作也比较精良。</td></tr>
<tr><td rowspan="2">7</td><td>《天天健康》</td><td>1～50</td><td>10分钟</td><td>山西博奥文化传媒有限公司</td></tr>
<tr><td colspan="4">该片每集都以简单易懂的小故事让观众熟悉掌握正确的日常生活医学保健常识，廓清模糊认识，避免医疗误区，普及健康知识，对促进中国妇幼卫生事业发展和群众防病治病具有积极作用。</td></tr>
<tr><td rowspan="2">8</td><td>《芦荡金箭》</td><td>1～30</td><td>22分钟</td><td>苏州天堂卡通数码制作有限公司</td></tr>
<tr><td colspan="4">该片根据金曾豪同名小说改编，反映了少年抗日英雄的传奇故事，生动地再现了他们的非凡经历和成长历程。该片以写实风格见长，具有教育意义。</td></tr>
<tr><td rowspan="2">9</td><td>《水木宝宝看世界》</td><td>1～200</td><td>5分钟</td><td>无锡亿唐动画设计有限公司</td></tr>
<tr><td colspan="4">该片根据幼儿生理和心理特点，构思设计了一系列生活小知识，对于激发幼儿探索求知欲望、拓宽知识视野、传播科学思想、培养良好习惯具有积极意义。</td></tr>
<tr><td rowspan="2">10</td><td>《浩昊文字国历险记：智斗谜语城》</td><td>1～26</td><td>13分钟</td><td>常州浩昊文化传播有限公司</td></tr>
<tr><td colspan="4">该片通过错别字大王浩昊在文字国的传奇经历，讲述了文字演变过程和辨析方法。该片集知识性和故事性为一体，以快乐活泼的形式传递了中国传统文化，普及了中国语言文字教育。</td></tr>
<tr><td rowspan="2">11</td><td>《护生》</td><td>1～10</td><td>8分钟</td><td>福州五彩动漫数字科技有限公司</td></tr>
<tr><td colspan="4">该片讲述了十则人与动物互助互爱的动人故事，通过优美生动的画面、传统优扬的音乐、扣人心弦的情节倡导了人与自然和谐相处的理念，引发人们对自然生命的深切思考，是一部思想性与艺术性结合得较好的动画。</td></tr>
<tr><td rowspan="2">12</td><td>《神奇的游戏》</td><td>1～26</td><td>14分钟</td><td>厦门嘉影动漫有限公司</td></tr>
<tr><td colspan="4">该片讲述了四个性格各异的小伙伴误闯了岛屿上的神秘洞穴，与两个小精灵一起经历了一系列神奇游戏的故事。该片制作精细、色彩明快、想象丰富、叙事流畅，并巧妙地融入了闽南地域文化元素，充分体现了动画的特点，具有较强的观赏性。</td></tr>
</table>

续表

序号	剧名	集数	每集长度	制作单位
13	《搜救犬阿虎》	1～20	22分钟	苏州天堂卡通数码制作有限公司
	该片取材于2008年5月12日汶川地震中一只为拯救生命而英勇牺牲的搜救犬的故事，表达了尊重生命、赞美忠诚、颂扬坚强的真挚情感。搜救犬阿虎形象朴实生动，情节丰富曲折，故事饱满感人，具有较强的思想性和观赏性。			
14	《孔小如》	1～52	11分钟	通州妙吧影视动漫有限公司
	该片根据中国古代民间传说改编，讲述了主人公孔小如和村民们凭借聪明才智屡次破坏吝啬财主嗡爷诡计的故事。该片人物、场景、服装、道具、歌曲等都具有鲜明的中国风格。整片风趣幽默，具有较强的观赏性。			
15	《雪翎飘飘》	1～60	15分钟	江苏国鸟文化发展有限公司
	该片讲述了小丹、娟子与丹顶鹤之间的感人的故事，颂扬了科技工作者的无私奉献精神，传递了人与自然、人与动物和谐相处、共生共荣的主题。该片导向健康，场景优美，画面饱满，音乐动听。			
16	《阿拉法的奇妙世界》	1～30	15分钟	无锡兄弟凯悦动画制作有限公司
	该片讲述了生活在一棵大树里的绿精灵们的故事。他们勇敢坚强、聪明善良，充分发挥自己的智慧和力量，与人类不文明行为及妄图破坏地球生态的黑暗精灵作斗争，不断给人们送去美和希望。该片主题健康，造型可爱，制作较为精致。			
17	《加油宝贝》	1～30	6分钟	厦门大拇哥动漫股份有限公司
	该片描述通过主人公小瑞与小猴、小象等小朋友们在羊老师和父母的教育下，养成爱读书、讲卫生、勤思考、肯帮人的好习惯的故事，宣扬了小朋友之间互相关心、互相帮助、分享快乐、共同进步的主题。该片主题鲜明、形象可爱、故事简洁、生动有趣，适合幼儿观看。			
18	《山猫吉咪字母世界历险记》	1～8	15分钟	湖南山猫卡通有限公司
	该片讲述了山猫和吉咪由于魔法的力量被卷入时空漩涡，在不同的历史时空中与恶势力作斗争的故事。该片节奏紧凑，气势宏大，想象力丰富，对小观众具有较强的吸引力。			
19	《宝贝疙瘩丁呱呱》	1～52	8分钟	杭州时空影视文化传播有限公司
	该片讲述了主人公丁呱呱的成长故事，生动展现了一个五岁男孩成长的心理历程。该片故事内容健康清新，富有童心童趣，较好地运用了动画的夸张变形手法，比较适合低幼观看。			
20	《发现王国》	1～24	13分钟	沈阳深海动画数字媒体有限公司
	该片讲述了在音乐王国里，以酷拉米、酷乐为代表的正义力量，经过一系列曲折斗争，最终战胜了以月亮女王为代表的邪恶力量的故事。该片色彩明亮，造型可爱，符合少年儿童喜欢幻想、崇尚美好生活的心理。			
21	《十万个为什么剧场》	1～200	5分钟	宁波水木动画设计有限公司
	该片巧妙运用“剧场”氛围，以主持人和观众问答的形式，用精练幽默的语言，讲述了一个个科学知识和生活现象，易学易懂、新颖有趣，有益于激发少儿的好奇心、求知欲，并具有较强的观赏性。			
22	《不一样的兔子》	1～66	25分钟	杭州九越数字动画有限公司
	该片在运用动漫的形式对学龄前儿童进行语文和音乐教育方面进行了积极探索。该片在讲述方式、形象设定、画面背景、色彩线条等方面都充分考虑了学龄前儿童的观赏特点，知识性和观赏性较强。			
23	《美猴王》	1～52	22分钟	央视动画有限公司
	该片取材于古典文学名著《西游记》前七回，讲述了石猴诞生、拥为猴王、菩提学艺、铲除魔王、大闹天宫、战胜六耳猕猴的故事。该片在尊重原著的基础上，结合现代少儿的审美情趣，大胆创新、生动演绎，巧妙融入思想道德教育，帮助当代少年儿童建立正确的人生观、价值观。			
24	《三国演义》	1～52	25分钟	中国国际电视总公司辉煌动画公司，日本未来行星株式会社
	该片是中国古典文学名著《三国演义》的高清动画版。该片故事凝练，忠于史实，情节连贯，人物鲜明，场景宏大，画工精细，音乐动人，制作精良，是具有国际水准的民族动画佳作。在与日本动画公司合作的过程中，中方坚持“以我为主、与我有利、双方共赢”的基本理念，有利于开阔思路，更新观念，培养队伍，拓宽市场，对中国动画产业发展具有积极意义。			

续表

<table>
<tr><th>序号</th><th>剧名</th><th>集数</th><th>每集长度</th><th>制作单位</th></tr>
<tr><td rowspan="2">25</td><td>《梦幻镇》</td><td>1～104</td><td>12分钟</td><td>浙江中南集团卡通影视有限公司</td></tr>
<tr><td colspan="4">该片讲述了在美丽的梦幻镇里，两只小老鼠和小伙伴们之间发生的有趣故事。该片思想积极，内容健康，传达了真诚、勇敢、善良等可贵品质，营造了温馨、甜美的家园氛围。在动画技巧上，比较重视造型、画面和色彩，配音、动效等后期制作有精益求精的意识，是质量较高的一部动画作品。</td></tr>
<tr><td rowspan="2">26</td><td>《虹猫蓝兔光明剑》</td><td>1～40</td><td>17分钟</td><td>杭州宏梦卡通发展有限公司</td></tr>
<tr><td colspan="4">该片讲述了以虹猫为首的七侠寻找七件宝物铸造“光明剑”，从而打败“黑龙剑”的故事。该片延续了该系列的武侠题材，动画制作水平更加成熟，并巧妙地融合了杭州地域文化特色，观赏性较强。</td></tr>
<tr><td rowspan="2">27</td><td>《山猫和吉咪之快乐篇》</td><td>1～30</td><td>15分钟</td><td>湖南山猫卡通有限公司</td></tr>
<tr><td colspan="4">该片讲述了山猫、吉咪和小伙伴们一次次依靠智慧战胜诡计多端的坏人的故事，塑造了若干个性鲜明的动画人物形象，传达了友谊、团结、智慧的重要性。动画色彩鲜明，动作流畅，故事性强。</td></tr>
<tr><td rowspan="2">28</td><td>《霹霹乐翻天之开心乐园》</td><td>1～88</td><td>15分钟</td><td>上海电视传媒公司</td></tr>
<tr><td colspan="4">该片讲述了铜钱镇熊猫霹霹等四位小主人公快乐生活、互相帮助、伸张正义、迎接挑战的故事。该片主题健康，语言有趣，角色生动，富有时代特色，对小观众具有一定的教益性和娱乐性。</td></tr>
<tr><td rowspan="2">29</td><td>《武林外传》</td><td>1～52</td><td>22分钟</td><td>北京联盟影业投资有限公司</td></tr>
<tr><td colspan="4">该片是章回体古装电视喜剧《武林外传》的动画版，以俏皮的语言、幽默的形式讲述了发生在同福客栈的有趣故事。该片以动画的形式加入了更多的夸张和想象，色彩亮丽，节奏明快，造型鲜明，制作精良。</td></tr>
<tr><td rowspan="2">30</td><td>《十二生肖》</td><td>1～40</td><td>13分钟</td><td>安徽电影制片厂，合肥同人文化传播有限公司</td></tr>
<tr><td colspan="4">该片广泛搜集、整理了中国民间流传的生肖传说，通过十二生肖合力战胜怪魔退去洪水的故事，教育儿童要相互团结才能战胜困难和灾害。该片大量引用民间传说故事和成语典故，故事情节生动，动画造型可爱，是一部兼具知识性、观赏性、趣味性的动画。</td></tr>
<tr><td rowspan="2">31</td><td>《乐比悠悠》</td><td>1～52</td><td>7分钟</td><td>浙江中南卡通集团影视有限公司</td></tr>
<tr><td colspan="4">该片是针对2～5岁低幼儿童制作的三维益智动画，塑造了“小乐比”这一可爱的小女孩形象。该片通过小乐比成长过程中遇到的各种事件和困难，阐释生活道理，提出解决之道，角色定位准确，叙事简洁易懂，符合低龄儿童欣赏习惯。</td></tr>
<tr><td rowspan="2">32</td><td>《缇可之春季篇》</td><td>1～52</td><td>12分钟</td><td>重庆视美动画艺术有限公司</td></tr>
<tr><td colspan="4">该片以春季的六个节气为线索，通过紧张跌宕的探险故事，传播了中华民俗传统知识。动画风格鲜明，节奏流畅，可看性强。</td></tr>
<tr><td rowspan="2">33</td><td>《小鼠和大象的创意》</td><td>1～35</td><td>14分钟</td><td>北京张琦动画制作工作室有限公司</td></tr>
<tr><td colspan="4">小鼠和大象为了挑战动物界创意高手，千里迢迢来到了动物创意村庄，在土拨鼠老爸的关爱下，过上了快乐的创意生活。该片旨在启蒙孩子们的创新意识，培养创新理念，发挥孩子们的想象力和创造力，具有积极意义。</td></tr>
<tr><td rowspan="2">34</td><td>《与阳光一起回家》</td><td>1～22</td><td>25分钟</td><td>深圳市西贝文化传播有限公司</td></tr>
<tr><td colspan="4">该片讲述了“5·12”汶川大地震之后，人们坚强乐观地面对灾难，进行灾后重建的故事。该片体现了中华民族友爱、宽容、团结、勇敢、无私、坚强的高贵品质，传递了科学救灾的知识，具有科普和励志意义。</td></tr>
<tr><td rowspan="2">35</td><td>《诚信评书》</td><td>1～20</td><td>5分钟</td><td>厦门市杨鹏动画制作有限公司商务部</td></tr>
<tr><td colspan="4">该片以动画评书的形式宣传了诚信理念，帮助观众防范各种欺诈行为，有利于增强市场经营者和公众诚实守信意识。</td></tr>
<tr><td rowspan="2">36</td><td>《小牛向前冲》</td><td>1～52</td><td>22分钟</td><td>央视动画有限公司，青岛普达海动漫影视有限责任公司</td></tr>
<tr><td colspan="4">该片为励志题材，构建了一个充满盎然情趣和想象力的奇幻世界，并将具有民族特色的奇趣故事和当代中国的时代精神融入其中。该片故事情节跌宕起伏、引人入胜，价值取向积极向上，重视造型、画面、色彩，在配音、动效等后期制作方面有精益求精的意识，是一部质量较高的动画作品。</td></tr>
</table>

续表

序号	剧名	集数	每集长度	制作单位
37	《藏羚王》	1～13	15分钟	深圳市天宇星影视文化有限公司
	该片以藏羚羊大迁徙为背景，着力刻画了小藏羚羊吹噜从出生到成为藏羚王的生命历程，展现了藏羚羊勇敢顽强、聪明善良、执着追求的性格魅力。该片故事情节引人入胜，制作精细，形象可爱，有助于当代少年儿童建立正确的人生观、价值观。			
38	《聪明伦文叙》	1～52	15分钟	广州市嘉鸿动画影视有限公司
	该片取材于广东民间传说，讲述了老神仙文曲星的书童端砚下凡后，与少年伦文叙结伴寻找“诗丹”的故事，内容生动有趣，情节紧凑。该片形式新颖，主题积极，着意摆脱传统教育型动画的模式，如在剧中穿插介绍古诗词和岭南地区名胜、美食等知识，能够潜移默化地传授中华传统文化。			
39	《小男生阳帆》(第二部)	1～30	10分钟	天津市文化艺术音像出版社
	该片是一部描写当代小学生学习生活的轻喜剧动画，讲述三年级学生阳帆健康成长的故事。该片反映了当代儿童正直善良、积极向上、勇于探索的特点，呼吁全社会加强对儿童心理健康的关注。			
40	《望儿山》	1～26	15分钟	沈阳红帆影视制作有限公司
	该片通过讲述“望儿山”这一神话传说故事，对“母爱”这一主题进行多角度刻画，歌颂了中华民族传统美德。该片色彩鲜明，故事性强，符合少年儿童心理特点，能够以小见大，给人以启迪和教育。			
41	《蓝猫西行记》	1～52	15分钟	湖南蓝猫卡通传媒有限公司
	该片通过讲述蓝猫在虚幻世界里的经历，介绍世界各国的风俗礼仪，故事性强，动画造型可爱，声音、画面具有较强视觉冲击力，是一部兼具知识性、教育性的动画。			
42	《草莓乐园》	1～104	7分钟	天津仁永影视动画制作传播有限公司
	该片讲述了生活在草莓乐园中的小动物们互相关心、快乐生活的小故事，为孩子们传授知识和道理。该片属于低幼类，主题积极，叙事清晰，内容健康，色彩柔和。			
43	《中国民族音乐动画艺术片》	1～10	15分钟	北京辉煌动画公司
	该片以动画的形式对《梁祝》等10首著名民族乐曲所表达的故事、意境进行诠释。形象设计比较符合音乐情节、人物形象的原意，动画与音乐结合较好。该片画面唯美，制作精致，充分吸收传统绘画中的造型语言和绘制手法，形成了独特的风格样式，具有较高的审美价值。			
44	《中国戏曲经典原创动画》	1～28	12分钟	郑州小樱桃卡通艺术有限公司
	该片选材于传统经典戏曲剧目，涵盖54个剧种，人物形象设计遵循戏曲脸谱特点，色彩艳丽，简洁明快，并将戏曲元素与动画属性巧妙结合，有益于中国民族艺术和戏曲文化的传播推广。			
45	《雪孩子之拯救家园》	1～26	15分钟	郑州雪孩子动画制作有限公司
	该片讲述了为保护美丽的自然家园，胆小怕事的雪孩子萝卜鼻和朋友们与机器怪物战斗，并最终成为冰雪世界英雄的故事。该片内容健康，寓意积极，画面色彩优美，形象大方可爱，语言亲切生动，颇具观赏性和教育性。			
46	《蓝猫龙骑团》	1～30	17分钟	湖南蓝猫卡通传媒有限公司
	该片讲述了以蓝猫为首的龙骑团在恐龙时代的故事，情节曲折，形象刻画鲜活生动，视觉效果新颖独特。该片歌颂了团结友爱、顽强拼搏的优秀品质，具有较强的教育意义。			
47	《魔角侦探》	1～52	11分钟	北京禹田文化艺术有限责任公司
	该片为科幻类侦探片，宣扬正义、勇敢、智慧和爱心，具有教育价值，叙事幽默轻松。该片制作精良，色彩丰富，场景贴近现实生活。			
48	《淘气星猫》（第二部）	1～13	12分钟	南京合谷科技信息技术有限公司
	该片为低幼类，故事简单但充满童趣，基调健康向上，具有一定知识性，人物形象有亲和力，画面色彩丰富协调，场景较美。			
49	《绿娃娃之生态小宝贝》	1～50	20分钟	沈阳大圆动画艺术有限公司
	该片以蔬菜、水果为主人公造型，情节跌宕起伏，故事生动，节奏控制较好，有益于培养少年儿童的环保意识。			

续表

序号	剧名	集数	每集长度	制作单位
50	《兔宝宝和三件神奇宝贝》	1～30	13分钟	湖南宏梦卡通传播有限公司
	该片讲述了兔宝宝依靠聪明智慧和神奇宝贝，战胜诡计多端的快狼和超狼的故事。主题鲜明、积极健康，造型生动可爱，语言风趣幽默，情节引人入胜，寓教于乐。			
51	《三七小福星》	1～26	13分钟	福州南国影视制作中心，福建育港信息技术有限公司
	该片讲述了小神仙小吉被贬到凡间后与小福、榕榕等人维护三七镇和森林王国和平安宁的故事。该片充满童趣，造型可爱，色彩丰富，制作娴熟，可视性较强。			
52	《侠义小青天》	1～65	13分钟	大连乾豪数字科技有限公司
	该片讲述了少年包拯与小伙伴侦破案件的故事，体现了少年包拯勤奋好学、聪明睿智、爱憎分明的优秀品质。该片主题健康，故事性强，具有一定观赏性。			

第二节　2008—2009年中国动画电影生产概况

一、2008年国产动画电影概况

2008年，动画电影《葫芦兄弟》和《风云决》进入市场后都产生了比较强烈的市场反响。上海开始展露中国动画电影中心的雏形。《风云决》不仅以3300万元的票房在几乎等待了10年之后终于突破了1999年《宝莲灯》所创造的2900万元的国产动画电影的票房纪录，而且一改中国动画低龄化的倾向，采用了成人动画的观念。但是，对于中国的动画电影市场来说，无论是偏向于低龄或者偏向于成人，都不属于动画电影的正途，创造真正意义上的全民动画或者家庭动画电影，才是目前中国动画走向繁荣的关键。

1.《葫芦兄弟》

2008年年初的一部《葫芦兄弟》，让大家都对国产翻拍电影动画重拾信心。相信只要是20世纪七八十年代出生的人，都会对这部经典动画念念不忘。针对电影版《葫芦兄弟》与电视版内容上不无区别，导演对此的解释是，“《葫芦兄弟》太经典了，没人敢乱改剧情。”见图4-3。

既然不能改故事，就只能从配乐、音效、特技入手了。电影版《葫芦兄弟》启用了交响乐团，从单声道变成六声道，还重新制作部分音乐。可惜，所谓的环绕立体声并未打造出震撼的听觉冲击，而导演号称的“全新特效、3D技术”也无法让接受过欧美CG动画洗礼的观众眼前一亮。

图4-3　动画电影《葫芦兄弟》海报

虽然新意寥寥，但不管是为看七个胖乎乎的小男子汉，还是为听“如意如意，如我心意，快快显灵！”那熟悉的咒语，电影版《葫芦兄弟》依然值得一看，全为“怀旧”吧。

2.《潜艇总动员》

《潜艇总动员》乃环球数码继《魔比斯环》之

后的又一部全新三维动画巨作，风格清新独特，内容精彩刺激，角色个性鲜明，场面绚灿恢弘，见图4-4。由于国内动画市场的主要消费群体是儿童，《潜艇》制作人员仔细揣摩了中国新生代的心理特点，每个角色身上都蕴含着新生代的影子，人物性格和思维与现代孩子十分接近。而视觉效果方面，《潜艇》不仅有国内最先进的三维技术，还运用了《魔比斯环》制作时研发的两百多个特效插件，给观众呈现出水波荡漾的光影画面。人物配音清晰纯真，符合国内孩子的欣赏水平。

图4-4 动画电影《潜艇总动员》海报

整部电影主题还是体现深厚的教育倾向，但是电影的制作理念并不传统，无论是配音的效果还是整体的娱乐性都很融洽，更加适合成年人观看。

3.《赤松威龙》

2008年5月30日，动画传奇冒险史诗巨作《赤松威龙》在全国近400家电影院上映。该片讲述的是少年赤松离开松山云游四海，途中发现魔教大肆扰民惑众、鱼肉百姓，历尽艰险，联合公主最终铲除魔教，保护了家园和百姓的故事，见图4-5。

《赤松威龙》影片故事取材民间传说，融合地方特色，形式新颖特独，故事趣味横生。影片利用取材优势，融入大量民族文化、优美风光、民俗风情，处处呈现本土的烙印，是一部真正意义上的本土动画电影。

图4-5 动画电影《赤松威龙》海报

在日本做原创动画的危险系数相当高，而在国内，原创作品层出不穷，中国的动漫人一直在挑战原创动画电影。2008年度的动画电影《赤松威龙》是一部非常具有教育意义的作品，作品依然挖掘中国的武侠文化，面向低年龄儿童。这部动画电影没有太多新鲜的元素，虽说是原创作品却总是在走单调的武侠路线，当然这些对孩子来说是无法捕捉到的，也是无可厚非了。精彩的打斗场面是本片一大亮点，少了国产电视动画片的粗枝大叶，在原画制作和动态效果上精益求精，在国内动画中算得上上乘之作！

4.《向钱冲，向前冲》

《向钱冲，向前冲》是完完全全的中国原创，剧本创作、三维制作、音乐创作、合成剪辑都是由国内人员独立完成。而且，影片角色的设定、场景的布置、故事的构架都充满了中国元素，见图4-6。

《向钱冲，向前冲》号称“中国真正意义上的首部原创三维动画电影”。影片讲述一群来自各个时代的钱币聚集在一个现代人的书房，从矛盾重重到因为拯救生命而团结在一起的故事，阐述“存在就有价值”的主题。从观众反响来看，此片明显还是有点“稚嫩”，特别是场景不够丰富。

图4-6 动画电影《向钱冲，向前冲》海报

混淆了二维与三维的制作标准，这并不是一件好事，国内动漫人，在对待动漫作品的态度上并没有达到其他国家那样的严肃和认真程度，导致这部本来主旨和人物设定不错的作品流于平淡甚至粗略。

5.《风云决》

由香港著名漫画大师马荣成先生创作的不朽巨著《风云》，早已被无数“风云”迷奉为动漫经典，而根据其改编的电影、电视剧、电脑游戏等，也早已成为大卖之作。2008年，一部同样改编自《风云》的新派武侠动画电影与观众见面——由香港著名导演林超贤坐镇执导，上海文广新闻传媒集团斥巨资历经5年精心打磨的动画电影《风云决》，堪称国产武侠动画巅峰之作，见图4-7。

作为近年来中国动漫界重量级的投资作品，动画电影《风云决》仅制作费用便超过千万元，且历经五年打磨而成。该片制作团队包罗了当前中国最强的动画师组合，以及香港著名漫画家、音乐人和编剧等，众多明星名角也将参与到影片的配音及主题歌演绎中来。整部影片以武侠为看点，动作设计独特，让观者有如沉浸于逼真的格斗氛围之中，从而产生比以往国产动画电影更丰富、更强烈的电影观感。在制作上，该片背景以三维场景为主，人物特效方面以二维居多，在动画技术层级的提升，画面、动作处理方面，堪称当前国产动画电影技术最前端的精品。

图4-7 动画电影《风云决》海报

《风云决》将漫画原作讲述的故事重新编写，故事截取了步惊云失意之后，风、云阻止傲决野心，引发武林风云剧变的精彩片段，把原著独特的武术招式、侠义情怀及漫画的刚劲画风、艺术意念，以动画形式全面提升，展现于大银幕之上。在林超贤导演的精心设计下，片中一幕幕惊心动魄、精美绝伦的武打场面轮番上演，丝毫不亚于日、美动漫的制作水准。同时也使中华武术再次以另一介体重现于世界观众眼前，更突破了常人演绎的动作局限，全新演绎撼天动地的武侠针锋、刀剑交织的江湖风云，画面、视听效果的震撼感受，为国产武侠动画电影“打”出一片新天地。

6.《真功夫》

《真功夫》是一部非常贴近现实生活的动画电

影作品，也算是2008年的一匹黑马。作为应时应景之作，作品少了夸张，多了几分妙趣横生的京腔京韵。本片创作团队平均年龄只有25岁，影片从普通生活中挖掘这一代年轻人对奥运精神的认识和理解，展现属于这一代年轻人的时尚与前卫，展示现代体育与奥运精神对年轻人的影响，见图4-8。

图4-8　动画电影《真功夫》海报

导演通过剧中人物外国体育记者安妮将本片主题引向了更深层次，通过她对传奇人物“空竹王”和“玉厨娘”的追求和探索，对“抖空竹”“顶中幡”“抛掷子”“踩高跷”“踢毽子”等众多北京民间体育活动进行了全新展示。这些体育活动虽然在形式上与现代奥运相去甚远，但是在精神上都是在传承永不放弃的精神和超越自我的坚持！在更深层的意义上阐述了中国文化的博大精深，很好地挖掘了中国的民俗文化。本片另一个焦点是奥运会期间的北京城，以全3D的场景设计，展示北京城恢弘大气；采用幽默的极富想象力的故事设计，展示北京人的风趣睿智。通过时尚与古典，现代与传统的融合促进，倾力再现了“北京2008”的风采。每一幅场景都相当精致，虽然在逼真度上难以比拟欧美、日本，但已经拥有足够的表现力。

二、2009年国产动画电影概况

2009年不约而同地出现多部动画电影，堪称30年不遇的“井喷”。

几部片子各具特色：《神兵小将》低幼化，《快乐奔跑》瞄准小学生，《麋鹿王》更对年轻人的口味，《齐天大圣前传》《马兰花》尽量老少皆宜，《阿童木》则纯粹走好莱坞路线……是中国动画大片迈向国际市场的积极尝试。一拥而上的中国动画大片已然具备细分市场的高度自觉，并不仅仅满足于“拍给孩子们看”，这不能不说是可喜现象。

不同年龄的观众在这些国产动画大片中找到了快乐：《齐天大圣前传》融入时尚词汇，尽一切可能贴近时代；《麋鹿王》《阿童木》画面考究，美轮美奂，比之好莱坞并不逊色。尤其《阿童木》的叙事、技术、题材、制作、营销从一开始就瞄准了国际市场，尽管北美票房未能尽如人意，但这个中日美三国的“混血阿童木”就中国动画如何参与国际竞争作了可贵探索。

1.《喜羊羊与灰太狼之牛气冲天》

2009年，国家广电总局沿用自2005年以来每季度推荐播出优秀国产动画电影的制度，在动画市场方面给予优秀原创国产动画以大力扶持。2009年，国产原创动画电影大量进入各电影院线，并屡次刷新了国产动画影片的票房记录。

2009年1月16日，由广东原创动力文化传播有限公司、上海文广新闻传媒集团、北京优扬文化传媒有限公司联合出品的动画影片《喜羊羊与灰太狼之牛气冲天》比原先计划提前十天抢登全国电影院线，成为首部冲击贺岁档的国产动画影片，其首日票房高达800万元，首周末票房突破3000万元，上映10天后票房达4000万元，见图4-9。2月9日，在影片票房庆功会上传来的消息称，该片票房总计达8500万元，远远超出2008年暑期档上映的《风云决》所创造的3300万元国产动画影片票房记录。如果再计算《喜羊羊与灰太狼之牛气冲天》的600万元投资和《风云决》的8000万元投资之差，此次的票房可谓真正“大卖”。

图4-9 动画电影《喜羊羊与灰太狼之牛气冲天》海报

2.《动物狂欢节》

《动物狂欢节》是由央视动画有限公司全力打造的国产动画影片，是国内首部音乐3D动画，见图4-10。该片于2009年1月28日在全国院线上映。

图4-10 动画电影《动物狂欢节》

影片的故事主线是围绕着森林里的小动物们将要举行狂欢节展开，觅音熊、袋袋鼠和可可驴三个小伙伴打败了风怪，使三个家庭、森林之心和整个世界恢复新生，一派和谐欢乐的景象。人物形象可爱生动，故事情节离奇曲折。

《动物狂欢节》最大的亮点在于其强大的配音阵容。作为央视首部动画电影，少儿频道特派出主持人董浩、鞠萍、金龟子、小鹿和月亮为主要人物配音，并特邀手机小强为觅音熊配音，使该片成为高水准高品质的动画大片。

影片另一特色是其强大的技术保证。采用全数字无纸制作技术完成，制作水平完全可以和国际先进技术相媲美。部分人物采用粒子技术实现无边线造型，对白及音响效果全部采用杜比数字环绕立体声制作。独到的艺术创意和高超的制作技术可以保证本片是一部制作精良的高品质的国产原创动画电影。

该片第三个特色是其独树一帜的音乐主题。它是一部演绎法国著名作曲家圣桑的同名管弦乐组曲的古典音乐动画。目前，音乐动画在国内动画市场中还是一片空白，本片用具象的画面表现抽象的音乐，为人们欣赏古典音乐提供了一个平易的窗口。

央视动画有限公司把此片作为2009年献给广大未成年观众的新春礼物，在全国一、二线城市的主要电影院线同步上映，同时，央视动画将展开大规模的地面推广活动。在重点城市影城进行互动促销，吸引众多影迷参与。影片还将走进各中小学校，举办丰富多彩的入校推广活动，并设立奖项，与广大少年儿童及家长亲密互动。

作为中国动漫行业的旗舰，央视动画将利用该片充足的商业特性和产业化元素，把《动物狂欢节》打造成艺术性和商业性兼备的国产动画大片。

3.《麦兜响当当》

2009年7月24日，由上海文广新闻传媒集团、广东新华展望传媒有限公司、香港博善广识有限公司、北京优扬文化传媒有限公司共同投资1500万港元联合出品的国产动画电影《麦兜响当当》公映，首日票房破千万元，首周末票房达3300万元，上映5天票房超过4000万元，这几项均打破了年初由《喜羊羊与灰太狼之牛气冲天》刚刚创造的票房记录，见图4-11。甚至在与同期上映的进口大片竞争中，《麦兜响当当》的场次还领先于《哈利·波特与混血王子》、《冰川时代3》等，使中国动画电影再度跃上一个新台阶。

图4-11　动画电影《麦兜响当当》海报

4.《快乐奔跑》

《快乐奔跑》是北京电影学院联合北京梦幻动画制作的大型动画电影，讲述了发生在蔬菜王国里的一段传奇故事，见图4-12。该片导演孙立军表示，以蔬菜王国“超级蔬菜杯”运动竞技比赛为主题的《快乐奔跑》，希望能够给现在的孩子“减压”，带领他们去玩：“现在的孩子们每天身体锻炼的时间得不到保障，大量的作业、习题让孩子们整日埋头于课业、补习等等，不知道快乐为何物，不知道怎样去快乐。《快乐奔跑》希望能够让孩子们重温那种自由奔跑的感觉。”

图4-12　动画电影《快乐奔跑》海报

曾给“唐老鸭”配音的李扬此次不但担任配音导演，还亲自为片中人物“蘑菇主持”献声，而湖南卫视的“快乐家族”5位主持人——何炅、谢娜、李维嘉、杜海涛、吴昕以及演员黄磊、黄渤、蔡明，少儿节目主持人董浩、刘纯燕、鞠萍等都加盟配音工作，为影片锦上添花。据悉，从今天起，这部动画电影中的各位蔬菜娃娃将开赴全国，带各地小朋友们一起快乐奔跑，直到8月21日跑进全国院线。

5. 马兰花

在喜迎新中国六十周年华诞之际，已被中宣部、国家广电总局等确定为国产重点献礼动画电影的《马兰花》于9月28日晚，在上海影城举行了隆重的“国庆海外首映发布礼”。来自加拿大、法国、波兰、瑞士、哥斯达黎加、匈牙利等40多个国家的驻沪领事馆代表及家属近百人济济一堂，兴致勃勃地出席了这次“恭贺新中国生日，让《马兰花》香飘海外”的主题活动。上影集团副总裁汪天云、上海市慈善基金会副理事长施德容以及《马兰花》导演姚光华等代表发布会主办单位及《马兰花》联合摄制单位出席并致辞，共同见证了此次使中国民族动画走向海外的首映活动，见图4-13。

图4-13　动画电影《马兰花》海报

动画电影《马兰花》除故事本身所传递的“自然、环保、和谐、大爱”外，对于国内国际文化共性与艺术追求的理念基础，特别在电影的宣传等系列活动中也贯穿了慈善的主题。因此，在发布会现场，作为本片支持单位的上海市慈善基金会副理事长施德容也出席并致辞。他表示，被该片的“大爱”主题打动，所以特地邀请一直致力于慈善事业的姚明、黎明、林志玲、陈好等明星为影片义务“献声”，称此次活动是一次面向海内外观众的“大爱之旅”，并且该片将于10月6日在香港铜锣湾时代广场举行“为台湾8.8水灾筹款，《马兰花》慈善首映礼”。届时，活动主办方香港台湾妇女协会、港澳台湾同乡慈善基金会以及各界慈善人士将共同出席在港典礼。并且《马兰花》在港典礼放映多场，所得善款将以香港台湾妇女协会、港澳台湾同乡慈善基金会及《马兰花》联合摄制方上影集团上海美术电影制片厂、上海盛太投资管理有限公司、厦门上乘科技有限公司的名义全部捐赠，用于帮助台湾8.8水灾中受难地区。

85分钟的《马兰花》放映期间，观众们被影片清新的艺术格调、唯美画面以及动人的音乐和出彩的配音深深吸引。现场的嘉宾虽然来自不同的文化背景，但是这些外国的大朋友、小朋友看得津津有味，影片中姚明等国际巨星的声音化身为具有东方特色的动画人物时，现场的大人和孩子们都被明星们幽默的演绎惹得笑声、掌声不断。影片结束后，采访一名波兰领事馆代表时他说到：“当我还是个小女孩，就看过中国的《大闹天宫》，我被里面的画面和故事打动，现在又看到《马兰花》，电影的造型非常的东方，场景也很壮观，音乐真的是美极了，我觉得中国的民族动画非常了不起，我希望把这部动画带到我们国家，让他们也爱上《马兰花》。”

被誉为“中国学派”的上海美影厂制作的经典动画电影一直深受海外内观众喜爱，2009年推出的影院动画电影《马兰花》代表着中国动画的最高水平，它用电影动画的语汇讲述一个符合全球语境价值观的故事，从内容到视听的艺术处理都呈现中国元素。动画电影《马兰花》通过对传统故事创新的诠释，使得这个故事更加时尚化与国际化，在全球语境下，跨越地域、语言、民族，让这朵民族的奇葩开遍全球，让全世界领略到这部中国动画人全力打造新时代商业元素与艺术风格完美结合的浪漫、童趣的动画巨作的奇异瑰丽。

6.《神兵小将》

《神兵小将》出自于香港漫画大师黄玉郎之手，是其最受欢迎的人气漫画。而此次拍摄的《神兵小将》电影版由黄玉郎亲自操刀导演，首次把这部曾在中央电视台经久热播的动画连续剧搬上大银幕，见图4-14。该片的总导演黄玉郎先生是香港著名漫画家，极富传奇色彩的他四十年来先后创作了数十种脍炙人口的作品，堪称香港漫画一代宗师。他不仅在漫画创作上成就空前，对推动香港的漫画事业迈向专业化、产业化亦贡献极大，其创办的动漫公司——玉皇朝集团有限公司是全球第一家漫画上市公司，而作为旗下子公司的玉郎动画有限公司花重金打造的电影版《神兵小将》，于2009年国庆档上映与观众见面。

与黄玉郎以往漫画作品相比，电影版《神兵小将》无论在人物造型还是场景设计上都更接近日系漫画的风格。剧情方面则延续了热播动画电影中所宣扬的正义战胜邪恶的主题。对于该部作品为何没有像《风云决》那样保留港版动漫的特色。黄玉郎称，“《风云决》的动作和场面非常好，我也很喜欢，但那更适合青年观众，而这是一部更适合小朋友的作品，小孩子一定喜欢看。”

图4-14　动画电影《神兵小将》

7.《齐天大圣前传》

《齐天大圣前传》由缘成影视、星美传媒、天娱传媒等公司共同出品，是中国首部全3D立体动画电影，于2009年9月29日在全国3D影院同步上映，见图4-15。

《齐天大圣前传》是由导演梁汉森及其创作团队，历时2年零6个月时间精心打造完成的。电影在运用了最新的高科技技术的同时，也融入了更多的当代人文思想。新版本的孙悟空，不但在造型上比之前的版本更具新时代内涵，角色的剧情和人物设计，也更加贴近当下年轻人的世界观与人生观。导演梁汉森也表示，作为中国自古传承的“猴”文化，他相信《齐天大圣前传》中的孙悟空，更加符合当下90后新一代年轻人的审美观，会得到广大观众朋友的喜爱。在《齐天大圣前传》片花首播新闻发布会上，主办方也特别挑选了部分电影精彩片段，予广大与会者先睹为快。不少人表示，带上3D高科技技术眼镜随着镜头在宇宙中飞翔的感觉让人激动！而对于新版本的孙悟空，则有不少人表示，和50年代动画版本的孙悟空以及六小龄童饰演的孙悟空相比，这一版本的孙悟空更加可爱、亲民，让观者感觉很亲切，很轻松。

图4-15 动画电影《齐天大圣前传》

8.《麋鹿王》

由北京中视互动科技发展有限公司等联合制作的，中国首部以“国宝”级动物麋鹿为题材的大型国产三维动画《麋鹿王》，不仅荣膺了2009年政府华表奖优秀动画奖第一名，同时还被中宣部、国家广电总局选定为向新中国成立60周年献礼影片中唯一一部三维动画电影，见图4-16。

《麋鹿王》根据中国古代神话《山海经》中的传说，原创了一个具有东方韵味的爱情故事。美丽善良的麋鹿公主因为误食神奇的仙草，而幻化成人形，并担当起拯救麋鹿族群的重任。在这个过程中，她经历了爱情、友情的珍贵，同时也懂得了战争的残酷，并最终成长为一个具有领导能力的麋鹿之王。在十一国庆全国公映时，许多带小孩子观影的观众都深赞《麋鹿王》是中国版的《狮子王》，是中国的成长励志动画，非常适合带小孩子观看。

图4-16 动画电影《麋鹿王》

9.《阿童木》

2009年10月23日，动画影片《阿童木》在全球同步上映。《阿童木》总投资额达8亿元人民币，制作方之一的意马国际控股有限公司曾经参与制作过好莱坞动画大片《玩具总动员》，《阿童木》由来自意马的近500名专业动画设计师历时5年打造。对于这部改编自日本“漫画之神”手冢治虫经典作品的动画电影，张汉宁表示，制作《阿童木》面临的最大挑战就是，如何在保留二维动画的精华时又能够运用3D技术演绎这个尽人熟知的动画形象。为此，动画设计师们可谓是煞费苦心，每人每天连续工作的最长时间可达12至15个小时。虽然上映档期被《风声》和《就是这样》前后夹击，但仍在国内取得了首周末票房4000万元的好成绩，见图4-17。

2008年、2009年两年，动画产业得到显著的发展，这和国家的支持是密不可分的。近几年，国家不断对动漫产业推出各种有力政策，以推动动漫产业的发展，可见国家对动漫产业的高度重视，《喜羊羊和灰太狼》的成功更是激励了国内动画从业者。中国动画电影已从沉睡中醒来，沉寂20余载的中国动画电影仿佛一夜之间吹响号角，让无数观众依稀看到了昔日中国动画电影的灿烂与辉煌。

大家已经可以明显感觉到，国内的动画电影、动漫产业已经势不可挡。中国动画电影以自己的方式摆脱了这个阴影，揭开了中国动漫新的一幕，但是观众需要更丰富精彩的娱乐内容，业界还需要不断的努力，不断的创新，不断地推出优秀的精彩的动画电影。

图4-17　动画电影《阿童木》

第五章

5

中国动画产业年报 CHINA ANIMATION INDUSTRY ANNUAL REPORT

2008—2009年中国动画作品和动画频道收视率调查

- 2008—2009年全国主要城市动画节目的观众特征和收视情况
- 2008—2009年全国主要城市电视动画节目的收视比重
- 2008—2009年主要城市动画节目收视排名
- 2008—2009年中央台少儿频道在全国主要城市主要动画频道的市场表现
- 2008—2009年北京卡酷卫星频道（在北京）动画节目收视情况数据显示
- 2008—2009年上海炫动卡通（在上海）动画节目收视情况数据显示
- 2008—2009年湖南金鹰卡通（在长沙）动画节目收视情况数据显示
- 2008—2009年广东嘉佳（在广州）动画节目收视情况数据显示
- 2008—2009年全国主要城市动画节目的播出和收视状况

第一节 2008—2009年全国主要城市[1]动画节目的观众特征和收视情况

一、观众性别构成和集中度（见图5-1、图5-2，数据来源：CSM媒介研究）

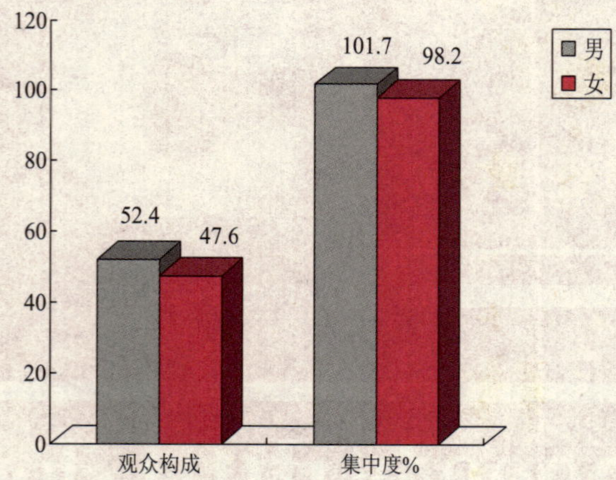

图5-1 2008年全国主要城市动画节目的观众性别构成和集中度

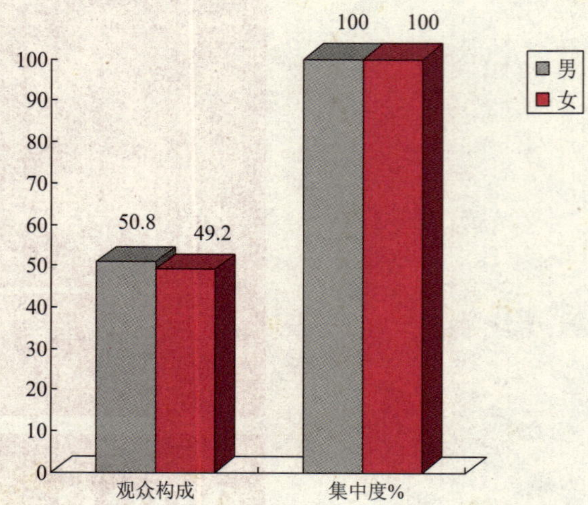

图5-2 2009年全国主要城市动画节目的观众性别构成和集中度

二、不同性别观众收视率和市场份额比较（见图5-3、图5-4，数据来源：CSM媒介研究）

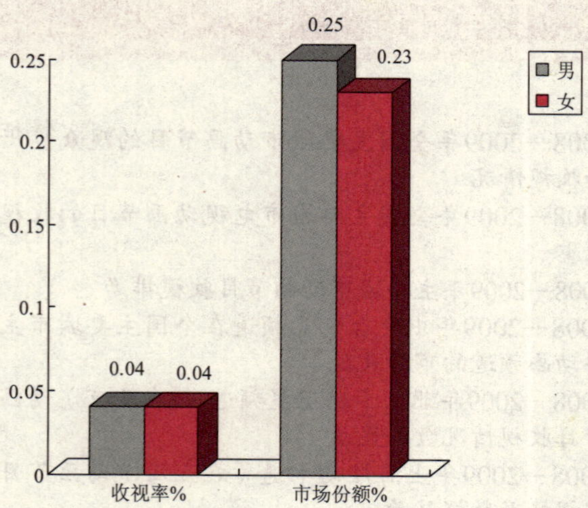

图5-3 2008年全国主要城市动画节目不同性别观众收视率和市场份额比较

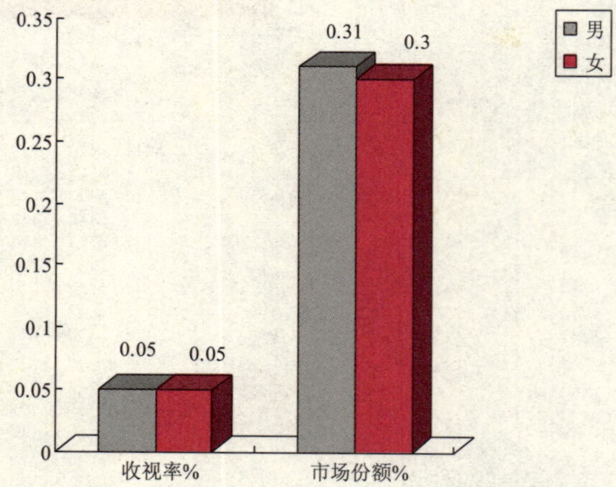

图5-4 2009年全国主要城市动画节目不同性别观众收视率和市场份额比较

1 全国主要城市，指31个中心城市，包括：北京、上海、天津、重庆、哈尔滨、长春、沈阳、济南、石家庄、太原、郑州、合肥、南京、杭州、南昌、长沙、武汉、福州、广州、南宁、海口、贵州、昆明、成都、西安、乌鲁木齐、呼和浩特、西宁、银川、兰州、拉萨

三、观众年龄构成和集中度（见图5-5、图5-6，数据来源：CSM媒介研究）

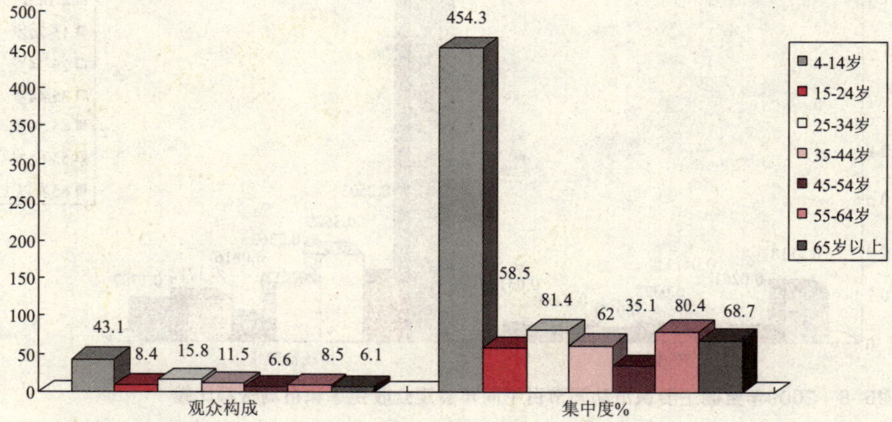

图5-5　2008年全国主要城市动画节目的观众年龄构成和集中度

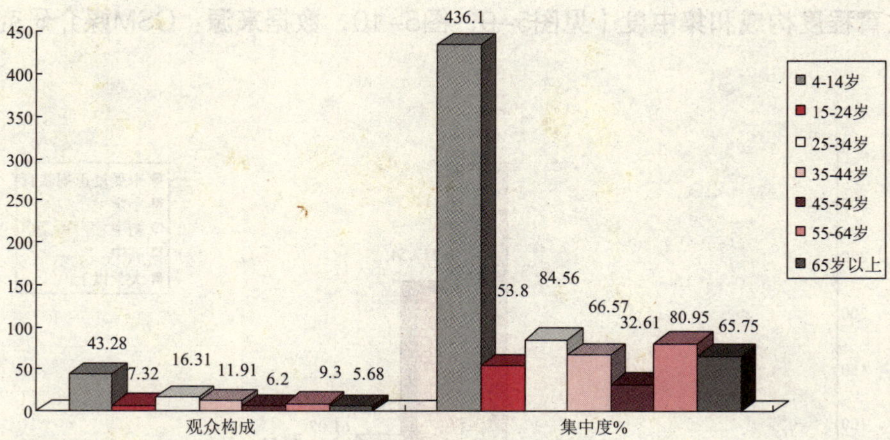

图5-6　2009年全国主要城市动画节目的观众年龄构成和集中度

四、不同年龄观众收视率和市场份额比较（见图5-7、图5-8，数据来源：CSM媒介研究）

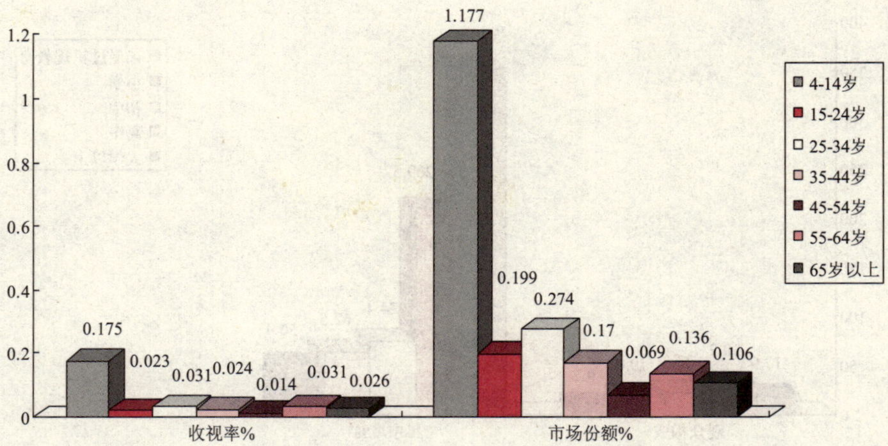

图5-7　2008年全国主要城市动画节目不同年龄观众收视率和市场份额比较

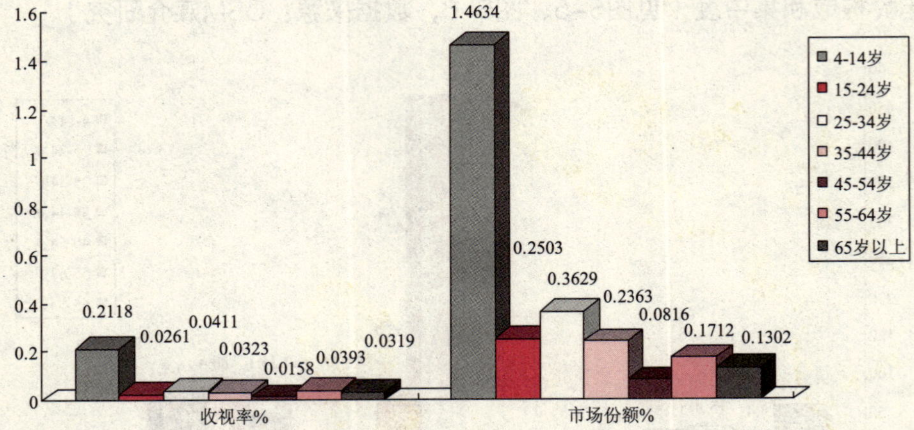

图5-8　2009年全国主要城市动画节目不同年龄观众收视率和市场份额比较

五、观众教育程度构成和集中度（见图5-9、图5-10，数据来源：CSM媒介研究）

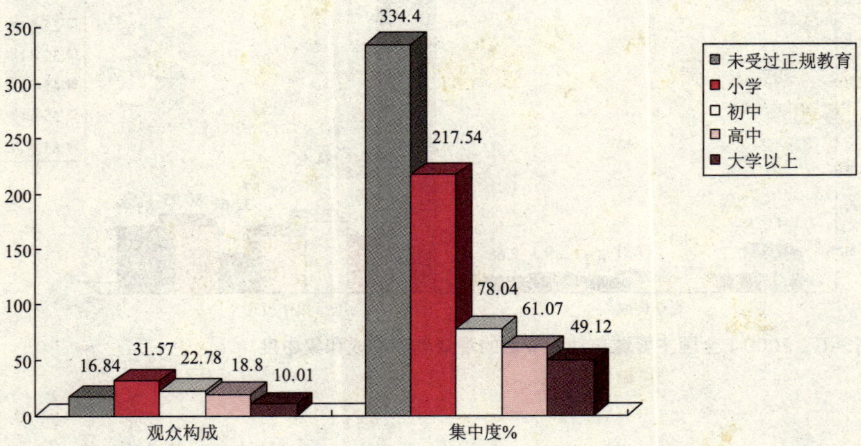

图5-9　2008年全国主要城市动画节目的观众教育程度构成和集中度

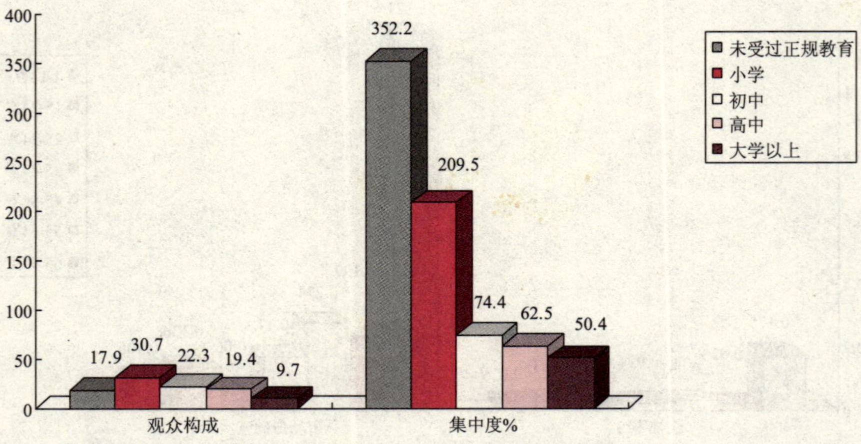

图5-10　2009年全国主要城市动画节目的观众教育程度构成和集中度

六、不同教育程度观众收视率和市场份额比较（见图5-11、图5-12，数据来源：CSM媒介研究））

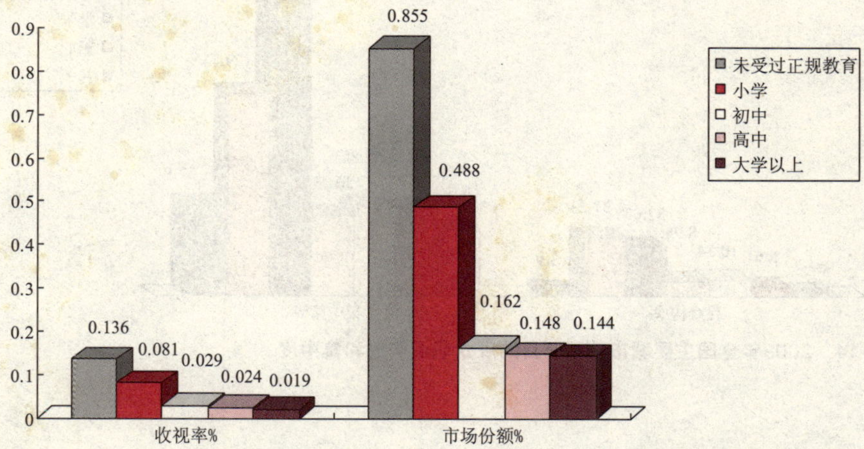

图5-11 2008年全国主要城市动画节目不同教育程度观众收视率和市场份额比较

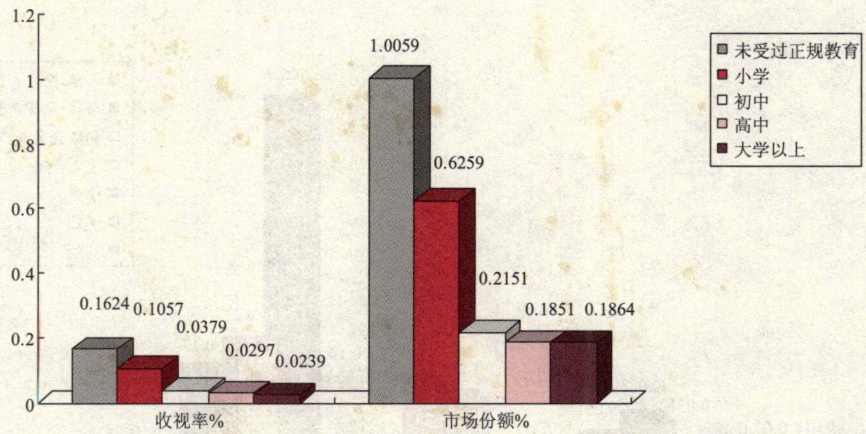

图5-12 2009年全国主要城市动画节目不同教育程度观众收视率和市场份额比较

七、观众职业构成和集中度（见图5-13、图5-14，数据来源：CSM媒介研究）

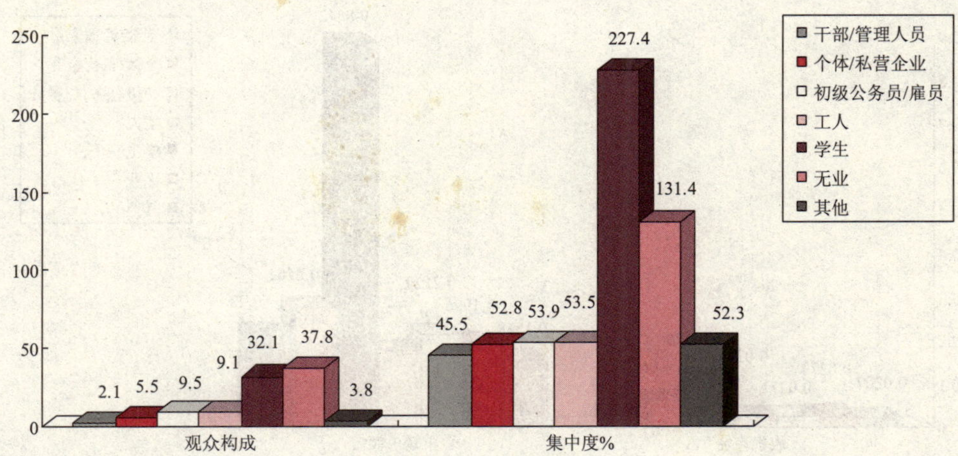

图5-13 2008年全国主要城市动画节目的观众职业构成和集中度

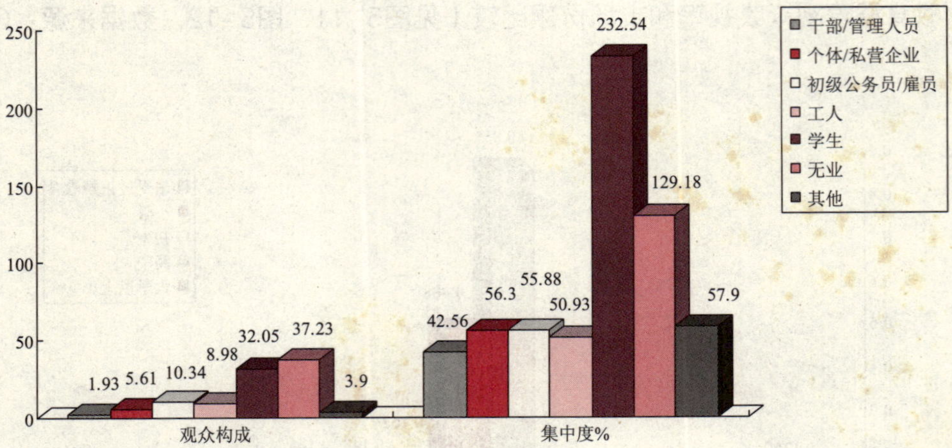

图5-14　2009年全国主要城市动画节目的观众职业构成和集中度

1 2 3 4 5 6 7 8 9 10

八、不同职业观众收视率和市场份额比较（见图5-15、图5-16，数据来源：CSM媒介研究）

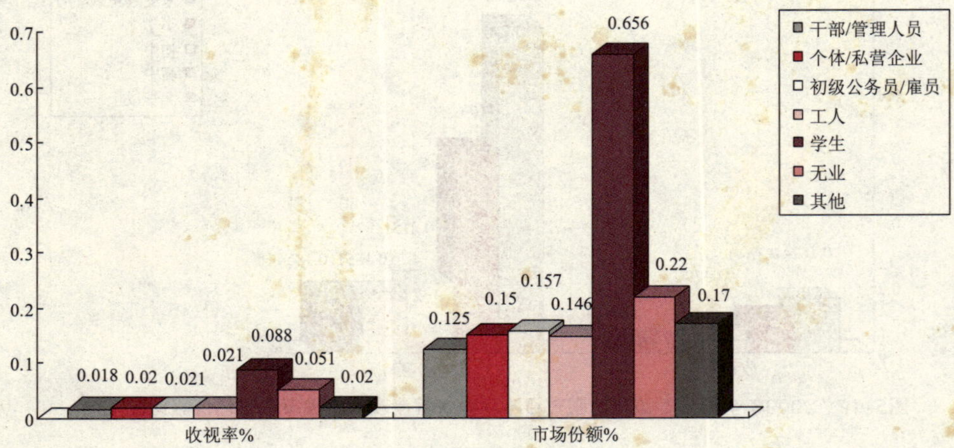

图5-15　2008年全国主要城市动画节目不同职业观众收视率和市场份额比较

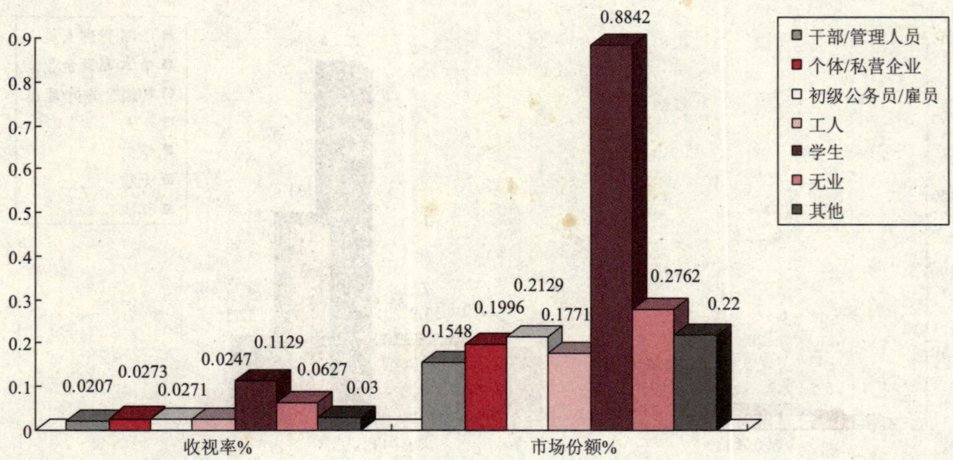

图5-16　2009年全国主要城市动画节目不同职业观众收视率和市场份额比较

九、观众个人月收入构成和集中度（见图5-17、图5-18，数据来源：CSM媒介研究）

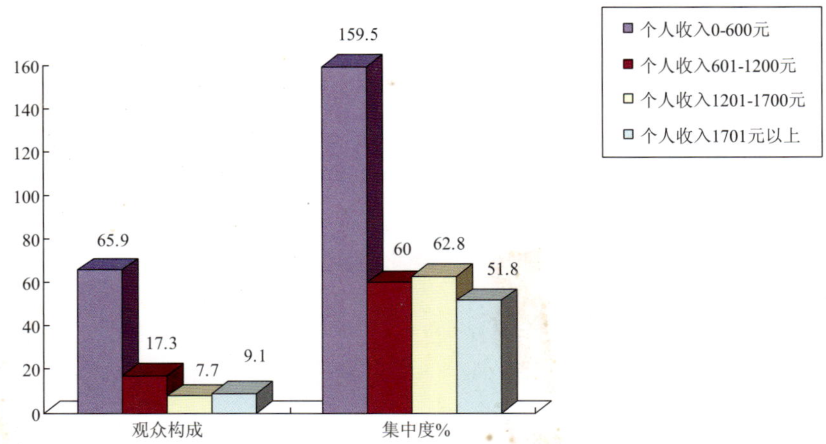

图5-17　2008年全国主要城市动画节目的观众个人月收入构成和集中度

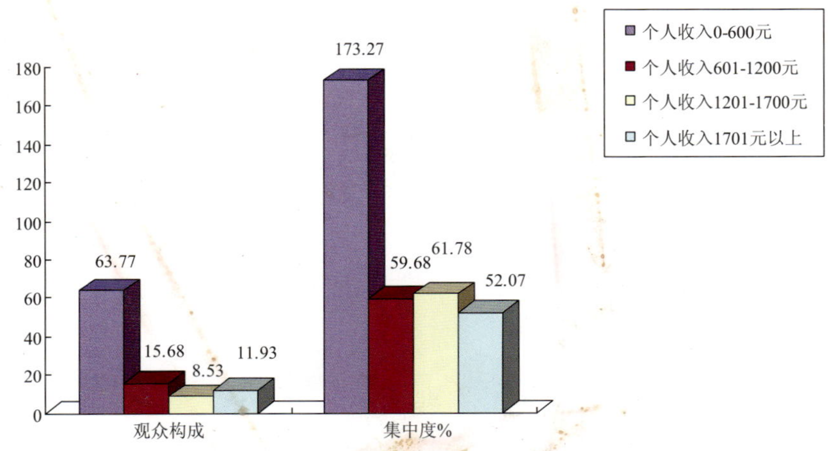

图5-18　2009年全国主要城市动画节目的观众个人月收入构成和集中度

十、不同收入观众收视比较（见图5-19、图5-20，数据来源：CSM媒介研究）

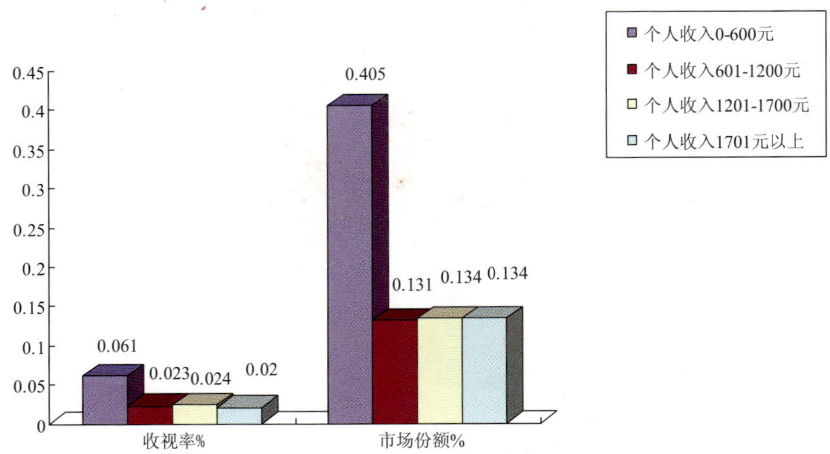

图5-19　2008年全国主要城市动画节目不同收入观众收视比较

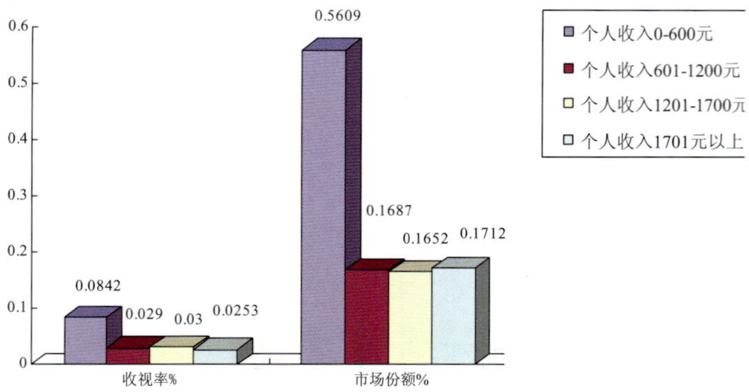

图5-20　2009年全国主要城市动画节目不同收入观众收视比较

第二节　2008—2009年全国主要城市各类节目的收视比重

一、北京各类节目的收视比重（见图5-21至图5-24，数据来源：CSM媒介研究）

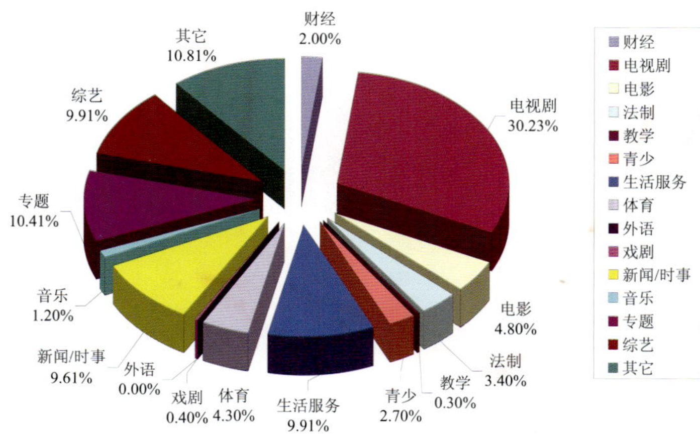

图5-21　2008年北京各类节目收视比重

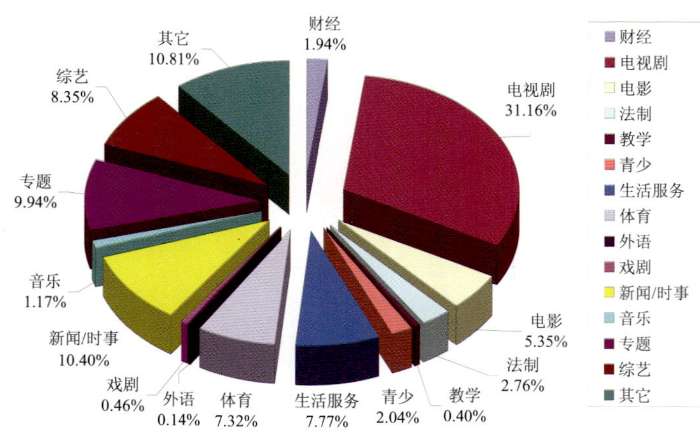

图5-22　2009年北京各类节目收视比重

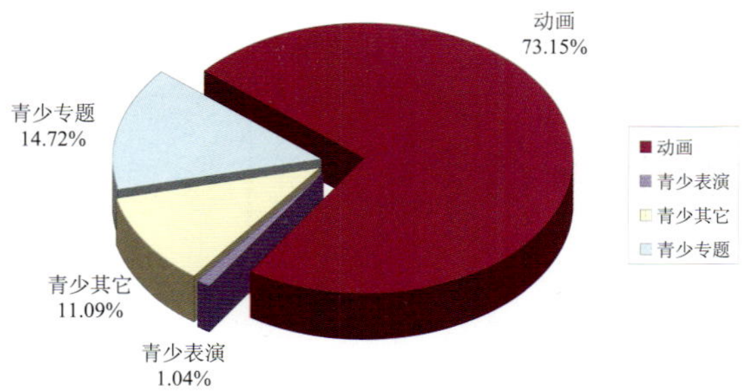

图5-23　2008年北京青少节目中各类节目收视比重

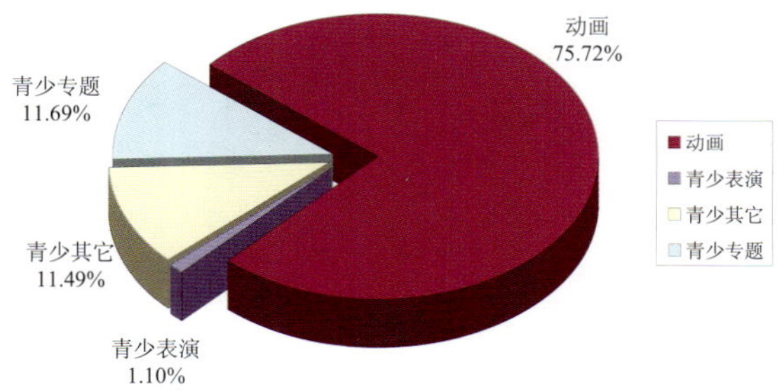

图5-24　2009年北京青少节目中各类节目收视比重

二、上海各类节目的收视比重（见图5-25至图5-28，数据来源：CSM媒介研究）

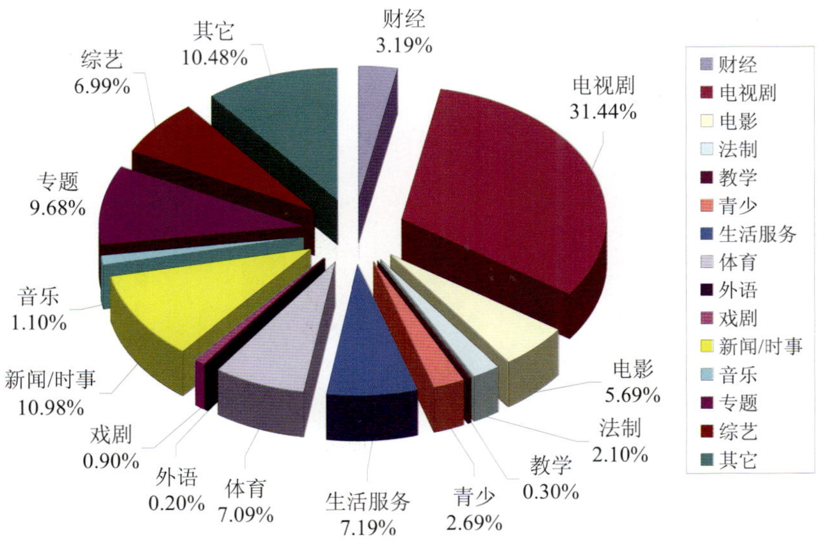

图5-25　2008年上海各类节目收视比重

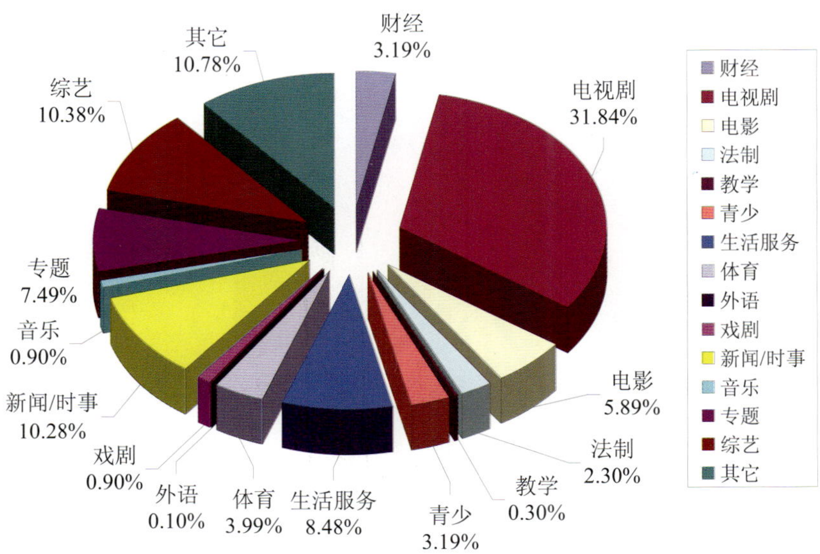

图5-26　2009年上海各类节目收视比重

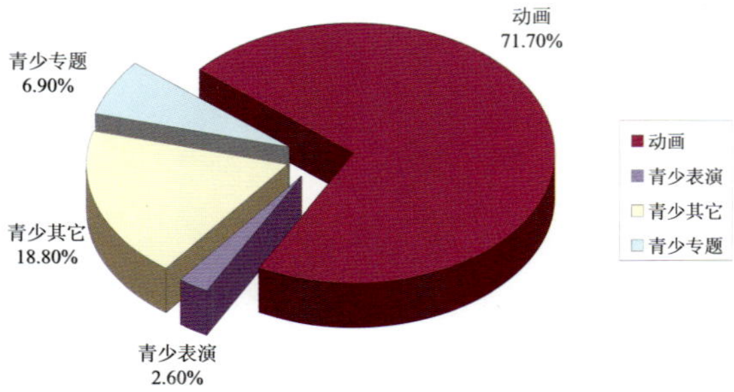

图5-27　2008年上海青少节目中各类节目收视比重

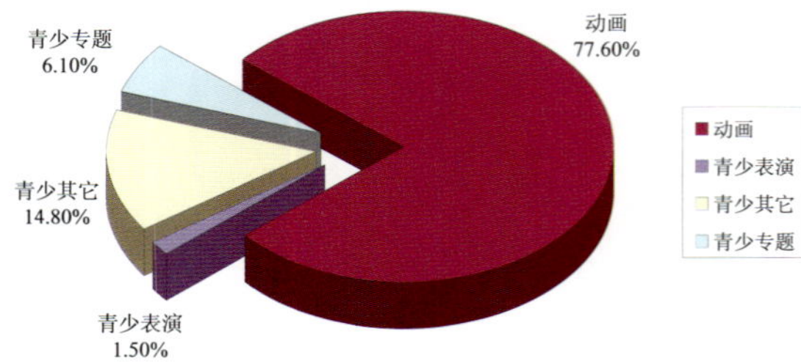

图5-28　2009年上海青少节目中各类节目收视比重

三、天津各类节目的收视比重（见图5-29至图5-32，数据来源：CSM媒介研究）

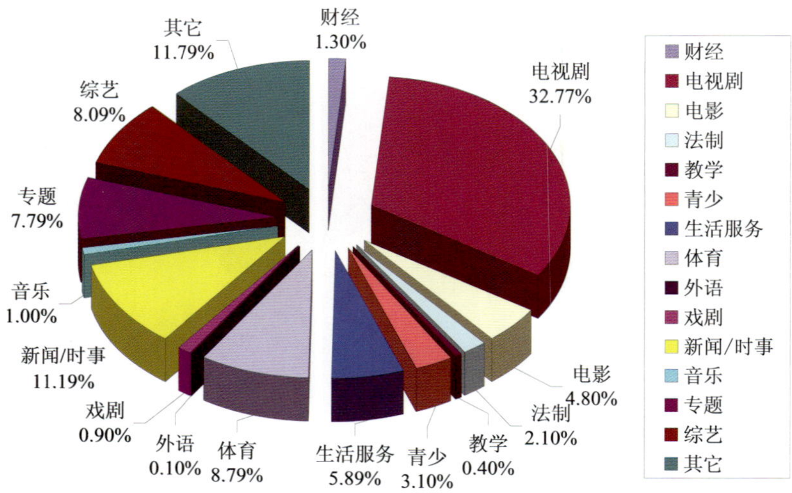

图5-29　2008年天津各类节目收视比重

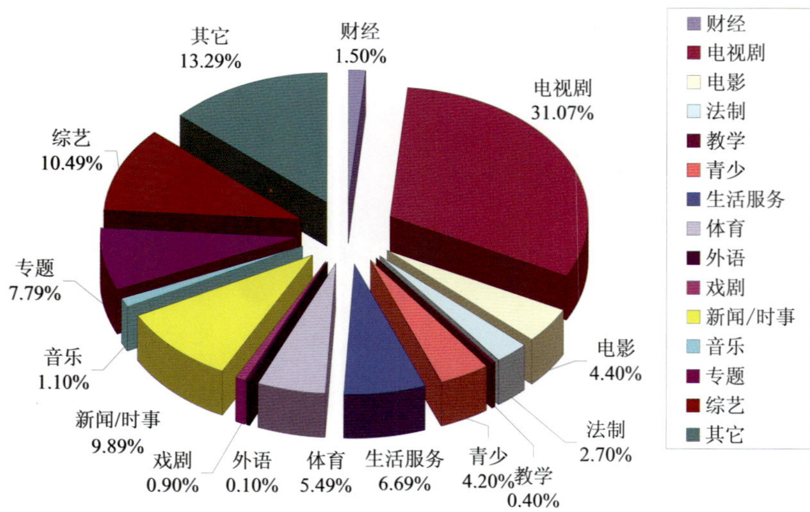

图5-30　2009年天津各类节目收视比重

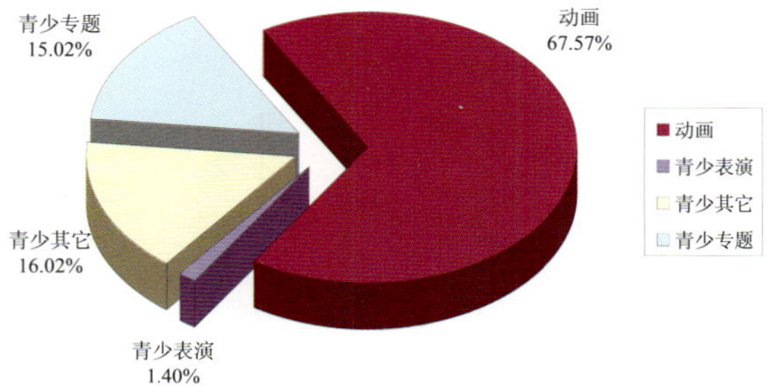

图5-31　2008年天津青少节目中各类节目收视比重

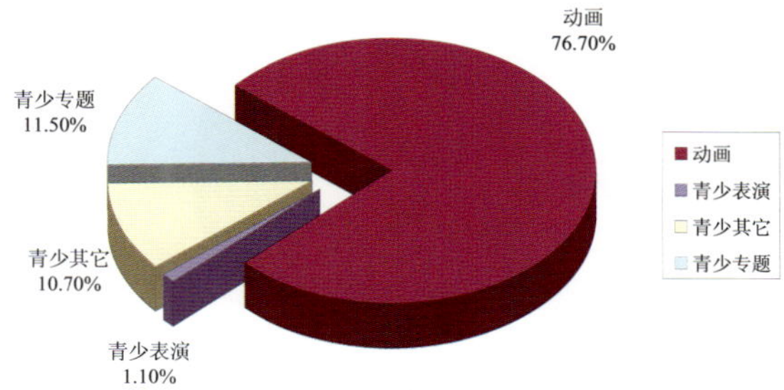

图5-32　2009年天津青少节目中各类节目收视比重

四、重庆各类节目的收视比重（见图5-33至图5-36，数据来源：CSM媒介研究）

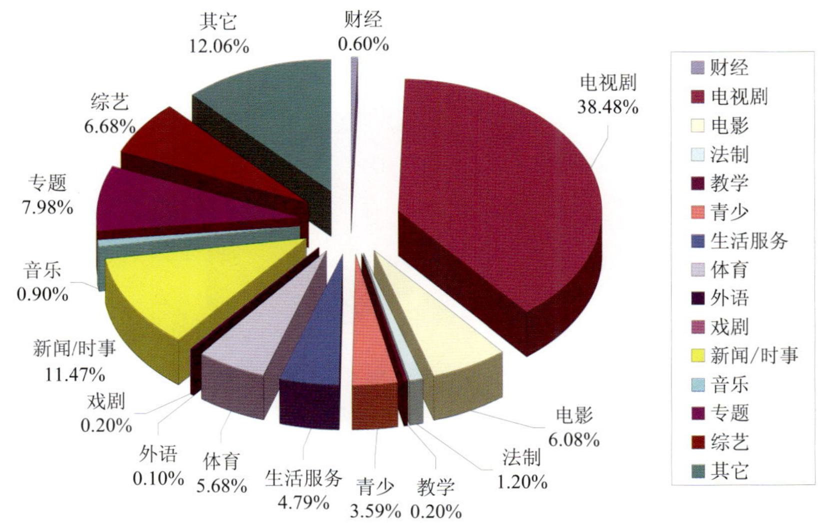

图5-33　2008年重庆各类节目收视比重

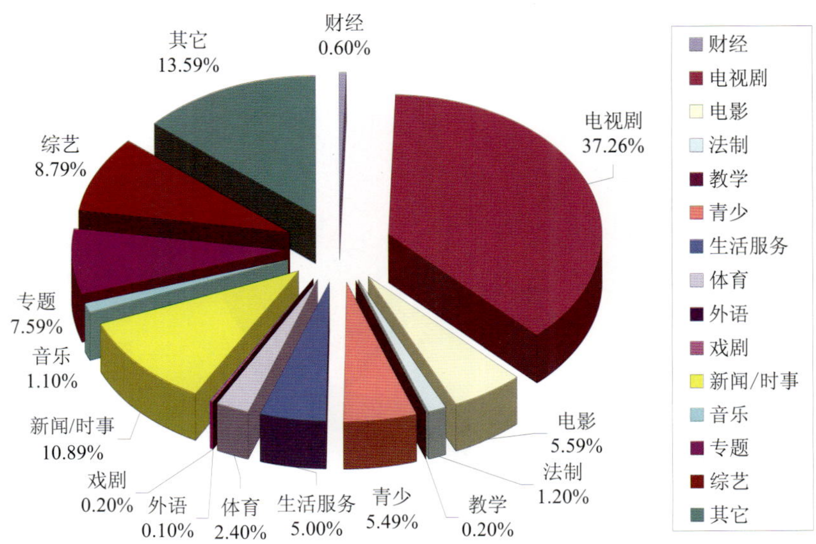

图5-34　2009年重庆各类节目收视比重

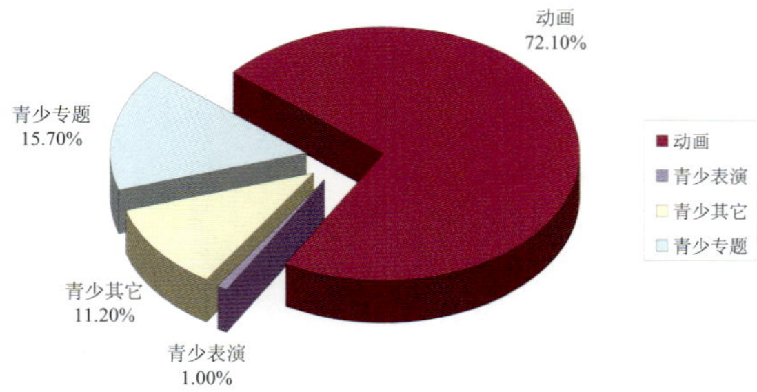

图5-35　2008年重庆青少节目中各类节目收视比重

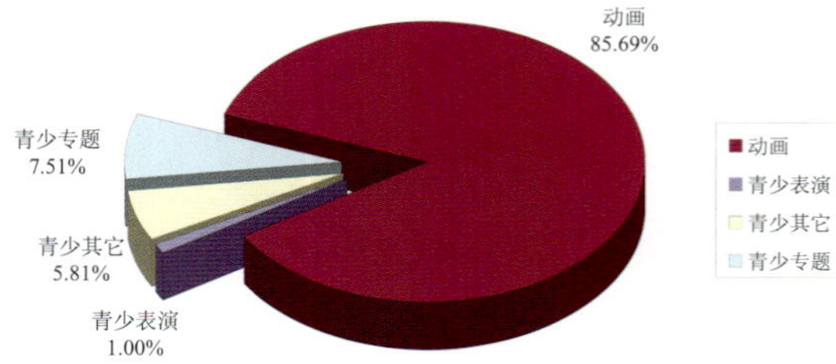

图5-36　2009年重庆青少节目中各类节目收视比重

五、长春各类节目的收视比重（见图5-37至图5-40，数据来源：CSM媒介研究）

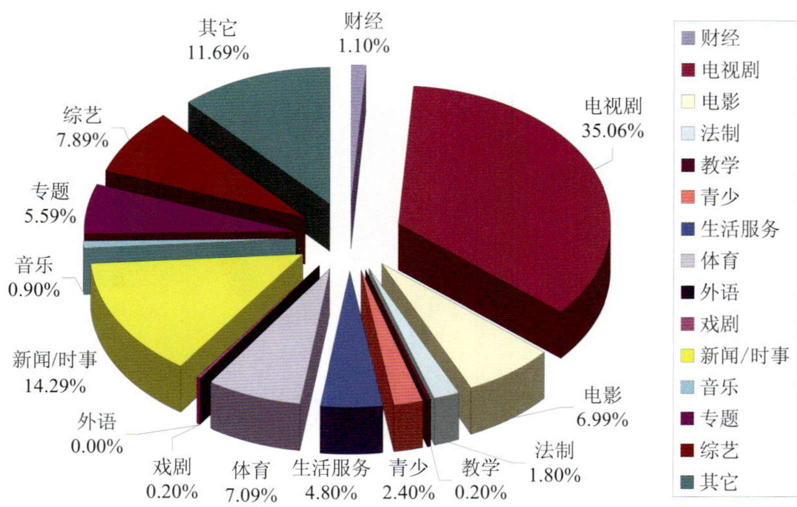

图5-37　2008年长春各类节目收视比重

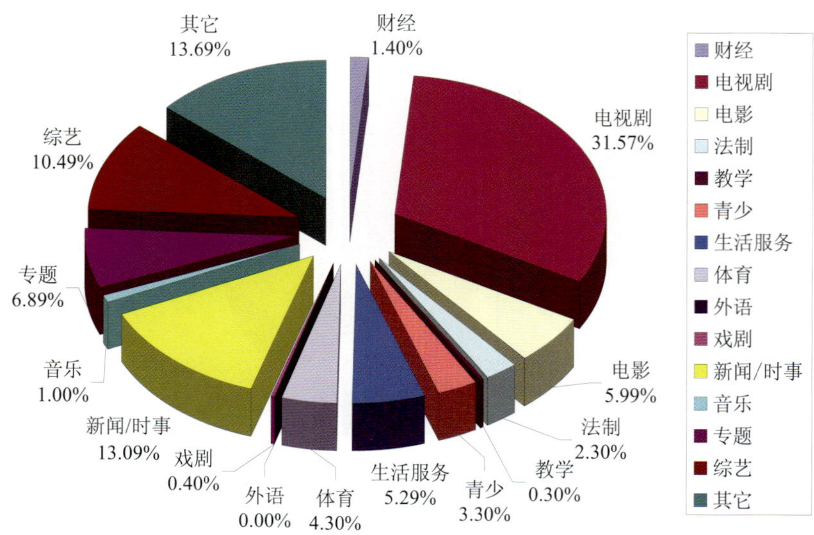

图5-38　2009年长春各类节目收视比重

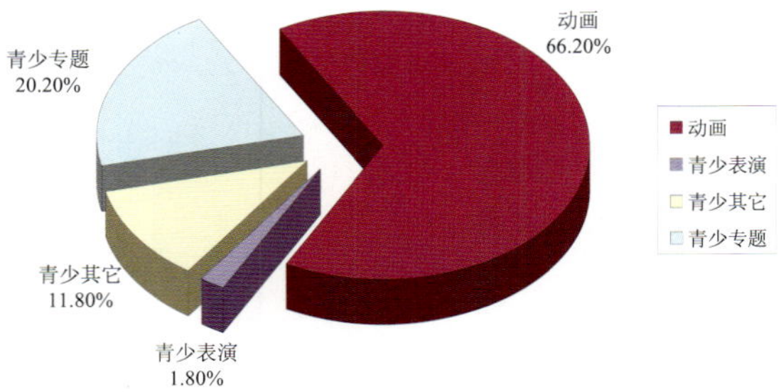

图5-39　2008年长春青少节目中各类节目收视比重

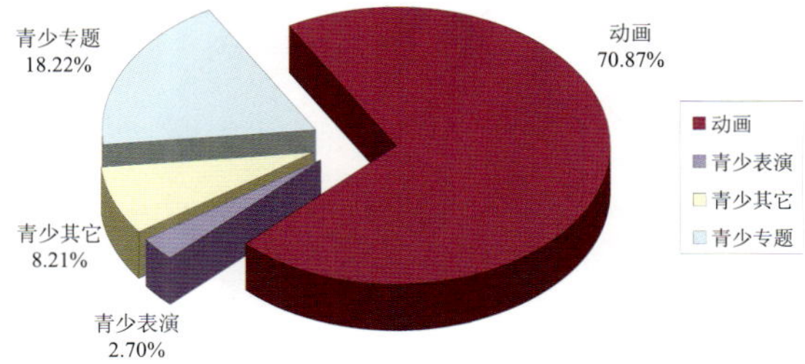

图5-40　2009年长春青少节目中各类节目收视比重

六、长沙各类节目的收视比重（见图5-41至图5-44，数据来源：CSM媒介研究）

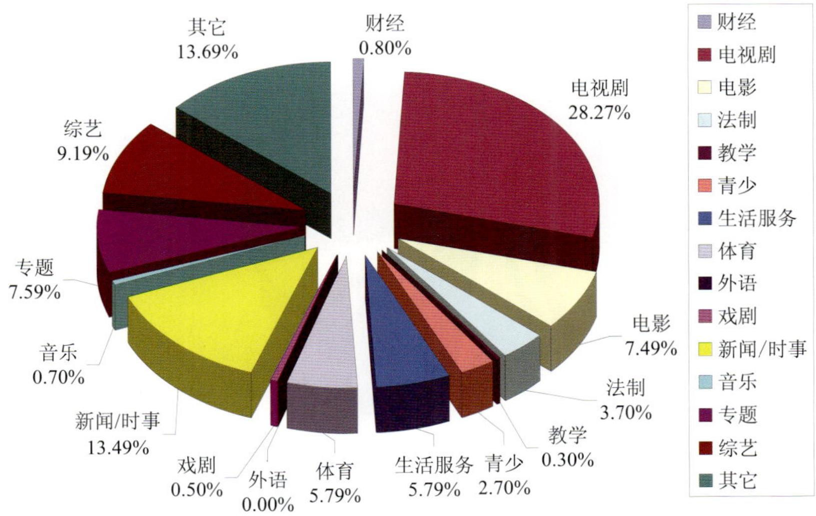

图5-41　2008年长沙各类节目收视比重

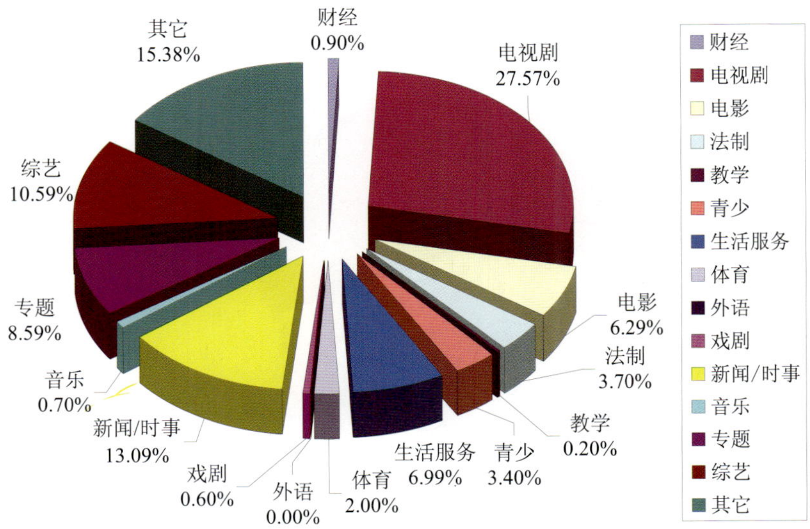

图5-42　2009年长沙各类节目收视比重

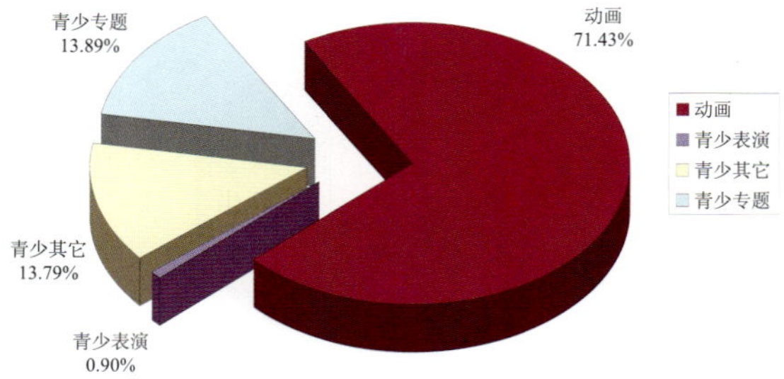

图5-43　2008年长沙青少节目中各类节目收视比重

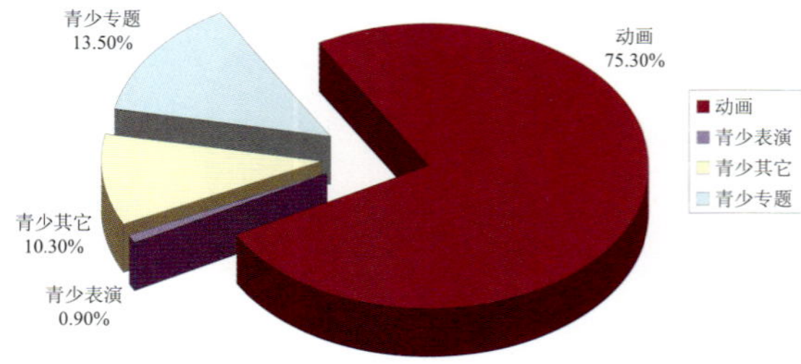

图5-44　2009年长沙青少节目中各类节目收视比重

七、成都各类节目的收视比重（见图5-45至图5-48，数据来源：CSM媒介研究）

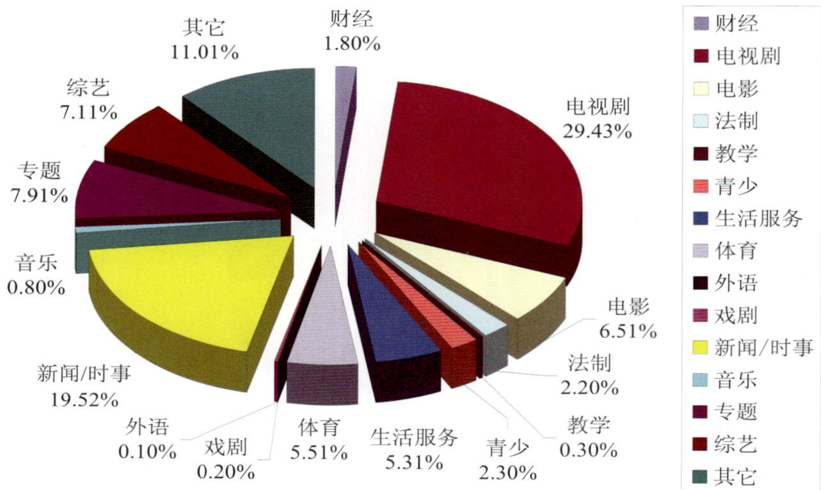

图5-45　2008年成都各类节目收视比重

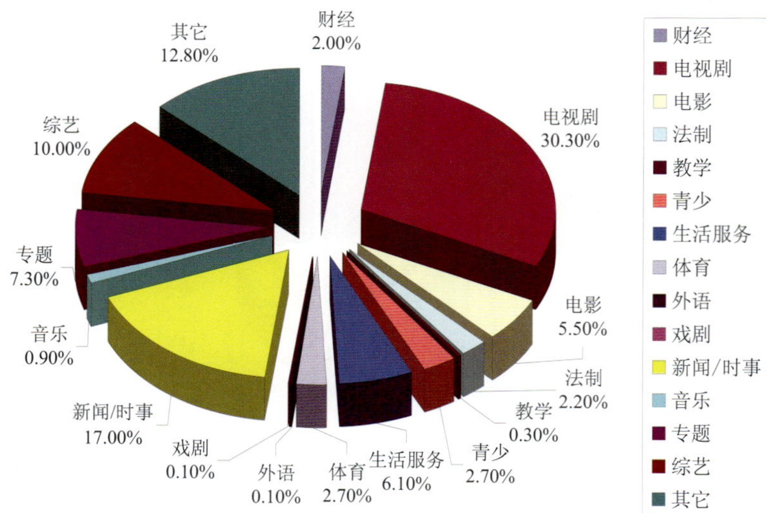

图5-46　2009年成都各类节目收视比重

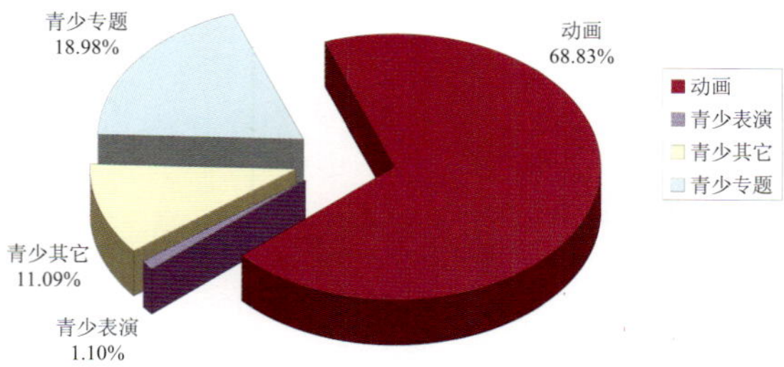

图5-47　2008年成都青少节目中各类节目收视比重

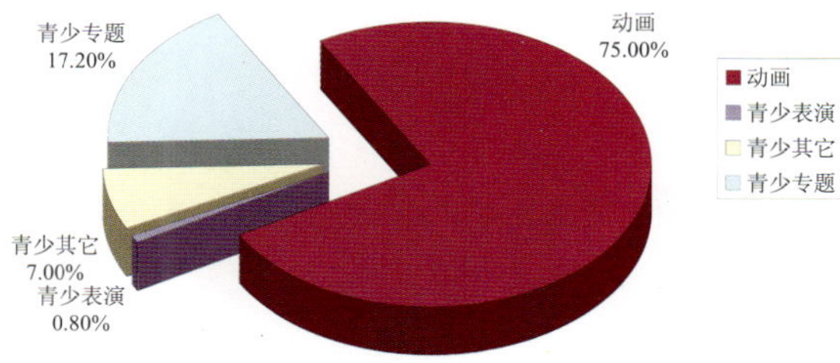

图5-48　2009年成都青少节目中各类节目收视比重

八、福州各类节目的收视比重（见图5-49至图5-52，数据来源：CSM媒介研究）

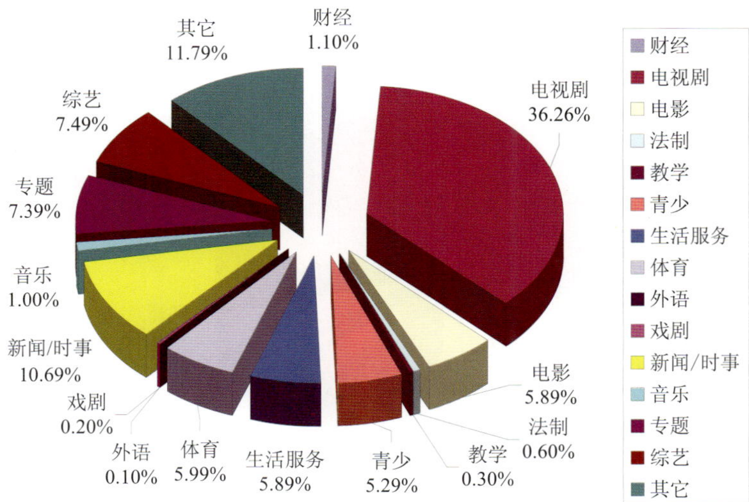

图5-49　2008年福州各类节目收视比重

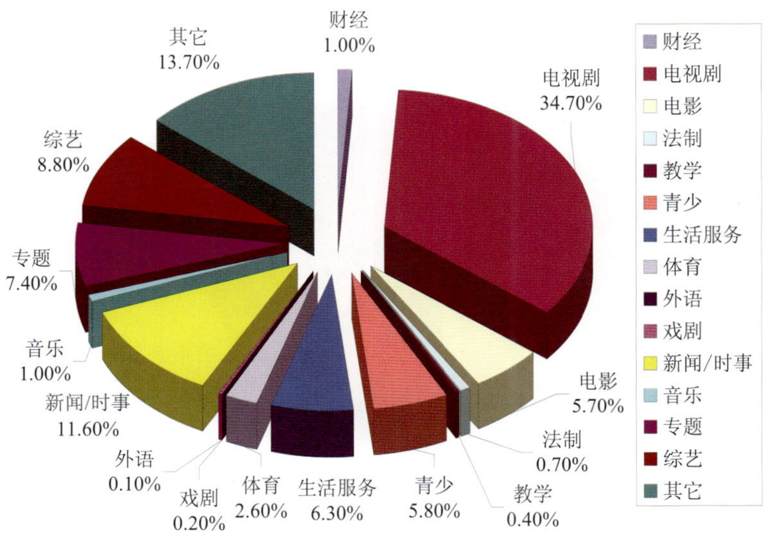

图5-50　2009年福州各类节目收视比重

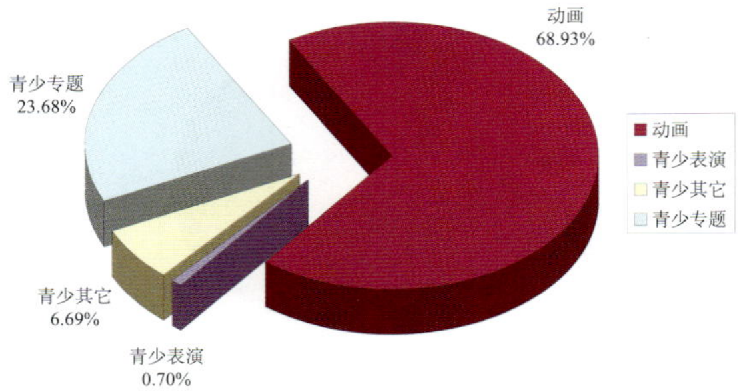

图5-51　2008年福州青少节目中各类节目收视比重

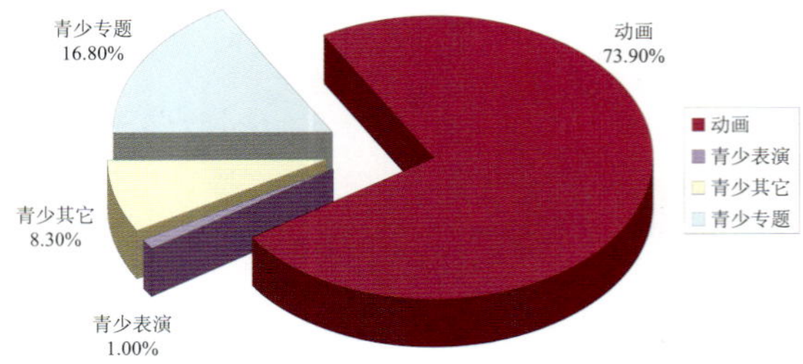

图5-52　2009年福州青少节目中各类节目收视比重

九、广州各类节目的收视比重（见图5-53至图5-56，数据来源：CSM媒介研究）

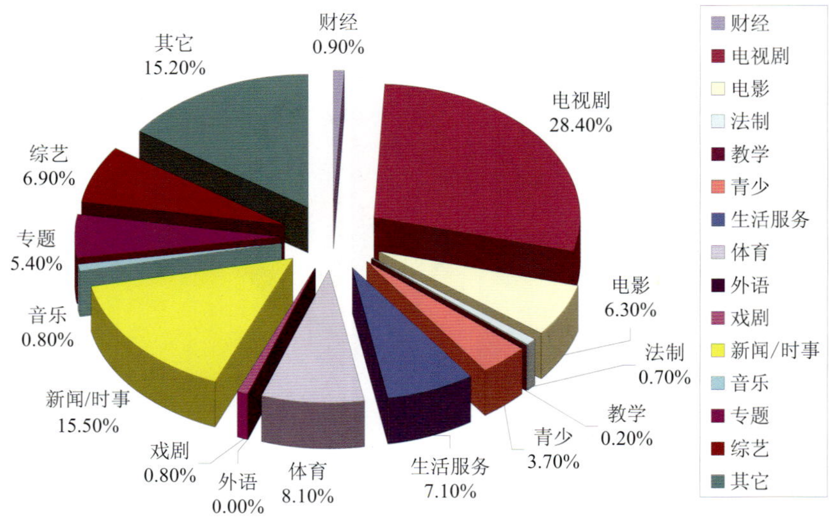

图5-53　2008年广州各类节目收视比重

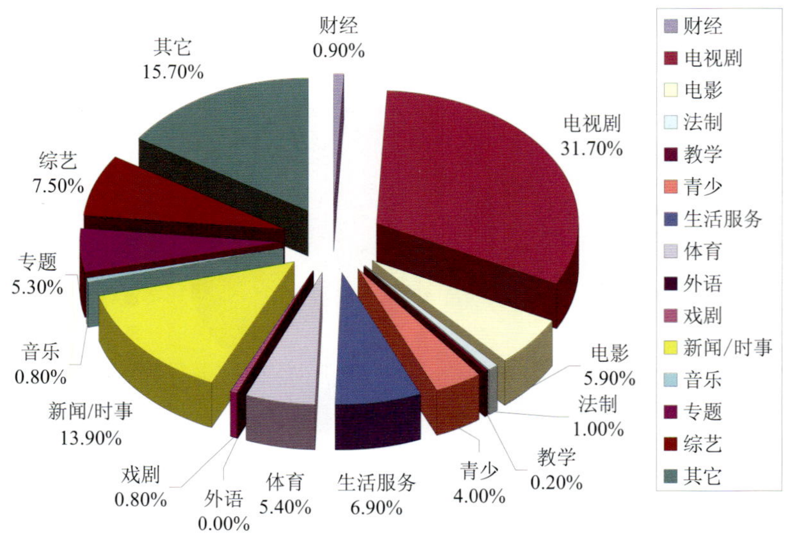

图5-54　2009年广州各类节目收视比重

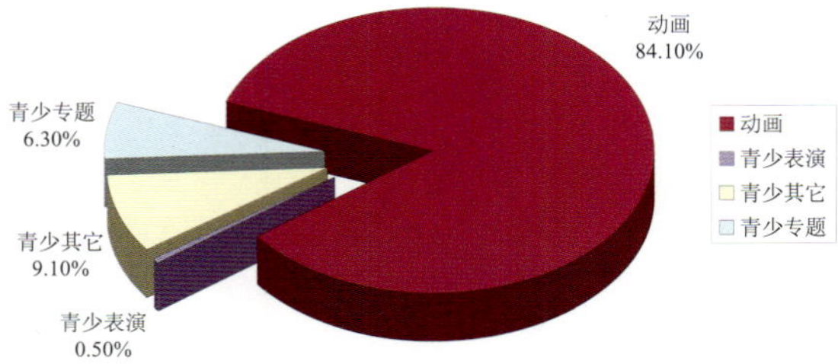

图5-55　2008年广州青少节目中各类节目收视比重

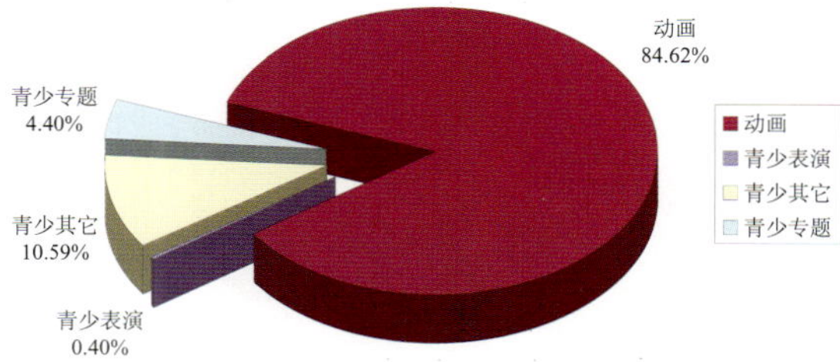

图5-56　2009年广州青少节目中各类节目收视比重

十、贵阳各类节目的收视比重（见图5-57至图5-60，数据来源：CSM媒介研究）

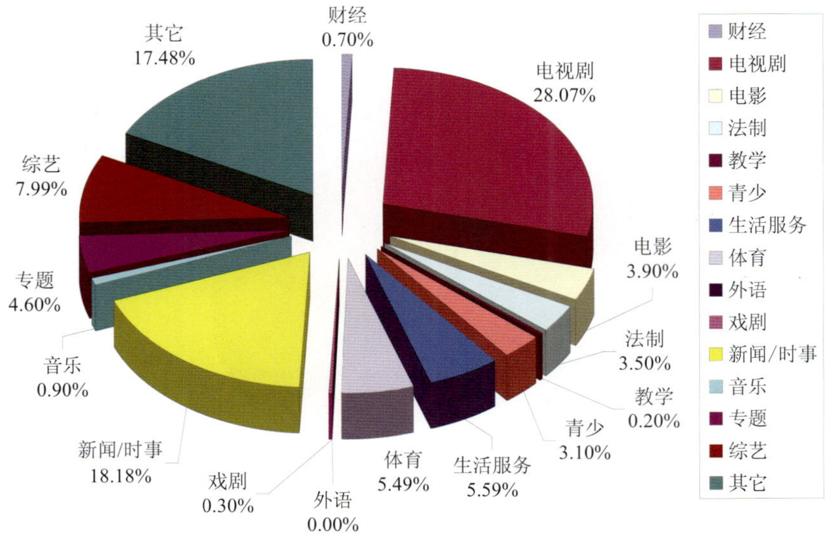

图5-57　2008年贵阳各类节目收视比重

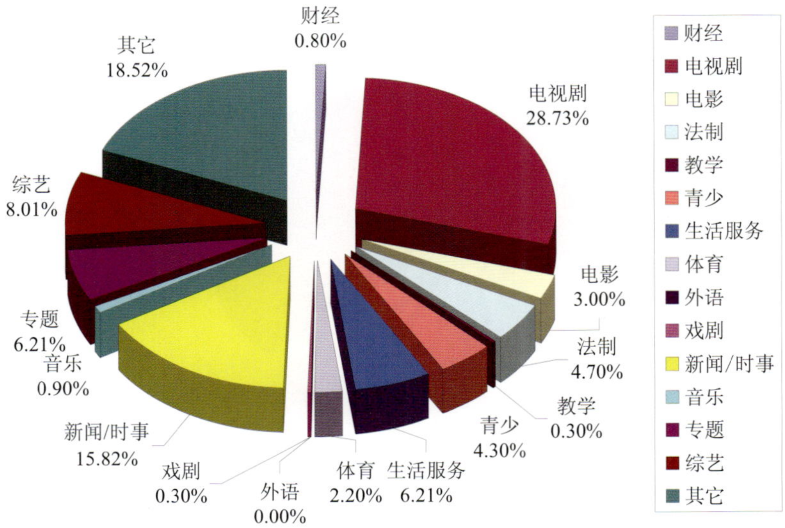

图5-58　2009年贵阳各类节目收视比重

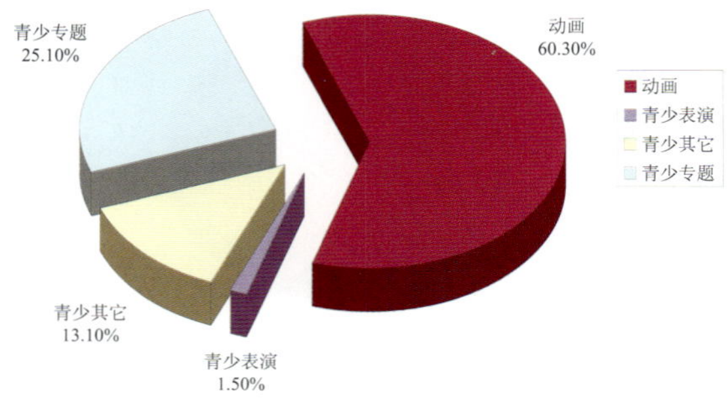

图5-59　2008年贵阳青少节目中各类节目收视比重

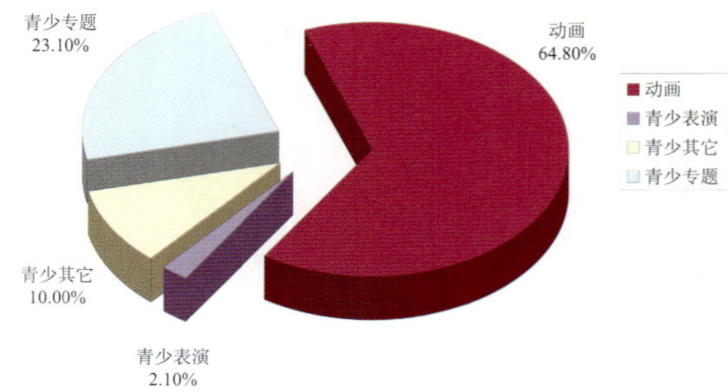

图5-60　2009年贵阳青少节目中各类节目收视比重

十一、哈尔滨各类节目的收视比重（见图5-61至图5-64，数据来源：CSM媒介研究）

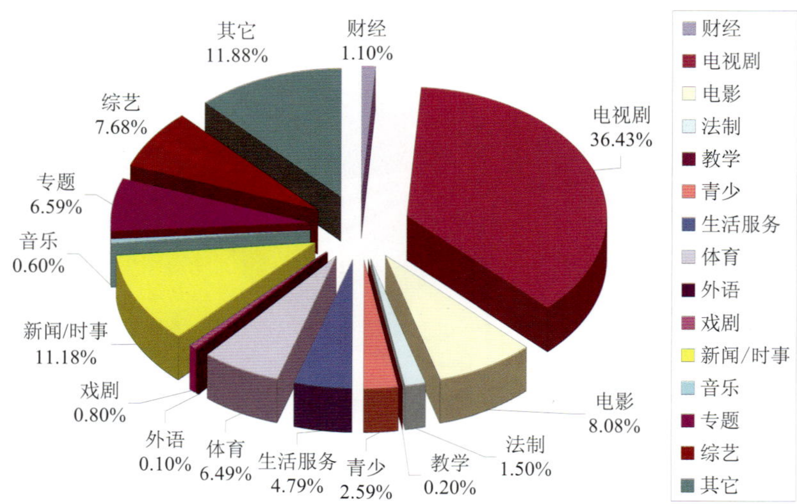

图5-61　2008年哈尔滨各类节目收视比重

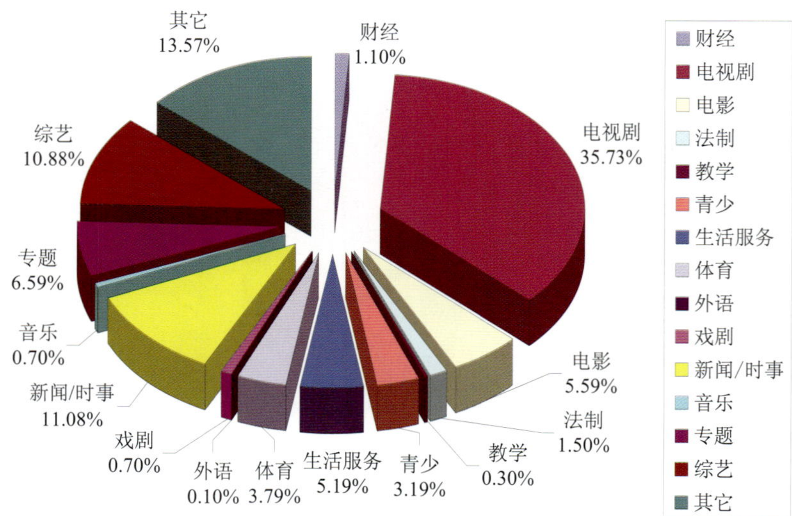

图5-62　2009年哈尔滨各类节目收视比重

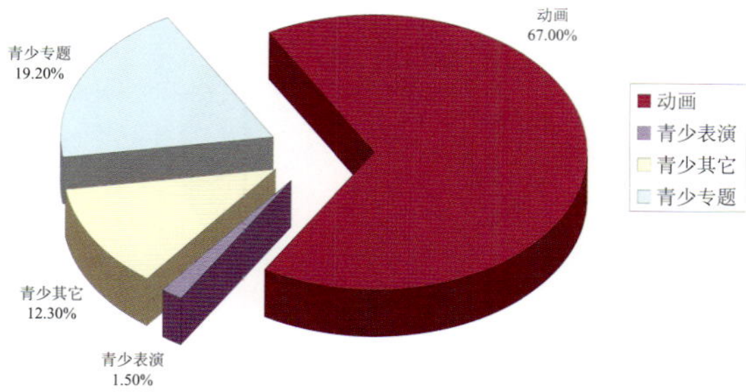

图5-63　2008年哈尔滨青少节目中各类节目收视比重

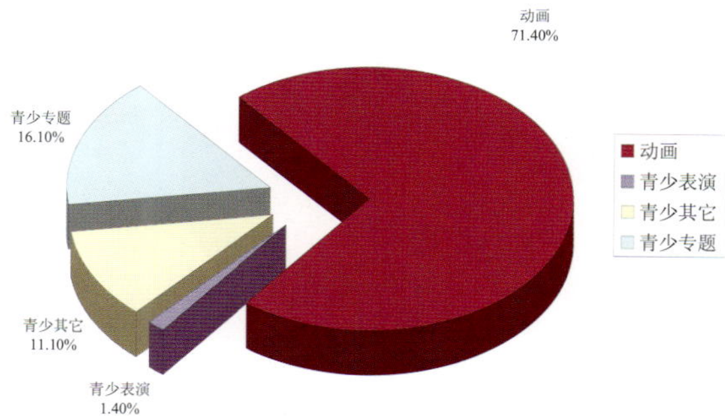

图5-64　2009年哈尔滨青少节目中各类节目收视比重

十二、海口各类节目的收视比重（见图5-65至图5-68，数据来源：CSM媒介研究）

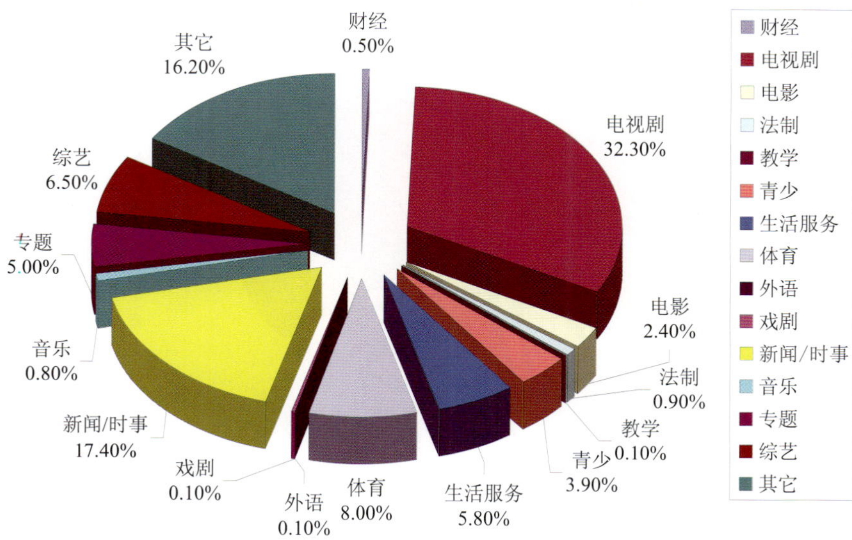

图5-65　2008年海口各类节目收视比重

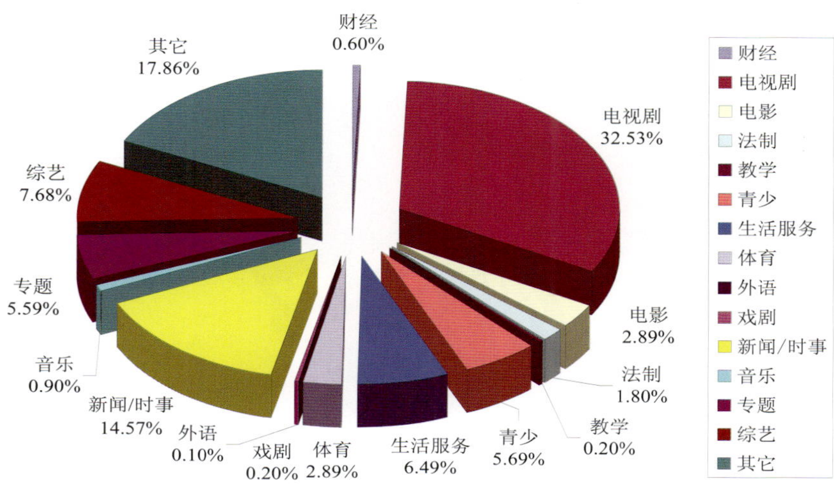

图5-66　2009年海口各类节目收视比重

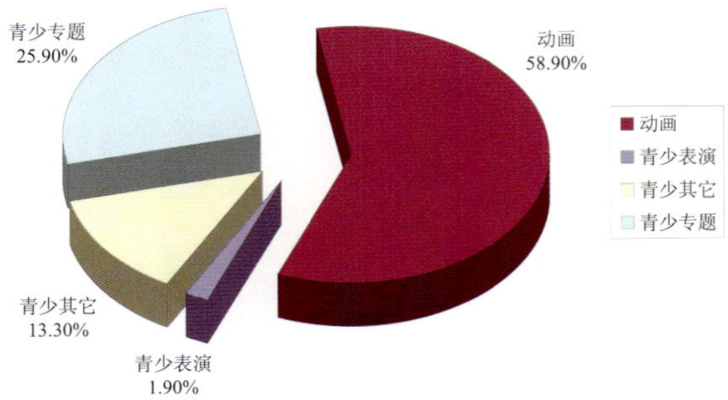

图5-67　2008年海口青少节目中各类节目收视比重

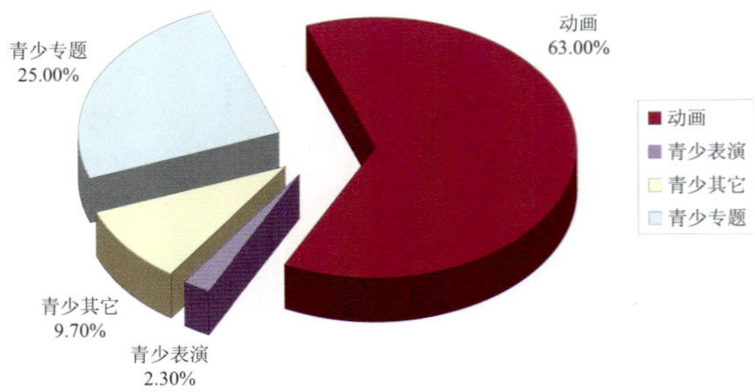

图5-68　2009年海口青少节目中各类节目收视比重

十三、杭州各类节目的收视比重（见图5-69至图5-72，数据来源：CSM媒介研究）

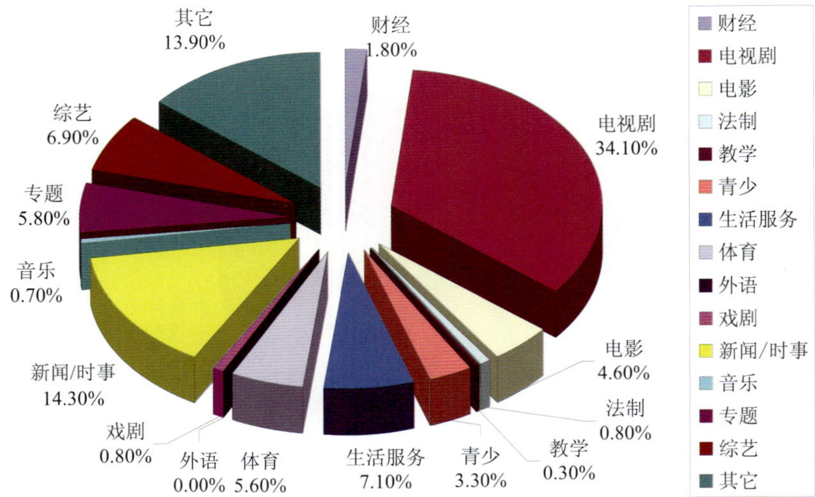

图5-69　2008年杭州各类节目收视比重

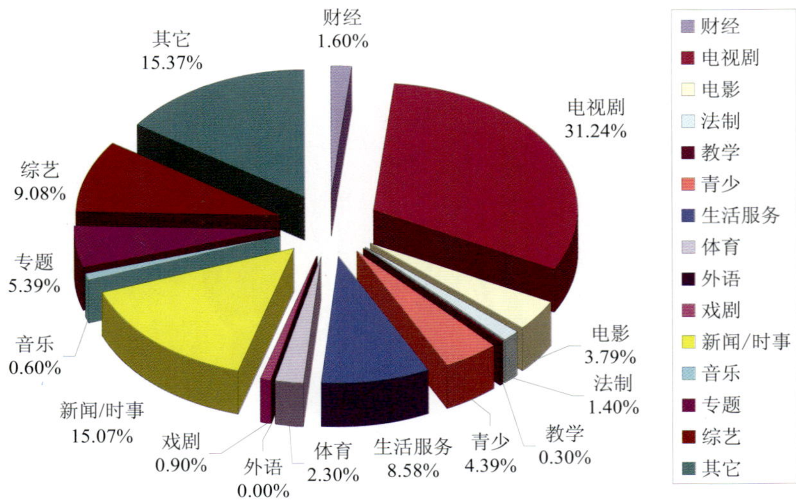

图5-70　2009年杭州各类节目收视比重

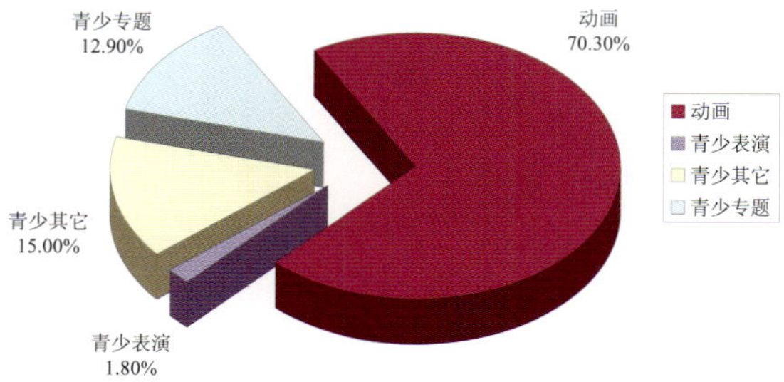

图5-71 2008年杭州青少节目中各类节目收视比重

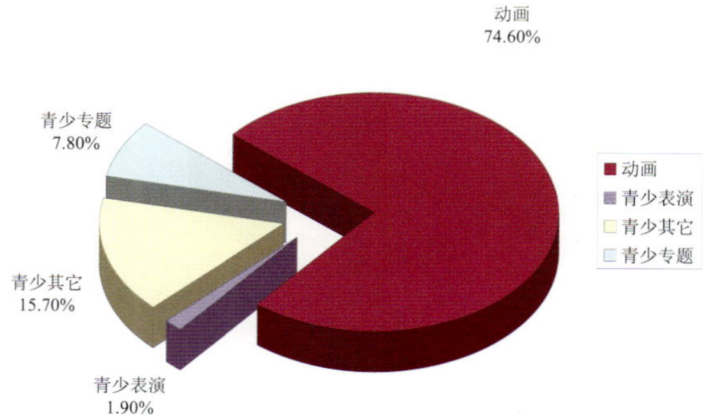

图5-72 2009年杭州青少节目中各类节目收视比重

十四、合肥各类节目的收视比重（见图5-73至图5-76，数据来源：CSM媒介研究）

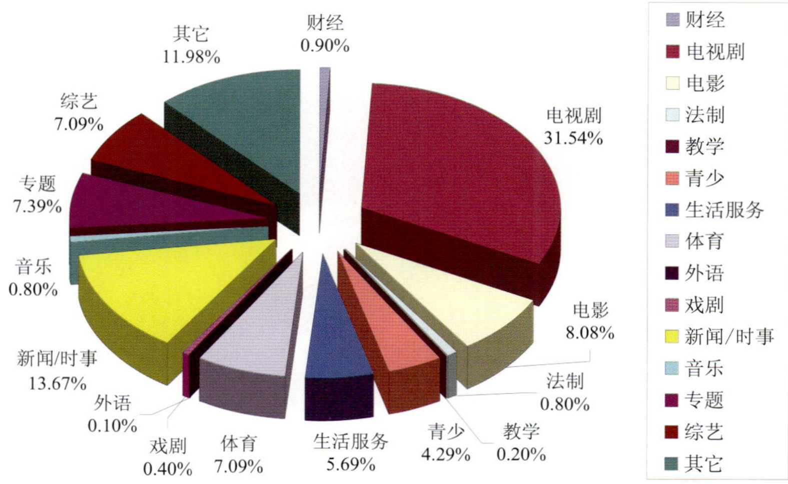

图5-73 2008年合肥各类节目收视比重

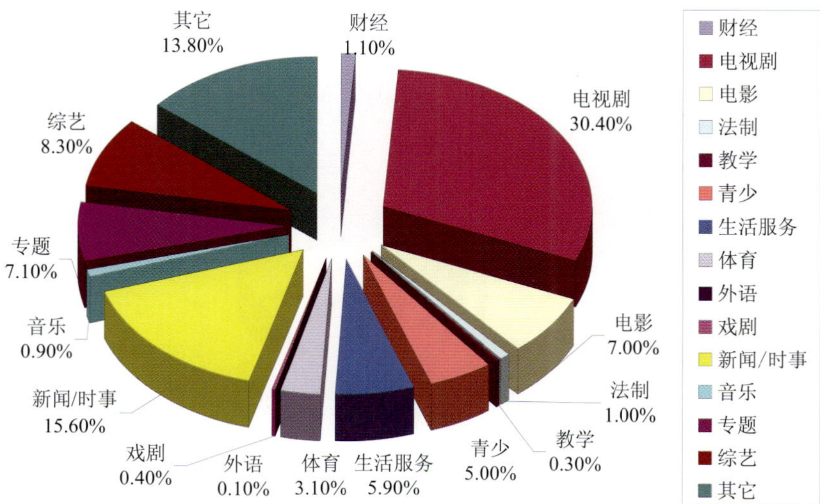

图5-74 2009年合肥各类节目收视比重

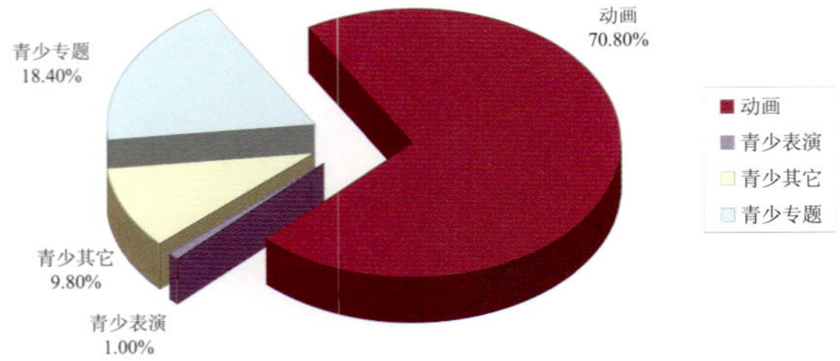

图5-75 2008年合肥青少节目中各类节目收视比重

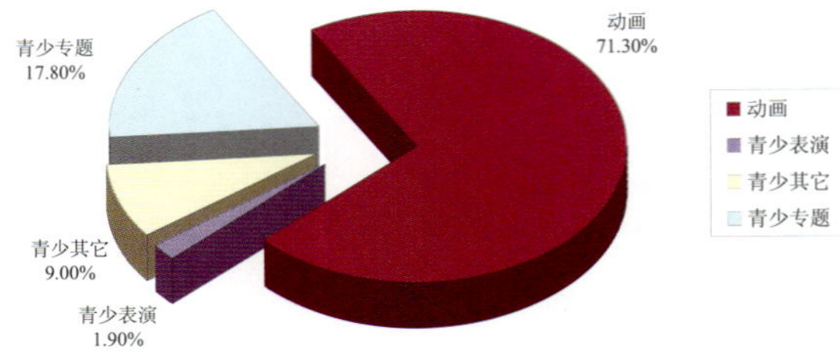

图5-76 2009年合肥青少节目中各类节目收视比重

十五、呼和浩特各类节目的收视比重（见图5-77至图5-80，数据来源：CSM媒介研究）

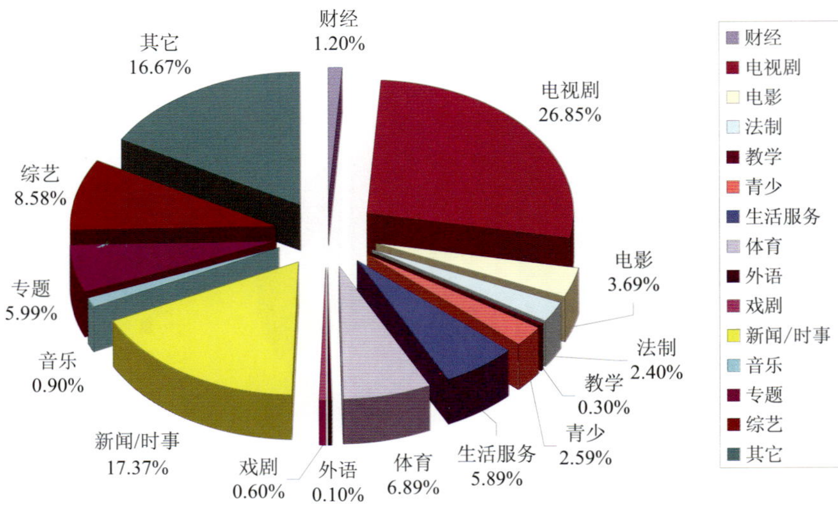

图5-77 2008年呼和浩特各类节目收视比重

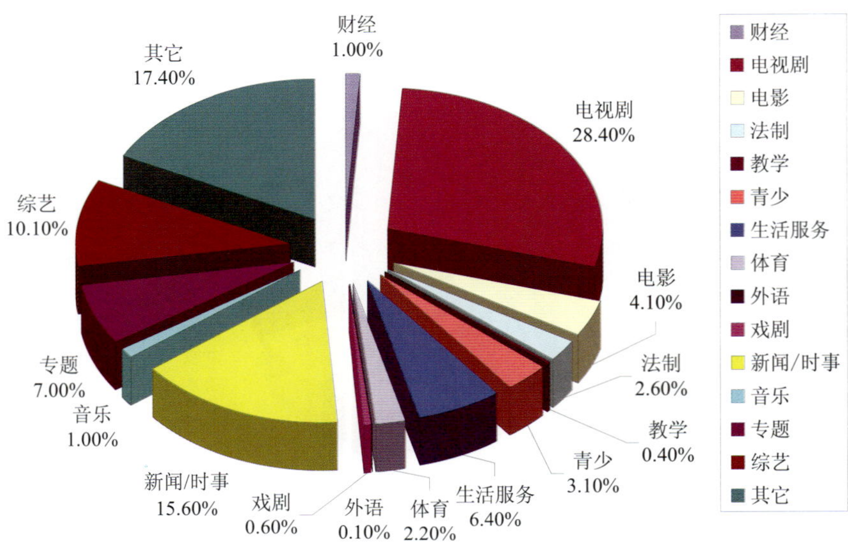

图5-78 2009年呼和浩特各类节目收视比重

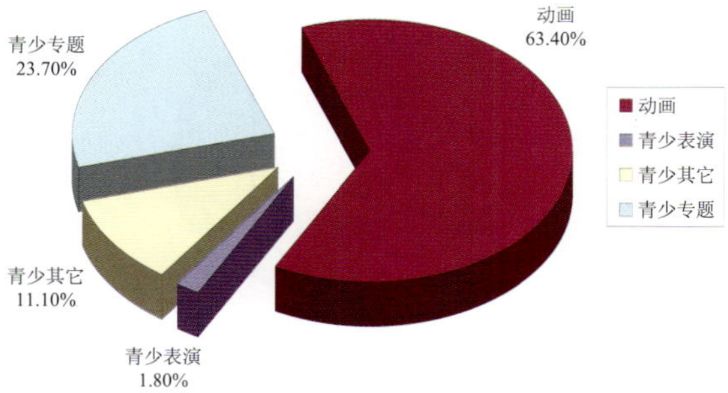

图5-79 2008年呼和浩特青少节目中各类节目收视比重

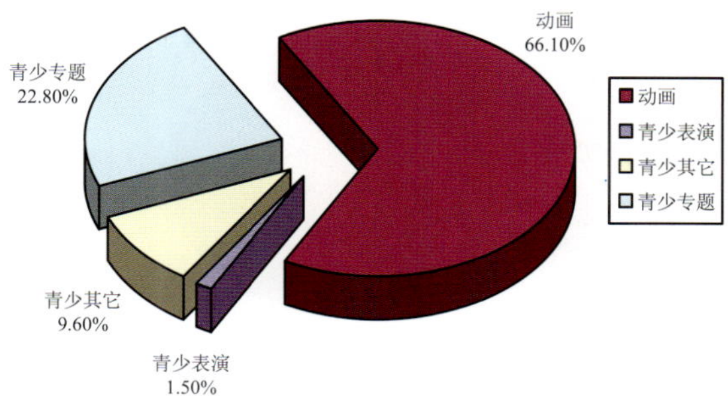

图5-80 2009年呼和浩特青少节目中各类节目收视比重

十六、济南各类节目的收视比重（见图5-81至图5-84，数据来源：CSM媒介研究）

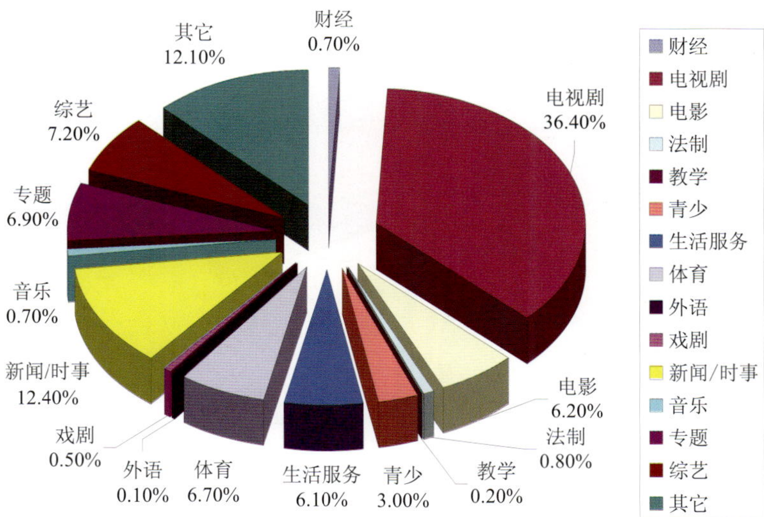

图5-81 2008年济南各类节目收视比重

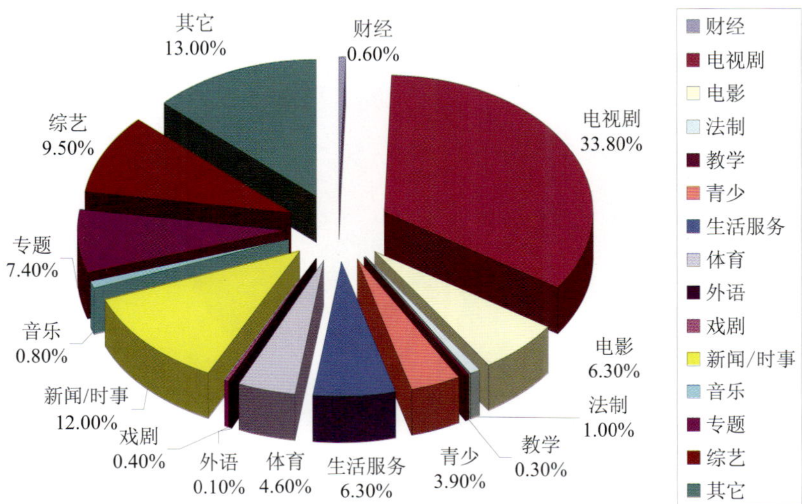

图5-82 2009年济南各类节目收视比重

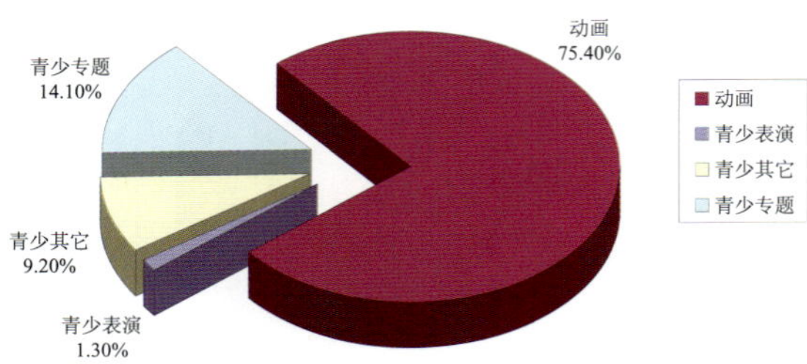

图5-83　2008年济南青少节目中各类节目收视比重

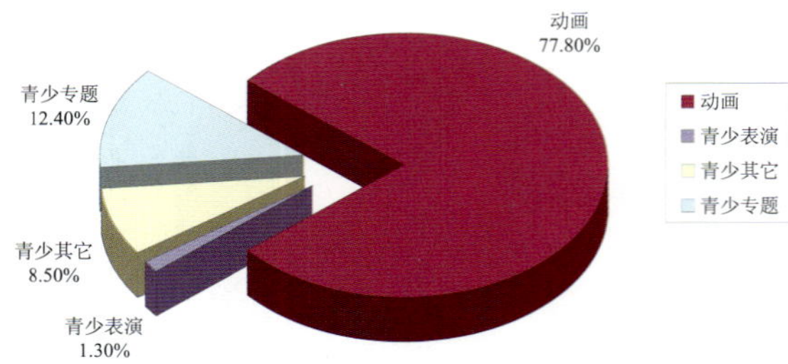

图5-84　2009年济南青少节目中各类节目收视比重

十七、昆明各类节目的收视比重（见图5-85至图5-88，数据来源：CSM媒介研究）

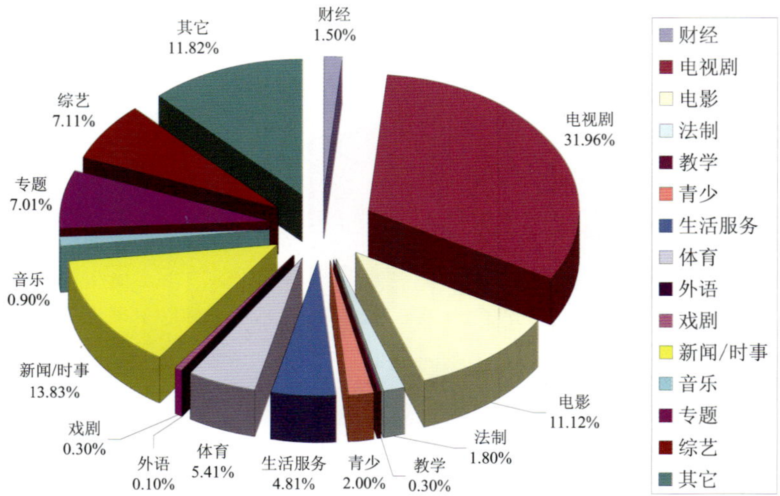

图5-85　2008年昆明各类节目收视比重

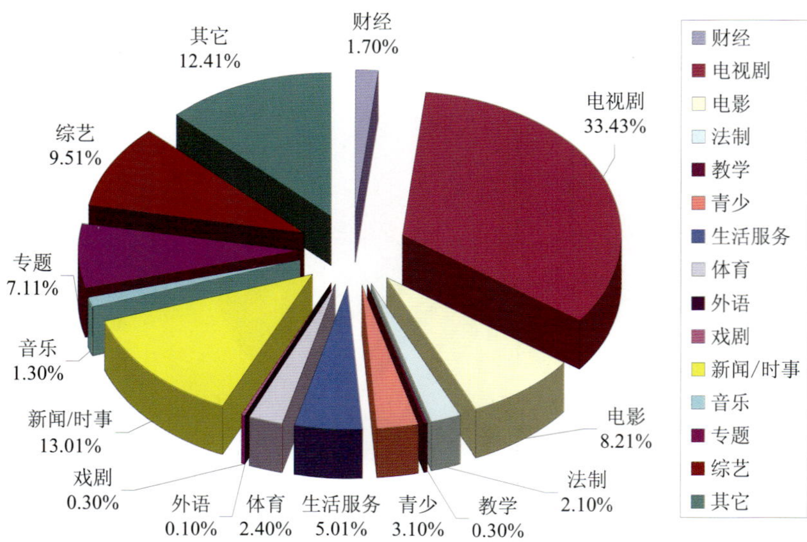

图5-86　2009年昆明各类节目收视比重

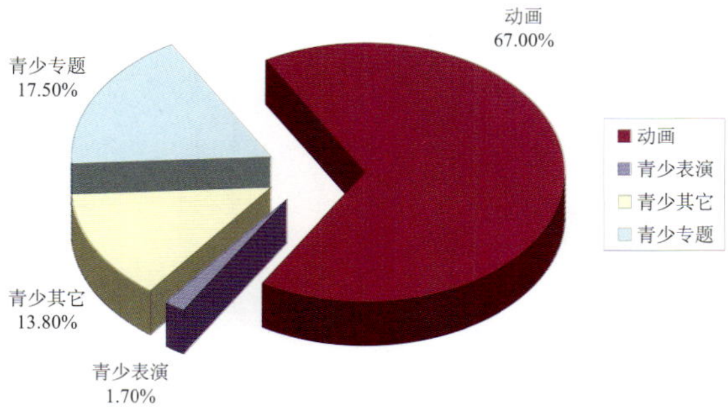

图5-87　2008年昆明青少节目中各类节目收视比重

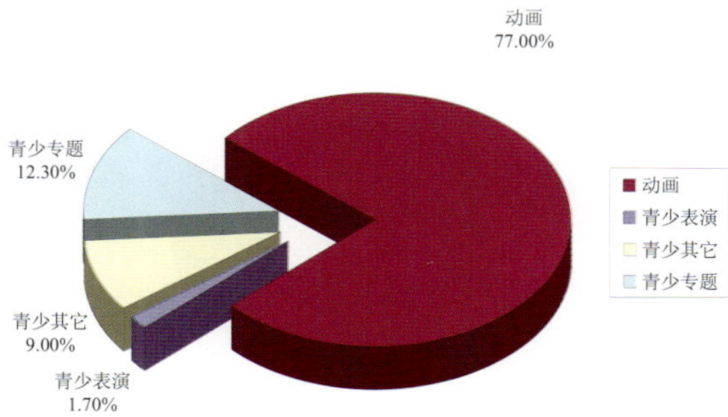

图5-88　2009年昆明青少节目中各类节目收视比重

十八、拉萨各类节目的收视比重（见图5-89至图5-92，数据来源：CSM媒介研究）

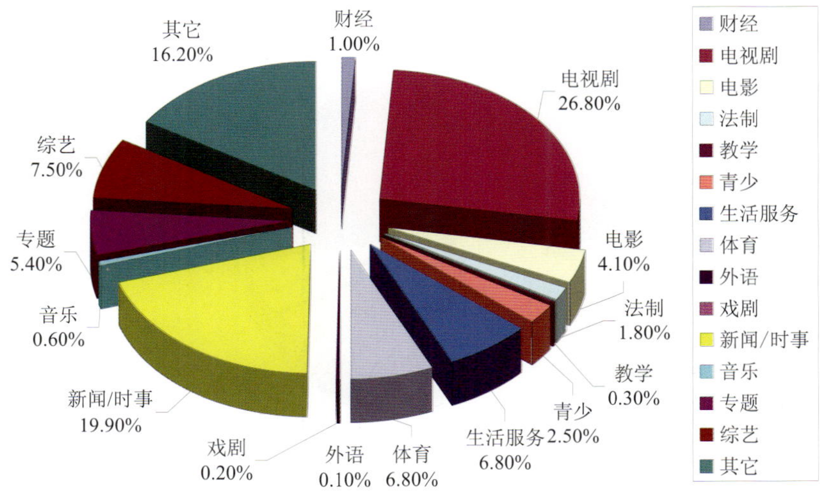

图5-89　2008年拉萨各类节目收视比重

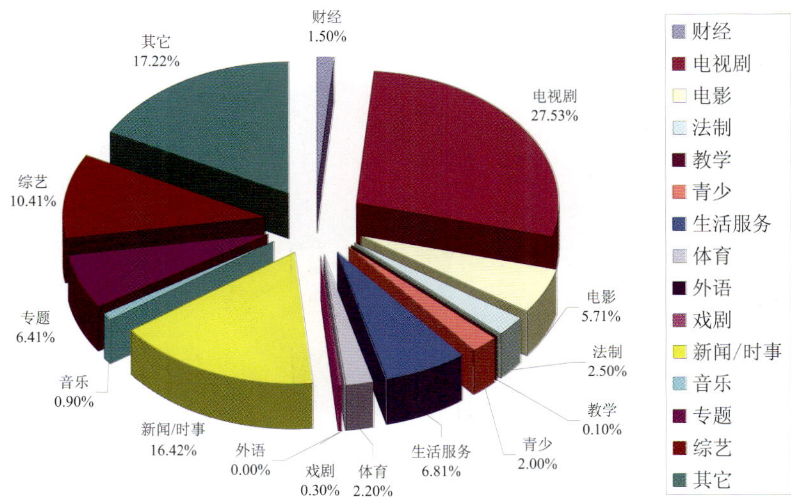

图5-90　2009年拉萨各类节目收视比重

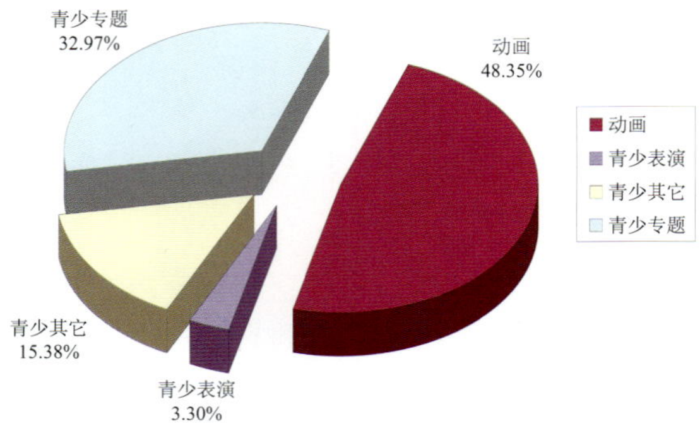

图5-91　2008年拉萨青少节目中各类节目收视比重

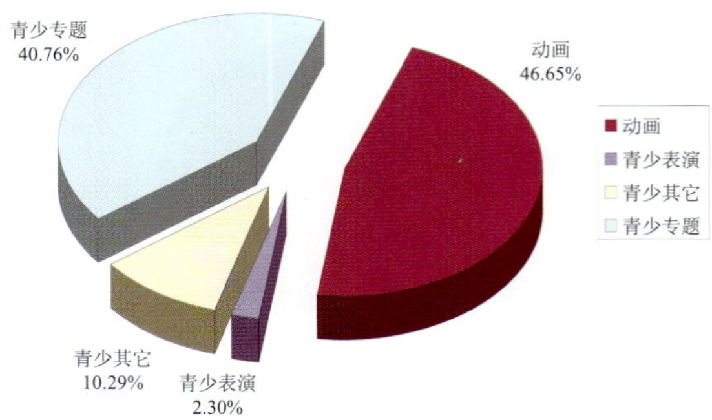

图5-92　2009年拉萨青少节目中各类节目收视比重

十九、兰州各类节目的收视比重（见图5-93至图5-96，数据来源：CSM媒介研究）

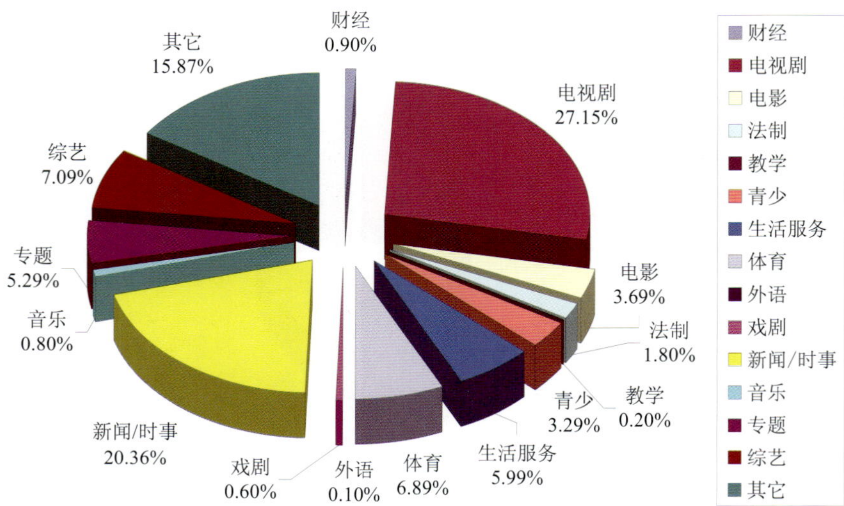

图5-93　2008年兰州各类节目收视比重

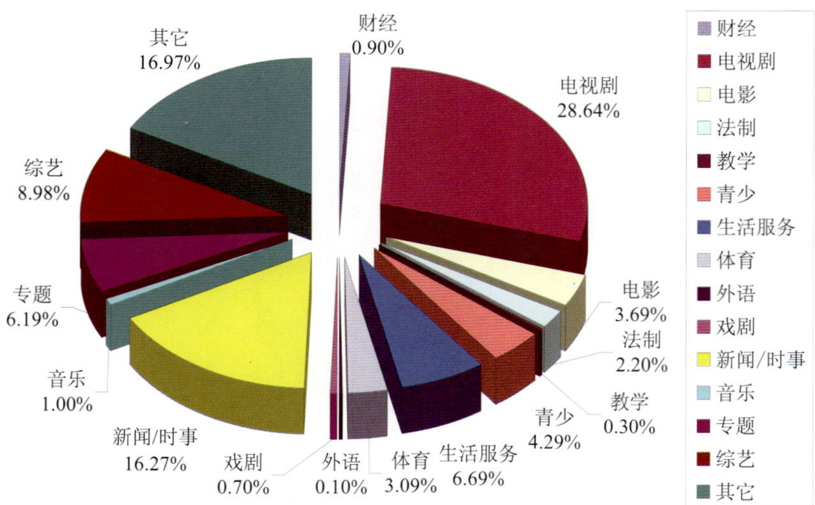

图5-94　2009年兰州各类节目收视比重

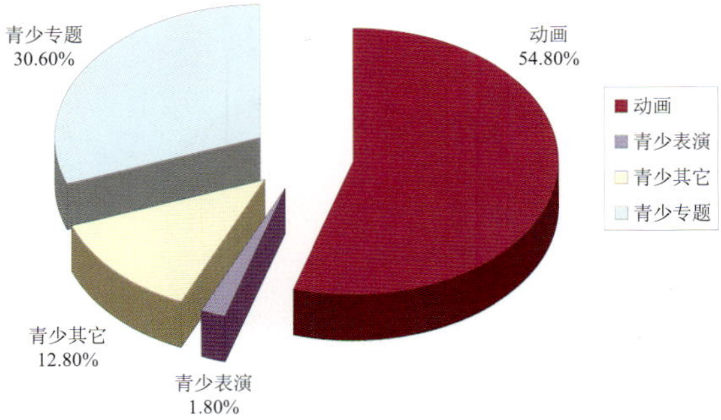

图5-95　2008年兰州青少节目中各类节目收视比重

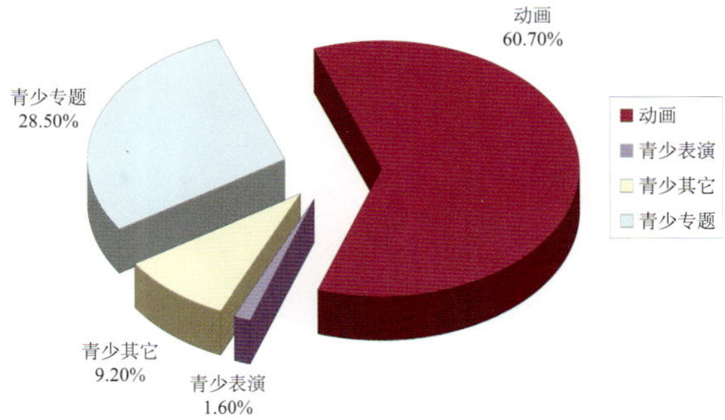

图5-96　2009年兰州青少节目中各类节目收视比重

二十、南昌各类节目的收视比重（见图5-97至图5-100，数据来源：CSM媒介研究）

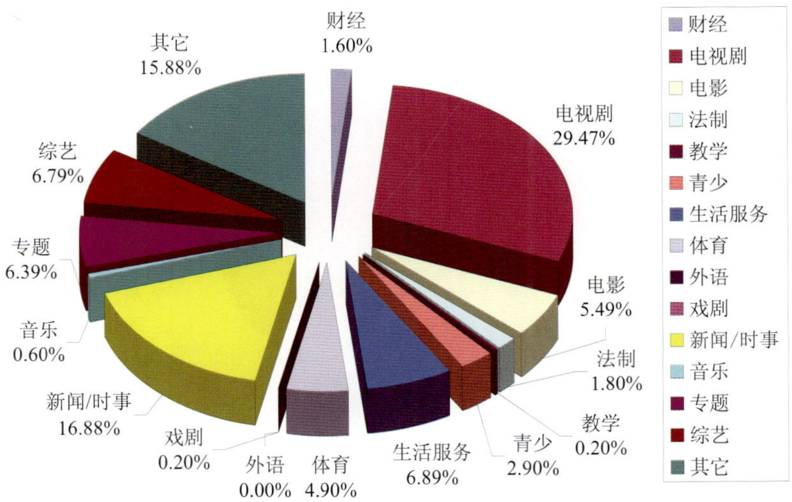

图5-97　2008年南昌各类节目收视比重

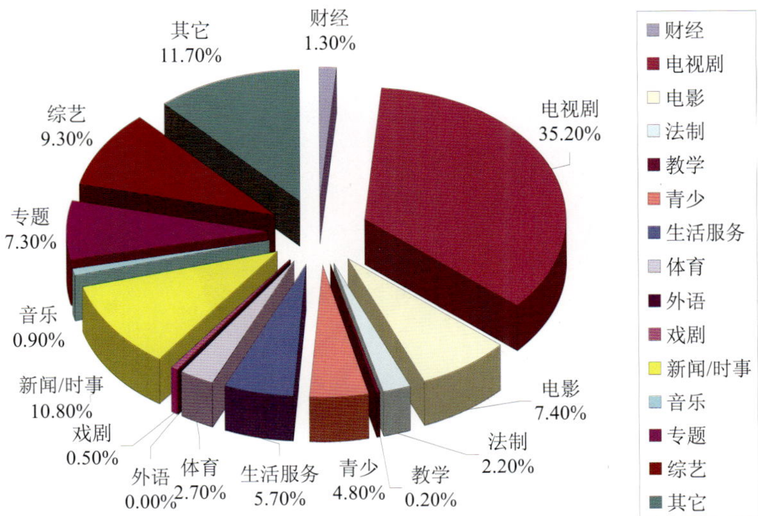

图5-98　2009年南昌各类节目收视比重

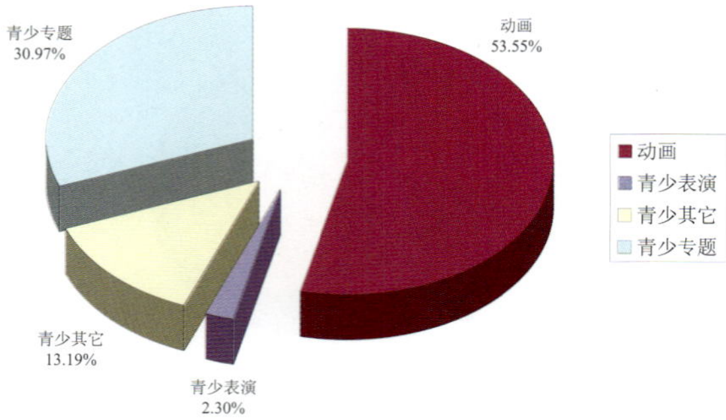

图5-99　2008年南昌青少节目中各类节目收视比重

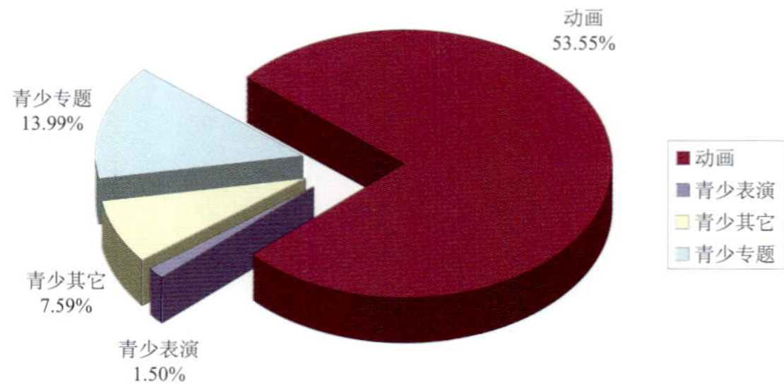

图5-100　2009年南昌青少节目中各类节目收视比重

二十一、南京各类节目的收视比重（见图5-101至图5-104，数据来源：CSM媒介研究）

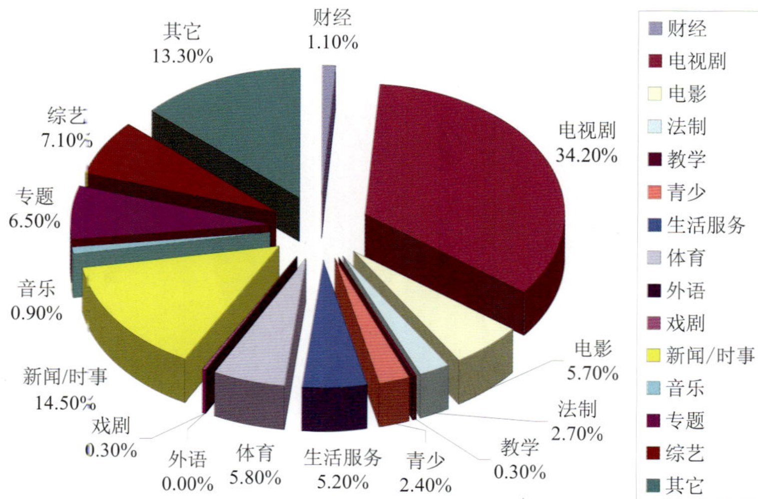

图5-101　2008年南京各类节目收视比重

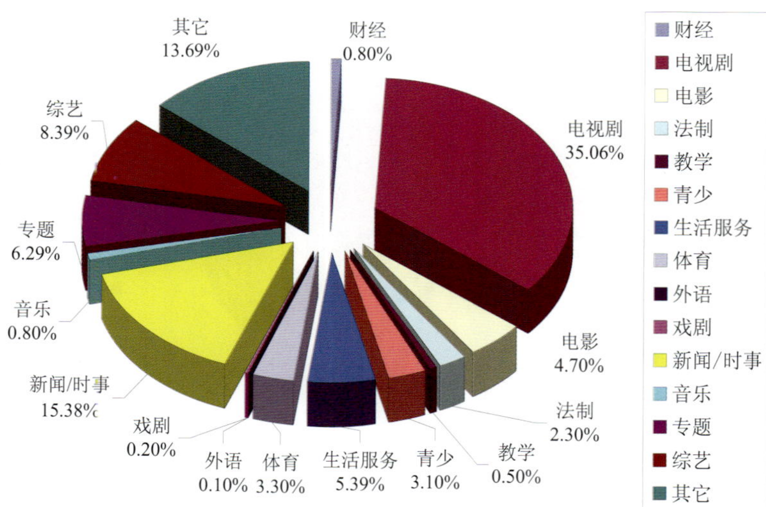

图5-102　2008年南京各类节目收视比重

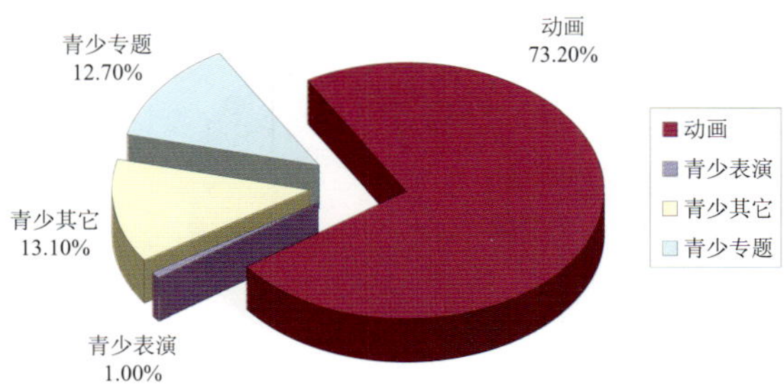

图5-103　2008年南京青少节目中各类节目收视比重

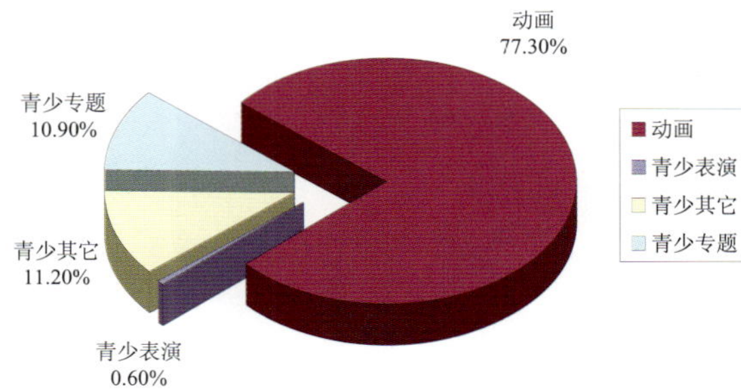

图5-104　2009年南京青少节目中各类节目收视比重

二十二、南宁各类节目的收视比重（见图5-105至图5-108，数据来源：CSM媒介研究）

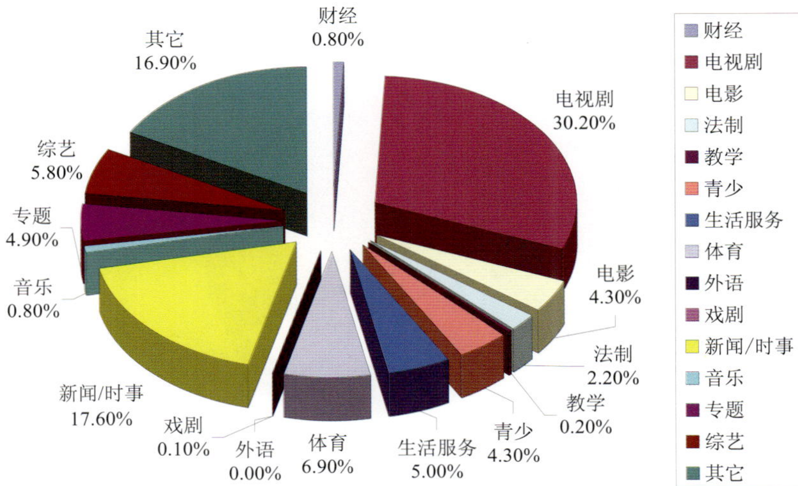

图5-105　2008年南宁各类节目收视比重

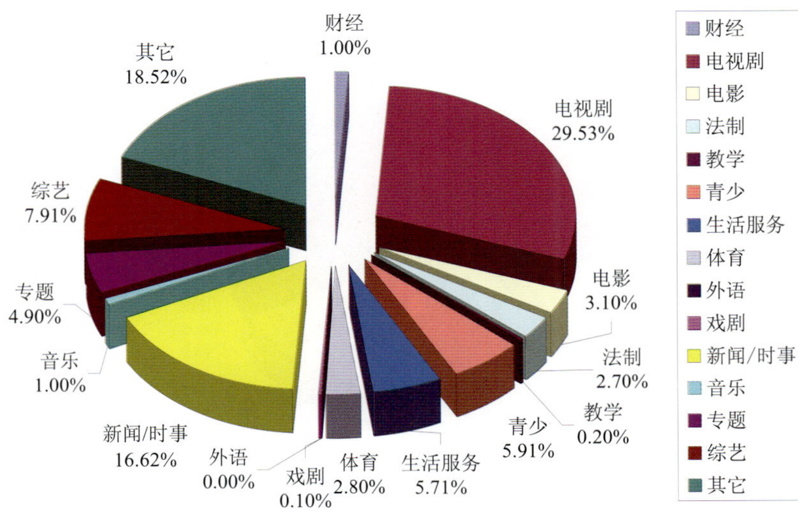

图5-106　2009年南宁各类节目收视比重

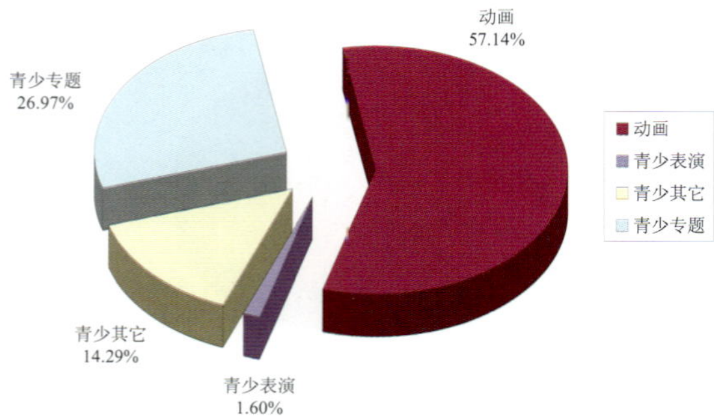

图5-107　2008年南宁青少节目中各类节目收视比重

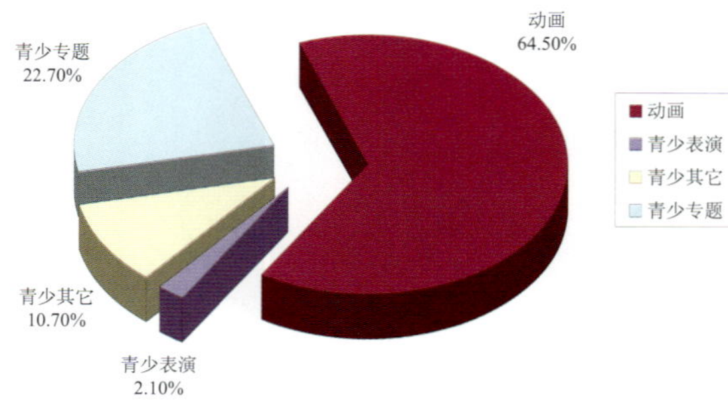

图5-108　2009年南宁青少节目中各类节目收视比重

二十三、沈阳各类节目的收视比重（见图5-109至图5-112，数据来源：CSM媒介研究）

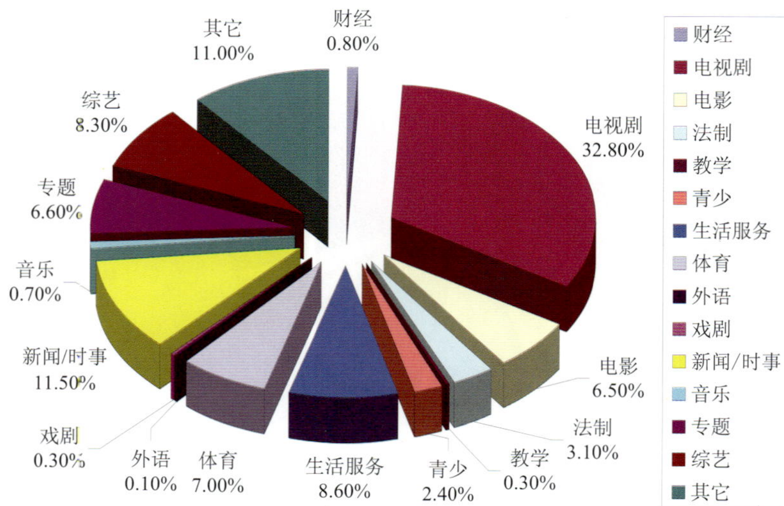

图5-109　2008年沈阳各类节目收视比重

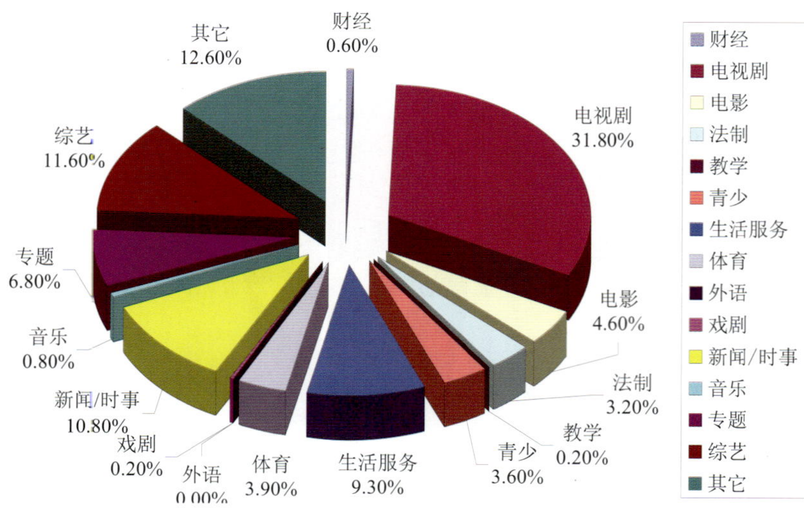

图5-110　2008年沈阳各类节目收视比重

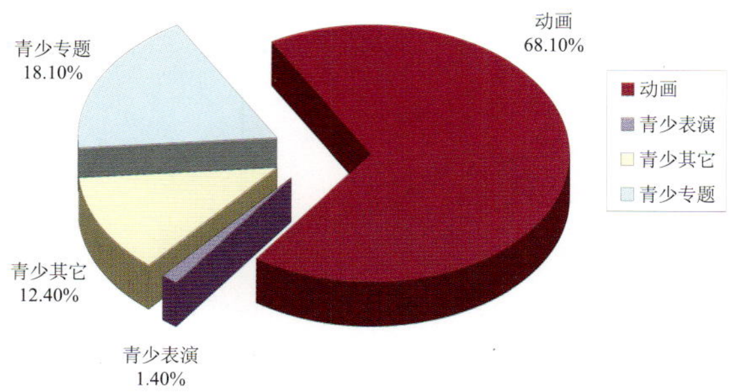

图5-111　2008年沈阳青少节目中各类节目收视比重

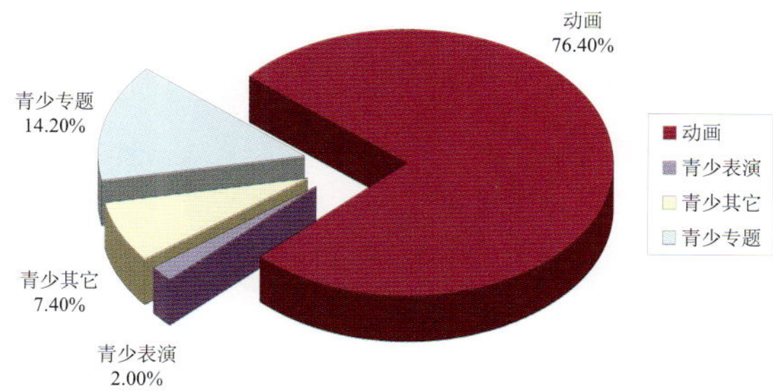

图5-112　2009年沈阳青少节目中各类节目收视比重

二十四、石家庄各类节目的收视比重（见图5-113至图5-116，数据来源：CSM媒介研究）

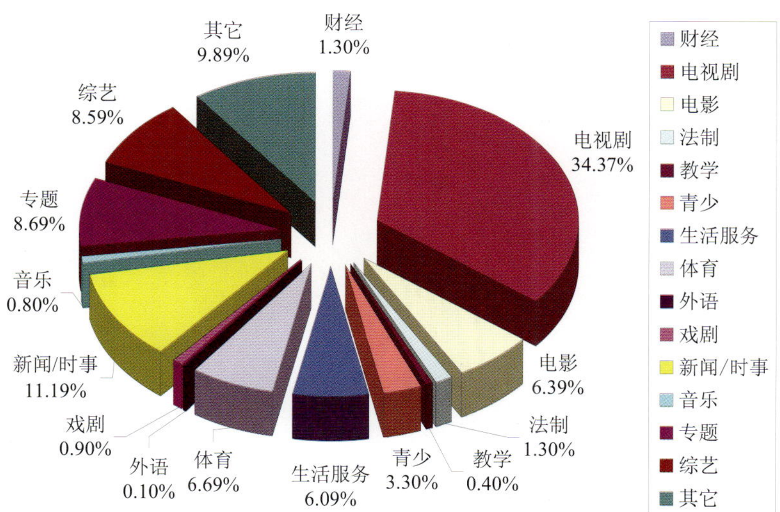

图5-113　2008年石家庄各类节目收视比重

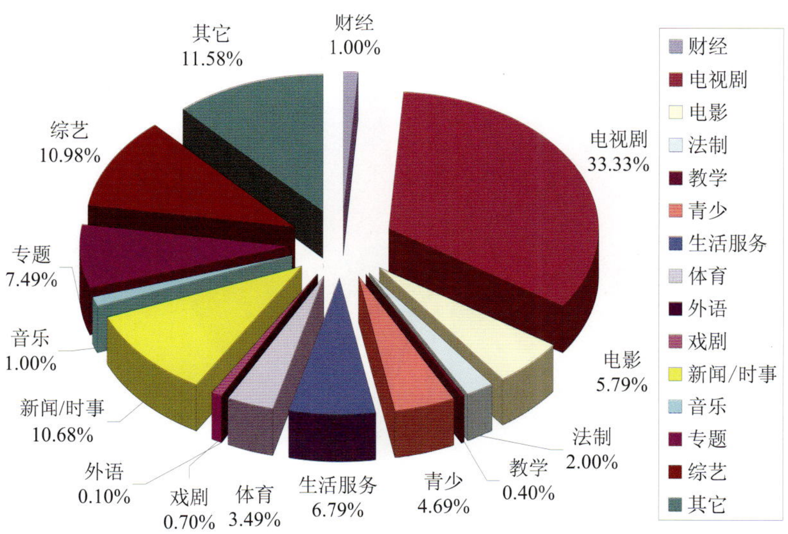

图5-114　2009年石家庄各类节目收视比重

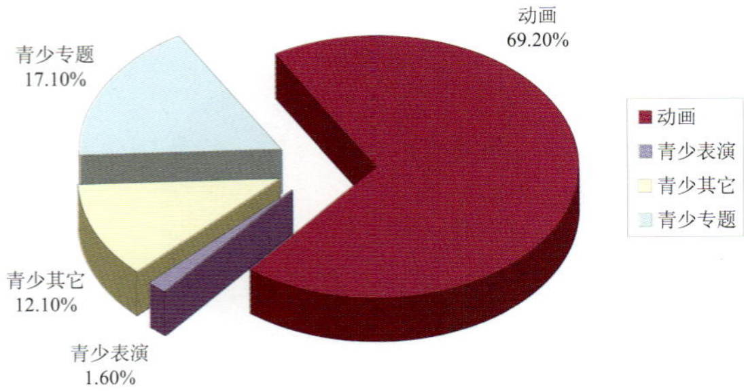

图5-115　2008年石家庄青少节目中各类节目收视比重

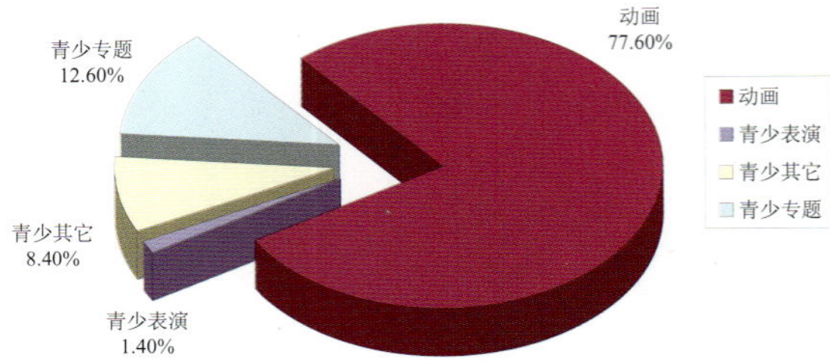

图5-116　2009年石家庄青少节目中各类节目收视比重

二十五、太原各类节目的收视比重（见图5-117至图5-120，数据来源：CSM媒介研究）

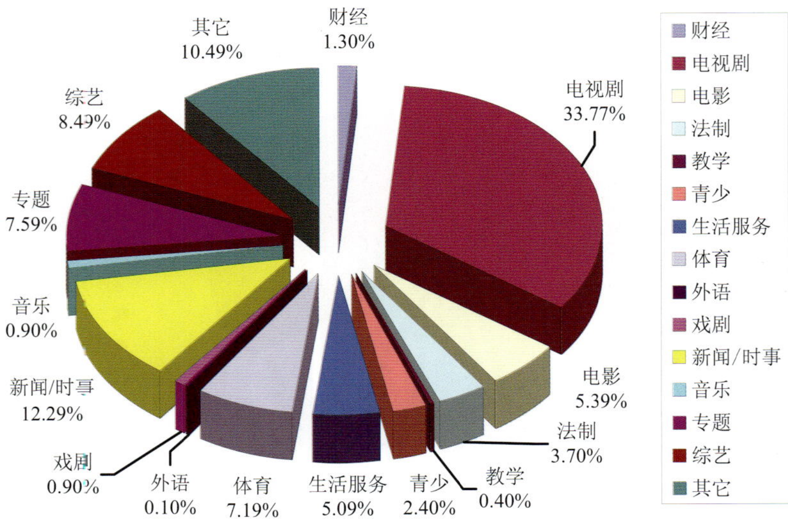

图5-117　2008年太原各类节目收视比重

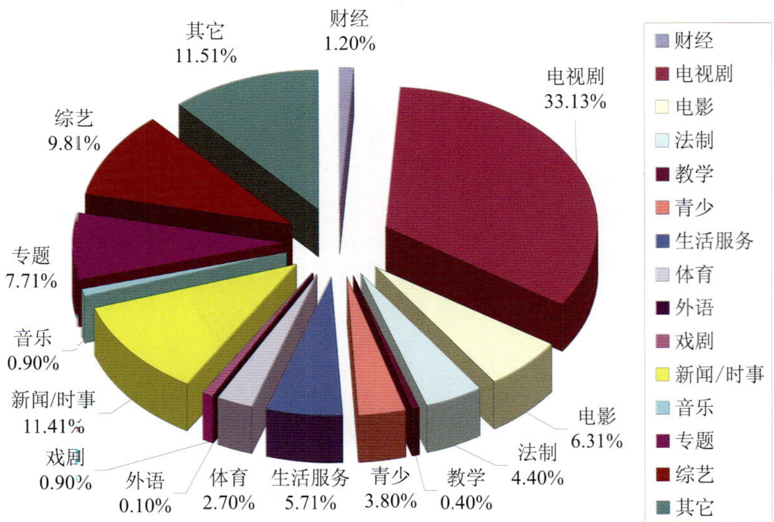

图5-113　2009年太原各类节目收视比重

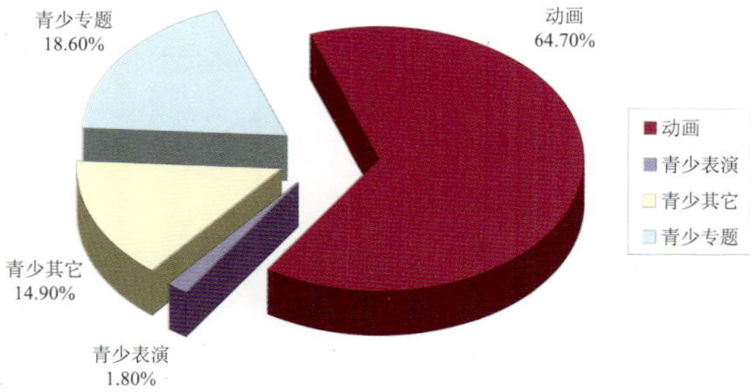

图5-119　2008年太原青少节目中各类节目收视比重

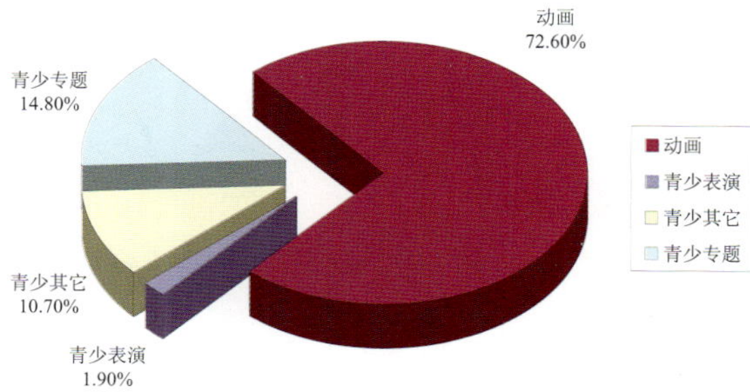

图5-120　2009年太原青少节目中各类节目收视比重

二十六、乌鲁木齐各类节目的收视比重（见图5-121至图5-124，数据来源：CSM媒介研究）

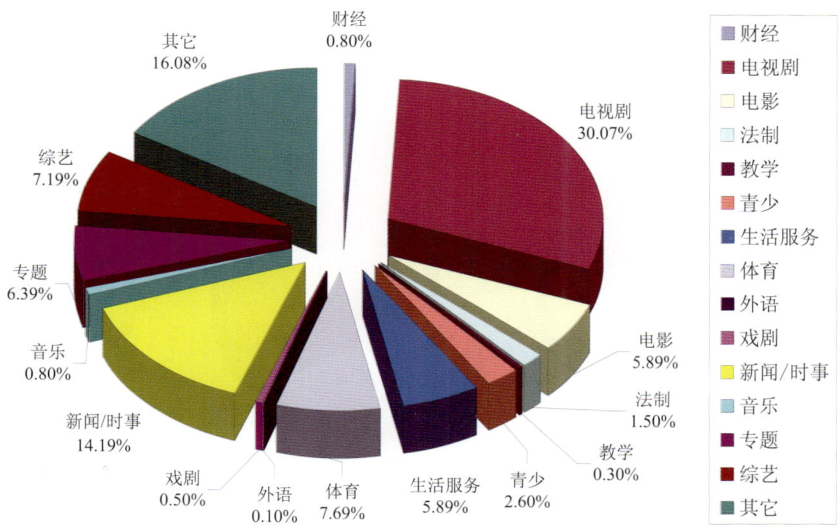

图5-121　2008年乌鲁木齐各类节目收视比重

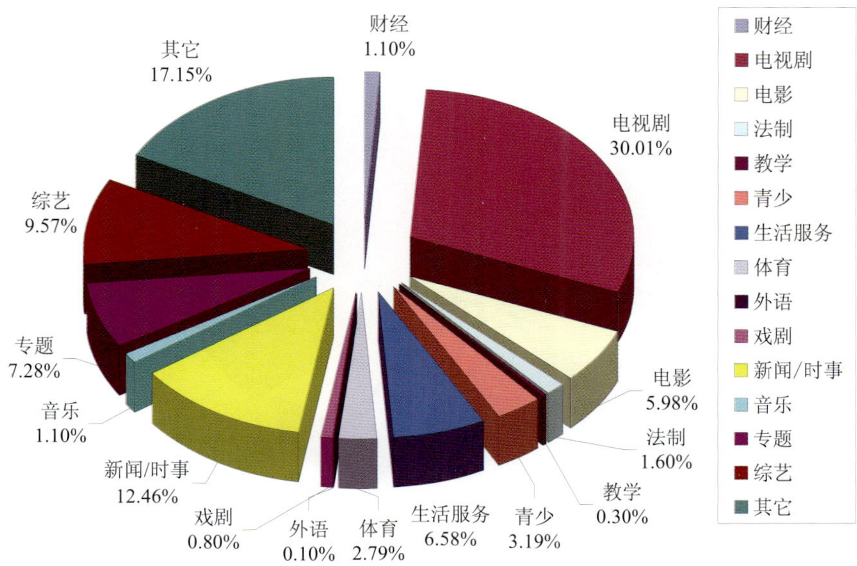

图5-122　2009年乌鲁木齐各类节目收视比重

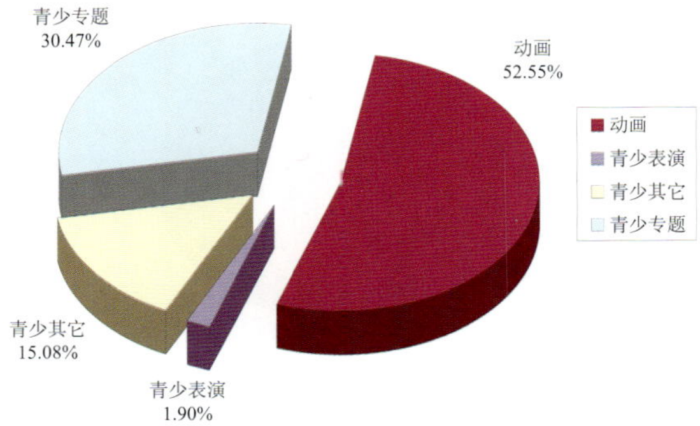

图5-123　2008年乌鲁木齐青少节目中各类节目收视比重

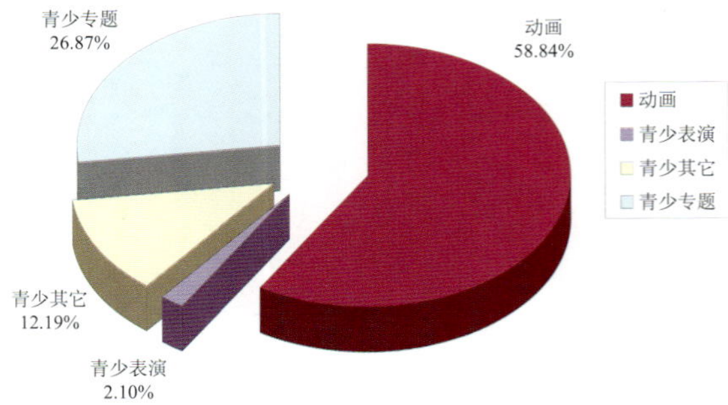

图5-124　2009年乌鲁木齐青少节目中各类节目收视比重

二十七、武汉各类节目的收视比重（见图5-125至图5-128，数据来源：CSM媒介研究）

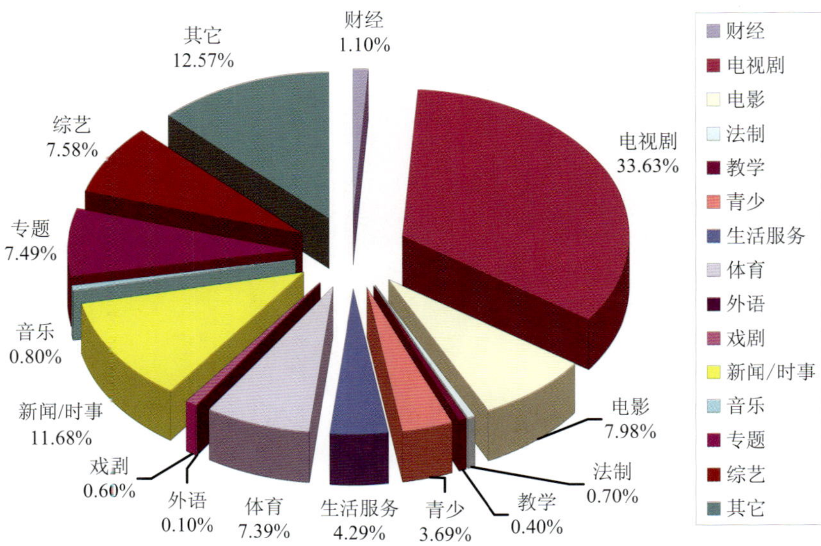

图5-125　2008年武汉各类节目收视比重

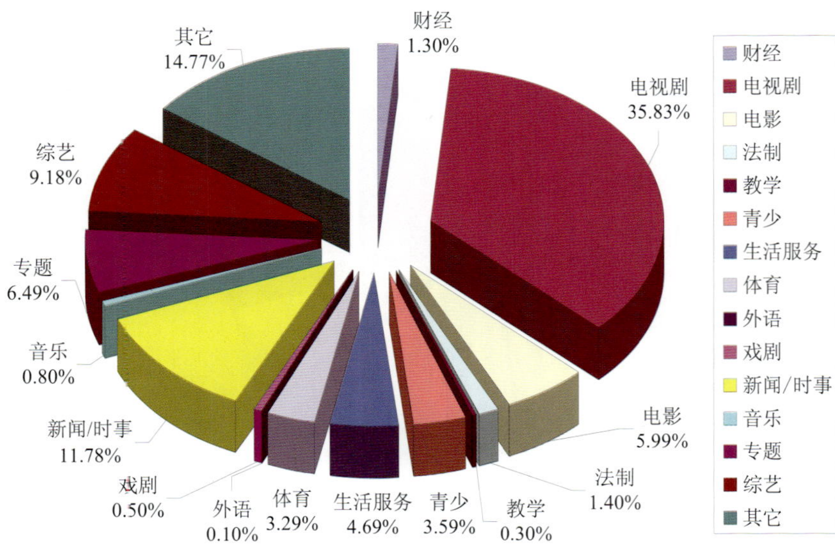

图5-126　2009年武汉各类节目收视比重

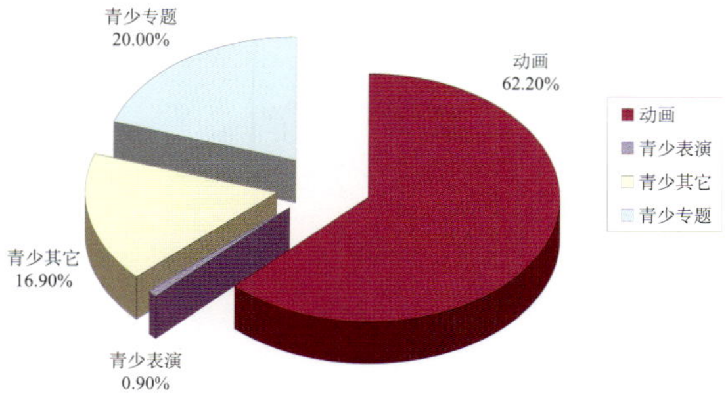

图5-127　2008年武汉青少节目中各类节目收视比重

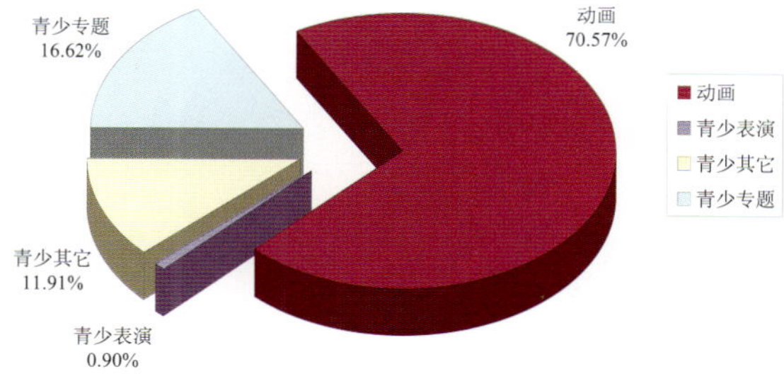

图5-128　2009年武汉青少节目中各类节目收视比重

二十八、西安各类节目的收视比重（见图5-129至图5-132，数据来源：CSM媒介研究）

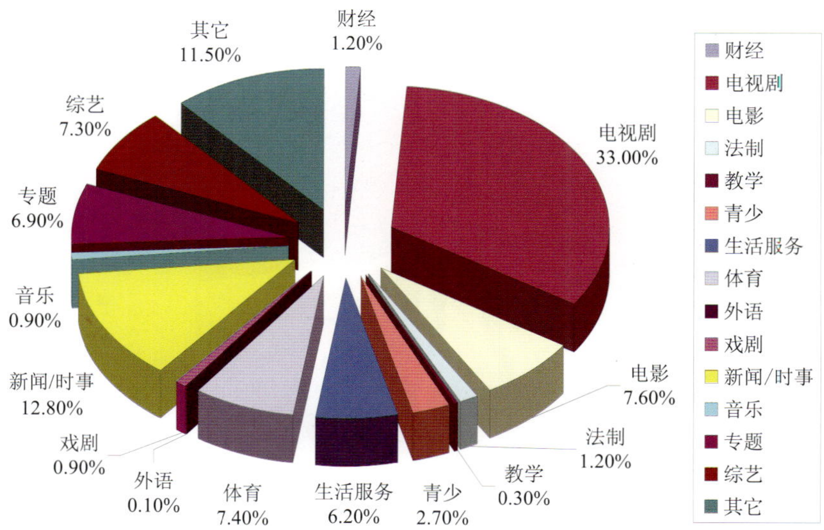

图5-129　2008年西安各类节目收视比重

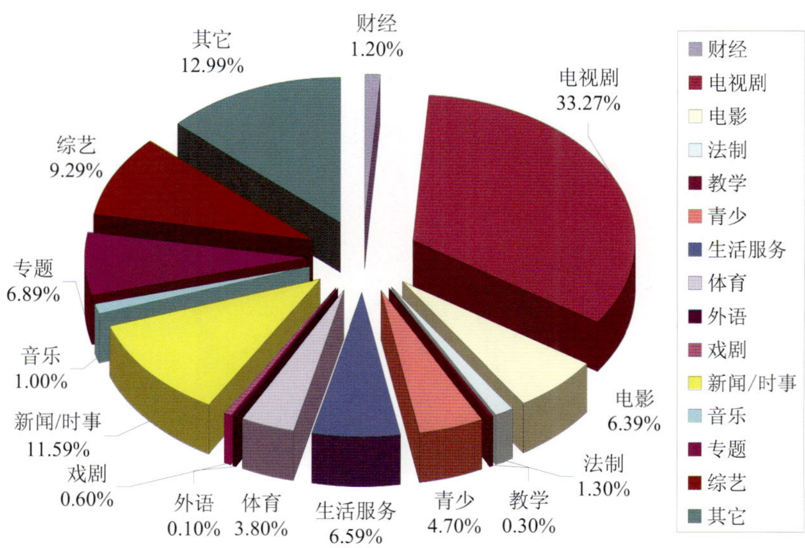

图5-130　2009年西安各类节目收视比重

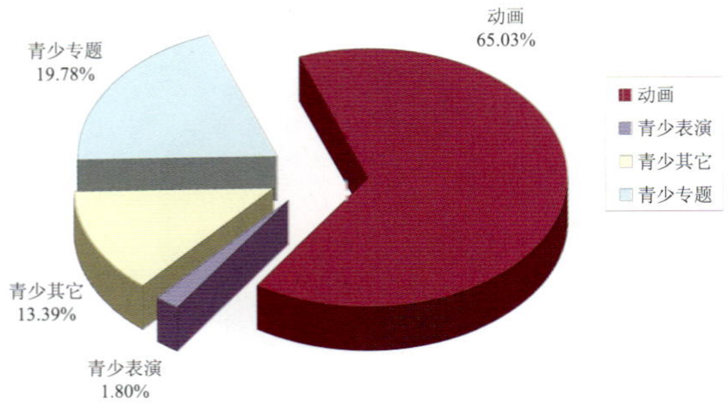

图5-131　2008年西安青少节目中各类节目收视比重

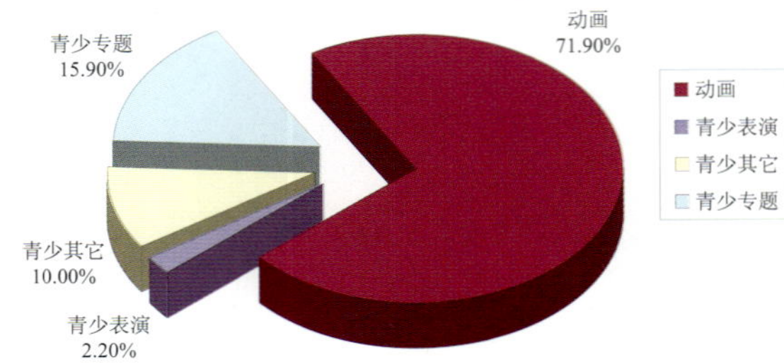

图5-132　2009年西安青少节目中各类节目收视比重

二十九、西宁各类节目的收视比重（见图5-133至图5-136，数据来源：CSM媒介研究）

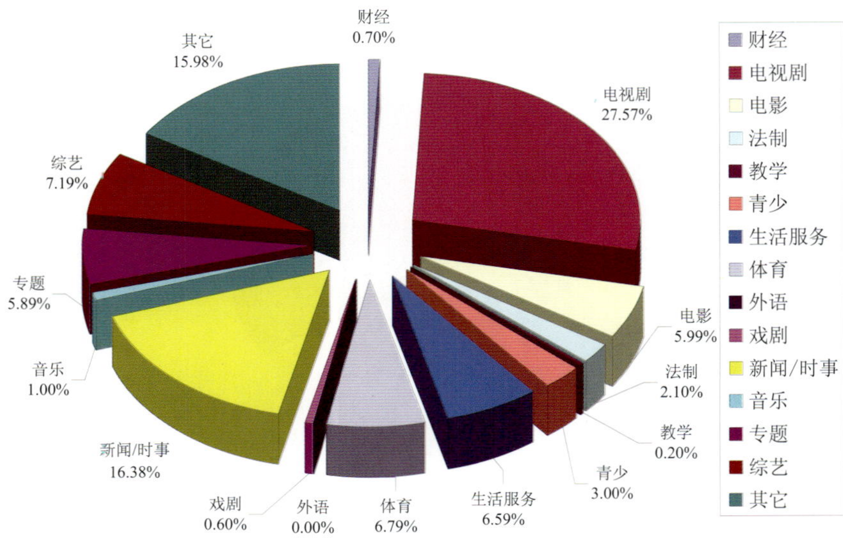

图5-133　2008年西宁各类节目收视比重

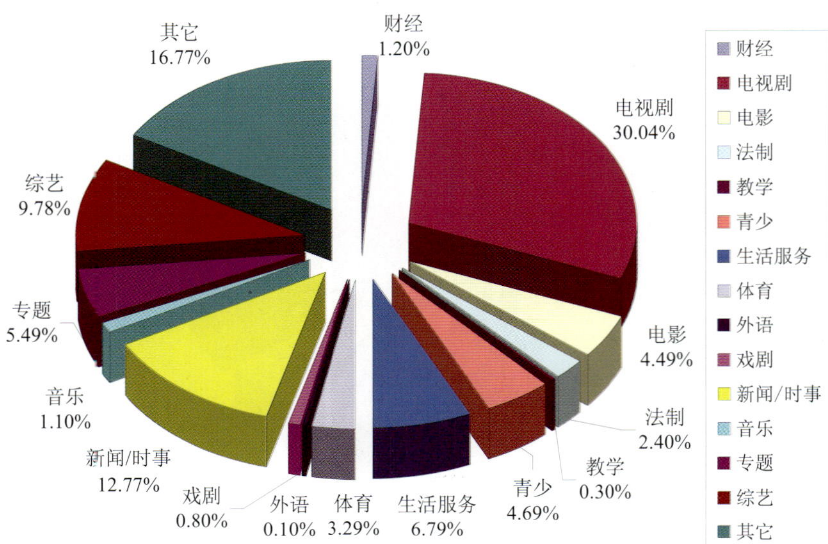

图5-134　2008年西宁各类节目收视比重

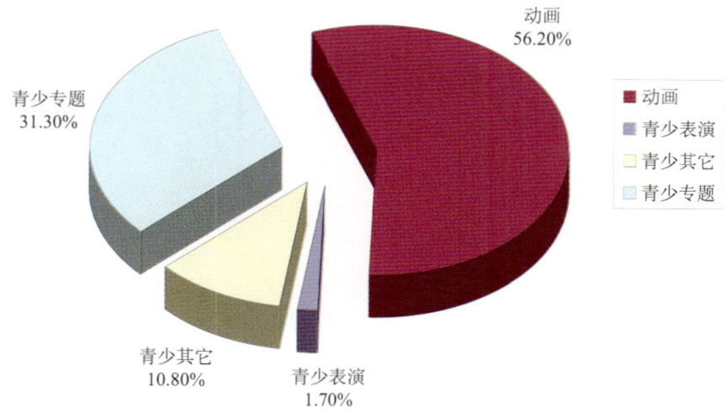

图5-135 2008年西宁青少节目中各类节目收视比重

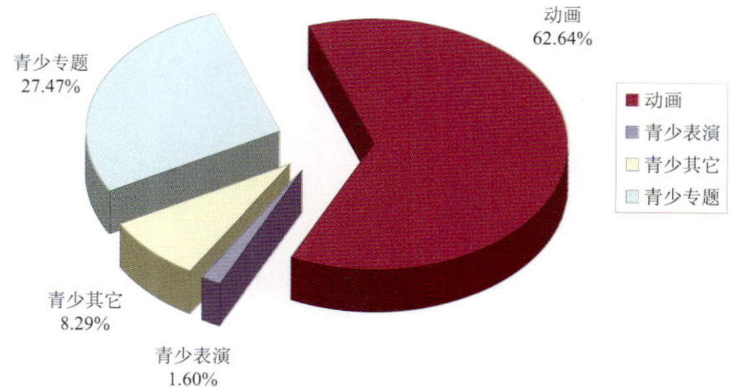

图5-136 2009年西宁青少节目中各类节目收视比重

三十、银川各类节目的收视比重（见图5-137至图5-140，数据来源：CSM媒介研究）

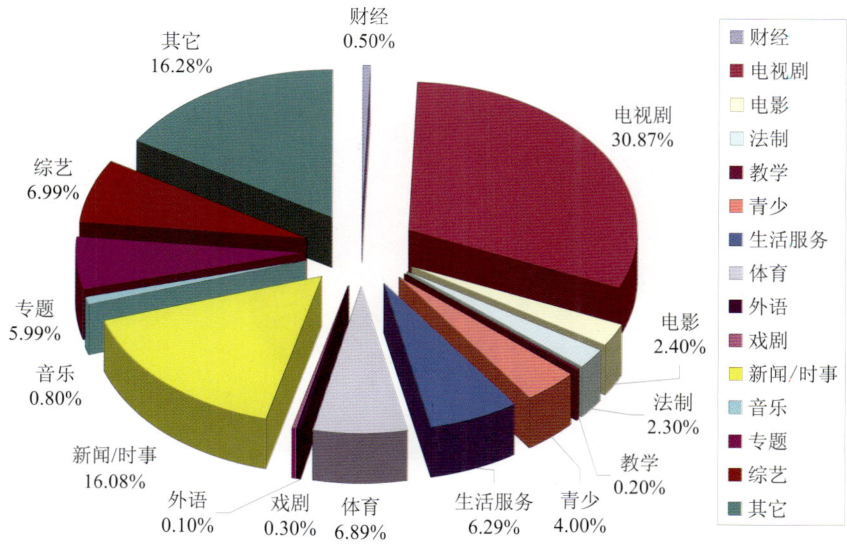

图5-137 2008年银川各类节目收视比重

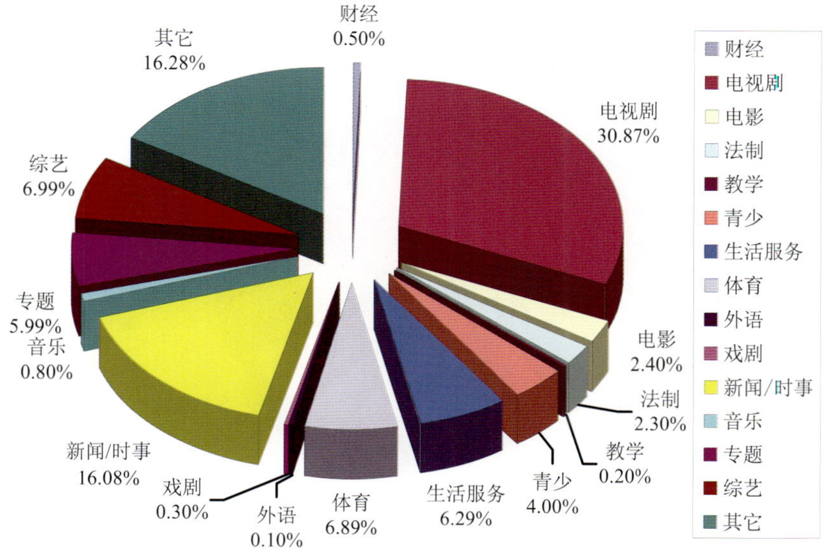

图5-138 2009年银川各类节目收视比重

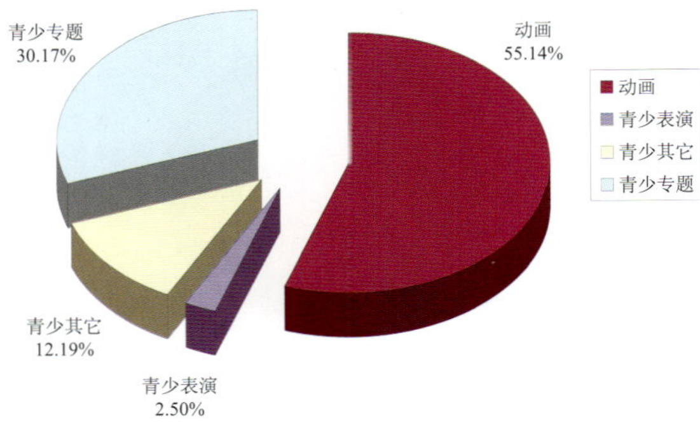

图5-139　2008年银川青少节目中各类节目收视比重

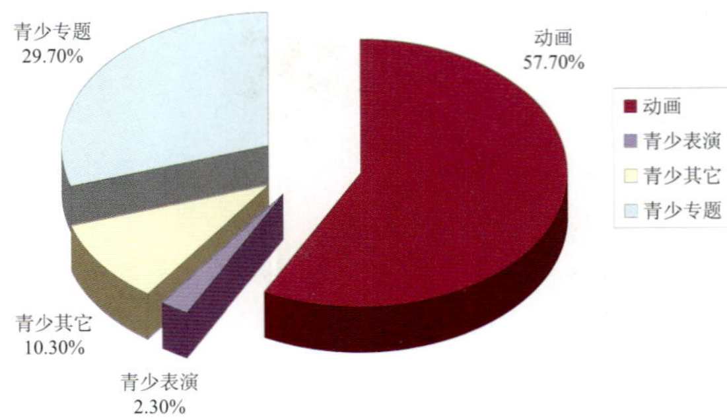

图5-140　2009年银川青少节目中各类节目收视比重

三十一、郑州各类节目的收视比重（见图5-141至图5-144，数据来源：CSM媒介研究）

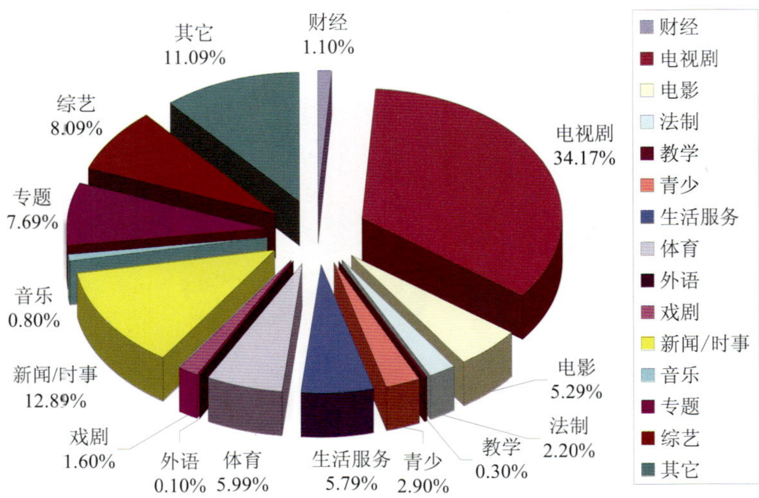

图5-141　2008年郑州各类节目收视比重

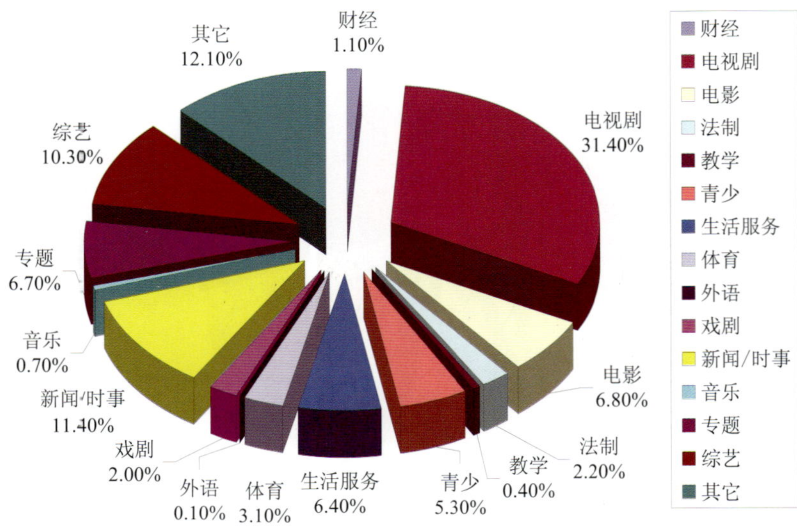

图5-142　2009年郑州各类节目收视比重

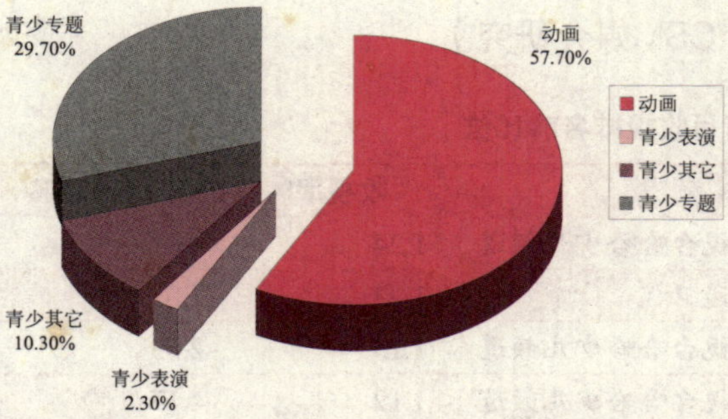

图5-143　2008年郑州青少节目中各类节目收视比重

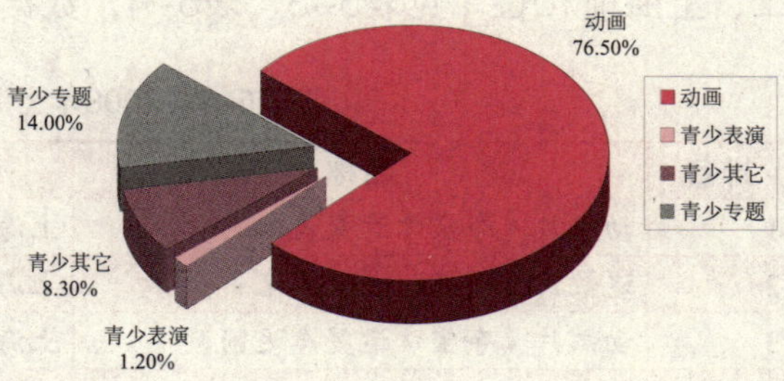

图5-144　2009年郑州青少节目中各类节目收视比重

第三节　2008—2009年主要城市动画节目收视排名

一、北京前10位（见表5-1、表5-2，数据来源：CSM媒介研究）

表5-1　2008年北京动画节目收视排名前10位

排名	名称	频道	收视率%	市场份额%
1	KAKU超级大连播：《哆啦A梦》第二部	北京卡酷动画卫星频道	1.16	5.11
2	动画狂欢曲：《哆啦A梦之宇宙漂流记》	中央电视台少儿频道	1.05	3.50
3	风车动画总动员：《哪吒闹海》	中央电视台综合频道	1.04	4.43
4	《赛车总动员》	中央台六套	1.03	6.48
5	KAKU酷片酷映：《百变小樱魔术卡》	北京卡酷动画卫星频道	1.01	2.48
6	KAKU周末超级大连播：《哆啦A梦》第一部	北京卡酷动画卫星频道	0.94	5.74
7	KAKU周周聚：《木偶奇遇记》	北京卡酷动画卫星频道	0.91	5.08
8	可洛奇KAKU中国制造：《大耳朵图图》第2季	北京卡酷动画卫星频道	0.91	4.47
9	KAKU午喜欢：《哆啦A梦》第一部	北京卡酷动画卫星频道	0.88	4.27
10	KAKU酷片酷映：《猫眼三姐妹》	北京卡酷动画卫星频道	0.88	2.10

表5-2　2009年北京动画节目收视排名前10位

排名	名称	频道	收视率%	市场份额%
1	动画片《圣石奇兵》	北京卡酷动画卫星频道	1.42	4.48
2	KAKU中国制造：《喜羊羊与灰太狼》	北京卡酷动画卫星频道	1.30	4.62
3	动画片《善良的夏吾冬》	中央电视台少儿频道	0.88	4.56
4	KAKU酷片酷映：《喜羊羊与灰太狼》	北京卡酷动画卫星频道	0.86	2.92
5	动画梦工场：《无不想》	中央电视台少儿频道	0.86	2.71
6	卡通经典故事集《汤姆与杰瑞之饥饿的老鼠》	北京卡酷动画卫星频道	0.85	2.76
7	KAKU中国制造：《郑和下西洋》	北京卡酷动画卫星频道	0.84	3.63
8	KAKU周周聚：《哆啦A梦》第二部	北京卡酷动画卫星频道	0.79	3.89
9	KAKU酷片酷映：《羊羊运动会》	北京卡酷动画卫星频道	0.78	2.47
10	KAKU中国制造：《羊羊运动会》	北京卡酷动画卫星频道	0.77	3.93

二、上海前10位（见表5-3、表5-4，数据来源：CSM媒介研究）

表5-3　2008年上海动画节目收视排名前10位

排名	名称	频道	收视率%	市场份额%
1	动画片《夺宝幸运星盘丝洞》	上海东方电视台哈哈少儿频道	1.24	4.07
2	追炫白金剧场：《数码宝贝》	上海炫动卡通卫视	1.23	2.85
3	动画片《夺宝幸运星车迟国》	上海东方电视台哈哈少儿频道	1.15	2.93
4	动画片《夺宝幸运星凤仙郡》	上海东方电视台哈哈少儿频道	1.12	4.17
5	动画片《夺宝幸运星五庄观》	上海东方电视台哈哈少儿频道	1.10	3.53
6	动画片《夺宝幸运星九九归真》	上海东方电视台哈哈少儿频道	1.04	3.64
7	追炫白金剧场：《头文字D》第二部	上海炫动卡通卫视	1.03	2.76
8	动画片《夺宝幸运星通天河》	上海东方电视台哈哈少儿频道	0.98	3.07
9	动画片《夺宝幸运星金兜山》	上海东方电视台哈哈少儿频道	0.92	3.18
10	追炫白金剧场《快乐星猫》	上海炫动卡通卫视	0.91	2.36

表5-4　2009年上海动画节目收视排名前10位

排名	名称	频道	收视率%	市场份额%
1	动画片《哈皮父子与水金钢》	上海炫动卡通卫视	0.91	4.45
2	百姓剧场：《名侦探柯南》	浙江卫视	0.87	6.46
3	动画片《瑶铃啊瑶铃》	上海东方电视台哈哈少儿频道	0.75	9.39
4	动画片《羊羊运动会》	浙江卫视	0.73	5.46
5	动画片《滑稽王小毛》	上海电视台电视剧频道	0.70	2.08
6	动画片《哆啦A梦》	上海东方电视台哈哈少儿频道	0.69	6.56
7	动画片《名侦探柯南》	上海东方卫视	0.69	4.49
8	动画片《小夫子之奇域大冒险》	上海炫动卡通卫视	0.69	1.82
9	牛气冲天迎新年　喜羊羊与灰太狼特别节目《喜羊羊与灰太狼》	上海东方卫视	0.67	4.28
10	动画片《老娘舅动漫版》	上海东方电视台娱乐频道	0.66	4.72

三、广州前10位（见表5-5、表5-6，数据来源：CSM媒介研究）

表5-5　2008年广州动画节目收视排名前10位

排名	名称	频道	收视率%	市场份额%
1	星空动漫先锋：《魔兵传奇》	星空卫视	1.82	11.32
2	动画狂欢曲：《芭比之森林公主》	中央电视台少儿频道	1.43	5.10
3	飞行家族酷乐园：《斑点狗狗》	湖南电视台金鹰卡通频道	1.33	3.42
4	飞行家族酷乐园：《超女娃娃和音乐树神》	湖南电视台金鹰卡通频道	1.33	3.41
5	动画片《洛克人EXE光影战记》	市网翡翠台(中文)	1.31	9.79
6	动画片《火影忍者》	星空卫视	1.30	10.96
7	动画片《神雕侠侣第三部-十六年之约》	市网翡翠台(中文)	1.23	7.55
8	星空动漫先锋：《海贼王》	星空卫视	1.22	7.42
9	星空动漫先锋：《名侦探柯南》	星空卫视	1.19	7.36
10	动画片《名侦探柯南》	星空卫视	1.14	6.71

表5-6　2009年广州动画节目收视排名前10位

排名	名称	频道	收视率%	市场份额%
1	《葫芦兄弟》	南方电视台少儿频道	2.71	9.61
2	《羊羊运动会》	湖南电视台金鹰卡通频道	1.56	6.87
3	动画片《猪猪侠百变星君贺新年》	湖南电视台金鹰卡通频道	1.41	3.10
4	动画片《魔兵传奇》	星空卫视	1.21	8.06
5	大画连篇600：《羊羊运动会》	湖南电视台金鹰卡通频道	1.18	4.72
6	动画片《海贼王》	星空卫视	1.08	8.29
7	动画片《名侦探柯南》	星空卫视	1.01	7.26
8	动画片《NARUTO》	星空卫视	1.00	4.91
9	大画连篇600：《喜羊羊与灰太狼》	湖南电视台金鹰卡通频道	0.96	4.63
10	星空动漫先锋：《名侦探柯南》	星空卫视	0.94	7.11

四、长沙前10位（见表5-7、表5-8，数据来源：CSM媒介研究）

表5-7　2008年长沙动画节目收视排名前10位

排名	名称	频道	收视率%	市场份额%
1	宏梦卡通天地：《大奔与石头》	湖南电视台金鹰卡通频道	1.85	6.68
2	大画连篇600：《中华小子》	湖南电视台金鹰卡通频道	1.74	7.38
3	飞行家族酷乐园：《俏皮狗》	湖南电视台金鹰卡通频道	1.63	3.97
4	动画片《异特龙群猎雷龙》	湖南电视台金鹰卡通频道	1.60	8.11
5	宏梦卡通天地：《雕塑》	湖南电视台金鹰卡通频道	1.58	6.58
6	宏梦卡通天地：《求偶大战》	湖南电视台金鹰卡通频道	1.57	9.22
7	飞行家族酷乐园：《丑小绿》	湖南电视台金鹰卡通频道	1.57	3.98
8	飞行家族酷乐园：《超女娃娃没有爸妈的日子》	湖南电视台金鹰卡通频道	1.57	3.88
9	大画连篇600：《喜羊羊与灰太狼》	湖南电视台金鹰卡通频道	1.49	6.33
10	《喜羊羊与灰太狼》	湖南电视台金鹰卡通频道	1.48	13.79

表5-8　2009年长沙动画节目收视排名前10位

排名	名称	频道	收视率%	市场份额%
1	大画连篇600：《喜羊羊与灰太狼》	湖南电视台金鹰卡通频道	1.81	7.87
2	来吧看动画：《小鸭子兵团》	湖南电视台金鹰卡通频道	1.62	5.17
3	卡通泡泡堂：迪士尼经典动画	湖南电视台金鹰卡通频道	1.57	9.38
4	《喜羊羊与灰太狼》	湖南电视台金鹰卡通频道	1.55	9.48
5	大画连篇600《羊羊运动会》	湖南电视台金鹰卡通频道	1.51	6.34
6	大画连篇600《百变机机兽之洛洛历险记》	湖南电视台金鹰卡通频道	1.50	5.25
7	《羊羊运动会》	湖南电视台金鹰卡通频道	1.44	6.63
8	智慧树：《虹猫蓝兔光明剑》	中央电视台综合频道	1.43	4.99
9	卡通泡泡堂：《四驱兄弟》	湖南电视台金鹰卡通频道	1.39	7.75
10	智慧树：《大耳朵图图》第2季	中央电视台综合频道	1.39	4.68

第四节 2008—2009年中央台少儿频道在全国主要城市主要动画频道的市场表现

一、31城市排名前10位（见表5-9、表5-10，数据来源：CSM媒介研究）

表5-9 2008年31城市中央台少儿频道动画节目收视排名前10位

排名	名称	频道	收视率%	市场份额%
1	动画狂欢曲：《哆啦A梦之宇宙漂流记》	中央电视台少儿频道	0.96	3.40
2	银河剧场：《奇趣宝典俱乐部》	中央电视台少儿频道	0.91	1.94
3	动画乐翻天：《企鹅部落》	中央电视台少儿频道	0.85	2.97
4	动画乐翻天：《动画点映机小男生阳帆》	中央电视台少儿频道	0.84	3.31
5	动画梦工场：《大耳朵图图》	中央电视台少儿频道	0.78	3.71
6	动画狂欢曲：《芭比之森林公主》	中央电视台少儿频道	0.77	2.92
7	动画狂欢曲：《芭比彩虹仙子之魔法彩虹》	中央电视台少儿频道	0.74	3.19
8	动画大巴：《神兵小将》	中央电视台少儿频道	0.72	2.62
9	动漫世界：《星际宝贝》	中央电视台少儿频道	0.72	2.58
10	动漫世界：《小熊维尼与跳跳虎》	中央电视台少儿频道	0.65	2.46

表5-10 2009年31城市中央台少儿频道动画节目收视排名前10位

排名	名称	频道	收视率%	市场份额%
1	动漫世界：《海绵宝宝》	中央电视台少儿频道	0.88	3.11
2	动画梦工场：《无不想》	中央电视台少儿频道	0.83	2.20
3	动漫世界：《成龙历险记》	中央电视台少儿频道	0.82	2.96
4	动画狂欢曲：仙履奇缘第三部《魔法时光》	中央电视台少儿频道	0.74	2.61
5	动漫世界：《小熊维尼与跳跳虎》	中央电视台少儿频道	0.71	2.61
6	动画狂欢曲：仙履奇缘第二部《美梦成真》	中央电视台少儿频道	0.71	2.59
7	动画狂欢曲：《米奇温馨庆团圆》	中央电视台少儿频道	0.70	2.44
8	动画狂欢曲：《芭比之十二芭蕾舞公主》	中央电视台少儿频道	0.69	3.37
9	动画狂欢曲：《芭比之蝴蝶仙子》	中央电视台少儿频道	0.66	3.12
10	动漫世界：《聪明的一休》	中央电视台少儿频道	0.65	2.30

注：动画节目前10位排名规则为：全天各时段同名节目平均收视率前10位。

二、观众性别构成和集中度（见图5-145、图5-146，数据来源：CSM媒介研究）

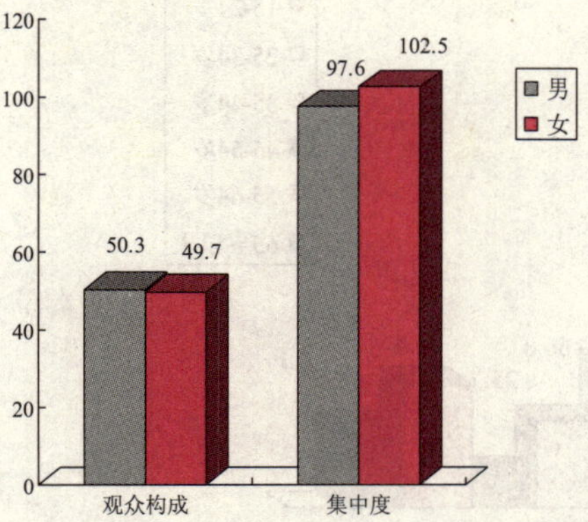

图5-145　2008年全国主要城市中央台少儿频道动画节目的观众性别构成和集中度

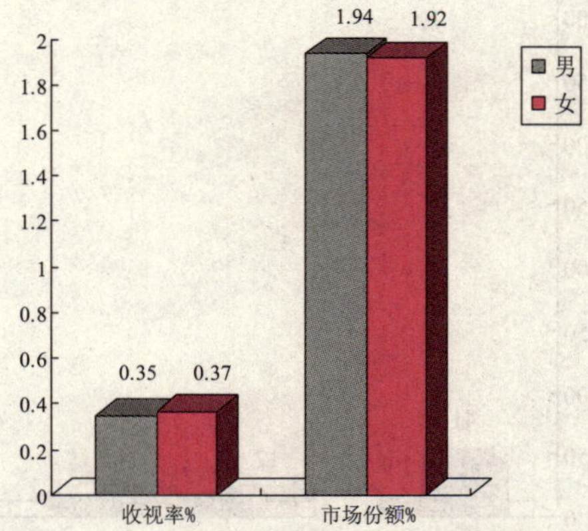

图5-146　2009年全国主要城市中央台少儿频道动画节目的观众性别构成和集中度

三、不同性别观众收视率和市场份额比较（见图5-147、图5-148，数据来源：CSM媒介研究）

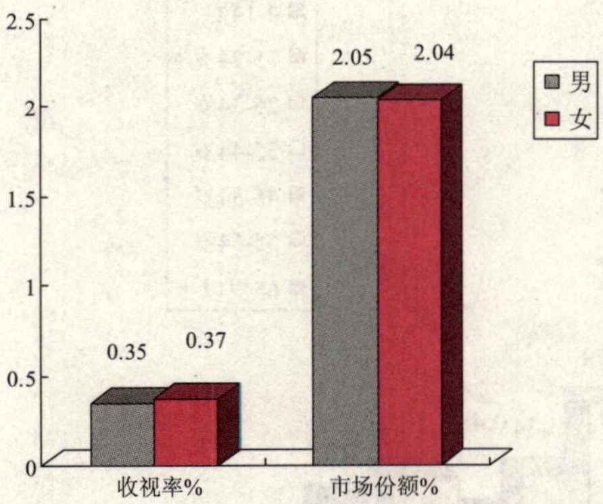

图5-147　2008年全国主要城市中央台少儿频道动画节目不同性别观众收视率和市场份额比较

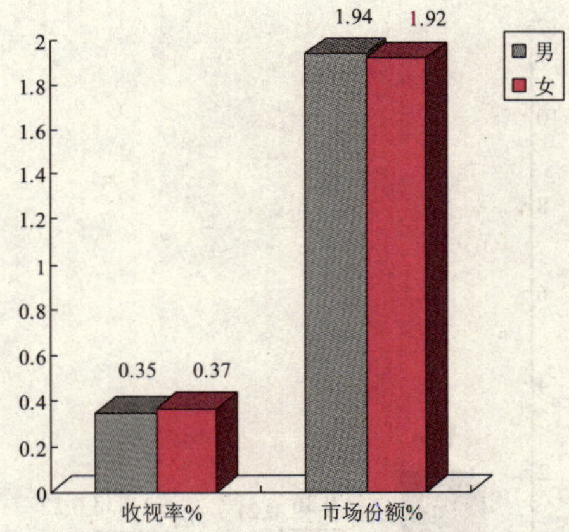

图5-148　2009年全国主要城市中央台少儿频道动画节目不同性别观众收视率和市场份额比较

四、观众年龄构成和集中度（见图5-149、图5-150，数据来源：CSM媒介研究）

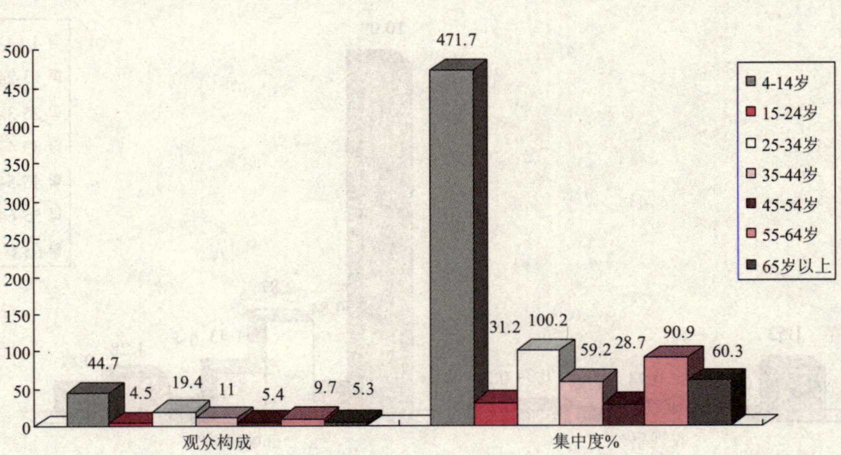

图5-149　2008年全国主要城市中央台少儿频道动画节目的观众年龄构成和集中度

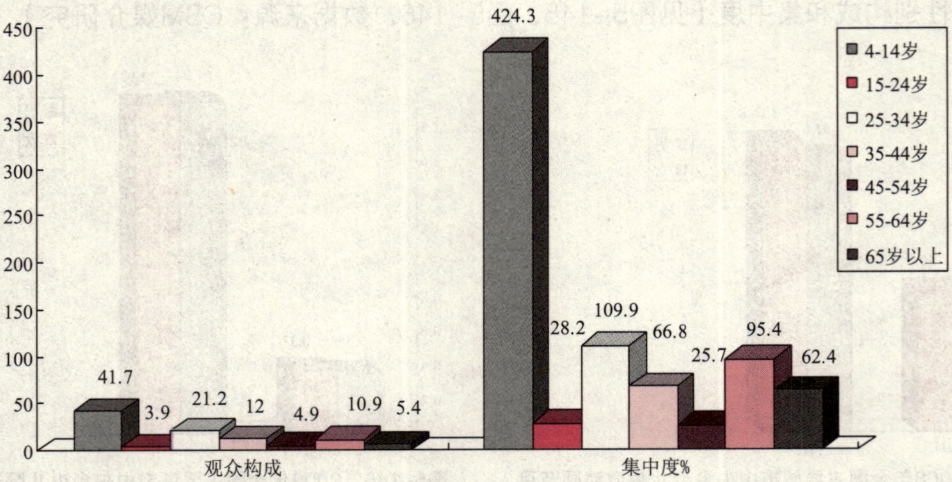

图5-150　2009年全国主要城市中央台少儿频道动画节目的观众年龄构成和集中度

五、不同年龄观众收视率和市场份额比较（见图5-151、图5-152，数据来源：CSM媒介研究）

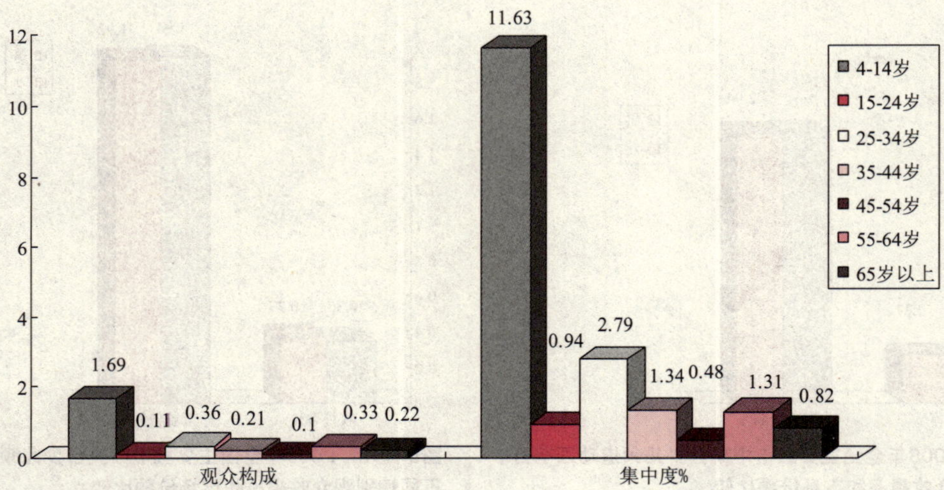

图5-151　2008年全国主要城市中央台少儿频道动画节目不同年龄观众收视率和市场份额比较

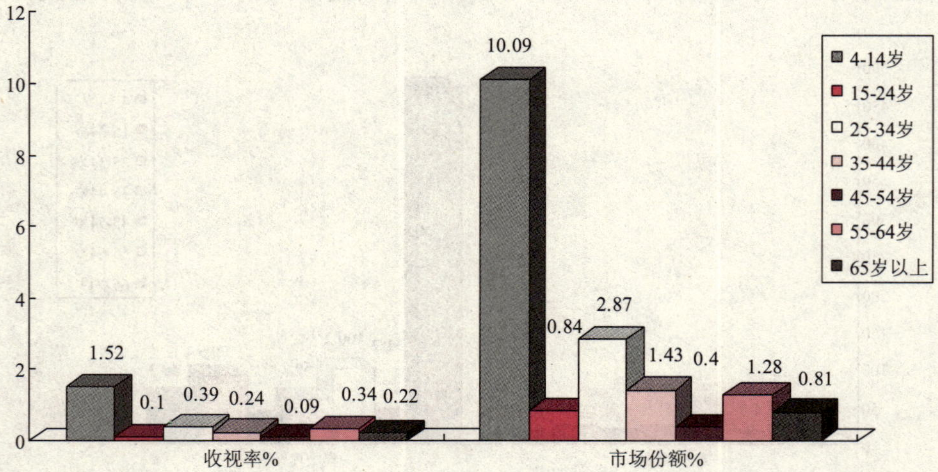

图5-152　2009年全国主要城市中央台少儿频道动画节目不同年龄观众收视率和市场份额比较

六、观众教育程度构成和集中度（见图5-153、图5-154，数据来源：CSM媒介研究）

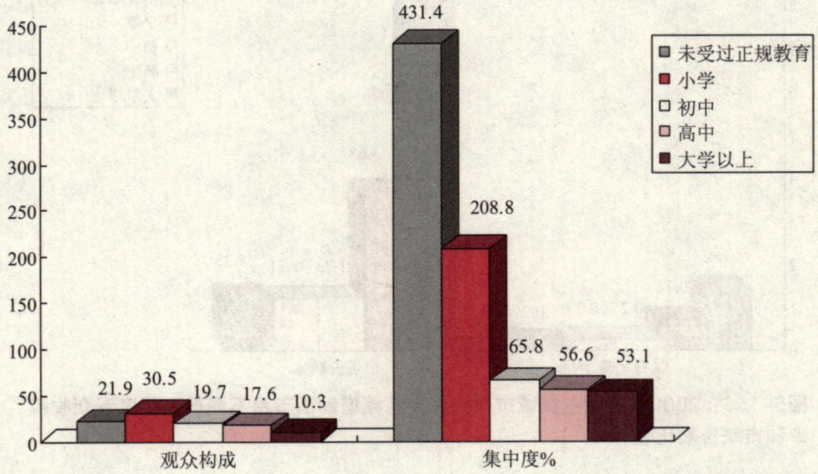

图5-153　2008年全国主要城市中央台少儿频道动画节目的观众教育程度构成和集中度

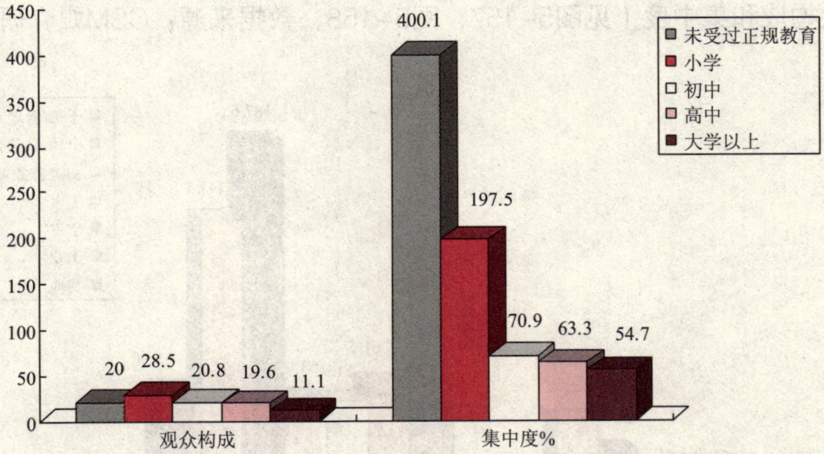

图5-154　2009年全国主要城市中央台少儿频道动画节目的观众教育程度构成和集中度

七、不同教育程度观众收视率和市场份额比较（见图5-155、图5-156，数据来源：CSM媒介研究）

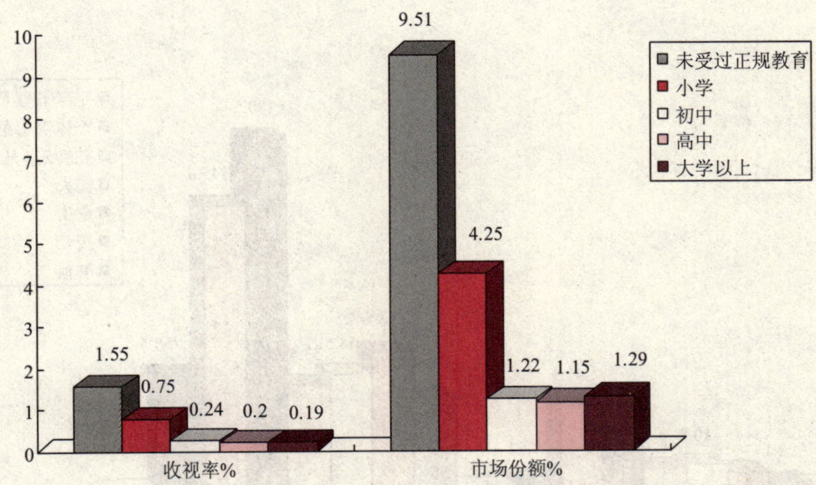

图5-155　2008年全国主要城市中央台少儿频道动画节目不同教育程度观众收视率和市场份额比较

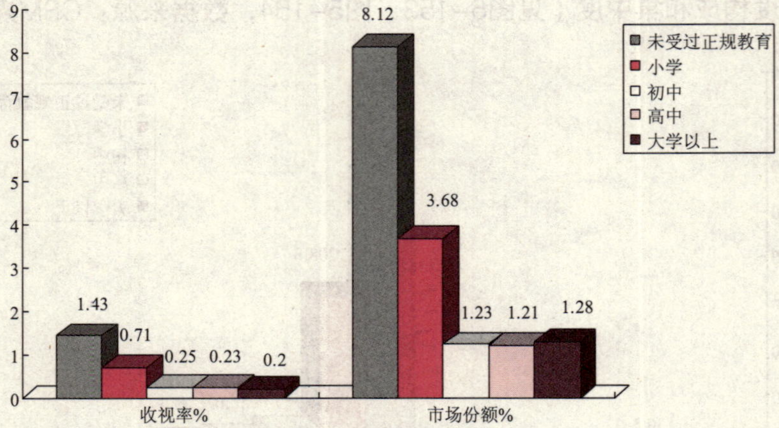

图5-156　2009年全国主要城市中央台少儿频道动画节目不同教育程度观众收视率和市场份额比较

八、观众职业构成和集中度（见图5-157、图5-158，数据来源：CSM媒介研究）

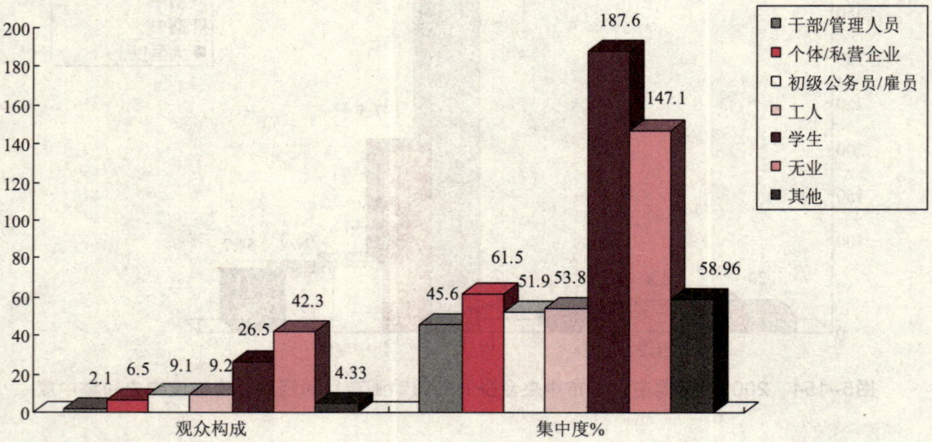

图5-157　2008年全国主要城市中央台少儿频道动画节目的观众职业构成和集中度

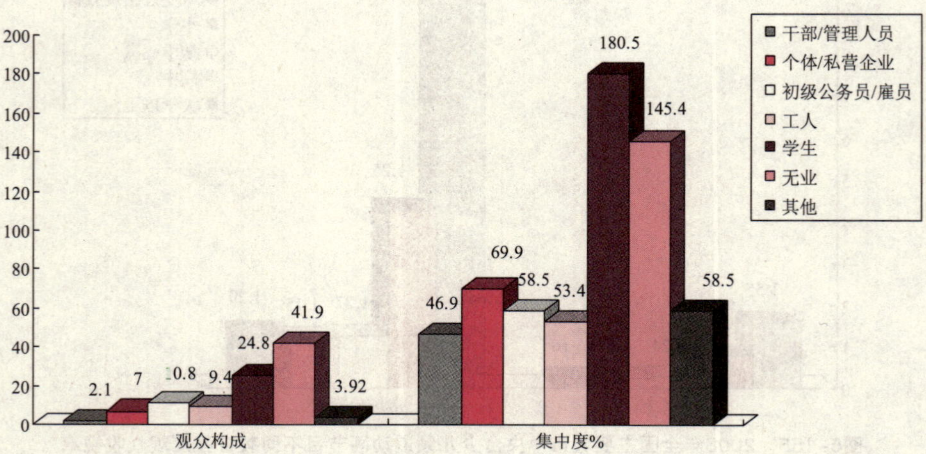

图5-158　2009年全国主要城市中央台少儿频道动画节目的观众职业构成和集中度

九、不同职业观众收视率和市场份额比较（见图5-159、图5-160，数据来源：CSM媒介研究）

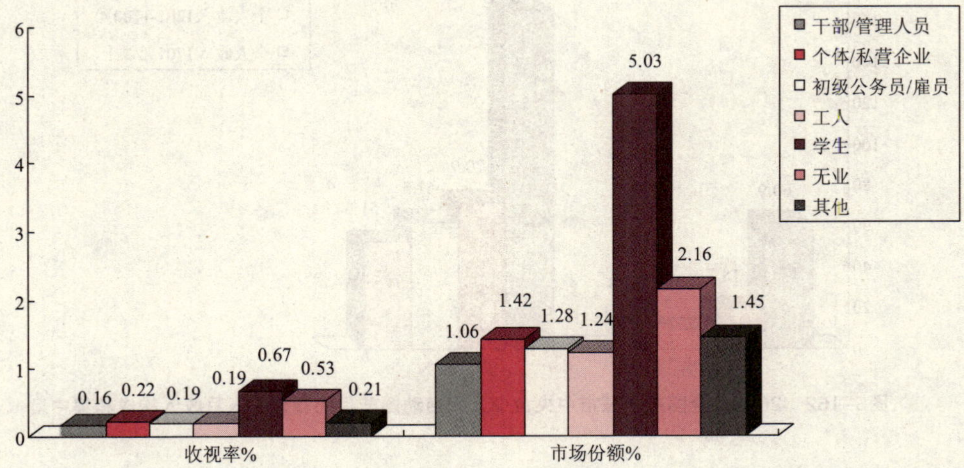

图5-159 2008年全国主要城市中央台少儿频道动画节目不同职业观众收视率和市场份额比较

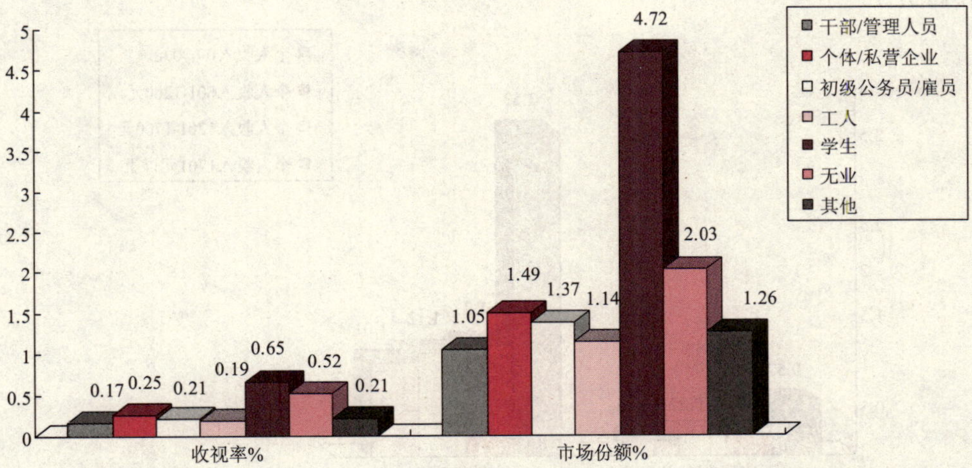

图5-160 2009年全国主要城市中央台少儿频道动画节目不同职业观众收视率和市场份额比较

十、观众个人月收入构成和集中度（见图5-161、图5-162，数据来源：CSM媒介研究）

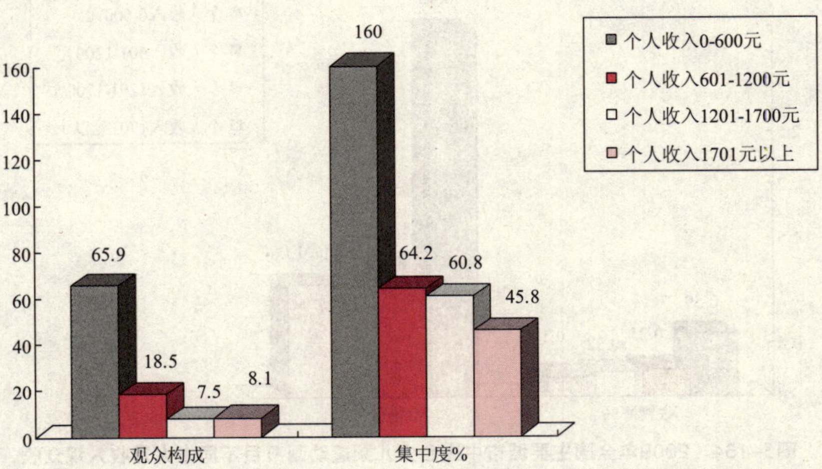

图5-161 2008年全国主要城市中央台少儿频道动画节目的观众个人月收入构成和集中度

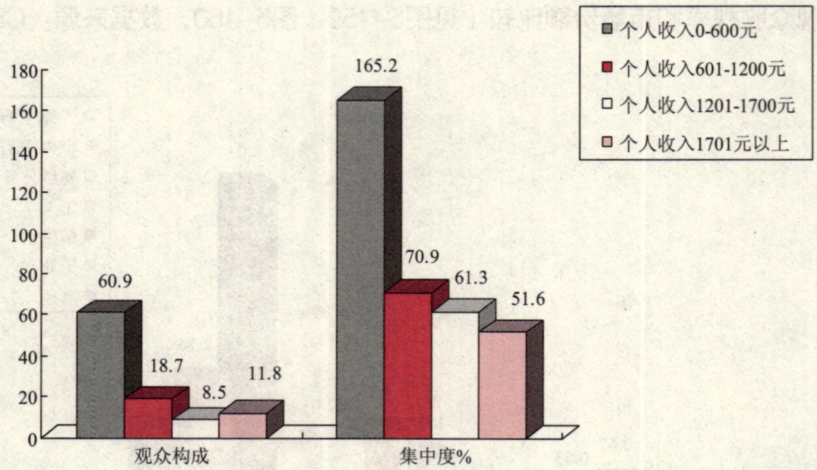

图5-162　2009年全国主要城市中央台少儿频道动画节目的观众个人月收入构成和集中度

十一、不同个人月收入观众收视率和市场份额比较（见图5-163、图5-164，数据来源：CSM媒介研究）

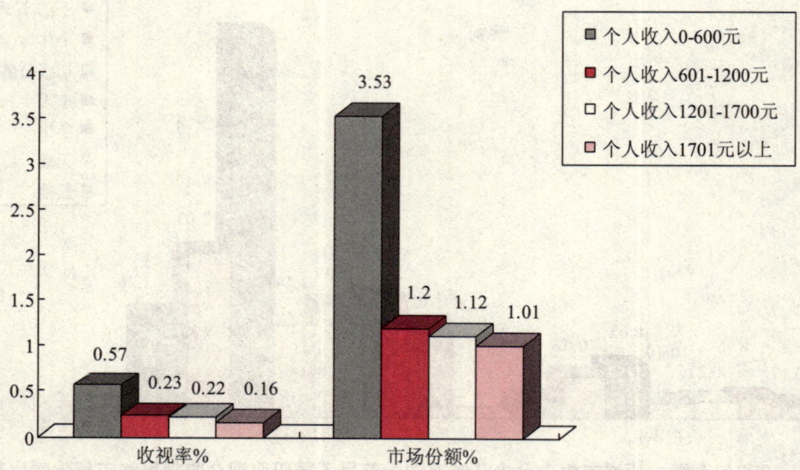

图5-163　2008年全国主要城市中央台少儿频道动画节目不同个人月收入观众收视率和市场份额比较

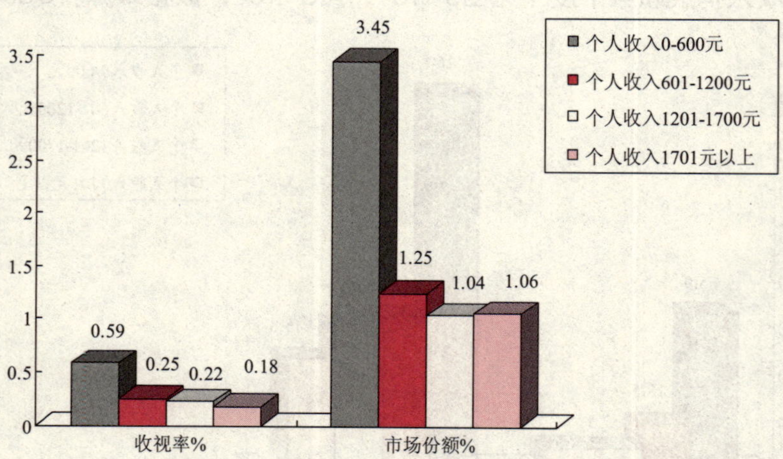

图5-164　2009年全国主要城市中央台少儿频道动画节目不同个人月收入观众收视率和市场份额比较

第五节 2008—2009年北京卡酷卫星频道（在北京）动画节目收视情况数据显示

一、排名前10位（见表5-11、表5-12，数据来源：CSM媒介研究）

表5-11 2008年北京市场北京卡酷动画节目收视排名前10位

排名	名称	频道	收视率%	市场份额%
1	KAKU超级大连播：《哆啦A梦》第二部	北京卡酷动画卫星频道	1.16	5.11
2	KAKU酷片酷映：《百变小樱魔术卡》	北京卡酷动画卫星频道	1.01	2.48
3	KAKU周末超级大连播：《哆啦A梦》第一部	北京卡酷动画卫星频道	0.94	5.74
4	KAKU周周聚：《木偶奇遇记》	北京卡酷动画卫星频道	0.91	5.08
5	可洛奇KAKU中国制造：《大耳朵图图》第2季	北京卡酷动画卫星频道	0.91	4.47
6	KAKU午喜欢：《哆啦A梦》第一部	北京卡酷动画卫星频道	0.88	4.27
7	KAKU酷片酷映：《猫眼三姐妹》	北京卡酷动画卫星频道	0.88	2.10
8	动画片《哆啦A梦》第一部	北京卡酷动画卫星频道	0.86	4.45
9	KAKU酷片酷映：《中华小当家》	北京卡酷动画卫星频道	0.77	1.94
10	KAKU酷片酷映：《神兵小将》	北京卡酷动画卫星频道	0.73	1.84

表5-12 2009年北京市场北京卡酷动画节目收视排名前10位

排名	名称	频道	收视率%	市场份额%
1	动画片《圣石奇兵》	北京卡酷动画卫星频道	1.42	4.48
2	KAKU中国制造：《喜羊羊与灰太狼》	北京卡酷动画卫星频道	1.30	4.62
3	KAKU酷片酷映：《喜羊羊与灰太狼》	北京卡酷动画卫星频道	0.86	2.92
4	卡通经典故事集《汤姆与杰瑞之饥饿的老鼠》	北京卡酷动画卫星频道	0.85	2.76
5	KAKU中国制造：《郑和下西洋》	北京卡酷动画卫星频道	0.84	3.63
6	KAKU周周聚：《哆啦A梦》第二部	北京卡酷动画卫星频道	0.79	3.89
7	KAKU酷片酷映：《羊羊运动会》	北京卡酷动画卫星频道	0.78	2.47
8	KAKU中国制造：《羊羊运动会》	北京卡酷动画卫星频道	0.77	3.93
9	KAKU中国制造：《小鼠乒乒之成语大典》	北京卡酷动画卫星频道	0.76	4.05
10	KAKU周周聚：《名侦探柯南》	北京卡酷动画卫星频道	0.75	3.40

二、观众性别构成和集中度（见图5-165、图5-166，数据来源：CSM媒介研究）

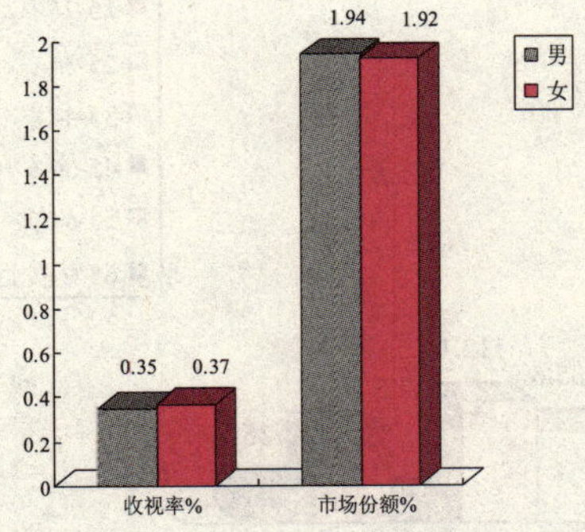

图5-165 2008年北京市场北京卡酷动画节目的观众性别构成和集中度

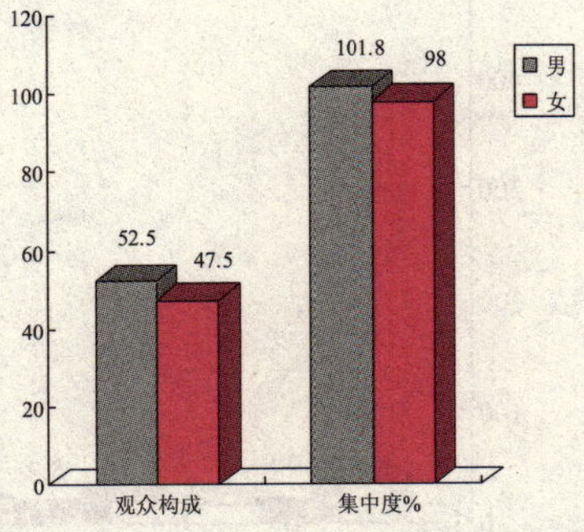

图5-166 2009年北京市场北京卡酷动画节目的观众性别构成和集中度

三、不同性别观众收视率和市场份额比较（见图5-167、图5-168，数据来源：CSM媒介研究）

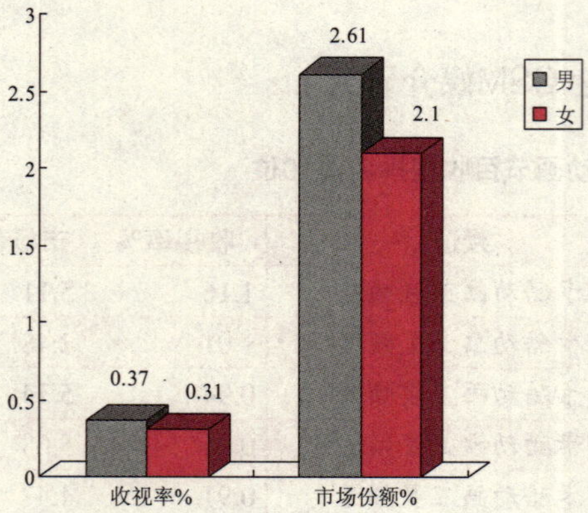

图5-167　2008年北京市场北京卡酷动画节目的不同性别观众收视率和市场份额比较

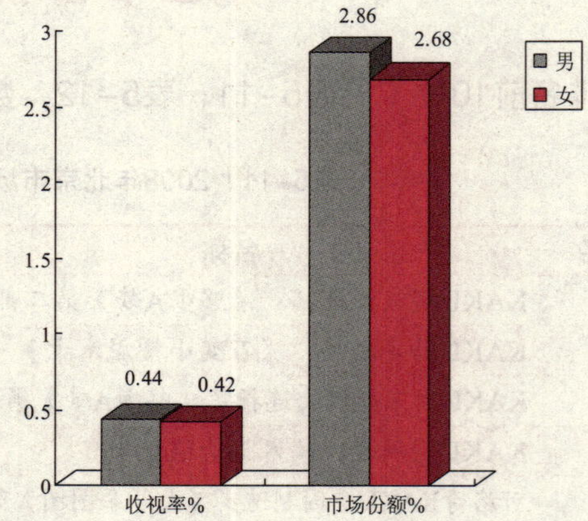

图5-168　2009年北京市场北京卡酷动画节目的不同性别观众收视率和市场份额比较

四、观众年龄构成和集中度（见图5-169、图5-170，数据来源：CSM媒介研究）

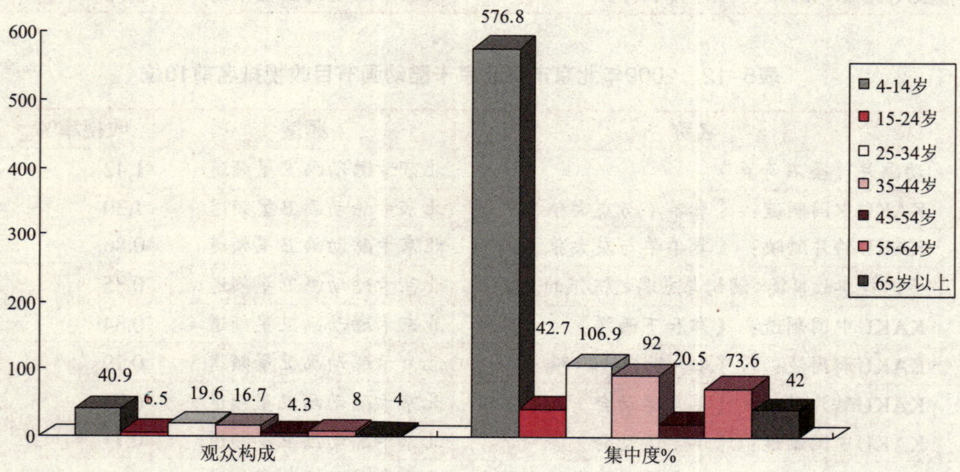

图5-169　2008年北京市场北京卡酷动画节目的观众年龄构成和集中度

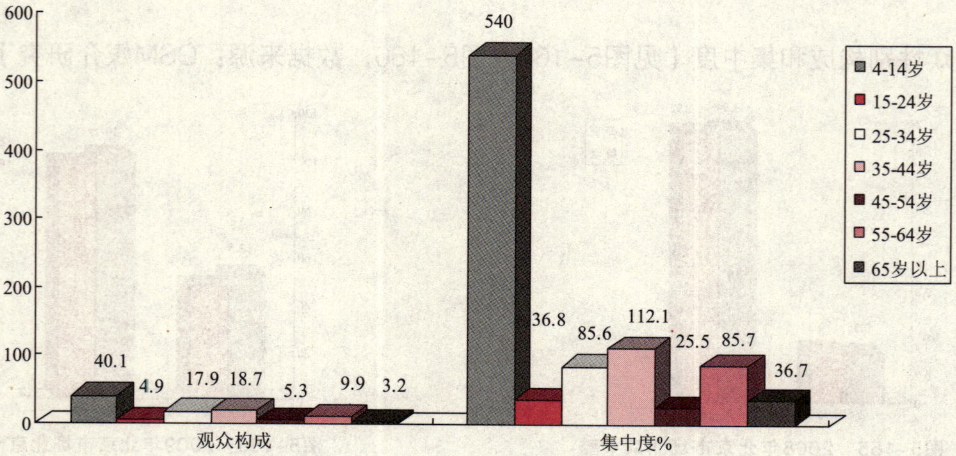

图5-170　2009年北京市场北京卡酷动画节目的观众年龄构成和集中度

五、不同年龄观众收视率和市场份额比较（见图5-171、图5-172，数据来源：CSM媒介研究）

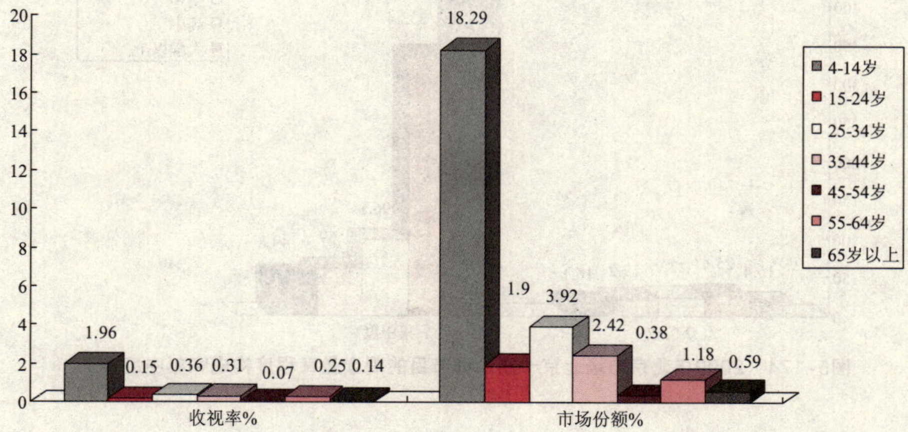

图5-171 2008年北京市场北京卡酷动画节目的不同年龄观众收视率和市场份额比较

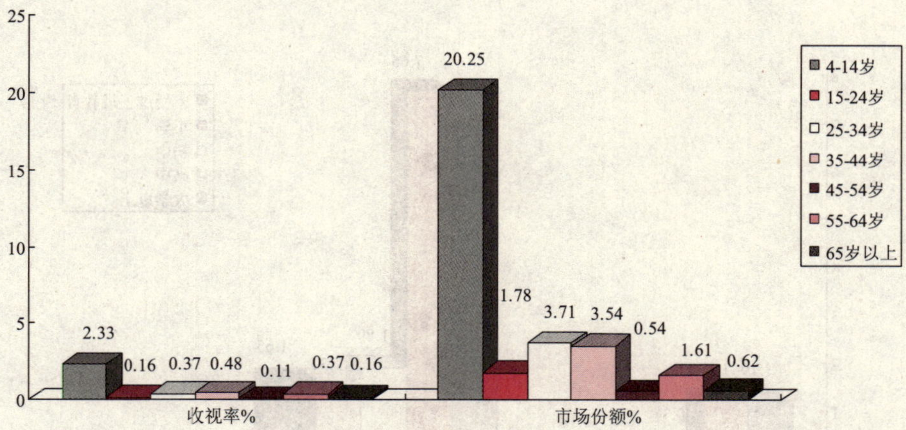

图5-172 2009年北京市场北京卡酷动画节目的不同年龄观众收视率和市场份额比较

六、观众教育程度构成和集中度（见图5-173、图5-174，数据来源：CSM媒介研究）

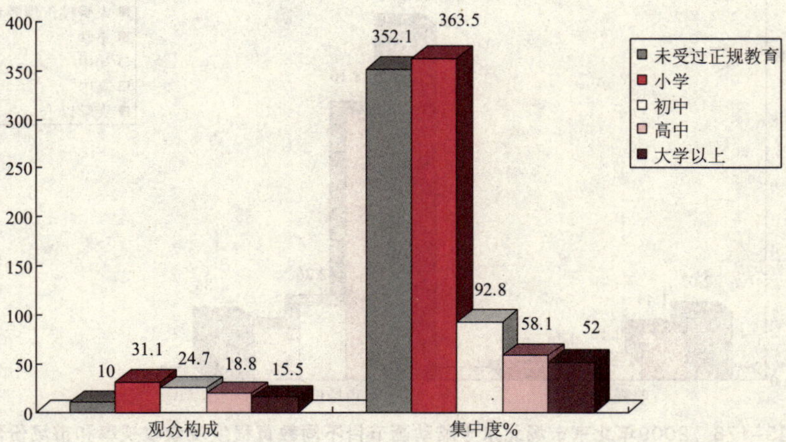

图5-173 2008年北京市场北京卡酷动画节目的观众教育程度构成和集中度

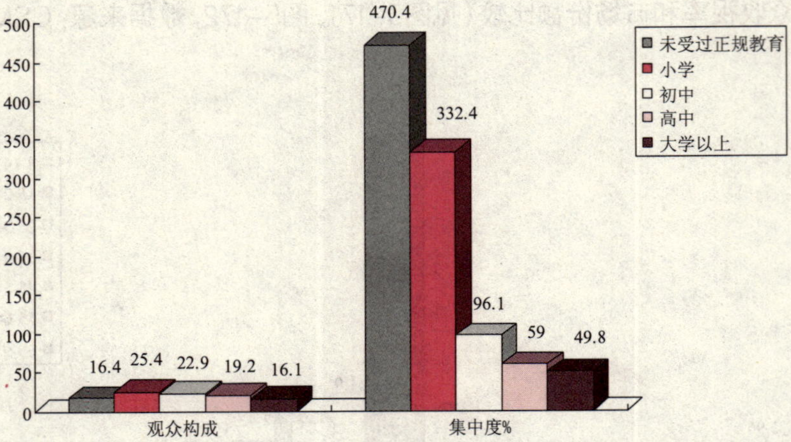

图5-174　2009年北京市场北京卡酷动画节目的观众教育程度构成和集中度

七、不同教育程度观众收视率和市场份额比较（见图5-175、图5-176，数据来源：CSM媒介研究）

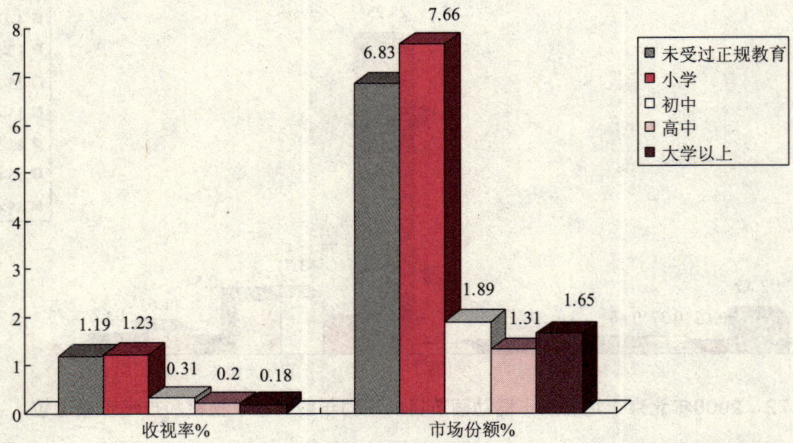

图5-175　2008年北京市场北京卡酷动画节目不同教育程度观众收视率和市场份额比较

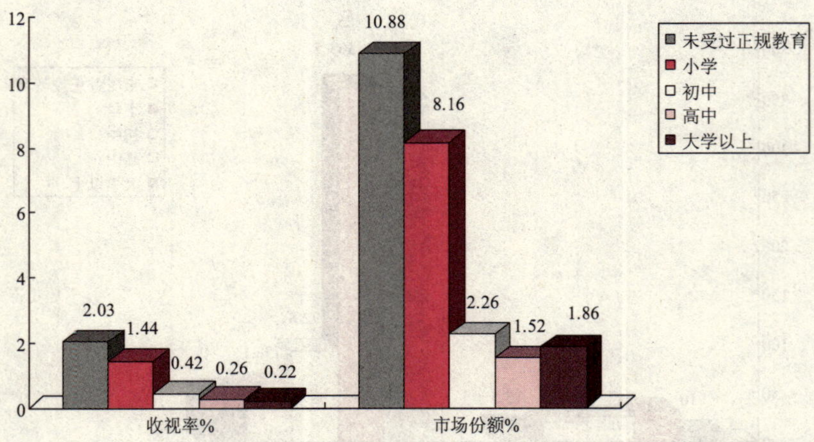

图5-176　2009年北京市场北京卡酷动画节目不同教育程度观众收视率和市场份额比较

八、观众职业构成和集中度（见图5-177、图5-178，数据来源：CSM媒介研究）

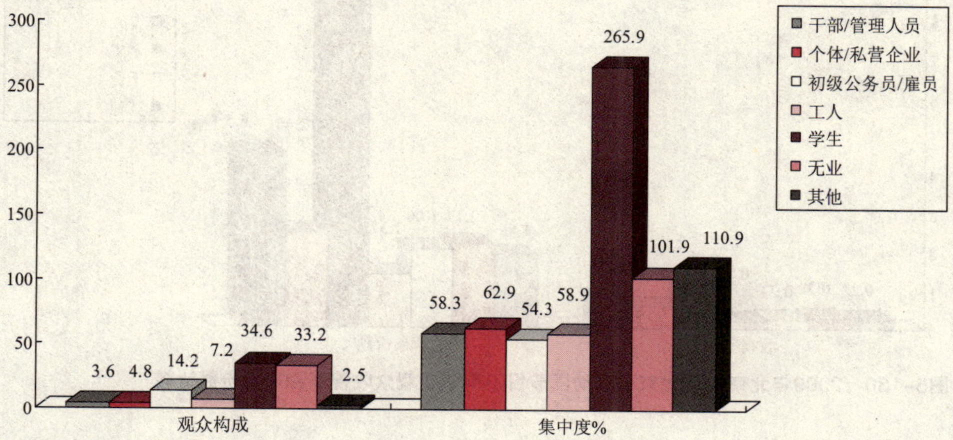

图5-177　2008年北京市场北京卡酷动画节目的观众职业构成和集中度

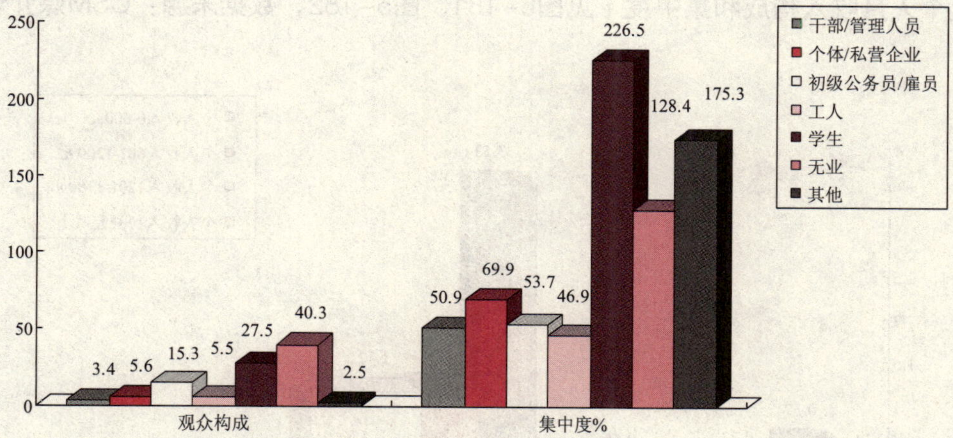

图5-178　2009年北京市场北京卡酷动画节目的观众职业构成和集中度

九、不同职业观众收视率和市场份额比较（见图5-179、图5-180，数据来源：CSM媒介研究）

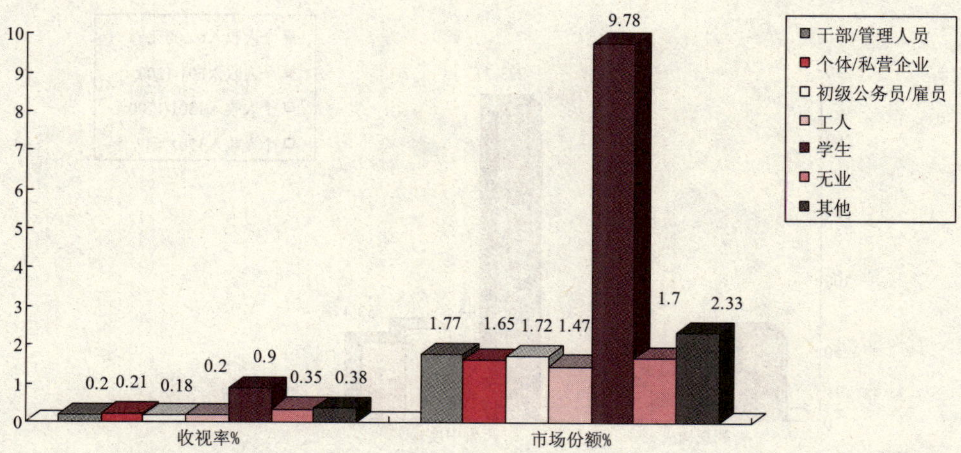

图5-179　2008年北京市场北京卡酷动画节目不同职业观众收视率和市场份额比较

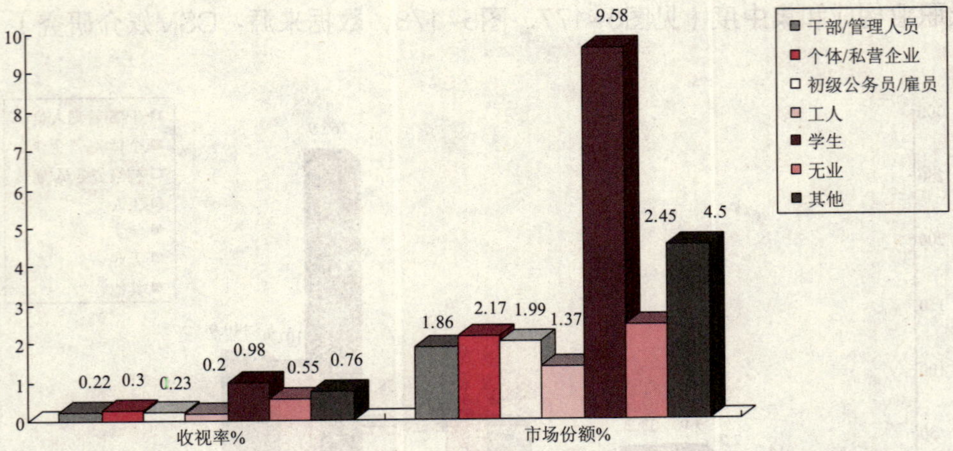

图5-180　2009年北京市场北京卡酷动画节目不同职业观众收视率和市场份额比较

1 2 3 4 5 6 7 8 9 10

十、观众个人月收入构成和集中度（见图5-181、图5-182，数据来源：CSM媒介研究）

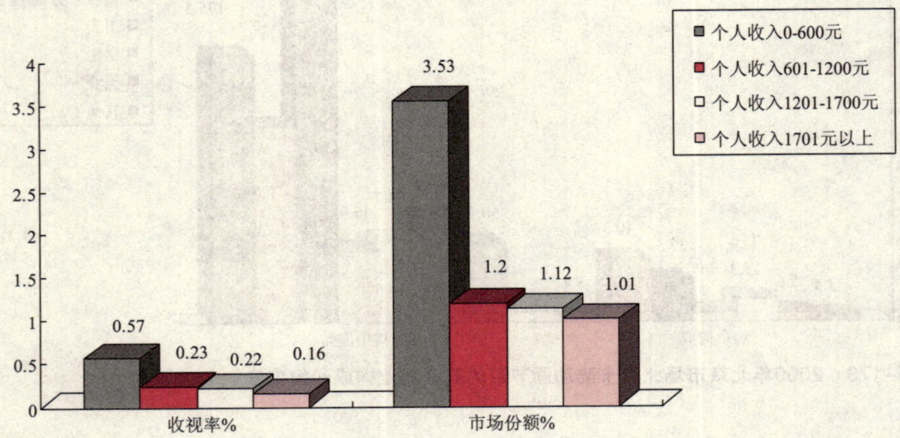

图5-181　2008年北京市场北京卡酷动画节目的观众个人月收入构成和集中度

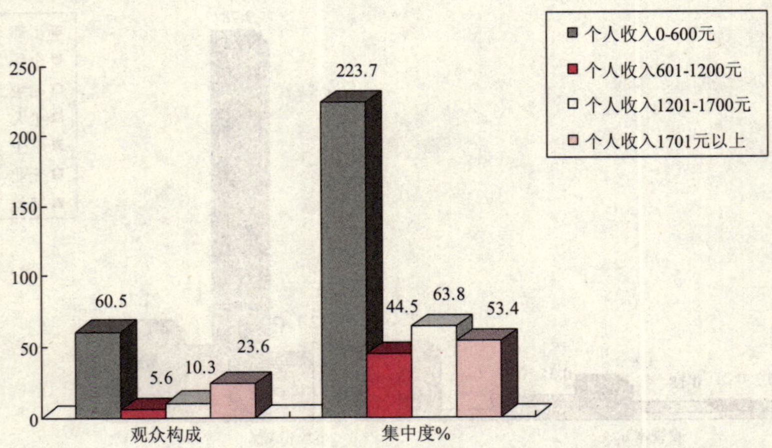

图5-182　2009年北京市场北京卡酷动画节目的观众个人月收入构成和集中度

十一、不同个人月收入观众收视率和市场份额比较（见图5-183、图5-184，数据来源：CSM媒介研究）

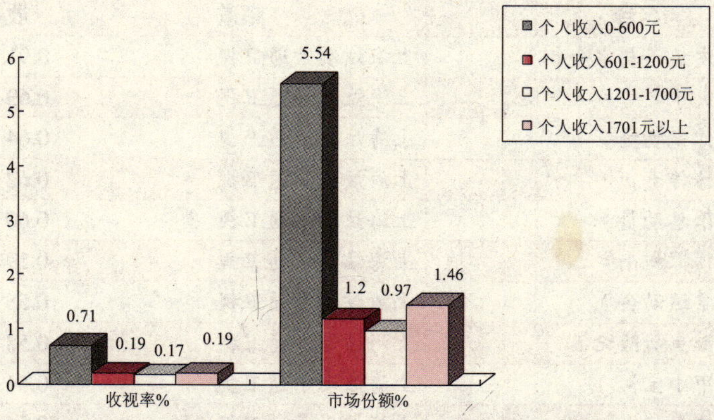

图5-183　2008年北京市场北京卡酷动画节目不同个人月收入观众收视率和市场份额比较

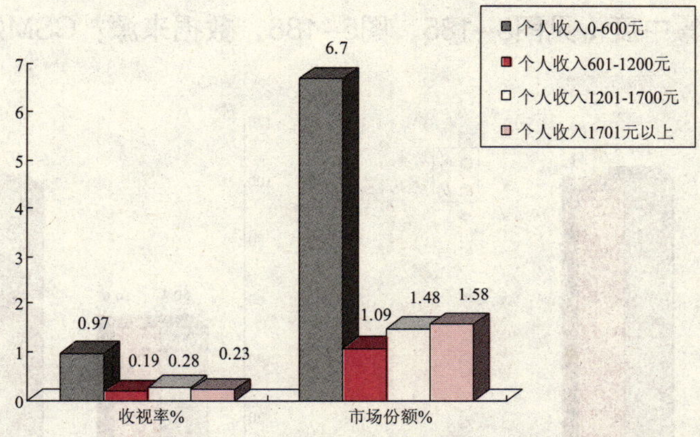

图5-184　2009年北京市场北京卡酷动画节目不同个人月收入观众收视率和市场份额比较

第六节　2008—2009年上海炫动卡通（在上海）动画节目收视情况数据显示

一、排名前10位（见表5-13、表5-14，数据来源：CSM媒介研究）

表5-13　2008年上海市场上海炫动卡通动画节目收视排名前10位

排名	名称	频道	收视率%	市场份额%
1	追炫白金剧场《数码宝贝》	上海炫动卡通卫视	1.23	2.85
2	追炫白金剧场《头文字D》第二部	上海炫动卡通卫视	1.03	2.76
3	追炫白金剧场《快乐星猫》	上海炫动卡通卫视	0.91	2.36
4	追炫白金剧场《神龙斗士》	上海炫动卡通卫视	0.88	2.14
5	动画片《中华小当家》	上海炫动卡通卫视	0.87	2.26
6	追炫白金剧场《网球王子》	上海炫动卡通卫视	0.82	2.05
7	超炫剧场《铁甲小宝》	上海炫动卡通卫视	0.77	4.59
8	追炫白金剧场《超级酷乐猫》	上海炫动卡通卫视	0.73	1.76
9	追炫白金剧场《神兵小将》	上海炫动卡通卫视	0.68	1.68
10	追炫白金剧场《小宋当家》	上海炫动卡通卫视	0.68	1.51

表5-14　2009年上海市场上海炫动卡通动画节目收视排名前10位

排名	名称	频道	收视率%	市场份额%
1	动画片《哈皮父子与水金钢》	上海炫动卡通卫视	0.91	4.45
2	动画片《小夫子之奇域大冒险》	上海炫动卡通卫视	0.69	1.82
3	动画片《迷你宠物星》	上海炫动卡通卫视	0.64	4.44
4	动画片《少林传奇》	上海炫动卡通卫视	0.62	1.66
5	动画片《梦乐总动员》	上海炫动卡通卫视	0.60	3.47
6	动画片《名侦探柯南》	上海炫动卡通卫视	0.59	3.34
7	动画片《羊羊运动会》	上海炫动卡通卫视	0.58	3.36
8	动画片《小鲤鱼历险记》	上海炫动卡通卫视	0.58	3.02
9	动画片《铁甲小宝》	上海炫动卡通卫视	0.54	3.50
10	动画片《龙珠》	上海炫动卡通卫视	0.54	1.51

二、观众性别构成和集中度（见图5-185、图5-186，数据来源：CSM媒介研究）

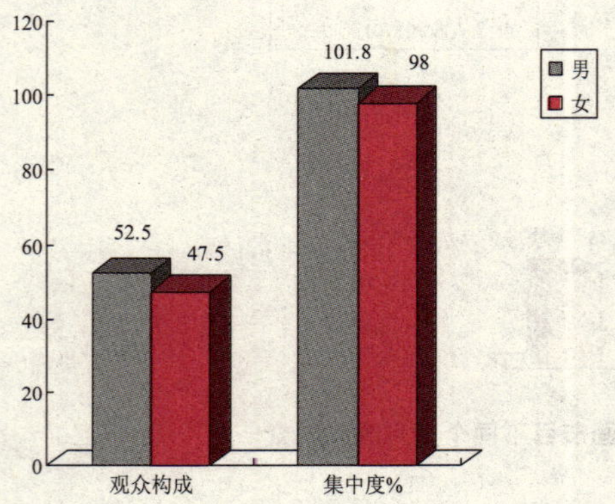

图5-185　2008年上海市场上海炫动卡通动画节目的观众性别构成和集中度

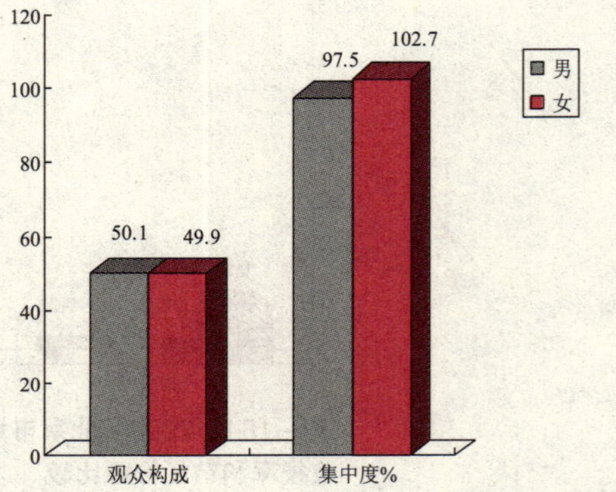

图5-186　2009年上海市场上海炫动卡通动画节目的观众性别构成和集中度

三、不同性别观众收视率和市场份额比较（见图5-187、图5-188，数据来源：CSM媒介研究）

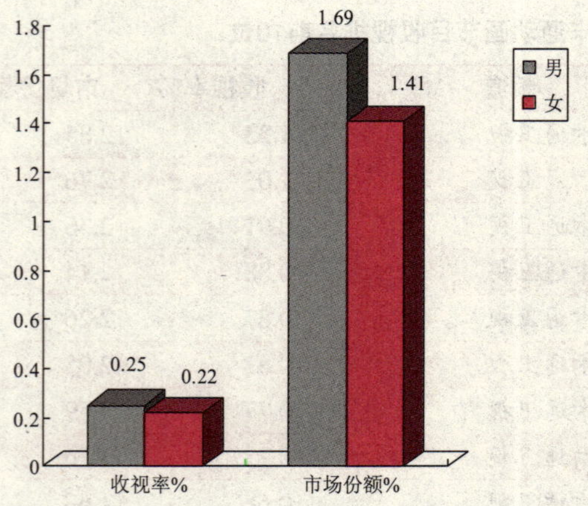

图5-187　2008年上海市场上海炫动卡通动画节目的不同性别观众收视率和市场份额比较

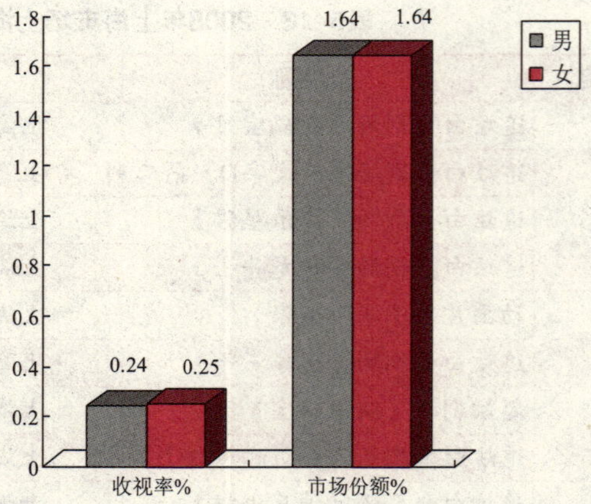

图5-188　2009年上海市场上海炫动卡通动画节目的不同性别观众收视率和市场份额比较

四、观众年龄构成和集中度（见图5-189、图5-190，数据来源：CSM媒介研究）

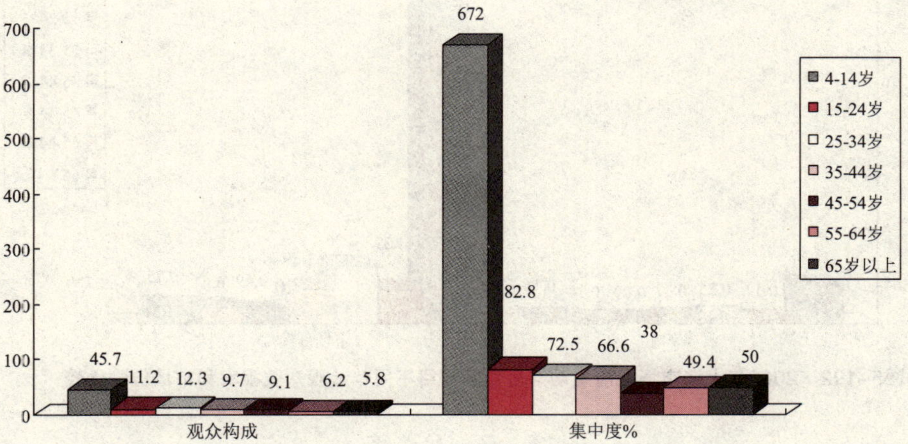

图5-189　2008年上海市场上海炫动卡通动画节目的观众年龄构成和集中度

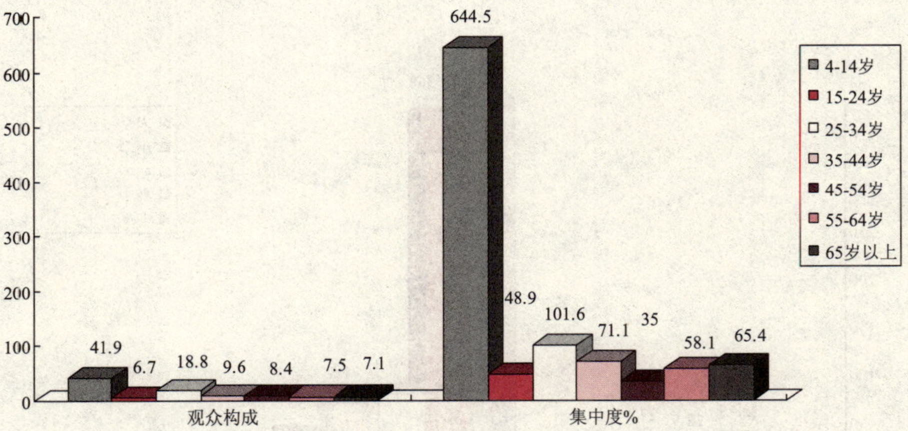

图5-190　2009年上海市场上海炫动卡通动画节目的观众年龄构成和集中度

五、不同年龄观众收视率和市场份额比较（见图5-191、图5-192，数据来源：CSM媒介研究）

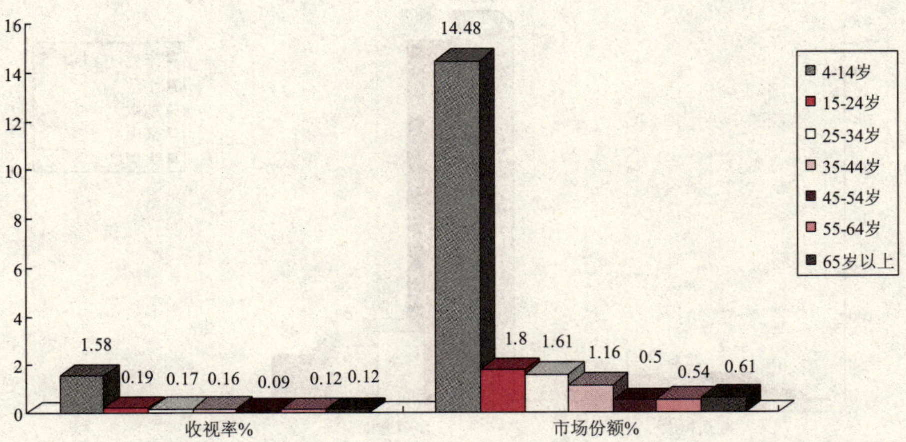

图5-191　2008年上海市场上海炫动卡通动画节目不同年龄观众收视率和市场份额比较

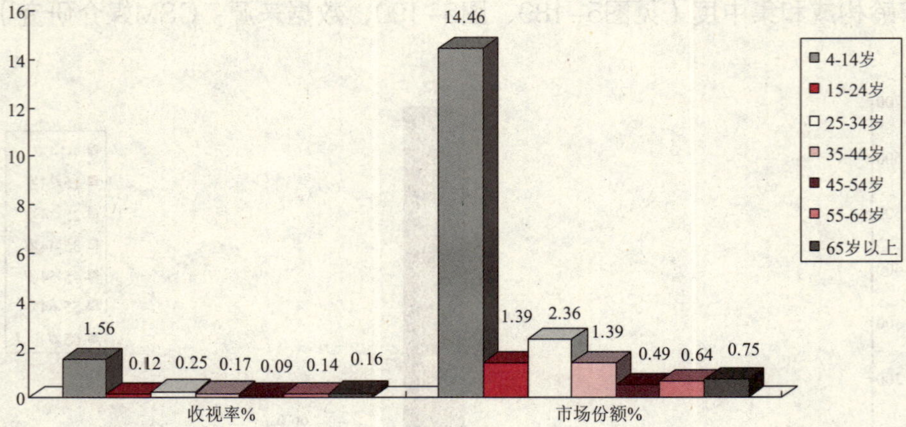

图5-192　2009年上海市场上海炫动卡通动画节目不同年龄观众收视率和市场份额比较

六、观众教育程度构成和集中度（见图5-193、图5-194，数据来源：CSM媒介研究）

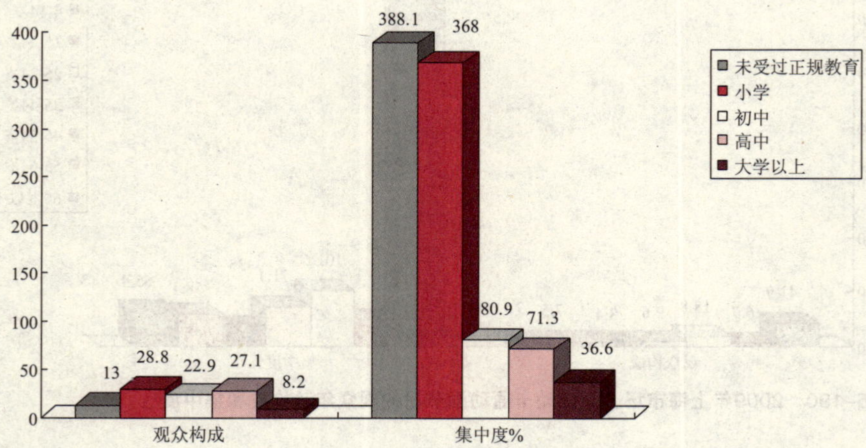

图5-193　2008年上海市场上海炫动卡通动画节目的观众教育程度构成和集中度

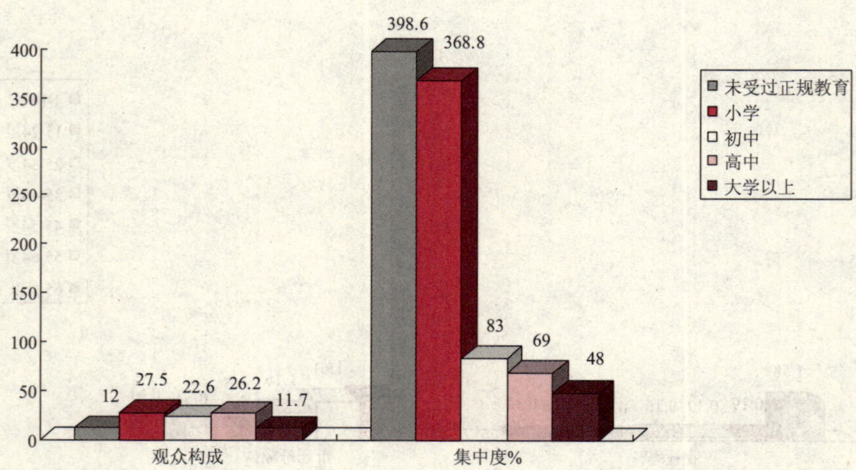

图5-194　2009年上海市场上海炫动卡通动画节目的观众教育程度构成和集中度

七、不同教育程度观众收视率和市场份额比较（见图5-195、图5-196，数据来源：CSM媒介研究）

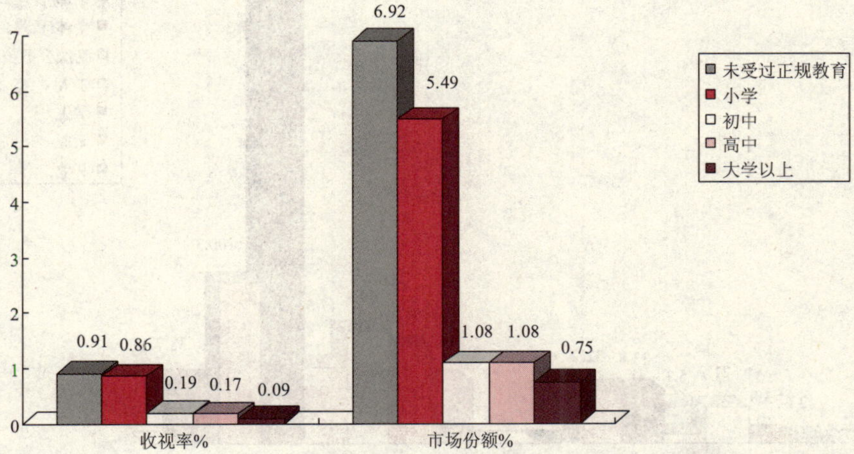

图5-195 2008年上海市场上海炫动卡通动画节目不同教育程度观众收视率和市场份额比较

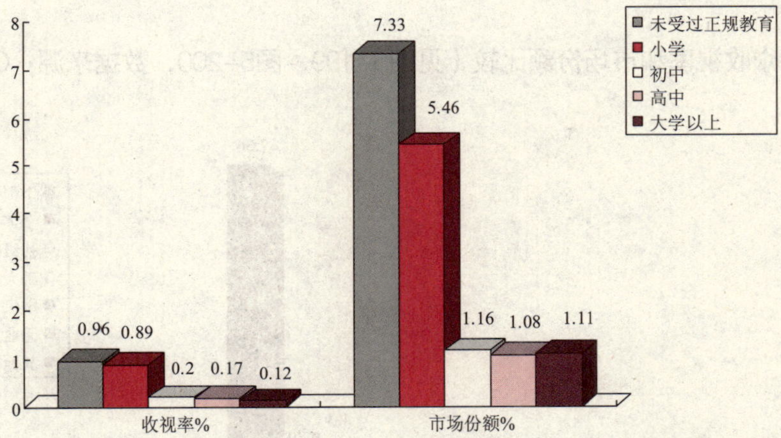

图5-196 2009年上海市场上海炫动卡通动画节目不同教育程度观众收视率和市场份额比较

八、观众职业构成和集中度（见图5-197、图5-198，数据来源：CSM媒介研究）

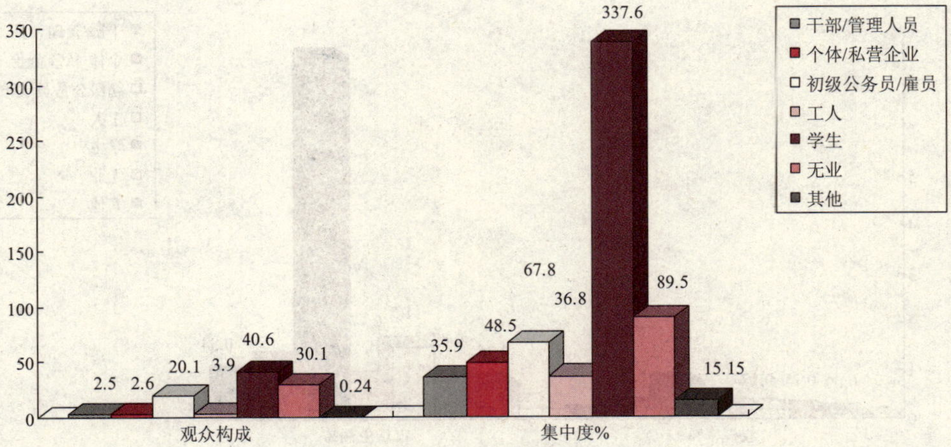

图5-197 2008年上海市场上海炫动卡通动画节目的观众职业构成和集中度

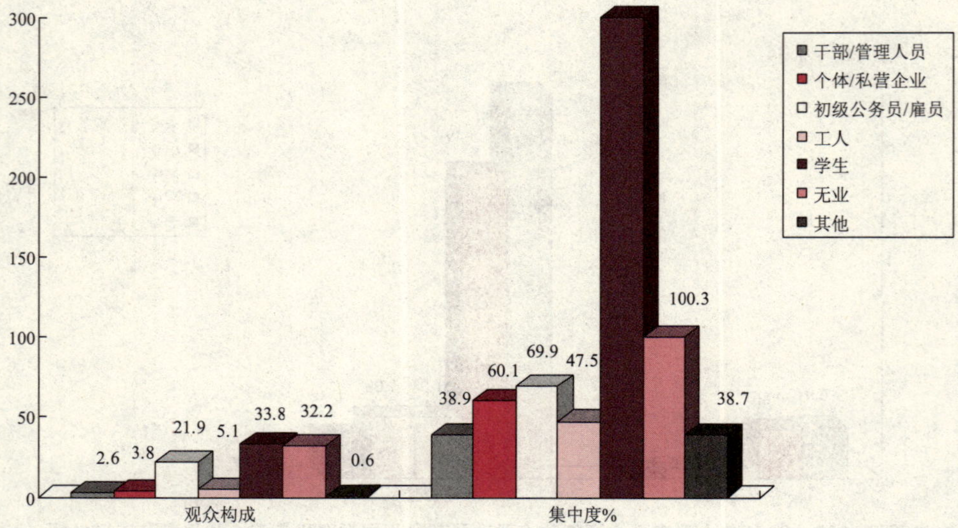

图5-198　2009年上海市场上海炫动卡通动画节目的观众职业构成和集中度

九、不同职业观众收视率和市场份额比较（见图5-199、图5-200，数据来源：CSM媒介研究）

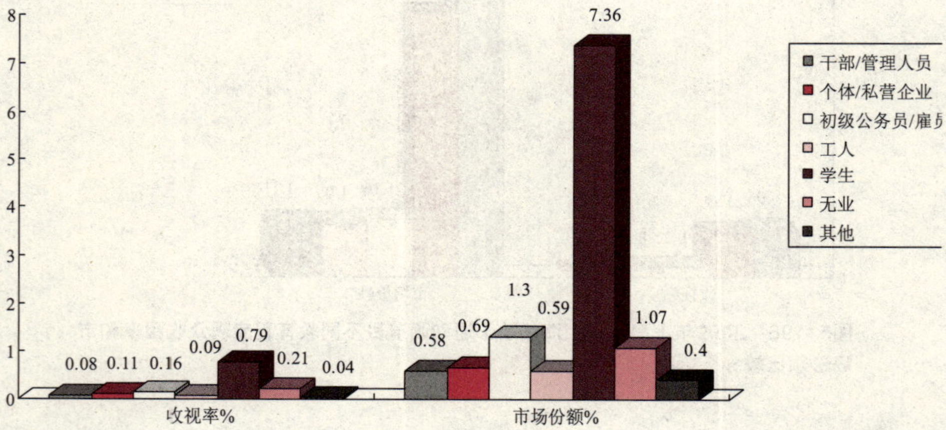

图5-199　2008年上海市场上海炫动卡通动画节目的不同职业观众收视率和市场份额比较

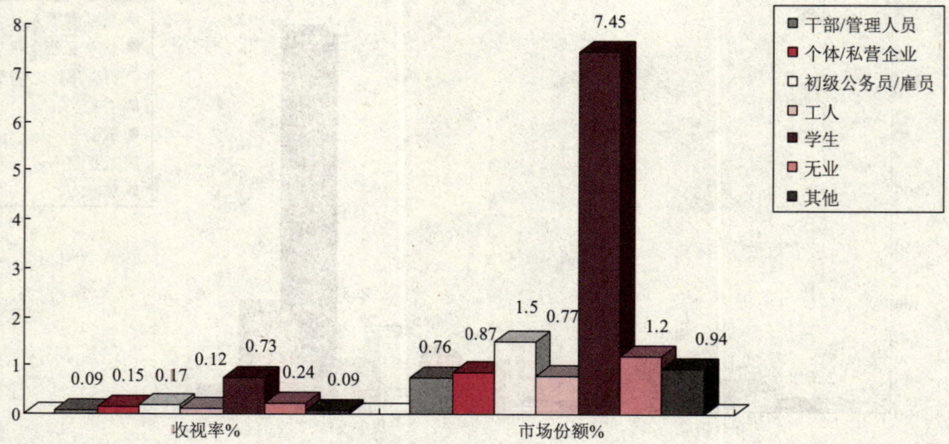

图5-200　2009年上海市场上海炫动卡通动画节目的不同职业观众收视率和市场份额比较

十、观众个人月收入构成和集中度（见图5-201、图5-202，数据来源：CSM媒介研究）

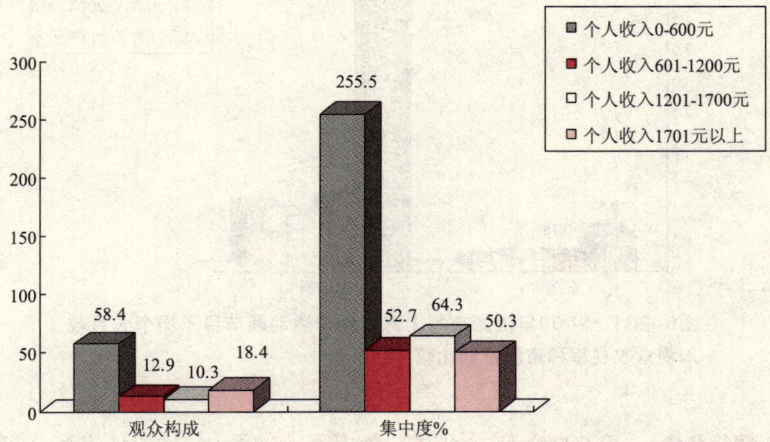

图5-201　2008年上海市场上海炫动卡通动画节目的观众个人月收入构成和集中度

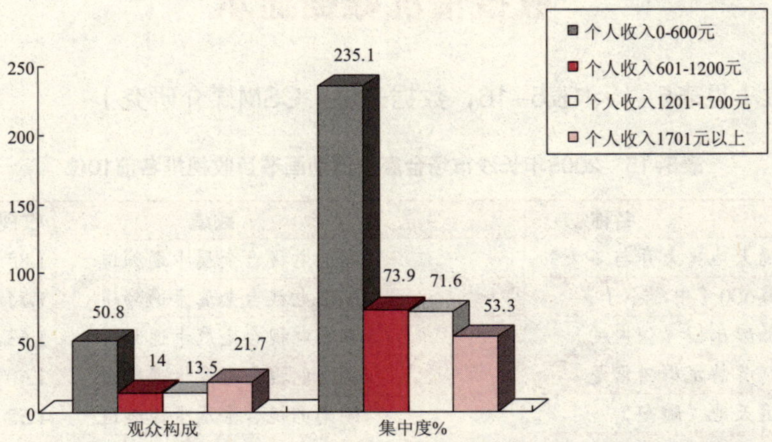

图5-202　2009年上海市场上海炫动卡通动画节目的观众个人月收入构成和集中度

十一、不同个人月收入观众收视率和市场份额比较（见图5-203、图5-204，数据来源：CSM媒介研究）

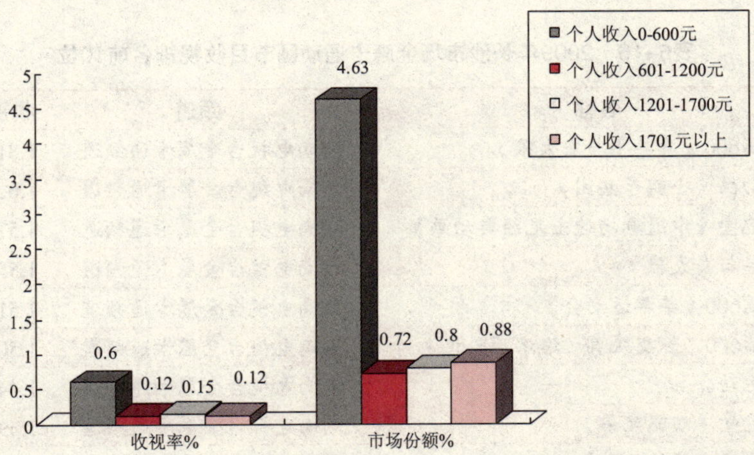

图5-203　2008年上海市场上海炫动卡通动画节目不同个人月收入观众收视率和市场份额比较

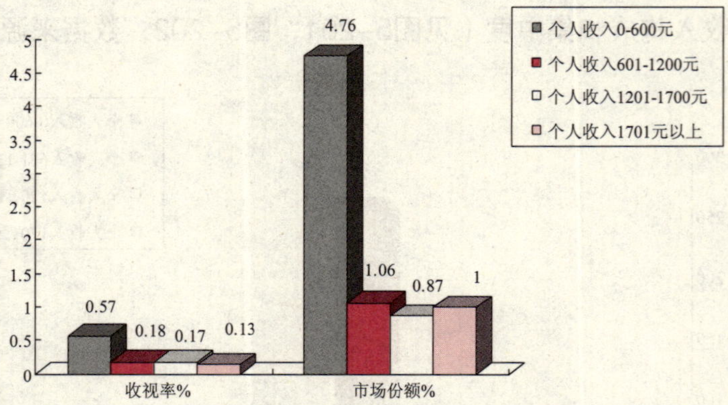

图5-204　2009年上海市场上海炫动卡通动画节目不同个人月收入观众收视率和市场份额比较

1 2 3 4 5 6 7 8 9 10

第七节　2008—2009年湖南金鹰卡通（在长沙）动画节目收视情况数据显示

一、排名前10位（见表5-15、表5-16，数据来源：CSM媒介研究）

表5-15　2008年长沙市场金鹰卡通动画节目收视排名前10位

排名	名称	频道	收视率%	市场份额%
1	宏梦卡通天地《大奔与石头》	湖南电视台金鹰卡通频道	1.85	6.68
2	大画连篇600《中华小子》	湖南电视台金鹰卡通频道	1.74	7.38
3	飞行家族酷乐园《俏皮狗》	湖南电视台金鹰卡通频道	1.63	3.97
4	动画片《异特龙群猎雷龙》	湖南电视台金鹰卡通频道	1.60	8.11
5	宏梦卡通天地《雕塑》	湖南电视台金鹰卡通频道	1.58	6.58
6	宏梦卡通天地《求偶大战》	湖南电视台金鹰卡通频道	1.57	9.22
7	飞行家族酷乐园《丑小绿》	湖南电视台金鹰卡通频道	1.57	3.98
8	飞行家族酷乐园《超女娃娃没有爸妈的日子》	湖南电视台金鹰卡通频道	1.57	3.88
9	大画连篇600《喜羊羊与灰太狼》	湖南电视台金鹰卡通频道	1.49	6.33
10	《喜羊羊与灰太狼》	湖南电视台金鹰卡通频道	1.48	13.79

表5-16　2009年长沙市场金鹰卡通动画节目收视排名前10位

排名	名称	频道	收视率%	市场份额%
1	大画连篇600《喜羊羊与灰太狼》	湖南电视台金鹰卡通频道	1.81	7.87
2	来吧看动画《小鸭子兵团》	湖南电视台金鹰卡通频道	1.62	5.17
3	卡通泡泡堂《卡通剧场迪士尼经典动画》	湖南电视台金鹰卡通频道	1.57	9.38
4	《喜羊羊与灰太狼》	湖南电视台金鹰卡通频道	1.55	9.48
5	大画连篇600《羊羊运动会》	湖南电视台金鹰卡通频道	1.51	6.34
6	大画连篇600《百变机兽之洛洛历险记》	湖南电视台金鹰卡通频道	1.50	5.25
7	《羊羊运动会》	湖南电视台金鹰卡通频道	1.44	6.63
8	卡通泡泡堂《四驱兄弟》	湖南电视台金鹰卡通频道	1.39	7.75
9	卡通泡泡堂《魔幻仙踪》	湖南电视台金鹰卡通频道	1.38	8.95
10	来吧看动画《幽灵公主》	湖南电视台金鹰卡通频道	1.38	4.26

二、观众性别构成和集中度（见图5-205、图5-206，数据来源：CSM媒介研究）

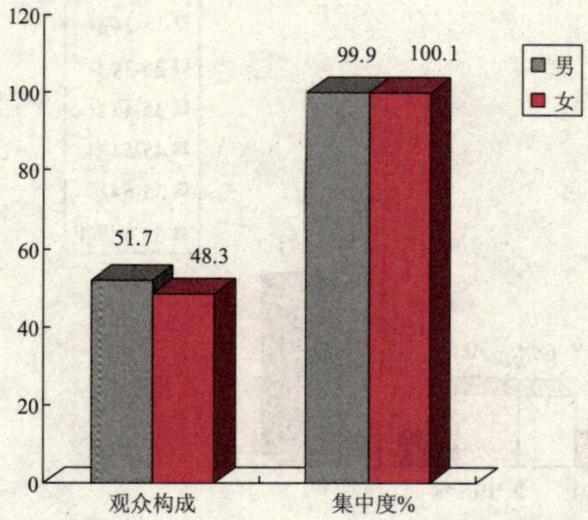

图5-205　2008年长沙市场金鹰卡通动画节目的观众性别构成和集中度

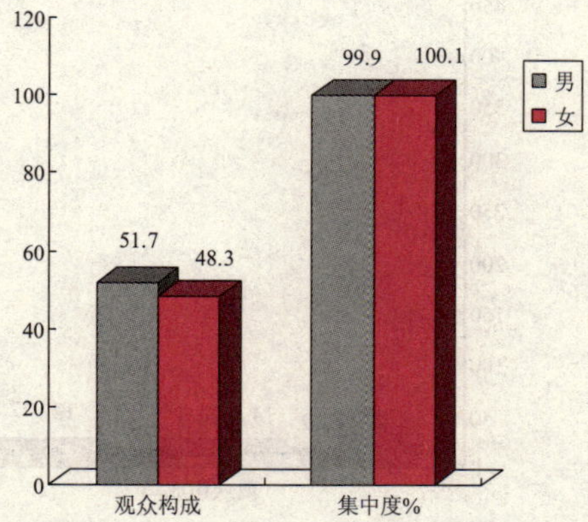

图5-206　2009年长沙市场金鹰卡通动画节目的观众性别构成和集中度

三、不同性别观众收视率和市场份额比较（见图5-207、图5-208，数据来源：CSM媒介研究）

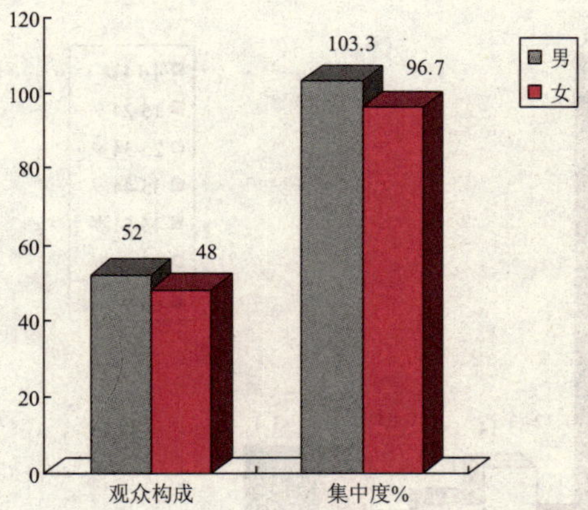

图5-207　2008年长沙市场金鹰卡通动画节目不同性别观众收视率和市场份额比较

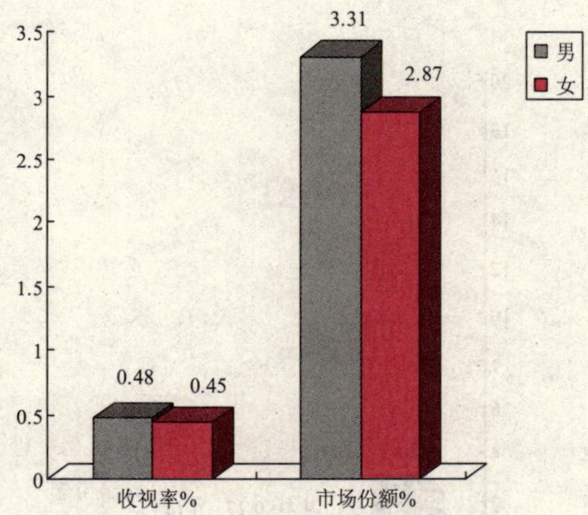

图5-208　2009年长沙市场金鹰卡通动画节目不同性别观众收视率和市场份额比较

四、观众年龄构成和集中度（见图5-209、图5-210，数据来源：CSM媒介研究）

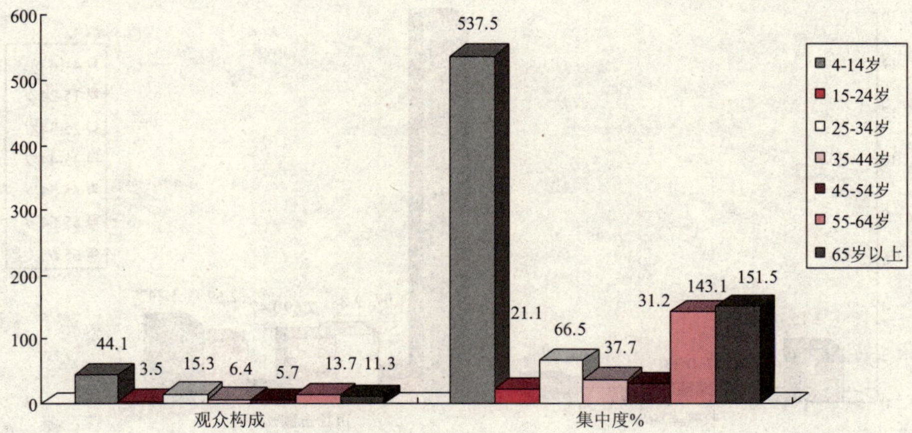

图5-209　2008年长沙市场金鹰卡通动画节目的观众年龄构成和集中度

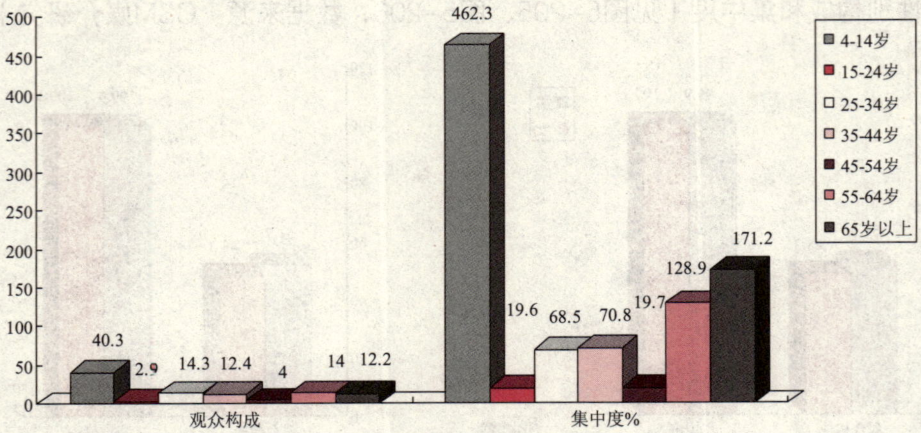

图5-210　2009年长沙市场金鹰卡通动画节目的观众年龄构成和集中度

1
2
3
4
5
6
7
8
9
10

五、不同年龄观众收视率和市场份额比较（见图5-211、图5-212，数据来源：CSM媒介研究）

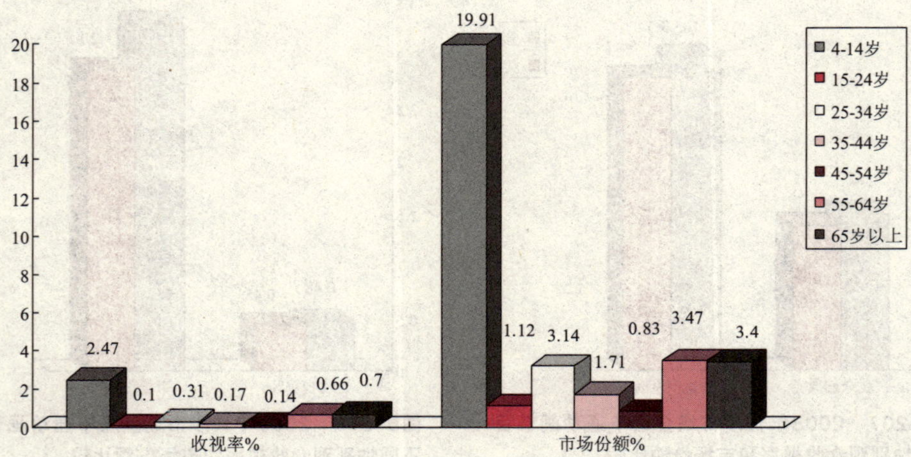

图5-211　2008年长沙市场金鹰卡通动画节目不同年龄观众收视率和市场份额比较

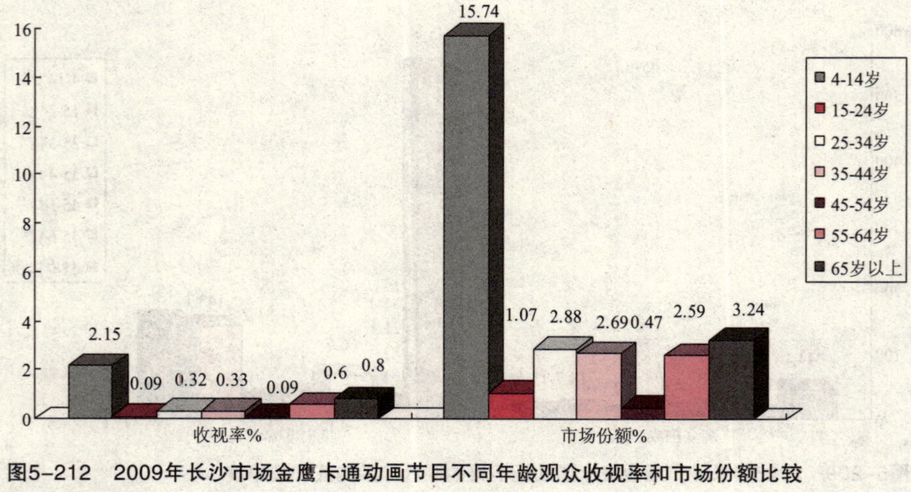

图5-212　2009年长沙市场金鹰卡通动画节目不同年龄观众收视率和市场份额比较

六、观众教育程度构成和集中度（见图5-213、图5-214，数据来源：CSM媒介研究）

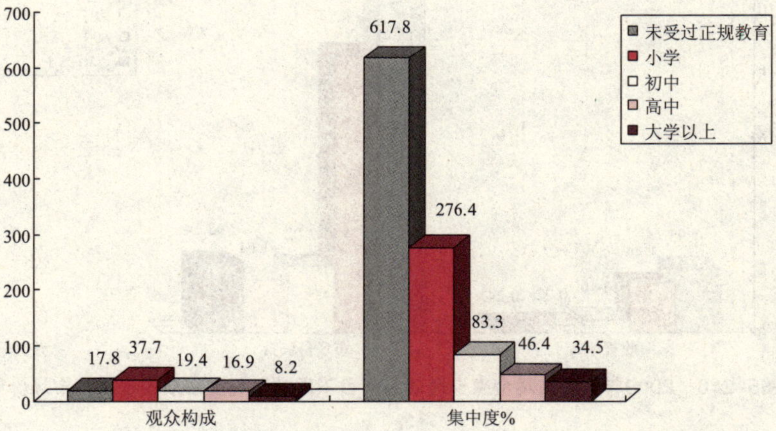

图5-213　2008年长沙市场金鹰卡通动画节目的观众教育程度构成和集中度

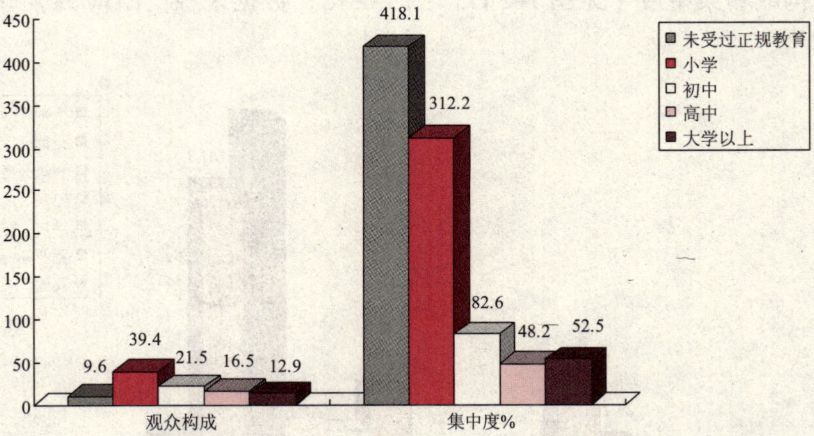

图5-214　2009年长沙市场金鹰卡通动画节目的观众教育程度构成和集中度

七、不同教育程度观众收视率和市场份额比较（见图5-215、图5-216，数据来源：CSM媒介研究）

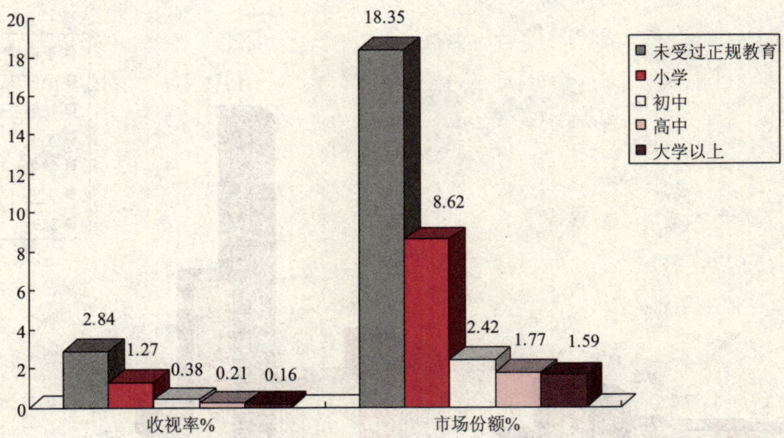

图5-215　2008年长沙市场金鹰卡通动画节目不同教育程度观众收视率和市场份额比较

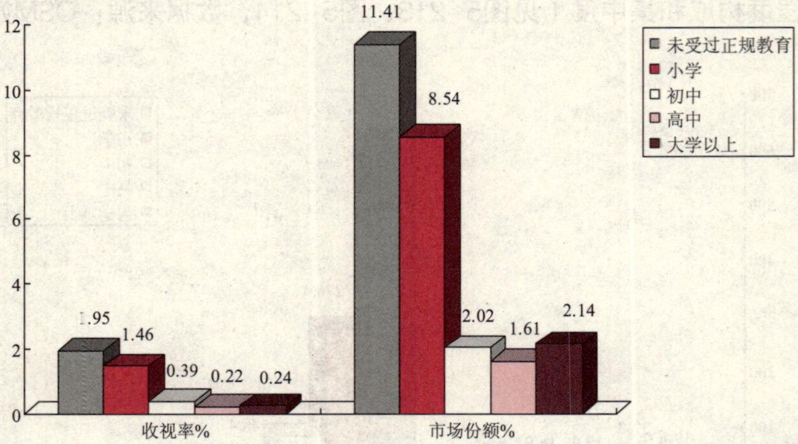

图5-216 2009年长沙市场金鹰卡通动画节目不同教育程度观众收视率和市场份额比较

1 2 3 4 5 6 7 8 9 10

八、观众职业构成和集中度（见图5-217、图5-218，数据来源：CSM媒介研究）

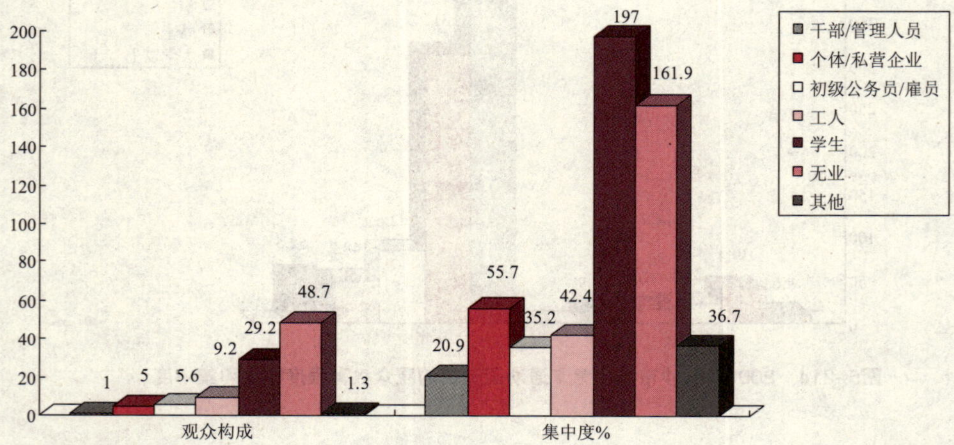

图5-217 2008年长沙市场金鹰卡通动画节目的观众职业构成和集中度

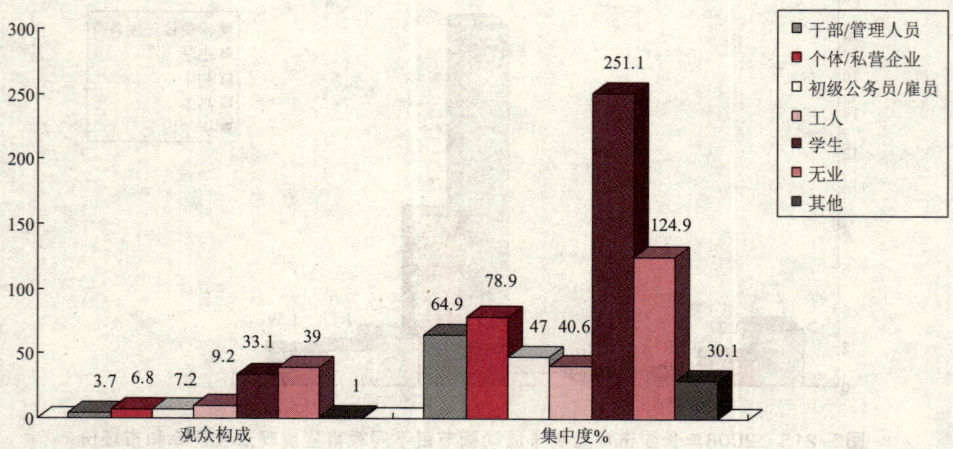

图5-218 2009年长沙市场金鹰卡通动画节目的观众职业构成和集中度

九、不同职业观众收视率和市场份额比较（见图5-219、图5-220，数据来源：CSM媒介研究）

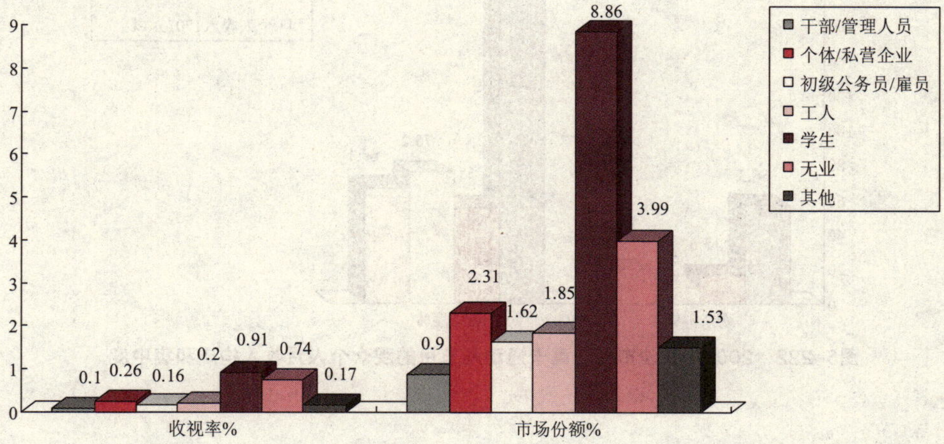

图5-219　2008年长沙市场金鹰卡通动画节目不同职业观众收视率和市场份额比较

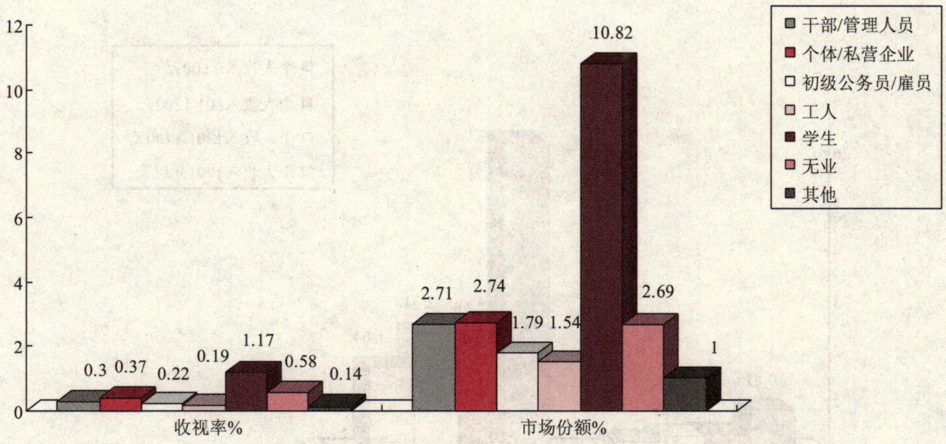

图5-220　2009年长沙市场金鹰卡通动画节目不同职业观众收视率和市场份额比较

十、观众个人月收入构成和集中度（见图5-221、图5-222，数据来源：CSM媒介研究）

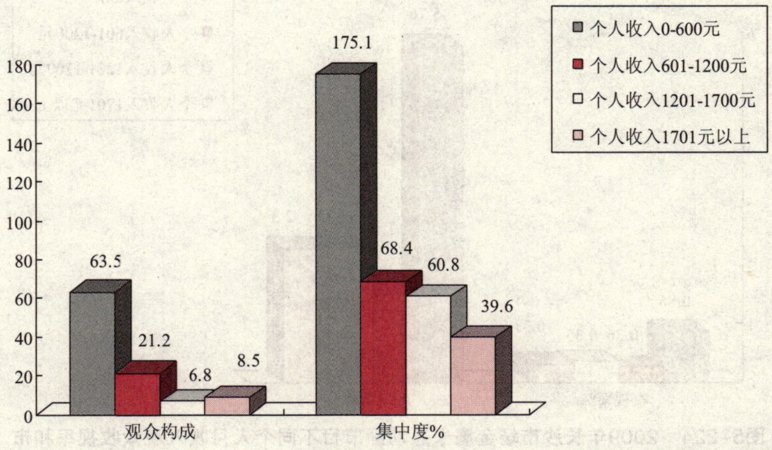

图5-221　2008年长沙市场金鹰卡通动画节目的观众个人月收入构成和集中度

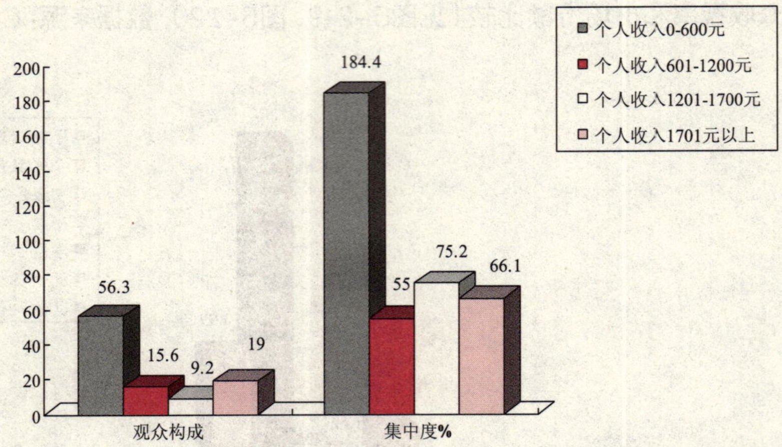

图5-222　2009年长沙市场金鹰卡通动画节目的观众个人月收入构成和集中度

十一、不同个人月收入观众收视率和市场份额比较（见图5-223、图5-224，数据来源：CSM媒介研究）

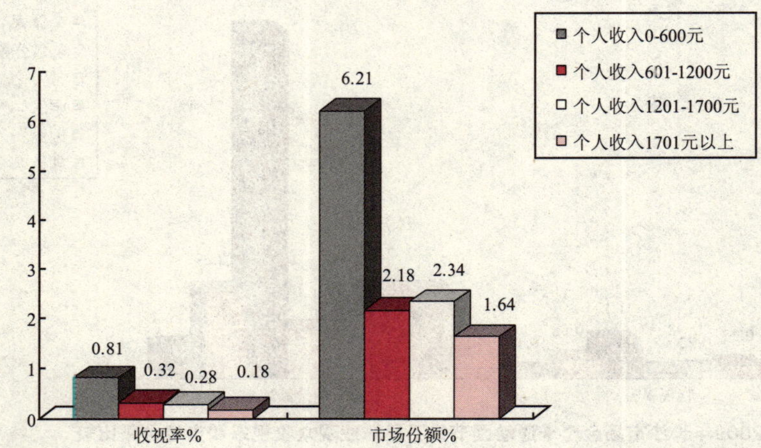

图5-223　2008年长沙市场金鹰卡通动画节目不同个人月收入观众收视率和市场份额比较

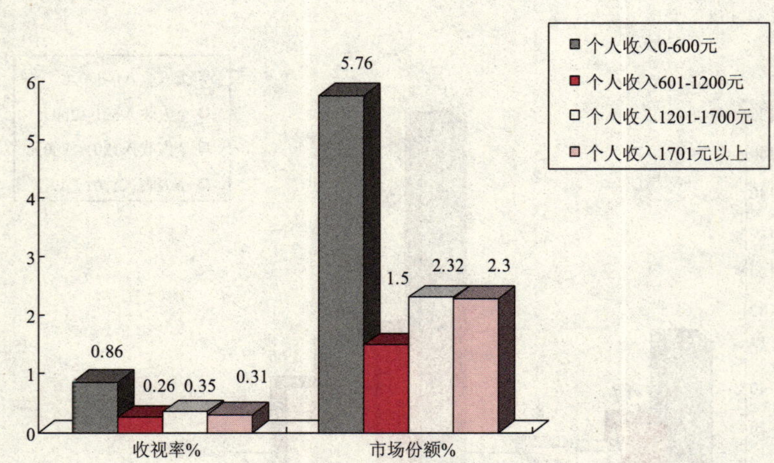

图5-224　2009年长沙市场金鹰卡通动画节目不同个人月收入观众收视率和市场份额比较

第八节　2008—2009年广东嘉佳（在广州）动画节目收视情况数据显示

一、排名前10位（见表5-17，数据来源：CSM媒介研究）

表5-17　2009年广州市场广东嘉佳动画节目收视排名前10位

排名	名称	频道	收视率%	市场份额%
1	卡通大连播《小卓玛》	广东电视台嘉佳卡通频道	0.42	7.85
2	黄金剧场《虹猫仗剑走天涯》	广东电视台嘉佳卡通频道	0.42	1.10
3	黄金剧场《天上掉下个猪八戒》第四系列冒险魔幻岛	广东电视台嘉佳卡通频道	0.36	1.02
4	黄金剧场《希望家园》	广东电视台嘉佳卡通频道	0.35	0.82
5	黄金剧场《快乐星猫》	广东电视台嘉佳卡通频道	0.33	1.31
6	黄金剧场《游击神兵》	广东电视台嘉佳卡通频道	0.33	0.87
7	黄金剧场《天上掉下个猪八戒》	广东电视台嘉佳卡通频道	0.29	0.75
8	嘉佳经典剧场《大吉利车队》	广东电视台嘉佳卡通频道	0.29	0.74
9	黄金剧场《魔法妈妈系列动画之快乐精灵》	广东电视台嘉佳卡通频道	0.28	0.88
10	黄金剧场《星星狐的体验》	广东电视台嘉佳卡通频道	0.27	0.99

二、观众性别构成和集中度（见图5-225，数据来源：CSM媒介研究）

三、不同性别观众收视率和市场份额比较（见图5-226，数据来源：CSM媒介研究）

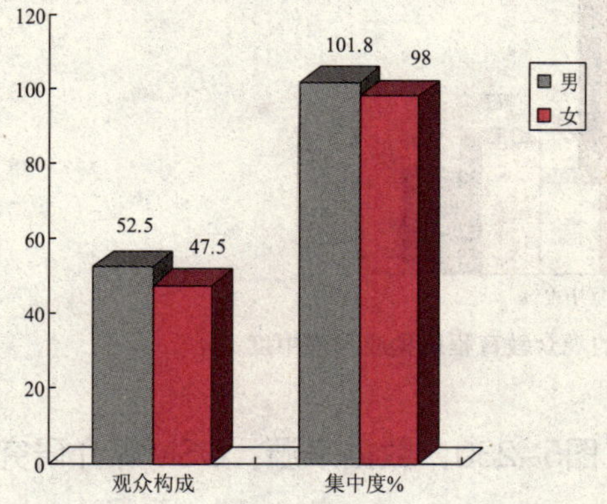

图5-225　2009年广州市场广东嘉佳动画节目的观众性别构成和集中度

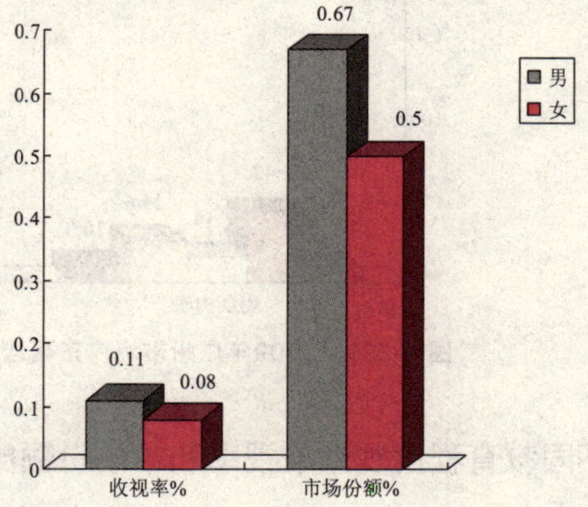

图5-226　2009年广州市场广东嘉佳动画节目不同性别观众收视率和市场份额比较

四、观众年龄构成和集中度（见图5-227，数据来源：CSM媒介研究）

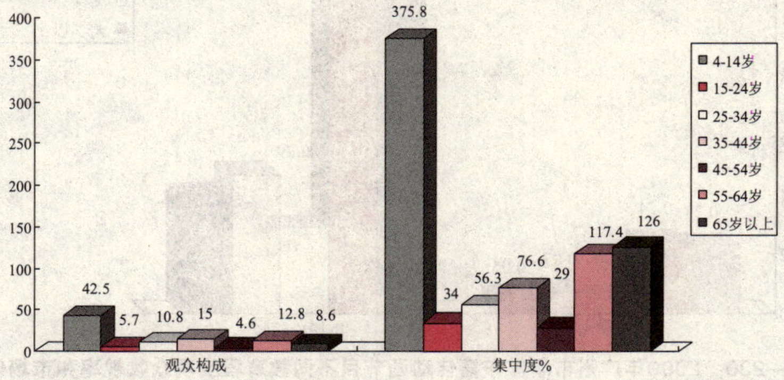

图5-227　2009年广州市场广东嘉佳动画节目的观众年龄构成和集中度

五、不同年龄观众收视率和市场份额比较（见图5-228，数据来源：CSM媒介研究）

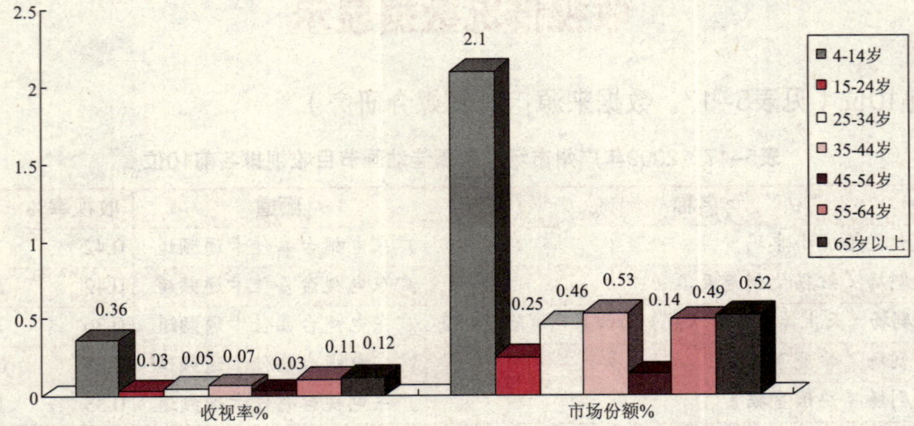

图5-228 2009年广州市场广东嘉佳动画节目不同年龄观众收视率和市场份额比较

六、观众教育程度构成和集中度（见图5-229，数据来源：CSM媒介研究）

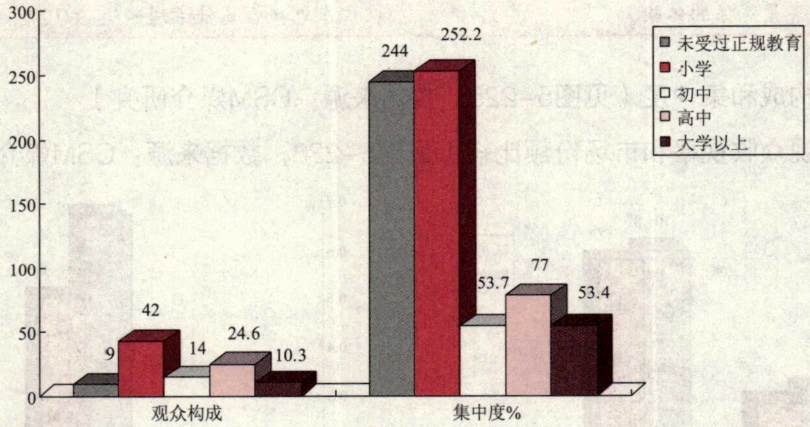

图5-229 2009年广州市场广东嘉佳动画节目的观众教育程度构成和集中度

七、不同教育程度观众收视率和市场份额比较（见图5-230，数据来源：CSM媒介研究）

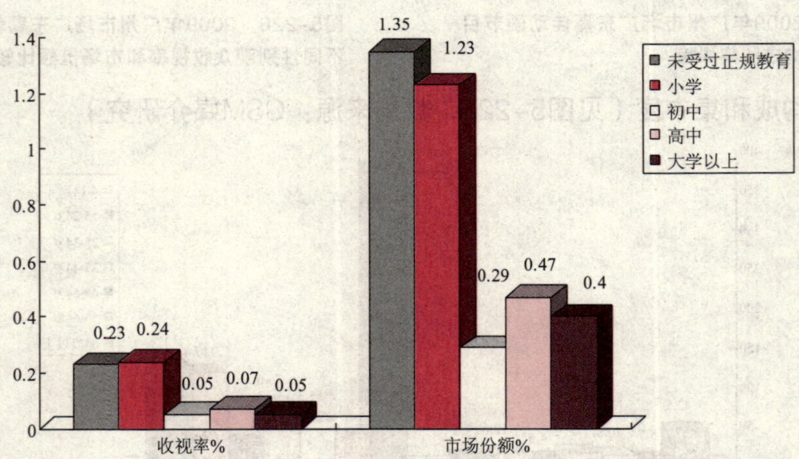

图5-230 2009年广州市场广东嘉佳动画节目不同教育程度观众收视率和市场份额比较

八、观众职业构成和集中度（见图5-231，数据来源：CSM媒介研究）

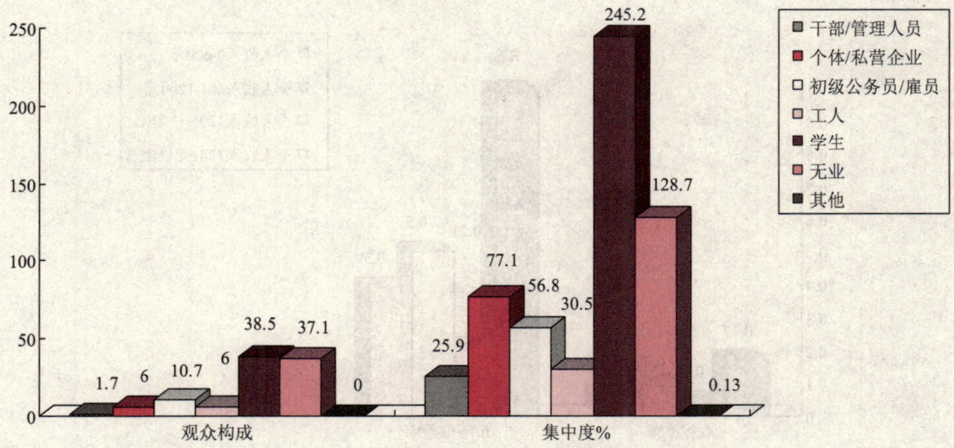

图5-231　2009年广州市场广东嘉佳动画节目的观众职业构成和集中度

九、不同职业观众收视率和市场份额比较（见图5-232，数据来源：CSM媒介研究）

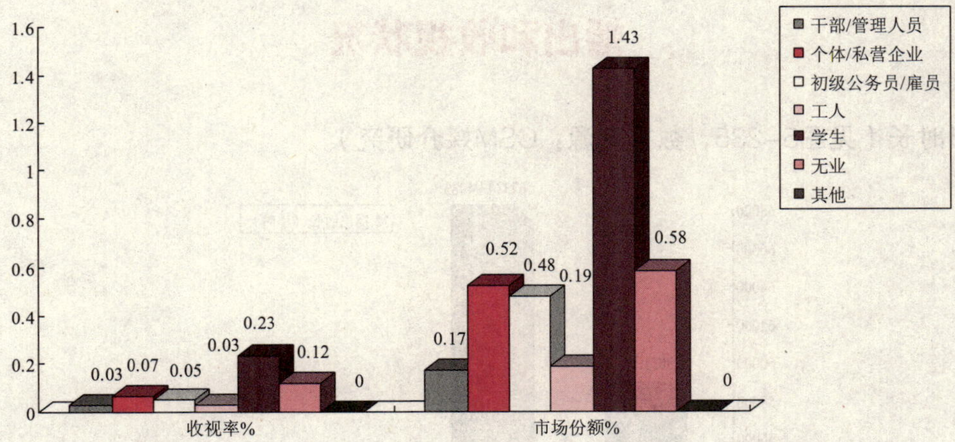

图5-232　2009年广州市场广东嘉佳动画节目不同职业观众收视率和市场份额比较

十、观众个人月收入构成和集中度（见图5-233，数据来源：CSM媒介研究）

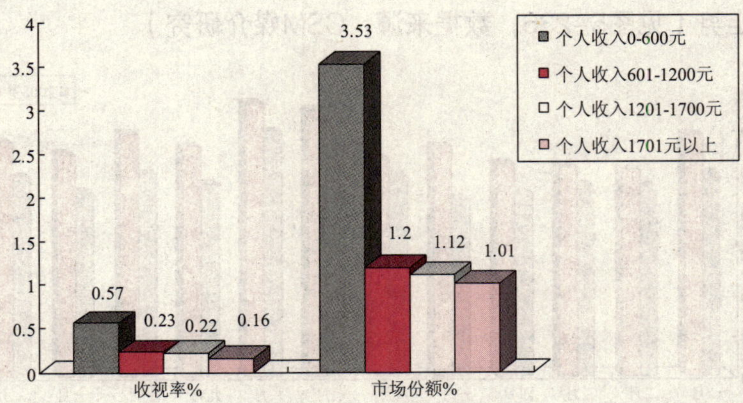

图5-233　2009年广州市场广东嘉佳动画节目的观众个人月收入构成和集中度

十一、不同个人月收入观众收视率和市场份额比较（见图5-234，数据来源：CSM媒介研究）

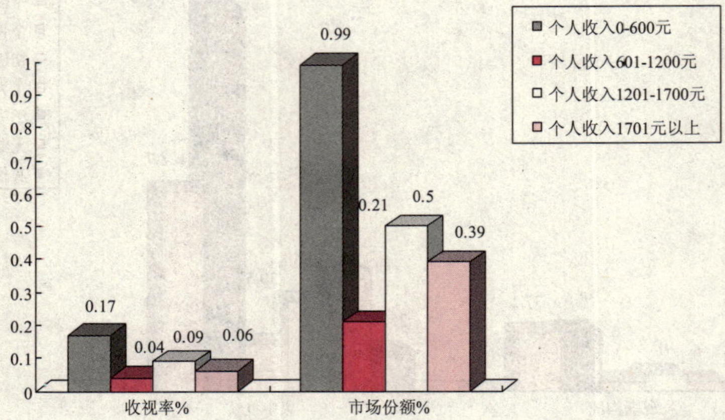

图5-234 2009年广州市场广东嘉佳动画节目不同个人月收入观众收视率和市场份额比较

第九节 2008—2009年全国主要城市动画节目的播出和收视状况

一、播出时长（见图5-235，数据来源：CSM媒介研究）

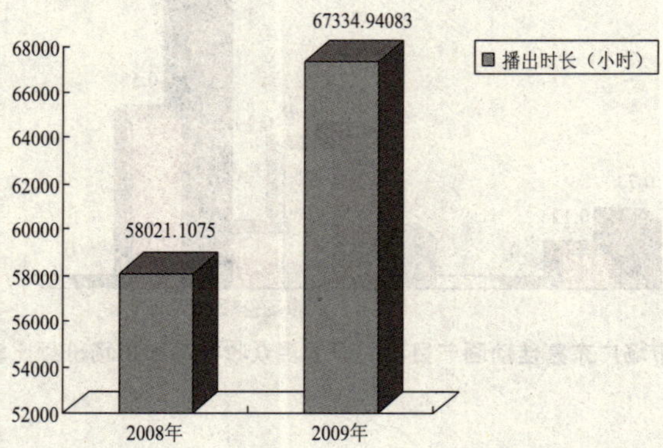

图5-235 2008和2009年全国主要城市动画节目的播出时长

二、时长的月度走势（见图5-236，数据来源：CSM媒介研究）

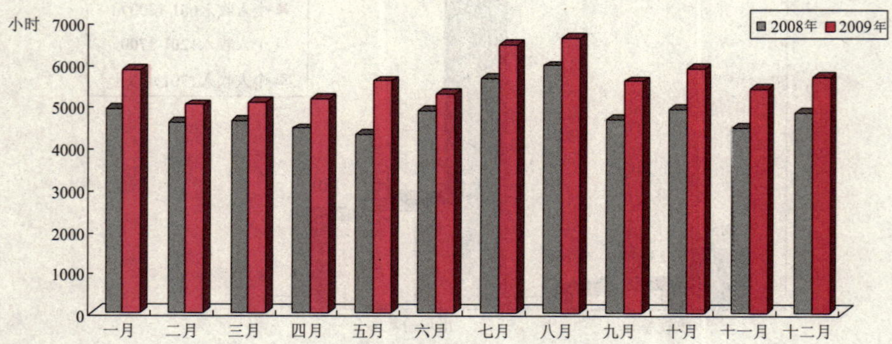

图5-236 2008和2009年全国主要城市动画节目播出时长的月度走势

三、时长的周天走势（见图5-237，数据来源：CSM媒介研究）

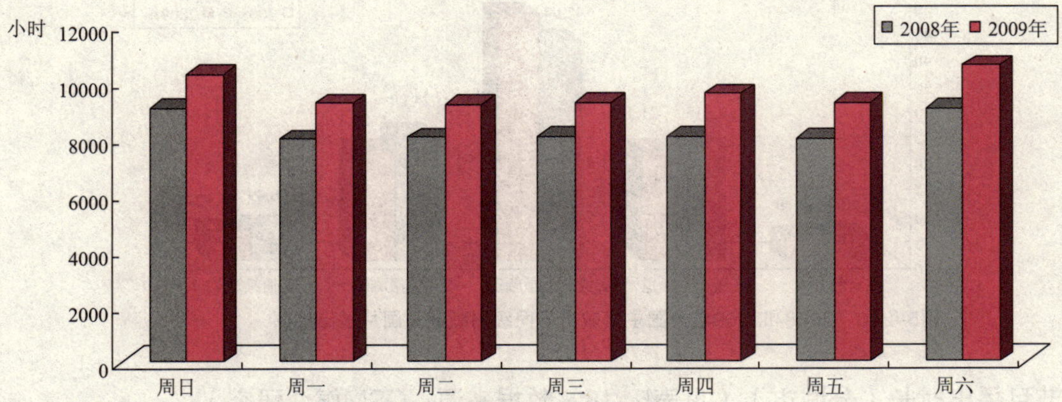

图5-237　2008和2009年全国主要城市动画节目播出时长的周天走势

四、播出时长的时段走势（见图5-238，数据来源：CSM媒介研究）

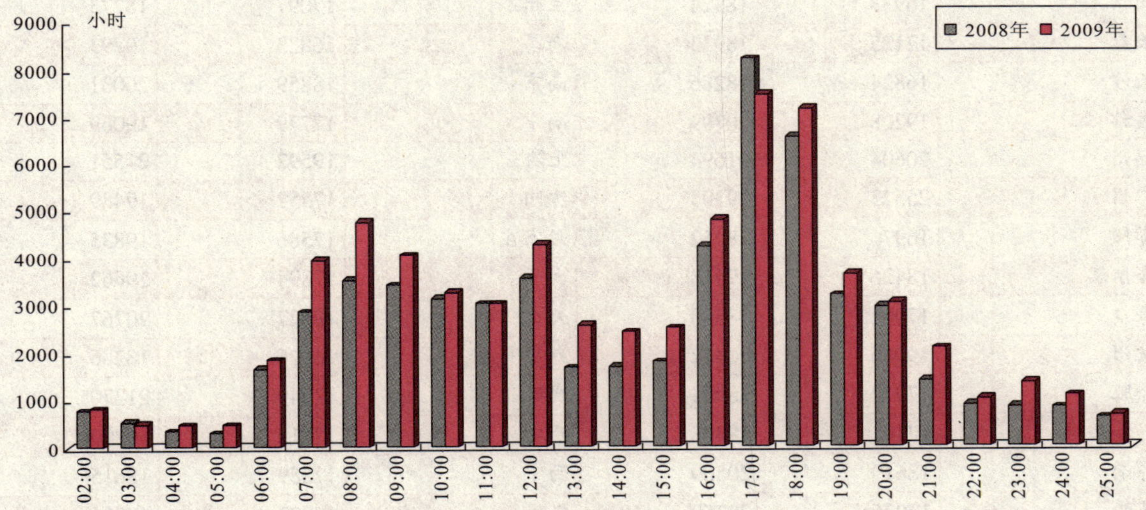

图5-238　2008和2009年全国主要城市动画节目播出时长的时段走势

五、动画片播出时长（见图5-239，数据来源：CSM媒介研究）

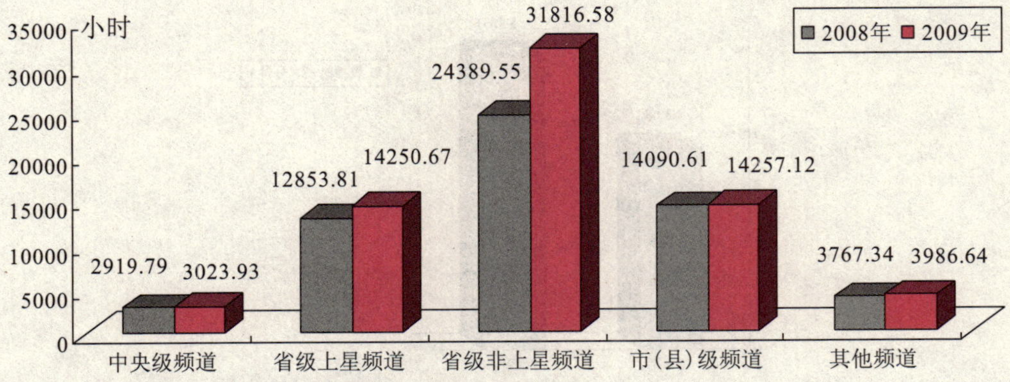

图5-239　2008和2009年全国主要城市不同级别频道动画片播出时长

六、动画片播出份额（见图5-240，数据来源：CSM媒介研究）

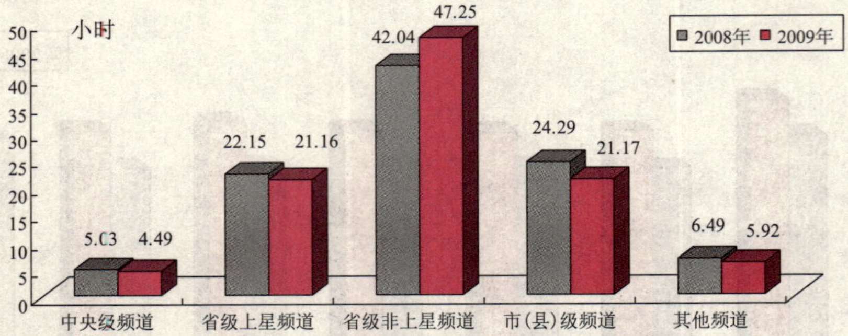

图5-240　2008和2009年全国主要城市不同级别频道动画片播出份额

七、节目播出时长（分城市）（见表5-18，数据来源：CSM媒介研究）

表5-18　2008和2009年全国主要城市动画节目播出时长（分城市）

单位：小时

城市	2008年	2009年	城市	2008年	2009年
北京	16933	18324	兰州	17097	18273
长春	17125	18933	南昌	16823	19793
长沙	16824	18286	南京	18859	20031
成都	19208	20799	南宁	17779	19069
福州	20604	21694	上海	19592	21551
广州	25523	29303	沈阳	17552	19489
贵阳	16976	18452	石家庄	17586	19835
哈尔滨	18426	19518	太原	17894	19662
海口	17061	18590	天津	18627	20767
杭州	19066	20412	乌鲁木齐	16826	18286
合肥	17912	18934	武汉	19949	21270
呼和浩特	17192	18428	西安	17817	19209
济南	18619	20509	西宁	17289	18615
昆明	17925	20259	银川	16897	18296
拉萨	16823	18273	郑州	17720	19278
			重庆	18343	21784

八、节目的收视时长（见图5-241，数据来源：CSM媒介研究）

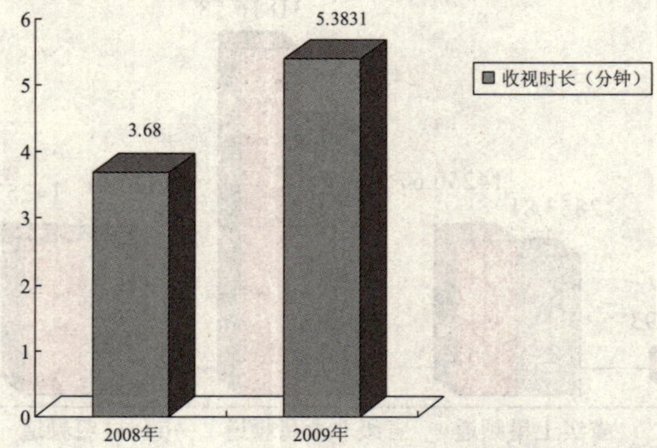

图5-241　2008和2009年全国主要城市动画节目的收视时长

九、收视时长的月度走势（见图5-242，数据来源：CSM媒介研究）

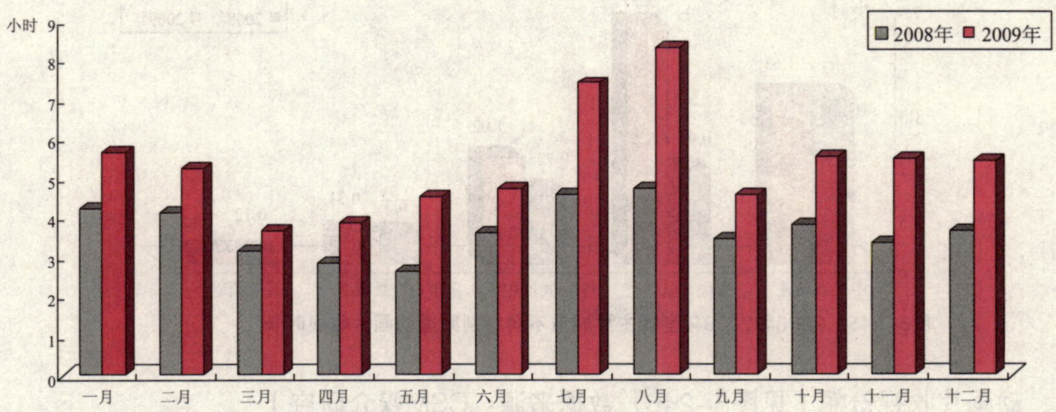

图5-242　2008和2009年全国主要城市动画节目收视时长的月度走势

十、收视时长的周天走势（见图5-243，数据来源：CSM媒介研究）

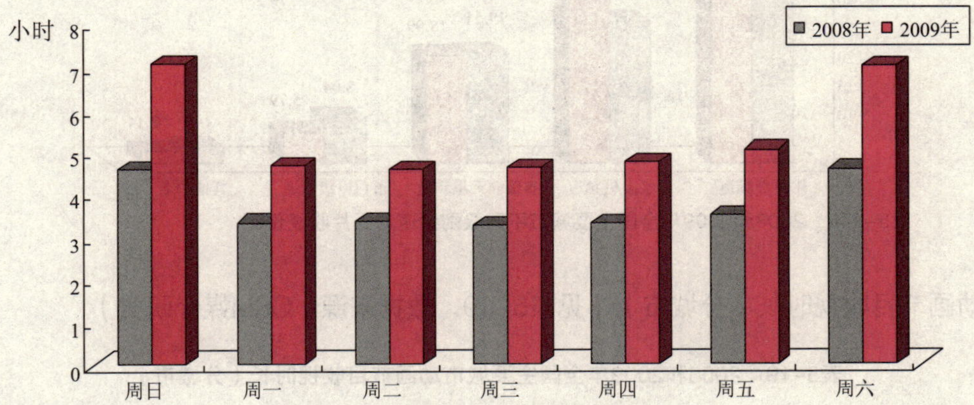

图5-243　2008和2009年全国主要城市动画节目收视时长的周天走势

十一、收视时长的时段走势（见图5-244，数据来源：CSM媒介研究）

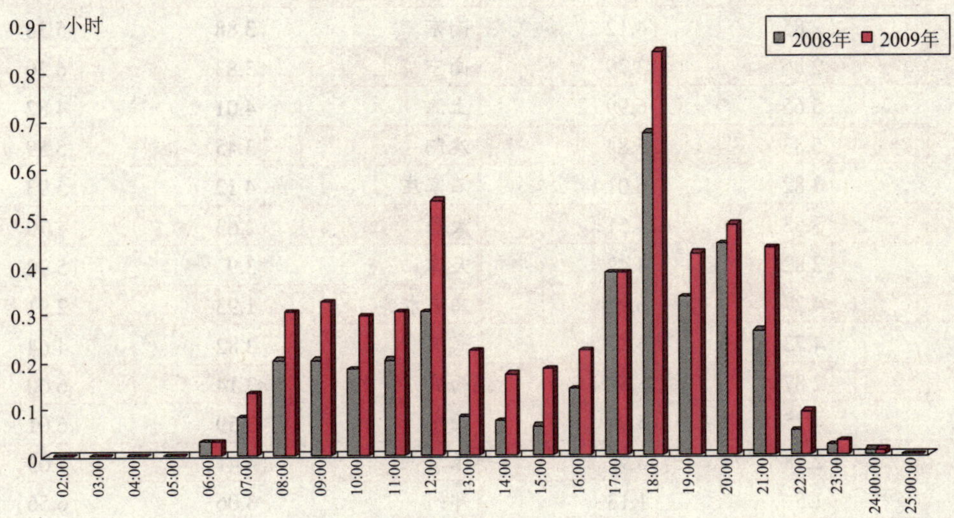

图5-244　2008和2009年全国主要城市动画节目收视时长的时段走势

十二、动画片收视时长（见图5-245，数据来源：CSM媒介研究）

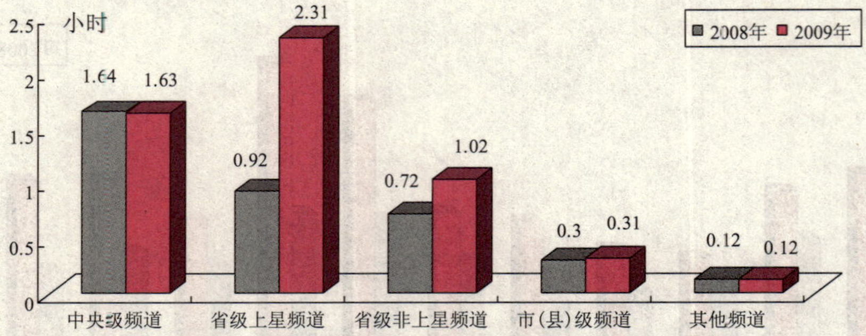

图5-245　2008和2009年全国主要城市不同级别频道动画片收视时长

十三、动画片收视份额（见图5-246，数据来源：CSM媒介研究）

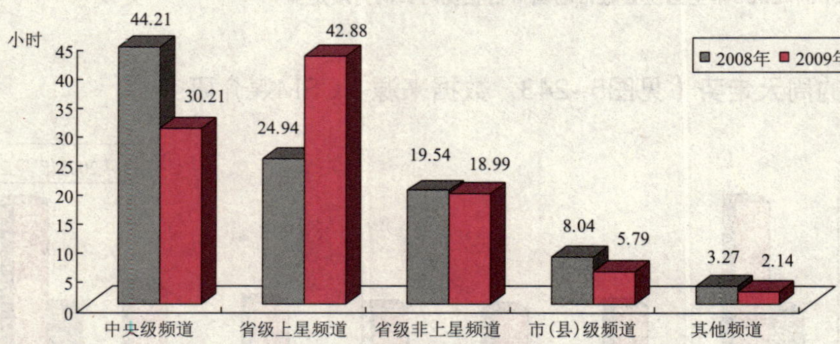

图5-246　2008和2009年全国主要城市不同级别频道动画片收视份额

十四、动画节目收视时长（分城市）（见表5-19，数据来源：CSM媒介研究）

表5-19　2008和2009年全国主要城市动画节目收视时长（分城市）

单位：分钟

城市	2008年	2009年	城市	2008年	2009年
北京	2.97	4.00	兰州	3.54	4.62
长春	2.98	4.28	南昌	3.45	6.06
长沙	2.85	4.12	南京	3.88	5.38
成都	2.86	3.79	南宁	3.83	6.20
福州	5.65	6.99	上海	4.01	4.82
广州	5.83	5.84	沈阳	3.45	5.59
贵阳	3.82	6.01	石家庄	4.12	5.93
哈尔滨	3.58	4.51	太原	2.63	4.70
海口	2.82	4.42	天津	3.9	5.92
杭州	4.27	6.94	乌鲁木齐	1.93	2.91
合肥	4.73	5.47	武汉	3.82	4.64
呼和浩特	2.87	3.53	西安	3.14	6.00
济南	4.25	5.91	西宁	3.59	6.01
昆明	2.28	3.97	银川	4.41	7.03
拉萨	1.5	1.13	郑州	3.06	6.56
			重庆	3.69	6.94

6

第六章

中国动画产业年报 CHINA ANIMATION INDUSTRY ANNUAL REPORT

2008—2009年中国漫画发展

- 2008—2009年中国漫画产业发展概况
- 2008—2009年中国传统媒体漫画出版概况
- 2008—2009年中国新媒体漫画发展概况
- 2008—2009年中国漫画展览活动举办概况

第一节　2008—2009年中国漫画产业发展概况

一、漫画期刊对产业辐射作用日益凸现

漫画作品作为传播的一个重要载体，中国漫画期刊已有16年历史（自1993年国内首本新漫画杂志《画书大王》创刊算起）。十几年里，先后出现了近百种漫画期刊，多数以停刊、休刊或转型收场，仅有少量期刊在总结前人失败的经验教训中顺应了市场和读者需求，渐渐探索出一条可行的经营之路。

1. 漫画期刊阵营日益强大，品种数量明显增多

在优秀漫画期刊品牌的带动之下，漫画杂志数量激增，发行量一路走高，当然其中也不乏跟风之作。根据2009年11~12月份对全国漫画期刊批发零售市场调查情况，各地涌现出来的各类动漫期刊（其中不少是以图书形态出现，即Mook）达到50余种。初步统计，2009年新涌现出来的期刊（包括以图书形态出版，以杂志模式发行的出版物，即杂志书Mook）约十种。2009年，漫画期刊上演“大阅兵”：“五一”期间，武汉出版社联合银都文化推出杂志书《淘漫画》；“五一”期间，优扬传媒联合学友园教育传媒集团推出《花园宝宝》杂志中文版；6月，冬日漫画联手迪文文化创立《奇想EX》（11月起改为由孩子杂志社出版）；7月2日，《虹猫蓝兔》杂志正式创刊；7月，意林传媒集团创办意林漫画《漫仔漫妞》；7月，影视艺苑杂志社创办《漫游》；8月，《北京卡通·大漫画》复刊；9月8日，童趣出版与原创动力联合推出杂志书《喜羊羊与灰太郎》；12月，漫友文化旗下《漫画SHOW》创刊，漫画期刊又添新兵。这股热潮一直延续到2010年，于2009年6月获准出版的《小樱桃》杂志在2010年1月正式创刊。天闻动漫宣布将于3月份创办《开心智趣园》，哈尔滨出版社也将于3月份推出《嗨漫》。此外，《读者爱动漫》等也在筹备新刊。近年来政府陆续出台大量扶持政策直接刺激了漫画期刊出版热潮，见表6-1。

表6-1　国内主要漫画期刊基本信息表（截止到2009年12月，以期刊标识为准）

序号	期刊名称	刊期	开本	主管、主办单位	期刊刊号	定价	页数
1	《漫画世界》	旬刊	16开	内蒙古画报社	CN15-1337/J	5.00	56
2	《漫友》	旬刊	32开	内蒙古画报社	CN15-1225/J	8.80	200
3	《知音漫客》	周刊	16开	知音传媒集团	CN42-1776/J	5.00	62
4	《童趣》（芭比、小公主、卡酷全卡通）	旬刊	16开	工业和信息化部人民邮电出版社	CN11-5656/C	15.00	48
5	《中国卡通》	旬刊	32开	共青团中央中国少年儿童新闻出版总社	CN11-3760/J	8.00	60
6	《幽默大师》	半月刊	16开	浙江出版联合集团浙江人民美术出版社	CN33-1029/J	5.00	56
7	《可爱100》	半月刊	32开	中国科学技术协会	CN11-485/N	9.00	200
8	《漫画BAR》	半月刊	16开	黑龙江美术出版社神童画报杂志社	CN23-1339/C	4.80	56
9	《儿童漫画》	半月刊	16开	中国出版集团中国美术出版总社	CN11-1415/C	5.00	56
10	《漫画月刊》	半月刊	16开	河南日报报业集团	CN41-1057/J	5.00	56
11	《米老鼠》	半月刊	16开	工业和信息化部人民邮电出版社	CN11-3041/J	8.80	48
12	《画王》（兔巴哥、猫和老鼠）	半月刊	16开	吉林出版集团吉林美术出版社	CN22-1380/J	8.00	48
13	《龙漫》	半月刊	32开	吉林出版集团吉林美术出版社	CN22-1369/J	8.00	200
14	《花园宝宝》	半月刊	16开	四川出版集团四川少年儿童出版社	CN51-1709/Z	6.50	26
15	《漫画派对》	月刊	16开	云南出版集团公司云南教育出版社	CN53-1206/J	5.00	60

续表

序号	期刊名称	刊期	开本	主管、主办单位	期刊刊号	定价	页数
16	《飒漫画》	月刊	16开	内蒙古教育出版社	CN15-1059/G4	5.00	56
17	《漫仔漫妞》	月刊	16开	意林传媒集团	CN22-1075/F	5.00	56
18	《北京卡通·大漫画》	月刊	32开	北京出版集团公司	CN11-3761/J	5.00	64
19	《漫画大王》	月刊	32开	中国出版集团公司中国美术出版总社	CN11-3659/J	5.00	80
20	《米老鼠特刊》	月刊	16开	工业和信息化部人民邮电出版社	CN11-3041/J	12.80	64
21	《小熊维尼》	月刊	16开	国家广电总局中国电影艺术研究中心	CN11-3416/J	12.00	48
22	《动画大王》	月刊	16开	上海文艺出版总社上海人民美术出版社	CN31-1074/J	14.80	56
23	《漫动作·哇O》	月刊	16开	上海世纪出版股份有限公司	CN31-1929/J	10.00	56
24	《孩子·奇想EX》	月刊	16开	家庭期刊集团有限公司	CN44-1515/Z	12.80	32
25	《虹猫蓝兔》	月刊	16开	湖南出版投资控股有限公司	CN43-1498/J	6.00	56

注：《漫画世界》从2010年1月号起改为周刊。

2. 漫画期刊整体市场规模明显增大

据国内权威报刊发行研究专业机构——北京开元策略信息咨询有限公司2008年第二期市场化报刊零售发行调查报告显示，在以发行为主要收入的杂志类别中，北京、上海、广州、深圳、南京、杭州、青岛、沈阳、武汉、成都这十大城市杂志零售市场单期发行量前30强中，共有12种漫画期刊。这12种漫画期刊在北京、上海、广州、深圳四大城市的销售指数为29.7，占以发行为主的杂志整体销售指数（300.5）的10%，占所有市场化杂志（分为以广告经营为主要收入的杂志和以发行为主要收入的杂志两类）整体销售指数（493.5）的6%，相比2008年第一期市场调查（4.57%）增加了1.43个百分点。这批漫画期刊在南京、杭州、青岛、沈阳、武汉、成都六个城市的合计实销量为133.06，占以发行为主的杂志整体实销量（1492.76万册）的9%，占所有市场化杂志整体实销量（2390.16万册）的6%，相比2008年第一期市场调查（除成都外，五个城市的总体比例为2.15%）大幅增加了3.85个百分点。漫画期刊在全国二线城市的增长非常强劲，见图6-1。

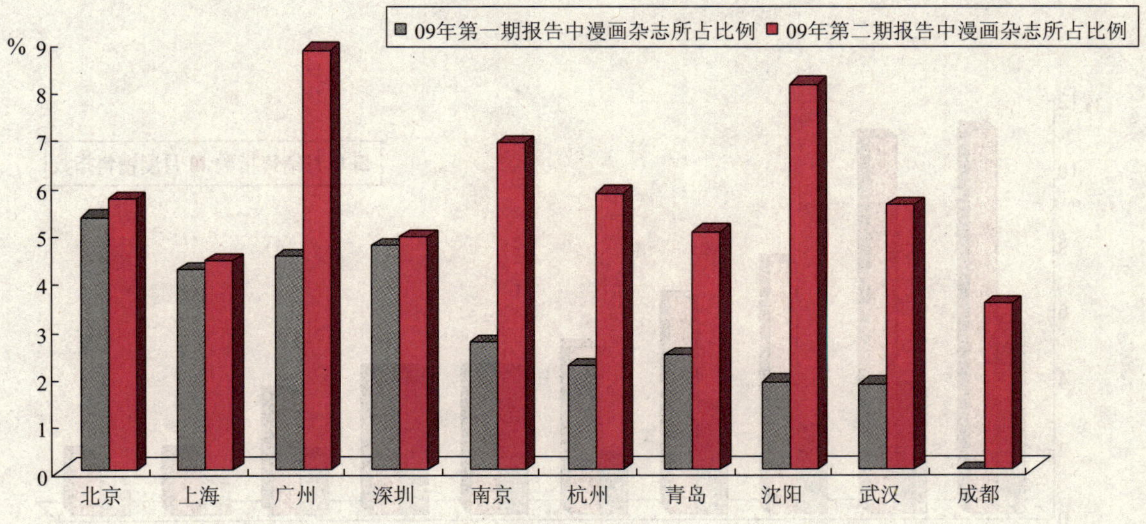

图6-1 全国十大城市漫画杂志占市场化杂志总销量比例图

不仅漫画期刊整体市场规模明显放大，知名漫画期刊发行量也在大幅递增，目前中国已经有两本漫画期刊月度发行总量超过100万册。根据刊社自己提供的数字，截止到2009年10月份，《漫画世界》和《知音漫客》月均发行量分别为116万册和134万册，这两本期刊在2009年底相继变身周刊之后月度发行量均超过150万册。

综合看来，在近年来动漫产业利好政策的推动下，中国漫画杂志消费市场份额持续上扬，不仅整体销量突飞猛进，而且在整体市场化报刊的大盘中所占比例也在不断加重。当前，在《文化产业振兴规划》等政策的带动下，漫画杂志在主流阅读市场的影响力日益凸显，正成为国家文化产业发展的一个重要突破口。

3. 优秀漫画期刊实力日益增强

在上榜的12种漫画杂志中，《幽默大师》、《漫画派对》和《米老鼠》进入了全国十大城市以发行为主要收入的期刊排名前30强；《小公主》进入了八大城市以发行为主要收入的期刊排名前30强。尤其引人注目的是，在北京、上海、广州和深圳全国四大一线城市，有七种漫画杂志进入四地合计杂志零售市场期发量前30强（以发行为主要收入的杂志类别）。《幽默大师》、《漫画派对》、《小公主》、《漫画世界》、《米老鼠》、《漫友》和《新蕾·STORY100》七种漫画杂志合计销售指数为26，占四地合计杂志零售市场期发量前30强（以发行为主杂志类）销售指数（285.1）的9%。

在漫画杂志运营方面，漫画出版领军机构漫友文化多年来奉行的规模化、多元化战略再结硕果，旗下的《漫画世界》、《漫友》、《新蕾·STORY100》、《新蕾·STORY101》和《乌龙院》在四大城市（北京、上海、广州和深圳）的销售指数为10.4，在所有漫画杂志总体销售指数（29.7）中所占比例达到35%，一举超越经营迪士尼授权内容的童趣出版公司（合计销售指数为7.2，所占比例为24%），成为漫画杂志经营的最大赢家。其中，幽默漫画期刊《漫画世界》期发量明显增长，增幅可高达63.64%，显示出超强的高增长性。此外，《漫画派对》也是漫画杂志阵营中的一大亮点，它是本土原创漫画杂志中除《幽默大师》外另外一本进入全国十大城市前30强的漫画期刊，尤其是在南京、杭州等六个城市的合计平均实销量为44.15%，大幅超越了《幽默大师》（35.66%）。

尽管漫画杂志在市场化杂志中所占比例相比以往明显上升，但与众多成名多年的强势大刊相比仍显弱小。目前，只有《幽默大师》、《漫画派对》和《米老鼠》全部进入十大城市期发量前30强，其他杂志只进入部分城市的前30强，尚未完全发挥出内容优势和竞争潜力。漫画杂志的整体期发量仍然偏低，在四地合计杂志零售市场期发量前30强中，《幽默大师》、《漫画派对》、《漫画世界》、《米老鼠》和《漫友》等七种漫画杂志合计销售指数仅为26，仅为中国第一刊《读者》销售指数

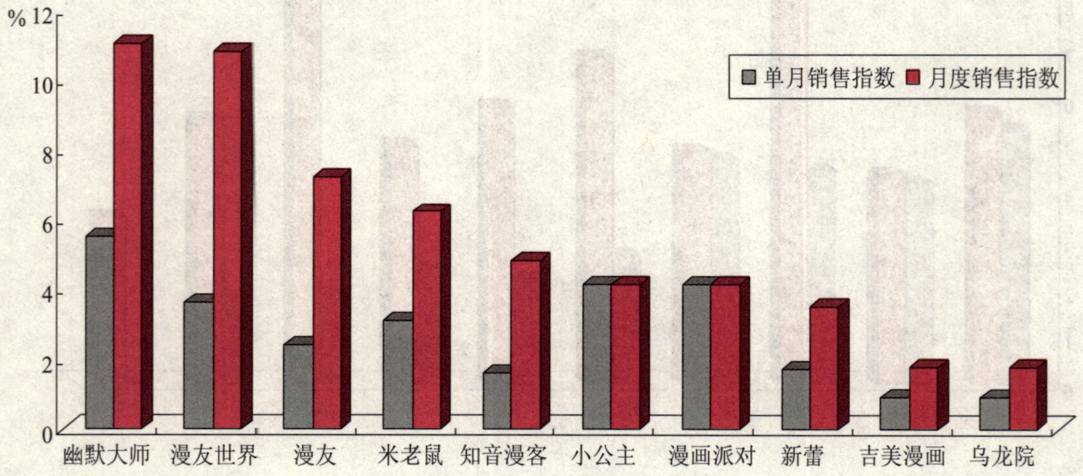

图6-2　北京、上海、广州、深圳四大城市漫画杂志综合销售指数

（58.4）的44.52%。又如，知音集团强势创办的漫画杂志《知音漫客》在四地（北京、上海、广州和深圳）的合计销售指数为1.6，仅为母刊《知音》销售指数（35.8）的4.47%，见图6-2。

4. 漫画期刊综合市场价值不断提升

在现有的10种进入到四地（北京、上海、广州、深圳）杂志零售市场期发量前30强的漫画杂志中，《漫友》、《漫画世界》和《知音漫客》在调查时均为旬刊，《幽默大师》、《米老鼠》、《新蕾》、《吉美漫画》和《乌龙院》（实为连续性图书出版物，大约每月出版二本以上）为半月刊，《小公主》和《漫画派对》为月刊。定价方面，在调查时，这些期刊基本上都在10元以内，主要以低中价位为主，以5元为分界线，5元及5元以下的杂志有4种，5元以上的杂志有6种。按照杂志的出刊数量和定价进行推算，得出这些杂志的市场价值指数。

漫画杂志的市场价值指数取决于杂志的期发量、刊期密度和定价，期发量越高、刊期越密集、定价越高，杂志的市场价值就越大。目前，《幽默大师》在单期销售指数上位列漫画杂志之首，而《漫友》杂志仍然是市场价值最高的漫画杂志。从月度销售指数来看，漫画杂志前三强依次为《幽默大师》（11）、《漫画世界》（10.8）和《漫友》（7.2），且《漫画世界》月度销售指数已经紧紧逼近当前的销售冠军《幽默大师》，大有借周刊化之利取而代之的趋势。月度市场价值指数的前三强依次为《漫友》（63.36）、《幽默大师》（55）、《漫画世界》（54），《漫画世界》的价值指数与《幽默大师》旗鼓相当。从总体上来看，幽默漫画板块在杂志阵营中优势明显，且随着《漫画世界》和《知音漫客》在2009年年底双双改版为周刊，必将强有力地拉动其综合市场价值指数进一步提高，引领中国漫画杂志实现新的跨越和突破。对于漫画杂志的运营者来说，时刻谨记品牌化的经营理念，在市场化运作的基础上，稳步持续提高杂志的作品质量和发行规模，仍然是当前漫画杂志创造市场价值的有效途径，见图6-3。

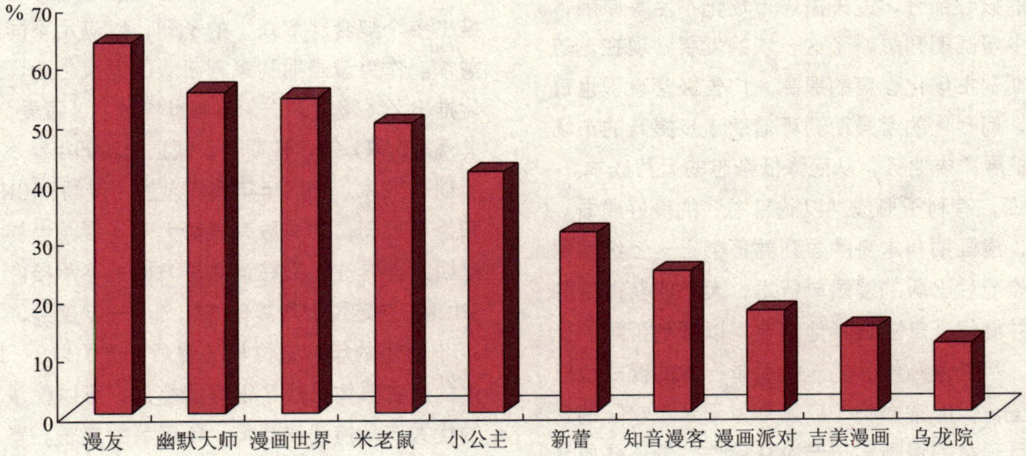

图6-3 北京、上海、广州、深圳四大城市漫画杂志综合市场价值指数

5. 中国漫画期刊进入周刊化时代

2009年11月底，知音集团斥巨资改版旗下漫画刊物《知音漫客》，由原来每月三刊改版为每周一刊；12月初，漫友文化紧接着将旗下幽默漫画旬刊《漫画世界》进行周刊化，并采取了大手笔的营销推广策略，首期周刊附送一期最新潮流漫画连载杂志《漫画SHOW》。在相差不到一周的时间内，国内两大主力漫画期刊相继改版，引领中国漫画正式进入周刊时代。

漫画期刊周刊化在国外早有先例。1969年，日本集英社的《少年Jump》完成了从双周刊到周刊的变革。改版后的《少年Jump》更名为《周刊少年Jump》，此后一举成长为全世界发行量最大的标志性漫画刊物。从日本经营经验可知，漫画期刊周刊化至少有四大利好：

第一，有利于“拉拢”读者。在信息海量又快速的今天，读者需要的不仅仅是“看到优秀漫画”，而是“更快看到优秀漫画”。因此，在保证质量的同时，漫画期刊更要保证速度。

第二，有利于漫画作者和编辑向职业化转型。中国早期的漫画杂志习惯把编辑的理想和作者的热情当作立刊和发展的基础，但事实证明，这样的运营思路在如今的市场环境下很难行得通，漫画期刊并非个人作品的汇集地或某个小群体理想的结晶，它必须是针对市场的商品。目前国内漫画期刊的作者和编辑正处在从理想化向职业化的转变中，周刊化举措对此无疑是一个推动：周刊化的漫画期刊，不仅有助于提高漫画作者的生产能力，更可催生出职业化的漫画编辑团队。因为漫画作者必须在短时间内高效率地创作出一定数量的作品，这迫使漫画作者的个人创作能力、速度以及与团队的协作配合能力都得到锻炼，与此同时编辑也要加强与作者的协调。

第三，有利于提高广告盈利，降低运营成本。在期刊经营策略中，广告销售收入一直是大多数期刊盈利的核心部分，过去由于市场化不足等原因，国内不少漫画期刊忽略了这一块的发展，现在，随着漫画期刊市场化程度的提高，广告经营意识也日渐增强，周刊化的漫画期刊可借助逐步提升的市场占有率扩展广告业务，从而降低杂志的运营成本。

第四，有利于形成“以刊带书”的良好局面。在日本，漫画期刊本身的盈利并不突出，但经过期刊市场检验后出版的漫画单行本，大都能获得良好收益，并能保证产业链其他环节得以顺利延续。反观国内，尽管漫画作品先连载后单行本的模式也已初步成型，但时常面临“巧妇难为无米之炊”的窘境——月刊类的漫画期刊无论从稿件数量还是质量上，都无法满足漫画单行本市场的需求。解决这一困境的最佳途径就是周刊化。周刊化之后，一部作品每月连载量近100页，每两个月甚至一个月就能推出一本单行本，这无疑会大大丰富单行本漫画书市场。

纵观美、日等动漫产业链较为完善的国家，很多影视动画作品的成功都离不开漫画连载期间的积累。目前中国漫画的基础性地位还没有完全凸显，原创漫画很少能获得改编成影视动画作品的机会。漫画期刊周刊化，在以更快的速度呈现更多更好作品的同时，也可以有效推进漫画作品及形象的宣传、后续开发以及进行影视动画改编，为动漫产业链的逐步完善贡献力量。

6. 漫画期刊出版日趋集团化，期刊专业化水平不断提升

漫画期刊是文化娱乐产品，属于市场化程度较高的刊物类别，其赢利模式以全国报摊零售发行为主。但长期以来，期刊基本上都是由其杂志社、编辑部进行编辑出版，这种大多以事业单位身份出现的杂志经营单位市场化意识较低，专业化能力较差，难以将漫画期刊提升至较高的市场化水平。这势必要求经营者要么提升专业水平，要么借助于专业机构进行运营，不然就要面临被淘汰出局的局面。实际上，在现有的漫画大刊强刊的背后都有专业运营机构的身影，如漫友文化传播机构、童趣出版公司、知音动漫公司、学友园教育传媒集团、天闻动漫传媒公司、吉美文化传媒公司等。

由于漫画期刊市场尚未完全大众化，读者群较小，在不能充分发挥规模经济效应的现实情况下，出版机构不约而同地打起了范围经济的主意。这直接推动了漫画期刊市场的进一步细分，出版机构纷纷推出多个契合“窄众”的子刊，以满足不同的市场需求。作为漫画期刊策划出版的龙头企业，漫友文化推出了《漫友》、《漫画世界》、《可爱100》和《漫画BAR》等多种期刊，截止到2009年年底每月出版期刊12本。2009年年底问世的《漫画SHOW》起步即为半月刊，它与原有强势大刊《漫画世界》既有鲜明的差异性，又在读者群方面上下承接。《漫画SHOW》在定位上与其他姊妹刊有一定差异，以12～16岁为主的年龄定位与《漫画世界》以8～13岁为主的读者群体形成了很好的衔接，可以使漫友文化的优秀产品持续伴随青少年读者的成长。童趣出版公司出版的期刊有《童趣》（芭比、小公主、卡酷全卡通）、《米老鼠》、《小熊维尼》，每月出版7本，此外还推出了《喜羊羊与灰太郎》、《米奇妙妙屋》、《终极米迷》等多本杂志书。此外，学友园教育传媒集团策划出版《花园宝宝》、《漫画少年》、《史奴比》和《动漫周刊》等多种定期出版物，吉美文化传媒推出《猫和老鼠》、《兔巴哥》、《史酷比》、《飞天小女警》等刊物。

7. 漫画期刊内容丰富，类型多样，形态多元

随着漫画期刊整体市场的不断壮大和进一步细

1 2 3 4 5 6 7 8 9 10

分，期刊形态、题材、内容来源和定位群体日益丰富多样。按照读者年龄段来看，大体上可以划分为幼儿（3~7岁）、儿童（5~9岁）、少年（9~12岁）、青少年（12~18岁）和成年人（18~24岁）等几个主要板块，《花园宝宝》、《儿童漫画》、《漫画世界》、《漫友》和《新蕾》可以说是以上类别的代表刊物。按照内容来源来看，主要分为资讯志、原创漫画期刊和引进版权内容期刊三类。资讯志以刊载国外（主要是日本）动漫业界动态、新作资讯、作品评介为主，兼有海外漫画连载，较有影响的刊物包括《动感新势力》、《动漫前线》、《最动漫》、《看动漫》等；原创漫画期刊队伍最为庞大，日式漫画语言期刊日渐式微，中式漫画期刊占据主导地位，品种数量与发行量一路走高，《漫画世界》和《知音漫客》月均发行量都超过了150万册；引进版权内容期刊在市场上也较受欢迎，主要刊物有《米老鼠》、《小熊维尼》、《芭比》、《小公主》、《花园宝宝》、《龙漫》、《猫和老鼠》和《兔巴哥》等。从题材来看，内容极为丰富，但总体而言都和学生一族、校园生活密切相关。此外，除了各种题材的原创漫画期刊之外，还出现了动画派生漫画期刊和网游派生漫画期刊，尽管市场表现参差不齐，但作为一种新生事物其探索意义值得肯定。

根据对市场上主流漫画期刊（2009年12月号）的刊载内容进行统计分析，调查样本包括《漫友》、《漫画世界》、《可爱100》、《漫画BAR》、《知音漫客》、《幽默大师》、《漫画派对》、《飒漫画》、《漫画大王》、《龙漫》、《淘漫画》、《孩子·奇想EX》12种期刊，共20期。根据统计，这些刊物共发表漫画作品221篇次，共计1512页，3716幅画面。期刊开本较多采用16开本，非常盛行"四拼一"的刊载形式，根据统计有59%的作品是以"四拼一"的形态呈现的。期刊的彩色化趋势越来越强，根据统计有45.37%的页面为彩色印刷，54.63%为单色印刷（纯黑白印刷的页面占35.98%）。当前不少刊物已经全面彩色化，如《漫画世界》、《知音漫客》、《飒漫画》、《漫画BAR》等，而《幽默大师》、《漫画派对》、《漫画大王》等则以黑白为主，兼有彩页，只有《龙漫》一本刊物为纯黑白印刷。漫画作品以分镜头漫画为主，占78.28%，单幅漫画占2.26%，多格漫画占8.60%，四格漫画占10.86%。在剧情方面，作品以连续性故事为主，有70.59%的作品剧情上下承接，只有29.41%为非连续性作品。

近年来，随着国产动画的蓬勃发展，与动画结合的期刊不断涌现。除了早期的《漫动作·哇O》、《动画大王》之外，《卡酷全卡通》、《虹猫蓝兔》和《喜羊羊与灰太郎》等新生力量相继登场。一直以来，网游和期刊除了资讯报道之外互不相关，但如今网游也开始尝试平面化，用派生的漫画故事和期刊进行有机结合。《动漫炫》杂志2008年创刊时是单纯的漫画期刊，后来发展为漫画+网游的模式，发行量也从最初的2万册发展到现在的5万册，并成功地推出了《YY》、《奥比岛》、《赛尔号》等一系列图书。2009年创刊的《奇想EX》是一本科普少儿漫画连载杂志，连载内容包括《摩尔庄园：热带雨林之旅》、《乌龙万事通》、《奇想世界大冒险》、《电击小子》以及腾讯独家授权的原创漫画《QQ堂》等。作为《奇想EX》的策划和制作方，冬日漫画社不但为人气网络儿童社区《摩尔庄园》制作了改编漫画《摩尔庄园：热带雨林之旅》，还为腾讯休闲游戏《QQ堂》改编同名漫画。这些期刊和网游之间高度互动，既以漫画故事演绎和推广了网游，又以附赠的礼品卡吸引了许多网游用户购买期刊，很好地实现了漫画期刊和网游的双赢。

8. 期刊连载使创作队伍日益强盛，收入渐涨

根据对2009年12月漫画期刊的统计，在当月期刊上发表连载作品的主笔作者（或第一作者）共有140人（或组合），这还未计入编剧、助理等人员。根据统计，这些作者在当月刊物上共发表漫画作品221篇次，共计1512页、3716幅画面。其中，每月发表4期以上连载的有5人，占4%；发表3期连载的有11人，占8%；发表2期连载的有32人，占23%；发表1期连载的有92人，占66%。根据统计，周洪滨同时在《漫画世界》、《漫画BAR》、《知音漫客》、《幽默大师·连环泡》和《漫画派对》五本刊物上，发表《无赖熊猫》、《米米与四季王子》、《偷星九月天》、《芥子学院》、《大唐魔镜》和《赏金神侠》等六部连载作品，共11个篇次。敖幼祥同时在《漫画世界》、《幽默大师》、《漫画大王》和《孩子·奇想EX》四本刊物上，发表《乌龙院大长篇》、《Q版活宝》、《乌龙院》、《礼物》和《乌龙万事通》等五部连载作品，共7个篇次。此外，陈翔、茗卡通·暴

雨和赖有贤在刊物上也有4个篇次以上连载作品。根据统计，有13人当月发表作品达到30页以上，占9%；37人发表作品10～29页，占26%；42人发表作品5～9页，占30%；43人发表作品为5页以下，占34%。根据统计，13人发表作品在50幅以上，占9%；34人发表作品30～49幅，占24%；55人发表作品15～29幅，占39%；38人发表作品为15幅以下，占27%。以每页篇幅数小于4幅的每幅作品200元，每页篇幅数大于4幅的每幅作品150元的稿费基准推算，当月稿费收入达到1万元以上的漫画家有12位，占当月连载作者的8.57%；达到5000～9999元的有37位，占26%；达到3000～4999元的有50位，占36%；3000元以下的有41位，占29%。倘若加上单行本图书版税收入，职业漫画家的创作收入应较为可观，见表6-2。

表6-2　国内漫画期刊连载十大漫画家（2009年12月）

序号	作者	连载篇数	发表页数	发表篇幅数	每页篇幅	稿费基准	当月推算稿费收入
1	周洪滨	11篇	53页	211幅	4	200	42200元
2	敖幼祥	7篇	33.5页	112幅	3.3	200	22400元
3	陈　翔	5篇	25.5页	102幅	4	200	20400元
4	暴　雨	4篇	16页	64幅	4	200	12800元
5	贝贝龙	3篇	15页	60幅	4	200	12000元
6	十九番	3篇	15页	60幅	4	200	12000元
7	赖有贤	4篇	17页	59幅	3.5	200	11800元
8	周显宗	1篇	58页	58幅	1	200	11600元
9	朱　斌	3篇	14页	56幅	4	200	11200元
10	KK	3篇	14页	55幅	3.9	200	11000元

9. 期刊与图书形成出版联动，强势打通内容产业链

漫画期刊是漫画行业先锋，形成了以期刊带动图书的运作模式。以此模式，《漫画世界》成功策划出品了《乌龙院》、《爆笑校园》、《兔子帮》、《泡面超人》、《无赖熊猫》等大量幽默漫画图书；《知音漫客》策划出品了《偷星九月天》、《暗夜协奏曲》、《神精榜》等单行本；《飒漫画》策划出品了《嘻哈小天才》、《嘻哈奇侠传》、《呛辣校园俏女生》、《撞上天敌二次方》等；《漫画派对》策划出品了《阿衰on line》、《戏游记》、《豌豆笑传》、《莫林的眼镜》等卡通故事丛书。实践证明，漫画作品经由期刊连载后，再推出单行本图书，更容易被市场接受，甚至成为畅销系列作品。此外，《乌龙院》、《兔子帮》已经开始动画化，预计《乌龙院》动画年内即可推出。漫画期刊在以漫画创意、形象和故事内容为核心，横跨期刊、图书、网络和手机等多种媒体传播，以及改编动画、开发衍生产品等方面做了非常积极的产业化探索，见表6-3。

表6-3　部分漫画期刊策划出品的单行本图书（截止到2009年12月）

序号	类别	单行本图书品种数量
1	《漫画世界》系列漫画丛书	《乌龙院》（近200册）、《爆笑校园》（14册）、《泡面超人》（6册）、《兔子帮》（9册）、《无赖熊猫》（6册）、《森巴AMIGO》（4册）、《秀逗高校》（2册）、《破妖小呆龙》（2册）
2	《知音漫客》系列漫画丛书	《偷星九月天》（10册）、《神精榜》（15册）、《绯色安娜》（2册）、《暗夜协奏曲》（2册）、《幻之国度》（4册）、《逍遥奇侠》（6册）、《高考2进1》（4册）、《1区212》（7册）、《闹舍咔咔》（5册）、《烈火街球》（5册）、《酷头哈妹》（10册）

续表

序号	类别	单行本图书品种数量
3	《飒漫画》精品书系	《嘻哈小天才》（10册）、《嘻哈奇侠传》（4册）、《呛辣校园俏女生》（4册）、《撞上天敌二次方》（3册）、《鸡飞狗跳F班》（2册）、《放屁星球》（2册）、《只有我能看见你》（4册）、《我是一个坏小孩》（1册）
4	《幽默大师漫画》系列丛书	《搭错线影院》（2册）、《不破小子》（3册）、《梅吉的时装店》（3册）、《小武》（1册）、《哎哟，妈妈！》（1册）、《石器时代》（1册）
5	《漫画派对》卡通故事会丛书	《阿衰on line》（23册）、《戏游记》（11册）、《豌豆笑传》（12册）、《莫林的眼镜》（6册）、《跳跃星球》（1册）、《鳄鱼大宝》（1册）、《漫画K掐掐》（1册）

近几年来，极具民族特色的漫画期刊逐步走上复兴之路，正在加速向前发展，并形成了集群效应，正成为带动中国漫画和动画产业崛起的先锋力量。日益强盛的漫画期刊阵营正在成为中国出版业乃至文化产业的一支不可忽视的新锐力量。对此，我们要通过以漫画期刊为核心，打造漫画产业基础公共平台，有效整合漫画创作人才、优秀作品和品牌，以及市场推广等各种资源，为动漫产业更好更快地发展奠定坚实基础。

二、漫画图书销售火爆，创造出良好销售业绩

由于目前尚无专门的漫画图书出版统计，我们只能从局部对漫画图书市场进行窥探。根据国内知名网络图书销售网站当当网（dangdang.com）截止到2009年12月31日的统计，该网站在销动漫/幽默类图书共有7608种，占所有在销图书总量（893698种）的1%。其中，内地漫画2491种，占33%；港台漫画1275种，占17%；日韩漫画1516种，占20%；欧美漫画670种，占9%；其他国外漫画19种，占0.3%；世界经典漫画集107种，占1.4%；小说/名著漫画版166种，占2.2%；动漫学堂500种，占7%；幽默/笑话集864种，占11%，见表6-4。

表6-4　当当网在销动漫/幽默类图书细分品种构成

序号	类别	品种数	所占比例	序号	类别	品种数	所占比例
1	内地漫画	2491	32.74%	6	世界经典漫画集	107	1.41%
2	港台漫画	1275	16.76%	7	小说/名著漫画版	166	2.18%
3	日韩漫画	1516	19.93%	8	动漫学堂	500	6.57%
4	欧美漫画	670	8.81%	9	幽默/笑话集	864	11.36%
5	其他国外漫画	19	0.25%	10	以上合计	7608	100%

1. 漫画图书销售火爆，频频上榜

当当网是全球最大的综合性中文网上购物商城，其基于真实销售数据（推测以销售收入进行排序）形成的畅销图书排行榜是中文出版界的风向标。在当当网公布的2009年图书畅销榜前200位中，有四种漫画图书，分别为：第86位，《绝对小孩2》，朱德庸著，现代出版社，2009年1月出版；第130位，《父与子全集（彩色纪念版）》，（德）卜劳恩著，译林出版社，2007年6月出版；第147位，《我的错都是大人的错》，幾米绘，现代出版社，2009年5月出版；第170位，《绝对小孩》，朱德庸著，上海画报出版社，2007年5月出版。其中，《绝对小孩2》和《我的错都是大人的错》是2009年的新作，见表6-5。

表6-5 当当网2009年动漫/幽默类图书畅销榜（前10位）

序号	作品名称	出版社	出版时间	定价	作者	作者国籍
1	《绝对小孩2》	现代出版社	2009年1月	32.00	朱德庸	中国（台湾）
2	《父与子》全集（彩色纪念版）	译林出版社	2007年6月	16.80	卜劳恩	德国
3	《我的错都是大人的错》	现代出版社	2009年5月	29.00	幾米	中国（台湾）
4	《绝对小孩》	上海画报出版社	2007年5月	28.00	朱德庸	中国（台湾）
5	《阿狸·梦之城堡》	上海锦绣文章出版社	2009年1月	36.80	hans	中国（大陆）
6	《猫国物语》	南海出版社	2008年12月	48.00	莫莉蓟野	日本
7	《星空》（限量精装版）	现代出版社	2009年10月	59.80	幾米	中国（台湾）
8	《一个人漂泊的日子》	当代世界出版社	2009年1月	25.00	高木直子	日本
9	《恋之风景》	现代出版社	2009年5月	28.00	幾米	中国台湾
10	《父与子》全集(精装彩色珍藏版)	河北美术出版社	2009年7月	42.00	卜劳恩	德国

根据对当当网2009年动漫/幽默类图书畅销榜前200位的分析，有86种是2009年当年出版的作品，有44种是2008年出版的作品，有36种是2007年出版的作品，其余34种是2000—2006年之间出版的作品，见表6-6。

表6-6 当当网2009年动漫/幽默类图书畅销榜（前200位）出版时间构成

序号	年份	品种数量	序号	年份	品种数量	序号	年份	品种数量
1	2000年	3	4	2004年	4	7	2007年	36
2	2001年	3	5	2005年	10	8	2008年	44
3	2002年	2	6	2006年	12	9	2009年	86

2. 重点作者和实力机构表现不俗，渐成规模

在前200个畅销品种中，拥有最多畅销作品的出版社是现代出版社，有31个品种入选，占其中的15.5%，陕西师范大学出版社、人民文学出版社、南海出版社和中国画报出版社分别排在第二至第五位，前三强合计所占份额为33.5%，前五强合计所占份额为45.5%，说明了市场集中度较高。作为国内漫画出版领先企业，漫友文化此次有22个图书品种入选，所占份额为11%，充分证明了漫友文化策划出品的图书在市场中的影响力和竞争力，见表6-7。

表6-7 当当网2009年动漫/幽默类图书畅销榜（前200位）出版社构成

序号	出版社	品种数量	序号	出版社	品种数量
1	现代出版社	31	7	新世纪出版社	9
2	陕西师范大学出版社	22	8	商务印书馆	8
3	人民文学出版社	14	9	生活·读书·新知三联书店	8
4	南海出版社	13	10	上海锦绣文章出版社	7
5	中国画报出版社	11	11	上海人民出版社	5
6	黑龙江美术出版社	10	12	其他出版社	62

在前200席中，拥有最多畅销作品的作者是幾米（亦写作几米），有29个品种入选，占其中的14.5%，蔡志忠、黑背、高木直子和朱德庸分别排在第二至第五位，前三强合计所占份额为30%，前五强合计所占份额为39.5%，说明了畅销作者集中度较高。在前五强作者中，只有黑背一人是内地原

创作者，幾米、蔡志忠和朱德庸均为台湾作者，而高木直子则是日本作者。从畅销作品前200位的作者国籍来看，由大陆作者创作的作品占了83种，台湾作者占了63种，两者合计146种（占73%），可见畅销漫画图书大多是由中国大陆和台湾作者创作的，见表6-8、表6-9。

表6-8 当当网2009年动漫/幽默类图书畅销榜（前200位）作者构成

序号	作者	品种数量	序号	作者	品种数量	序号	作者	品种数量
1	幾米	29	6	寂地	6	11	慕容引刀	4
2	蔡志忠	18	7	卜劳恩	5	12	钱海燕	4
3	黑背	13	8	韩露	5	13	阿桂	3
4	高木直子	10	9	查尔斯•舒尔茨	4	14	夏达	3
5	朱德庸	9	10	莫莉蓟野	4	15	其他作者	83

表6-9 当当网2009年动漫/幽默类图书畅销榜（前200位）作者国籍构成

序号	作者国籍	品种数量	序号	作者国籍	品种数量	序号	作者国籍	品种数量
1	中国（大陆）	83	4	美国	8	7	中国（香港）	2
2	中国（台湾）	63	5	德国	5	8	阿根廷	1
3	日本	33	6	英国	4	9	韩国	1

3. 漫画图书质优价廉，创造巨大市场价值

在前200个畅销品种中，有54种定价在25～30元之间，有53种定价在20～25元之间，也就是说有107种（占53.5%）畅销图书定价介于20～30元之间。尽管当当网对不同品种图书实行不同的销售折扣，但绝大多数为6折、7折，有72个品种（占36%）为6折售价（即当当销售价为图书定价的60%至69%），有69个品种（占34.5%）为7折售价，两者合计为141个品种（占70.5%）。因此，当当网的销售价要大大低于图书定价，在前200个畅销品种中，有59种销售价在15～20元之间，有56种定价小于15元，也就是说有115种（占57.5%）畅销图书销售价格低于20元。在这200个畅销品种中，有164个品种为单册，有36种为套装，这164种单册图书的平均定价为29.4元，平均当当价为20元，见表6-10、表6-11。

表6-10 当当网2009年动漫/幽默类图书畅销榜（前200位）定价/当当销售价构成

序号	定价	品种数量	序号	当当销售价	品种数量
1	小于20元	20	1	小于15元	56
2	大于等于20且小于25	53	2	大于等于15且小于20	59
3	大于等于25且小于30	54	3	大于等于20且小于25	32
4	大于等于30且小于50	40	4	大于等于25且小于30	10
5	大于等于50元	34	5	大于等于30且小于50	18
			6	大于等于50元	25

表6-11 当当网2009年动漫/幽默类图书畅销榜（前200位）折扣构成

序号	定价	品种数量	序号	当当价	品种数量
1	4折（40%～49%）	4	4	7折（70%～79%）	69
2	5折（50%～59%）	36	5	8折（80%～89%）	19
3	6折（60%～69%）	72	6	7折（70%～79%）	69

4. 漫画图书成人化趋势明显

在各大网站漫画类图书畅销排行榜上，《绝对小孩》、《我的路》、《阿狸·梦之城堡》、《星空》等作品持续畅销，朱德庸、幾米、蔡志忠、黑背、慕容引刀、寂地等是广大漫画爱好者，特别是成年读者非常喜爱的作者。朱德庸是幽默、童心与深刻的微笑相结合的大师，幾米则是唯美、感动与温暖的小资代表，他们在国内的影响力持续不断。而黑背、寂地、慕容引刀、钱海燕、阿桂等内地新秀，则属于日益强盛的新一代。青年漫画家徐瀚（hans）的代表作《阿狸·梦之城堡》，以隽永唯美的文字、细腻的笔触和明亮的色彩，展现了一个童话般温馨伤感的世界。其他一些同样是面向成人的《黑背漫画》、《胖兔子粥粥》、《张小盒》、《漫画兔的自杀》、《女孩的三八事》、《小老爷们的那点事儿》和《熟女养成日志》等书在市场上也都有着不错的反响。

5. 优秀创作出版运营机构修炼多年，终成正果

现代出版社是国内漫画图书出版的先行者，逐步形成了以漫画为特色的出版风格。2005年，现代出版社提出“构建中国漫画的出版平台”的口号，业已形成内地及港台地区的中国漫画大家庭。现代出版社的主要漫画产品既有《朱德庸漫画系列》、《幾米漫画系列》、《蔡志忠漫画系列》、《老夫子漫画系列》等港台地区作者的漫画作品，还有右手等一批内地原创作者的漫画作品。2009年，现代出版社推出了众多漫画图书，既有《幾米创作10年精选》、《我的错都是大人的错》、《恋之风景》、《星空》等幾米绘本，又有《绝对小孩2》、《老夫子》漫画系列、《水虎传》、《麻烦女生日志》、《懒鬼OL日志》等港台畅销作品，还有《摇滚藏獒》、《漫画兔的玩笑》、《猪仔仔的时光机》、《家有儿女》、《小猪虾米夫妻日记第2季》等内地原创作品。

2009年，漫友文化新推出168个图书项目，其中包括幽默漫画系列92种、剧情漫画系列49种、绘本画集系列11种、其他16种。根据各个品种的总发行数量的统计，2009年漫友文化系列图书销售排行榜前25位中，幽默类图书（包括乌龙院系列）占据其中12席，乌龙院系列更是保持了销售强势地位，5个品种全部荣登销售排行榜；而以《爆笑校园》、《兔子帮》为代表的《漫画世界》系列精品图书更是全线上榜，其2009年推出的《泡面超人》、《秀逗高校》、《破妖小呆龙》和《森巴AMIGO》均取得不错的销售佳绩，在漫友文化图书出版品中占据了重要地位。在上榜的剧情漫画系列中，客心、韩露、CHRY、夏达等一线超人气漫画家也以良好的销售成绩，为2009年划上完美的一笔。《未成年》、《长安幻夜》等产品持续热销。绘本漫画天后寂地、当红插画家SHEL依旧是绘本、画集市场的畅销作者。《我的路》在2009年推出了第5卷，更是带动整个系列销量的突飞猛进。而新推出的寂地同名画集《寂地》上市后不久，就以不俗的市场表现旋即上榜；SHEL的《瀛澜》则与《风色四叶草》、《溯空》等再次成为精品画集的畅销代表。漫友文化自主开发的《长安幻夜》（小说版）以及再版推出的《那些生命中温暖而美好的事情》也充分展现出漫友文化在文学小说市场的竞争力。

三、漫画在动漫产业中的基础作用仍有待挖掘

总体来说，中国漫画仍处于起步阶段，而且进展相对缓慢，缺乏革命性的突破和进步。中国漫画难以产生被众多读者认可的具有广泛影响力和巨大商业价值的精品，漫画市场和漫画产业也仅具雏形。中国漫画产业发展较晚，并且商业化程度不高，优秀的原创漫画作品较少，特别是具备跨商业领域运作价值的作品更是极其稀缺。尽管漫画产业已经走向市场化，但由于目前创作者大多为个人，且大都十分年轻，专业漫画公司和团体工作室非常稀少，既难以规模化生产出足够出版物刊载发表所需要的足量作品，也往往由于其商业化程度相对较低而难以将价值传导到影视动画和衍生产品环节，以致漫画业在动漫产业链中的角色和作用难以发挥出其应有价值。

漫画期刊发表平台仍然较少，特别是前几年，漫画期刊大量停刊、休刊，或者转型，使本土漫画人才成长和发展的平台越来越少，尽管2009年数量有所增加，但对于蓬勃发展的产业来说是远远不够的。此外，由于追求市场份额的压力，漫画期刊经营机构利润微薄，甚至有的相当艰难，需要政府多加扶持。以行业领军刊物《漫友》为例，1999年初创刊时定价为8.8元，十年来一直未能提价，页码从早期的160页增加到200页，并从过去的黑白为主

转为彩色为主。而物价逐年上涨，经营成本持续上升，特别是近年来，CPI大幅增加，劳动力成本攀升，纸张费用与日俱增。虽然期刊的品牌得以树立和提高，但外表的光亮掩盖不住内部的窘困，经营已经进入微利时代。

此外，现有的新闻出版体制也为漫画出版者带来很多阻碍，漫画杂志和图书的出版关联性非常强，但杂志社和图书出版社分属不同的体系，刊社由于没有图书出版权，在出版图书时困难重重，且难以获得相应的商业回报，从而阻碍了漫画产品的多元化经营和持续开发。漫画图书出版总体规模仍然较小，在中国图书出版总量中所占比例微乎其微，远远不能满足广大读者，特别是成年读者日益增长的阅读需求。不过漫画属于图画类作品，迎合了“读图时代”的发展趋势。在中国积极扶持动漫产业的大环境下，中国原创漫画正在步入快速发展的时期，漫画图书未来发展空间不容小觑。

由于漫画作品的商业价值偏低，中国漫画虽然能创作出可以延伸至影视动画和衍生产品的角色形象和故事剧本，但尚未发挥出其对下游环节应有的支撑作用。漫画业的利润相当微薄，不仅使漫画企业难以扩大再生产，而且也造成一些作者特别是新秀作者因为待遇低而大量流失，漫画作者的创作和生存环境仍然较为艰难。

为了满足市场需求，实现上述发展目标，必须进行合理的战略选择，树立正确的战略思路，并确定战略实施重点。

从国外情况来看，漫画已经形成了一个规模庞大的产业集群，世界动漫强国无一不是靠漫画支撑起来的。动漫产业链主要包括漫画（图书、报刊）、动画（电影、电视、音像制品）、舞台剧、网络动漫、手机动漫等环节。此外，还有与动漫形象有关的服装、玩具、文具、电子游戏等衍生产品。原创漫画是动漫产业的基础，它对于动画、游戏、符号形象产业以及版权相关产业有着巨大的牵引作用。漫画和动画有着天生的联系，且对动画及影视业有着强大的内容支撑作用。漫画的角色形象、故事情节、场景道具，可以很容易地移植到其他产品形态上。更为重要的是，用漫画在市场试水，成本很低，易于操作，减少了市场风险。对此，要高度重视漫画在动漫产业链中的基础性作用，支持漫画创作，夯实产业基础。加强政府对漫画产业的重视和扶持力度，并充分利用市场调剂手段，引导社会资金充实漫画产业，以漫画形象为核心强化动漫产业各环节的内在联系和互动关系，构建相互支撑的动漫产业链，完善自我良性发展的内生机制，实现动漫产业的全面协调可持续发展。

第二节　2008—2009年中国传统媒体漫画出版概况

尽管对传统媒体和新媒体的准确界定有不同的看法，但一般说来，传统媒体主要指报纸、期刊、广播、电视、出版、电影等在网络媒体诞生之前，人们赖以获知信息和传播信息的主要工具。新媒体主要指互联网诞生以后出现的新的传播手段，如网络、手机、移动电视等。动漫产业的发展和媒体的关系紧密相连，漫画的传播在过去主要依靠的是报纸、期刊及图书的出版。

动漫期刊处于动漫产业金字塔的底端，可以说是动漫画成败与动漫形象的试金石。由此可见动漫期刊对于动漫产业发展的重要意义。然而时至今日，中国动漫期刊虽有长足进步，但仍有问题亟待破解。

一、动漫期刊现存问题

1. 动漫期刊种数较少，发行量不大

自从1993年8月中国第一本动漫期刊《画书大王》创刊开始，至2007年年底，除去相当一部分期刊停刊休刊外，根据2007年上海市邮发报刊目录粗略统计，有动漫期刊49种，而且几乎都是青少年、婴幼儿期刊。2008年9月在广州召开的中国漫画家大会上，新闻出版总署副署长孙寿山透露，中国政府有关部门计划到2010年要组织出版30种动漫期刊。即使重新创办30种，那截至2008年年底，动漫期刊总品种数估计也不多，较之中国现存9400多种的期刊总数，所占的比例仍然较低。

这些数量寥寥的动漫期刊，发行量也不大，大多在单期10万册以下，更有2～3万册者，这样的发行量可谓居于温饱水平。不过，近年个别动漫期刊发展迅速，经过多版化裂变后，已经有总发行量达到100万册的了。据广州动漫行业协会会长、中国漫画家大会组委会主任金城2008年9月在中国漫画家大会上介绍说，最新的市场调查报告显示，在以发行为主要收入的期刊类别中，有7种漫画和相关杂志进入了全国期刊零售市场单期发行量前30强。一些漫画期刊的平均月发行量超过100万册。即便如此，这仍旧不及中国百刊工程中的双效期刊动辄600～700万册的发行量，与日本动漫期刊的发行量相比也差距甚远，比如日本集英社的《少年JUMP》在90年代前期就有过单周销售653万册的奇迹，讲谈社的《少年期刊》、小学馆的《少年星期天》也有500万册的销量，即使是近年读者大量流失的情况下，《少年JUMP》等期刊期发行量依然有200～300万册。而中国动漫期刊的区区种数与发行量即使仅对中国3.5亿的青少年市场来说，也是不相匹配的。

2. 动漫期刊市场细分不到位，期刊本身区分度差

期刊是“小众化”、“专志化”媒介，讲究市场细分。虽然动漫期刊也细分了市场，但出于动漫属于青少年的固有观念，中国动漫期刊基本上都把自己的读者定位于17岁以下的青少年群体。这种定位无理由地把成年人市场抛在一边，不像日本，动漫期刊根本没有年龄限制，老中青少一网打尽，各种类各层次的动漫期刊各有各的生存土壤和发展空间。

从期刊性质上看，中国动漫期刊可以分为资讯类、故事连载类和综合类三大类。资讯和综合类期刊主要定位于资讯提供和服务，它们如同寄生蟹，只是依托动漫产业而生存，虽然可以为动漫的发展起到很大的宣传推广等作用。故事连载类的恰恰是动漫肌体，是动漫作品的展示平台和推动力量，是动漫产业的发动机。可偏偏目前的种类是资讯类、综合类多，故事连载类少。这种格局显然不利于动漫产业的发展。更不幸的是，很多动漫期刊同质化率太高，无论在封面设计、栏目设置和刊载的内容方面，还是市场操作手法都很雷同。就如同期刊界的一个笑话，把时下的时尚期刊除去封面，撕成一页一页的混在一起，就连这些期刊的编辑也分辨不出来哪些是自己编的。既然如此，怎么能利于动漫期刊的健康发展呢?

3. 原创作品稀缺或质量不高，动漫期刊受困于“无米之炊”的尴尬

中国动漫期刊诞生的直接动力不是本土动漫画需求和发展的推动，而是日本动漫作品在中国的播出引发的动漫热。因而动漫期刊一出生，就以刊载日本作品为主。时至今日，大多动漫期刊仍然固守外国动漫资讯和作品的刊载，改观很少。长此以往，很不利于培养和扶植中国本土动漫作者和作品，最终造成本土原创作者和作品的稀缺与质量低下。另一方面，日本等国为降低成本和开拓市场，多把动漫作品绘图、描画等技术工作转包给中国，虽然中国从事动漫制作的人员很多，但是在承包别人技术活的情况下，即使动漫技法等水平世界一流，也只能跟在别人的屁股后面亦步亦趋，大大影响甚至丧失本土民族动漫风格的形成与张扬。

从中国自有的动漫人才来看，现在活跃在动漫界的作者，要么是自学成才，要么是半路出家，很少受过专业训练。这些人中更缺乏专业的动漫故事情节创作人才，也就是讲故事的人。纵使动漫单幅技法很成熟，但是故事情节设计和叙事节奏太差，缺乏悬念，自说自画，缺少商业操作意识，作品创作周期过长，根本不适应动漫产业的发展需要。“巧妇难为无米之炊”，在国外版权不再易得而中国动漫作品供应不足的情况下，中国动漫期刊无奈处在“等米下锅”的尴尬境地。

4. 动漫期刊生存模式单一，未能纳入或参与动漫产业链运作

期刊在两个市场中经营，一是读者市场，一是广告市场。经营形成品牌以后就可以进行品牌延伸与开发。这就是期刊运作的“三驾马车”，只有在这些方面实现充分开发和良性循环的期刊，才有可能成为期刊市场中的佼佼者。可是中国势单力薄的动漫期刊大多仍然搏击在“读者”这个单一市场中。无论是资讯类、综合类还是故事连载类的动漫期刊，都无法在目前国内外动漫环境中获得动漫公司、游戏公司的大量广告支持，只能在动漫爱好者的小圈子内尽力圈地，以期刊销量来维持期刊生存。如此螺蛳壳里的道场，做大已很不易，更不用说做强乃至品牌经营，更不可能像日本等国那样构建出原创漫画作品——动漫期刊连载——集结成单行本——拍成动画——动漫衍生产品等完整而成熟的产业链。

所以，如今中国是漫画、动画、期刊、游戏，各自为政，“鸡犬之声相闻，老死不相往来”。尤其让人大跌眼镜的是，本来动漫期刊，特别是故事连载类的乃是动漫产业金字塔的底层，往上依次是单行本、卡通片、衍生产品、游戏等。可是在中国却倒过来，大家都在投资做动画，却少有人关注最根本的动漫平面作品。如果最基础的原创漫画连载都做不好，上面的还怎么做呢？缺乏市场借助平面媒介的检验而贸然耗巨资耗时日拍的动漫画影视片，一旦市场不认可，那损失岂不惨重？

二、动漫期刊发展对策

1. 重新进行市场分割和定位，拓展市场空间

要想突破定位相似、同质性高的困境，要想很好地发展动漫期刊乃至为我们的动漫产业奠定良好的动漫画基础，首先就要对动漫期刊重新进行市场分割和定位，积极拓展市场空间。

第一，抛弃动漫只属于青少年的观念，打通年龄界限。动漫画是没有年龄限制的。我们不能仍旧局限在青少年领域，完全可以像女性期刊那样，按照年龄、教育程度、爱好习惯等指标细细划分读者对象与市场，以此为基础，重新设计和定位动漫期刊，让动漫期刊分散布局，合理发展。不但要积极发展资讯服务类的动漫期刊，更要大力发展故事连载类的动漫期刊。当然，我们还需要相关的配套政策和机制，还需要观念的更新，比如可以考虑制度上的分级制，观念上的娱乐化——不要再以“哄小孩”的心态，或强调“文以载道”而束缚手脚。

第二，动用各种手段，积极培育动漫市场。无论是动漫期刊，还是其他类别的期刊，乃至其他动漫产品都应该处于既竞争又合作的状态。毕竟这个时代是共赢的时代。而大家要想有各自优裕的生存发展空间，首先整个动漫需求市场就要庞大，否则狭小的市场只能带来残酷的竞争。目前，中国的现实是动漫市场空间狭窄，人们不论是观念上还是行动上，根本就没有形成动漫消费的习惯。尤其是本土动漫作品，在日、韩、美等国作品的冲击下，空间更小。可见，培育本土动漫市场可谓任重道远。故而，我们需要积极行动起来，采取立体式宣传手段，并发挥动漫作品消费终端直接联系消费者的有利条件，期刊、图书、影视、网络、手机等一齐上，调动各种传播手段，为动漫需求市场的形成、成熟和发展尽心尽力，开拓创新。

2. 增强编辑力，开源动漫作品

编辑对于期刊生产来说其重要性无可辩驳，名刊物必定有名编辑的支撑，只有编辑水平高超，刊物才有机会成为优秀名刊大刊。我们不能简单地下结论说现在中国动漫期刊的编辑们水平不高，但为打造中国著名的动漫期刊乃至为动漫产业作贡献，进一步增强编辑意识和编辑能力是必须的。

增强编辑能力，积极发挥编辑的主观能动性，强化编辑“把关”功能，尽力以“高起点”为原则，择优刊载，并加强编辑策划的介入力度，让编辑积极引导甚至参与动漫故事、表现等方面的设计与编创，积极拓展动漫作品来源，帮助漫画作者完善作品并引入市场意识和商业操作手段，以期产销对路。

在这方面我们可以做得很多，也具备做好的基础与条件。在文化产业领域，越具有民族特色的产品就越有竞争力，有道是越是民族的就越是国际的。中国的民族文化源远流长，博大精深，有很多优秀的东西可以挖掘，正如美国维亚康姆（Viacom）传媒集团动画制片人Mr. Frank Drucker在2007年安徽合肥首届中国国际动漫创意产业交易会高峰论坛上所说的，在动漫产品开发方面，中国非常具有优势，因为中国悠久历史中的神话故事和传说资源数量非常丰富，而且故事内容本身就很有教育和审美意义，适用于世界上任何一个地方。如果充分挖掘和合理利用，不仅能为中国国内动漫产品提供源源不断的素材和思路，还能参与国际竞争，将中华文化的精华传播出去。在表现技法上，我们在20世纪20年代就形成了漫画这一画种，随后几十年的发展积累了相当成熟的漫画、连环画的理念和手法，加上对日本、欧美动漫的扬弃，我们完全可以取长补短，塑造出自己的民族漫画特色。

但要注意的是，第一，历史精华固然重要，也很能代表中国民族特色，但要加强创意，使其内容及精神符合时代需要，跟上世界发展的步伐。第二，现实题材同样重要，比如说带有“中国社会”要素的“办公室文化”、中国功夫、乒乓球、跳水等体育优势项目等，人们接触起来也容易接受。在某种程度上说，现实题材更切合时代的潮流与需要。第三，在表现技法和手段上需要结合中国本土的传统与特色进行创新，所谓“学我者生，似我者死”，一味学习、模仿日本、欧美等国是没有出路的。不能厚彼薄己。我们可以学习别人的创新意识

和创新精神，但要结合实际创造出优秀的特色与风格。

3. 探寻多元化路径，积极参与产业链的打造或修复

动漫期刊和其他期刊一样也需要多元化经营。通过重新的市场分割与定位，打通读者市场的年龄界限，不但可以为创办更多样的动漫期刊开拓市场空间，而且可以增加发行量。另外一个重要意义是，为动漫期刊的广告经营创造了必要条件，因为把白领阶层、成人群体也纳入了读者范围。而白领阶层、成人群体才真正是各大广告主（企业）关注的对象，是广告商品的潜在消费者。青少年群体购买力较低，这样的定位是不可能吸引大广告主的。

动漫期刊多元化经营，从媒介经济学的角度看，也就是实现规模经济和范围经济效应，从而达到资源共享和最大化利用，增加利润，并可以分散经营风险。经济学理论告诉我们，企业从自身的核心业务出发，可以通过相关业务延伸进行横向或斜向扩张，或者沿产业链进行纵向扩张，来实现规模经济效应和范围经济效应。现在中国已经有动漫期刊开始横向扩展，比如《漫友》，只用三年时间就从《漫友》一种刊物裂变为《漫友》、《科幻画报》、《新蕾》和《漫画世界》四种。这四种刊物，定位各有侧重，但又互为基础和补充。

无论是横向、斜向还是纵向扩张，都和动漫产业整个链条紧密相关。现在中国对动漫产业的扶持意图明确，扶持力度空前，不但印发指导意见，颁布政策规定，而且设立了八大动漫产业基地，努力打造动漫产业圈，举办动漫节，资金配套、技术研发、人才培养、国际交流等，一条龙推进。动漫期刊正可乘此时机，趁势发展，面对漫画、动画、期刊、图书、游戏等各自为政的割据局面，开阔思路，积极寻求合作，和其他动漫产业环节共享产业发展大事。

三、周刊化是漫画杂志发展的必然趋势

1. 提高期刊发行量和市场占有率，促进广告业绩增长，并降低运营成本

早在20个世纪六七十年代，日本众多漫画杂志便开始了全面周刊化变革。最突出的例子是在40年前的1969年，由日本集英社发行的《少年Jump》完成了从双周刊到周刊的重要改版。周刊化之后的《少年Jump》更名为《周刊少年Jump》，一举成长为全世界发行量最大、影响力最强的标志性刊物。由日本同类杂志的经验可知，漫画杂志周刊化，能使杂志更快速有效地占领市场，为读者提供更充分的阅读选择。同时，连载中的漫画故事在较短周期内呈现给读者，更能激发阅读兴趣，吸引读者购买，期刊发行量便无形中得到进一步提升。

同时，周刊化对于期刊广告业绩的增长也十分有利。在西方期刊经营中，广告销售是绝大多数期刊的核心。在中国，期刊广告也存在着极大的市场空间。过去，由于市场化不足等原因，不少动漫期刊忽视了这一块的发展。现阶段，动漫期刊在广告经营上的行业意识日渐增强，也正在调试和广告业的关系。周刊化之后，动漫期刊将进一步占据市场，并凭借强大的受众基础扩展广告业务，从而降低杂志的运营成本。

2. 加速漫画创作者的晋级，催生职业化编辑团队

中国早期的漫画杂志基本都是把编辑们的理想作为发展基石，将作者的热情作为立刊之本。这样的发展经历了近十个年头，如今购买群体和市场环境日新月异，可是很多杂志的运营手法并没有实质上的进步和提高，所以它们最终要面临严峻的考验。事实证明，漫画杂志并非个人或者小群体理想的结晶，它必须是针对市场的商品。周刊化使漫画杂志更具商品特质，它要求漫画作者必须在短时间内高效率、大规模地创作出一定数量的作品，在这个过程中，作者的创作能力、速度和团队协作与配合都会得到进一步提升。

同时，周刊化也对编辑与作者的协调互动提出了更高要求，编辑不仅要督促作者，关注他们的作品进度，更要充当一个引导者的角色，通过市场调研、策划选题等工作，并针对作者自身的创作特点，对其创作路线作出引导或提出合理建议。我们知道，在日本，通常一部漫画作品背后都有好几个编辑，从创作初期开始就不断跟作者进行沟通，讨论如何画好这个漫画，这个漫画适不适合市场，适不适合杂志定位，到底适合哪个读者群等等。一个好的漫画编辑对市场的把握是十分到位的，甚至很多时候编辑的灵敏度决定了这个作品的成败。目前，国内的漫画杂志编辑也正在由理想化向职业化蜕变，而漫画杂志的周刊化

恰恰加速了这一进程，相信在不久的将来，将有更多符合市场与读者需求的漫画作品登场，原创漫画产量也将上一个新的台阶。

3. 读者群变化——从若即若离变成亲密伙伴

之前因为各种因素的左右，国内几乎没有动漫周刊杂志。但这并不意味着读者不需要这种递进变化。事实证明，动漫产业的发展现状与读者不断增长的需求略有脱节，杂志发行周期的缩短正是一种适应读者需求的变化。在信息革新速度更快的今天，读者需要的不再仅仅是“看到优秀作品”，这种需求已升级为“如何更快看到优秀作品”，保质保量成为当务之急。漫画杂志周刊化是更适应、更贴近读者需求的形式进化。以读者喜闻乐见的优秀原创作品为基础，加快期刊的发行周期，让广大读者在更短时间内看到更多、更好的原创作品乃大势所趋。同时，周刊杂志与多数人一周七天的工作生活节奏步调一致，还能培养中国漫画读者良好的阅读习惯，使其在每周的工作学习之余通过阅读漫画得到更好的放松。

4. 带动衍生图书进一步辐射，形成“以刊带书”的循环产业链

在日本，漫画期刊本身并不盈利，但经过市场检验后出版的单行本，基本都能获得良好的收益，也保证了其他产业环节的顺利延续。一部好的漫画作品，除了口碑好之外，还要不断地发掘其深层次的商业元素，在市场上有更多延伸发展的关注点，这样不仅可以永葆作品生命力，更可以推动动漫产业的繁荣。在中国，漫画作品先连载后推出单行本的模式也已初步成型。然而，巧妇难为无米之炊，之前月刊的形式占据主流，无论从稿件质量还是从数量上来说，都无法满足单行本市场的需求。而周刊化之后，一部作品每月的连载量可达近百页，几乎一个月就能推出一个单行本，这将大大丰富单行本图书市场。据专家预测，周刊化后，单行本图书发行量增幅将至少达到25%。此外，周刊化的漫画杂志也为其热门连载作品的动画化打下了坚实的基础。甚至可以说，强势的连载周刊杂志将带动整个动漫产业链的完善。

5. 印刷、仓储、物流进一步成熟规范

中国香港经济学家郎咸平针对中国制造业提出了“6+1”的产业链理论。他把整个产业链分成产品设计、原料采购、产品制造、仓储运输、订单处理、批发经营和终端零售七个部分。其中的仓储运输部分，具体结合期刊行业来说就是印刷、仓储、物流环节，这是期刊发行的一个重要环节，决定每一期杂志能否按时与读者见面。据悉，《漫画世界》杂志周刊化伊始，便在北京设立了针对华北、西北、东北地区的印刷分印点，在保证上市时间的同时，也降低了印刷和物流成本。

四、周刊化之后的严峻课题

1. 发掘最具中国特色的原创精品

多年来，在日本漫画的夹击下，中国漫画似乎一直未能找到立足的基点。20世纪90年代，中国漫画人也曾尝试将日本大热的套路搬到国内，此间诞生了《北京卡通》、《卡通王》等影响力颇大的漫画期刊，但在看似广阔的中国市场，它们中的多数并没有取得成功。时至今日，《漫画世界》、《知音漫客》等被广大读者所青睐的漫画期刊以自身经验告诉人们，用中国传统文化素材抓住读者，用最亲切通俗的表现方式吸引读者，才是原创漫画期刊生存发展的根本。

杂志周刊化之后，如何发掘出符合市场需求的适销对路“产品”尤为重要。其实中国并不缺乏可以引人入胜的热销元素，在五千年的文化宝库中，可取可用的题材无数，关键在于如何准确把握其价值所在。漫画期刊发展至今不乏成功的典范。以《漫画世界》为例，该刊一直坚持刊载具有中国特色的原创作品，从主打中国功夫的《乌龙院》到以玉兔寻找嫦娥为主线的《兔子帮》和宣扬中国美食的《泡面超人》，以专属中国人的搞笑方式受到了读者追捧。

2. 成功的不二法门——坚持走品牌路线

动漫品牌的形成，既需要前期的培育土壤，还需要后期的持续开发。动漫形象若止步于“红”，忽略进一步的再传播和后续开发，就只能逐渐消亡。而后续开发，不仅可以保持该动漫形象的生命力，同时也能提高开发衍生产品的成功率。以《漫画世界》杂志上连载了五年的“乌龙院”品牌为例，该系列漫画图书出版品种接近200种，总销量超过3000万册，连续七年成为中国最畅销的漫画图书，不仅被改拍成电视动画系列片，而且相关衍生产品在市场上也极具人气。凡是贴有“乌龙院”标签的商品都会引起争相抢购。漫画杂志周刊化后，能够在短期内刊载更多有较高品质保障的漫画作品，对作品和形象的宣传以及后续开发都将起到推动作用，势必将打造出更多原创动漫品牌。

在《文化部关于扶持中国动漫产业发展的若干意见》中，文化部明确提出，漫画创作是动漫产业链的基础，要推动中国动漫产业又好又快地发展，就必须高度重视漫画在动漫产业链中的基础性作用。

正如文化部的指导意见所言，原创漫画作为动漫产业链的基础环节，其重要性可见一斑。纵观美、日等动漫产业链较为完善的国家，其动画化甚至影视剧化的作品，大都在漫画连载时期就累积了大量人气，多元化的创作相当于是在初步成功的基础上更上一层楼。而这些优秀作品进行传播和积累的平台，往往就是周刊杂志。但在中国，漫画的基础性地位还没有真正凸显，原创漫画鲜少能获得改编机会。漫画杂志周刊化后，在把好原创作品质量关的同时，会以更快的速度将作品呈现出来，让更多、更好的原创作品得到市场的检验，助推优秀原创漫画作品投入动画、影视剧的改编之中，加速动漫产业链的成熟与完善。

第三节　2008—2009年中国新媒体漫画发展概况

所谓新媒体，是一个相对的概念。它是相对于传统意义上的报刊、广播、电视这些大众传播媒体而言的，指随着传播新技术的发展和传媒市场的进一步细分而产生的新型传播媒体，主要是指宽带互联网络、手机两类新媒体，且重点是两者的增值服务这一领域。也有人把这两类媒体分别称之为第四、第五媒体。

一、新媒体漫画现状

随着互联网和无线移动技术的广泛普及，2007年，一种新的动漫形式已经崭露头角，即新媒体动漫。

目前，除ZCOM、Xplus和POCO等大众电子出版平台青睐网络漫画外，还产生了像DigiBook这样的专业网络漫画运营商。网络漫画凭借自身覆盖范围广、传播能力强和技术产品优的特点，逐步进入风险投资商的视线。在政府和企业等多方力量的共同推动下，网络漫画呈现出蓬勃的发展态势。绿豆蛙、悠嘻猴、兔斯基、自杀兔、张小盒等一大批漫画形象在网络上走红后，与线下出版相映成辉。KuKu动漫休闲站、动漫视界、叽叽歪歪吧、风之动漫和贪婪大陆动漫网五大动漫网站跻身中国网站排名100强。

2007年9月，由国家文化部和中国移动集团公司等单位共同主办的第二届中国原创手机动漫大赛在湖南长沙启动。截止到2008年1月9日，共11万部作品参赛，单格漫画作品《这个冬天真好》凭借高达46万人次下载量成为“人气王”。以此推算，这一则小作品在短短三个月的时间，将为作者带来15万元的收益。手机动漫大赛的举办，标志着由移动运营商主导的手机动漫运营模式和产业链由此得以改变。在传统无线增值业务中，运营商（OP）占主导，服务商（SP）和内容提供商（CP）分利较少。而手机动漫业务则采取新型合作模式，运营商与内容商分成比例演变为35：65。同时，手机动漫业务渠道呈现扁平化趋势，运营商和内容提供商直接进行合作，这意味着服务商必须转型为内容集成商，通过为中小内容商提供制作和推广服务才能在产业链中占有一席之地。

目前在网络上颇具人气的各种漫画形象如过江之鲤，多不胜数，较有名气的包括悠嘻猴、绿豆蛙、兔斯基等。网络漫画形象尽管作为QQ和MSN等通讯软件的头像和表情符获利较少，甚至没有任何收入，但可以凭借强大的熟知度走上各种不同的生财之路。随着大众的认可，网络动漫画也从早期的“自娱自乐”开始走向商业化，并从个人单打独斗升级为公司化运作。运营绿豆蛙形象的上海蓝雪数码科技有限公司和MSN动漫表情提供商北京秀满天下信息技术有限公司，在2006年分别获得了150万美元和300万美元的创业投资。网络漫画形象“洋葱头”早在2007年9月份，开始代言蓝魔数码的产品，随后“兔斯基”更加把形象代言发扬光大。把形象衍生成漫画进行出版也是网络漫画形象的一条生路，《可不可以不要上班》、《张小盒office异想记》、《悠嘻猴喜乐绘》相继推出，销售情况良好。此外，漫画作为一种表现手法，还衍生出众多应用产品和服务，包括各种解读漫画图书和网上盛行的QQ秀、MSN传情动漫等。

漫画具有艺术表现形式和信息传播载体的特征，使其成为广告营销热衷采用的宣传手段。在漫画和广告进行联姻的过程中，中国汽车厂商2007年的表现格外显眼。东风雪铁龙C2的CG广告、长安奔奔的“奔奔族”漫画形象是汽车厂家有意为之的营销策略。其结合目标消费人群的特征，有针对性地传递产品或品牌的特点，极大地强化了目标消费人群的感性认识，增强他们的喜好度和忠诚度。从奇瑞QQ到长安奔奔，从雪铁龙C2到福特福克斯，从卡通造型到动漫的宣传之路，汽车市场的卡通风愈演愈烈。也许是QQ的卡通造型引发了汽车厂商的灵感，也许是厂家在设计理念上的不谋而合，随着汽车市场的进一步细分，越来越多的汽车品牌瞄准了时尚一族，设计出了种种卡通造型的汽车。双环小贵族和长安奔奔的推出，就沿袭了这种卡通造型的风格。除了汽车造型上的卡通化，部分汽车厂家在汽车产品的推广上不约而同地选择了卡通路线，其平面和电视广告不少是动漫风格。为了让奔奔更贴合都市男女的生活状态，长安集团签约漫画大师朱德庸，购买其为网络新锐族群“奔奔族”创作的漫画版权，作为奔奔轿车的市场推广素材。朱德庸漫画中深得网友喜爱的“男奔奔”和“女奔奔”也作为长安奔奔推广的主形象，延伸到企业营销的每一个环节之中。在动漫文化的影响下，汽车逐渐拥有了丰富生动的个性，它们幽默诙谐或者行侠仗义，追逐梦想或者漫步人生，而人们也因此极大丰富了对汽车的认识和感受。加入了动漫元素的汽车，由于趣味十足而变得更加符合人们的想象，并且，其人性化的魅力也因此不断提升。

此外，漫画也以新颖的表现形式，重新回归到新闻传播领域。如果说，过去的新闻漫画廖廖几笔，勾勒简单情节外，今天融合了电脑CG技术的新闻漫画则具有更强的三维、立体表现手法。在突发性新闻事件中，记者很难通过摄影摄像取得第一手图像素材。而漫画则可以突破时空限制，根据报料人的叙述，可以制作出新闻事件始末的情节画面，起到模拟再现、情景还原的作用。

二、网络资源带动纸质出版

过去几年，很多独立的漫画作者将自己的作品上传至网上供网友免费阅读，这曾一度让漫画出版商感到恐惧，但很快他们便找到了应对之策——将这些网络免费漫画集结成册，以纸质图书的形式出版，最典型的例子之一即是杰夫·奇尼的《一个懦弱孩子的日记》（Diary of a Wimpy Kid）。在尚未成书之前，这些关于男中学生校园生活的漫画就在网上广为流传，阿布拉姆斯出版社及时地看到了这一点并将其集结出版，该书出版后屡屡登上各个畅销书排行榜，目前销量已过百万册。同时，该书的内容仍可在网络上免费获得。不久前，兰登书屋旗下的Del Rey出版公司也宣布，他们将把网络上流传甚广的乔纳森·罗森伯格的漫画《Goats》集结成书出版。

黑马漫画公司出版总监杰里米·阿金斯表示，网络漫画的受众相对较小，将其转化成纸质图书可以吸引更多的读者。他说：“我们生活在一个实实在在的环境里，所以在网络上被关注的东西最终总要转化成在商店里售卖的纸质图书。”目前，黑马出版社已成功出版了一系列网络漫画的纸质版图书，如搞笑宗教漫画《佩里圣经团》（Perry Bible Fellowship），目前该书的销售已达3万余册。黑白漫画公司在著名社交网站My Space上有自己的主页“黑马在线”（Dark Horse Presents），该网站每月的访问量在15万人次以上，这样的数字甚至超过了一些流行漫画月刊的月销售册数。黑马公司不断地在该网站上推出一些漫画作品供网友免费阅读，如果在网络上效果良好，他们就会推出这些图书的纸质版，而网络版仍然供网友免费阅读。

原子能漫画书店（Atomic Comics）店主麦克·梅尔耶说：“目前人们把网络作为获取资讯的一种方式，如果他们对这些资讯感兴趣，他们就会到书店来购买纸质图书。”位于圣弗朗西斯科的“漫画体验”书店店主布莱恩·西比斯则认为，网络漫画与报纸上的连载漫画作用相似，也就是说，即使它是免费的，人们仍然愿意花钱去买一本完整的漫画书。对于网络漫画是否会对实体漫画店造成冲击的问题，西比斯坦言：“如果20%的消费者从纸质漫画转向网络漫画，那么漫画店的经营就会出现问题，这确实是一种潜在的风险。”

三、网络、纸质双管齐下

网络已成为漫画出版社越来越重要的营销和发行渠道。目前，奇迹漫画工作室（Marvel Comics，Boom! Studios）、Viz传媒公司等漫画出版社都已将他们出版的一些漫画搬上了数字平台。而DC漫画公司（DC Comics）和Top Shelf漫画公司（Top Shelf Productions）则启动了自己的网站，并在网站上对一些漫画作品进行促销，以吸引网络上的潜在消费者，还有一些出版社以极低的费用销售网络漫画。2008年1月，轰隆隆漫画公司（Boom! Comics）首次同步推出了漫画周刊《北风》（North Wind）的纸质版本和免费网络版本。当时很多零售商都担心这种做法会影响该漫画的纸质版销量，而事实证明，《北风》第一期推出后一周内即售罄，出版社不得不进行加印。黑马公司负责人说："一本漫画周刊到每月第四期的时候销量会出现10%～20%的下滑，但是这本周刊的第四期销售却实现了20%～30%的增长。"10月1日，IDW出版公司（IDW Publishing）将同步推出漫画周刊《总统资讯》（Presidential Material）的纸质版和网络版，该漫画的主题是总统候选人奥巴马和麦卡锡的生活。IDW公司总裁泰德·亚当斯说，"网络版可以帮助我们吸引那些不去书店购书的潜在读者群。"。

当然，数字化不仅仅意味着免费在网络上发布漫画，对于出版商来说，将网络漫画转化为纸质图书很简单，但将纸质图书变为数字产品则有诸多问题。DC漫画公司出版商保尔·里维斯表示，并不是所有的纸质漫画都适合数字化。他说："真正的成功是你为所针对的受众创作个性化的内容。"目前，DC公司成立了专门的漫画网站Zuda.com。而该网站上的漫画内容都是为网络用户量身打造的，而不仅仅是将纸质漫画转化成数字格式后的简单上传。同时，也有很多网友在阅读了出版社推出的网络漫画后被吸引到纸质漫画上来。Top Shelf漫画公司的网站编辑李·沃尔通说："和那些喜欢纸质书的漫画迷相比，网络漫画的读者群相对分散。"在他看来，如果网友对某种类型的漫画感兴趣，他就会一直关注下去，无论这些漫画是以纸质还是电子形式出现。

四、拓展手机和电子书市场

日本手机漫画的盛行之风也渐渐延至欧美国家。许多出版社都通过手机发行他们的最新作品。根据相关机构的统计，2006年日本读者共投入了2000万美元用于下载和阅读手机漫画，2007年这一数字达到7000万美元，2009年，这一数字预计将达到2.5亿美元，这相当于整个美国纸质漫画市场的总值。虽然目前手机漫画在美国的发展前景尚不明朗，但出版商的一些举措已经得到了手机用户的认同。

Uclick是一家手机娱乐公司，他们的业务之一即是向用户提供手机漫画。此前，东京流行漫画公司（Tokyopop）与Uclick公司合作，使用户可以通过手机登录Go Comics网站，并阅读漫画，该服务取得了良好的效果。东京流行漫画公司的产品发展总监杰里米·罗斯表示，每个月他们的漫画手机订阅量都过百万，这个数字远远高于同期的在线阅读量和纸质图书的销售册数。此外，DC公司通过iTunes推出了经典漫画《观察者》（Watchmen）的电子版，奇迹漫画公司则将其漫画作品的部分章节在网络和手机上免费发布。

另外，电子书也成为出版商关注的一种数字模式。目前，黑白漫画公司和东京流行公司都已推出了一部分适用于索尼阅读器的电子漫画书。罗斯说："我们对于数字化的前景很期待，尽管电子书在漫画领域还很不成熟。"

第四节　2008—2009年中国漫画展览活动举办概况

一、2008—2009年中国漫画展览活动

1. 2008年1月份漫画展览活动

2007年12月21日，以在海外普及漫画文化为目的的日本第二届国际漫画大赛开始接受参赛者投稿，从即日至2008年2月29日，大赛将接受世界各个国家和地区的投稿，而正式选拔则是在2008年6月进行，并于2008年夏季在东京举行颁奖典礼。该

大赛在日本外相麻生太郎的推动下于2007年5月正式设立，在日本外务省和国际漫画大赛执行委员会的协力下举行。第一届国际漫画大赛的大奖由中国香港漫画家李志清创作的《孙子兵法》获得，而其他奖项分别由香港的KAI创作的《十五二十》，马来西亚的BEN创作的《Le. Gardenie》，澳大利亚的Madeleine Rosca创作的《Hollow Fields》获得。

2008年1月12日—14日，由黑龙江省委宣传部牵头主办的“首届全国高等艺术院校学生优秀动漫作品邀请展”，在黑龙江动漫产业（平房）发展基地举行，共展出了由国内各高等艺术院校推荐的近300部优秀原创动画短片和近千幅漫画。

2008年1月19日至21日，第4届“金龙奖”原创动画漫画艺术大赛系列活动在广州隆重举行。全国人大常委会副委员长何鲁丽专门为第4届“金龙奖”活动发来贺词，“坚持自主创新，发展动漫产业”，对“金龙奖”大赛给予充分肯定，勉励组委会再接再厉，挖掘更多新人新作，为中国动漫产业的发展多作贡献。

国家新闻出版总署推动动漫产业发展工作领导小组同时为“金龙奖”活动发来贺信。贺信说，“金龙奖”2007年成功落户广州以来，充分利用并有效融合广州国家级网游动漫产业基地的各种资源，大力发掘原创作品，着力培养本土新人，推出了许多优秀的原创动漫作品，在社会上产生了良好的反响。希望国内业界以此次“金龙奖”系列活动为契机，加强交流，吸收和借鉴各国发展动漫产业的先进经验，尽快将中国丰富的民族文化资源，转化为健康有益的动漫产品，形成具有中国特色的动漫发展模式，把动漫产业做大做强，为实现党的十七大确立的推动社会主义文化大发展大繁荣的历史任务作出贡献。

本届“金龙奖”系列活动与上届相比，增添了许多新亮点，活动规模及行业高度均有较大提升。活动期间，“金龙奖”吉祥物福龙可爱的形象随处可见，倍感亲切。福龙与福娃有着深厚的渊源，同样出自清华大学美术学院吴冠英教授之手。“金龙奖”搭乘2008北京奥运顺风车，本届特别设定主题为：“我的世界，我的梦想”，并增设了“最佳体育动漫奖”，在主流社会和动漫行业产生极大影响。名不见经传的新人作品《漫头玩转08奥运》，最终赢得本届“金龙奖”“最佳体育动漫奖”，还获得“最佳四格漫画”的提名，可谓是实至名归。

由于“金龙奖”活动规模和社会影响大幅提升，组委会也对奖项设置进行了改革，取消了此前的金银铜模式，改由从提名作品中决选最佳得主，更加国际化和专业化。本届大赛共有22个奖项，首次按读者年龄和性别进行细分，设有“最佳成人漫画”、“最佳儿童漫画”、“最佳少女漫画”和“最佳少年漫画”奖。备受瞩目的“最佳成人漫画”奖被盒子动漫社创作的《张小盒上班族漫画》摘走，受到评委和读者的一致好评。结合市场反馈可以看到，成人漫画正在快速升温，受到越来越多的成年人的欢迎。在20日举行的中国漫画家大会上，与会人士普遍认为，随着创作的发展以及市场的推动，成人漫画将成为都市白领喜爱的休闲轻松的阅读方式，成人漫画的阅读时代即将到来。此外，为迎合新媒体动漫的发展趋势，本届大赛还首度设立了“最佳手机动画”奖，收到了非比寻常的反响，最终《蘑菇点点》以不俗表现夺冠。

第4届“金龙奖”大赛获奖名单于2008年1月19日在中山纪念堂举行的颁奖典礼上隆重揭晓，22个奖项花落各家，见表6-12。国家新闻出版总署推动动漫产业发展工作领导小组副组长兼办公室主任、总署计划财务司司长孙明，文化部文化市场司副司长庹祖海和广州市人民政府副市长徐志彪等领导和嘉宾上台为各位获奖选手颁奖。韩露凭借《长安幻夜》获得“最佳少女漫画奖”，于彦舒则以《扳手少年》摘得“最佳少年漫画奖”，成为新一届漫坛“超女”、“快男”。在动画方面，《秦时明月之夜尽天明》、《亡命鸡礼花》、《广艺水浒传》和《蘑菇点点》，分别获得“最佳系列动画”、“最佳动画短片”、“最佳网络动画”和“最佳手机动画”奖。

表6-12 第4届“金龙奖”原创动画漫画艺术大赛获奖名单

奖项名称		获奖作品	获奖作者
最佳手机动画		《蘑菇点点》	上海动酷数码科技有限公司
最佳网络动画		《广艺水浒传》	黄友镇
最佳动画短片		《亡命鸡礼花》	刘泉，刘祎聪，李克
最佳系列动画		《秦时明月之夜尽天明》	导演：沈乐平
动画单项奖	最佳制片奖	《面》	雷磊，柴觅
	最佳导演奖	《有那么一首歌》	李博
	最佳编剧奖	《秋千》	李维
最佳漫画脚本		《隐姿梦咄～桐之卧所》	抽屉
最佳插画		《相见欢》	呀呀
最佳绘本漫画		《有猫在》	喵呜
最佳四格漫画		《Q8》	傅燕
最佳多格漫画		《兔子帮》	十九番
漫画单项奖	最佳编剧奖	《My Struggle》	龚鼎
	最佳造型奖	《我的歪歪江湖》	段成
	最佳画技奖	《雪深山》	梁暄茗
最佳成人漫画		《张小盒上班族漫画》	盒子动漫社
最佳儿童漫画		《森巴AMIGO番外篇》	姜智杰
最佳少女漫画		《长安幻夜》	韩露
最佳少年漫画		《扳手少年》	于彦舒
评委会特别奖	最佳体育动漫奖	《漫头玩转08奥运》	地狱兔，刘成文
	最佳海外动漫奖	《开心元素》	祖安
	最佳推荐动漫奖	《和谐社会树新风》	曾俊

“金龙奖”2007年度动漫榜中榜获奖名单在颁奖典礼上同时揭晓。作为中国内地第一个动画漫画作品及创作力量市场影响力评价体系，年度动漫榜中榜涵盖了上年度市场表现较好的海内外众多动漫名家及其作品。本届榜单与前三届相比，最大的特色是增设了“最佳动画图书奖”。炙手可热的奥运动画《福娃奥运漫游记》不负众望，成为当晚的大赢家，摘走“内地及港澳台年度最佳电视动画”和“内地及港澳台年度最佳人气动画图书”两项大奖。《秦时明月（第一部）——百步飞剑》也以不俗表现，夺得“内地及港澳台年度最佳人气动画”和“内地及港澳台年度最佳动画歌曲”两个奖项，见表6-13。

表6-13 第4届“金龙奖”2007年度动漫榜中榜获奖名单

奖项名称	获奖作品	获奖作者
内地年度最佳漫画新人	CHRY	
内地年度最佳漫画单行本	《80℃》5、6	姚非拉
内地年度最佳漫画家	丁冰	
内地年度最佳漫画创作经营机构	潜艇工作室	
内地及港澳台年度最佳绘本漫画	《猫街的公主》	李欢
内地及港澳台年度最佳插画家	唐卡	
港澳台年度最佳漫画单行本	《焚月》	林青慧
海外年度最佳人气漫画	《航海王》	尾田荣一郎

续表

奖项名称	获奖作品	获奖作者
内地年度最佳动画创作经营机构	中央电视台央视动画有限公司	
内地及港澳台年度最佳动画歌曲	《秦时明月（第一部）——百步飞剑》主题歌《月光》	主唱：胡彦斌
内地及港澳台年度最佳电视动画	《福娃奥运漫游记》	北京卡酷动画卫视，北京水晶石影视动画科技有限公司
内地及港澳台年度最佳人气动画	《秦时明月（第一部）——百步飞剑》	导演：沈乐平
内地及港澳台年度最佳剧场动画	《闪闪的红星之红星小勇士》	中国人民解放军八一电影制片厂，深圳市方块动漫画文化发展有限公司
内地及港澳台年度最佳创意动画	《喜羊羊与灰太狼》	广东原创动力文化传播有限公司
内地及港澳台年度最佳人气动画图书	《福娃奥运漫游记》	浙江少年儿童出版社
海外年度最佳剧场动画	《穿越时空的少女》	导演：细田守
海外动漫终身成就奖		里中满智子
华语动漫终身成就奖		蔡志忠

2008年1月20日，首届中国漫画家大会在广东国际大酒店举行，以“漫画中国风”为主题，百余名漫画家共同探讨如何走中国特色的漫画之路。本次大会是近几年来国内唯一以漫画为主的大型动漫活动，其专业性与权威性得到了与会人士的一致认同。会上，漫友杂志社社长兼总编辑金城发表了《中国漫画产业年度发展报告》。洋洋洒洒近万字的演讲，通过慎密的分析，结合翔实的事例，向与会人士阐述了中国漫画产业过去一年来的发展情况。这是中国漫画产业的首份年度报告，显示了漫画行业发展逾加成熟。金城在报告中指出，在利好政策推动下，中国漫画事业得到了快速发展。漫画作品产量和质量大幅提高，传播平台不断丰富，优秀创作企业渐成气候，公共支撑和服务体系日趋完善。中国漫画正在改变过去草莽英雄和家庭作坊式的固有形象，积极探寻更加良性的产业化运营模式。同时，漫画产业正加速与商业社会的融合，开始脱胎换骨，正在成为方兴未艾的文化创意产业的火车头。

参与本次大会的既有来自全国各地的漫画家，也有漫画行业众多从业人员。闭关近十年，极少在大陆亮相的台湾漫画大师蔡志忠专程前来，与大家切磋技艺，交流心得。香港漫画大师马荣成、台湾漫画大师敖幼祥和日本漫画大师里中满智子、韩国漫画大师赵宽济等，也纷纷到会畅谈各自漫画创作及发展的经验，传经布道。大会期间，漫画家和行业嘉宾会聚一堂，集思广益，深入探讨了中国漫画行业发展的前景及道路。本次大会是国内首个采取收费模式的大型专业会议，尽管如此，还是挤满了国内80余位漫画创作人和近200名渴望求知的行业听众。

此外，作为“金龙奖”系列活动之一的国际动漫名家论坛，基于当前动漫产业的最新发展态势，本次通过细分主题和突出重点，聚焦穗港澳区域动漫市场。论坛主题设定为：“迎接动漫产业大融合时代”，旨在为产业发展提供资源整合渠道与机会，搭建海内外动漫机构友好合作的桥梁，促进行业与政府之间的交流与联系，推动动漫创意经济的发展。穗港澳科技·产业（动漫）发展论坛的举办，对当前亟需解决的跨产业融合发展等议题进行深入探讨，特别是从区域整合的角度出发，努力整合珠三角乃至亚太地区动漫优势资源，促进行业分工与协作，结成跨产业、跨区域的动漫经济共同体，形成互惠互利、共享共赢的产业价值链。

2008年1月24日，第二届中国原创手机动漫大赛专项奖在长沙评出。本次大赛自2007年9月27日在长沙正式启动以来，已经成为全国动漫界的热门话题之一。2008年1月9日晚12点整，历时4个月的“第二届原创手机动漫大赛”正式落下帷幕，所有投票通道全部关闭，此后所有用户投票均不再被计算到评选数据之中，赛事进入最后的数据整理及奖项评选阶段，手机漫画和动画作品人气奖的评选依据作品的下载量自动产生。据悉，本次大赛截至1月9日结束时止，共吸引了530家动漫企业及工作室参赛，收到参赛作品共50808件，业务体验客户数超过760万，完成赛前预计指标的152.37%，动漫作品下载数量突破1660万次，完成赛前预计指标的110.67%。不仅如此，本次大赛更将一种全新的手机动漫概念进一步渗透到人们的生活中，对业界及社会都产生了一定的影响。

根据大赛安排，大赛组委会于2008年1月23~24日在长沙举行了专项奖的封闭式评奖活动。国家文化部文化市场司副司长庹祖海，湖南省委宣传部副巡视员蒋祖烜，湖南省文化厅副厅长雷鸣强，中国电视艺术家协会卡通艺委会常务副秘书长傅铁铮，中国美术学院传媒与动画学院常务副院长林超，中国台湾著名漫画家、动画导演陈志华等领导和专业人士担任了本次评奖活动的评委，并由湖南长沙公证处工作人员进行了全程现场公证，共计产生了最佳创意奖、最佳画技奖、最佳视觉效果奖、最佳动漫造型奖、最具动漫潜质奖五个专项奖6个作品。同时，大赛最佳基地组织奖、大赛优秀企业组织奖、大赛优秀院校组织奖及各个人气奖项的获奖名单也在本次评奖活动结束后最终出炉。据悉，大赛全部获奖名单将于2008年2月19日正式对外公布。

法国西部夏朗德省省会昂古莱姆市举办的这一国际漫画节，是世界最大的漫画及相关产业的节日，也是欧洲最老牌的漫画展，至今已连续举办了35届，从展会规模和内容上能与之媲美的只有美国的圣地亚哥漫画节，参展商从跨国出版社到个人作者无所不包。

2008年1月27日，为期4天的第35届昂古莱姆国际漫画节落下帷幕。漫画节期间，这座法国小城在大街小巷布置了人们熟悉的动漫形象，欢迎来自世界各地的近千名漫画作者和约20万动漫迷。教堂、橱窗、酒吧，随处可见漫画形象，丁丁、蓝精灵等漫画人物与来自世界各地的人们亲切地互动着……

中国代表团凯旋而归，相对于两年前唯一一笔100万美元的合同和2007年平平的成绩，第三次参加这一漫画节的中国团2008年获得了令人满意的大丰收。无论是规模还是规格上，都较上两届有了大幅提升。本次参展活动得到了国家扶持动漫产业发展部际联席会议的大力支持，国家文化部副部长孟晓驷亲自到会，参加了中国开幕式及招待会、世界漫画家为北京奥运喝彩等活动。同时出席的还有文化部文化市场司司长刘玉珠、财政部教科文司副司长王家新、信息产业部电子信息产品管理司副司长陈英、商务部服务贸易司副巡视员王惠英等领导。

本次展会吸引了上海文艺出版集团、漫友文化传播机构、天津神界漫画公司、北京天视全景文化传播公司等原创动漫机构的积极响应，他们在昂古莱姆这一国际展示和交流平台上，获得了机遇，也接受了挑战。出席本次活动的十余位中国漫画作者在现场倍受瞩目，他们连续4天不间断地进行签名活动，有的当场与国际出版商签下订单，有的受到了国际大型连环画出版社的重视，在现场初步接触后，将于日后进一步商谈合作事宜。而中国代表团带来的漫画作品也在中国馆现场受到了国际观众的热捧，不仅仅展出的原画受到欢迎，大批风格各异的以中文为主的图书以及周边产品在几日内全部售罄。

中国动漫代表团首战告捷，在漫画节上签订了11份海外合约，总额达1100万欧元，合人民币1.15亿元。其中，上海今日动画公司的两部动画共计金额1.05亿元。动画新片《斯皮鲁历险记》得到了法国杜皮依（Dupuis）出版影视集团公司价值6000多万元的动画合拍订单，居签约金额之首。法国、比利时、韩国等地出版机构对中国原创动漫作品表示了浓厚的兴趣，除了对《站在对岸的企鹅2》、《爱·速写》、《北京奥运故事短篇集》、《雷雅》等作品签订了版权协议外，还与天津神界公司签署了四大名著系列《三国演义》、《红楼梦》韩文版授权出版协议和《三国演义》、《水浒传》在法国地区出版发行意向性协议。上海国家动漫游戏产业振兴基地还与法国出版协会签订了“青年漫画家培养与发掘”相关合约。

除了向出版商、漫画作者和普通读者提供见面交流的平台之外，昂古莱姆漫画节每年还向全世界公开征集作品，通过颁奖肯定本年度最有成就的漫画家，同时不忘挖掘新人。

2. 2008年2月份漫画展览活动

中国台北国际书展动漫馆人气爆棚。2008年2月13日，第16届中国台北国际书展在台北世贸中心开幕，位于世贸中心二馆的动漫主题馆人气高涨。虽然寒流当道，动漫迷依然热情十足，首日涌进4万1千人次，比上届首日还多出1千人次。20名高中生、大学生漫画迷为抢限量商品及声优签名，更是从三天前开始彻夜排队。2008年，偏好天真无邪少女画风的萌系追随者似乎成为主流。

2月9日，为期5天的广西柳州首届动漫节拉开帷幕。该动漫节以“快乐、健康、体验、提升”为理念，由动画馆、游戏馆、全民动漫区、主题广场等组成，包括原创动漫作品展示、影视产品展演、COSPLAY（真人秀）、漫画比赛、游戏互动等精彩纷呈的内容。

2月22日，由国家文化部、国务院信息化工作办公室、湖南省人民政府和中国移动集团公司共同主办的第二届中国原创手机动漫大赛正式落幕。由湖南三辰卡通有限公司制作的《中关村》获得手机动画人气奖一等奖，北京北纬通信科技股份有限公司制作的《今年冬天有你在真好》获得手机漫画人气奖一等奖，见表6-14。

表6-14　第二届中国原创手机动漫大赛获奖名单

类别	奖项	作品名称	制作单位（个人）
手机漫画人气奖	一等奖	《今年冬天有你在真好》	北京北纬通信科技股份有限公司
	二等奖	《悟禅》	北京北纬通信科技股份有限公司黑龙江分公司
	二等奖	《哥哥，终于找到你了》	南京集耀科技有限公司
	三等奖	《这是秘密就不告诉你》	武汉一窝蜂文化传播有限公司
	三等奖	《注意身体》	北京阳光加信科技有限公司
	三等奖	《风车仔转呀转祝福到永远》	Laoqq（个人）

第二届中国原创手机动漫大赛是国内动漫业界规格较高、技术水平较强、影响范围较广的一次比赛。在为期6个月的赛事期间，组委会先后推出全国手机动漫产业发展高峰论坛、全国原创手机动漫优秀作品展示、长沙市第二届动漫艺术节、优秀手机动漫作品电视展播、优秀手机动漫作品评奖、国家动漫公共技术创新平台建设研讨会等高规格的主体活动。

第二届中国原创手机动漫大赛奖项分为动漫作品人气奖和专项奖两大部分。手机漫画和动画作品人气奖的评选依据作品的下载量自动产生，专项奖由评委评选产生，共计产生了最佳创意奖、最佳画技奖、最佳视觉效果奖、最佳动漫造型奖、最具动漫潜质奖五个专项奖6个作品。同时，大赛最佳基地组织奖、优秀企业组织奖及各个奖项的优胜奖获奖名单也在现场揭晓。湖南国家动漫游戏产业振兴基地获得“最佳基地组织奖”，广州漫友文化科技发展有限公司、北京搜狐互联网信息服务有限公司和湖南山猫卡通有限公司获得“优秀企业组织奖”。其中，仅广州漫友文化科技发展有限公司就组织了10018部作品参赛，占参赛作品的1/5，合计赢得了784278人次的投票支持，人气非同一般。

从某种意义上说，手机动漫大赛的成功举办推动了中国手机动漫的进程。第二届中国原创手机动漫大赛将一种全新的手机动漫概念带到了人们的生活中，造成了空前的业内及社会影响。与此同时，中国手机通信业和动漫产业也正在发生着翻天覆地的变化，手机动漫的发展前途将会更加广阔。

3. 2008年3月份漫画展览活动

由中国国际动漫节节展办公室和中国动画学会共同承办的第四届中国国际动漫节2008“美猴奖”评选活动，已经开始面向全球征集作品。连日来，中国国际动漫节节展办公室接连收到来自世界各地的咨询电话和电子邮件，并已收到几十件国内外作品。

赛事在奖项设置上大胆革新，并集中“金”力，扶持薄弱环节，鼓励学院作品。本届“美猴奖”分为综合奖和单项奖两大类。其中，综合大奖设有“动画长片美猴奖”、“动画短片美猴奖”、“学院动画美猴奖”、“合拍动画美猴奖”、“外国动画美猴奖”、“漫画美猴奖”、“评委会特别奖”七大类；单项奖则舍弃了最常见的“最佳导演奖”、“最佳创意奖”等，只设置了“动画最佳形象奖”、“动画最佳故事奖”、“动画最佳音乐奖”、“动画最佳配音奖”、“漫画最佳形象奖”、“漫画最佳故事奖”6项，旨在唤起中国动漫业界对当前薄弱环节的重视。另外，每项“美猴奖”还设置三个提名奖。获奖作品名单见表6-15。据悉，本届评奖活动的奖金总额达202万元。

动漫节期间，将在杭州休博园、影剧院及市区主要广场进行2008“美猴奖”入围作品及动漫主题影片（包括知名动画人作品、动画机构影片）展映，以体现“美猴奖”评选的公开、公平与公正，并通过一系列交流活动，促进中国原创动漫的繁荣和发展。

表6-15　第四届中国国际动漫节2008“美猴奖”获奖作品名单

金奖	漫画最佳故事奖	《安宁的残暴》	银奖	动画最佳形象奖	《秦时明月之夜尽天明》
	动画系列连续片大奖	《少年狄仁杰》		动画最佳故事奖	《小卓玛》
	动画长片大奖	《勇士》		动画最佳音乐奖	《勇士》
	动画短片大奖	《精卫填海》		动画最佳配音奖	《勇士》
	学院动画大奖	《小鸡想飞》		漫画最佳形象奖	《任立伟的作品集》
	合拍动画大奖	《中华小子》(中/法)	铜奖	（略）	
	外国片大奖	《弗拉基米尔王子》(俄)	评委会特别奖	《星际飙车王》	
	漫画大奖	《魔王》			

2008年3月11日，“2008我们是奥运的主人”海尔杯创意动漫大赛新闻发布会在杭州数字娱乐产业园举行，此次大赛由杭州市漫画协会发起，海尔集团（杭州工贸有限公司），杭州娱乐数字产业园主办。大赛征集以奥运为主题，结合海尔品牌及海尔兄弟造型创作的漫画作品以及创意产品。据悉，大赛将持续至5月3日，其颁奖仪式将在第四届中国国际动漫节期间举行。

2008年3月14日，中法漫画艺术家作品展在北京法国文化中心开展。展览通过50余幅由法国、比利时、瑞士和中国漫画家创作的优秀作品，促进双方漫画艺术家的交流。

2008年3月15日，英国规模最大的中国文化节“时代中国”在伦敦传媒学院推出漫画展，介绍中国的连环画和插图小说这类叙述体艺术形式。据悉，“时代中国”是一项为期6个月的全国性文化节，将在英国各地展开800多场活动，内容包括各种展览、演出，以及涵盖中国电影、漫画、艺术、文学等领域的活动。此次漫画展是英国第一次展出过去25年来中国近当代的漫画作品，包括200多件艺术品和印刷品。该展览还介绍了传统连环画大师、现代漫画大师和新一代艺术家的作品。2008年3月25日，12位特邀艺术家、出版商和专家召开为期一天的学术研讨会。

2008年3月18日，中国香港国际影视展正式揭幕，本届影视展特辟的动画与数码娱乐馆异常火爆，玉皇朝集团、火狗工房等数十家来自海内外的动漫机构参加了展会。据介绍，此次专馆的开辟，主要是为了与发展迅猛的动漫产业有效接轨，为港澳台地区与内地的动漫产业多元化合作搭建有效平台。相关负责人也表示，香港影视展今后将进一步扩大动漫领域的参展规模。

2008年3月28日，土耳其艾丁道昂第24届国际漫画大赛巡回展览落下帷幕。该大赛由土耳其最大的报业集团——自由报主办，由艾丁道昂国际漫画基金会承办。本届大赛共展出了来自世界91个国家和地区的1218位漫画家的6500件作品，创下大赛开办以来的纪录。白俄罗斯女漫画家玛瑞娜获得大奖及8000美元奖金，这是该项大赛第二次由女漫画家获得大奖。巴西漫画家达尔齐奥获得第二名及5000美元奖金，来自古巴的安吉尔和印度的什布并列第三名并分获3500美元奖金，中国漫画家侯晓强等分别获得大赛成功奖及500美元奖金。

2008年第三届大学生环保漫画·插画大赛开赛。本次大赛是由中国日报网、中国新闻漫画网、中华环保基金会、中国新闻漫画研究会共同举办，这届主题为“气候变化与灾难——警惕全球变暖”。大赛于3月24日至5月24日征集作品，并通过网上展示、评奖，评选出大赛一、二、三等奖和优秀奖，于2008年6月5日世界环境日举行颁奖仪式。

4. 2008年4月份漫画展览活动

2008年4月4日—6日，中国动漫网8周年庆典系列活动暨2008北京欢乐谷动漫嘉年华闪亮登场。活动期间，动画导演曲建方、漫画家颜开、宋洋、漫画新秀布兜等多位动漫作者到场签售，并与动漫爱好者进行动漫作品手绘表演与互动。筹备近一年的精彩COSPLAY剧目也在欢乐谷奥林匹克文化广场激情上演。此外，“COSPLAY摄影作品展览”还展出了数百幅历届“金面具”盛典赛事获奖社团图片、国内原创漫画精品以及各高校的原创漫画原稿。据悉，首日参观者达到2万人次。

2008年4月9日起，江西省首届大学生动漫节活动周拉开帷幕。据介绍，此次动漫节包括《阿香游中国》系列漫画首发式暨动漫报告会，动漫产业发展论坛，欧洲动漫大师与大学师生交流会，动漫教学、科研和创作洽谈，手机动漫合作洽谈五大主题活动。

5. 2008年5月份漫画展览活动

2008年5月24日，由中国香港动漫画协会主办的“香港原创漫画巡礼”开幕，香港特区商务及经济发展局局长马时亨在开幕式致辞时表示，香港漫画业市场总额达到10亿港元，读者人数达30余万，普及程度在亚洲仅次于日本。据悉，为进一步推动香港本土漫画文化的发展，特区政府出资约100万港元资助此次展览。据介绍，展览以“星光大道”为首站，于24日开始一连3个星期在尖沙咀“星光大道”及新世界中心商场举行。除展出华英雄、聂风、王小虎等10位极受欢迎的经典原创漫画人物塑像外，该展览还介绍了香港原创漫画的历史与成就，以及由香港首创的“流水作业分工式”漫画绘制过程。

2008年5月28日，由中国美术家协会漫画艺委会和桐乡市人民政府联合主办的第七届“子恺杯”中国漫画大展，面向全国漫画作者征集展览作品。本届大展适逢漫画大师丰子恺先生诞辰110周年，主办单位将以此为契机，从思想性和艺术性两个方面对近两年来中国漫画创作水平进行一次全面检验和集中展示。本届展览共展出作品100件（不含特约作品），全部入选作品和获奖作品由丰子恺纪念馆永久收藏，并向作者颁发收藏证书和收藏费。征稿截止日期为2008年7月20日，大展于2008年11月在浙江省桐乡市举行。

6. 2008年6月份漫画展览活动

2008年6月1日，中国国际漫画节组委会和共青团广州市委以“心连心，手拉手，共建美好家园”为主题，举办“首届中国国际漫画节·让漫画形象进入千家万户系列活动之青少年漫迷为地震灾区人民献爱心”主题活动。组委会组织了多名青年漫画家和100多名青少年漫迷，分成“大好河山、抗震救灾和重建美好家园”三个板块挥毫作画。30名小学生漫迷还创作了30幅漫画单幅作品，赠送给在广州接受治疗的灾区受伤儿童，表达广大漫迷对灾区人民的关爱和支持。此外，组委会为活动设置了组织奖，现场还组织了华语动漫第一奖“金龙奖”的获奖作品义卖，并将奖金和义卖所得款项通过广州青少年发展基金会捐给灾区。

2008年6月14日，北京电影学院动画学院第七届动漫节举办了开幕仪式和颁奖典礼。中国美协动漫艺委常务副主任庞邦本、中国著名连环漫画家缪印堂、北京电影学院动画学院院长孙立军、漫友杂志社副社长刘洋、中国著名漫画家及本届评委会主席聂峻等嘉宾出席开幕式，并在随后的颁奖典礼上为获奖作者颁奖。

据了解，北京电影学院动画学院第七届动漫节大赛至5月25日截稿，共征集到单幅漫画、故事漫画、绘本作品1500余幅，动画短片40部。大赛评委会经过入围选拔、初评、终评多次筛选，在这些作品中评选出了优秀漫画奖、最佳插画奖、最佳绘本奖、最佳剧情奖、最佳技法奖、最佳新人奖、最佳漫画大奖等多个奖项的共计百余幅获奖作品。其中北京电影学院学生马晓俊的多格故事漫画《我在电影学院那一年》获得了大赛最高奖项——最佳漫画奖。获奖选手在获得本次大赛的奖项的同时，还获得了漫友奖学金。

北京电影学院动画学院第七届动漫节由北京市海淀区人民政府、怀柔区人民政府、中国电影博物馆和北京电影学院联合主办，海淀区文化委员会、北京电影学院动画艺术研究所、北京大学文化产业动漫研究中心、北京左右艺术区承办。活动还包括原创动漫游青年发展论坛、入围作者交流会等一系列活动。

2008年6月17日，首届中国国际漫画节组委会执行主任、广州市副市长徐志彪率团赴港举办首届中国国际漫画节香港业界介绍会。此次活动旨在向香港媒体和动漫业界推介中国国际漫画节，加强内地与香港动漫业界的交流与合作，吸引香港动漫界参与此次漫画节，提高此次漫画节在香港特区乃至海外的知名度，并通过穗港强强联手推动中国动漫产业的加速发展。

香港业界与媒体对此次介绍会十分关注，来自香港特区政府、工商企业界、院校、动漫及出版企业和新闻媒体代表近200人到会。广州市新闻出版和广播电视局书记周素勤、局长范旭，广州市科技局局长蔡刚强，漫画节组委会办公室成员，漫画节四大主体活动负责人等出席会议。香港漫画大师黄玉郎出席并发表致辞。

2008年6月30日，第四届中国国际动漫游戏博览会举行一系列颁奖活动。据组委会介绍，作为“目前国内原创漫画家的最佳孵化平台”，漫友文化传播机构凭借十一年来对中国原创动漫事业的不懈追求和卓越成就，荣获本届博览会“动漫产业原创模式创新奖”。其策划出品的《漫友》和《漫画世界》等原创动漫杂志勇立潮头，并连续成功举办了四届“金龙奖”原创动画漫画艺术大赛，建立了一套完整的优秀动漫作品评选、奖励和推广机制。

面向原创漫画家的全国性评选活动“四大天王”大赛2008年已举办至第三届，国内优秀职业漫画家姚非拉、Benjamin、郭竞雄、于路，以及猪乐桃、王昱文、李堃、丁冰分别获得了前两届四大天王的称号。2008年，大赛将主题设为“校园小天王”，鼓励高校学生发挥天马行空的想象，创作出具有梦幻特质的作品。大赛从全国各大高校征集到300多幅参选作品，经由评委会专家的层层筛选和评议，确定了12位入围选手，他们分别来自北京、上海、重庆、浙江、江苏、广东、内蒙古等地。最终，刘欢、钱政、谢凌雁和李园艳获得本年度漫画“四小天王”称号。

7. 2008年7月份漫画展览活动

2008年7月1日，为纪念丰子恺先生诞辰110周年，“丰子恺晚年漫画精品展”在湖北省博物馆开展，展出作品约100幅。这些作品名为《敝帚自珍》，大部分为20世纪70年代初期追忆旧作所画，生动反映了丰子恺先生毕生之感悟。

2008年7月4日，第二届MORNING世界漫画大奖赛结果揭晓，来自中国台湾的余孟霖凭借漫画作品《FAIRY TALE》夺得国际新人大奖。据悉，该活动由日本讲谈社旗下漫画杂志《周刊Morning》创办于2007年，旨在挖掘国际漫画新人。

2008年7月8~9日，全国首届高校民族题材动漫作品大赛”颁奖仪式在呼和浩特市举行。漫画类作品中，内蒙古大学艺术学院的多格漫画《顽强》获一等奖，武汉理工大学的公益漫画作品《救灾心理干预》获评委会特别奖，另有11件漫画作品分获二等奖和三等奖。

2008年7月12日，“快乐奥运、福地沈阳——沈阳市第二届动漫原创作品大赛”各奖项揭晓，沈阳日报美术编辑孙大江的作品《和平》获得最佳漫画奖。

2008年7月15日，北京市科学技术协会主办的“2008北京科普动漫创意大赛”正式揭幕。此次大赛分为动画和漫画两大参赛门类，共设十余个不同种类的奖项，总奖金额高达16万元人民币。大赛旨在通过动漫这一大众喜闻乐见的形式，在全社会提升科普氛围，普及科普知识，提高全民族的科学文化素质，并为2008北京奥运会的“科技奥运”主题添砖加瓦。

2008年7月18~20日，2008亚洲青年动漫大赛结果揭晓，“至尊大奖”颁给了韩国动画《A Millennium Giraffe》，中国台湾动画《海之传说——妈祖》获动画类最佳作品奖，中国的熊亮和伊朗的Mohammad Ali Khalaji获得漫画类最佳作品奖。大赛期间，贵州动漫企业代表与来自丹麦、新西兰、韩国的动漫界专家进行了洽谈。2007年贵阳与丹麦签署的意向性项目——贵州青年影视公司与丹麦合作的动画《森林小英雄》项目作为首个推荐项目在论坛上亮相，并在当天签订了正式制作协议，协议金额高达300万美元。此外，国际动漫交流中心、白云主题公园的建设项目、贵阳市与新西兰动漫机构的人才培训合作等六个项目也进行了现场签约。

2008年7月23日，由首届中国国际漫画节组委会主办、广州市越秀区人民政府承办的首届中国国际漫画节——第5届“金龙奖”COSPLAY全国超级大赛，在越秀区政府召开新闻发布会，对外发布了大赛相关信息。

作为首届中国国际漫画节的热身环节和重要项目，第5届“金龙奖”COSPLAY全国超级大赛于2008年9月25日晚在中山纪念堂举办。大赛共设置最佳舞台表演奖、最佳人气奖、最佳团队奖等12个奖项。

来自北京、上海、广州等地的多支精英团队均已报名参赛，大赛甚至还吸引了香港地区的团队报名参加，预计届时将有数百名参赛者到穗一争高下。

2008年7月26日—28日，新疆第四届原创动漫展及表演大赛在乌鲁木齐市青少年宫进行，该赛事是西北地区水平最高、影响力最大的专业比赛和展览，漫画、插画、移动飞信表情、COSPLAY表演和游戏竞技等作品和项目展出，吸引数万动漫爱好者参展和参观。

2008年7月28日，中国国际漫画节组委会举办了“漫画进军营”主题活动，慰问空军95171部队。此次慰问活动的主题是“快乐漫画、快乐军营”，组委会除了向部队赠送漫画图书、“金龙奖”获奖作品之外，著名青年漫画家黄伟明、朱斌、丁冰也进入军营，不仅现场挥笔创作军营漫画留赠部队，还手把手教士兵漫画创作技巧。据悉，此次“漫画进军营”活动是首届中国国际漫画节“让漫画形象进入千家万户”系列活动中的重要一项。

8. 2008年8月份漫画展览活动

2008年8月1日，作为最受香港青少年欢迎的暑期“招牌”活动之一，为期5天的“2008第十届香港动漫电玩节”在香港会议展览中心开幕。香港特区政府商务及经济发展局局长刘吴惠兰出席开幕典礼时表示，香港动漫电玩节自1999年首次举办至今已有10年，活动规模不断扩大，反映了香港创意工业的蓬勃发展。作为香港创意产业的重要一环，特区政府将会继续积极支持动漫画业及数码娱乐业的发展，推动香港成为“创意之都”。

动漫电玩节已成为香港年青人的热门活动。据悉，在展会还未正式开始前，数千名狂热的动漫游戏迷们已经将入场队伍从会展二楼入口处排到了会展中心门外。

香港动漫产业多元化以及与内地加强交流的发展趋势也在本届香港动漫电玩节中得到体现。这次大会特别与中国国际漫画节组委会合办了一个以“我爱祖国”为主题的亲子绘画长卷创作项目，每日在场内设置一幅12米长的画板，让家长与子女合作完成一幅港人为祖国表达自豪之情的图画。完成的60米长画卷将会在内地城市作展览。香港独立漫画家召集人欧阳应霁表示，近年来香港动漫画家与内地同行的交流日益增强，“无论香港还是内地，应携手掀开新的一页，一起找准在世界动漫业中的定位”。

2008年8月，由中国银行和香港《文汇报》共同主办、北京新赛点体育策划有限公司承办的“三地动漫绘中银奥运情——2008中国银行奥运动漫作品征集大赛”获奖作品揭晓。《京韵悠扬》、《奥运梦》、《我的冠军梦》、《圣火的足迹》四幅作品分别摘得动画成人专业组、成人非专业组、少年组和儿童组的一等奖；《奥运风系列》、《56民族宝宝》、《08奥运，中国加油》、《欢欣迎奥运》四幅作品分别获得漫画成人专业组、成人非专业组、少年组、儿童组的第一名。据悉，本次大赛共评选出160余幅获奖作品。

2008年8月7日—9月14日，中国台湾“Never Ending Story几米创作10年展”展开一系列展览及文艺活动。首先登场的“几米惊喜，故事台北”户外公共艺术展，在台北多个重要景点推出大型展出，以几米作品中的“毛毛兔”作为串联，带领所有观众一同欣赏这些创意展示。此外，为鼓励创作、发掘优秀的艺术人才与创造大众更为接受的美学体验，“几米惊喜，故事台北”摄影比赛及“故事的开始”图文创作比赛也将同时展开。中国台湾有关人士以卡通造型为漫画展览活动造势。

2008年8月13日，2008中国台湾第九届漫画博览会开幕。本届漫画博览会主题为“K动漫知识UPUP”，诉求“看漫画学知识”，希望人们除了从阅读漫画中获得娱乐效果之外，更加重视漫画内容所附带的教育意义。因此除了各单位举办的签名会、座谈会之外，还举办了“卡拉动漫王”、“知识达人挑战”、“创意设计大赛”等活动。由于部分出版社采取购买限量商品即可取得签名会资格的促销策略，不少动漫迷提前两天就开始排队，开幕前队伍已绵延数百米。博览会第一天吸引8.5万人次入场，比2007年增长15%。

2008年8月19日，首届“绿色奥运，宜居城市”城市管理科普知识动漫创意大赛结果揭晓，共有54个单位和个人的89件作品分获一、二、三等奖。此次大赛由北京市08环境办、市政管委、市科委共同主办，引起社会公众和动漫创作者的广泛关注。大赛征集到来自20多个省市（区）、直辖市共1004件作品，内容涉及漫画、动画、卡通形象、游戏等。

9. 2008年9月份漫画展览活动

2008年9月6日，旨在促进世界各国漫画家与出版人员之间交流的第九届京都国际漫画家大会在日本京都拉开帷幕。一批中国漫画名家由中国东方文化研究会连环漫画分会牵头，集体出征本届国际漫画家大会，在漫画强国日本掀起一股中国原创漫画热潮。

国际漫画家大会起始于1996年的东亚漫画峰会，当时由日本、韩国、中国内地、中国香港、中国台湾的漫画家们以“文化交流”、“感动分享”、“著作权”为要领，联合举办展览会及研讨会。此外，大会本身并不仅仅停留于漫画家及出版人员之间的交流，它还设置了针对一般漫画爱好者的参与环节，力求打造一个完善的漫画交流平台。当初联合举办大会的国家和地区已成为理事，近年来大会在上述各地巡回举办，并广邀世界各地的漫画家加入，参加者从亚洲逐步扩大到了欧洲、美洲、大洋洲，已经发展成为世界最大的漫画盛典之一。

2008年9月2日，第二届“国际漫画奖”（International MANGA Award）颁奖仪式在日本外务省的饭仓公馆举行，由日本外务大臣高村正彦主持。2008年共有来自46个国家及地区的368部作品参与角逐。香港漫画家刘云杰的《Feel 100%（百分百感觉）》获得本届“国际漫画奖”的最优秀奖，北京电影学院动漫系尹川凭借作品《逝》获优秀奖。该奖项由爱好漫画的日本前外务大臣麻生于2007年5月创立，香港漫画家李志清和欧启斯2007年曾分别获得日本“国际漫画奖”的“最优秀奖”和“优秀奖”。

2008年9月16日，第5届“金龙奖”原创漫画动画艺术大赛公布了各个奖项的提名名单和获奖名单（见表6-16、表6-17）。据组委会介绍，以“感动”为主题的本届大赛，自启动全球征稿以来，共征集到来自中国内地及港澳台地区、马来西亚、韩国、日本、澳大利亚、加拿大等地的投稿近四千件，质量超越往届。数十部优秀作品从中脱颖而出，获得角逐“华语动漫第一奖”——“金龙奖”的资格。

第5届“金龙奖”原创漫画动画艺术大赛评委会成员名单如下：

评委会主席：庞邦本

评委会主任：金城

漫画终评评委：庞邦本、温绍伦、陈维东、姚非拉、颜开、阮筠庭、张澍（Tree.Z）、崔伟良（小狐）

动画终评评委：孙立军、吴冠英、廖祥忠、林超、李捷、李剑平、晓欧、刘洋

表6-16　第5届“金龙奖”原创漫画动画艺术大赛各奖项提名名单

类别	奖项	提名作品	作者	地区
漫画	最佳少女漫画	《怪古学院》	洛君麟	上海
		《我们的事终归是与熊有关》	芹菜	广东
		《千茗列传》	ANBOR（马晓婷）	天津
		《影·子不语》	夏达	浙江
		《卖火柴的小女孩》	刘枭羽	四川
	最佳少年漫画	《4.9×4.9》	白骁	北京
		《IG（无尽游戏）》	爱欧	天津
		《战斗王EX》	迪文文化	广东
		《超级任务》	佟遥	北京
		《缉拿归案！》	月饼大侠	北京
	最佳成人漫画	《摇滚藏獒》	郑钧	北京
		《爱·速写》	蔡峰	上海
		《鱼》	聂峻	北京
	最佳儿童漫画	《小班长》	林诗敏	马来西亚
		《巴拉拉小魔仙》	迪文文化	广东
		《嘻嘻哈哈学院》	葳子	广东

续表

类别	奖项	提名作品	作者	地区
	最佳四格漫画	《青春逗》	羽山	广东
		《磨磨米亚》	修普诺斯	广东
		《宠物代理人》	山竹蜚蠊	上海
		《魔猫仔》	三成	辽宁
		《Q奇学园的快乐生活》	亭子	河南
	最佳多格漫画	《手机少年（P-BOYS）》	茗卡通·暴雨	北京
		《UFO少女》	KK（邱堃）	陕西
		《泡面超人》	陈晓韵	广东
		《我听得到》	张三疯	天津
		《桐话故事之奥运福娃》	梁佑桐	澳门
	最佳绘本漫画	《每个人都是天使》	李志国	四川
		《黑礼帽中的童话——少年与玫瑰》	阿梗&黄山	广西&广东
		《大风过后》	扫把	重庆
		《纸飞机》	小奎	上海
		《阿呜～》	苏青青	广东
	最佳插画	《幸福的店，不幸福的店》	PANDA（秦莉）	四川
		《那些关于记忆的事》	李书轶	北京
		《梅兰芳纪念画集之西施》	林莹	上海
		《迪亚的旅程》	果果鱼	湖北
		《徐遥插画系列》	徐遥	北京
	最佳脚本	《麒麟见世》	相思樱	四川
		《仙药奇谭之参王降临》	平鎏墨	黑龙江
		《小时代》	郭敬明	上海
动画	最佳动画长片	《垃圾拯救队》	深圳市唐人动画影业有限公司	广东
		《风云决》	上海文广新闻传媒集团，深圳市方块动漫画文化发展有限公司	广东&上海
	最佳系列动画	《魔法艾贝特之会顶球的帽子》	武汉奇境动画制作有限责任公司	湖北
		《快乐小星猫》	成都百汇文创科技有限公司	四川
		《快乐东西3》	北京卡酷动画卫视	北京
		《宇航鼠与月亮城》	广东宇航鼠动漫有限公司	广东
	最佳动画短片	《飞机总动员》	涅源工作室	广东
		《抢驴》	环球数码影视有限公司	广东
		《茗记》	L—Key工作室	浙江
		《小鸡想飞》	曾毅刚	吉林
		《小布偶》	刘少楠&李环	江苏
	最佳网络动画	《阿亮的烦恼生活》	杭州雷映数码科技有限公司	浙江
		《扑克牌》系列之《鸡劫号》	南昌其妙数码科技有限公司	江苏
		《非常涩会》	福建天狼星动漫有限公司	福建
	最佳手机动画	《卡卡（KAKA）》	天麟动画	湖北
		《nono熊之牵手周年纪念》	无知	上海
		《炮炮兵之奥运畅想曲》	常州卡米文化传播有限公司	江苏

表6-17 第5届“金龙奖”原创漫画动画艺术大赛获奖名单

奖项	获奖作品	作者	地区
最佳少女漫画奖	《影·子不语》	夏 达	浙江
最佳少年漫画奖	《无尽游戏（IG）》	爱 欧	天津
最佳成人漫画奖	《鱼》	聂 峻	北京
最佳儿童漫画奖	《巴啦啦小魔仙》	迪文文化	广东
最佳四格漫画奖	《魔猫仔》	三 成	辽宁
最佳多格漫画奖	《泡面超人》	陈晓韵	广东
最佳绘本漫画奖	《黑礼帽中的童话——少年与玫瑰》	阿梗&黄山	广西&广东
最佳插画奖	《梅兰芳纪念画集之西施》	林 莹	上海
最佳漫画脚本奖	《小时代》	郭敬明	上海
最佳漫画画技奖	《那些关于记忆的事》	李书轶	北京
最佳漫画编剧奖	《摇滚藏獒》	郑钧	北京
最佳漫画造型奖	《千茗列传》	ANBOR（马晓婷）	天津
最佳动画长片奖	《风云决》	上海文广新闻传媒集团，深圳市方块动漫画文化发展有限公司	广东&上海
最佳系列动画奖	《快乐东西3》	北京卡酷动画卫视	北京
最佳动画短片奖	《茗记》	L—Key工作室	浙江
最佳手机动画奖	《炮炮兵之奥运畅想曲》	常州卡米文化传播有限公司	江苏
最佳网络动画奖	《扑克牌系列之鸡劫号》	南昌其妙数码科技有限公司	江西
最佳动画导演奖	《小鸡想飞》	曾毅刚	吉林
最佳动画编剧奖	《宇航鼠与月亮城》	广东宇航鼠动漫有限公司	广东
最佳动画造型奖	《飞机总动员》	涅源工作室	广东
最佳体育动漫奖	《福娃、福牛》	吴冠英	北京
	《吉祥如意乐洋洋》	亚组委	广东
最佳海外动漫奖	《小班长》	林诗敏	马来西亚
最佳推荐动漫奖	《每个人都是天使》	李志国	四川

2008年9月28日晚，在广州中山纪念堂，随着国家新闻出版总署副署长孙寿山大声宣布：“首届中国国际漫画节开幕！”在场的3000多名动漫迷欢呼起来，连续7天的“漫画黄金周”由此拉开了序幕。广东省委常委、广州市委书记、市人大常委会主任朱小丹，广东省副省长雷于蓝，新闻出版总署财务司司长孙明，新闻出版总署出版产业发展司副司长林江，共青团中央宣传部副部长万速成，广东省政府副秘书长江海燕，广州市委常委、秘书长凌伟宪，市委常委、常务副市长邬毅敏，市人大常委会副主任陈国安，副市长徐志彪，市政协副主席林生珠，市政府秘书长陈如桂，澳门特别行政区经济局局长苏添平等以及国家新闻出版总署、教育部有关部门，广东省、广州市政府有关部门的领导，海内外嘉宾，出席了开幕式。

本届漫画节由四大主体活动组成：9月28日晚与漫画节开幕式一并举行第5届“金龙奖”原创漫画动画艺术大赛颁奖典礼，该大赛被誉为“中国动漫第一奖”；9月29日举办的第二届中国漫画家大会，还包含中国动漫创作与出版圆桌会议、国际动漫名家论坛等精品活动；10月1日—5日举行的中国国际漫画文化展，即第二届ACG穗港澳动漫游戏展；10月5日举行2008全国大学生原创动画大赛颁奖晚会暨首届国际漫画节闭幕式。

以“感动”为主题的第5届“金龙奖”原创漫画动画艺术大赛，自启动全球征稿以来，共征集到来自中国内地、港澳台地区和马来西亚、韩国、日本、澳大利亚、加拿大等世界各地的投稿近4000件。最终有23部精品力作脱颖而出，在中山纪念堂三千余名国内外名家大师、业界精英和动漫爱好者的共同见证下，摘得中国动漫第一奖——“金龙奖”。最令人瞩目的是“80后”勇挑中国动漫大梁，获得了近半奖项。爱欧以《（IG）无尽游戏》摘得最佳少年漫画奖，夏达则凭借《影·子不语》获得最佳少女漫画奖，他们的作品个人风格均异常鲜明，且具备深厚的成长潜力。而“80后”青春文学作家的领军人物郭敬明，首度跨界参与动漫大赛，便凭其耗时五年完成的新作《小时代》获得最佳漫画脚本奖殊荣。为了表彰在漫画文化领域作出突出贡献的专家，首届中国国际漫画节组委会还在当晚首次颁发中国漫画杰出贡献奖，北京电影学院动画学院院长孙立军和2008北京奥运会及残奥会吉祥物主创人吴冠英赢得了该项殊荣。

2008年9月29日，国内唯一的全国性漫画创作行业峰会中国漫画家大会在广州东方宾馆隆重召开。本届大会以“新媒体，大漫画”为主题，安排了主题演讲、签约仪式、中国漫画Boss谈等内容。中国内地及香港、澳门、台湾地区参会代表共同发布了“向连环画艺术致敬”的《第二届中国漫画家大会宣言》，并提出申请将中国传统连环画作为“国家级非物质文化遗产”。在中国漫画国际产业平台项目签约仪式上，角川控股集团与漫友文化传播机构签订了产业平台的首份战略合作协议，该项目的达成，有望使中国原创动漫跻身世界舞台，预示着中国漫画家将踏上国际合作发展的快车道。

10. 2008年10月份漫画展览活动

2008年10月1日，备受瞩目的中国国际漫画节的主体活动之一——第二届ACG穗港澳动漫游戏展在广州锦汉展览中心开幕。广州市副市长徐志彪出席开幕式并作了热情洋溢的致辞，香港基金总裁、前香港立法局主席黄宏发太平绅士，香港动漫节主席郑汉怡，香港动漫节行政总裁梁中本分别致辞。广东省新闻出版局副局长韩安贵、广州市新闻出版和广播电视局党委书记周素勤、局长范旭等省、市有关部门的领导以及黄玉郎、马荣成等来自内地、香港、澳门动漫界的众多嘉宾出席了开幕式。

该展突出中国原创漫画，体现专业化水准，促进参展商、投资商、衍生产品开发商的交流和交易，在广州掀起了黄金周的动漫狂欢，首日百名观众通宵排队等候开展，首日入场人数逾3万。据主办方透露，10月1日至5日天天爆棚，5天来累计入场观众达13.5万人次，并创下单日最高36000元票房的新纪录。动漫龙头企业玉皇朝、天下、玩具反斗城、多莱宝等港澳参展商以及漫友文化、方块动漫、宇航鼠、达力等内地知名企业倾力加盟该展，共同打造华南地区最大规模的动漫展。此外，新华书店首次强势加盟漫展，以“图书超市”的形式展销了2500多种青春读物和动漫图书，展会期间图书销量大大超出预想。

2008年10月5日晚，2008全国大学生原创动画大赛颁奖晚会暨首届国际漫画节闭幕式在华南理工大学体育馆举行，动画大赛74个奖项现场揭晓并进行了颁奖。据悉，本次大赛共有来自全国23个省市、150多所高等院校的1308件作品参与角逐，共颁出74个奖项。

2008年10月16日，第二届烟台国际动漫艺术节在烟台大学体育馆隆重开幕，主题为“海漫梦幻”的大型晚会同期举行。据悉，本届动漫艺术节涵盖动漫文化活动、商品展示交易、动漫高层论坛、洽谈交流合作等多项活动。作为一个以动漫商品为主题的展销会，百余家国内外动漫企业鼎力加盟，集中展示了玩具、图书、期刊、音像等动漫相关商品。同时，围绕“动漫商品设计理念”和“动漫产业营销策略”等主题，动漫节邀请了欧、美、日、韩及国内动漫企业、机构的高层人士进行研讨和讲座。此外，电子竞技对抗赛、flash作品网络大赛、漫画大赛、cosplay社团演出以及山东省第三届漫画大赛等一系列异彩纷呈的文化娱乐活动也于动漫节期间举行。

11. 2008年11月份漫画展览活动

2008年11月6日，“华祥动漫之旅”漫画作品全国巡回展暨宁波大学科技学院第二届动漫艺术节正式开展。此次巡展作品包括香港漫画大师黄玉郎、青年漫画家聂峻等的作品，以及学院奖历年获奖作品和华祥杯“明天”主题中日青少年动画漫画短篇作品大赛获奖作品。此次活动由北京电影学院动画学院主办、厦门华祥动漫科技有限公司、《漫画少年》杂志社和宁波大学科技学院共同协办。

2008年11月27日，为纪念中日和平友好条约缔结30周年，由日本漫画家协会、“八月十五日会”、“JAPUNCH”联合主办的“日中漫画交流展”在日本东京元麻布展览馆隆重开幕。日本内阁通产大臣二阶俊博，日中21世纪委员会日方委员、“日中漫画交流展”实行委员会委员长石川好，日本漫画家协会理事森田拳次，专程赴日出席开幕式的中国《讽刺与幽默》报总编辑、中国美术家协会

1 2 3 4 5 6 7 8 9 10

漫画艺委会主任徐鹏飞，著名漫画家黎青、常铁钧等日中两国漫画界知名人士及各界代表近百人出席开幕式。

此次展览共展出200余幅作品，日方特邀的40余幅中国优秀水墨漫画作品一同展出，它们是徐鹏飞、孙以增、方唐、何业琦、苏朗、常铁钧、周明鉴、黎青等漫画名家最新创作的作品。慕名前来参观的观众中许多是在日本工作和学习的中国漫画爱好者。

此外，由讽刺与幽默报社策划、人民日报出版社出版的《日本百名漫画名家忆停战日》大型漫画集也于开幕式上与广大日本读者见面，受到两国来宾和参观者的热烈欢迎。据悉，展览一直持续到12月8日才结束。

12. 2008年12月份漫画展览活动

2008年12月初，中国台湾“新闻局”正式公布“2008年度剧情漫画奖”获奖名单。其中最高一般组首奖由沈颖杰创作的《柯普雷的翅膀》获得，将获新台币60万元奖金；优胜奖由林玉琴《我的女朋友是个他》、李隆杰《觉醒人间：螂女飞翔传》、曾建华《我是谁》、张立翰《勒令特搜》获得，每部优胜作品可获得新台币40万元奖金；“新人组”优胜奖由叶羽桐《烈士》获得，新人组的优胜者则可获得奖金新台币15万元，最佳剧情奖由沈颖杰《柯普雷的翅膀》获得。本次的评审委员名单包含了朱学恒、李勉之、何清辉、依欢、林芳吟、林依辰、陈君平、黄健和以及蔡鸿忠等知名漫画家。

2008年12月13日，由中国东方文化研究会连环漫画分会主办的第六届中国漫画奖颁奖典礼暨作品展在北京电影学院举行。此次共颁发了15个奖项，最主要的三个奖项分别被张晓雨的作品《小丑》（最佳长篇漫画奖）、谢步平和颜开的合创作品《奔跑吧，埃拉！》（最佳短篇漫画奖）、杜煜的《明天》（最佳学院奖短篇）摘得。获奖名单见表6-18。

据悉，本届中国漫画奖评选工作历时半年，从全国漫画出版单位和艺术院校选送的众多参评作品中，经过初评委员会和终评委员会两级评选最终评出各奖项获奖者。

中国漫画奖旨在奖励和表彰最优秀的漫画作者、编辑、教师和出版单位，自1998年4月举办首届活动以来，已经成功举办了六届，累计参评作者1000余人，参评作品3000余件，是中国漫画行业的权威评选活动之一。

表6-18 第六届中国漫画奖获奖名单

奖项		获奖者	获奖作品	选送单位
最佳学院奖	短篇	杜煜	《明天》	北京电影学院动画学院
优秀学院奖	创新奖	郭妍岩	《严》	北京工业大学艺术设计学院
		任炜	《影》	中央美术学院城市设计学院
		王宏博	《轮回》	吉林动画学院
	单幅	杜煜	《魂》	北京电影学院动画学院
		吕敏	《玩偶之丘》	北京航空航天大学
		温婷	《寂寞日记》	中国人民大学艺术学院
		胡宁炫	《彩画》	安徽建筑工程学院
		胡煌	《天空》	北京印刷学院
	短篇	秦昊	《不安眠》	吉林动画学院
		镜花缘工作组	《镜花像》	北京电影学院动画学院
		费思	《安宁的残暴》	北京电影学院动画学院
		曹艳红	《聊斋》	中国人民大学艺术学院
		洪秋丽	《家》	北京印刷学院
		马相如	《FLY》	鲁迅美术学院
		师莹	《D&B》	中央美术学院城市设计学院

续表

奖项	获奖者	获奖作品	选送单位
最佳教师指导奖	张帆		北京电影学院动画学院
优秀教师指导奖	李智		北京工业大学艺术设计学院
	刘峰		北京印刷学院
	聂峻		北京电影学院动画学院
	洪涛		中国人民大学艺术学院
	龙全		北京航空航天大学
优秀彩色单幅画奖	王山甲	《憨豆先生》	漫画大王杂志社
	呀呀	《彩画》	漫友杂志社
	梁毅	《三国系列》	颜开三剑客工作室
最佳编剧奖	川水	《揭秘皇冠岛》	中国卡通杂志社
优秀编剧奖	风息神泪	《超合金社团》	漫友杂志社
	徐明明	《考拉》	中国人民大学艺术学院
最佳短篇漫画奖	谢步平、颜开	《奔跑吧，埃拉！》	颜开三剑客工作室
优秀短篇漫画奖	思东工作室	《小熊查理的悲情》	中国卡通杂志社
	阿尤	《济公传奇》	中国卡通杂志社
	张群	《圣矛传奇》	徐悲鸿中学
最佳长篇漫画奖	张晓雨	《小丑》	少年漫画杂志社
优秀长篇漫画奖	梁小龙	《三国演义》	中国卡通杂志社
	李尧	《破妖小呆龙》	漫友杂志社
	李金烽	《八戒断案》	科普画王杂志社
	张静	《鲁滨孙漂流记》	漫画大王杂志社
优秀编辑奖	张春英		中国卡通杂志社
	李莹		漫画大王杂志社
	陈可		漫友杂志社
	王玫		漫友杂志社
优秀组织奖	河北美术出版社、中国卡通杂志社、漫友杂志社、科普画王杂志社、漫画大王杂志社、北京电影学院动画学院、中央美术学院城市设计学院、北京工业大学艺术设计学院、吉林动画学院、中国人民大学艺术学院、北京航空航天大学、北京印刷学院、鲁迅美术学院、徐悲鸿中学		

2008年12月16日，以《北京卡通》杂志为基础，由北京出版社出版集团创建的"北京卡通"动漫平台正式启动。《北京卡通》是北京出版社出版集团旗下的专业卡通漫画杂志，创刊于1995年10月，是中共中央宣传部、国家新闻出版总署启动的"中国动画出版工程"（简称5155工程）中5家新漫画刊物之一，曾经推出大量成熟的漫画故事作品。但由于经营状况不良，《北京卡通》杂志于2006年第6期起休刊。

此次创建的"北京卡通"动漫平台，将以原创能力与出版资源为基础，依循动漫产业的发展规律，借鉴国际先进模式，强化产品创意价值，把原创漫画和动漫产业紧密衔接，突出原创漫画在动漫产业链中的重要作用，建设以原创内容为中心的聚合型动漫平台。据介绍，该动漫平台将建立原创中心、出版中心、教育培训中心、营销中心、动漫产业公共服务中心等；搭建网络平台，开展数字出版、移动增值等新媒体业务；进军各类动漫产品的开发制作等。

在平台启动的时刻，北京出版社出版集团还精心策划了以"《功夫熊猫》与中国动漫攻略"为主题的国际动漫论坛。《功夫熊猫》故事策划和分镜头设计杰德·迪芳得弗（Jed Diffenderfer）、《汽车总动员》及《怪物史莱克2》的前期故事策划和分镜头画面设计道尔顿·格兰特（Dalton Grant）、世界动画协会中国代表处秘书长李中秋、北京电影学院动画学院院长孙立军、知名漫画理论家陈维东等国内外动漫专家，就“从《功夫熊猫》对中国元素的深入挖掘谈起”、“《功夫熊猫》带给我们的启示——中西动漫产业比较”、“培养动漫人才、加快技术接轨”、“原创动漫——动漫产业的源头”等主题进行了广泛交流和深入探讨。

2008年12月18日，由国家动漫游戏产业振兴基地、上海市科技艺术教育中心联合主办的2008年上海市“汉王杯”华夏小神笔中小学动漫大赛圆满落下帷幕。本届大赛共分手绘单幅漫画、手绘多格漫画、电脑漫画及电脑动画四类，共收到动漫画作品10320件，其中手绘动漫画8230件，电脑动漫画2090件。大赛评审工作于10月底开始进行。评委们经过初评、复评、终评、现场测试四轮认真地筛选和评定，在高中及职校组、初中组、小学组三个组别共评出特等奖5名、一等奖23名、二等奖82名、三等奖180名，优秀作品奖300名，市级“神笔之星”荣誉称号590名。铜奖以上的优秀作品汇编成《2008年上海市学生动漫画大赛获奖作品集》。

2008年12月24日，第五届中国国际动漫节2009“美猴奖”在杭州正式启动。从当天开始到2009年2月24日，中国国际动漫节节展办公室将正式接受2009“美猴奖”参赛作品报名。

2008“美猴奖”于2008年5月动漫节期间落下帷幕，组委会共收到来自世界各地的3055件参赛作品，国内部分基本囊括了2007年国家广电总局立项和推荐的优秀动画，以及主流漫画杂志推荐和出版的优秀漫画作品，通过国内外评委认真细致的评选，共产生了39个奖项，总奖金额202万元人民币，在业界影响巨大，反响良好。

2009“美猴奖”将在2008“美猴奖”的基础上进一步完善。2009“美猴奖”在奖项设置方面专门作出调整，设置了7个综合大奖、8个单项奖和2个特别奖。在综合大奖的设置上，除了传统的中外动画长片、系列连续剧片、短片大奖外，还针对当前发展迅猛的游戏动画专门设置了游戏动画大奖。为了扶持国内原创动画，单项奖完全只针对国内作品，除了传统的最佳导演、最佳编剧、最佳音乐等奖项之外，还针对当前动画弱项，专门设置了最佳动画形象设计、最佳场景设计、最佳三维动画和最佳配音奖。针对漫画作品，组委会专门设置了最佳故事漫画奖。

此外，为了发掘新人、扶持新人，本届“美猴奖”新增了特别奖，包括一个中国动画导演新人奖（专门针对动画导演的处女作品）和十个学生动画短片奖。为了配合动漫节主题，组委会还专门设置了“乐乐”主题动画奖项，也就是以“乐乐”为主题创作的动画短片或漫画故事，设置了“乐乐”主题动画短片奖3名和“乐乐”主题短篇故事漫画5名。这些获奖作品将作为动画节的宣传片和宣传漫画，在各种宣传媒体和载体进行宣传和推广。

据悉，本届“美猴奖”单项奖金最高达到30万元，总额达到200万元。第五届中国国际动漫节2009“美猴奖”颁奖典礼将与动漫节开幕式合二为一，于2009年4月28日同时举行。

2008年12月24日至26日，由中国澳门动漫文化产业协会主办的首届澳门国际动漫节&MY青年文化祭在澳门渔人码头举行。此项活动由华语国际动漫产业协会、澳门动漫玩具游戏商会、漫友文化传播机构协办，并获工商业发展基金支持。澳门特区政府经济局局长苏添平，广州市新闻出版和广播电视局局长范旭，香港生产力促进局领导、英智财华大中华区总裁严超议等中国动漫业知名人士及国际动漫业代表出席开幕式。日本著名歌手下川美娜担任了本届动漫节的形象大使。

2008年12月25日，作为此次动漫节的重要环节之一，华语动漫领袖高峰会举行。主办方邀请了中国及马来西亚的动漫产业界专家出席，共同分享及探讨澳门文化动漫产业的发展出路。澳门特别行政区经济局局长苏添平，澳门动漫文化产业协会理事长黄天俊，广州动漫行业协会会长、漫友杂志社社长兼总编辑金城，澳门会议展览业协会理事长何海明，台北国际动漫文化艺术交流协会理事长陈志华，马来西亚平方集团董事蔡锦豪等嘉宾，围绕“澳门政府是否应由动漫产业作为澳门发展整体文化产业的起动点”、“大中华动漫市场展望”、“华语动漫创意产业的定位”、“如何将华语动漫产业打入世界动漫市场”等议题发表了各自的观点，并各抒己见，展开热烈讨论。与会嘉宾认为，在全球金融海啸的冲击下，澳门龙头产业已受到严重伤害，旅游业也没有突破“来赌顺游”的老问题，再加上本地制造业逐渐式微，未能为会展业提供大力支持。故提出以发展文化产业的政策为新启动力，借鉴内地旅游城市发展动漫产业的成功经验，大力支持和发展动漫文化产业，促进澳门未来的经济发展。

13. 2009年1月份漫画展览活动

2009年1月1日，作为华语动漫界最具影响力的国家级专业大奖，“金龙奖”揭晓第6届主题为“温暖”，既吻合了大环境下人们的心理需求，也与第5届“金龙奖”“感动”的主题一脉相承，让人感受到冬天即将过去，春天已然来临的融融暖意。第6届“金龙奖”将奏响“温暖”三部曲，由三个既相辅相成，又相对独立、有独立名字与寓意的阶段组成。开篇曲“FIND YOU”从元月开始，延续至7月征稿活动结束。活动将在全球范围内寻找“温暖”人心的华语动漫作品和需要被“温暖”的人，在以征稿工作作为主要重心的同时陆续组织各种公益活动，把“温暖”播洒开来。

第6届“金龙奖”将继续面向全球华语动漫创作者征稿，不同于国内其他动漫奖项金银铜奖模式，采用的是由提名奖中决选出最佳得主的国际化设置。奖项设置方面进行了科学细化，分为漫画奖、动画奖、单项奖和组织奖四大类别，并根据市场和受众进一步细分为少女漫画、少年漫画、儿童漫画等奖项，同时对目前市场上最受关注的幽默漫画单独设奖，而备受社会争议的成人漫画奖项得到保留。在细化奖项设置的基础上，还增设了“最具潜力校园之星”、“最具人气动漫作品”等特色奖项，进一步加强“金龙奖”的参与和互动优势。此外，本届“金龙奖”的奖金奖品总额有了进一步提升，投稿者更有机会“一次投稿多重奖励”，即除了“金龙奖”组委会的奖励外，优秀获奖作品还有机会获取地方政府乃至国家的奖励。

区别于以往动漫大赛单一的邮寄投稿参赛方式，组委会充分考虑了新新人类的习惯，为第6届“金龙奖”开设了众多颇具特色的投稿渠道，参赛者既可以通过传统的信函投稿，还能通过登录官网、发送电子邮件、FTP上传，甚至是QQ直传的方式投稿，非常方便快捷。同时，“金龙奖”官网还将别出心裁地打造“网络金龙奖”，凡是通过登录官网上传的参赛作品，都将接受网友的投票，争夺“金龙奖”“最具人气动漫作品”大奖的提名。在第6届“金龙奖”截稿日至颁奖典礼期间，还将进行网络、短信与调查表等形式的全民公投，得票最高的参赛作品将斩获该项大奖。

14. 2009年2月份漫画展览活动

2009年2月4日至10日，以“阅读，跃起的力量”为主题的第17届中国台北国际书展在台北世界贸易中心举行。本届书展共有906家出版社参加，共举办300场演讲及签名售书等活动。面对来势汹汹的金融危机，为刺激图书消费，主办方首次制作“消费券专刊”，以鼓励读者消费。台湾地区领导人马英九亲临书展，并带头使用图书消费券购买图书。

为期6天的书展共吸引了50万人次参观，创5年来新高。其中，以二馆动漫馆人气最高。书展期间，动漫馆人头攒动，不只出版社，连宅急便摊位也是从早到晚人潮不断。业内人士指出，2008年业绩比2007年增长两成左右，“动漫馆完全感受不到不景气”。

2009年2月23日晚，原创动漫扶持计划（2008）公布仪式暨第三届中国原创手机动漫大赛颁奖典礼在湖南广电中心隆重举行。文化部党组副书记、副部长欧阳坚，共青团中央书记处书记卢雍政，湖南省委副书记、省长周强，湖南省委常委、宣传部部长路建平，文化部文化市场司司长刘玉珠，工业和信息化部软件服务业司司长赵小凡，中国移动通信集团公司副总经理李正茂等出席公布仪式和颁奖典礼。文化部文化市场司副司长庹祖海宣读了原创动漫扶持计划（2008）获扶持作品和创作者名单。见图6-4、图6-5、图6-6、表6-19。

本次原创动漫扶持计划共扶持了漫画、动漫演出（动漫舞台剧和Cosplay）、网络动漫和手机动漫四大类别的50个项目和51个团队，资助总额为700万元人民币。

图6-4　原创动漫扶持计划（2008）公布仪式暨第三届中国原创手机动漫大赛颁奖典礼上，欧阳坚副部长（左一）颁发MoCa金奖

图6-5 湖南省省长周强（左一）为MoCa银奖的两位获奖者颁奖

图6-6 庹祖海副司长宣读获得扶持的作品和创作者名单

表6-19 原创动漫扶持计划（2008）获扶持作品、创作者（团队）名单

扶持项目		获得扶持的作品/创作者（团队）
漫画作品		全彩色写实漫画《四大名著》80册、张小盒上班族漫画、《赤壁》《镜花水月》《璃玻璃琉》系列、《丢丢侠》、《于路作品赏析》、《寻找自我世界》、《80℃》、《玛塔历险记》、《梦开始的地方》、《溯空》
漫画创作者（团队）		天津神界漫画有限公司、武汉大学国际软件数字媒体艺术创作中心、SUMMER工作室、广州市协作咨询顾问有限公司“盒子创造社”、阮筠庭（杭州）、北京颜开文化发展有限公司（三剑客动漫工作室）、熊亮、上海城漫漫画有限公司、权迎东动漫工作室、上海漫唐堂文化传播有限公司
动漫演出作品		《福娃》、《办公室有鬼》、《十二生肖》、《东郭猎人狼》、《野斑马》、《大耳朵图图》、《邋遢大王奇遇记》、《孔雀翎》、《果果的绿野仙踪》、《巨人的城堡》
动漫演出创作者（团队）	动漫舞台剧	田沁鑫李东工作室、北京恒艺文化交流公司、广西木偶剧团、湖南省话剧团、贵阳市艺术中心、哈尔滨多维舞台文化发展有限公司
	Cosplay社团	北京千色境界动漫文化传播公司、神话Cosplay社团、湖南众翼文化市场产业发展中心、长春单色彩虹动漫色、广州酷迷客广告有限公司
网络动漫作品		《凤台关》、《娱乐双响炮》、《功夫兔系列》、《燕尾蝶》、《孙子兵法》、《茗记》、《十牛图》、《张小盒上班族动画》、《小布偶》、《红眼猪网络系列短片》、《小和尚与老和尚系列：唯一听众》、《神奇蚂蚁春节篇·年》、《我的奥林匹克——京韵悠扬》《招财童子》、《小石狮》
网络动漫创作者（团队）		彼岸天（北京）文化有限公司、SUMMER工作室、广州市协作咨询顾问有限公司“盒子创造社”、北京其欣然数码科技有限公司、北京市东城区隆马动画创作中心、杭州漫齐妙动漫制作有限公司、“小布偶”动画创意组、成都巴斯图恩文化传媒有限责任公司、成都牧鹰数码艺术设计有限公司、北京妙音动漫艺术设计有限公司、湖南金鹰卡通有限公司、武汉江通数码科技有限责任公司、上海摩意网络科技有限公司、石家庄市深度动画科技有限公司、湖南京鹰文化传播有限公司
手机动漫作品		《出水莲》、《快乐狗》系列、《心经》、《阿凡提》、《高山流水》、《都市情感》系列、《球嘎子》、《捉兔记》系列、《棒棒堂》、《城市民谣之职位新解》、《Hello菜菜》系列、《爸爸与儿子》、《斑马线的故事》、《天气预报》系列、《张小盒》系列
手机动漫创作者（团队）		福建天狼星动漫有限公司、北京迪漫科技有限公司、北京龙文鼎盛国际传媒科技有限公司、大连胡军漫画文化发展有限公司、哈尔滨市盛源文化传播有限公司、北京鑫联必升动画（北京鑫联必升文化发展有限公司）、武汉江通数码科技有限责任公司、泰豪集团江西动漫产业有限公司、沈阳治图文化传媒有限公司、深圳市盈富通科技有限公司动漫团队、杭州网趣数码科技有限公司、厦门威巨传媒有限公司、广州涌泉信息技术有限公司、广州市禾信科技有限公司、合肥橡树动画有限公司

2009年2月23日晚，第三届中国原创手机动漫大赛颁奖典礼同期举行，多个奖项一一揭晓。搜狐互联网信息服务有限公司的《出水莲》摘得MoCa金奖，明日科技（中国）有限公司的《心经》和湖南京鹰文化传播有限公司的《凤台关》获MoCa银奖，广东咏声文化传播有限公司的《欢乐无限——爸爸和儿子》、杭州网趣数码科技有限公司《职位新解》、明日科技（中国）有限公司《孙子兵法》、福建天狼星动漫有限公司《高山流水》分获最佳手机创意奖、最佳手机动漫风尚奖、最佳新技术应用奖和最具潜质新星奖，见图6-7。

图6-7　第三届中国原创手机动漫大赛中涌现出许多优秀的手机动漫作品，上图依次为《出水莲》、《心经》、《凤台关》、《爸爸和儿子》、《职位新解》画面

第三届中国原创手机动漫大赛由文化部、工业和信息化部、共青团中央、湖南省人民政府、中国移动通信集团公司主办，文化部文化市场司、湖南省委宣传部、湖南省文化厅、湖南信息产业厅、共青团湖南省委、中国移动通信集团湖南有限公司承办，湖南省广播电视局（集团）、湖南省体育局、湖南省科技厅、湖南省财政厅、湖南拓维协办。自2008年7月8日开赛以来，在为期5个月的时间里，共有552家动漫企业和7661名选手参赛，提交作品57,436件，参与体验客户数10,713,873人次，作品下载量24,774,460次，涨幅超过上届的1.45倍。动漫大赛官方网站日前累计访问量也已超过400万人次，WAP官方网站日前累计访问量超过1000万人次，已经初具规模。

值得关注的是，迎合手机动漫倡导提前进入3G时代成为此次晚会的主题，除阿牛、袁泉等演艺明星纷纷展示动漫物品外，台湾漫画大师蔡志忠将他画的两幅漫画作品赠予本次大赛，著名漫画家姚非拉和猪乐桃还为现场幸运观众当场创作手机动漫作品，“跳水王子”田亮更是与远在北京的妻子叶一茜当众秀起3G通话的功能，远程视频通话的体验让现场每个观众都为之惊讶。相信随着3G时代的到来，手机动漫将进一步融入人们的生活之中，拥有更加广阔的发展前景。

15. 2009年4月份漫画展览活动

2009年4月28日，中国国际漫画节组委会在广州休博园第一世界大酒店举行介绍会，向海内外动漫业界及新闻媒体介绍了第二届中国国际漫画节的筹备情况，见图6-8。中国国际漫画节组委会执行主任、广州市副市长徐志彪，中国国际漫画节组委会秘书长、广州市政府副秘书长赵南先，中国国际漫画节组委会办公室主任、广州市新闻出版和广播电视局党委书记周素勤，广州市新闻出版和广播电视局副局长赵冀韬等领导出席了本次介绍会。香港漫画大师黄玉郎和姚非拉、阮筠庭等多位国内著名漫画家，以及来自全国各地的数十家企业代表应邀出席。

图6-8　广州市副市长徐志彪介绍第二届中国国际漫画节筹备情况

由国家新闻出版总署和广东省人民政府共同主办，广州市人民政府和广东省新闻出版局承办的中国国际漫画节，以漫画为发展基础，突出加强漫画与动画的结合，强化动漫网游及其衍生产品产业链的结合，加强动漫人才推介与动漫产品交易的结合。2008年，首届中国国际漫画节的成功举办，取得了良好的社会效益和经济效益。经过总结上届的相关经验及吸收各方面意见，组委会对本届漫画节各主体活动进行了优化整合，拟设计以下活动：

第6届“金龙奖”将秉承“展示原创成就，挖掘闪亮新星，褒奖创新精神，发展动漫产业”的宗旨，充分显现新生代动漫人才无限的激情与巨大的创新力。同时，针对金融危机下大学生面临的严峻就业形势，组委会推出“金龙奖”走进校园系列活动，为推动大学生就业与满足动漫人才需求搭建桥梁。

第三届中国漫画家大会则结合2009年国务院总理温家宝政府工作报告提出促进“积极发展网络动漫等新型消费”的要求，推出“漫画拉动内需”的主题，届时将广邀海内外动漫业界嘉宾，共同就动漫消费的扩展等问题进行探讨，并就培育动漫消费热点、拓展动漫消费空间，以及发展开拓网络动漫等新型消费进行研究。

由香港动漫节原班人马精心打造的ACG穗港澳动漫游戏展不仅吸引动漫制作机构、各大媒体及出版发行企业、衍生品生产商等参展，还将积极发动全社会参与其中，共享动漫文化发展的成果，引导青少年健康消费。本届漫画节还将在动漫交易展及消费展的基础上，特别推出动漫版权保护交易展，并增设专业观众日，旨在搭建便捷、直接的交流和合作洽谈平台，以期加快对接动漫产品链的步伐、有力推动中国动漫行业的产业化。

同时，广州作为“国家网络游戏动漫产业发展基地”，也将集聚各产业园区招商引资的政策资源、科技聚集地的智力资源及其丰富的企业资源，开展针对动漫行业企业的专项合作洽谈活动。

据悉，第二届中国国际漫画节将于2009年8月底举行。举办之前，第二届中国国际漫画节执行单位广州市新闻出版和广播电视局、广州市软件（动漫）产业发展领导小组办公室积极邀请各方参加，各项筹备工作紧锣密鼓地进行。

16. 2009年5月份漫画展览活动

由北京市海淀区文化委员会主办的第六届海淀文化节暨北京电影学院动画学院第八届高校动漫节将于2009年5月31日至6月7日举行。文化节期间将举办北京电影学院动画学院高校漫画节漫画作品展、漫画节高峰论坛、中韩漫画家涂鸦、漫画接龙、漫画作者见面交流会、原创手绘漫画作品拍卖会、全国最具影响力漫画类出版社“创投共享”培养计划交流会、漫画节颁奖典礼及漫画迷嘉年华欢乐派对等活动，旨在为青少年提供展示、交流、评比动漫作品的机会，为漫画相关产业的健康发展注入新的活力。

2009年5月15日至18日，第五届中国（深圳）国际文化产业交易博览会在深圳会展中心举行。组委会在“数字影视・动漫游戏馆”设立“中国原创动漫推广计划”展览，集中展示文化部2008年启动的“原创动漫扶持计划（2008）”入选作品，吸引了大量的人流，成为文博会上的焦点。5月15日，中共中央政治局委员、国务委员刘延东，中共中央政治局委员、广东省委书记汪洋，全国政协副主席厉无畏，以及文化部部长蔡武、广东省省长黄华华等领导先后视察了由文化部主办的“中国原创动漫推广计划”展览，见图6-9。

图6-9　文化部在第五届深圳文博会上举办“中国原创动漫推广展”，集中展示“原创动漫扶持计划（2008）”所扶持的优秀原创动漫作品。图为中共中央政治局委员、国务委员刘延东视察时翻阅现场展出的获扶持漫画图书

该展览是从101件获得文化部扶持的漫画、动漫演出、网络动漫、手机动漫等原创作品和原创人才中，精选出数十幅优秀漫画作品进行展示，并选取了部分动漫演出、网络动漫、手机动漫片花通过LCD大屏幕滚动播映，每件作品均附有入选说明和作者介绍。其中，现场中央展示的神界漫画《三国演义》巨幅作品散发出强烈的时代气息，以及鲜明的传统文化特色。

插画家阮筠庭的大幅彩绘，以一贯的婉约、细腻俘获人心。此外，现场布置了部分漫画出版物和琳琅满目的周边产品，使得150平方米的展区蔚为大观，令人叹为观止。

“中国原创动漫推广计划”是文化部继“原创动漫扶持计划”之后又一项有力举措，旨在全社会广泛营造动漫文化氛围，宣传推介优秀原创动漫作品，倡导原创动漫文化，培育动漫市场，促进动漫文化消费，推动动漫产业发展。据介绍，本次展出的佳作比比皆是。如漫画《三国演义》，是陈维东率神界漫画一众人等历时2000多个日夜创作而成，以鲜明的民族特色、强烈的时代气息、典型的形象塑造，完美地再现了原著的精髓，既充盈着浓厚的文化气息，又完全贴合现代读者尤其是广大年轻读者的思考视角和阅读习惯。屡获殊荣的《玛塔历险记》，则是由有漫坛超女之称的猪乐桃创作，该作品多次登上畅销书排行榜，猪乐桃还曾二度获得中共中央政治局常委李长春的亲切接见。风靡上班族的《张小盒上班族漫画》则通过自行搭建商业链条和Web2.0时代的新营销手段，使得这部作品得到成功的产业链延展，获得“原创动漫扶持计划（2008）”中漫画、网络动漫、手机动漫5个项目的扶持。而动漫市场上持续热销的《梦开始的地方》，收录了当前中国最受欢迎的少女漫画家丁冰的短篇代表作，据了解，目前正在日本进行创作研修中的丁冰，是中国漫画国际产业平台战略实施的首棵国际漫画交流试验苗，得到了“华语漫画第一品牌”漫友文化传播机构和日本最大上市出版企业角川控股集团的共同培养和打造。

2009年台湾地区“国立编译馆”优良漫画评选出炉，甲类（已出版）前三名分别为黄耀杰的《小王子》、朱德庸的《绝对小孩2》和孙家裕的《漫画弟子规》；乙类（未出版）优胜奖则由杨婷雅的《狗屋》、张诗芸的《CHEERLEADING》、彭永成的《黑糖馒头日记》三部作品获得。其中，《黑糖馒头日记》在国内原创漫画期刊《漫画BAR》中展开了将近一年的连载，采用单则幽默的形式，轻松地描绘现代小学生的秀逗校园生活，见图6-10。

图6-10　彭永成《黑糖馒头日记》获得乙类优胜奖

17. 2009年6月份漫画展览活动

2009年6月7日，第八届北京电影学院动画学院高校漫画节颁奖典礼在北京举行。为期一周的漫画节共征集漫画作品400余部，在经过了初评和终评后，最终有120余部作品入围，40余部作品获得提名。一批优秀创作者获取了本次漫画节的最佳单幅漫画奖、最佳多格漫画奖和最佳绘本奖等奖项。当晚，著名漫画运营机构漫友文化向14位在漫画创作方面卓有成就或潜力突出的在读学生，颁发了漫友奖学金，以激励他们为促进中国动漫发展而勤奋学习、努力进取。现场同时举行了“北影-漫友漫画工作室”揭牌仪式。该漫画工作室由北京电影学院和漫友文化传播机构联手打造，将接轨动漫教育和创作实践，提供专业编辑实训和搭建作品发表平台，见图6-11。

图6-11　北京电影学院动画学院联合知名动漫企业共同培育和打造优秀动漫人才，力推他们走上职业化道路。图为颁奖典礼现场

在高校漫画节期间，由中国东方文化研究会连环漫画分会主办的全国四格漫画研讨会于2009年6月5日在北京电影学院举行。中国著名漫画家方成、缪印堂、孙以增、郑化改，青年漫画家孙元伟、付强、刘志伟等中国老中青三代漫画人，连环漫画分会会长王庸声、秘书长徐涛，北京电影学院动画学院院长孙立军、漫画大王杂志主编李滢、科普画王杂志主编王宣铭、北京卡通杂志主编闫宝华、漫友杂志社副社长刘洋、儿童漫画杂志主编王立军，以及中国卡通杂志社、现代出版社、中国传媒大学、中国戏曲学院等来自全国漫画界的代表近30余人欢聚一堂，总结中国四格漫画创作经验，探讨当前四格漫画存在的问题，就如何繁荣中国四格漫画创作，创作和出版更多、更好的作品献计献策。

此外，漫画节与华语动漫第一奖“金龙奖”联手，推出多项特色活动，其中包括“金龙奖”进校园名家讲座、漫画家见面交流会、原创作品展等。“金龙奖”进校园系列活动秉承“动漫传道”的精神，面向广大高校学生，2009年已在国内多所高校成功举办，北影站为年度第六站。本次活动邀请了两位业内实力派人物进行演讲，一位是首届“金龙奖”故事漫画金奖得主、著名漫画家Benjamin（本杰明），另一位是“金龙奖”漫画终评评委、漫友杂志社总编辑助理、资深编辑崔伟良（小狐）。两位嘉宾就漫画创作及当前业内发展形势等现实性话题，与北影师生进行了一场面对面的讨论。

2009年7月3日至6日，由文化部、上海市政府共同主办，上海市文化广播影视管理局、国家动漫游戏产业振兴基地、上海市奉贤区人民政府、上海市张江高科技园区管理委员会承办的中国国际动漫游戏博览会（Fantasy China）迎来五周岁。本届展会围绕“加快产业平台建设，催生民族原创精品”这一主题展开。现场将特设“中国原创动漫扶持推广展”专区，集中展示文化部原创动漫扶持计划当中的优秀作品。此外，博览会还将举行“故事天王”评选、“原创动画、游戏看片会”、“原创漫画看稿会”等一系列丰富多彩的活动，助推原创动漫发展。

博览会连续三年举办中国原创漫画“四大天王”评选，为年轻漫画家的起飞铺设道路，为中国原创漫画积累人才。2009年的“四大天王”评选将以“故事天王”为称号，不再使用单一画稿或插画作为比赛形式，而以创作完整故事漫画来同场竞技。经过评委初评后进入复赛的佳作将在博览会现场展示，结合读者人气和专家评委的综合意见，最终选出本届的“四大天王”，其入选作品将发行漫画单行本。同时，作为博览会5周年庆献礼大作的《中国原创漫画图鉴》将在会展现场举办首发签售活动。此次限量发行的纪念画册力邀陈维东、姚非拉、颜开、阮筠庭、寂地、客心、丁冰近30位国内一线原创漫画家倾力打造。

本次“原创动画、游戏看片会”（见图6-12）将引入“好莱坞看片会”的模式，意在促成移动增值运营商、衍生产品开发商、大型动画游戏公司与国内动画院校、原创团体和作者的供需见面，促进产品开发、版权交易、产品授权、电信增值服务等项目对接。而“原创漫画看稿会”则针对漫画创作，由国内知名出版社或专业杂志编辑现场坐镇，接受漫画创作者和爱好者的现场投稿，并对“可造之材”进行一对一的重点指导。最终优秀作品及作者信息将进入动漫产业资源库。

图6-12　本届博览会特设“原创动画、游戏看片会”，图为参加本次看片会的部分作品，依次为：《SJS》、《达摩三国》、《球道》

此外，首届“中国·上海动漫衍生产业高峰论坛”将于博览会期间举行。论坛旨在借鉴国内外动漫产业发展的成功模式，挖掘中国原创动漫品牌的市场价值，为动漫原创形象提供高端资源对接的平台，建立起适合中国动漫衍生产业发展模式，推动中国动漫产业链的逐步完善。首届论坛将以“衍生”为要点，紧紧围绕动漫周边行业，探讨衍生产业在动漫产业链中所起到的重要作用。参加论坛的包括全国近50家机构的代表，他们大多来自动漫周边开发领域，包括服装、玩具、快速消费品等行业。

18. 2009年8月份漫画展览活动

2009年8月2日，“敖幼祥大师漫画创作30年暨落户广州5周年原创漫画成就大展”在广州市越秀区文化艺术展览中心举行，见图6-13。本次共展出百余幅精彩漫画，并辅以实物、漫画图书及珍藏照片，首次曝光敖幼祥珍贵原稿，重现了“乌龙院”

的演变历史。此外现场开设漫画讲座，并举行漫画比赛等活动，该画展后转移到广州儿童活动中心进行展出，时间从9月持续到10月，并择机在全国各地进行巡回展出。敖幼祥从事漫画三十年，共创作500余个漫画形象，出版200多本畅销作品。2004年与漫友联手合作之后，《乌龙院》系列在准确的市场定位、精心的策划营销下畅销图书市场，全球销量已经超过3000万册。据悉，《乌龙院》同名动画将于2010年播映。

图6-13　众多嘉宾出席敖幼祥大师漫画创作30年展

2009年8月12日—17日，2009台湾第十届漫画博览会一连六天在台北展演二馆（原世贸二馆）开展。由“中华动漫出版同业协进会”与知名八大动漫画出版社共同主办的漫画博览会，历经十几年发展，已成为颇具规模的动漫盛会，每年皆邀请众多国外名家赴台举办活动，并吸引许多民众彻夜排队入场，成为暑假最轰动的展览之一。2009年适逢展览迈入第十届，大会特别规划以“动漫eye美丽”为展览主题，并逐步迈向国际化，包括美、日、韩、法等地展商皆热情参与本次展览。本届共有30多家出版社与厂商参展，摊位多达300多个，预期挑战50万人次参观。

2009年8月12日，第十届漫画博览会开幕，台湾“新闻局”副局长许秋煌、台北市“文化局”局长李永萍、本届漫博会代言人眼球先生、Eye美丽大使夏宇童等嘉宾共同出席开幕式。协进会理事长黄振隆主持开幕式时表示，盼政府政策能更关注扶持动漫产业，包括培育人才等，让台湾的动漫产业能走出去，在亚洲与全球占一席之地。许秋煌致词回应说，近年台湾动漫产业每年产值约10亿元新台币，周边产业产值约50亿元新台币，成为台湾文创产业推动的重点之一，“新闻局”除了每年办剧情漫画奖，还推出“漫画千里马计划”，培育动漫人才，被甄选的人员将送海外进修。

为期六天的漫博盛会中，自然也少不了让动漫迷们钱包缩水的各类周边商品。例如在日本广受欢迎的《机动战士高达》，2009年迈入30岁生日，漫博会现场除了有来自日本BANDAI公司的2米高的大模型和现场动漫迷同欢，群英社也与日本同步，引进了30周年纪念商品与模型贩售展示。此外，广受青少年欢迎的《我的狐仙女友》、《魔法老师》等作品，也分别以书中女主角的肖像为题，推出等身抱枕、大毛巾等贴身商品，满足粉丝拥抱主角的渴望，见图6-14。

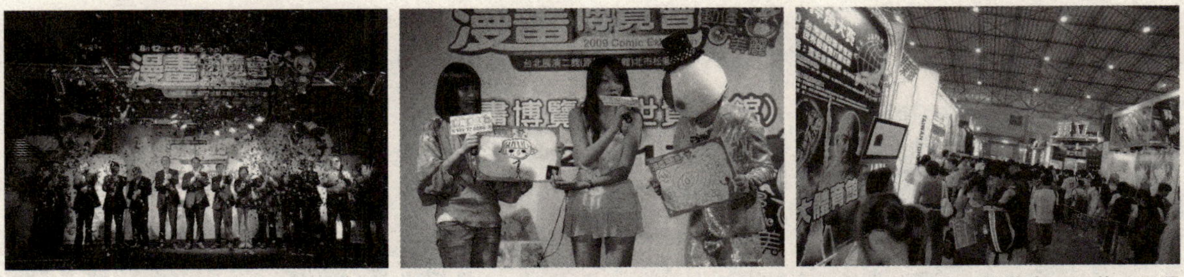

图6-14　这三幅图标题依次是：众嘉宾共同为漫画博览会揭幕、眼球先生与夏宇童绘制自画像、漫画博览会开场首日即涌入上万人潮

2009年8月15日是日本投降64周年，当天，日本百名漫画家笔下的“八·一五”漫画展开始在南京展出。日本驻中国大使馆专门为展览发来贺信，来自日本的“我的八月十五日会”、“铭心会”等日本民间友好团体以及日本驻华大使馆官员共一百多人参加了开幕式。此次为期30天的展览，共展出161幅漫画作品。众日本漫画家以“我的八月十五日”为主题创作了一批漫画，反省侵略战争罪恶，传递和平反战心声，已在日本东京、大阪、京都等地举行了十余次巡展，在日本影响广泛。此次是该

展览的第一次海外巡展。

19. 2009年9～10月份漫画展览活动

2009年9月15日，由文化部、吉林省人民政府主办，吉林省文化厅、吉林省教育厅、长春高新开发区管委会、中国动画学会、吉林动画学院承办的“2009中国吉林国际动漫游戏论坛”在吉林长春隆重开幕。论坛期间，第四届中国吉林国际动漫大展同时举办。它以“和平、和谐、发展、健康、向上”为基调，在动画、漫画及其相关艺术创作领域设立奖项，积极鼓励原创，并通过中外动漫作品的交流展示，挖掘动漫优秀作品和人才，促进本土原创动漫的发展，见图6-15。第四届中国吉林国际动漫大展历时半年面向全球的作品征集，共征集动画竞赛单元参赛作品856部，漫画竞赛单元参赛作品2014部。

图6-15 领导和嘉宾参观第四届中国吉林国际动漫大展

第四届中国吉林国际动漫大展组委会经过初审和终评，共评选出146部动画入围作品和709件漫画入围作品以及44个提名奖。最终角逐产生了本届动漫大展设立的9个漫画奖项和12个动画奖项。

漫画获奖作品为：最佳单幅漫画奖《山外有山》；最佳四格漫画奖《开心大头哥》；最佳多格漫画奖《大舞之城》；最佳绘本奖《随想集》、《城市中的稻草人》；最佳插画奖《幻听》；最佳编剧奖《瓶子家族》；最佳分镜奖《分镜高考前的袁禄》；最佳技术奖《伏尔加纤夫》；最佳角色奖《星座漫画系列》。

动画获奖作品为：最佳电影动画奖《马兰花》；最佳电视动画奖《神厨小福贵》；最佳动画短片奖《小鸡想飞》；最佳手机动画奖《扑克牌系列之鸡劫号》；最佳网络动画奖《父子》；最佳编剧奖《奶奶与小狗》；最佳导演奖《诺言》；最佳角色奖《十字坡打店》；最佳创意奖《神厨小福贵》；最佳技术奖《风云决》；最佳音乐奖《马兰花》；评委会特别奖《生命的种子》。

9月17日，2009吉林国际动漫游戏论坛圆满闭幕。此次论坛得到了文化部、吉林省领导的充分肯定，也得到了百余位国际嘉宾的交口称赞。他们认为：此次论坛办出水平、办出特色，规格高、层次高，是一次真正意义上的动漫游戏论坛，为国际动漫游戏的交流提供了一个广阔的平台，促进了世界动漫游戏教学与产业的发展。

2009年的国庆长假，海内外动漫爱好者将迎来一场动漫盛会——第二届中国国际漫画节于9月29日至10月5日在广州隆重举行。而作为漫画节主体活动之一的第6届“金龙奖”原创漫画动画艺术大赛日前结束终评，并对外公布了备受关注的各个奖项提名名单，数十部优秀作品脱颖而出，获得角逐华语动漫第一奖“金龙奖”的资格，见图6-16、表6-20。

图6-16 这三幅图标题依次是：最佳少年漫画提名作品《猎》、最佳少女漫画提名作品《一夕一夏》、插画提名作品《我所居住的美丽世界》

以“温暖”为主题的本届“金龙奖”，征稿再创新高，共征集到来自海内外的五千多份稿件。而本届大赛漫画类别中增设的“幽默漫画”奖项，其奖金级别与此前的重头大奖少女漫画、少年漫画等同，形成了三足鼎立的局面。获得提名的鸡毛的《抽筋神探》、落户广州的香港漫画家童亦名的

1 2 3 4 5 6 7 8 9 10

《花样梁祝-心愿》等，均都是上乘之作。备受非议的“成人漫画”作品水准在本届有了质的飞跃，金艺晟的《默言修行》、张晓雨的《蛙之歌》和汤宵的《红孩儿》获得了提名。绘本与插画类别强手如林，李欢、BUDDY、南瓜子等知名画手都闯入了决赛。

本届大赛动画类别参赛作品水准的提升更是出乎意料，众多专业动漫创作机构、动漫院校等的积极参赛使动画奖项角逐呈白热化状态——获得提名的作品中既有像《国家的孩子》、《水脑袋》、《双下山》这样的学院派佳作，也有像《十二生肖总动员》、《恐龙宝贝之龙神勇士》、《霹雳乐翻天》这样的精品。而3G时代来临的大背景下，“金龙奖”对新媒体动漫创作也加大了鼓励和扶持力度，得益于此，该奖项提名中涌现出如《炮炮兵之激情六十年》、《Nono熊怀旧动画串烧》、《蘑菇点点》等短而精悍的优秀作品。在“动画长片”奖项的角逐中，更是出现了三雄争霸之势——票房近亿的《喜羊羊与灰太狼》新篇《虎胆羊威》、香港温情动画大作《麦兜响当当》与由漫画大师黄玉郎名作改编而成的动画《神兵小将》电影版一同获得了提名。

由于“金龙奖”颁奖典礼有“华语动漫奥斯卡”的美誉，因此在9月29日的颁奖典礼上，将出现众多海内外动漫明星的身影——除了广大青少年喜爱的喜羊羊与灰太狼将登台演出全新动漫舞台剧之外，因演唱《名侦探柯南》、《奇诺之旅》、《全金属狂潮》等而被全亚洲歌迷称为“女神”的著名动漫歌手下川美娜也到现场献唱。

第6届“金龙奖”原创漫画动画艺术大赛评委会成员名单如下：

评委会主席：孙立军

评委会主任：金城

漫画终评评委：温绍伦、姚非拉、颜开、阮筠庭、张澍（Tree.Z）、崔伟良（小狐）

动画终评评委：庞邦本、吴冠英、廖祥忠、李捷、晓欧、刘洋

表6-20 第6届“金龙奖”原创漫画动画艺术大赛各奖项提名名单

类别	奖项	提名作品	作者/机构
漫画	少年漫画	《KIJIYA》	卢稳亢
		《猎》	何茂壮
		《4.9×4.9番外—叶楠的故事》	白骁
		《狂野奇兵—新月历险谭》	陈正玹
		《广武威卫局之那个四子》	胡伟
	少女漫画	《洛奇花园》	NOCA
		《一夕一夏》	杨笑汝
		《TELL》	芹菜
		《不全才女》	林青慧
		《四月雪》	草芥
	儿童漫画	《真善美》	祖安
		《小小魔术师》	江志煌
		《卡酷天使历险记》	北京卡酷动画卫星频道有限公司
	成人漫画	《蛙之歌》	张晓雨
		《默言修行》	金艺晟
		《红孩儿》	汤宵
	幽默漫画	《抽筋神探》	Gwemo鸡毛
		《MY GOD MY DOG》	谢超
		《花样梁祝-心愿》	童亦名
		《天降丘比特》	MASK
		《是男人就该向前冲》	孙邦彦

续表

类别	奖项	提名作品	作者/机构
	四格漫画	《麻辣运动王》	廖本财
		《鸡》	陈云峰
		《李小猫传奇》	刘成文
	绘本漫画	《玛丽娃娃》	李欢
		《红色烟囱》	李鹏
		《水色纸飞机》	Chiya
		《云上的村庄》	芹菜
		《小花匠》	付金爱
	插画	《我所居住的美丽世界》	幕斯
		《当男孩遇上女孩》	Buddy
		《捉迷藏》	爻木木
		《时光雕刻成宝石》	南瓜子
		《呼吸》	白树
	故事脚本	《向日葵》	张宸&王瑞
		《恋慕耐受不良》	天宫雁
		《出走的影子》	汤淑敏
动画	动画短片	《打，打个大西瓜》	杨宇
		《水脑袋》	广州美院Ani7ime Studio
		《双下山》	周星
		《火凤燎原》	深圳市雨桥文化传播有限公司
		《国家的孩子》	陶雯
	系列动画	《霹雳乐翻天》	上海文广新闻传媒集团
		《十二生肖总动员》	深圳华强数字动漫有限公司
		《恐龙宝贝之龙神勇士》	常州恐龙园文化创意有限公司
		《奇幻龙宝》	南京鸿鹰动漫娱乐有限公司
		《星星狐的体验》	厦门青鸟动画有限公司
	新媒体动画	《盒子》	盒子创造社
		《喜糖先生》	上海跃格文化传播有限公司
		《炮炮兵之激情六十年》	常州卡米文化传播有限公司
		《蘑菇点点》	上海动酷数码科技有限公司
		《Nono熊怀旧动画串烧》	林宁
	动画长片	《神兵小将》（电影版）	南京鸿鹰动漫娱乐有限公司，北京光线影业有限公司，央视动画有限公司，北京卡酷动画卫星频道有限公司
		《喜羊羊与灰太狼之虎胆羊威》	广东原创动力文化传播有限公司
		《麦兜响当当》	上海文广新闻传媒集团，新华展望传媒有限公司，BLISS，北京优扬文化传媒有限公司

2009年9月30日，国内唯一的全国性漫画创作行业峰会——第三届中国漫画家大会在广州锦汉展览中心召开。本届大会以“漫画拉动内需”为主题，得到了中国美协动漫艺委会、中国动画学会、中央美院、中国美院、北京电影学院、中国传媒大学等数十家国内外专业机构鼎力支持和热情参与，吸引了百余名来自内地和港澳台地区的动漫名家，同英国、日本、韩国、马来西亚等国家的众多海外动漫大师、权威学者及业界精英共聚一堂，通过主题演讲、沙龙对话等形式分享、交流动漫创作心

得，并就培育动漫消费热点、扩展动漫消费空间以及开拓新型动漫消费拉动内需等展开探讨，共同勾画中国动漫产业的未来发展蓝图。

主体活动之一的第三届ACG穗港澳动漫游戏展，2009年延长到七天时间，由香港动漫节主办方香港凌速博览有限公司及其驻广州机构广州卫士龙博览有限公司联合主办，以打造“最好玩的漫展”为目标，本着好玩、原创、时尚、动感的宗旨，组织丰富多彩的潮流活动。现场除了展出著名的动漫作品和周边产品外，还有现场电子游戏、精彩的cosplay表演等，吸引了逾15万人次入场参观（见图6-17）。

图6-17　第三届ACG穗港澳动漫游戏展依然人气爆棚

该展会引进香港动漫电玩节的办展模式，以漫画文化为主，覆盖动画及游戏的创作、制作、播出、教育、技术、衍生产品开发等产业链各环节，突出中国原创漫画，促进参展商、投资商、衍生产品开发商的交流和交易。作为中西合璧的“文化创意之都”，香港在文艺潮流方面一直保持敏锐嗅觉，在当届展示香港动漫电玩节精华，成为ACG漫展的亮点之一。动漫缤纷嘉年华、名家画展、正文社、文化传信、香港漫画SUPER STORE、四米半高大型吹气公仔、原创人型设计再次集结，现身第三届穗港澳ACG动漫游戏展香港区，展示国际漫画大师的新书手稿、经典插图，同时为观众提供最新最热游戏免费试玩，不少家庭举家出动来动漫展享受天伦之乐。同时，本届穗港澳动漫游戏展还特设国际展区，来自日本、韩国、澳洲等地的企业加盟，扩大了展会的国际化程度，特别是由澳洲贸易促进委员会牵头，一批澳洲动漫企业首次参展，为本地动漫行业带来国际前沿的制作技术。

2009年9月30日晚，2009年全国大学生原创动画大赛在广州举行颁奖仪式，包括香港、台湾在内的五十二所高校瓜分大学生原创动画大赛139个奖项，大赛特设“获奖作品交流对接会暨作品版权拍卖会”，目前已有公司明确表示，提供部分入职机会用于奖励参赛获奖学生，见图6-18。迄今为止，全国大学生原创动画大赛已办至第四届。本次大赛由中国国际漫画节组委会主办，天河区人民政府承办，瞄准大学生就业创业难题，确定了“追逐梦想、成就创业”的主题，设立二维动画短片、三维动画短片、Flash动画、手机动画、插画设计、角色造型设计、场景设计、衍生产品设计奖、漫动亚运五羊动画奖、单项奖十大奖项，总奖金40万元人民币。本次大赛收到全国168家高校1861件作品，参赛作品比上届增加近50%，其中港、澳、台高校参赛作品量大幅提高。

图6-18　2009年全国大学生原创动画大赛获奖者在台上合影

漫画节期间，近900册珍贵的绝版连环画版本、70余幅连环画手稿首次集体亮相广州越秀区文化艺术中心，吸引大批市民前往参观这些曾经风靡全中国、影响几代人成长的经典之作。此次展出连环画均由中国版本图书馆独家收藏，包括《三国演义》、《铁道游击队》、《鸡毛信》、《双凤珠》、《侠女十三妹》等名著，见图6-19。

图6-19　中国原版连环画展汇集中国版本图书馆独家收藏的经典之作

此次展览是中国版本图书馆的连环画展品首次大规模在北京以外城市展示，也是历史上最大的连环画展，展览占地面积达八百多平方米。该画展期望唤起观众对连环画的喜爱与关注，积极促进中国连环画的普及与繁荣。

“2009年中日青少年动漫展”10月10日在长春市举行。由中国教育国际交流协会、日中新世纪会、吉林动画学院共同主办的本次展会以“友”为主题，面向中日两国青少年广泛征集优秀作品，在动画、漫画领域分别设立奖项，征集到动画作品1000余部、漫画作品2000余部。曾毅刚的《小鸡想飞》、虫上昌宏的《危急符号》和李志国的《时尚系列》、太田昂志的《下酒菜》分获动画类、漫画类优胜奖。开幕式上，日方代表向中国组优胜奖获奖者颁发了“日本大使奖”，中方代表向日方优胜奖获奖者颁发了“吉林省教育厅厅长奖”。

2009年10月由文化部、吉林省人民政府主办的第四届中国吉林国际动漫大展日前在长春落幕。湖南省美术家协会漫画艺术委员会主任张卫创作的漫画《“山”外有“山”》夺得这次大展漫画类作品第一名——最佳漫画奖。该作品于9月10日在国家最具权威性的综合美展——第十一届全国美展中同时展出，构思巧妙，视觉冲击力强，受到广泛好评。张卫曾在意大利、西班牙、匈牙利、希腊、俄罗斯等40多个国家举办的各类国际漫画大赛中入选近200次，并屡次获奖。

第十届世界漫画家大会（International Comic artist Conference）于2009年10月23日至26日在中国台湾淡水举行。作为全球规模最大的漫画峰会，来自中国内地及港澳台地区、日本、韩国、马来西亚、菲律宾等国家和地区的二百余名漫画人出席了这一盛会。这是台湾自1998年举办第3届大会后，再一次举办世界漫画家大会。本次与会者包括日本著名漫画家千叶彻弥、里中满智子，韩国知名漫画家金童话、元秀莲，以及香港漫画大师黄玉郎等。台湾方面则出动了刘兴钦、蔡志忠、萧言中、阿推、林青慧等老中青三代共88位漫画家与会。本次大会执行长、中华动漫交流促进会理事长朱鸿琦表示，“世界漫画家大会”最重要的是让漫画家们面对面地集思广益，为漫画产业的未来寻找更多可能性。

从2009年10月24日起，各地漫画家与从业者进行了多场座谈。其中，日本筑波大学荣誉教授、漫画研究学者谷川彰英主讲“日本漫画教育的继承”，韩国祥明大学动漫系教授、漫画研究学者孙基奂主讲“漫画教育发展建议”。此外，漫画家们还针对“漫画产业的创新发展”举行了座谈会。座谈会上，里中满智子表示，许多漫画家都呼吁政府补助漫画产业，但在“漫画大国”日本，政府却从未补助漫画产业。正因为没有得到政府的资源，日本漫画家可以自由发展自己的风格。她透露，1990年美国出版社曾批评日本漫画内容黑暗、主角长相不够俊美，就连儿童漫画也描绘阴暗面，并不看好日本漫画。当时这些批评的确曾动摇日本漫画家，但后来证明，成功的漫画并不须符合美国标准，而是“真诚表达自己的想法”。

2009年10月26日，大会圆满落幕，各地漫画家们依依惜别，期待着2010年在韩国富川再次相聚，见图6-20、图6-21。

图6-20 第十届世界漫画家大会的漫画家以及漫画从业人员大合影

图6-21 与会漫画家与来宾们为本届世界漫画家大会签名

20. 2009年11月份漫画展览活动

2009年11月27日，庆祝建国60周年青年原创动漫作品大赛颁奖典礼在京举行。由国家新闻出版总署出版产业司主办、新闻出版报社承办的青年原创动漫作品大赛于10月在北京启动，历时两个月的征稿，主办方收到的插画、漫画作品共计36万幅，动画作品共计95万秒。通过网络投票和专家评审相结合的方式，经过初评、复评和终评，《霜狼》等34部作品脱颖而出，分别荣获漫画、动画、手机动漫3大类别的金、银、铜奖及各类单项奖。

2009年11月25日，中国台湾“新闻局”2009年度剧情漫画奖颁奖，首奖由阮光民的《东华春理发厅》获得。评审除肯定作品的艺术水平及市场潜力，也肯定了作者描绘台湾小镇浓厚人情味的功力。除首奖外，一般组优胜作品有4部，包括彭希超《STORY》，叶璇、辜萱慧《FLAVORS魔厨》，张放之《北极小熊》，庄永新《The Window》。同时，《FLAVORS魔厨》还获得了最佳剧情奖和最佳人气奖。此外，2009年新闻局特别创立的“漫画千里马计划”，选出了梁韦靖、陈韵森、王元亨三位优秀创作者，将提供他们前往海外实习深造的机会，见图6-22。

图6-22 中国台湾“新闻局”2009年度剧情漫画奖颁奖，选出了三位优秀创作者前往海外深造

为扶持台湾漫画产业，改善台湾漫画市场日韩作品独大的现象，中国台湾“新闻局”于2003年配合文化创意产业发展计划，设立剧情漫画奖，是至今台湾唯一长篇剧情漫画奖项。2009年已迈入第七届的剧情漫画奖，历年来挖掘出许多令人惊艳的本土作品，剧情漫画奖俨然已成为鼓励延续本土漫画创作的重要指标。

2009年评审团召集人是奇幻文化艺术基金会执行长朱学恒。他表示，除艺术性，剧情漫画奖也重视作品市场性。他甚至呼吁年轻漫画家：“变大师是以后的事，先赚大钱再说。”如果画漫画能赚大钱，就会有更多人愿意投入。对此，主办方表示，自2006年起，剧情漫画奖首奖奖金为新台币70万元，较之前提高了20万元。

颁奖典礼上，主办方宣布，剧情漫画奖经过七年的历炼，将于2009年迈入尾声，总结过去的经验重新调整剧情漫画奖的重心，2010年将以全新的形态、名称重新登场。据悉，剧情漫画奖将于2010年升级为“金漫奖”，与“金鼎奖”、“金曲奖”等金字奖项平起平坐，显示出政府部门对台湾漫画的重视。同时还将推动“漫画三通”，鼓励国际漫画家来台、扩大辅导年轻人才赴国外进修、补助范围由创作扩大为作品行销，将设立国际版权签约奖励机制，奖励优良行销成果。目前主办方正在向政府争取新台币2.5亿元的预算，计划结合电影、电视、动画、唱片业及相关部门，推动台湾漫画。

21. 2009年12月份漫画展览活动

2009年12月10日，第三届国际漫画奖在日本正式颁发，来自中国、泰国、法国以及韩国的4名漫画家捧得优秀奖，并拿到日本外相冈田克也的签名证书。据悉，他们从55个国家、300多名竞争选手中脱颖而出，其中凭借作品《ZAYA》获奖的中国漫画家黄嘉伟来自佛山南海，年仅26岁的他是该奖项设置3年来最年轻的获得者。国际漫画奖以在国际上普及漫画文化为宗旨，是为表彰外国优秀漫画作品而专门设立的奖项，由著名漫画迷麻生太郎于2007年任日本外相时提议设立。

2009年12月20日，由中国国际动漫节节展办主办的“我是动漫王”首届杭州青少年创意大赛迎来终极PK。最终，章令玖、付佳文、董宇虹3名小“动漫王”分别成为黄玉郎、蔡志忠、姚非拉3位著名漫画家的小徒弟。

7

第七章

中国动画产业年报 CHINA ANIMATION INDUSTRY ANNUAL REPORT

2008—2009年中国动漫衍生产品经营状况

第一节　2008—2009年中国动漫衍生产品市场概况

一、动漫衍生产品

按照国际惯例，动漫市场分为三个层次：一是动漫本身的播出市场；二是卡通图书和音像制品市场；三是动漫形象的衍生产品，包括服装、玩具、饮料、生活用品等，见图7-1、图7-2。

图7-1　动漫衍生产品——服装

图7-2　动漫衍生产品——玩具

动漫衍生产品是指由原漫画或动画衍生的产品，是原漫画或动画文化的延伸，既包括极具收藏价值、价格高昂的纯观赏收藏品，也包括借用一个动漫形象生产的具有实用性的商品，如文具、家庭生活用品等，见图7-3、图7-4。

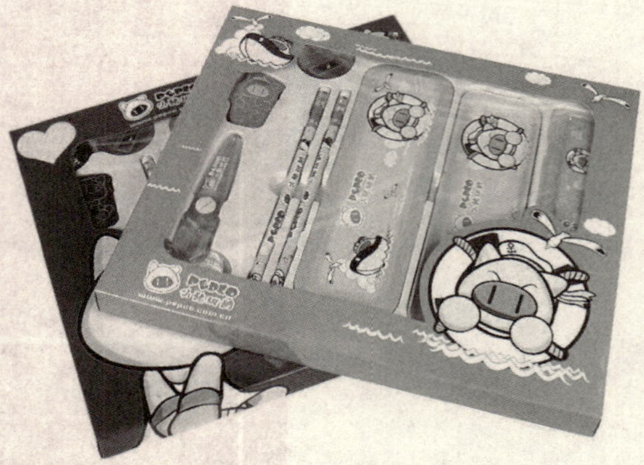

图7-3　动漫衍生产品——文具

图7-4　动漫衍生产品——奢侈品

就其功能和特性而言，动漫衍生产品大致可分为两大类：文娱用品和生活用品。由于娱乐性是动漫作品最主要的特性之一，因此较多衍生产品被开发成文化娱乐用品。这类衍生产品主要包括玩具、观赏品、电子游戏，甚至大型主题公园、舞台剧等。这些产品具有较强趣味性和赏玩性，主要功能是为了供人们愉悦和放松身心。例如造型可爱的绒毛玩具，往往设计成具有动漫作品原型的典型外表或性格特征（如加菲猫的粗胡须、灰太狼的长耳朵、牛魔王的大牛角）。而随着动漫衍生产品实用性的不断增强，作为生活实用品的衍生产品也越来越多地出现，既包括文具、服装、箱包等比较常见的日常用品，也包括手机、电脑等家电类产品。例如常见的小熊维尼文具、史努比童装、Hello Kitty手机饰品等。

如今，新兴媒体的出现，赋予了动漫衍生产品新的载体，动漫在新媒体中通过Flash短片、MSN表情、QQ表情、搜狗拼音输入法的皮肤、手机游戏、网络游戏等各个媒体平台从多角度展示卡通形象，并且从形态、表情、语言等方面充实动漫形象的饱满度。衍生产品是动漫产业链中一个关键环节，动漫产品75%的收益由此产生，因而开发出优秀的动漫衍生产品，并采用积极有效的营销模式开辟市场对一个国家动漫产业的发展至关重要。

二、动漫衍生产品市场概况

动漫产业在中国有着近5亿人的消费群体及每年人民币约2000亿元的市场空间，发展潜力巨大。据统计：目前中国儿童音像图书市场空间为100亿元/年，儿童服装900亿元/年，玩具200亿元/年，文具600亿元/年，儿童食品350亿元/年。巨大的市场和薄弱的原创力使中国目前动画衍生产品市场80%以上的利润流向美、日、韩等国家。

中国的衍生产品市场充斥着欧美的变形金刚、米老鼠、加菲猫以及日韩的火影忍者、多啦A梦、倒霉熊等，只有极少的本土动漫形象。在中国的动漫市场份额占有率构成中，日本动漫为60%，欧美动漫为29%，而中国原创动漫（港台地区包括在内）比例不足11%。据统计，史努比、米老鼠、Hello Kitty、皮卡丘和机器猫，仅这五个形象每年就从中国衍生产品市场“掠走”6亿元，而电视动画系列片《变形金刚》在中国内地电视台播放时没有收一分钱，单单靠卖玩具类衍生产品每年就赚回了50亿元。面对层出不穷的外国动漫衍生产品，国内对于动漫衍生产品的开发力度还远远不够。衍生产品市场的高额利润使国内动漫企业也开始意识到发展这个领域的重要性。孙悟空、小破孩、猪八戒、虹猫蓝兔、喜羊羊等都是当下动漫衍生品市场上广受欢迎的国产卡通形象，其中，湖南三辰卡通集团创作的“蓝猫”，以及广东原创动力文化传播有限公司创作的“喜羊羊”成为近年来国内动漫产业涉足衍生产品领域的成功案例。

三辰卡通集团以节目制作为龙头，以卡通形象为儿童消费品的代言人，建立起目前中国最大的动画产业集群。其创作的大型科普动漫系列《蓝猫淘气3000问》先后在全国，包括港澳台地区在内的1020家电视台播出，每天累计播出500小时。同时，荧屏下的“蓝猫”也迅速扩张到音像、图书、文具、玩具、服装、食品、日化、家电等十几个行业。早在2001年，三辰卡通集团就相继成立了汕头三辰文具公司、温州蓝猫鞋业公司、上海三辰服饰公司等，规模化生产蓝猫系列用品，也正式开始了蓝猫动画形象衍生品的全面开发。该公司营销网络已在国内全面铺开，目前专卖店已有近3000家，并相继建立了北京营销策划中心、浙江义乌物流配送中心。17个大类，6000余种衍生产品在2003年销售收入高达20亿元人民币，创汇2000万美元。此外，三辰卡通集团所建立的“蓝猫”卡通网站日点击量为25万人次，高峰时超过100万人次。“蓝猫快乐热线”在中国电信声讯类业务中收入排名第一。三辰卡通集团还与国际著名游戏公司合作，授权开发以“蓝猫”卡通形象（见图7-5）为角色的各平台相关游戏，并将进入微软游戏主机Xbox360。

图7-5　三辰卡通的动画明星——蓝猫

电影《喜羊羊与灰太狼之牛气冲天》自2009年初上映以来，创造了国产小成本动画影片的票房佳绩，见图7-6。

图7-6　原创动力的动画明星——喜羊羊、灰太郎

截至2009年2月10日，其8000万元的全国票房将同档期上映的《闪电狗》、《马达加斯加2》等好莱坞动画大片远远抛在身后。从策划《喜羊羊与灰太狼之牛气冲天》开始，广东原创动力文化传播公司就将衍生产品的开发与营销理念灌输在创作体系中，在短短三年内，该公司与众多知名商家结成了战略伙伴，开发生产了音像图书、玩具礼品、文具、服装、食品、日用品、QQ表情、MSN表情、手机桌布和电脑屏保等种类繁多的动漫衍生品。原创动力文化传播公司还进入了移动增值服务领域，目前已授权香港移动服务公司，开通了手机下载动画服务。此外，原创动力文化传播公司还成立了全国首个卡通人偶剧团——喜兰羊人偶剧团，有效地配合了动画和衍生产品商家的营销宣传活动。他们还独立开发了人偶音乐剧，2008年在上海大剧院中连续演出八场，在南京演出三场，2009年还将在其他地方演出。

三、衍生产品开发面临的障碍

2008年国家广电总局发展研究中心完成了上海美术电影制片厂15个原创动画形象价值的研究评估工作：上海美术电影制片厂原创动画形象整体价值为人民币180亿元，其中，孙悟空形象价值为17.6亿元，黑猫警长形象价值为3.95亿元，哪吒形象价值为3.88亿元。该研究评估第一次实现了艺术形象向经济价值的科学转换，为该企业下一步资源整合、上市融资等提供较权威、科学的价值理论基础。

这是一个摆在美影厂面前的新课题。老品牌如何实现新价值？而在衍生产品的开发上，中国动画衍生产品开发中面临的主要问题如下所述。

1. 缺乏有影响的动画明星形象

美日动画衍生产品开发经验表明，优秀的动画明星形象塑造是衍生产品开发中最为关键性的因素，而这恰恰是中国这方面发展的软肋。根据卡通杂志《漫动作》的新近统计，中国青少年最喜爱的20个动漫形象中，19个来自日本，中国动漫形象只有一个孙悟空孤独地名列其中。

中国原创精品的缺乏带来的最直接问题就是缺少动画明星。一个没有自己原创卡通明星的动画产业是很难做强做大，并冲向世界的。韩国政府在大力发展动画业之初，为了培养出本土的动画明星，不惜一切代价，直至最终创造出了轰动世界的“流氓兔”，见图7-7。因此，要想中国动画衍生产品开发成功，首先应该集中全力，整合各方力量重拳推出属于中国的动画明星，这种现状不扭转，一切开发和销售便成为一纸空谈。

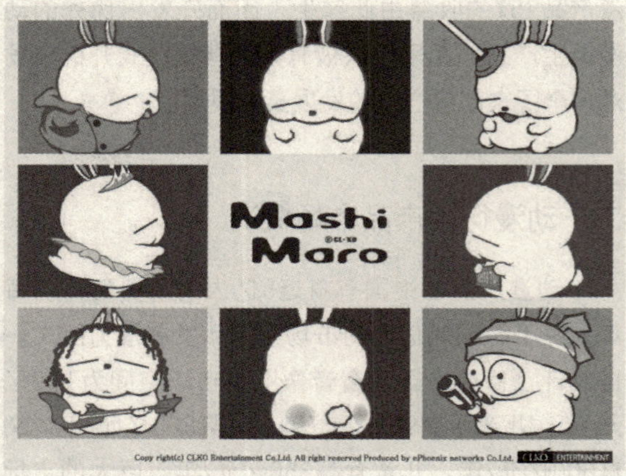

图7-7　韩国动漫明星——流氓兔

2. 缺乏完善的风险分担机制

在日本这种动漫产业发展已经成熟的动漫大国，动漫作品在电视频道播出的收入也并不高，投资回报主要靠音像制品和各种动画形象衍生产品，而在这两者之间需要完善的产业链贯穿始终。从动画作品的制作、发行到授权产品开发和销售，都有专业化的公司。这样，收回制作成本和获得收益的任务被产业链各个环节分担，动画制作公司的压力就可以大大减小。目前，中国的动漫产业由于缺乏较为完善的产业链，迫使动画制作企业在制作作品的同时也要担负影片的发行、衍生品制作与销售等多重任务，动画制作公司由于大都不具备成熟的动漫市场营销能力，所以，大部分动画制作公司面临难以回收制作成本的窘境。至今，中国的动画产业仍属高风险投资项目。

3. 缺乏合法的权利保护机制

由于目前中国对版权保护的力度不够，导致动漫产业盗版猖獗，尤其是动漫衍生产品领域深受其害。衍生产品市场盗版猖獗，使中国动漫作品的图书与音像出版物销售对动画的成本回收贡献值非常小，靠动画形象授权获取收益也很困难。建立起衍生产品开发的合法权利保护机制，已成为目前中国动画产业健康发展的最为重要的环节之一。

4. 缺乏有效的产业链运行体系

动画衍生产品开发需要一套行之有效的运行体系来完成，体系中的每一个环节相互制约和影响。其一，从动画产业链的起点抓起，即在动画原创形象的打造上狠下工夫，例如：可以通过创办动漫周刊、动漫节等来加强、完善和挖掘中国动画原创能力。其二，衍生产品的成功推出无法离开展现平台，电视平台无疑是最为理想的传播载体，目前中国电视播出平台与各动画制作部门之间还有待于进一步建立合理和公平的合作机制，以保护动画创作与播出两方面的积极性。其三，加大打击盗版的力度，使投资方获得合理回报，这样才能确保中国动画产业发展真正进入良性循环体系，健康快速发展。

总之，目前中国动画衍生产品开发市场整体上还处于发展的初级阶段，如何有效地提升自身品牌的认知度，如何建立合理的产业链运行机制，如何实施行之有效的法律以保护衍生产品开发的合法权利等，都应该成为今天中国动画产业发展研究的重要议题。

第二节 2008—2009年中国动漫图书出版现状和解析

一、中国动漫图书出版现状

自改革开放以来，中国的出版业有了突飞猛进的发展，中国的出版业在今后几年将继续呈快速发展态势。“十一五”期间国家大力实施数字出版战略，出台有关产业政策，以推动传统出版产业升级创新，全面整合出版资源，打破包括网络游戏在内的新型网络出版产业和传统出版产业中的界限。传统出版主要以纸介质为媒介，在传播速度和广度方面远不能满足现代信息传播的需要。随着IT技术的飞速发展，计算机技术使出版告别了铅与火，走入了现代化的发展道路，网络的出现为图书出版业提供了一个更为广阔的操作平台，在这个平台上，出版的内涵和外延都得到了巨大的丰富和发展。出版手段由此发生了很大变化，出版速度得到了极大提高，立体出版成为现代出版的必由之路。所谓“立体出版”就是充分利用现代信息科学技术，以纸介（图书、杂志、报纸）、电视、电影、广播、光盘、网络等不同媒介形态进行出版，就是一个选题，多个品种，全面推进，多元化立体开发。

根据对当当网一年来的TOP200（前200位）进行了一番统计分析（目前尚无专门的动漫图书出版统计数据），以分析当前的动漫图书出版及其市场情况。

1. 作者和出版机构日益集中

截至2009年12月31日，当当网在销动漫/幽默类图书共有7542种，占所有在销图书总量（893698）的0.84%（详见表7-1）。在2009年图书畅销榜TOP200中，出现了4种动漫图书：第86位《绝对小孩2》；第130位《父与子全集（彩色纪念版）》；第147位《我的错都是大人的错》；第170位《绝对小孩》。

表7-1 在销动漫/幽默类图书细分品种构成

序号	类别	品种数	所占比例	序号	类别	品种数	所占比例
1	中国内地漫画	2491	32.74%	6	世界经典漫画集	107	1.41%
2	中国港台漫画	1275	16.76%	7	小说/名著漫画版	166	2.18%
3	日韩漫画	1516	19.93%	8	动漫学堂	500	6.57%
4	欧美漫画	670	8.81%	9	幽默/笑话集	864	11.36%
5	其他国外漫画	19	0.25%				

而在整个2009年动漫/幽默类图书畅销榜前200位中，有86种是2009年当年出版的作品，有44种是2008年出版的作品，有36种是2007年出版的作品，其余34种是2000—2006年之间出版的作品。由于漫画作品题材注重娱乐性，内容大都没有明显的时效性，因而适合长期销售。

从出版机构来看，前200位的畅销动漫/幽默类图书中，有31个品种出自现代出版社，占总数的15.5%，排在第一，陕西师范大学出版社、人民文学出版社、南海出版社和中国画报出版社分别排在第2至第5位（见表7-2），前五强合计所占份额为45.5%，显示出较高的市场集中度，见表7-2、表7-3。

表7-2 2009年动漫/幽默类图书畅销榜（前10位）

序号	作品名称	出版社	出版时间	定价	作者	作者国籍
1	《绝对小孩2》	现代出版社	2009年1月	32.00	朱德庸	中国（台湾）
2	《父与子全集》（彩色纪念版）	译林出版社	2007年6月	16.80	卜劳恩	德国
3	《我的错都是大人的错》	现代出版社	2009年5月	29.00	幾米	中国（台湾）
4	《绝对小孩》	上海画报出版社	2007年5月	28.00	朱德庸	中国（台湾）
5	《阿狸・梦之城堡》	上海锦绣文章出版社	2008年12月	36.80	Hans	中国（大陆）
6	《猫国物语》	南海出版社	2009年10月	48.00	莫莉蓟野	日本
7	《星空》（限量精装版）	现代出版社	2009年1月	59.80	幾米	中国（台湾）
8	《一个人漂泊的日子》	当代世界出版社	2009年1月	25.00	高木直子	日本
9	《恋之风景》	现代出版社	2009年5月	28.00	幾米	中国（台湾）
10	《父与子全集》(精装彩色珍藏版)	河北美术出版社	2009年7月	42.00	卜劳恩	德国

表7-3 2009年动漫/幽默类图书畅销榜（前200位）出版社构成

序号	出版社	品种数量	序号	出版社	品种数量
1	现代出版社	31	7	新世纪出版社	9
2	陕西师范大学出版社	22	8	商务印书馆	8
3	人民文学出版社	14	9	生活·读书·新知三联书店	8
4	南海出版社	13	10	上海锦绣文章出版社	7
5	中国画报出版社	11	11	上海人民出版社	5
6	黑龙江美术出版社	10	12	其他出版社	62

从作者来看，在前200位中拥有最多畅销作品的作者是幾米，共29个品种入选，占14.5%，蔡志忠、黑背、高木直子和朱德庸分别排在第2至第5位，前五强合计所占份额为39.5%(详见表7-3)，亦显示出畅销作者集中度较高（详见表7-4）。在前五强作者中，只有黑背是内地原创作者，幾米、蔡志忠和朱德庸均为中国台湾作者，而高木直子则是日本作者。可以看出，近几年来本土漫画作者和作品在畅销榜中所占的市场份额正逐步扩大，但由于发展时间短，本土漫画作者尚处于成长阶段，在作品题材选择、表现手法、创作水平以及整个创作流程和人员分工等方面，都比海外略逊。因本土漫画作者既缺少规模化创作的实力，也没有长年累积的作品规模，故其个人在畅销作品中所占比例较低。

表7-4 2009年动漫/幽默类图书畅销榜（前200位）作者构成

序号	作者	品种数量	序号	作者	品种数量	序号	作者	品种数量
1	幾米	29	6	寂地	6	11	慕容引力	4
2	蔡志忠	18	7	卜劳恩	5	12	钱海燕	4
3	黑背	13	8	韩露	5	13	阿桂	3
4	高木直子	10	9	查尔斯·舒尔茨	4	14	夏达	3
5	朱德庸	9	10	莫莉蓟野	4	15	其他作者	83

如果根据作者国籍来讨论排名前200位的畅销作品，中国内地作者创作的作品占了83种，中国台湾作者占了63种，两者合计146种（占73%），可见畅销动漫图书大多是由中国内地和中国台湾作者创作。由于台湾漫画市场多年来被日本漫画蚕食，不少漫画家转战内地进行发展。他们的漫画作品之所以在内地漫画市场中能领风骚，根源于其对于漫画市场的透彻了解，以及作品呈现出来的强烈本土化元素。日本漫画尽管题材广泛，作品数量和质量十分可观，但引进作品只是其中一小部分优秀作品，而翻译和出版流程又比较长，导致上市时间严重滞后，加之受到互联网上分享资源肆意传播的冲击，其整体市场表现每况愈下。欧美和香港地区漫画题材较单一，多为表现英雄主义和武侠技艺，引进作品有限，表现突出者更是凤毛麟角。

2. 动画抓帧先天“畸形”

根据当当网数据表明，在畅销品种前200位里，有54种定价在25～30元，有53种定价在20～25元；就当当网实际销售价看，有59种在15～20元，56种小于15元。畅销榜的36种套装图书之外，164种单册图书的平均定价为29.4元。这些畅销图书的销售折扣多数为6折、7折，可谓是质优价廉。

虽说动漫图书是老少皆宜的大众娱乐文化产品，但由于中国原创动漫仍处初级阶段，消费市场还未成熟，未成年人仍然是主要消费群体，考虑到该群体的购买和消费能力，所以多数动漫图书的定价都不高。当当网大量用户为成年人，故其反映出的数据要略高于整体动漫图书消费市场。更深入地看，动漫产品的质优价廉也是由其产业属性决定的：动漫产业属于多元经济，一次投入可在多个环节取得收入，“一鱼多吃”的做法保证了即使在单一环节收入有限的前提下，仍能收获较可观的整体利益。

在动漫原创图书市场红火的同时，不少出版机构在动画抓帧图书领域“上马”了多个与动画片配套的大型出版项目，如青岛出版社的《孔子》、湖南少年儿童出版社的《三国演义》、浙江少年儿童出版社的《小牛向前冲》、现代出版社的《家有儿女》、接力出版社的《淘气包马小跳》系列（抓帧版）等。动画抓帧图书的销售与动画片播放有密切关系，动画片的播放热度和影响力是该类图书最大的免费宣传和消费支撑。

动画抓帧图书是中国动漫的一大特色，其他国家基本上没有这类图书，动画只有音像制品（迪士尼的有些图书项目虽然源自动画故事，但却是另外绘制的漫画作品）。中国盛行的动画抓帧图书属于阶段性产物，也可称之为投机取巧的做法。动画是造型艺术和影视艺术的有机结合，很大程度上难以利用图书这种媒介呈现。国内的影视动画生产较为盲目，虽然产量庞大，但优秀作品非常稀缺，知名动画品牌更是屈指可数。动画发行播出环节仍处于“半市场，半计划”的状态，弱势的动画制作机构难以把握电视播出时段和频率，动画抓帧图书绝大多数属于“靠天吃饭”，其市场表现自然差强人意。

3. 出版机构争做引领者

在购买动漫类图书时，一些有经验的读者表现出“认”出版社的购书习惯，他们一般首选直接点击某出版社的链接进入图书目录，而不是看分类页面或畅销排行榜。确实，经过几年磨练，国内一些优秀创作出版运营机构在动漫出版领域各有建树，并渐渐形成了各自的风格，培养起相对稳定的漫画书读者群体。

比如，推出了“朱德庸漫画系列”、“幾米漫画系列”、“蔡志忠漫画系列”、“老夫子漫画系列”等港台地区漫画作品和一批内地原创漫画作品的现代出版社。该社自2005年提出“构建中国漫画的出版平台”的口号，至今已圈起了一个内地及港台地区的中国漫画“大家庭”，漫画出版成为该社的突出特色。

再如，以改编中国古典小说、以原创漫画为主打产品的安徽美术出版社，可算近年来动漫出版界的一支“新军”。2009年，该社推出由天津神界漫画公司创作生产的漫画版“四大名著”，受到了中外动漫爱好者的青睐。从2008年4月推出的漫画《三国演义》到2009年1月推出的漫画《西游记》，均获得较大反响，但这更大程度上归属于项目成功，不同于现代出版社运营模式的成功。中国美术出版社有较强的专业基础，但多数只限于传统美术领域，对于动漫这一打破原有艺术门类融合发展的“新生物”还没有成熟的操作经验。

就目前看，已有越来越多的出版社开始关注动漫产业，进军动漫出版。如辽宁出版集团有限公司及其控股的北方联合出版传媒（集团）股份有限公司近日也宣称，拟联合收购湖南蓝猫动漫传媒有限公司的55%股权，三方联合打造的三维动画《蓝猫龙骑团》也已推出，显示出从传统出版产业迈入新兴动漫产业、由单一纸介质图书产品经营向立体化文化产业发展转变的发展思路。随着出版体制改革的深入发展和市场竞争的日趋激烈，出版机构过去"靠一套书打一个翻身仗'的经历已成过去，未来更多的是要靠体制、机制、模式的比拼。

4. 动漫/幽默类当当网图书排行榜

1.《鼠族Ⅰ：我父亲的泣血史》（唯一获"普利策奖"的漫画小说）

作者：（美）阿特·斯皮格曼/出版社：陕西师范大学出版社

2.《亲爱的，我有了》

作者：小龙/出版社：中信出版社

3.《名侦探柯南65：第七辑》

作者：（日）青山刚昌/出版社：长春出版社

4.《微笑的咖啡杯》《朋友刀刀》第四季，慕容引刀最新作品）

作者：慕容引刀/出版社：上海人民出版社

5.《有你在身边》(黑背亲笔签名本)

作者：黑背（绘）/出版社：万卷出版公司

6.《泡沫之夏》漫画版5(热销漫画《泡沫之夏》漫画版后续作品，第5册)

作者：明晓溪/米沙（编绘）/出版社：华文出版社

7.《卷卷初成长：布丁卷涂鸦日记》

作者：尹川（编绘）/出版社：山东文艺出版社

8.《卷卷的世界：布丁卷涂鸦日记》

作者：尹川（编绘）/出版社：山东文艺出版社

9.幾米漫画：《遗失了一只猫》（新）

作者：幾米（著）/出版社：现代出版社

10.《和你在一起——御宅萌猫钱一毛》2

作者：米YY（著）/出版社：辽宁教育出版社

二、中国动漫图书出版解析

首先从全球动漫相关信息开始介绍，世界三大动漫国家是美国、日本、韩国。美国主要有八家著名的动漫公司，美国在动漫行业每年收入超过一千亿美元。第二是日本，游戏产业作为日本国家经济的重要支柱之一，在GNP（国民生产总值）中占有1/5的举足轻重地位。第三是韩国：从1997年开始，韩国的游戏产业在政府的大力支持下，近年来达到每年10%的增长速度，2005年市场规模已经达到43亿美元。现在已经超过法国，成为世界第三大经营动漫的国家。

在美国、日本、韩国，动漫都是其国家的支柱性产业。动漫的衍生价值大于产品本身，动漫成人化趋势明显，行业呈现娱乐性。在中国，动漫仅仅是处于刚起步阶段，受到国家政策扶持。行业发展的初期都蕴含着巨大的市场潜力。

2007年伊始，中国的漫画图书市场首次引进出版日本漫画家手冢治虫的作品。除引进日本经典漫画外，国内出版社还纷纷争抢日本当红漫画作品的版权。而现实的销售情况如何呢？据统计，大多数出版社在日本漫画上并无太多收获。引进的日本漫画除少数几部有畅销书架势外，其他日本漫画图书销售业绩都很一般。

一方面是中国出版者对引进日本漫画的如火热情，另一方面是市场的温吞水状态。

1. 盗版与审查让人很难抓住机会

在20世纪90年代初的两三年内，日本三四十年最优秀的漫画，大都已经被盗版了。当时的盗版漫画在一定程度上拉升了人们对于漫画的期待，而现在出版的日本漫画只是很小的一部分，能够经受得住历史检验的精品佳作，也不乏平庸之作，所以日本漫画在中国市场上大多表现平平也在情理之中。

大多数读者的漫画图书消费习惯，是自20世纪90年代以来日本漫画的盗版市场培养起来的。他们习惯了在学校附近的小书店等地方购买漫画图书，而我们的出版商对这一渠道还比较陌生，掌控能力偏弱，这就失去了漫画图书消费的主战场。

2. 出版企划经验不多

另外，引进版本还受制于编辑开发经验的欠缺、日本授权条件的苛刻，这使得产品不能针对市场作灵活的调整，最后造成引进产品和盗版产品并无太多区别，有时甚至盗版产品更有吸引力，因为盗版产品深知读者需求，对性价比的把握更为成熟。

有的出版社曾经为引进版漫画做过一些宣传，但大多不能选择合适的媒体、合适的方式，对潜在读者也不能形成有效的传播影响。

3．上市时机无法把握

引进日本漫画要走一个漫长的审批过程，加上版权方严格的内容审查程序，一部作品从立项到最终出版大多数需要1年的时间。而当红日本漫画流行性极强，产品通过网络等各种手段无孔不入，等到漫画中文版出版了，产品往往已经过了高峰期。与日本同步出版漫画产品，根本就不可能。

4．与日本谈版权非常费劲

引进版中还是日本漫画销量最好，韩国和其他国家的漫画都不如日版，日版漫画是以故事取胜。为保护本土的漫画产业，国家对引进日本漫画的数量有所限制。争取到引进指标很难，一般是先批到指标，再找日方谈判。

谈版权是相当费劲的，日本对中国国情不太了解，提出的条件很苛刻，对出版物的品质要求极严格，做出的图书品质必须与日版接近，甚至相同。再加上版税高，因此中国出版方挣不了多少钱。

《三眼神童》分两次出版，2007年1月出了8本，后8本4月份出齐。销量一般，但比国内的漫画书好很多，先期印制的1.5万套已经卖完了，协议签的是2万套，5年的授权期。

引进的《龙珠》销售情况很好，2006年7月份上市，已经售出300多万册，印都印不过来。这就是经典作品的魅力，《龙珠》是日本1985年出版的，全世界卖得都好。

引进日本漫画必须有选择性，不能照搬，日本漫画中常有色情、暴力元素，《龙珠》是根据中国的《西游记》改编的，内容比较健康，但里面也有不适宜中国国情的场景，比如女孩子穿着暴露，出版时都进行了修改。

5．漫画书靠电视拉动，高潮永远不会到来

日本出版业曾经连续六七年滑坡，但了解到某本动漫周刊竟能销到200万册以上，而这本杂志销量最高时是400万册。

日本的漫画机制很符合市场规律，一是它有有效的作者培养过程。例如上面提到的畅销杂志，每个月、每个季度都有漫画大赛，性质有点像超女的海选。从短篇开始，海选结果受欢迎的，开始变成长篇；如果仍受欢迎，就做连载；如果仍然受追捧，就出单本；再追，就拍成电视剧。这是个自然的市场淘金过程。

另一点，是创作组合极端年轻化，它们有种模式叫做“两人三条腿”，也就是我们说的协调性。这种模式是一个编辑和一个画家进行组合，编辑引导画家创作，这两个人年龄加起来不到40岁，很符合年轻人的阅读口胃，跟年轻人几乎没有距离。这种方式培养出来一个庞大的受众群体。

日本的漫画市场非常清晰，不同的杂志面对不同的群体，分年龄，分性别，有给男生看的，有给女生看的，从小学生到四五十岁的中年人，区别对待，很科学。但日本漫画到中国，情况就大不同了，中国漫画市场还是混乱的，单打独斗，没有形成氛围。

反之，看中国的动漫图书出版。一般有电视播出的漫画产品销量就好些，电视的拉动力和影响力非常大。接力出版社曾经出版过《机动战士高达》，台湾版叫《机动战士敢达》，陆陆续续出版了20多本，销得还可以，但比预期要差。中央电视台最近要播这部动画，播出后销量会上去。另外，中国的漫画，由于市场导向问题，好东西有的出不了，再加上盗版问题，老百姓还是会选择他们喜欢看的。

三、关于中国动漫出版的前景探讨

与10多年前中国出版界热血沸腾地投入中国卡通事业的发展不同，这一次动漫文化风潮中的弄潮儿，除了更为“坚定地肩负起了振兴中华民族动漫产业的任务”之外，更有着明确的商业目的。他们不但有着在动漫领域苦战多年的丰富经验，更善于把握稍纵即逝的商业机会；他们不再把自己的文化理想建立在空洞的文化梦想的基础之上，而是构建起了切实的商业模式；他们在每天收获经济效益的同时，传播动漫文化，并离自己的理想越来越近。

尤其是近三年来，在出版界，动漫文化出版便有很多令人振奋的案例，他们不但让我们看到了前所未有的成功商业模式，同时也让我们在收获社会效益和经济效益的同时，重新体会到了对我们源远流长的文化的自信。

1．中式幽默模式

中式幽默漫画必将大行其道——一种集成了中国文化，充分吸收日式漫画表现元素的中式幽默漫画的模式，由概念正在变成现实，并初步经受住了市场的检验。其代表产品：《乌龙院》系列、《阿

衰ONLINE》系列。

和10多年前动漫爱好者言必称井上雄彦等日本一流漫画家的状况不同，自2004年以来，在小学生和初中生的群体中，一个个新的热门名词出现了——“乌龙院”、“阿衰”……至少有一部分青少年读者开始谈论敖幼祥、猫小乐等的中文名字。

2003年1月，《乌龙院四格漫画》系列推出最初的1、2集，当时的运营机构——漫友文化尽管有足够的信心打造一套畅销书，但无论如何也没有预料到今天“乌龙院”红遍大江南北的局面。截至2007年底，漫友文化机构逐步有序地推出了幽默四格系列《乌龙院四格漫画》共12辑，幽默连环系列(中短篇)《乌龙院爆笑漫画》共10辑，幽默连环系列(长篇)《乌龙院名作剧场》3辑，敖幼祥作品连载志《超级乌龙院》系列。2006年初《乌龙院大长篇》的诞生，更是宣告“乌龙院”这个漫画品牌在内容上几乎覆盖了所有的漫画形式。2006年12月，敖幼祥50大寿之际，漫友文化及敖幼祥工作室共同对外宣布：《乌龙院》系列销售量突破2000万册，成为漫画出版领域令人侧目的出版奇迹，而且这个系列中最具突破意义的大长篇系列还在热力连载，单行本还在热销，势头仍然稳健。

对于目前的漫友文化而言，《乌龙院》不仅仅是一个畅销书系列，而是漫友文化的另外一条战线，是一个表现出巨大盈利能力的战线。从“乌龙院”开始，作为国内最大的动漫文化传播机构，漫友文化拥有了日式故事漫画产品之外的一个全新的骨干型产品系列，这是漫友的另外一条腿。

对动漫业界而言，“乌龙院”的走红，不仅仅是一个超级畅销书的案例，更为深远的意义还在于，敖幼祥的“乌龙院”系列图书让很多的动漫创作人看到了榜样作品的力量，它带动了中国内地幽默漫画市场的快速发展，刺激了整个幽默漫画读物市场的复兴与发展。正是在它的带动之下，才产生猫小乐等著名的幽默漫画家。从市场状态来看，《阿衰ON LINE》也已经出版了10多辑，总体销量也超过了400万册。

从敖幼祥到猫小乐，从“乌龙院”到“阿衰”，中式幽默漫画的势头直到现在都未见衰减，越来越多的国内作者已经汇流到了这个创作阵营，并将对中国漫画发展产生重大影响。

作者层面，将会有越来越多的作者拿起笔把生活所得用心地画下来，时下已经看到了这种影响，张小盒的《上班族》漫画、右手的《自杀兔》……这样那样的作品层出不穷。

出版层面，将会有越来越多的出版社发现漫画是一个可以赚钱的品种，可以投入更多的编辑资源、系统资源，可以大有所为，出版漫画已经不再仅仅是一个事业，它还是现实的很有潜力的商业产品。

消费层面，将会有越来越多的读者关注和支持那些和自己身边的事情有关联的作品和作者。

媒体层面，越来越多的幽默漫画杂志正在蓬勃发展，《漫画PARTY》、《漫画世界》、《知音漫客》……新一代的幽默漫画杂志已经站稳脚跟，单期发行量普遍超过10万册，《幽默大师》、《漫画月刊》等老牌的幽默漫画杂志也在博兴……

漫画界的理论家，天津神界漫画公司的总编创陈维东甚至为此专门总结了一则“新中国漫画10定律”。

当我们把视野扩大到更大的娱乐领域，我们发现，与“乌龙院”（见图7-8）、“阿衰”（见图7-9）在精神气质上雷同的幽默文化产品也一样正在大行其道：无厘头的“星爷”电影之后是《疯狂的石头》，植根于传统相声又对传统进行适度反叛的郭德纲式的相声文化，当然还有来自东北民间文化的赵本山和“彪哥”范伟，更有杂糅了地域文化与武侠文化的幽默轻喜剧《武林外传》。我们会发现，成功的漫画家将漫画这种更为流行的表述语言运用到对传统文化、大众文化的解读和传播上，体现出巨大的社会影响力。

图7-8　长篇漫画作品——《乌龙院》

图7-9 长篇漫画作品——《阿衰》

和之前我们耳熟能详的蔡志忠作品系列和朱德庸每年都有上佳表现的都市幽默漫画系列相比，《乌龙院》则更具突破意义。集成了中国文化基础，充分吸收日式漫画表现元素的中式幽默漫画的模式出现了一个真正的标本，概念正在变成现实，并初步经受住了市场的检验。

2. 电视动画模式

电视动画将会频频照亮市场——电视动画+强力播出平台+出版运营机构，图书作为动画的延伸产品推出，是目前非常现实的赢利模式。《哪吒传奇》、《虹猫蓝兔》、《小鲤鱼历险记》，电视动画漫画版的畅销就像一剂强心针，不但令漫画界兴奋异常，更让出版界侧目。对于多年苦巴巴的中国动漫业界来说，漫画出版的盈利瓶颈似乎正在打破，当然他们也担心这只是一个不可复制的个案；对于更广范围的出版界来说，这些可信分析的珍贵案例至少说明了一种可能性——那个曾经让战斗在中国卡通5155工程战线上的出版机构沮丧的出版品种似乎正在显现出不可拒绝的魅力。

据非官方的统计表明：《哪吒传奇》图书销售码洋[1]超过1亿元，《虹猫蓝兔》不到一年的时间销售码洋就突破1.5亿元，而在《小鲤鱼历险记》图书的竞标中斥资1000万元版税的外研社在这套书上寄予的希望如司马昭之心——路人皆知。

中国的动漫产业一直在激励和诟病中前行。一方面，作为文化创意产业的代表，动漫产业一直是处于有利的政策环境和市场环境之中，国家一系列鼓励和扶持的政策出台，动漫产业基地、动漫节、各种投资纷纷涌入……无疑动漫产业是今天为数不多可待开采的金矿；然而，在另一方面，由于人才、资金的匮乏以及产业链环节的断裂，中国动漫产业至今仍在探索这座“金矿”开掘的合适办法。

因而，动漫产业的发展为出版产业提出了更高的要求。

现在的出版人应将出版活动看成是利用一切可以利用的传播手段、通过一切传播途径，将信息以正确的方式，有针对性地、全方位地、准确地传播到社会的目标人群中去，动漫产业的发展需要出版产业把平面的纸介质出版物同网络、光盘等多种媒介结合起来，形成既有纸介质产品又有网络上的产品，形成不同介质领域立体出版的态势，打破过去单一以图书出版为动漫传播途径的出版方式，推动中国动漫产业尽快向前发展。

三、当前中国动漫图书出版的瓶颈

1. 理念陈旧，思维呆板

“孩子们是天然的艺术家”，理解了这句话之后，对理解国产动漫图书的出版，就有了感性的基础。但在出版界，不仅仅是对动漫图书，在其他的少儿图书中，对少儿作品鉴赏能力的忽略也是普遍存在的。实际上，儿童的鉴别和欣赏能力常常是最原始和最本能的，因而也是最有生命力的。认为动漫图书只是小孩子的读物，在思想理念上就不具有科学性和现代性。长期以来有一种观点，认为动漫的服务对象就是少儿小读者，但实际上动漫仅是一种载体，它并不等同于儿童图书。这种凝固的认识和观念束缚了动漫图书的发展，而题材选择多为童话、神话、民间故事，表现方法上相对来说也较为单一。这种单纯的教化功能，限制了国产动漫图书作为艺术图书特质的想象力和幽默感，同其他国家动漫图书都带有一定的哲理性的思考以及启蒙性的人文思考特点相去甚远。

有人说，国产动漫图书实际上是“新瓶装旧酒”，说明了国产动漫在思维理念上还没有真正达到一个“动漫时代”。“动漫时代”的思维方式有

1“码洋”是图书出版发行部门用于指全部图书定价总额的词语。

其特定的指向，其单纯与复杂结合、简约与繁复互融、卡通与抽象交替、传统与现代互融等，都是在一个全新的思维平台上展开的智力活动。它可以在观念上很老套，但在思维方式上却又很超前；在意向上很前卫，但人物角色却又很传统。比如美国的《花木兰》就是一个标准的新瓶装旧酒的模式。人物角色都是中国古代的，但思维方式、行为准则却是美国化的。相比之下，国产动漫图书的一个通病就是想象的空间比较狭小，形象单一，看了书名就基本上能想象出图书的主要内容和故事情节，没有想象的空间。人物的性格、情节的发展都没有一个可供小读者惊喜的曲折，这与国外的动漫制品的情趣相比，是有一定差距的。

2. 模仿痕迹较多，民族特色不够鲜活

其实，在动漫出版中有一种误区，以为强调民族性实际上就是强调民族的形象。这其实只是民族性的一个方面。民族精神最本质的特征应该是体现出一种现代性，有了现代性的民族精神，一样可以从远古的题材中体现出深刻的民族性来。实际上，民族性的实质应该是一种民族精神的实质，是这个民族最长久的流传下来的精神特征。由于动漫图书本身就是一种借鉴的产物，因此对这一题材的创新性和民族性就是衡量动漫图书选题是否有生命力的重要的标识。

在一次与小读者和有关家长及老师的座谈会上，有的老师和学生指出，虽然整个媒体都在宣传：我们有了自己的动漫和动漫图书。但实际上一看，还是那些面孔，那些内容。动漫的“脸谱”没有超过日本模式，人物形象仍旧以丑为美，以变形为主要特点，以四格漫画为主要格式。没有民族特色，甚至连传统的审美观也没有，所有的妈妈都是皱着眉头，非常丑。有些动漫，打开来全是隔离的小画面，只有几个字：“嗨”、“哇”等象声词，整个画面只有几个字，那种画法基本上还是日本模式。

动漫图书要真正赢得小读者的喜爱，民族性是应该要特别注意的。

3. 成人化概念化强，儿童特色不足

儿童作品成人化是一个老问题，在这里主要是一个观念性的问题。并非说少儿作品里有成年人的内容，而是说，少儿作品的观念和看问题的角度都是成人化的、程式化的。其实，纯粹是少儿化的内容，成人也能够接受和喜欢。同时，过于单纯的图书内容的定位，也忽略了众多的读者群。比如，许多作品针对的都是3～10岁的儿童观众，但在内容的制作上却都是成人的观点和视角。所以，形式上是儿童的，内容上却是成人的。而真正的少儿内容，其实连成人也是可以被吸引的。比如日本宫崎骏的《千与千寻》不仅低龄儿童喜欢，就是少年和成人也都很喜欢。他们的内容基本上都是以儿童的纯真的眼光和观点看世界，从而受到了所有读者的喜欢。在国产的动漫图书中，走名著路线是一个捷径，但这样的选题也丧失了一部分小读者的兴趣。名著可以新解，也可以新注，关键是要贴近现实生活。成人化的特点导致的是动漫作品的人物性格个性化特点不足，无论是人物语言还是人物性格，都缺少鲜明的文学和艺术魅力。

我们在国产动漫图书中常常看到内容上是成人化的，但形式上却是儿童化的，这样一种内容与形式的完全错位自然不能得到读者的捧场。

4. 贪多求全，苛求完美

国产动漫读物一般成系列化，这就使这些动漫读物的制作不够精细，只有规模，没有细节的魅力。细节决定成败，国产动漫漫画最本质的差别就是细节的精细不够。能够让小读者反复看的读本比较少。比如：国外有一本低幼的书《凯旋门》，除封面封底外，内页只有三页，是一张大的“凯旋门”，但这本书对幼儿的吸引力很大，孩子们将凯旋门牢牢记在脑子里。而我们的出版社站在幼儿的角度出的书太少，而站在家长的角度出的书多。形式上追求系列化、规模化，没有注重市场化和实际效果。

因为过于追求规模化，对市场的估计不足，在实际操作上就有一定的失误。儿童的教育与培养，需要一个科学的施教过程。指向明确，符合实际需求，从读者心理与能力着眼，才是正确的设计思路。仅有良好的设计愿望却没有可操作性，或与市场距离过大，必然导致市场销路不畅。比如，对《西游记》的改编，并非要系列化，可以在某个情节上仔细地精打细作，成批成系列地改编，对本性好动的小读者来说容易造成阅读疲劳，甚至是概念疲劳。

动漫产业要想做大做强，没有强有力的资金支持是做不成的。动漫产业的发展需要依靠巨大的前期投入和强大的媒体实力支撑。因此，发展动漫产业必须有资本的投入，没有资金资源的输入，有再好的创意也很难实施。而由于动漫产品投入成本较高，目前国内普通动漫图书比一般图书成本要高出至少70%，而动漫的稿费支出也要高出普通图书的3倍以上。这些大的成本都需要在动漫制作前期有一个资本运作的过程。但在中国的动漫发展中，虽然有良好的政治背景和丰富的文化资源，但在资金的投入上基本是各自为战，自给自足，这就使动漫产品的制作有一种先天的营养不良。通常而言，国产卡通片的中期制作费用，每分钟只有一万元人民币左右，一般一集十分钟；可国外的中期成本，一分钟少则3000美元，多则8000～9000美元，且片长都为20分钟以上；中国的美术家只得以担任繁复浩大的绘制工作来赚钱，使得大批专业人才流向薪金丰厚的合资动画制作公司。同时，由于资金的缺乏，对周边产品的开发自然就形不成规模，甚至根本就不能开发周边的产品。而动漫产品的发展必须依托一个系统的产业链，即集中漫画、动画、影视剧、衍生品、卡通形象授权等环节，缺少任何一个环节，都是动漫选题资源的流失。

四、动漫图书出版的发展出路

1. 强化动漫产业的政治意义

动漫产业是当今文化产业中最具成长性的产业。既是因为它整合高科技的技术因素，具有强大的市场经济的潜力，也是因为它对文化所产生的巨大的影响力，使动漫产业越来越引起社会资本的注意。许多发达国家都把动漫产业看作本国的重要支柱产业，并采取有力的措施给予积极推动。在日本，动漫产业生产总值高居世界首位，所以，动漫业在日本非常繁荣，号称“无烟重工业”，是行业产值位居第六的国家支柱产业，年度营业额约在90亿美元以上；在韩国，政府非常重视动漫的产业化问题，他们成立了韩国文化振兴院，每年向游戏产业投放的资金约500亿韩元（合人民币3.5亿元），由此也赢得了世界动画“大供应商”的美誉。从这些国家投入的力量和重视程度来看，显然是把动漫产业作为一个支柱产业来看的。而在中国，动漫产业的文化作用和政治意义更是明显的。作为一个文化战略的思路，动漫产业有它自身的优势，通过动漫贴近小读者的形式，来发扬和光大我们优良的文化传统，进行爱国主义教育。同时还能将优秀的文化输出国外，动漫无疑是一个很好的介质。

目前中国的动漫制作还远远不够，动漫图书的出版基本是靠自有资金缓慢发展，综合竞争的实力比较薄弱，生存状态举步维艰。这在某种程度上就要呼唤社会给予动漫产业以强有力的资本支持，比如要设立专项资金，要引入社会资金，这是发展动漫产业的血液输入。

动漫文化也是一种全球现代文化的一支队伍，对动漫的发展与创新，首先要用一种全球化的国际精神立足于本民族的动漫，才能与国际接轨，才能在国际上立足，因为只有民族的才是世界的。所以，今后的动漫图书出版要有战略眼光，也要有一定的规划，有了规划才能有落实，要制定好国产动漫图书的出版规划，推动国产动漫产业的可持续发展。

2. 文化观念问题——导入新的思维方式和文化理念

动漫能否吸引小读者，形象是重要的，但更重要的是要通过形象来巧妙地传达主创者别致的思路，即要善于发现普通人尚未发现的有价值的东西。既不能违背科学常理，又要符合漫画创作的特点及规律；其内涵既不能是白开水，也不是难解的方程式；漫画的造型既要有幽默感，又要有助于孩子智力的全面开发；其创意既要新锐，又要有现实基础。

有人评价一部电影的成功语录是“好看，好看，还是好看”。不能牵制于流行的东西，流行的东西可能是平庸的东西。既不要忘记细节的描述，也不能把细节当作主线来描述。我们的动漫，要么没有细节的描述，要么把细节当成主线来描述。要认真研究动漫能够吸引小读者的真正的成功元素。

从一些优秀动漫读物的成功中可以看出，吸引读者的首先是有情趣的情节，具有现代感的语言和幽默、生动的描述。动漫读物的产生首先就是有着鲜明的时代特点，只有在现代化发展到一定程度的大都市中才能有动漫读物的读者群和市场需求。因此，要能够满足都市化和现代化的需求，就要使得动漫无论是题材还是情节甚至语言，都能够具备足够的现代精神和新锐的道德理念。

其实，制作动漫图书，既要有市场操作的观念，也要有文化战略的观念。通过动漫的制作，传达一种文化信息，甚至起到文化推手的作用。从战略上讲，应该是从大处着手。因此，小图画里面有大乾坤，不一定非要是大的制作才能表达大的文化战略。正如三页图片的凯旋门的图画本，就能将法国文化中的精髓部分准确地表达出来。

3. 形式与内容的民族特色问题

宫崎骏的《千与千寻》在短短一年里就创下近400亿日元的票房，在获得第52届柏林影展“金熊奖”后，又获得了2003年“奥斯卡金像奖最佳长篇动画奖”。日本的文化人认为，《千与千寻》就是日本的民族精神。一个卡通形象可以代表一个民族的精神，说明了动漫在文化传播中的重要位置。而这个卡通形象，未必就应该是一个纯粹的民族形象，最主要的应该是一个具有民族精神的形象，就像美国迪士尼拍摄的《花木兰》明明是一个中国人的形象，但她却体现出了一个纯粹的美国精神，面对世界无所不能的挑战精神。而实际上，中国的花木兰形象，最能代表的却是一种传统道德中恪守孝道的传统美德的精神实质。在这一点上，美国的漫画同样也是吸收了日本动漫的一些技术和技巧，并且大胆地进行了推陈出新的改造，这些改造不仅没有失去自己反而更加凸现了自己的长处。

总结优秀的动漫制品，大都有这样的规律可循：因为原创，所以成功；因为民族，所以优秀。原创的动漫形象最能代表一个民族文化的生命力，没有原创的形象，就没有民族文化的生命力，就更不用说其战斗力了。但原创的东西需要的是综合文化的合力。创意是占首要的地位的，没有自己的创意，就没有原创可言。有人认为，那些原有的《西游记》、《水浒》不能算原创。因为这些已经是古人原创的东西。此话有一定的道理，美国成功地制作出《花木兰》就不能说不是他们的原创。形象是我们的，但创意却是美国的，关键还是融入了一种能传达民族精神的理念。

民族性并不代表“直接拿来”。一个孙悟空形象如果简单地拿来就是一个吃老本的机械性的继承，而对悟空形象进行发扬光大，创作出《大话西游》这样一种既有现代性又有传统性的形象，就是一种对民族性的发扬光大。所以说，所有的民族性并不是一种简单的“拿来”，而是在继承民族精神内核基础上的“拿来”。

4. 科学而又有市场基础

中国的少儿图书市场有很大的发展空间。以2003年为例，少儿图书占整个图书市场的码洋比重是8.32%，册数比重是11.46%；英国在2003年的码洋比重是14.35%、册数比重是22.05%；美国在2003年少儿图书的册数比重是21.33%。从这些数据比较中可以看出，中国的少儿图书市场要达到国际水平还有将近6个百分点的发展空间，这说明作为少儿图书中朝阳产业的国产动漫图书有巨大的发展空间。

要成为优秀的国产动漫，中国本土动漫产业就要有自己的优势：市场优势、文化优势、成本优势和人才优势。文化方面，中国拥有丰富的文化资源，这是动漫图书选题题材最大的滋生土壤。概念化和功利主义是中国动漫的通病。比如，有一套关于地球的图书，从一开始策划就打上了主题先行、概念化的烙印：在故事的人物、情节都尚未确立之时，出版社便要求将这部书写成一部“环保题材”的作品，这些操作方式都是与真正的创作规律背道而弛的。日本的动漫产业的发展有一个漫长的过程，从而形成了一个庞大的动漫市场的基础。而这个庞大的动漫市场并不都是优秀的，但正是因为有了这个庞大的基数，才使得日本有出现经典的艺术之作的可能，市场的庞大为优秀动漫的产生打下了基础，在这个基础之上，自然会有高手脱颖而出。中国动漫要想达到一个高度，首先要在市场方面有一个广度，没有广度，一味拔高只能是拔苗助长，市场畸形化。

动漫图书的营销可以说是一个非常复杂的课题，有运作和没有运作的结果是大不一样的。

5. 积极培养专业人才

要制定大力发展民族卡通动漫人才的培养战略。由于动漫图书的制作门槛较高，需要有专业的创作人才，创作人才的资源对于发展动漫产业有着至关重要的作用。

目前全国电视台纷纷设立少儿频道或动漫频道播放动画，其中国产动画的播放量必须要占到60%，这使得国内动漫人才愈加紧缺，专家估计缺口至少在60万，在未来两到三年可能达到300万（主要集中在动画和网络游戏产业）。而我们仅有的动漫人才，也在经济条件的压力下逐渐流失。因此，对动漫产业专业人才的培养迫在眉睫，要对民族动漫人才培养的格局及策略给予研究和设计，也要对此类专业人才给予重点的培养，以确保活跃在中国动漫产业中的人才都是真正有专业知识、有专业能力的专业人才，这样才能确保中国的动漫产业高质量高水平的繁荣和发展。

第三节　2008—2009年中国动漫玩具市场概况

一、近年来中国玩具行业的概况

1. 近年来中国玩具行业现状

中国是全球最大的玩具生产国，也是全球最大的玩具出口国，全球75%以上的玩具产品出自中国。在目前中国市场上，80%以上的玩具是为儿童设计的。目前国内平均每名儿童每年在玩具上的花费大概是400元人民币，以这一数值计算，全国8000万城市儿童每年在购买玩具上要花费320亿元，再加上2.5亿农村儿童的玩具消费，每年国内儿童的玩具消费在500亿元以上。不仅如此，近年来兴起的成人玩具、益智玩具发展也很迅速，各种生动有趣的益智玩具也受到许多成年人的喜爱。

2006年1～12月，中国玩具制造行业实现累计工业总产值769.4亿元，实现累计产品销售收入728.5亿元，实现累计利润总19亿元;

2007年1～11月，中国玩具制造行业实现累计工业总产值868.2亿元，实现累计主营业务收入797亿元，实现累计利润总额17.5亿元;

2008年1～11月，中国玩具制造行业实现累计工业总产值966.8亿元，实现累计主营业务收入898.8亿元，实现累计利润总额20.4亿元。

2. 玩具出口从黄金期进入冬眠期

国家海关总署2008年发布的数据显示，2008年以来，中国玩具出口步伐大幅放缓。据统计，2008年1~9月，中国玩具出口63.1亿美元，比2007年同期增长3.7%，增幅大幅回落近21%。报告还显示，2008年以来出口企业数量骤降，退出的企业绝大部分为小企业。

2008年10月15日，香港联交所上市企业合俊集团宣布停牌，旗下位于东莞的两家大型玩具工厂一并倒闭。作为全球最大的玩具代工商之一，合俊此前成功拿到了世界玩具五大品牌中三个品牌的代工订单，年营业额超过7亿港元，产品70%以上销往美国。由于合俊过分依赖美国市场，随着美国金融危机的蔓延，消费需求急遽下降，直接导致了合俊旗下两家玩具工厂一夜之间倒闭。

中国玩具产业中小企业居多，对政策和环境变化适应能力弱。而人民币升值速度、通货膨胀加剧程度等均超出此前市场预期，成本急剧上升导致许多玩具小企业倒闭，也引发2008年以来大批玩具出口小企业退出竞争。

中国的玩具产业是相当庞大的，然而由于只是从事简单的生产加工作业，所以导致这个庞大的产业产值却并不大。

二、阻碍中国玩具行业发展的根本问题

1. 大而不强的中国玩具业

“大而不强”是许多业内人士对中国玩具产业的总体评价。中国现有玩具生产企业8000余家，其中规模以上玩具制造企业也有上千家，玩具业从业人员350多万人，可谓是一个相当庞大的产业。不仅如此，中国还是世界上最大的玩具制造国、出口国。全世界有近75%的玩具是在中国境内制造的，特别是一些毛绒填充类手工制作玩具，中国企业几乎垄断了全球市场，无论我们走在世界哪一个国家，几乎都可以看到“Made in China”的各种玩具。

中国的玩具生产企业普遍集中于广东、江浙一带。其中广东占全国玩具出口总额的比重高达66%，深圳、东莞、澄海等地区已经成为中国主要的玩具生产基地，而东莞更是世界最大的玩具生产制造地。可是如此庞大的生产基地，订单却绝大部分来自国外企业，或是一些国际知名的玩具企业在此直接开办工厂。大量的玩具在这里生产后，再源源不断地出口到国外。

在中国众多的玩具生产企业中，约有2/3以上的企业从事着“三来一补”型的简单加工工作。在一些玩具企业比较集中的地区，一些企业所生产玩具的出口价格竟然可以用这样的公式来计算：“出口价格=原材料价格×重量＋加工费”。而这惟一的利润，也被外商压到不能再压的程度。据一家玩具生产企业的负责人介绍，他们生产的某些玩具常常会有500多道加工工序，而企业从每件玩具中赚取的加工费却只有2美元左右，一些工序比较简单的毛绒玩具，单个产品的加工费仅几美分。而这些玩具无论是在国际还是国内市场上的售价都会增长5～10倍以上。中国企业在玩具生产过程中只能赚到一些辛苦钱，绝大部分利润都被国外玩具品牌企业和国外的经销商赚去了。以2004年的统计数据来看，2004年中国玩具的出口额达到119.62亿美元，然而玩具生产企业的平均纯利润仅为6%～8%。

2. 设计简单，科技含量不足

中国的玩具企业绝大部分是以来料加工和来样加工为主，这样的生产既不需要专业的人员来设计，也没有太高的科技含量。在中国每年出口的大量玩具中，绝大多数是毛绒玩具，布艺手工玩具，而做工较为复杂、利润空间相对较大的智力玩具、电动玩具仅仅占到出口玩具总量的3%和0.6%。

近年来，高科技含量的电子玩具在国际市场上相当走红，据一份来自美国玩具工业协会的资料显示：1999年到2002年间，美国玩具市场电子类玩具的销售额增长了近1倍，由1999年的68亿美元增长到2002年的103亿美元，而各种传统玩具的销售增幅并不很明显。

于是，一些电子产品厂商转而开始设计研发一些高科技的电子玩具，比如sony公司开发的电子狗系列产品，虽然价格昂贵，高达上万元，可还是受到许多人的青睐。这种电子狗既是一个情感丰富的电子宠物，又是一个小型的机器人，并且具有表演、睡眠和游戏等功能。同时，sony公司还为电子狗开发了各种专门的程序以增强玩具的娱乐性，比如可以将两只机器狗放在一起玩足球、走迷宫等游戏。正是由于厂家比较注重增加玩具的科技含量，所以尽管玩具售价极高，可还是受到一些追求时尚的人们的喜爱。

系列产品的开发也是玩具设计中常见的一种方式，比如“芭比娃娃”就是一个畅销不衰的系列玩具产品，每年都有新款的芭比面市，因此也就在全世界形成了一大批芭比追星族，他们以收藏不同款式的芭比娃娃为乐趣。在芭比系列产品中，设计师不仅为可爱的芭比娃娃设计出各种美丽新潮的服装，还为芭比设计了不同的身份，芭比可以是可爱的公主，也可以是一身职业装的白领职业女性、翩翩起舞的舞蹈演员，甚至是天使或是宇航员……此外，设计师还精心为芭比设计了她的家人和朋友以及各种各样的生活物品，从而使得芭比的世界更加生动且丰富多彩。系列产品的开发理念会使该商品的设计元素永远不会匮乏。由于芭比娃娃系列产品在世界非常畅销，许多世界著名的服装设计大师都主动为芭比和她的朋友们设计各式各样的服装。同时，一些限量销售的芭比娃娃虽然价格不菲，但却是芭比追星族们争相购买的紧俏商品。正是由于不断有新的系列产品推出，芭比娃娃才会存在近半个世纪仍然深受人们喜爱。

然而国内企业在玩具设计方面做得并不是很理想，许多企业并不重视玩具的设计开发，在一些以面向国内市场生产为主的企业中，几乎没有专业的设计师来从事玩具新产品的设计开发，于是简单的模仿就成了许多玩具生产企业的主要设计手段。比如国内市场上随处可见各种不同造型的迪士尼卡通玩具、泰迪熊、史努比、hello kitty等毛绒玩具，可其中真正经过授权生产的却并不多。这种抄袭模仿直接导致的就是各种有关知识产权的纠纷。涉及外观侵权的案例并不少见。

除此之外，中国玩具企业还要善于发现中国传统玩具，比如九连环、鲁班锁等玩具，看似简单，却透着无穷的智慧，将这些传统的玩具加上现代化的开发设计，然后推向国际市场，一定具有相当广阔的市场空间。

可喜的是，中国玩具生产企业正在逐渐认识到玩具设计的重要性，一些高校也已经开设了专门的玩具设计专业。玩具设计专业的毕业生可以说是供不应求，如果以每家玩具生产企业需要1～2名专业玩具设计师的比例计算，中国在玩具设计方面的人才缺口至少是上万人。

3. 缺少自主品牌，中国玩具业难自强

缺少自主品牌也是困扰中国玩具业的一大问题，由于缺乏站得住脚的知名品牌，中国的玩具生产一直处在一种较低的水平，这也导致中国的玩具

生产产量很大但产值并不高。在中国出口的玩具产品中，绝大多数产品是挂着洋商标的，而中国企业自主开发生产的玩具不到总出口量的1/3。尽管在国外许多地方都会看到中国生产的玩具，可是其中真正能够体现中国人智慧的玩具却不多见，靠着他人的品牌打天下终究不是长久之计，想要使中国的玩具业真正强大起来，一定要有大量自主品牌、自主知识产权的玩具出现。

同时，在产品生产过程中引入品牌概念，最主要的目的就是要使自己的产品有别于其他竞争者，在消费者心中确立一个鲜明的形象。如果消费者对某一品牌的玩具比较喜欢，就会持续关注该品牌的其他玩具产品或是其他商品，比如著名的迪士尼公司，世界各国的小朋友不仅喜欢迪士尼的动画，对片中动画人物造型的各种玩具产品也是钟爱有加。因此，迪士尼这个品牌就在人们心中形成了极高的认同度，人们会在选购玩具时首先想到这些知名品牌的玩具。

现在，国内一些大型的玩具生产企业已经认识到了品牌的重要性，并在开始逐步开发自主品牌的玩具了。然而品牌的建立也并非一朝一夕就可以实现的，这需要企业长期持之以恒的不懈努力。比如国内知名的玩具生产企业好孩子集团创立了“好孩子”品牌，并开发出一系列以“好孩子”为品牌的儿童用品，其中主打产品“好孩子”童车，不仅在国内市场拥有80%以上的市场占有率，而且在海外市场取得了不俗的销售业绩。同时，自主品牌、自主知识产权的各种商品也使好孩子集团创造了相当高的利润。2004年好孩子集团的收入约为20亿元，2008年其全年销售收入达41亿元，其中75%以上的产品是销往美国、欧盟和日本等海外市场。目前，好孩子已经拥有4000多项专利技术，并且不断开发出各种新的产品，从而使企业长期处于健康快速发展的状态。

三、玩具产业如何做大做强

人们往往强调，蛋糕要做大，其实更重要的是把这个产业做强。如果想要把中国玩具业做大做强，首先要改变目前中国玩具业劳动密集型产业的现状，逐步走向科技密集型产业，将目前简单的加工生产改变为自主设计研发，这样生产出的玩具产品，附加值就会有很大的提高，出口到国际市场利润也会相应提高。目前，国内许多玩具生产企业已经纷纷投入人力物力开发高科技的电子玩具，如广东奥迪玩具实业公司就自主开发出了“四驱赛车”系列玩具产品，由于其采用了先进的电子技术，设计又非常新颖别致，自己动手组装玩具的方式吸引了众多男孩子的喜爱，从而使“四驱车”产品一炮而红，吸引了大量中外客商的关注。

其次要提高中国玩具产品的附加值，而提高中国玩具的附加值，一是要创自己的品牌，二是要开发自主知识产权的产品。在商品社会，品牌有着相当重要的作用，消费者认识接受一件商品，很大程度上会受到品牌的影响。在开发自主知识产权产品方面，就要求国内的玩具企业有创新思维，能够找到外国企业尚未开发的领域，只有创新而不是跟在别人身后一味模仿，中国的玩具才会找到属于自己的发展空间。

最后，当然是要强调玩具的质量了，任何产品都要做到以质量求生存。目前，针对不同的玩具产品，我们国家有各种不同的标准对产品质量加以限制。迄今为止，中国已经建立了8项强制性国家标准、1项强制性行业标准、2项推荐性国家标准、18项推荐性行业标准，可以说是对玩具生产的方方面面做了严格的控制，保证玩具生产企业能够生产出质量合格的产品。

此外，中国的玩具产品在出口到国外的过程中，也会受到当地有关标准的限制，比如中国玩具最大的出口流向国美国有《美国玩具安全标准》，其他国家和地区也会有相应的标准来控制玩具产品的质量。因此，玩具的生产要受到各种标准的严格控制，只有高质量的产品才会有广阔的市场，才会在国际市场上站稳脚跟。

四、动漫产业的兴起带来新方向

玩具业是动漫产业链中一个重要组成部分，动漫卡通只有把玩具业整合在产品链中，才可获得更大的市场份额，如迪士尼动画在搬上银幕前，就有玩具产品在市场销售。一部动画在屏幕上播放的直接收益仅占回收成本的20%到30%，另外的收益则来自衍生产品，动漫产业和玩具业的合作空间是相当巨大的。

近年，国内动漫产业有了可喜的发展，涌现出一批有创作实力和市场运作能力的原创动漫制作公司。国内玩具企业大可以借鉴国外的动漫产业发展模式。玩具企业和本国优秀的动漫制作公司合作，以动漫衍生品的形式生产玩具既可以得到优良的玩具设计方案，又可以借此创立自有品牌。“蓝猫”和“喜羊羊”玩具类衍生产品的销售热潮已经为玩具企业未来的发展道路指出了新的方向。两种类型的公司合作可以达到互益的效果：动漫公司可以通过销售玩具类衍生品而得到大众的认知度并得到一部分收益；而玩具企业所制作的热门动漫的玩具产品自身就具备了宣传的作用，这样自主研发的玩具产品的销量能得以保证，更有利于增加产品的附加值。

第四节　2008—2009年中国动漫主题公园经营概况

一、江苏动漫主题公园

2008年7月，无锡市的动漫产业又迎来一个新的发展机遇。无锡市靖海公园建成江苏省首个动漫主题公园。作为无锡市发展动漫产业的重大项目，靖海公园已被以外包为主的江苏龙盛动漫公司作为动漫教育基地，引入美国、日本、韩国的师资力量，作为培养动漫高端人才的场所。据了解，目前中国动漫高端人才缺乏，国际上动漫产业发达国家已开发3D、4D动漫产品，而中国目前还刚刚进入3D产品。无锡于1991年开始引进日美动画外包产品，已有18年动漫代工历史。靖海公园除了用于教育外，还被世界动漫巨头看好，准备建动漫主题公园。初步设想是把国内外动漫主题形象引入，集娱乐性、教育性、参与性于一体，营造新颖的城市文化氛围。

二、广东动漫主题公园

2008年，港商李嘉诚旗下的长江实业、和记黄埔将在广州投资10亿元人民币开建动漫主题公园。长江实业地产投资有限公司董事郭子威透露，该主题公园将落户在作为“国家网游动漫产业发展基地”的广州国际玩具礼品城二期项目内，占地逾3万平方米。郭子威表示，为抓住广州动漫与玩具产业发展的商机，由长江实业、和记黄埔投资经营的广州国际玩具礼品城，其占地38万平方米的二期项目提前于2008年下半年动工，总投资达30亿元，2010年完成并投入运营。其中，规划开建的动漫主题公园将以玩具城二期为主要载体，占地3万多平方米。玩具城公司董事兼副总经理吴榕凯透露，该主题公园初步估算投资额在10亿元以上，打造成以动漫偶像为主题，大型玩具、娱乐为主的旅游项目，将有别于目前广州已有的游乐园，更注重高科技并侧重动漫领域。此外，还将建有研发中心、体验中心、模拟天地、会展中心、网上交易中心等配套功能区域等，以吸引来自香港、亚洲及欧美等世界级动漫创业、制作、设计公司与专业人才进驻。吴榕凯说，穗港两地同属岭南文化一脉，为动漫产业合作提供重要的文化创意元素。届时动漫主题公园与玩具城二期项目将致力引进香港在动漫领域的优秀创作理念和产品以及国际前沿的市场管理经验与营销理念。香港动漫业界则可借助广州的市场与人才优势拓展在内地的发展。

三、安徽动漫主题公园

2008年12月30日，在安徽芜湖城东新区，被喻为中国版“迪士尼”项目——华强文化科技产业园项目破土开工，一期项目约在2010年5月1日竣工并开门纳客，届时安徽人便可在家门口感受到另一个充满幻想和创意的梦幻王国。投资25亿元的华强文化科技产业园是模仿借鉴美国迪士尼文化产业发展模式，它将以文化产业为主导，打造一个拥有自主知识产权，具有国际影响力和竞争力，集创意、设计、研发、生产、展示、经营及人才培养于一体，国际一流的文化科技产业基地。其中重点建造一个以动漫为主题的全新的大型文化主题公园“方特梦幻王国”和四个文化产业基地（动漫基地、数字电影基地、网络游戏基地、玩具等衍生品基地）。据悉，“方特梦幻王国”将是一座以高科技特色主题为核心支撑，将动漫、卡通、未来科技、电视电影等特技和众多时尚的娱乐元素与中国传统文化融合为一体的新型主题公园，建成后会到处充满幻想和创意，有的项目翻版了“迪士尼”项目，但融合了中国元素，甚至有的项目在科技创新方面超过了“迪士尼”。

2009年10月29日，合肥高新区与中南集团签署了合肥中南卡通文化创意城项目投资协议。合肥中南卡通文化创意城项目总投资约80～100亿元人民币，由中南卡通主题公园和配套房地产两个项目组成，其中卡通主题公园项目投资不少于40亿元人民币，选址位于高新区“科学城”王咀湖旁边。整个项目占地面积约2000亩，其中王咀湖水域面积有1200亩。主题公园建成后，预计可形成每年接待游人350～500万人次的规模。据介绍，卡通动漫主题公园的规划由一位来自迪士尼设计团队的运营总监负责，所有的规划已在美国完成，正在等待最后的审批，而动漫主题公园的设备将从美国运来合肥，公园未来的运营模式也将按照迪士尼模式进行。从文化定位上看，“合肥迪士尼”既吸收西方动漫产业的精髓，也将着力融入中国本土元素，与迪士尼有区别，特色上又不逊于迪士尼。该项目以高科技为核心支撑，融动漫、卡通、科技、影视等时尚元素于一体，并注重发掘中国传统文化和合肥地方文化的内涵。据了解，项目投资方中南集团在沈阳、杭州其他城市也有卡通主题公园的规划，目的是打造中国自己的东方迪士尼乐园。

四、贵州动漫主题公园

2009年11月29日，由陕西晋鑫游乐有限公司投资的西南地区最大的贵阳市白云区动漫游乐主题公园正式开工建设，主题公园以白云公园现有资源为主，重新规划布局，增加动漫和游乐设施，以动漫游乐为主题，以贵阳数字内容产业园的动漫为创意，将建成目前国内最先进的动漫游乐园，预计工程2010年9月完工。

五、上海迪士尼乐园

迪士尼乐园向来是全球建造成本最高的主题乐园之一。2009年11月4日，上海市人民政府新闻办公室授权宣布：上海迪士尼项目申请报告已获国家有关部门核准。目前，中美双方正就项目合作的具体内容和细节进行深入磋商，将在上海浦东新区长期合作共同建设世界一流的迪士尼乐园。

1. 项目基本情况

（1）背景

早在2007年初，迪士尼落户上海的消息就传出，2007年11月，有报道称，中央对沪建迪士尼乐园的态度已明朗。12月5日，有报道称，上海迪士尼度假区将于2010年世博会后开工建设。

（2）历史

2005年，据传闻将于2008年在上海兴建一个称为“上海迪士尼乐园”的主题公园，并于2012年兴建完成。但据香港国际主题公园有限公司行政总裁安明智向传媒表示，暂没有计划建设上海迪士尼乐园。

2007年12月05日，中评社报道，上海迪士尼乐园将于2010年世博会后开工建设，投资金额为400亿元。

2008年3月7日，《明报》报道，上海申报迪士尼乐园首选地浦东。

2009年11月1日，有媒体报道：美国总统奥巴马于11月15日—18日访华，期间将参观访问上海，并了解建园计划。

2009年11月4日上午8时，上海市政府新闻办公室授权宣布：上海迪士尼项目申请报告已获国家有关部门核准。据了解，上海迪士尼乐园门票的初步定价为300元人民币。

（3）选址

据参与沪迪士尼乐园项目筹备论证的相关人士指出，由于选址位于浦东郊区，动迁压力相对较小，且无须填海，再加上整个项目前后谈判、筹备历时10年，可谓“万事俱备、独缺立项”，所以工程一旦启动，上海迪士尼乐园最快有望在三年之内建成。

2009年11月4日，据香港《大公报》报道，上海浦东新区针对迪士尼乐园项目的土地征用工作已经展开。浦东新区川沙新镇官员透露，拆迁范围已经确定，拆迁日期约从2010年6月开始。2009年11月18日美国迪士尼公司高层可能随同奥巴马一同来沪，考察乐园选址。

（4）预期规划

迪士尼乐园向来是全球建造成本最高的主题乐园之一。1983年在法国巴黎兴建的欧洲迪士尼乐园总投资44亿美元；被誉为亚洲第一游乐园的东京迪士尼乐园前后共耗资近7000亿日元；2005年开业的香港迪士尼乐园首期投资达35亿美元，2009年9月又宣布投资62亿港元进行扩建。

2009年，世界各迪士尼乐园的盈利状况参差不齐。比如，位于巴黎的欧洲迪士尼乐园从1992年在巴黎市郊向游客开放以来，几乎处于萧条的状态，这很大原因是由于欧洲人抵制美国文化的“入侵”，该迪士尼乐园在2008年才实现5年以来首次800万英镑（约合8800万元人民币）的盈利。不过在亚洲方面，东京迪士尼乐园的盈利状况则越发强劲。据香港特区政府立法会资料显示，2008—2009年，东京迪士尼乐园共有2720万游客，纯利润约为13亿元人民币。

上海浦东新区针对迪士尼乐园项目的土地征用工作目前已经展开。上海迪士尼乐园预计要耗资244.8亿元人民币，征地面积超过6000亩，建成后有望成为美国迪士尼公司在全球占地面积最大的主题乐园。

（5）上海迪士尼乐园的预计影响

一旦上海迪士尼乐园建成，估计将带动总计上万亿的GDP总值，可为当地创造5万个新职位。消费力方面，中国内地80%以上客流将被吸引至上海，甚至包括大量亚洲旅游资源。

（6）项目所带来的效应

效应一：直接拉动相关产业和周边经济。

效应二：填补国内旅游产业空白。

效应三：有助于刺激本土文化产业和旅游产业加速发展。

效应四：有助于上海和长三角地区的经济结构转型。

第五节　中国动漫舞台剧概况

在2006年以前，国内虽然有儿童剧、Cosplay等有动漫元素的演出形式，但并没有“动漫演出”这个概念。2006年，在国务院办公厅转发的财政部等部门《关于推动中国动漫产业发展的若干意见》中，提出了“动漫演出”的概念，并明确指出动漫产业包含动漫舞台剧。

2008年8月，文化部出台《关于扶持动漫产业发展的若干意见》中提出发展动漫舞台剧。鼓励儿童剧、青春剧等艺术形式向动漫化、多媒体化方向延伸。同年9月，文化部启动“原创动漫扶持计划”，其中“原创动漫演出扶持计划”是主要内容之一。动漫舞台剧是指运用动漫思维、技术、手段演绎动漫作品或情节的表演艺术形式。其基本演出形式是改编自动漫平面与影视等形式作品的演出剧目、采用动漫造型或多媒体技术手段等舞台艺术表现形式的演出剧目（含Cosplay）和由舞台剧改编为动漫作品形式的演出剧目。

如今，千色境界动漫文化传播公司对动漫舞台剧的开发已形成3种模式：自主开发、合作开发和定制开发。同时，经过近几年对动漫舞台剧的摸索，公司已决定把动漫演出作为主营业务之一。公司2009年举办的Cosplay大赛也很成功，总决赛时门票全部售出。从中可以看出Cosplay作为动漫舞台剧的一种形式，其受欢迎的程度和可待开发的空间。

广州原创动力文化传播公司成立了全国首个卡通人偶剧团——喜羊羊人偶剧团，有效地配合了动画和衍生产品商家的营销宣传活动。他们还独立开发了人偶音乐剧，2008年在上海大剧院中连续演出八场，在南京演出三场，2009年还将在其他地方演出。

有业内人士认为，在动漫舞台剧刚起步发展时，政府的扶持很重要，不仅体现在资金投入上，而且可以出面整合产业链。

8

第八章

中国动画产业年报 CHINA ANIMATION INDUSTRY ANNUAL REPORT

2008—2009年中国新媒体动漫经营情况

第一节　2008—2009年中国新媒体动漫概况

一、何谓新媒体

对于新媒体的界定，学者们可谓众说纷纭，至今没有定论。一些传播学期刊上设有“新媒体”专栏，但所刊载文章的研究对象也不尽相同，有数字电视、移动电视、手机媒体、IPTV等，还有一些刊物把博客、播客等也列入新媒体专栏。那么，到底什么是新媒体?

所谓新媒体是相对于传统媒体而言的，有专家提出：只有媒体构成的基本要素有别于传统媒体，才能称得上是新媒体。否则，最多也就是在原来的基础上的变形或改进提高。目前的新媒体应该定义为在电信网络基础上出现的媒体形态——包括使用有线和无线通道的方式。

还有学者把新媒体定义为“互动式数字化复合媒体”。而较为普遍的观点是：指相对于报纸、杂志、广播电视等传统媒体而言，以前没有出现过的、因技术革新而发生变化的媒体形态，如移动手机、互联网、网络电视、P2P（point to point，点对点下载）、IPTV（即交互式网络电视，是一种利用宽带有线电视网，集互联网、多媒体、通信等多种技术于一体，向家庭用户提供包括数字电视在内的多种交互式服务的崭新技术）等。

1. 新媒体的特点

较之于传统媒体，新媒体自然有它自己的特点。相对于旧媒体，新媒体的第一个特点是它的消解力量——消解传统媒体（电视、广播、报纸、通信）之间的边界，消解国家与国家之间、社群之间、产业之间边界，消解信息发送者与接收者之间的边界，等等。

新媒体可以与受众真正建立联系，同时，它还具有交互性和跨时空的特点。同时，新媒体给媒体行业带来了许多新的理念和模式，如节目专业化越来越强，卖方市场转向买方市场等。

新媒体与传统媒体最大的区别在于传播状态的改变，即由一点对多点变为多点对多点。从传播学的角度来分析，新媒体传播有四个特点——每个人都可以进行大众传播；“信息”与“意义”无关；受众的主动性大大增强；大众传播的“小众化”。

有研究者从另一个角度提出，“新媒体近乎于零费用信息发布，对受众多为免费，这对传统媒体的新闻产品制作成本造成挑战。”

2. 新媒体的优点

新媒体既拥有人际媒体和大众媒体的优点：完全个性化的信息可以同时送达无数人；每个参与者，不论是出版者、传播者还是消费者，对内容拥有对等的和相互的控制。同时免除了人际媒体和大众媒体的缺点：当传播者想向每个接受者个性化地交流独特的信息时，不再受一次只能针对一人的限制；当传播者想向大众同时交流时，不再不能针对每个接受者提供个性化内容。

二、聚焦几种新媒体

学术界除了对新媒体做了综合的研究之外，还有一些文章针对新媒体中的一些具体形态进行了详尽而独到的分析。

1. 手机媒体，开创媒体新时代

对手机广播的研究不外乎“政策支持”和“运营模式”的探索，有学者就此分析了其典型的运行模式，并且提出在手机媒体产业链中，内容提供商、移动网络运营商和终端设备制造商之间，如何相互合作发展是非常关键的。今天手机已不再单单是通讯工具，它还担当起了“第五媒体”的重任。

还有研究者则着重在手机媒体与传统媒体之间的广告互动上进行一些探讨，认为无论从技术上还是政策上来看，手机媒体成为新广告媒介具有一定的可能性，并分析了手机媒体与传统媒体广告之间的互动形式和广告互动中存在的不足。

对于手机电视的发展趋势，有学者却认为，尽管新技术的狂热崇拜者及追随者们，坚信手机电视是新技术催生下的又一颗金蛋，但手机电视受到受众心理、内容和媒介繁荣的制约，因此“手机电视是辅助媒介的主流想像”，“技术的指挥棒为人类指向的下一站，有可能是‘技术的高地’，也有可能是‘技术的漩涡’”。

有学者认为，“现在也许还没有人认为手机报纸的用户会赶上或超过报纸网络版或印刷版的读者数量。但是，手机报纸确实是用一种21世纪的方式向渴望得到新闻又忙于行路的公众提供了一种快乐阅读的享受”。

图8-1　3G手机

2. IPTV，传受互动进行时

IPTV即交互网络电视，一般是指通过互联网络，特别是宽带互联网络传播视频节目的服务形式。

互动性是IPTV的重要特征之一。有人指出，“IPTV用户不再是被动的信息接受者，可以根据需要有选择地收看节目内容。”

网络电视迅速发展的同时也暴露出了一些制度上的弊端。业界人士提出，“网络电视不仅是电信运营商的一场盛宴，对节目制作商而言，也是一个巨大的市场机会。”然而，“在新媒体产业领域，广播电视已不再享有原先的政策保护和市场垄断优势，与市场接轨的企业制度形成至关重要”。

数字交互电视是集合了电视传输影视节目的传统优势和网络交互传播优势的新型电视媒体，它的发展给电视传播方式带来了革新。有学者指出，数字交互电视“颠覆了电视观众的‘受众’定位与电视传媒的‘传者’定位”，“数字交互电视的互动传播，使传播者与接收者之间的位置不再是固定的，而是不断互相共享的、移动的。”数字交互电视的发展还使得“大众传播研究的重心”转移到了“信息使用者”身上。

3. 数字电视，产业链有望增长

作为新媒体之一的数字电视同样吸引着人们的眼球，国家广电总局正式将2004年定为“数字电视年”，并计划2005年完成3000万用户的目标。2005年对数字电视的研究依然集中呼吁加快完善广电政策的制定，以有利于数字电视产业链的增长。有人指出，“可以预见，快速增长的数字电视用户将推动传媒产业价值链的快速发展，虽然要实现市场意义上的盈利仍需要一段时间的培育，但作为政府作用的体现，传媒产业政策的放开、数字电视产业政策的推进为传媒企业指明了发展道路，提供了新的发展平台。”

图8-2　数字电视

还有文章从实证调查入手，对数字电视进行了深入的分析。浙江传媒学院课题组通过市场调查数据说明：“数字电视潜在用户的经济承受能力是影响数字电视发展前景的决定性因素。”

另外，还有学者提出了数字付费推广的USP（Unique Selling Proposition）发展模式，即认为数字电视应该有独特的销售主张，因为数字电视是“技术层面”和“内容层面”两者合一的综合体，而且必须以后者为核心，否则就失去了存在的意义。

老年人收视群体日渐受到人们的重视。有专家提出，老年受众是付费数字电视的潜在用户之一。因此付费数字电视要兼顾老年人，启动老年市场。

4. 移动电视，强制收视的是与非

作为一种新兴媒体，移动电视的迅速发展是人们所始料未及的，它具有覆盖广、反映迅速、移动性强的特点，除了传统媒体的宣传和欣赏功能外，还具备城市应急信息发布的功能。

对于公交移动电视来说，“强迫收视”是其最大的特点，见图8-3。有学者认为，“公交移动电视的强制性传播使得受众在公交车上没有选择电视频道的权利。这种受众被动接收状态，无疑会降低公交移动电视的收视率，然而目前尚无良策改变这种状态。”

但也有人持相反的看法，他们提出，“传播内容的强制性有利于拓展‘无聊经济’巨大利润空间，移动电视正是抓住了受众在乘车、等候电梯等短暂的无聊空间进行强制性传播，使得消费者在别无选择时被它俘获，这对于某些预设好的内容（比如广告）来说，传播效果更佳。”

还有学者从另一个角度提出了这种强制收视的缺陷，“公交移动电视虽然为乘客提供了电视节目，但也必须保护乘客的公共利益。”

图8-3　公交移动电视

5. 博客，颠覆传统的传播方式

从2002年博客正式在中国兴起以来，学术界对它的研究就没有中断过。博客的发展使得有的研究者对其充满了信心，“信息爆炸的互联网也的确需要具备信息收集、阐释、整理能力，同时提供个人想法的信息收集者，无论是否走向商业道路，无论是否代表个人或机构或政府组织，博客们有望成为公众的网络信息代言人”。

还有学者对博客传播中的传者进行分析，认为博客实现了多重传播效果，即横跨人内传播、人际传播和大众传播3种类型。同时，还指出博客传者的传播动机与外部环境的挤压、内心需求和经济利益的驱动等几方面因素有关。

从传播学角度对博客的研究中，有学者总结了博客的传播模式及传播性质，认为“博客突破传统的网络传播，实现了个人性和公共性的结合”。

对于博客的自由问题，有学者认为，博客的即时性、自主性、开放性和互动性为人们提供了一定程度的话语自由，这种自由颠覆了“把关人”的概念，但事实上，博客世界里的自由同时也带来很多负面的影响，需要网民有自律的意识。

6. 播客，新一代的广播

同21世纪初低调诞生的博客相比，播客似乎一问世就受到了人们的特别关注。通常把那些自行录制广播节目并通过网络发布的人称为播客。

2005年8月，上海还举办了中国首届播客大赛。对于“播客”的研究始终避免不了与“博客”的对比。有人认为，“如果说博客是新一代的报纸，那么播客就是新一代的广播。”

有学者从传播学的角度对“播客”现象进行了深入的分析，认为播客实现了从文字传播向音频、视频传播转化，增加了娱乐成分。播客还满足了人们自我表达、张扬个性的需求，同时还加强了媒介汇流与互动。并且，播客将来会从业余走向专业，从免费走向收费，免费与收费播客共存。

三、新媒体产业在中国的发展

互联网和移动增值作为新媒体最重要的两个领域，在2007年得到了快速发展。2007年互联网市场规模超过400亿元，并保持超过40%的年均增长速率，各细分市场如网络游戏、B2B、网络教育、搜索引擎是目前盈利的主流，占59%的市场比例。

此外，在发展迅速的新媒体市场中，还有一类户外电子屏广告市场，2007年这块市场规模达到41.8亿元，同比增长91%。

2007年，新媒体产业快速发展，广阔的市场与日渐凸显的影响力，吸引资本大规模流入，营销价值加强，国际化竞争加剧，整体产业向纵深挺进。

2008北京奥运会，新媒体首次作为奥运会独立传播机构与传统媒体一起被列入奥运会的传播体系。互联网等新媒体平台被正式纳入赛事转播渠道，充分表明新媒体作为一种新传播渠道的社会价值和商业价值。奥运的巨大商机推动新媒体布局和发展，新媒体版权保护受到重视。

四、2008—2009年中国动漫新媒体概况

新媒体的出现和普及应用，影响和改变着人们的生活和消费方式，也为动漫内容制作企业提供了市场新契机，国内动漫业的营销传播渠道和运营管理模式正进行着一场新变革。

1. 新媒体导航，观众与动漫作品零距离

跟传统媒体一样，优质节目和信息内容是支撑新媒体运营的基础：一方面能满足目标观众群的精神需求，巩固、提高用户群对频道的忠诚度，并发展更多的用户群；另一方面，新媒体运营商在整合众多分散的SP（Service Provider，指移动互联网服务提供商）市场之前，迫切需要文字、图片、视频、音频等优质信息内容，以提高新媒体市场运营的核心竞争力。

据中国互联网络信息中心和中国移动通信联合会发布的数据显示，截至2007年12月，中国互联网用户总数达到2.1亿；中国移动电话用户近5.5亿；腾讯QQ注册用户5.7亿，活跃用户达2.2亿，每日独立上线用户超过1亿。

这3组数字意味着在互联网和手机终端这两个平台上，有几个亿的市场规模。无论对新媒体运营商还是对新媒体内容提供商来说，这几亿用户都可看作是财富宝藏的“敲门砖”。

比如，2007年7月，杭州玄机科技信息技术有限公司宣布向迅雷公司提供大型3D武侠动画剧《秦时明月之百步飞剑》的内容视频授权，双方计划通过开发贴片广告获取收益。网民则可以借助迅雷公司的平台获得《秦时明月》的正版内容下载。

2008年，迅雷宣布与九州梦网、捷报、优度、网乐互联等中国主流互联网内容提供商正式合作。目前迅雷与各大网络版权运营商的合作内容包括5300部电影、1460部电视剧和400部动漫，总时长3.5万小时。

过去，绝大多数的动画制作机构，只能寄希望于电视台的播放。新媒体融入动漫产业后，在一定程度上突破了动漫作品“播出难、发表难、面世难”的瓶颈，同时，也弥补了电视媒体“局限于某一时段，受地域与时间的限制”这一劣势，让更多的观众无须定点定时守候，完全自主选择时间与地点，观看、点播自己喜爱的动画节目或作品。

2. 新媒体结盟，动漫产业链衍生新模式

两个韩国年轻人设计的“流氓兔”卡通形象，创造了一个新媒体与动漫联姻的财富神话；北京某高校学生王卯卯设计的“兔斯基”卡通形象，代言摩托罗拉手机，成为史上最红的“兔子”。

短短几年内，国内产生了一批出色的网络动漫作品：小破孩、悠嘻猴、绿豆蛙、招财童子、刀刀狗、炮炮兵……这些作品或通过FLASH作品，或通过QQ/MSN表情、数字漫画等方式，在网民中快速传播。之后，又推出漫画书、玩具礼品等衍生产品，在线下开展商品授权，获取了巨大的商业利益。

中国与韩国都在尝试用这种较为经济快捷的方式来加速发展动漫产业。一批批走红于互联网、赚钱于传统领域的网络动漫作品的成功，给动漫产业提供了一种异业合作的盈利模式。同时，移动、电信等各运营商的转型，为动漫形象和作品的传播提供了更为互动和开放的平台，由此衍生出一个新型的动漫产业链模式（下称“新模式”），即动画、漫画创作生产——传统媒体与新媒体刊载、播放——动漫形象品牌形成与持续发展——卡通品牌授权与管理——动漫衍生产品的设计开发——动漫产品营销推广与网上贸易。

与传统动漫产业链基本模式不同的是，“新模式”在动漫作品的策划、制作、发行、播映、授权、产品开发与销售等环节都兼容了新媒体的特点与市场规律，更加贴近市场的需求，如动漫作品更贴近观众的需要，播出渠道更为广阔；动漫产品设计更显人性化，销售渠道更趋多元化，减少了产品开发与市场营销成本。

在动（漫）画策划创作环节，“新模式”不再局限于电视台单一的少儿观众群体，而是针对传统媒体与新媒体不同的读者群和观众群，有的放矢地选择不同的内容和表现形式，强调从观众的需求出发去刻画人物性格、讲述故事内容。

在动漫形象和作品的传播环节，“新模式”摆脱了单一的电视台传播渠道，更加注重报纸、杂志、电视等传统媒体与手机、互联网、IPTV、P2P等新媒体的立体组合交叉，力求最大限度地将动漫作品传播给目标受众群，提高动漫形象和作品在消费群体中的认知度、知名度和影响力，进而刺激他们的文化消费需求。所不同的是，传统媒体刊载或播放的动漫作品可以免费观看，新媒体则兼容了免费或付费两种观看模式。

3.“新模式”与传统动漫产业链运营模式相比优势很明显

首先，“新模式”融合了新媒体高互动性的特点，融合了观众“观看和评论节目、设计和购买产品”等多种需求。如腾讯科技QQ直播互动平台为用户提供了诸如“边看边聊、投票、竞猜、评论、祝福留言、网上购物”等社区化互动功能，满足观众之间相互交流的欲望。

其次，“新模式”为动漫衍生产品的开发与销售提供了更好的平台。如彩信、彩铃、炫铃、声讯、语音、游戏等增值动漫产品，观众在观看动画节目时，就可以即时在线购买此类产品。

此外，“新模式”下，研发设计的服装、玩具、礼品、文具、家居饰品、运动用品等动漫衍生产品，不必局限于超市、百货商场等传统销售终端或渠道，而可以借助新媒体平台，开设基于B2B、B2C或C2C等商业运营模式框架下的电子商城或商铺，实现网上贸易，降低产品开发与营销的成本。

值得注意的是，因为互联网“快速消费品式”的传播特点，决定了互联网用户对信息内容的记忆或印象难以持久。如果动漫作品缺乏支撑形象的原创故事内容，则会导致形象的影响力周期短，持续性差。所以，对走红于网络的动漫作品或形象，不管当下的影响力有多强，也不论它在网民群体中多受欢迎，都存在着卡通形象的内涵不够丰富、不具有持续性的影响力、产品开发与上市的速度太慢等风险与问题。

4. 新媒体动画迎来新“黄金时代”

有着“华语动漫第一奖”之称的“金龙奖”原创漫画动画艺术大赛，从第4届开始，便开同类动漫大赛的先河，增设了新媒体动漫类奖项。这一奖项的设置，顺应时代的发展，推动动漫创作应用于手机、网络等新兴载体。调查数据显示，2010年中国手机动漫产业的市场规模将达6．24亿元。原创动漫作品和手机、网络等新媒体的融合，使得原创动漫作品得到更好的传播，扩大阅读群，提升作品影响力。对此，业内人士称，敢为人先的“金龙奖”率先带领本土原创开挖3G时代的新媒体动漫金矿，见图8-4。

图8-4 “金龙奖”原创漫画动画艺术大赛

5. 动漫营销进入“新媒体”时代

新媒体的力量在不断壮大。根据中国互联网络信息中心和中国移动通信联合会发布的数据显示，截至2007年12月，中国互联网用户总数达到2.1亿；中国移动电话用户近5.5亿；腾讯QQ注册用户5.7亿，活跃用户达2.2亿，每日独立上线用户超过1亿。

简单的三组超亿的数字意味着，在互联网和手机这两个终端平台上，有以亿元计算的市场规模，无疑将是财富的“敲门砖”。面对这块巨型蛋糕，“动漫”作为新的表现形式成为利用新媒体的佼佼者，在“新媒体”舞台上，动漫的营销方针一直走在前列。

五、动漫作品《秦时明月》与新媒体的战略合作

2007年以来，网络流行一部名为《秦时明月》的动漫作品，亿万网友的追捧使其成为网络焦点，见图8-5。

图8-5 动漫作品《秦时明月》海报

《秦时明月》讲述的是少年荆天明历经磨难最终成长为盖世英雄的传奇经历，时间跨度为30年，从秦始皇统一六国到西楚霸王项羽火烧阿房宫结束。故事中再现了当时建设长城、秦皇陵、兵马俑、阿房宫、统一文字、度量衡、登泰山、跨东海、征匈奴、哭孟姜等著名的历史事件和民间传说。其间众多名士侠隐和诸子百家全都粉墨登场。百家争鸣的中华古文化在这里激烈碰撞。丰蕴的文化内涵使《秦时明月》易为海内外广大不同年龄层的观众所接受。

杭州玄机科技信息技术有限公司是这部动漫作品的制作方，他们利用新媒体的营销策略成功地造就了《秦时明月》的辉煌。

2007年7月，杭州玄机科技信息技术有限公司宣布，向全球最大的下载引擎服务商迅雷公司提供大型3D武侠动画剧《秦时明月之百步飞剑》的内容视频授权，双方计划通过开发贴片广告获取收益。网民则可以借助迅雷公司的平台获得《秦时明月》的正版内容下载。据悉，与玄机科技的合作，是迅雷自2007年启动“版权认领”活动，倡导正版内容下载以来，再一次与国内知名的内容提供商携手。在此之前，迅雷已经与激动影音等四家影视内容供应商建立了合作伙伴关系。

和迅雷的合作只是利用“新媒体”平台的第一步。随后，网络视频平台以及新浪视频也相继宣布与国产动漫的先锋企业杭州玄机科技信息技术有限公司签署战略合作协议，达成视频内容的正版合作计划。玄机科技借助UUSee网络电视和PPLive的“多媒体视频播放系统”在互联网上发布玄机科技的动漫视频内容。同时，UUSee及PPLive等视频网站都将推出以玄机科技所提供的动漫内容为基础的P2P在线影视平台播放频道，向在线互联网用户推广视频节目服务。

玄机科技和新媒体的合作，对双方而言是互惠互利的。网站以获得点击率生存，对于需要内容资源的网络而言，与像玄机科技这样能提供丰富节目的提供商合作，是他们求之不得的。而玄机科技能通过“新媒体”网络将制作的节目进行推广，扩大知名度，同时也能取得应有的经济利益。

“动漫产品的传播渠道已经突破了电视、图书、音像等传统平台，如何借助新媒体传播，利用新媒体新渠道打造国产动漫产品整体影响力，已经成为国产动漫公司寻求突破的当务之急。”玄机科技总经理沈乐平说。对于这次与迅雷、UUSee、PPLive以及新浪视频的合作，也是国产动漫行业探索借助新媒体传播与经营的一次积极尝试。

“伴随着3G政策在中国的逐渐明朗，未来无线领域也将成为动漫产品重要的传播平台。”沈乐平谈到能和新媒体合作的原因时这样说道。据了解，《秦时明月》与新媒体的合作只是第一步，玄机科技已经有数万张动画图片、几千则四格漫画、手机视频、手机Flash动画的准备，此后与动画产品相关的周边产品还将在手机网络中使用。据了解，投资近亿元的全新风格三维动画巨片《快乐星猫》系列也计划将该片的视频内容提供给相关互联网平台。

“中国需要有自己特色的动漫精品。”玄机运营总监杨晓枫说，“现在的动漫产业存在着产业链缺乏完善、原创亏损、经营缺位等问题。在中国动漫业日益萎靡的情况下，《秦时明月》从初期就注意到了以上诸多问题，也采取了种种应对方案，如在产业运作方面，玄机就以其超强的内容与资金及运营实力，整合营销产业链，联结了电视、出版、电信、网络、音像、广告以及周边商品渠道商业群。所以《秦时明月》才能开创中国动漫业界新模式，打造中国动漫市场新的经济增长点。”

六、新媒体：未来动漫营销发展方向

美国梦工厂里的电影制片人打破“娱乐”的范畴，将电影、电视、音像制品、游戏以及其他衍生品笼统地归纳为“泛娱乐”概念，终极目标当然只有一个：除电影票房外，获取更多的利润。

有人甚至总结归纳出动漫形象营销中获取利润的比例：播放环节只占盈利的30%，其余70%则来自音像制品与衍生品。如今，动漫授权几乎无处不在，贯彻到了每一个国际知名卡通形象的背后。例如，全球最值钱的小狗——史努比，从1950年开始，在持续50年的时间里，全球共有75个国家、3亿多读者在2500多家不同的报纸上看到了1.8万多套史努比的漫画。这只小狗成为风靡世界的著名卡通人物，带给史努比的创作者查理·舒兹先生巨额财富的不是“稿费”，而是“卡通商品授权”，据悉每年利润高达11亿美元。

现在，动漫作品单靠影院路线是不能收回制作成本的，动漫授权已被定义为协助中国动漫产业链形成和存活的救命稻草。对于动漫企业来说，资金是首要难题，而目前内地的动漫企业几乎承担了全部的前期成本。

“动漫制作是个烧钱的过程，投入资金越多，越能创作出高质量、有影响力的动画。”在采访中许多动漫人士一致认为动漫就是“烧钱”的企业，虽然收益可观，但是前期高额的投入也不是普通企业能承受的。他们算了这样一笔账：“如果制作一部较高质量的原创动画片，1分钟的制作成本要6,000～10,000元。单靠在电视媒体上播放根本不可能获得收益，在央视播出，每分钟的播出价格只有600元左右，在省市台的播出价格每分钟只有几十元。即使是在全国所有的省级卫视台和央视播出，每分钟的播出成本只能收回1200元左右，运气好的话，收回这些成本至少需要3年的时间，但多数时候，运气不好。”看来，如果仅依靠播放环节来收回前期投入的成本并获利，在中国几乎不可能实现。因此，利用新媒体的平台是具有中国特色的动漫生存法则。

前不久，北京中卡世纪动漫文化传媒公司宣布获得由智基创投、远邦投资和Miven三家风险投资机构共计1000万美元的战略投资。同时，中卡世纪还宣布收购台湾电视豆股份有限公司。据悉，在该轮投资中，智基创投和远邦投资分别注资400万美元，美国Miven公司注资200万美元。这些资金将分批到位，主要用于中卡世纪渠道建设和市场运营。据了解，中卡世纪是国内第一家以动漫渠道运营为主的专业动漫运营机构。目前该公司正在进行五大渠道运营系统的构建，即动漫电视节目发行系统、动漫图书出版系统、衍生产品开发与销售系统、海外版权销售系统以及新媒体应用系统，而新媒体应用系统无疑是其中的重中之重。

动漫制作方希望通过新媒体获得收益。投资方希望通过动漫作品利用新媒体途径将产品和目标人群对接，最终也期待利益最大化。新媒体成为双方不可或缺的桥梁。参与投资赞助《大话G游》这部动漫大片的爱乐体育用品(福建)有限公司董事长林世添说：“我们投资赞助的动漫片，可以从电脑及3G门户手机上免费下载或线上观看，这就让我们的广告对象与产品目标群体更精准地对接了，而且我们将结合本次动漫在无线网络中配套多种互动活动和促销活动，另外在全国20多所高校还将进行与动漫片相配合的推广活动。”

七、首届新媒体影视动漫节

中国国际新媒体影视动漫节将于2010年5月14～17日在深圳举办，这是中国首届以新媒体为主题的影视动漫节。

据悉，中国国际新媒体影视动漫节将展出手机、网络等新媒体上播出的影视动漫，以新媒体为载体，设置了赛事活动、主题论坛、版权交易、博览展区4大组成部分。活动期间将颁发新媒体短片金鹏奖，评选国内优秀故事短片、纪实短片以及动画短片，并组织风投机构与新媒体影视动漫企业洽谈版权，拓展新媒体影视动漫产业的投融资渠道。

另据主办方透露，首届新媒体影视动漫节还将推出中国10大卡通形象。

深圳广电集团总裁王茂亮表示，中国国际新媒体影视动漫节将搭建一个具有国际性、专业性的展示交易平台，通过原创作者、新媒体企业、受众的交流互动及信息沟通，将市场需求有效整合，为新媒体影视动漫产业发展提供政策参考依据和良性的发展氛围。

据悉，中视国际传媒、华谊兄弟、优酷视频网站等国内公司已签约参加中国国际新媒体影视动漫节，日本NHK、美国YouTube、Facebook、时代华纳等国际知名媒体公司也将亮相中国首届新媒体影视动漫节。

本届动漫节由国家广电总局牵头、深圳广电集团等单位联合主办，是中国首次举办以新媒体为主要推介内容的大型盛会。作为中国（深圳）国际文化产业博览交易会的组成部分，此次动漫节以赛事活动、交易、论坛、博览四大部分为主要内容，设置中国国际新媒体短片金鹏奖，选出最佳新媒体短片，并给予适当奖励。

国家广电总局发言人朱虹表示，在中国(深圳)文博会召开期间举办中国国际新媒体影视动漫节，有利于把中国(深圳)文博会办成中国文化产业走向世界的国际知名品牌。通过举办新媒体影视动漫节大力促进新媒体的发展，打造中国新媒体产业链，促进新媒体产业科学、健康、有序地发展。

据主办方透露，该活动组织了知名投融资机构与新媒体影视动漫企业开展配对洽谈，拓展新媒体影视动漫产业的投融资渠道，把评选活动与深圳文化产权交易所和深圳市文化产业基金等对接；还将举办中国国际新媒体影视动漫产业发展高峰论坛，发布国家扶持新媒体产业发展的最新政策，纵论新媒体产业发展趋势。

八、国家广电总局新闻发言人朱虹就中国国际新媒体、影视动漫节答记者问

由国家广电总局、深圳市政府共同举办的首届中国国际新媒体影视动漫节将于5月份在中国深圳文博会召开期间举行。2月2日，国家广电总局新闻发言人朱虹就新媒体影视动漫节的有关情况回答了记者提问。

1. 举办中国国际新媒体影视动漫节有何重要意义

在中国（深圳）文博会召开期间举办中国国际新媒体影视动漫节，有利于落实中央把中国（深圳）文博会办成中国文化产业走向世界的国际知名品牌的重要指示精神；有利于突显广电在文博会中的鲜明特色；有利于发挥广播影视传统优势，引导和规范新媒体行业的健康发展；有利于整合相关资源，构建完整的新媒体产业链，打造广电新品牌，实现新媒体影视动漫的科学发展和可持续发展。

2. 中国国际新媒体影视动漫节的主题、宗旨、目标是什么

中国国际新媒体影视动漫节的主题是：新媒体、新生活、新未来。

中国国际新媒体影视动漫节的宗旨和目标是：通过举办新媒体影视动漫节，搭建一个具有国际性、专业性、权威性的博览、交易、交流平台，展示国际国内业界的新理念、新技术、新产品、新潮流。通过原创作者、新媒体企业、受众的交流互动及信息沟通，将市场需求有效整合，为新媒体影视动漫产业的发展提供良好环境，打造新媒体影视动漫品牌，确立广电在新媒体产业的主导地位。

3. 中国国际新媒体影视动漫节的主要内容是什么？有何亮点

首届中国国际新媒体影视动漫节分为赛事活动、交易、论坛、博览四大部分内容。主办方表示，将努力把本届新媒体影视动漫节办成亮点纷呈的具有国际水平的新媒体盛会。

一是设置中国国际新媒体短片“金鹏奖”。评选活动于2010年2月2日启动征集活动，历时两个多月。通过金鹏奖评选以大赛形式选出最佳新媒体短片，并给予适当奖励。参赛作品有三类：故事短片、纪实短片、动画短片。评选分为主竞赛单元、分竞赛单元和网络人气奖单元。主竞赛单元从三类参赛作品中选出最佳短片、最佳创意短片、最佳导演、最佳编剧、最佳剪辑、最佳视觉效果6个大奖。分竞赛单元将分别评出故事短片、纪实短片、动画短片中的优秀作品。网络人气奖单元通过网络投票、手机投票，结合专家意见选出最受欢迎的网络短片、网络演员，以及最受关注的短片创作团队。

二是设立专区，搭建平台，组织知名风投机构、投融资机构与新媒体影视动漫企业开展配对洽谈，拓展新媒体影视动漫产业的投融资渠道。把评选活动与深圳广电集团牵头主办的深圳文化产权交易所的交易活动对接，推荐新媒体短片金鹏奖获奖作品及其他优秀新媒体影视动漫参赛作品在深圳文化产权交易所挂牌交易，组织获奖作品参展国内外相关文化产业交易会，为参赛作品创造更多的项目融资和企业合作机会，同时进行获奖卡通形象品牌和动漫衍生产品授权，开展相关交易活动。

三是举办中国国际新媒体影视动漫产业发展高峰论坛。论坛前半部分将邀请国家广电总局领导和国内外新媒体领军人物担任主讲嘉宾，发布国家扶持新媒体产业发展的最新政策，纵论新媒体产业发展趋势等。论坛的后半部分主要围绕新媒体城市联盟网络电视台的功能定位、发展趋势和运营模式等主题，进行研讨和互动。

四是主办方将以国际标准对新媒体影视动漫展馆进行精心设计，把文博会3号馆办成新媒体影视动漫专馆。设立新媒体短片“金鹏奖”获奖作品、中国十大卡通形象评选获奖作品展区。同时邀请国内外新媒体影视动漫界顶尖企业，以及新浪、搜狐、网易、百度等知名网站前往参展。

4. 与总局主办的其他动漫节展相比，中国国际新媒体影视动漫节有什么特点

总局举办了多个动漫节展，但各个节展定位不同，侧重点不同。如，杭州动漫节主要注重动漫部分，东莞动漫节主要注重动漫版权交易，而中国国际新媒体影视动漫节将节展定位于手机、网络等新媒体上播出的影视动漫，旨在推动新媒体影视动漫产业的发展，在定位上与国内现有的动漫节展形成了明确区分，赋予了动漫影视展新的内涵和特色，突出了自身特色和优势，实现了差异化发展。

中国国际新媒体影视动漫节顺应了新媒体行业迅速发展大势，具有独特优势。近年来，随着网络和信息技术的快速发展，中国的新媒体产业呈现出爆发性的增长势头，网上广播影视、IP电视、移动多媒体广播、手机电视等多种新的媒体形式持续涌现并快速发展。2008年中国新媒体产业总市值已经超过600亿美元，在香港和境外上市的内地新媒体企业已超过20家。2009年，中国网民规模达到

3.84亿人，普及率达到28.9%，网民规模较2008年底年增长8600万人，年增长率为28.9%。手机用户累计净增超过1亿户，总数达7.5亿户。中国手机网民规模年增加1.2亿，达到2.33亿人，占整体网民的60.8%。其中只使用手机上网的网民3070万，占整体网民的8%，手机上网成为互联网用户新的增长点。网民每周上网时长继续增加，人均增加了2.1小时。尽管2008年全球遭遇了金融危机，但中国新媒体产业依然保持了快速的增长势头，为举办新媒体影视动漫展提供了丰富的市场资源。

5. 为何要选择深圳作为活动的举办地点，与其他地区相比较，在深圳举办的优势在哪些方面

第一，深圳具有区位优势。深圳毗邻港澳，位于珠三角城市群的重要位置，是全国唯一拥有海陆空立体通关口岸的城市，可以直接面向国际、国内两个市场，便于与港澳开展深层次的合作与交流，具有独特的区位优势。

第二，深圳具有办展会资源丰富的优势。新媒体影视动漫节依托深圳文博会这个高规格平台。作为由国家广电总局等国家六部委共同主办的综合文化展会，中国（深圳）文博会经过连续五届锤炼，成长为一个国家级、国际性的文化产业展会。同时，深圳通过举办“高交会”等节展，带动了会展业的蓬勃发展，基础设施配套完善，城市综合服务体系健全，展会资源非常丰富。

第三，深圳市政府高度重视新媒体产业发展。在中央、省及有关部委办的大力支持下，经过多年发展，深圳已具备了雄厚的产业基础和市场规模。深圳还是广东省“数字家庭”试点城市，并正在规划下一代互联网的发展。深圳广电集团是全国广电系统首家新媒体新业务综合试点单位，旗下还拥有专业的会展公司、新媒体网络公司、国家级动漫基地，拥有较强的播出平台和先进的技术支撑平台，为开展招商招展和宣传推介提供了重要保障。

6. 中国国际新媒体影视动漫节设新媒体短片“金鹏奖”有什么特殊含义

大鹏气势非凡，“鹏之徙于南冥也，水击三千里，抟扶摇而上者九万里。”“金鹏”寓意新媒体产业有巨大的发展空间和潜力，将“大展宏图”。同时，深圳又被称为“鹏城”，“金鹏奖”也有新媒体短片大奖落户深圳的含义。

7. 优质内容稀缺是新媒体产业发展中存在的主要问题之一，组织新媒体短片“金鹏奖”评选是否会缓解这一问题

首届新媒体短片“金鹏奖”面向全球征集作品，各奖项设置和评选标准参照国际标准执行，努力达到国际奖项的水准；同时大赛将充分体现新媒体特色，注重大众化和专业权威统一，组织新媒体短片“金鹏奖”评选活动将调动有利的资源，推动新媒体短片的生产。

8. 目前，很多内容商找不到合适的渠道去推广自己的作品，举办新媒体影视动漫节能否充分整合资源，打造畅通的平台，繁荣中国的新媒体市场

我们举办过多个电影节、电视节和动漫节，但没有专门新媒体影视动漫节。首届中国国际新媒体影视动漫节对整合新媒体产业上下游资源和拓展交易非常重要。新媒体影视动漫节将在以下方面为中国新媒体发展创造条件：一是举办新媒体影视、动漫作品征集活动，为其提供展示平台，并为行业发掘更多的优秀创作人才；二是设立专区，搭建平台，组织知名风投机构、投融资机构和银行等专业买家与新媒体影视动漫企业开展配对洽谈，拓展新媒体影视动漫产业的投融资渠道；三是邀请国内外专业买家参与版权交易；四是推荐优秀新媒体影视动漫参赛作品在深圳文化产权交易所挂牌交易；五是组织获奖作品参展国内外相关文化产业交易会，为作品创造更多的项目融资和企业合作机会。

第二节　2008—2009年中国网络动漫概况

动漫产业是指以“创意”为核心，以动画、漫画为表现形式，包含动漫图书、报刊、电影、电视、音像制品、舞台剧和基于现代信息传播技术手段的动漫新品种等动漫直接产品的开发、生产、出版、播出、演出和销售，以及与动漫形象有关的服装、玩具、电子游戏等衍生产品的生产和经营的产业。

1 2 3 4 5 6 7 8 9 10

从产品生命周期的理论看，中国动漫产业正处于发展的增长期。2006年4月25日，国务院办公厅转发《关于推动中国动漫产业发展的若干意见》，明确了动漫产业发展指导思想、基本思路和发展目标。2006年11月，《国家“十一五”时期文化发展规划纲要》指出：“积极发展以数字化生产、网络化传播为主要特征的数字内容产业，加快发展民族动漫产业，大幅度提高国产动漫产品的数量和质量。积极发展网络文化产业，鼓励扶持民族原创的、健康向上的网络文化产品的创作和研发，拓展民族网络文化发展空间。”

一、网络动漫现状

截止到2007年初，在中国84万个各类网站中，动漫网站约有1.5万个，占全部网站的1.8%。这一数字比2006年初同期相比增加了4000余个，增长率约为36%。动漫网页总数达到5700万个，增长率约为50%。2006年网络动漫市场规模突破1000万元，增长率约为25%。预计2007年市场规模将达到2500万元，增长率约为150%，网络动漫即将步入爆发期。

根据专门对全球网站进行动态评价排名的ALEXA网站的抽样统计数据，中国内地只有118个动漫网站进入了全球网站前10万名。这显示出中国动漫网站目前大多数知名度较低，访问量较小，社会影响较小，对网民的吸引力不强。起步较早、初具规模的动漫网站也存在内容严重同质化、原创内容少、交互性差、技术偏落后等诸多问题。

动漫网站上信息来源不正规、标识不规范现象较普遍。调查显示，大部分动漫网站以日本动漫作品资源为主，且大多没有取得授权，多处在灰色地带。网站发布的动漫信息则依靠转载国内媒体信息，此外也有部分信息译自国外媒体，总体上动漫网站原创内容在信息总量中所占比例较小。

中国动漫网站多数由个人和非营利性机构主办，普遍经费匮乏，在技术应用和内容表现形式上都有欠缺，这与内容加工、技术制作、信息服务、宣传推广等方面专业化程度不高有关。

二、网络动漫用户特征

国内网络动漫经过这些年的发展，在造就大批个人站长的同时，也培养了为数不少的网络动漫用户。网络动漫用户群体大都为喜欢动漫，对动漫有浓厚兴趣的年轻人。他们通常具有以下特征：

1. 网络性

网络动漫用户首先一定是网民，并且是高度依赖网络，以互联网为获取日常信息主要渠道的网民，其次才是动漫爱好者。

2. 年龄偏小性

网络动漫用户的年龄特征有别于整体网民的年龄特征，绝大多数的网络动漫用户年龄在25岁以下。

3. 女性倾向

网络动漫用户的性别倾向明显，女性用户显著多于男性用户，约占65%以上。

4. 地域分散性

网络动漫用户遍布全国各地，处于大中城市的较多。

5. 网站用户分散性

国内散落于各个城市的动漫网站成千上万，每一个网站都拥有一定数量级的用户，但是国内还无法产生一个能够聚拢多数网络动漫用户的动漫网站。

6. 低忠诚度性

由于多数动漫网站的内容都是转载、抄袭而来，不同动漫网站上相同的内容太多，并且动漫网站缺少关系型社区，对用户的黏性不够。这便造成网络动漫用户对动漫网站的忠诚度非常有限，用户习惯于在各个动漫网站中浏览。

三、网络动漫市场特点

1. 动漫网站个人色彩浓厚

动漫网站在诞生的第一天起，就带有浓厚的个人色彩，在产业薄弱的形态下，造就了不少缘于兴趣与爱好成长起来的个人站长。许多站长本身就是动漫发烧友，从一开始就把动漫资源(漫画、动画作品，尤其是日本动漫作品)作为最大的追求。在分享最新、最好的日本动漫资源的心理驱使下，他们以网站为活动平台，自发地组织起来，找片源、做翻译、加字幕，把日本的动漫作品迅速进行“汉化”。

2. 网络动漫行业进入门槛低

动漫网站以信息资源发布为主的内容结构组成，以及国内盗版横行的大环境，决定了动漫网站的架设无论从技术还是资金方面来说门槛都不高，造成了国内动漫网站中大多数都是个人网站，站长个人凭着对动漫的兴趣与热情就能维持网站的正常运转。这也造成了国内动漫网站虽然大量地存在，但相应地分散了用户，同时更使网络动漫的发展混乱无序。

3. 动漫网站存在先天性不足

动漫网站从诞生之日起，就存在先天性的不足，基本上都是动漫发烧友一级的动漫Fans依靠个人或小团体的力量，凭着对动漫的狂热爱好和自娱自乐的目的，把搜集的资料整理发布在网站上，日积月累成为动漫综合网站或动漫专题网站。他们大多是青少年学生，或者刚刚走上社会岗位，没有太多的经济基础来支持网站的发展。同时大部分人对网站程序、技术娴熟程度不够，再加上业余时间有限，零零散散更新内容，还停留在小打小闹的业余层面上。即便略有优势的网站试图结束个人英雄的生涯，以此作为创业的起点，聘请几个专职人员或成立公司，但与职业化还有相当一段距离，更谈不上商业化。

4. 动漫网站春秋争霸戎正酣

由于版权管理的疏漏，盗版动漫作品在网上横行，造成无论是企业还是个人进入网络动漫市场的门槛都极低，架设动漫网站无论是硬性条件还是软性指标相较其他类型网站都要容易一些，因此行业内存在着大量的动漫网站。如此众多的网站来分抢本就有限的用户资源，其竞争的激烈程度可见一斑。在2009年的动漫网站100强中，只有51名是2008年100强的幸存者，淘汰率高达1/2。

5. 动漫网站运营投入非常大

对个人站长来说动漫网站是个无法填满的黑洞，网站运营所需投入非常大，购买一台服务器加上托管费，至少也要两万元左右，还需要大量的人力和时间去更新内容。如果再加上汉化字幕，那就更需要各种技术人员，耗费大量时间精力。

6. 动漫网站盈利模式尚不成熟

动漫网站不仅面临因同质化引起的激烈竞争，更致命的是找不到成熟的盈利模式，无法实现造血功能。动漫网站和游戏网站不同，游戏网站基本上都是提供在线游戏服务，靠会员收费获取利润，即使是做游戏类的个人网站，站长没有实力去开发运营一款游戏，也可以通过发布信息，把流量变为现金，获取会员注册游戏的佣金来生存。目前国内互联网的盈利手段只有几种：一种是媒体类，靠内容和新闻吸引浏览量来赚广告商的钱；第二种是增值服务收费模式，进行互动娱乐、手机短信等服务，依靠发售点卡和电信分成获利；第三种是商务类，提供一种平台，在用户间进行撮合，最终达成交易，如订票、招聘、房地产等类型网站靠挣中间佣金生存。动漫网站能够做的就是四处去找广告联盟合作，为大型广告销售商打工，赚取点击分成。这种广告联盟合作，基本上都是显示免费，按弹出(通常为4～5元/1000IP)或点击(通常为45～55元/1000IP)次数计费，价格很低。弹出窗口广告特别招人烦，且众多拦截弹出窗软件层出不穷。而网友的广告点击热情不高，除非广告特别刺激眼球，或切合需要，且用户恰好有时间、有兴趣点击，但动漫网站访问者相对固定，给动漫网站网络广告带来的点击量非常有限。

7. 其他类型网站进军网络动漫市场

2006年，在动漫热的潮流下，门户、综合类、游戏、娱乐等各类网站，都发现了网络动漫蕴含的潜力，纷纷建设动漫频道，而极力发展的也主要是动漫作品、动漫图集等资源。这些网站起步早、技术强，综合实力都远超动漫网站，最重要的是已经有了较好的盈利模式，能够有资金和人力来发展动漫板块。良好的技术支持，强大的内容管理系统，人力资源充足，再加上网站已有大量的人气和现成易用的宣传推广平台，很快就可以从专业动漫网站中抢走人气和流量。

互联网经济的根基是注意力，网站莫不把抢夺眼球作为第一要点。在网民规模没有明显增多的情况下，一家网站流量增加了，相应地其他网站流量就会减少。从长期来看，网站的发展具有一步领先，步步领先，强者越来越强的特点。另外，人气并非绝对的优势，也无法保证长久，有更好的选择时网民永远不会忠诚于已经落后的网站，尤其是对于缺少抗拒风险能力的动漫网站而言，一旦遇到意外事件，很容易发生连锁反应。从这个意义上讲，人气是一个网站成功的必要而非充分条件。即使有了人气，如果无法把流量转为现金流，网站在无法盈利的情况下，终究不能持久。

8. 盗版网络漫画让人忧

众多动漫资源网站，成人、血腥、暴力、青春、励志、科幻，各种动画漫画，环肥燕瘦，任君所求。“漫蝗”网站并没有什么新闻类、信息类的东西，关键在于体现它的渠道性，满足大部分上网的动漫爱好者的需求，一般在店面的动漫产业消费点，有许多买不到或者是较贵的动漫电视电影碟，往往通过这些“漫蝗”网站，便可浏览到自己需要的东西，于是“漫蝗”网站的点击率大大高于“主题动漫网站”。

在两三年前，日本动漫还只是少数人的专利。日本动漫，有着明显的语言门槛，同样也在传播渠道上多受限制，更因文化背景的不同，在流行初期，大多数国内观众是那些熟练使用网络资源、日语较好、有空闲时间的年轻人。而今，日本动漫的影响已经遍及国内成千上万的人，并且有愈演愈烈之势。

日本动漫在中国的流行独具特色。它一直延续着以网络为根据地、以光碟销售为强大后备的灰色流行方式。日本动漫不像美国动画，它没有国内院线和电视台大张旗鼓的引进，而更多地依靠互联网络在有限的人群中火热地流行。日本动漫在国内的流行，无法求助于主流电视台，而依赖网络下载、依赖影碟。而日本动漫的火爆流行，从某种程度来讲，也可以说是中国网络迅速普及的结果。经过多年的磨练，从在国外获取片源，到国内中文字幕发布，到影碟上市，已经成为了一条流畅的生产线。在国内，无论是媒体的曝光率，还是BT上的下载率，抑或是论坛里的发帖量，《火影忍者》都算得上是国内最红的日本动漫。而这部动漫作品在中国的风靡，则是通过网络这个渠道。网友们对它的热爱超出了单纯的喜爱，从最初的预告片播放、剧情预测、剧情点评，到后来专门成立论坛，甚至专题网站，简直是“一条龙”式热爱。

9. 正版网络动漫开始发力

以互联网和手机为代表的新媒体，继承了原有媒体的特性，将文字、图画、图像、声音等多种载体有机合成，以图文并茂、声形辉映的信息刺激方式同时作用于受众的视觉和听觉神经。新媒体的出现，为漫画产业插上了腾飞的翅膀，使漫画传播如虎添翼，传播更广。

尽管互联网对于技术的要求非常高，但作为一种媒体，无论是现在还是将来，互联网也离不开“内容为王”的法则。在同质化非常严重的互联网中，互联网站决胜至关重要的“蓝海”内容当选体育和漫画。目前，除ZCOM、Xplus和POCO等大众电子出版平台青睐网络漫画外，还产生了像DigiBook这样的专业网络漫画运营商。

四、新媒体环境中的动漫产业发展

动漫出版面对新媒体环境带来的机遇和挑战，表现出如下发展趋势：从“线上资源”走到“线下出版”；从“单一化出版”走向“多元化出版”；从“窄众出版”走向“广众出版”；从“专业出版”走向“一体化”；从“图片化”走向“形象化”。

新媒体环境的代表是称为第四媒体的网络和第五媒体的手机，网络动漫和手机动漫以不可阻挡之势走进我们的学习、工作和生活中，对动漫产业链的各个环节都带来了冲击。

网络动漫作为动漫产业在新媒体环境下发展最早最成熟的动漫新媒体，其发展速度令人震撼。据了解，“截至2007年初，在中国84万个各类网站中，动漫网站约有1.5万个，占全部网站的1.8％，与2006年同比增加4000余个，增长率约为36％。2006年中国网络动漫市场规模突破1000万元，增长率约为25％。”

手机动漫作为最具想象空间的动漫新媒体，其发展态势不可忽视。国内专门从事网络动画和手机动漫制作的公司已超过5000余家。与此同时，动漫展览和大赛中动漫新媒体也纷纷现身，如网络动漫嘉年华、原创手机动漫大赛、超级闪客大赛、游戏动漫设计大赛等，奖项设置也出现专门的手机动漫、网络动漫奖项，就连大赛投票也融入了新媒体，如“金面具奖”的评选就是将网络投票、手机投票与现场投票结合起来。

动漫市场面临的最大变化将是新媒体环境带给动漫产业的冲击。中国动漫产业面临着新的市场环境，即新媒体环境。新媒体环境带给动漫产业很多值得探讨的空间，这里重点谈一下新媒体环境对动漫出版带来的机遇与挑战。

1. 新媒体环境下的动漫出版趋势

动漫出版面对新媒体环境带来的机遇和挑战，表现出如下发展趋势：

（1）从“线上资源”走到“线下出版”。随着新媒体环境不断成熟，优秀的新媒体动漫作品不断涌现，这将成为动漫出版新的生力军，并由此带来“线上资源”走到“线下出版”的趋势。小破孩、绿豆蛙、兔斯基、悠嘻猴等一批活跃于互联网的优秀网络作品，开始从‘线上”走到“线下”。如卡通猴“悠嘻猴”凭借它可爱的外形和动作，成了2007年度最受人欢迎的QQ表情之一，成为国内第一本网络形象单行本漫画《悠嘻猴喜乐绘》，短短3个月，图书销售超过3万册，成为经典的“线上资源”走到“线下出版”的成功案例。

（2）从“单一化出版”走向“多元化出版”。随着新媒体动漫内容不断丰富，盈利模式逐渐成熟，将使得动漫内容资源的多元化出版成为可能，并由此引发“单一化出版”走向“多元化出版”这一以资源共享为核心的立体动漫出版趋势。如国内第一套全电脑绘制的彩色漫画书《蝴蝶飞飞》系列，就是典型的多元化动漫出版的案例。《蝴蝶飞飞》有文字本、漫画本，还有电视连续剧，并且与手机动漫有机结合，其影视漫画本也即将推出，这一资源的重复使用可谓用到极致。另外，《百米飞翔》除了在网络上现身，业已成功签约动画。

（3）从“窄众出版”走向“广众出版”。新媒体环境促使动漫出版的内涵和外延都发生了质的变化，动漫出版不再是对已播出动画的抓帧、原创漫画书、动漫期刊的出版，这些动漫出版面对的读者群体主要是喜欢看漫画书的人群，而动漫出版的外延已无限延伸，已经从“窄众出版”逐步走向“广众出版”，即动漫作为一种创作表现方式与其他学科不断结合，如动漫与专业学习类图书期刊的融合、动漫与科普类图书期刊的结合、动漫与健康生活类图书期刊的结合，动漫与教育的结合等等，读者群体无限扩大。

（4）从“专业出版”走向“一体化”。“一体化”是经营战略中的一种，是企业根据自身资源优势，不断地从后向、前向和水平方向发展的总体性谋划。新媒体环境下，动漫出版有可能跨出“专业出版”，在其价值链各个环节游走，呈现出“一体化”趋势。可以看到，有些动漫出版企业，通过建立其自有的原创动漫制作基地或工作室，或通过建立战略合作伙伴，以委托创作的形式，或者通过组织原创动漫游戏大赛，实现动漫出版的“后向一体化”。

（5）从“图片化”走向“形象化”。动漫出版的一个最大的特色就是以图为主，新媒体环境下，使得图片的选择不再是随意的，而是关注其是否具有成为品牌形象的潜力。动漫形象作为动漫产业的特有产物，越来越表现出其重要性，但也有其特殊性，就是形象的“曝光率”是成功的重要条件之一。传统动漫出版因宣传成本较高和出版形式的限制，使得形象的推广极其受限，而新媒体的兴起，则完美地解决了这一弊病，给了这些形象一个全方位的展示平台，也使得以打造动漫品牌形象为核心的动漫出版成为一种趋势。

网络动漫的优势，使得很多形象在刚刚出现就具有了很高的知名度，如《黑皮便利店》，其出版就是一个经典的案例，包括绿豆蛙、悠嘻猴也是以品牌形象为主体的动漫出版形态。电子工业出版社推出的《奇童梦乐》系列图书，就是通过与网络动漫、手机动漫的有机结合而形成可持续发展态势，Kitten Dream一族形象为众多读者所认同。

2. 新媒体环境下的动漫出版对策

在新媒体环境下，动漫出版面对机遇和挑战，适应上述发展趋势，需要关注如下发展策略。

（1）树立与新媒体动漫出版相适应的新理念。人们的行为受思想理念的支配，因而解放思想、转变观念，树立与新媒体动漫出版相适应的全新理念，是前提条件。现有动漫出版企业逐渐培养超越现有动漫出版狭隘性的大出版理念，运用新媒体技术组织编辑活动的新编辑理念，具有高时效性、互动性、小众化、复合性的新媒体传播理念，以及树立平台整合、产业整合和内容整合的系统整合新理念。

（2）重构动漫出版的运作模式。鉴于新媒体带给动漫出版的运作方式和业务流程质的变化，为适应新的传播技术，必须重构网络出版的基本流程模式，适应环节少、没有物流、时效性强、资源节约、与读者交流方便、信息反馈迅速的新媒体特性。业内人士需要改变已有习惯思维定式和工作思路，以适应新媒体环境下动漫出版的需要。

（3）重视动漫出版的机制创新。现行动漫出版的行政管理体制和运作方式与新媒体出版的性质特点已不相适应，必须改革创新，才能在体制和机制上保证网络出版业的顺利发展。时值中国出版业转型重要时刻，通过深化改革，努力建立、健全与新媒体环境相适应的新管理体制是非常好的时机。加大动漫数字出版资源的积累和开发，建立新媒体动漫内容的质量保障机制，摸索适宜的利益分配机制，是动漫出版机制创新过程中需要关注的。

（4）关注动漫出版一体化经营。新媒体环境下，动漫出版一体化经营不仅是一种发展趋势，也是适应新媒体动漫发展的策略。我们可以尝试整合动漫出版价值链下游环节，如电子漫画，采用前向一体化经营；可以考虑整合动漫出版价值链上游环节，如动漫作者，采用后向一体化经营；也可以通过占有动漫出版价值链的各个环节而采用纵向一体化经营。

（5）重视新媒体动漫出版品牌的建设。充分发挥现有动漫出版的品牌优势，重视品牌向新媒体动漫的有效延伸，以延长现有动漫出版品牌的生命周期。尝试围绕品牌进行多元化经营以达到效益最大化，结合新媒体动漫的特色在市场营销中锻造品牌，进一步提升品牌价值，实现品牌的创新，实现品牌的发展与延伸，可以尝试与适当的合作伙伴适时进行品牌联盟，联手制造更大的市场“蛋糕”。

（6）建设一支高素质的动漫出版队伍。新媒体环境更需要建设一支高素质的动漫出版队伍，他们不仅要有扎实的传统动漫出版专业知识，还需要了解新媒体动漫特性，了解与其相适应的运营模式、品牌经营方式和价值链环境。

第三节　2008—2009年中国手机动漫概况

一、手机上网人群分布

在中国互联网全面宽带化和中国3G日益迫近的同时，手机上网正在成为互联网接入方式的新潮流。手机上网人群分布调查不仅较为详细地统计了手机上网的人数，同时还针对手机网民的特征进行了摸底。

1. 中国手机网民特点

（1）男性网民更加热衷于手机上网，占67.8%，高于整体网民中男性网民的比例。

（2）未婚网民更愿意使用手机上网，占66.0%。

（3）网民年龄更加集中在18～30岁之间，占66.3%，如果再加上18岁以下的网民，比例则高达83.2%，显示出手机上网在年轻人中的青睐度。

（4）职业分布跟全体网民的职业分布略微不同，整体网民中学生所占比例最高，其次才是企业单位工作人员，而在使用手机上网的网民中，企业单位工作人员所占比重最高，学生所占比例排在第二位。

（5）在整体网民中，学校教师和行政人员所占比例高于国家机关、党群组织工作人员，而在使用手机上网的网民中，后者所占比例高于前者。

（6）城乡差异方面手机网民和整体网民的差异几乎相同，其中居住在城镇的手机网民所占比例为81.4%。

2. 网民不使用手机上网的原因

调查显示，网民不使用手机上网的最大原因是费用很高；二是手机上网速度比较慢；三是手机上网不方便；四是可获取的信息太少；五是手机没有上网功能。此项调查可能会对业界起到小小的警示作用，费用和速度都要进行改进才能使更多的网民加入到手机上网的行列。

3. 手机上网业务发展空间巨大

调查结果显示，在1.37亿网民中，使用专线上网的网民人数为2710万人，使用拨号上网的网民人数是3900万人，使用宽带上网的网民数为9070万人，使用手机上网的网民数是1700万人。如果将专线上网的数量纳入宽带上网部分，则使用宽带上网的网民数为1.04亿人，占到中国网民数的75.9%。数据同时显示，中国上网计算机数已经达到了5940万台，其中宽带上网的计算机达到3530万台，占总上网计算机数的近60%。

目前，中国网络普及情况还是令人乐观的，从数据中也可看出，手机上网的用户量在所有网民中所占的比重不到十分之一，这也说明了手机上网业务还存在着巨大的商业发展空间，3G技术的逐渐普及势必会为这一大好的市场开发推波助澜。

二、手机动漫定义

所谓“手机动漫”，就是采用交互式矢量图形技术制作多媒体动画内容，并通过移动互联网提供下载、播放、转发等功能的一种服务。手机动漫业务涵盖的种类有Flash、闪客杂志、Flash音乐和游戏产品、Flash手机动画短片、Flash动画MTV、小品、相声等，还包括基于其他技术的手机动画以及手机动漫广告、动漫彩信、动漫屏保和其他漫画图片。

在中国目前传统漫画出版徘徊不前，影视动画商业模式还无法建立的状态下，中国手机动漫受到了空前的关注。更有人认为，手机动漫为中国动漫的崛起带来机会。

另外，随着数据业务的不断发展，传统的图铃下载已经不能满足用户日益增长的需求。在3G时代尚未到来的时候，下载后在本地播放的多媒体业务将受到用户的青睐。有人预计，无线音乐盛行后下一波热潮将是手机动漫。

三、手机动漫产业发展状况分析

1. 总体状况

（1）手机动漫在国内的发展。2003年7月，日本电信商通过北京空中丝路移动技术公司将手机动漫带到了中国市场。同年11月，中国移动手机动漫业务在“2003中国国际通讯设备展”上正式露面，手机动漫市场正式启动。2004年9月30日，中国移动通过《手机动漫终端规范》的评审，为“手机动漫”业务的全网开通扫除了最后的障碍。2005年4月19日，中国移动数据部发布“手机动漫业务征集方法”，明确了第一批手机动漫新业务电报和评审的诸项流程，要求具有全网资质的SP在4月20日前完成手机动漫新业务的申请提交。同年12月1日，采用数码超智终端播放器技术和运营平台的中国移动手机动漫业务全网正式开通计费，这个被视为动漫Flash的手机版本被放在了“移动梦网”-“铃图随意当”菜单之下。

据易观国际《中国移动动漫年度综合报告2006》显示，2005年手机动漫市场规模超过72万元人民币，注册用户规模达到12万人。易观国际还预计，2006年手机动漫产业的市场规模将达到3166万元人民币，同比增长高达44倍；2010年中国手机动漫市场规模将达到6.24亿元。

（2）手机新媒体为动漫提供传播新途径。手机动漫有着庞大的用户群。据国家工信部的最新数据显示，截至2007年1月，中国的手机用户已达4.67亿，即将突破5亿大关。其中，3G手机在2006年约占全部手机发货量的18%，到2007年预计将达到25%。到2008年底，全国手机动漫注册用户可望达到1亿，约占手机市场份额的20%。

而手机动漫业务目前的目标用户主要针对年龄在18～35岁之间的成人用户群，占手机动漫注册用户数的95%。这一群体包括学生、时尚青年和白领等。此群体使用手机动漫业务的主要动机是追求时尚、娱乐。随着今后3G的发展和手机的进一步普及，35岁以上的用户群体也是手机动漫的潜在客户，这与传统动漫产业主要以儿童和青少年为主要用户群完全不同。

作为新的媒体形式，手机成为动漫传播的新途径之一。首先，手机是可以24小时伴随使用的，即便是笔记本电脑也不如其使用和携带方便；其次，手机具有短小、快速的传播特性，加之屏幕较小、手机内存限制传输文件的容量，导致它不适宜播放长片、大片。因此，控制在几分钟或十几分钟内的手机动漫，通过手机传播和观看具有良好的可行性；再次，手机动漫的传播者可能是专业的或业余的，受众也可以是传播者，因此，它给予动漫爱好者的舞台会更加宽广。如在电影院里，一部90分钟的电影投资巨大、制作艰辛，业余作者往往很难实现自己的理想。而手机动漫不同，只要我们有感想，就可以通过手机动漫的方式编创出来，就像我们编写短信一样，编完还可以发送给朋友。从这个意义上来说，手机动漫更像平民动漫，对于工作繁忙、生活节奏快的人，手机动漫也是一种很好的娱乐方式。

（3）动漫产业搭乘手机新媒体快车。中国传统动漫产业境况堪忧。目前全球动漫产业的产值在2000～5000亿美元之间。在日本，动漫产业是第二大支柱产业，中国香港的动漫市场也以46亿港元的年营业收入超过电影产业。在美国、韩国、英国等动漫强国，动漫产业在国民生产总值中都占有非常重要的地位。与世界动漫产业的繁荣相比，更让人忧心忡忡的是中国接近90%的动漫市场正被国外动漫产品占领。中国动漫如何突破困境，已经成为从政府部门到产业界共同面对的课题。

手机动漫成为动漫市场的新机遇。在传统动漫产业面临困境、试图突破重围的时候，手机动漫市

1 2 3 4 5 6 7 8 9 10

场却是另一派景象。据有关部门统计，目前中国手机动漫市场的年增长率达到500%。2006年起步时用户已达1000万户，到2008年底有望达1亿户，整个产业链年收益大约达600亿元。与此同时，中国拥有4.67亿手机用户和3.67亿18岁以下青少年这些得天独厚的市场条件。

“动漫”是一个时髦名词，近年来，有线和无线网络的普及成为促使动漫突飞猛进的重要力量，出现了Flash动画、三维动画、全息动画、网络游戏、手机动漫等崭新的动漫形式，并在不同的国家与地区成为主流的文化形式。自2005年12月1日中国移动开通了采用数码超智技术和平台的手机动漫业务之后，一些SP/CP踊跃加入，手机动漫的产业链已经初步形成，并初显成效：月信息费收入已经初具规模，2006年第一季度月复合增长率保持在40%左右。中国联通的手机动漫业务也十分火爆。

手机动漫成为中国动漫进入转折点的是民族厂商在手机动漫领域(无论技术还是内容制作)实现了对传统动漫的超越。中国动漫拥有了自主知识产权、成熟的技术以及丰富的内容。目前，一系列别具特色的手机动漫产品正源源不断地出现：1000集系列手机电视动漫剧《倒霉鬼》，连续剧《大闹西游》以及《涩涩漫画城》、《漫步古书林》等。而数码超智通过4年的努力，终于开发出采用WIVG技术的手机终端播放器和后端服务平台，在先进性和成熟性上更具优势，从而在中国移动进行的多次评比中，战胜国外巨头，成为手机动漫技术平台的提供商，见图8-6。

图8-6 中国首部手机动漫连续剧《大闹西游》

2. 各类型手机动漫产业分析

为研究方便，我们把手机动漫分成偏重漫画和偏重动画两个分类来开展研究。

首先，从手机动漫（偏漫画）产业进行分析：

（1）中国手机动漫(偏漫画)产业价值链。手机漫画中的简单4格、6格乃至9格等多格漫画的产业价值链相当于彩信的产业价值链。如果是手机长篇新漫画，就需要专业的阅读软件来阅读长篇新漫画了，这样，产业价值链就增加了手机漫画技术提供商这一个环节。目前手机漫画技术提供商有：澳大利亚的Barefoot公司，上海迈鼠网络科技有限公司的Mobile Cartoon，目前他们的进展都不是很大。

（2）手机动漫(偏漫画)市场规模的预测。手机漫画其实就是彩信图铃业务的一部分，2005年彩信市场规模将达20亿元，用户为4500万。漫画作为年轻人喜欢的艺术形式，手机漫画应占有其中一定的比例。

（3）中国手机动漫(偏漫画)现状、问题及对策。除了偶尔出现几家SP推广手机漫画彩信外，大多SP没有投入足够的重视。调查发现，72.2%的用户使用过铃声下载，62%的用户使用过待机彩图下载，手机漫画本应该占有一定的市场分额，有一席之地的，但由于存在很多SP的着力点不在内容，导致签署漫画家的作品无法盈利的市场现象，而更多的优秀漫画创作者还未进入SP视野，从而手机漫画的内容存在供应不足、优秀作品不多的现状。

（4）中国手机动漫(偏漫画)对策。中移动“11条军规”的制定与推广迫使SP重视内容，手机漫画创作者也在增加。部分地方运营商开始采用手机音乐的商业模式，直接和CP签约。湖南移动通过动漫大赛和参赛单位建立《手机动漫彩信专刊》，更多的优秀CP漫画得到运营商和消费者的认可，2006年10月开始收费，手机漫画进一步看好。另外，彩信式手机漫画如果推广得力的话，作为支持长篇新漫画的技术就显得更为重要了。

其次，对手机动漫(偏动画)产业进行分析：

（1）中国手机动漫(偏动画)产业的价值链。手机动漫(偏动画)是指中国移动通信集团公司采用数码超智及紫移通开发的交互式矢量图像技术所包含的终端播放器技术、后台服务运营管理平台技术及内容制作工具，并通过中国移动GPRS和3G网络提供的下一代无线数据多媒体服务。

（2）手机动漫(偏动画)业务的实现包括三个方面：一是终端播放器；二是后台服务和运营管理平台；三是手机动画内容制作工具。手机动画业务平台是指专门的手机动画管理平台系统，管理SP、审核内容，并制作内容描述文件，提供内容下载，统计下载记录，并进行栏目策划，技术平台升级、维护、管理等。手机动画内容制作工具为动画内容开发者提供了编辑制作的手段，另外，一般还需要提供内容转换的工具，将FLASH等互联网动画内容转换成手机动画内容。

根据中国移动手机动漫(偏动画)业务和终端规范，手机动漫(偏动画)播放器和平台分别由数码超智和紫移通两家技术提供商提供，其中数码超智公司的解决方案主要适于开放平台(包括Symbian、Linux、WINCE、Palm)终端预装和下载；紫移通公司的解决方案主要用于其他私有平台终端的预装。他们向终端厂商、Design House等免费提供手机动漫(偏动画)播放器。2006年12月，中国移动也开始推出Adobe公司Flash格式的手机动漫(偏动画)服务。

目前，中国移动官方指定的手机动漫(偏动画)技术标准已呈三足鼎立之趋势。

3. 中国手机动漫(偏动画)运营商分析

目前，积极准备手机动漫(偏动画)业务的除了中国移动、中国联通等运营商之外，还有一些非电信运营商，如神州数码、迪信通及国美手机等手机渠道商。

在中国移动关于手机动漫的一系列眼花缭乱动作当中，委托湖南移动举办的首届原创手机动漫大赛是一个特殊的亮点，是中国移动高调推广手机动漫的有力佐证。中国移动首届原创手机动漫大赛组委会甚至创办了大赛刊物《中国移动手机动漫专刊》。这是中国手机动漫产业界第一次有了自己的专业刊物，是中国手机动漫产业初步成熟的标志。

中国移动通信集团公司数据部营销策划区负责人姚丰也曾表示，中国移动正致力于研究移动增值业务与传统动漫产业的最佳合作模式，以期进一步推动手机新媒体与传统动漫产业的结合和动漫产业的快速发展。他还认为，手机动漫信息容量大、表现形式丰富，是现阶段2.5G带宽下非常好的数据业务形式，也被视作中国3G热点业务之一。

面对手机动漫这一新兴业务，换标之后一直致力于从技术领先向个性化服务转变的中国联通自然不甘落后。在2006年杭州国际动漫节上，联通仅仅布置展台就砸进去了100万，重点推广其手机动漫业务。中国联通除了宣布启动“新势力2006个性公仔创意大赛”，向社会公开征集联通“新势力”品牌卡通形象代言之外，还以“动漫由我，联通新势力”为主题，联合一些知名业务合作伙伴，向观众展示了多款动漫手机。

另外，神州数码等手机渠道商在提供手机销售服务外也在努力建设增值服务板块。

4. 中国手机动漫(偏动画)技术提供商(TP，Technology Provider)分析

目前有数码超智、紫移通、Adobe(Flash)、InterGrafx、飞思、BryhtFlash、闪易互动、广州安凯等技术提供商。中国移动官方指定了数码超智、紫移通、Adobe三家公司，和中国联通合作的有闪易互动、广州安凯等，中国联通的子公司联通新时讯也有计划推出手机动漫(偏动画)技术。神州数码的合作伙伴有BryhtFlash、InterGrafx，InterGrafx，还和国美手机有合作。

5. 中国手机动漫(偏动画)服务提供商(SP，Service Provider)分析

手机动漫(偏动画)的手机增值服务提供商上百家，比较活跃的有灵通、空中、丰元信、互动传媒、鹏华信通、美通无线、移动纳唯、上海东方龙、群胜网“我玩”、数字鱼、3G门户。

6. 中国手机动漫(偏动画)内容提供商分析

手机动漫(偏动画)内容提供商又细分为手机动画内容平台提供商(CPP，Content Provider Platform)和手机动漫(偏动画)内容原创提供商(CP，Content Provider)，两者的定位略有差距。手机动漫(偏动画)内容平台提供商是收集各类手机动漫内容的平台。

手机动漫(偏动画)内容平台提供商有mflash、51shan、mocartoon等，手机动漫(偏动画)内容原创提供商有科讯、文盛唐、飞扬无线、互动传媒、数字鱼公司、上海狂龙数码等公司。

7. 中国手机动漫(偏动画)市场规模的预测

如果手机动漫(偏动画)产业链上的机构都整体

发力，尤其是运营商的市场运作达到一定力度时，我们认为手机动漫(偏动画)的市场规模可以和4年前的彩信市场规模类比：发力后的中国彩信第一年(即2003年)市场规模为2个亿，第二年的市场为8个亿，增长率为300%，第三年为18个亿。

手机动漫(偏动画)增长率比彩信更被看好，增长率达到400%应该没有问题，那么，第一年市场规模为2个亿，第二年的市场即为10个亿，第三年则为50个亿。

8. 中国手机动漫(偏动画)现状、问题及对策

（1）中国手机动漫(偏动画)的现状。2005年12月1日，中国移动开通了手机动漫(偏动画)业务，数码超智和紫移通公司成为技术标准，但一年来SP收入很少。2006年底，ADOBE的FLASHLITE技术登入中国移动。

而中国移动将手机动漫(偏动画)在梦网门户中的位置从三级页面上移至二级页面，进一步支持该业务的发展。未来有可能进一步调升至一级页面。手机动漫(偏动画)获得了加速发展的机会。

中国移动提升手机动漫(偏动画)在门户中的位置，这在客观上将极大地推动尚处于萌芽期的手机动漫(偏动画)业务的发展，也表明了中国移动对手机动漫(偏动画)业务积极扶持的态度。

（2）中国手机动漫(偏动画)存在的问题。终端受限大。目前中国市场上的手机里大多数没有手机动漫播放器，能看手机动漫的终端相对比较少，约有30多种型号。

无线带宽窄。由于目前无线网络带宽窄，CDMA1X与GPRS网络传输带宽较之以前有了很大的提高，但仍然十分有限。

运营商发力不足。移动运营商是产业链的主导者，但移动运营商总部缺乏足够的市场推动投入，地方公司执行力度也欠缺。

分成比例低。2006年12月之前，SP的分成比例过低(仅仅为45%)，对SP开展业务的积极性非常不利；在总数达到一定的数量级之前，众多的SP还将处于观望之中。不过2007年以来，分配比例得到了一些调整，但和国外同行相比，比例依然较低。

内容制作难。相对彩信，制作手机动漫(偏动画)门槛稍微高些，公司化运作的CP介入不多，分成比例过低也是不太活跃的原因。内容产品的供应远远满足不了消费者的需求。

（3）中国手机动漫(偏动画)的对策。普及播放器终端。采用终端内置和建立新型的播放器下载模式相结合，尽快普及终端。

SP和CP互相融合。SP建立自己的CP部门，CP和SP结合成更紧密的关系，或直接和运营商合作。

降低内容制作成本。鼓励CP采用短信动画化、彩信动画化、音乐动画化模式来加快创作，降低创作成本，一般制作者可以快速进入手机动画行业。

商业模式优化。根据无线增值业务的多年开展实践，以及手机动画业务本身的娱乐时尚性特征和对用户需求的研究，转发功能是拉动手机动画业务整体上一台阶的有效增长点。增加包月定制下发业务模式，产品形式从被动浏览扩充为主动推送。

四、中国手机动漫产业未来走向展望

中国手机动漫未来一个重要的走向将呈现UGC方向。UGC是“user generated content”的缩写，中文译为“用户生产内容”，即网友将自己DIY的内容通过手机平台进行展示或者提供给其他用户。

1. 中国手机动漫技术的未来展望

（1）来自政府或民间的关于对中国民族动漫产业的保护声音越来越多，中国手机动漫技术企业在政策上将享受更优惠的条件。

（2）中国手机动漫技术企业要尽快开发出符合本国市场环境的手机动漫应用技术，积极实施普及技术的蓝海战略。

（3）庞大的中国市场将允许存在3种以上不同的技术标准，给更多的技术公司、内容公司以更多的发展空间。

2. 中国手机动漫渠道建设的未来展望

（1）局部区域手机动漫CP商和运营商直接合作已经开始，这代表着商业模式的进一步优化和灵活转变，希望新型商业模式能为中国的动漫产业带来新的思维和新的变革。

（2）非运营商渠道(如免费WAP渠道、手机终端渠道、手机零售渠道)等多元化渠道的建立将为中国手机动漫界的发展带来崭新的发展机会。

五、手机动漫运营中存在的问题

从目前手机动漫业务运营情况来看，手机和动漫二者的结合对于双方来说，都是大有益处的，但

是在结合点上也出现了诸多问题，尤其是在手机终端、宽带网络、动漫内容、业务运营、用户认知以及政策等方面都存在着问题。

1. 支持手机动漫的终端比率不高

手机动漫业务对终端的要求较高，手机必须具有支持Flash动画和视频彩屏功能。但目前市场上支持手机动漫业务的手机类型还不多，而且价格相对较昂贵。移动终端的内存容量通常也比较有限，预留给应用程序的动态分配的内存在1～4MB左右。因此并不能很好地支持多媒体图像以及应用的处理。从国外3G的发展情况来看，终端的问题在多媒体增值业务发展过程中非常关键。不过，随着3G时代的来临，终端问题自然会迎刃而解。

2. 手机动漫内容匮乏

目前手机动漫产品类别主要有动漫彩信、待机动漫图片、动漫MTV、动漫短片等形式，其中动漫短片类的内容非常少。不仅如此，国内动漫产品质量偏低，产品稀少，主题单一。同时，SP规模较小，产品线单一，综合实力不强。动漫产业是“内容为王”的产业，而移动多媒体增值业务更是要求“内容为王”，如果没有内容，就失去了业务发展的源泉。只有优先解决了内容的问题，才能促进手机动漫业务尽快发展。

3. 业务运营层面的问题

目前，手机动漫的商业模式不清晰，主要是引进新技术后在产业合作模式、盈利模式的创新上、如何区别于现有的服务模式，是在现有的模式上进行增值和扩展，还是重新建立新的业务规范，是目前阻碍整体产业发展的关键问题。问题集中体现在：对于手机动漫业务的合作流程、产业链协作、盈利模式和资费模式经验不足；对于如何认识和发挥产业链中各关键环节的业务资源和业务优势、如何定位手机动漫服务领域今后的业务方向和业务项目，业务运营商表现得较为茫然。

4. 用户对产品认知度不高

目前手机动漫产品的市场推广主要由SP来做，而SP的推广力度非常弱，采用的方式主要以SP的门户网站广告为主。运营商对手机动漫的推广更不足。提高用户对产品的认知度和业务市场推广的问题，应该由运营商推动产业链中的各方共同解决。

5. 版权保护问题

发展手机动漫的核心政策问题是对手机动漫内容的版权保护问题。动漫产品的核心是动漫原创创意的知识产权(版权)，如果动漫的创意版权不能被有效保护，手机动漫产业链就失去了存在的意义。目前解决数字内容在移动网络中运营的版权管理的关键技术是DRM，但需要相关政策的支持才能促使各个环节一起将该技术引入并普及开来，才能真正从技术上解决动漫内容的版权保护问题。

六、手机动漫产业潜力有待发掘

手机动漫的前景广阔，手机动漫将成为传播广告的新方式。传统的大众媒体传播广告的范围比较宽泛，对受众的覆盖率和影响力往往不够理想，即使是相比于同样作为新媒体的互联网，以手机传播广告，其一对一的传播命中率和有效率也要高得多。所以手机动漫传播广告比起以简单的文字短信、彩信传播广告形式更新、内容更丰富、效果更好。

手机动漫广告如此多的优势必将吸引广告商的投资，投资会拉动手机动漫广告的生产，大量的手机动漫广告发送到手机用户终端上，会提高用户对手机动漫的认知度，同时也会在一定程度上解决运营模式和内容匮乏等方面的问题。

市场促进手机动漫内容的丰富。近年来，国家大力扶持动漫产业，出台了一系列激励政策，也投入了巨额资金，但从目前的动漫市场状况来看，成效并不显著。动漫产业的发展，根本上需要市场的大力助推。目前，手机新媒体与传统动漫产业结合这一模式无疑给发展动漫产业带来了新的思路。

以手机为载体传播动漫，使得手机通信增值服务和传统动漫产业都拥有了新的市场前景，众多的投资商、运营商以及动漫制作公司都希望在此市场分得一杯羹，他们的热情会极大地推动手机动漫内容的丰富与更新。

2008年北京奥运助推手机动漫飞跃发展。随着2008年的临近，全球公众都把目光投向了北京奥运。奥运传播在电视、网络、报纸等各种媒体上正如火如荼地进行着，然而以手机作为奥运传播的新途径，以手机动漫作为奥运传播的新形式，必将掀起更高的奥运热潮；同时，辩证地看，借奥运东风，手机动漫也会得到飞跃式地发展。例如，奥运宣传片可以做成手机动漫短片；奥运赛事结果可以以手机动漫的形式传递给用户；奥运中的各种趣闻也可以改编成手机动漫。

七、3G时代手机动漫产业发展方向

3G时代，手机动漫应注意几个方面的共同发展，合力推动手机动漫的完善。

1. 打造手机动漫制作运营的服务平台

面向全国动漫企业、漫画家、动漫写手提供动漫创作、内容转换、内容管理发布等综合服务，降低动漫制作门槛。

2. 进行原创内容开发

目前，国内手机动漫内容稀缺，产品质量偏低，主题缺乏多元与创新，对用户的吸引力有限。所以要着力进行手机动漫内容的开发，将一些传统动漫作品转化为手机动漫，把文化娱乐类作品做成手机动漫版本，打造手机动漫连续剧、手机动漫杂志、手机动漫连环画、手机动漫游戏等多元化的产品。

3. 开展市场营销、培养用户消费习惯

目前，中国的动漫用户大多数是未成年人，要通过手机动漫大赛，与网络媒体、电视、纸媒体等积极合作等方式，扩大手机动漫的影响力，培养成年人、白领等消费群。以拓维信息为例，通过动漫大赛、与其他媒体整合营销等方式，用户数增加了25倍。而手机动漫的新业态也让公司转型走出了发展瓶颈，在中小板成功上市。

目前3G业务呈现出互联网化、媒体化、视频化三大趋势，在全球金融危机的大形势下，正是移动动漫加大投入、加快发展的时机，未来的3G，内容为王，这一全新技术革命带来的全新价值链和产业群，也带来了无限的发展空间。

9

第九章

中国动画产业年报 CHINA ANIMATION INDUSTRY ANNUAL REPORT

2008—2009年中国动漫产业节展活动

- 2008—2009年中国动漫产业展会活动概况
- 2008第四届中国国际动漫节（嘉年华）概况
- 2008中国国际漫画节概况
- 2008第四届中国国际动漫游戏博览会概况
- 2008第五届中国（常州）国际动漫艺术周概况
- 2008第三届中国（北京）国际大学生动画节概况
- 《展会知识产权保护办法》总则

第一节　2008—2009年中国动漫产业展会活动概况

一、中国动漫产业展会活动

2008年中国动漫产业展会活动见表9-1，2009年中国动漫产业展会活动见表9-2。

表9-1　2008年中国动漫产业展会活动

序号	时间	展会名称	组织机构	举办地点
1	2008年1月6日	以“动漫形象授权与品牌营销”为主题的“2008中国动漫产业论坛”	北京大学	北京大学
2	2008年1月19～21日	第4届“金龙奖”原创动画漫画艺术大赛	《漫友》杂志社	广州
3	2008年2月11日	2008深港动漫嘉年华	深圳市知识产权局和福田区政府	深圳体育馆
4	2008年4月4～6日	中国动漫网8周年庆典系列活动暨2008北京欢乐谷动漫嘉年华	电子工业出版社、华侨城集团	北京欢乐谷
5	2008年4月26～28日	第三届中部博览会　国际动漫游戏展	商务部、国家税务总局、国家工商总局、国家广电总局、国家旅游局、中国贸促会、中华全国工商业联合会、中国工业经济联合会及中部六省	武汉国际会展中心
6	2008年4月30日	第三届中国光谷国际动漫节	武汉东湖新技术开发区管理委员会,武汉广播电视总局	武汉光谷广场
7	2008年5月3～9日	第四届中国国际动漫节	国家广电总局、浙江省人民政府主办，杭州市人民政府、浙江省广电局、浙江广电集团	浙江
8	2008年6月1日	首届中国国际漫画节	广东省委宣传部、广东省精神文明建设委员会办公室、广东宇航鼠动漫有限公司	四川绵阳九州体育馆
9	2008年6月27～1日	第四届中国国际动漫游戏博览会	文化部、上海市人民政府共同主办，上海市文化广播影视管理局、国家动漫游戏产业振兴基地	上海展览中心
10	2008年7月8日	第三届中国原创手机动漫大赛	文化部	
11	2008年7月18日	2008亚洲青年动漫大赛（AYACC）暨“宏立城”中国（贵阳）卡通艺术节		贵州贵阳市人民广场
12	2008年8月1～5日	2008第十届香港动漫电玩节		香港会议展览中心
13	2008年9月7日	济南动漫游戏产业发展高峰论坛暨“CG杯”动漫大赛颁奖大会	济南市政府、山东省信息产业厅	济南舜耕山庄
14	2008年9月22日	2008中国原创动漫创新创业大赛	佛山市南海区人民政府、佛山市信息产业局、广东省出版集团	广东省佛山市南海区

续表

序号	时间	展会名称	组织机构	举办地点
15	2008年9月25日	第5届“金龙奖”COSPLAY全国超级大赛	漫友文化传播机构	广州中山纪念堂
16	2008年9月28日	首届中国国际漫画节	国家新闻出版总署 广东省人民政府	广州中山纪念堂
17	2008年9月28日	2008中国（常州）国际动漫艺术周暨博览会	文化部中外文化交流中心、江苏省委宣传部、江苏省文化厅、江苏省广播电视局和常州市人民政府	中华恐龙园
18	2008年9月29日	中国漫画家大会		广州东方宾馆
19	2008年10月1日	ACG穗港澳动漫游戏展		广州锦汉展览中心
20	2008年10月2日	2008中国石家庄第三届国际动漫节	河北省委宣传部 石家庄市政府	石家庄市人民会堂
21	2008年10月5日	2008全国大学生原创动画大赛颁奖晚会暨首届国际漫画节	广州市新闻出版和广播电视局、广州市科技局、广州市天河软件园管理委员会	华南理工大学体育馆
22	2008年10月5日	山西省第三届动漫艺术节	山西省委宣传部、省文化厅等单位	太原
23	2008年10月16日	第二届烟台国际动漫艺术节	山东省文产办、省文化厅、省信息产业厅、省广电局、省新闻出版局和烟台市人民政府	烟台大学体育馆
24	2008年10月21～24日	[Aniwow! 2008]第三届中国（北京）国际大学生动画节	国家广电总局、北京市人民政府共同主管，中共北京市委宣传部、文化部文化市场司、教育部体卫艺司、共青团中央学校部、中国电视艺术家协会、中国动画学会、世界动画协会ASIFA、SIGGRAPH教育委员会共同指导，中国传媒大学、北京电视台	中国传媒大学
25	2008年11月5日	2008厦门国际动漫节“金海豚”动画作品大赛颁奖典礼		厦门
26	2008年12月3～4日	2008中国动画学会	文化部	广州
27	2008年12月13日	第六届中国漫画奖颁奖典礼暨作品展	中国东方文化研究会连环漫画分会	北京电影学院
28	2008年12月19～21日	第八届学院奖	北京电影学院动画学院	北京电影学院
29	2008年12月22～23日	全国影视动画工作会议	国家广电总局主办，江苏省广播电视局、无锡市人民政府协办	无锡
30	2008年12月24日	2008江苏东方国际动漫节	江苏省广播电视总台、江苏省动漫艺术协会主办	南京
31	2008年12月24～26日	首届澳门国际动漫节&MY青年文化祭	澳门动漫文化产业协会	澳门渔人码头
32	2008年12月31日	2008广州（国际）动漫节		广州天汇城

表9-2　2009年中国动漫产业展会活动

序号	时间	展会名称	组织机构	举办地点
1	2009年1月5～7日	全国高校动画教育论坛暨首届黑龙江省原创动漫大赛	第24届大冬会组委会 哈尔滨师范大学 黑龙江日报报业集团	哈尔滨师范大学音乐厅、美术馆
2	2009年1月16日—4月12日	中国十二生肖原创动漫大赛	全国青少年网络文化活动工作委员会 中国电子竞技大会动漫竞技活动中心	北京
3	2009年1月19日	原创动漫推广计划暨动漫文化普及推广活动	文化部	文化部会议室
4	2009年2月23日	文化部《原创动漫扶持计划（2008）》公布仪式暨第三届中国原创手机动漫大赛颁奖典礼	文化部 国务院信息化办公室 湖南省人民政府 中国移动集团公司	湖南
5	2009年4月5～6日	2009中国（陕西）动漫产业投资促进论坛	陕西省文化厅	西安高新区
6	2009年4月30日—5月4日	第四届中国光谷国际动漫节	武汉东湖新技术开发区管理委员会 武汉市广播电视局（总台） 武汉市文化局 武汉高科国有控股集团有限公司	武汉光谷广场
7	2009年4月17～19日	第二届“从创意到财富——XML苏州动漫产业大会	苏州工业园区 新加坡跨媒体实验室联合	苏州工业园区国际科技园
8	2009年4月28日—5月3日	第五届中国国际动漫节	国家广电总局 浙江省人民政府	杭州休博园
9	2009年5月1～3日	2009西部国际动漫节	重庆市经济委员会	重庆
10	2009年5月15～18日	第五届中国（深圳）文化产业博览交易会——数字影视·动漫游戏展	文化部 商务部 国家广电总局 国家新闻出版总署 广东省人民政府 深圳市人民政府	深圳会展中心三号馆
11	2009年5月28日—6月1日	2009长春国际动漫艺术节暨ChinaJoy Cosplay嘉年华东北赛区预选赛	长春市人民政府 吉林省委宣传部 吉林省文化厅ChinaJoy组委会	长春市远东艺术馆
12	2009年6月26日—2010年1月28日	第四届中国原创手机动漫游戏大赛	文化部文化产业司 工业和信息化部 共青团中央	北京、天津、黑龙江、吉林、辽宁、内蒙、甘肃、江苏、浙江、湖南、云南、广东、陕西、河南等省市

续表

序号	时间	展会名称	组织机构	举办地点
13	2009年7月3～6日	第五届中国国际动漫游戏博览会	文化部 上海市人民政府	上海展览中心
14	2009年7月11日	首届国际动漫产业科学发展论坛	商务部和工业和信息化部 科学技术部 山东省人民政府 中国电子商会 青岛市人民政府美国消费电子协会（CEA）	山东省青岛大学
15	2009年7月18～22日	第三届中国国际青少年动漫周	中国教育国际交流协会 中央电化教育馆 哈尔滨市人民政府	黑龙江省哈尔滨市
16	2009年7月23～26日	第七届中国国际数码互动娱乐展览会	国家新闻出版总署 科学技术部 工业和信息化部 国家版权局 上海市人民政府	上海新国际博览中心
17	2009年7月31日—8月4日	第十一届香港动漫电玩节	同德企业有限公司	香港会展中心
18	2009年8月7～10日	2009亚洲青年动漫大赛暨“宏立城”中国（贵阳）卡通艺术活动（AYACC）	文化部市场司 贵阳市人民政府	贵州省贵阳市
19	2009年8月7～11日	第三届烟台国际动漫艺术节	山东省文产办 山东省文化厅 山东省信息产业厅 山东省广播电视局 山东省新闻出版局 烟台市人民政府	山东省烟台市
20	2009年8月12～16日	首届东北亚动漫电玩节	沈阳市人民政府 香港动漫电玩节筹备委员会 中国美术家协会动漫游戏产业工作委员会 中国电子商务协会动漫游戏产业工作委员会	辽宁工业展览馆
21	征稿时间：2009年8月12日—10月15日；颁奖典礼：2009年11月27日	庆祝建国60周年青年原创动漫作品大赛	国家新闻出版总署出版产业发展司	北京
22	2009年8月13～17日	第二届云南昆明动漫节	云南省文化体制改革和文化产业发展领导小组办公室 云南省关心下一代工作委员会 云南省文化厅 中共昆明市委宣传部 云南世博集团有限公司	云南省昆明市
23	2009年8月20～24日	2009中国·石家庄第四届国际动漫节	石家庄市动漫产业发展领导小组办公室	主会场：石家庄人民会堂 分会场：新华集贸中心

续表

序号	时间	展会名称	组织机构	举办地点
24	2009年9月10日	第十一届全国美展动漫与综合作品展	文化部、中国文联、中国美协	哈尔滨
25	2009年9月14日至11月	"动感地带"中国高校MOCA手机动漫游戏嘉年华	文化部 工业和信息化部 共青团中央 中国移动通信集团公司 湖南省人民政府	全国26个省市2600多所高校
26	2009年9月15～17日	2009中国吉林国际动漫游戏论坛	文化部 吉林省人民政府	吉林动漫游戏原创产业园
27	2009年9月29日—10月5日	第二届中国国际漫画节	国家新闻出版总署、广东省人民政府	广州
28	2009年10月11～13日	第二届游戏开发者大会	上海市信息服务业行业协会 United Business Media 北京中文发国际文化交流有限公司	上海国际会议中心
29	2009年10月18～21日	SIANA（南昌）数字艺术动漫国际活动周	南昌市人民政府 法国埃夫里市政府 江西省文化厅 泰豪集团有限公司	江西省南昌市
30	2009年10月20～21日	首届中国（郑州）国际动漫论坛暨2009中国（郑州）国际动漫节目交流会	文化部文化产业司 河南省文化厅 郑州市人民政府	郑州
31	2009年10月23～26日	第二届中国国际动漫创意产业交易会	文化部 国家新闻出版总署 国家广电总局 安徽省人民政府	安徽省芜湖市
32	2009年10月26日—11月8日	首届中国动漫艺术大展	扶持动漫产业发展部际联席会议	中国美术馆
33	2009年10月28～31日	【Aniwow! 2009】第四届中国（北京）国际大学生动画节	中国传媒大学,北京电视台	中国传媒大学
34	2009年10月28日—11月2日	第六届中国（常州）国际动漫艺术周	文化部中外文化交流中心 中共江苏省委宣传部 江苏省文化厅 江苏省广播电视局 常州市人民政府	江苏省常州市
35	2009年10月30日—11月1日	2009中国国际（天津）游戏动漫产业文化交流展览会	天津滨海会展有限公司	天津滨海国际展览中心
36	2009年10月30日—11月3日	第二届厦门国际动漫节	厦门国际动漫节筹委会	厦门软件园
37	2009年10月30日—11月2日	"东联杯"内蒙古第二届动漫展	内蒙古自治区党委宣传部 内蒙古自治区科协 内蒙古自治区文化厅 内蒙古自治区教育厅	内蒙古科技馆

续表

序号	时间	展会名称	组织机构	举办地点
38	2009年12月3～5日	第九届北京电影学院动画学院奖	北京电影学院 烟台市人民政府 电影频道《爱电影》栏目	北京电影学院动画学院
39	2009年12月17～19日	2009中国动画年会	中国动画学会、中央电视台、海口市人民政府	海口
40	2009年12月18～20日	首届动漫版权服务周	国家新闻出版总署	国际版权交易中心
41	2009年12月27日	2009动漫产业发展国际论坛	文博会组委会办公室 北京市文化创意产业促进中心 北京市石景山区人民政府	北京石景山区万达铂尔曼大酒店
42	2009年12月30日—2010年1月3日	首届中国国际影视动漫版权保护和贸易博览会	国家广电总局、广东省人民政府	广东省东莞国际会展中心

二、中国动漫产业活动的主要类型

中国动漫展览的规模及性质，大致分为以下四种类型。

1. 动漫节（嘉年华）

最初的漫画作品的展出目的是文化交流，不存在任何与商业化市场挂钩的元素，自然也就不存在任何的盈利模式。现今动漫节（嘉年华）的性质主要是活动，目的主要是动漫作品的展示、动漫衍生产品的销售、创作者同观众之间的互动以及通过各种各样的活动加强观众的参与程度等，动漫节已经开始创造利润，具有一定的商业模式。但是动漫节从总体上来讲还是以娱乐大众为目的，强调参与的群众性文化活动。

2. 动漫展会

动漫展会与动漫节最大的不同之处在于：动漫节的重点在于丰富多彩的活动；而展会的重点则是不同行业间的交流会议以及商谈交易合作会议。各种不同主题的会议将动漫业同其他行业紧密联系在一起。除了学术方面的交流，洽谈合作会议加强了各行业间的协作关系。

3. 综合性动漫活动

由于动漫节和动漫展会规模的不断扩大，内容的不断丰富，目前大型的动漫节往往和大型的动漫展会合而为一，形成你中有我，我中有你的局面。其中规模最大的要数杭州的中国国际动漫节，包括了传统节日的庆典活动，同时也举办各种各样的会议活动，称之为综合性动漫活动。

4. 动漫大赛及其他

动漫大赛，则是以作品评选、颁奖为核心板块，由于作品搜集、评选所需要的时间相对较长，所以动漫大赛就持续时间方面和前三者不同，比如说手机动漫大赛、中韩漫画插画大赛、“金龙奖”等。另外，随着新锐文化在社会群体中不断涌现，COSPLAY本着“Show”的实质，用华丽的舞台、炫美的服装诠释自我，成为漫画迷们的一种新兴的表达方式，随之涌现的还有COSPLAY剧场和大赛，比如说网通杯COSPLAY大赛等。

第二节　2008年第四届中国国际动漫节（嘉年华）概况

一、基本情况

中国国际动漫节是目前国内规格最高、规模最大、参与最广、人气最旺，在海内外享有广泛影响力和知名度的动漫节。自2005年以来，杭州已成功举办了三届中国国际动漫节，受到各级领导、专家学者和社会各界的广泛好评，特别是得到了国家广电总局的充分肯定。首届中国国际动漫节产业博览会硕果累累，高峰论坛影响深远，原创大赛反响强烈，文化活动精彩纷呈，产业集聚效应明显。第二届中国国际动漫节吸引了美国、英国、日本、韩国等24个国家和地区；组织了盛大精致的开幕式晚会、规模空前的产业博览会、首届“美猴奖”动漫专业大赛、国内顶级的卡通巡游、具有历史意义的“十国动漫节组委会峰会”等10多项影响大、效果好的活动项目；参观人数达到28万人次；民主测评非常满意和满意率达到80%，总体成效和数据成倍增长。

2006年8月，国家广电总局致函杭州市委、市政府，明确中国国际动漫节固定在杭州举办。目前，国内各地的动漫节遍地开花，但真正属于国家级的只有落户杭州的“中国国际动漫节”。该项目被列入国家“十一五”文化发展规划纲要，是国家重点支持的八大文化会展项目之一（全国共8项，浙江1项，会展举办地分布在北京、上海、杭州、深圳四大城市）。

第三届中国国际动漫节总结了前两届动漫节的优势特点，将国家广电总局提出的：“国家级、国际化、专业化”的目标和“面向世界、面向产业、面向群众”的要求落到实处，树立了动漫节的三大品牌——树立中国发展动漫产业推动文化产业、增进中华文化与世界文化交流的世界会展品牌；树立凸显原创作品、丰富学术交流、扩大项目合作、发展衍生产品的动漫专业品牌；树立社会欢迎、百姓满意、参与广泛、品位高雅的大众文化品牌。把中国国际动漫节办成亚洲第一、国际一流，在海内外享有广泛影响力和美誉度的动漫节。

第四届中国国际动漫节继承和发扬了前几届动漫节的优良传统，于2008年4月28日—5月3日在杭州隆重举行。此次动漫节的主题为“多彩动漫，品质生活”，宗旨是“动漫的盛会，人民的节日”。第四届中国国际动漫节继续围绕“国家级、国际化、专业化”的要求，打造出“世界会展品牌、动漫专业品牌、大众文化品牌”的目标。本届动漫节的主场馆设在杭州休博园，第一次将多彩动漫与主题公园相结合，并首次尝试在夜间局部开放。组委会精心准备了二十余个活动与项目，而动漫彩船巡游成为了本届动漫节开幕式的一大亮点。此次动漫节为期共6天，吸引了37个国家和地区的嘉宾参与，近300家中外动漫企业参展，共有67.2万人次参加了包括产业博览会在内的各项活动；签约项目34个，总金额达到48.85亿元人民币及2300多万美元。

二、组织架构

主办单位：国家广电总局、浙江省人民政府

承办单位：杭州市人民政府、浙江省广电局、浙江广电集团

三、执行机构

1. 中国国际动漫节组织委员会

中国国际动漫节组委会是动漫节的组织领导机构。主要职责是：决定动漫节的组织管理制度和组委会成员的调整；研究决定重要工作方案和工作计划；听取执委会、节展办公室等办事机构的工作报告，对动漫节的重大事项进行决策；检查、监督动漫节的筹备工作。

2. 中国国际动漫节执行委员会

动漫节执委会是中国国际动漫节的执行机构，在组委会领导下开展工作，负责实施组委会的决定，对重大工作进行组织协调和管理。

3. 中国国际动漫节节展办公室

中国国际动漫节节展办公室是中国国际动漫节的运作机构。节展办作为动漫节的常设机构，对“动漫节”会展招商、论坛大赛、宣传活动等各项活动进行策划和运作，制定落实各项工作计划和方案，完成动漫节组委会、执委会交办的工作任务。节展办内设四个部门：综合协调部、会展招商部、宣传活动部、论坛大赛部。节展办下设：中国国际动漫节会展有限公司。会展公司在节展办领导下开展工作。

四、活动内容

本届动漫节包括四大板块内容：会展部分、论坛部分、大赛部分、活动部分。会展部分主要是中国国际动漫产业博览会，动漫产业项目投资洽谈会，产业信息发布会暨项目签约仪式；论坛部分

包括中国国际动漫产业高峰论坛，中国国际动漫节杭州峰会；大赛部分主要是指中国国际动漫节2008“美猴奖”；活动部分包括第四届中国国际动漫节开幕式、中国COSPLAY超级盛典等。

1. 会展内容

（1）中国国际动漫产业博览会

主办单位：国家广电总局、浙江省人民政府

承办单位：杭州市人民政府、浙江省广播电视局、浙江省广播电视集团

执行单位：中国国际动漫节节展办公室、杭州市文化广播电视局、杭州中国国际动漫节会展有限公司

活动时间：2008年4月28日—2008年5月3日

活动介绍：动漫产业博览会历来为中国国际动漫节的核心内容，已经成为国内规模最大、参与人数最多的动漫类专业展会。上一届共有43万人次参与动漫产业博览会，本届参与人数已达到67.2万人次。

第四届动漫产业博览会进一步突出了“专业、时尚、品质”的主题，逐渐打造成全国会展业界的著名品牌。

第四届中国国际动漫产业博览会室内外展区约6万平方米，共设1400余个展位，全面覆盖原创、播出、制作、出版、教育、技术、衍生产品开发等动漫产业链各环节，并设立了专业观众日。在展区的划分和设计上，开辟内地原创馆（A馆），内地原创馆（A馆）集中了内地原创动漫企业，主要包括内地14个国家动画基地，内地知名动画频道、动漫制作企业、动画制作设备及技术提供类企业等，其中展位规模较大的主要有央视动画、上海文广、浙江广电、中南卡通、宏梦卡通、中国美院、吉林艺术学院、汉王科技等。动漫国际境外馆（B馆）集中了港台地区和境外动漫企业，主要有港台区、韩国区、欧美区和国际动（漫）画节组委会形象区等，其中主要参展商有玉皇朝、香港动漫节、艺廊、博领卡通频道、玩具反斗城、尖端出版、江通、奥飞、视美、太子龙等。卡通天地馆（C馆）集中展示动漫衍生品和网络动漫，主要有游戏及衍生品展商区、动漫衍生品区、动漫原创展区、模型展区、出版展区、电玩区和学校社团区。另外，还新增了澳门展区，内地及港澳台地区的动漫精英首次汇聚在杭州动漫盛会。

会展期间，动漫馆内还推出了“香港日”、“澳门日”、“朱德庸日”、“杭产动漫日”等多个主题日活动。在5月1日的“杭产动漫日”上，“杭州力量”迸发出前所未有的声势，中南卡通、时空影视、玄机科技、汉唐影视、辉煌时代等一批杭州本土动漫企业带来大批杭产动漫作品。《天眼》、《星际飚车王》、《小红军长征记》、《赤松威龙》等一批杭产动漫形象和衍生产品，吸引大量市民驻足观看。杭州动漫产业凭借中国国际动漫节这一平台，从无到有，从小到大，发展迅速，已成为中国动漫的有生力量。

（2）动漫产业项目投资洽谈会

主办单位：中国国际动漫节组委会

承办单位：中国国际动漫节展办公室

协办单位：杭州人民广播电台

活动时间：2008年4月28日

活动介绍：2008年4月28日，第四届(2008)中国国际动漫节动漫产业项目投资洽谈会在杭州休博园举行。浙江省及杭州市有关领导；重点动漫企业、机构领导；动漫基地代表；国内外原创动漫企业、机构代表、衍生产品制造商、销售企业代表；投资商、风险基金等行业相关领导出席了此次洽谈会。此次洽谈会旨在为动漫企业与投资机构以及衍生产品开发商搭建对接平台。奥飞动漫、辉煌动画、央视新科动漫频道、江苏广电影视动漫传媒等国内优秀动漫企业不仅在洽谈会上秀出了富有开发潜力的产品项目，还就动漫产品及衍生品的开发理念发表了精彩观点。而与会的IDG、汉能集团、德丰杰龙脉、ePlanet等风险投资商，则给洽谈会带来新的活力。目前，已有来自欧美、亚洲的13个国家、30多个电视台和企业咨询包括播放权在内的各种代理权的购买事项。

（3）产业信息发布会暨项目签约仪式

主办单位：中国国际动漫节组委会

承办单位：杭州市文广新局、杭州高新区（滨江）管委会

活动时间：2008年4月30日

活动介绍：2008年4月30日下午，产业信息发布会暨项目签约仪式在杭州高新区（滨江）举行。近200位国内外动漫界的专家学者、产业基地和知名企业的代表聚集一堂，见证了动漫项目发布会暨签约仪式。会上，国家广电总局首先发布了2007年度全国动画产业发展的相关情况，杭州市委宣传部

发布了杭州文化创意产业状况及十大文化创意产业园招商情况。本次项目发布会总计签约项目34个，签约总金额近41亿元人民币，涉及美国、英国、新加坡、阿联酋、维尔京群岛、开曼群岛、日本7个国家和地区，项目内容主要集中在动漫影片制作、动漫人才培养、品牌授权、文化创意产业领域合作等方面。

2. 论坛部分

（1）中国国际动漫节动漫产业高峰论坛

主办单位：中国国际动漫节组委会

承办单位：中共杭州市委宣传部、杭州市文广集团、中国动画学会

活动时间：2008年4月28～30日

活动介绍：为了进一步提升中国国际动漫产业高峰论坛的专业水准，第四届中国国际动漫产业高峰论坛将吸取往届论坛的成功经验，以更高标准、更高要求、更大视野，邀请国际国内动漫业领军人物、一流大师，就动漫产业融资、动漫创作和发行以及衍生产品开发等动漫产业链中各环节的议题进行分组对话和交流，深入探索适合中国动漫产业发展的模式，促进中国动漫在保持民族特色的同时，加快与国际接轨的步伐。与前几届高峰论坛不同，本届论坛首次尝试了电视直播模式，并分为主论坛和分论坛。主论坛围绕“中国动漫的国际化发展”、“动漫产业链的整合与品牌运营”和“动漫人才需求与教育模式”等论题阐述观点；分论坛则针对当前动漫领域的新现象和新焦点，分为“动画·漫画·游戏互动与发展”、“动漫新媒体”和“中国动漫教育”等三个分论坛展开。高峰论坛期间，浙江中南卡通董事长吴建荣、宏梦卡通集团董事长、三辰卡通集团有限公司总裁贺梦凡等产业领军人物，以及香港“漫画教父”黄玉郎、台湾著名漫画家朱德庸等名人到会发表演讲。世界动画协会秘书长芙丝娜·多尼科维奇、央视动画有限公司总经理王英、加拿大国家电影理事会制片人迈克尔·福岛、中卡世纪总裁魏来、法国动画协会主任奥利维埃·卡特朗、宏梦卡通产业首席运营官王敬，针对“动漫产业链的整合与品牌运营”发表个人见解。

（2）中国国际动漫节杭州峰会

主办单位：中国国际动漫节节展办公室

承办单位：杭州网络传媒有限公司

活动时间：2008年4月30日

活动介绍：第四届中国国际动漫节国际动画节杭州峰会于4月30日在杭州西溪国家湿地公园举行。包括加拿大、荷兰、意大利、韩国、克罗地亚等10个国家12个国际动画节和世界动画协会出席国际动画节杭州峰会，其中国际嘉宾14人。浙江省委常委、杭州市委书记、市人大常委会主任王国平和国家广电总局副总编辑金德龙，向各国际动漫节代表赠送《杭州二十一世纪世界动画节状况白皮书》，市委副书记、市长蔡奇发表倡导各国动漫节加强互助合作的《杭州世界动漫节互助宣言》。希望通过举办峰会的方式，打造一个共享的平台，形成一种互惠多赢的机制，促进各国动漫节之间的交流与合作，共同推动世界动漫产业的发展。世界动画协会秘书长芙丝娜·多尼科维奇和来自各国动漫节组委会的代表，在峰会上围绕加强国际动漫节之间的交流与合作展开热烈的探讨，并在《杭州世界动漫节互助宣言》上郑重签名。

3. 大赛部分

2008中国国际动漫节“美猴奖”原创动漫大赛

主办单位：中国国际动漫节组委会

承办单位：中国动画学会、杭州市文广新局

活动时间：2008年4月29日

活动介绍：作为中国国际动漫节主要内容之一，“美猴奖”在中国国际动漫节组委会和中国动画学会的共同努力下，已成为国内一流的动漫专业品牌大赛。第四届中国国际动漫“美猴奖”自2008年1月29日起面向全球征集参赛作品，共征集到国内外动漫作品3000多件。经过初评，共有315件作品入围终评阶段。本届“美猴奖”共设置了8项综合大奖和9项单项奖及20项提名奖。为体现“美猴奖”作为中国国际动漫节的专业特色奖项，本届首次将各大奖项均命名为“美猴奖”。在本届“美猴奖”颁奖典礼上，业内人士明显感受到本土原创动漫作品质量的提升。本届“美猴奖”积极鼓励原创，奖金总额达200多万元，为历届之最。动画《少年狄仁杰》、《勇士》、《精卫填海》、《小鸡想飞》、《中华小子》（中/法）、《弗拉基米尔王子》（俄）以及漫画《魔王》等7部作品，分获各项动漫大奖，捧得最高荣誉“金美猴”奖杯；动画《星际飙车王》获得“美猴奖”评委会特别奖，见表9-3。为进一步体现评奖过程的公开、公平和公正，本届“美猴奖”首设影片展映环节。展

映的影片都是2008“美猴奖”提名影片和主题影片，包括《超人总动员》、《大闹天宫》、《美食总动员》、《勇士》、《闪闪的红星》、《宝莲灯》等。展映点设在休博园八角亭放映厅、休博园COSPLAY水上舞台、新华影都、西湖电影院、滨文电影大世界、杭歌影剧院等地。

表9-3 第四届中国国际动漫节2008“美猴奖”获奖作品名单：

金奖	漫画最佳故事奖	《安宁的残暴》	银奖	动画最佳形象奖	《秦时明月之夜尽天明》
	动画系列连续片大奖	《少年狄仁杰》		动画最佳故事奖	《小卓玛》
	动画长片大奖	《勇士》		动画最佳音乐奖	《勇士》
	动画短片大奖	《精卫填海》		动画最佳配音奖	《勇士》
	学院动画大奖	《小鸡想飞》		漫画最佳形象奖	《任立伟的作品集》
	合拍动画大奖	《中华小子》(中/法)	铜奖	（略）	
	外国片大奖	《弗拉基米尔王子》(俄)	评委会特别奖	《星际飙车王》	
	漫画大奖	《魔王》			

4. 活动部分

（1）中国国际动漫节开幕式

主办单位：杭州市人民政府

承办单位：杭州市文广新局

协办单位：浙江广电集团

活动时间：2008年4月28日

活动介绍：2008年4月28日，第四届中国国际动漫节开幕式在杭州休博园湖畔广场举行。全国人大常委会副委员长司马义·铁力瓦尔地出席开幕式。

开幕式邀请著名编导邢时苗担任总体设计，著名灯光设计沙晓岚担任灯光总设计，著名策划人朱海担任总策划、总撰稿。开幕式以神笔为主线，勾勒出乐乐用神笔“画心、画情、画梦”三个板块，通过时尚、魔幻的歌舞表演和彩船展示，展现近年来中国动漫产业的发展成就。包括陶喆、蔡依林、黄圣依、花儿乐队等明星组成的演出团队，为大家献上了音乐小品、杂技、大型魔术、动漫卡通形象情景剧等精彩节目。

（2）中国国际动漫节闭幕式暨中国COSPLAY超级盛典

主办单位：中国国际动漫节组委会

承办单位：杭州网络传媒有限公司

活动时间：2008年5月3日

活动介绍：“中国COSPLAY超级盛典”是中国国际动漫节的主要活动之一，至今已经连续举办了三届。北京、上海、广州、武汉、天津、沈阳、杭州等地都曾举办过分赛区，同时韩国、日本、中国香港等国家和地区的顶尖COSER也都受邀参加活动。本届超级盛典的主题为“世界在动漫、中国在动漫、动漫在杭城”，大赛共设立奖项22个，总奖金额近5万元。

在本届“中国COSPLAY超级盛典”中，带有中国元素的COSPLAY节目独领风骚。《长安幻夜》、《战国无双》、《女版三国》、《封神榜》等具有浓厚中国特色的节目从数千个节目中脱颖而出，在各个组别中都位居前列。COSER们把这些中国文化融入到COSPLAY中，用动漫的语言、神情，重新诠释这些传统文化，让我们看到了中国的COSPLAY正在朝着一个新的方向发展，而COSPLAY也开始被打上了中国的烙印。

连续举办四届的“中国COSPLAY超级盛典”，正吸引着世界各地越来越多漫迷的关注，从原来只有杭州地区团队参加，到现在发展为国际性大赛，受到了世界各国COSPLAY爱好者的拥护。曾获得世界COSPLAY比赛第一名的法国队，以及德国、日本、韩国等知名COSPLAY团队都纷纷亮相“中国COSPLAY超级盛典”。这是欧洲团队首次参加中国COSPLAY超级盛典。他们的参与，使本届动漫节的表情更加丰富多彩。

第四届“中国COSPLAY超级盛典”获奖名单如下：

（1）十人以上组

一等奖：杭州304动漫社《战国无双》

二等奖：杭州99度动漫社《怪物猎人》

三等奖：上海COSING《X战记》

（2）十人以下组

一等奖：北京WearetheD《加勒比海盗——时之沙漏》

二等奖：浙江传媒学校那兰之侯《弧光之源》

三等奖：杭州神域动漫社《长安幻夜》

（3）才艺组

一等奖：上海Sas《凡尔赛玫瑰》

二等奖：SILENCECLUB《应援团》

三等奖：304LUCKY《LUCKYSTAR》

（4）盛龙组

一等奖：广州凤舞凰天《女版三国》

二等奖：杭州99度动漫社《女版三国》

三等奖：六翼同盟《封神榜》

（5）单项奖

最佳造型奖：天津浮生家族《无双蜀传》

最佳台风奖：沈阳梦之弈《三国无双5》

最佳人气奖：metoo动漫社《三国无双5》

（6）优胜奖

武汉月魔社《亡灵传》

304浙科院分社《秦时明月》

重庆可米克《卓越之剑》

吉林动画学院乐园之扉《卓越之剑》

音头小队《深渊传说》

浙江传媒学院那兰之侯《光明之风》

第三节　2008年中国国际漫画节概况

一、基本情况

中国国际漫画节由国家新闻出版总署和广东省人民政府共同主办，广州市人民政府和广东省新闻出版局承办，是目前中国规格最高、规模最大的国际性漫画出版界展会。中国国际漫画节力求以“政府搭台，企业唱戏”的运作形式，全面发挥政府部门的主导和企业的主角作用，彰显“坚持正确导向和发挥市场作用相结合，办好会展和推动动漫出版、影视产业相结合，政府主导和企业唱主角相结合”的活动特色。

首届中国国际漫画节的主题是“和谐·创新·首善”，打出“让漫画动起来，让漫画形象进入千家万户”的响亮口号，以“培养漫画人才、展示原创成就、激励创新精神、拓展动漫市场、做强动漫产业”为活动宗旨，以漫画为主打，突出漫画在动漫产业中的主导地位。借鉴国内外大型活动的组织经验，打造中国漫画节这一品牌，树立中国动漫产业形象，带动全国动漫出版产业的发展，在全社会引导健康、时尚、和谐的动漫氛围和消费意识。

首届中国国际漫画节包括第五届“金龙奖”原创漫画动画艺术大赛、第二届中国漫画家大会、中国国际漫画文化展暨穗港澳动漫游戏展和大学生原创动画大赛四大人气动漫主题活动。每项活动都曾多次成功举办，积累了极高的人气和成熟的经验，具有一定的社会影响力，受到了广大动漫爱好者及业内人士的广泛关注。四大活动强强联合，推陈出新，共同组成了首届中国国际漫画节的主体构架。其中，被媒体誉为中国动漫第一奖的“金龙奖”原创漫画动画艺术大赛已经进行到第五届，首次以组委会名义颁发“中国漫画杰出贡献奖”；名家大师汇集，致力于动漫相关行业间交流的中国漫画家大会还同期举办中国动漫创作与出版圆桌会议，进一步促进中国漫画出版行业的共同繁荣；中国国际漫画文化展由已经成功举行十届香港动漫节的原班人马全力打造；全国大学生原创动画大赛征集范围首次扩大到港澳地区，致力于成为华语地区高校学子们的动画“梦工厂”。

在本次漫画节举办前后，组委会还相继推出“让动漫形象进入千家万户”和“文明中国·文明城市动漫公益广告征集推广活动”两个系列活动，旨在宣传并普及动漫文化和体现动漫在精神文化建设层面上的社会使命。

二、活动内容

1. 首届中国国际漫画节开幕式暨“金龙奖”原创漫画动画艺术大赛颁奖典礼

时间：2008年9月28日

地点：广州市中山纪念堂

2. 动漫名家读者见面暨签售会

时间：2008年9月30日

地点：广州购书中心

3. 全国大学生原创动画大赛颁奖典礼暨首届中国国际漫画节闭幕式

时间：2008年10月5日

地点：华南理工大学校学生活动中心

三、展会内容

1. 中国国际漫画文化展暨穗港澳动漫游戏展

主办单位：中国国际漫画节组委会

组织单位：香港动漫节

承办单位：广州卫士龙博览有限公司

展览地点：广州锦汉展览中心（广州市流花路119号）

展览时间：2008年10月1～5日上午9：30—下午5：30

展览规模：23，000平方米，可搭建1150个国际标准展位。

活动简介：作为中国国际漫画节主体活动项目之一的穗港澳动漫游戏展于黄金周卷土重来，汇聚了港澳和内地许多知名的漫画企业，以漫画文化为主，覆盖动画及游戏的创作、制作、播出、教育、技术、衍生产品开发等产业链各环节，突出中国原创漫画，促进参展商、投资商、衍生产品开发商的交流和交易。五天内共有13.5万名来自港澳、珠三角及外省观众走进这一华南地区目前规模最大的动漫展会，并创下单日最高3.6万元票房的新纪录，全场总营业额同比2007年上升近50%。“穗港澳动漫游戏展”的品牌效应已经形成，继续每年举办下去，将有望在三到五年内成为中国内地规模最大、最具人气及市场影响力的动漫展会之一。

2. 展览亮点

亮点一：ACG中港手办模型展——国内首个大型手办展览；

亮点二：华立杯电子奥运大激斗；

亮点三：ACG创意同人志特区——本地动漫原创势力的培养皿；

亮点四：ACG中国漫画大赛；

亮点五：广州高校街舞决赛；

亮点六：广州高校原创(Q版)小品大赛；

亮点七：中外名家签名会；

亮点八：多啦A梦、蜡笔小新、麦兜等国际著名卡通人物齐汇聚；

亮点九：万代模型环球杯——中国区决赛及颁奖礼。

四、论坛内容

1. 中国漫画家大会（China Comic Artist Conference）

主办单位：中国国际漫画节组委会

承办单位：漫友杂志社、漫画世界杂志社、漫友文化传播机构

时间：2008年9月29日

活动简介：第二届中国漫画家大会是全国性的漫画家行业峰会，于2008年9月30日盛大开幕，中国漫画领军人物再度闪亮登场。内地漫画家姚非拉、阮筠庭、猪乐桃、SHEL、于彦舒、王小洋、丁冰、韩露、朱斌，香港漫画大师黄玉郎、马荣成，台湾漫画大师蔡志忠、敖幼祥等悉数出席，畅谈各自的经验和心得。日本、韩国、马来西亚及欧美等地的漫画家也在会上进行交流和研讨，为中国漫画事业发展集思广益，共同分享中国原创漫画的累累硕果。

会上发布了《第二届中国漫画家大会宣言》，提出“向连环画艺术致敬”，并首次提出“申请将中国传统连环画作为国家级非物质文化遗产”。至此，中国传统连环画艺术在中国漫画家大会组委会的积极努力下，有望成为国家级非物质文化遗产，得到进一步的保护、整理、修缮和传承。

中国漫画家大会为中国动漫产业的发展提供资源整合的渠道与机会，搭建起海内外动漫机构友好

合作的桥梁，促进行业与政府之间的交流与联系，推动国内动漫产业的可持续发展。

2. 中国动漫创作与出版圆桌会议（China Animation & Comic Creation and Publication Round Table Conference）

主办单位：中国国际漫画节组委会

承办单位：中国图书商报社、漫友文化传播机构

时间：2008年9月29日

活动简介：首届中国动漫创作与出版圆桌会议是国内第一个聚焦动漫出版的大型峰会，集权威性和专业性于一身，致力于为政府相关部门、动漫创作者、出版及运营机构、海内外行业专家等多方人士提供一个平等对话、自由交流的渠道和合作平台。

本次会议的主题为“大漫画，大市场”，与会的海内外名家大师和行业精英专家，围绕近年来中国动漫出版市场的现状和未来发展、动漫创作与出版的互动衔接、数字出版给漫画带来的机遇与挑战等诸多热点话题，展开了激情碰撞和理性对话，并通过富有针对性的讨论，促进动漫创作与出版的紧密结合，为中国动漫产业发展提供不竭的原动力。

本次会议上，中国图书商报社与漫友文化传播机构倡议成立中国动漫出版产业联盟，并发表了题为《中国动漫出版人联合起来》的倡议书，呼吁成立中国动漫出版产业联盟，并希望聚行业精英，集行业智慧，将联盟打造成与创意产业园区和文化（动漫）博览会鼎足而立的三支创意力量，联盟也将发挥动漫出版人应有的作用，实现动漫出版业在创意产业链中的应有价值；同时呼吁中国动漫出版人为了中国动漫的全面振兴而行动起来，共同营造分享共进的行业氛围，打造健康繁荣的生态产业链。由于该联盟成员在动漫出版行业具备相当的影响力，因此该联盟的成立将极可能在引领未来动漫出版产业上起到重要的作用。

3. 国际动漫名家论坛暨穗港澳科技动漫产业发展论坛（International Animation & Comic Master Forum and Canton, Hong Kong and Macau Technical Animation & Comic Industry Forum）

主办单位：中国国际漫画节组委会

联合主办：广州市科学技术协会、京港学术交流中心、澳门科学技术协进会

承办单位：羊城晚报报业集团、广州动漫行业协会

时间：2008年9月29日

活动简介：作为中国国际漫画节重点活动的国际动漫名家论坛暨穗港澳科技动漫产业发展论坛，与“金龙奖”颁奖典礼、中国漫画家大会等一系列品牌赛事展会配套举行，旨在为中国动漫产业的发展注入新鲜动力，提供资源整合渠道与机会，搭建海内外动漫机构友好合作的桥梁，促进动漫产业不同领域之间的交流与合作，共同推动动漫创意经济的发展。

本届国际动漫名家论坛暨穗港澳科技动漫产业发展论坛主题为“科技推动动漫”，关注泛动漫产业和大中华市场，关注科技带给动漫产业的成长与进步。本届论坛上，各位名家、大师结合其产业运营以及艺术探索，对动漫艺术与现代科技的互动与交融、创意资源的吸纳与整合等议题进行深入探讨，不仅具有实操性，更具前沿性和战略性。

国际动漫名家论坛暨穗港澳科技动漫产业发展论坛得到了政府机构、国内外行业协会、动漫企业、大专院校、新闻媒体等多方面的深度参与、广泛支持、全面合作。论坛邀请众多知名动漫大师和重量级嘉宾亲临现场，与参会人士激情碰撞，提出动漫创意产业的发展思路。百余位来自世界以及中国各地，特别是穗港澳地区的业界精英等各方面人士欢聚一堂，共话合作前景，分享成功喜悦，憧憬合作前景。

五、大赛活动

1. “金龙奖”原创漫画动画艺术大赛

“金龙奖”原创漫画动画艺术大赛（OACC），是由中国国际漫画节组委会重点推出的国际性专业比赛，以“展示原创成就，挖掘闪亮新星，褒奖创新精神，发展动漫产业”为宗旨，依托承办机构漫友杂志社、漫画世界杂志社的动漫传媒平台，广泛发动各类媒体和业内合作机构，面向海内外华人公开征集参赛作品，进行专业选拔和商业嫁接，实现优秀人才与作品的脱颖而出。

“金龙奖”活动吸引了无数动漫爱好者的参与，取得令人瞩目的成绩，赛事为广大动漫爱好者提供了展示实力的舞台，推出了如Benjamin、客心、寂地、猪乐桃、阮筠庭、丁冰、SHEL、王小

洋、朱斌、李尧、韩露、于彦舒、十九番等闪亮新人，使优秀的原创作品被成功推向市场，并输出版权至亚欧地区，使华语动漫创作气象为之一新。与赛事同期启动的“金龙奖”获奖作品暨名家名作巡展、国际动漫名家论坛、“金龙奖”COSPLAY超级大赛、“金龙奖”海内外漫画名家笔会及签名会等大型活动，引领华语动漫界前沿风尚，获得广泛的好评。

2008年，在国家有关部委和海内外顶级权威机构的大力支持下，第5届“金龙奖”续写辉煌，推出了以“感动”为定位的主题，寓意“感触万物，动我心弦”，向全球华人进行征稿，将范围扩展到亚洲以外的各国家和地区，并首次设立国内各大区域的征稿工作站。同时，吸纳参赛选手加入“中国动漫人才库”，力图构筑中国原创人才与作品的权威高地。

第5届大赛共设立23个奖项，在上届基础上增设了最佳动画造型奖和最佳动画长片奖。本届大赛共收到来自全球华语地区的近4000份动漫作品，经过严格评选，共有56部动漫精品入围最后的角逐。值得一提的是，本届大赛中，“80后”勇挑中国动漫大梁，获得了近半奖项，见表9-4。

表9-4　第5届“金龙奖”原创漫画动画艺术大赛获奖名单

奖项	获奖作品	作者	地区
最佳少女漫画奖	影·子不语	夏　达	浙江
最佳少年漫画奖	无尽游戏（IG）	爱　欧	天津
最佳成人漫画奖	鱼	聂　峻	北京
最佳儿童漫画奖	巴啦啦小魔仙	迪文文化·SADAKO	广东
最佳四格漫画奖	魔猫仔	三　成	辽宁
最佳多格漫画奖	泡面超人	陈晓韵	广东
最佳绘本漫画奖	黑礼帽中的童话—少年与玫瑰	阿梗&黄山	广西&广东
最佳插画奖	梅兰芳-西施	林　莹	上海
最佳漫画脚本奖	小时代	郭敬明	上海
最佳漫画画技奖	那些关于记忆的事	李书轶	北京
最佳漫画编剧奖	摇滚藏獒	郑钧	北京
最佳漫画造型奖	千茗列传	ANBOR	天津
最佳动画长片奖	风云决	上海文广新闻传媒集团/深圳市方块动漫画文化发展有限公司	上海&广东
最佳系列动画奖	快乐东西3	北京卡酷动画卫视	北京
最佳动画短片奖	茗记	L—Key工作室	浙江
最佳手机动画奖	炮炮兵之奥运畅想曲	常州卡米文化传播有限公司	江苏
最佳网络动画奖	扑克牌系列之鸡劫号	南昌其妙数码科技有限公司	江西
最佳动画导演奖	小鸡想飞	曾毅刚	吉林
最佳动画编剧奖	宇航鼠与月亮城	广东宇航鼠动漫有限公司	广东
最佳动画造型奖	飞机总动员	涅源工作室	广东
最佳体育动漫奖	福娃、福牛	吴冠英	北京
	吉祥如意乐羊羊	亚组委	广东
最佳海外动漫奖	小班长	林诗敏	马来西亚
最佳推荐动漫奖	每个人都是天使	李志国	四川

第5届“金龙奖”原创漫画动画艺术大赛组织机构：

主办单位：中国国际漫画节组委会

承办单位：漫友杂志社、漫画世界杂志社、漫友文化传播机构

联合承办单位：北京电影学院动画学院、中国

传媒大学动画学院、中央美术学院城市设计学院、上海美术电影制片厂、南方电视台

第5届“金龙奖”原创漫画动画艺术大赛评委成员：

评委会主席：中国美术家协会动漫艺术委员会常务副主任庞邦本

评委会主任：漫友文化传播机构出版人、漫友杂志社社长兼总编辑金城

漫画终评委员：中国美术家协会动漫艺术委员会常务副主任庞邦本

中国·香港动漫画联会秘书长温绍伦

中国著名漫画创作人、漫画理论家陈维东

中国著名漫画家姚非拉

中国著名漫画家颜开

中国著名漫画/插画家阮筠庭

《漫友》杂志资深动漫编辑张澍（Tree. Z）

《漫友》杂志资深动漫编辑崔伟良（小狐）

动画终评委员：

北京电影学院动画学院院长孙立军

2008北京奥运会、残奥会吉祥物主创、清华大学美术学院教授吴冠英

中国传媒大学动画学院院长廖祥忠

中国美术学院传媒动画学院副院长林超

央视动画有限公司创作部主任李捷

中央美术学院动画系主任晓欧

北京电影学院副教授、著名动画导演李剑平

漫友杂志社副社长刘洋

2009年1月8日，第6届“金龙奖”正式启动，将“温暖”作为主题，同时在奖金、奖项设置、征稿范围和方式等多方面进行了改革，目的在于通过“金龙奖”的倡议，呼吁动漫行业与各行各业众志成城，团结一心投入到抗击金融风暴的行动中去，同时号召更多的动漫创作者用深受群众喜爱的、通俗易懂的动漫艺术形式，创作出更多鼓舞人心的优秀作品，向受到金融风暴打击的人们传递关爱，为他们带去精神上的慰藉。

第6届“金龙奖”原创漫画动画艺术大赛组织机构：

主办单位：中国国际漫画节组委会

承办单位：漫友杂志社、漫画世界杂志社、广州漫友文化科技发展有限公司

联合承办单位：北京电影学院动画学院、中国传媒大学动画学院、中央美术学院城市设计学院、上海美术电影制片厂、南方电视台、广州动漫行业协会

第6届“金龙奖”原创漫画动画艺术大赛评委成员：

评委会主席：北京电影学院党委副书记、动画学院院长、教授孙立军

评委会主任：漫友文化传播机构出版人、漫友杂志社社长兼总编辑金城

漫画终评委员：

香港动漫画联会秘书长、玉皇朝集团主席温绍伦

中国著名漫画创作人、漫画理论家陈维东

中国著名漫画家姚非拉

中国著名漫画家颜开

中国著名插画、漫画家阮筠庭

《漫友》杂志资深动漫编辑张澍（Tree. Z）

《漫画世界》杂志资深动漫编辑崔伟良（小狐）

动画终评委员：

中国美协动漫艺委会常务副主任、著名画家庞邦本

2008北京奥运会、残奥会吉祥物主创，清华大学美术学院教授吴冠英

中国传媒大学动画学院院长廖祥忠

央视动画创作部主任李捷

北京电影学院动画学院副院长、著名动画导演李剑平

中央美术学院动画系主任晓欧

漫友杂志社副社长、高级工艺美术师刘洋

2. 大学生原创动画大赛

主办单位：中国国际漫画节组委会

承办单位：广州市天河区委、区政府

时间：2008年10月5日

活动简介：2008年10月5日，2008全国大学生原创动画大赛颁奖晚会暨首届中国国际漫画节闭幕式在华南理工大学体育馆隆重举行。晚会揭晓了2008全国大学生原创动画大赛包括二维动画、三维动画、定格动画、手机动画、非叙事类短片、角色造型设计、插画设计和企业命题八类综合奖项及10个单项奖共74个奖项，并进行了颁奖仪式。

作为首届“中国国际漫画节”的四大主体活动之一，本次大赛在前两届成功举办的基础上，继续由政府、学界、业界支持，以广州为举办地，包括港澳在内的全国高校学生广泛参与的具有权威

性、公正性、影响深远的赛事。以“文化·创新”为主题，以“鼓励原创，奖励人才；与实践互动，与市场共舞”为理念，积极鼓励学生创作原创动画精品。通过对参赛原创动画作品的交流评比，发掘国内优秀动画作品和人才，促进中国动画教育的发展和动画产业的振兴。每年一度的全国大学生原创动画大赛坚持专业化、国际化的评审标准评出各项大奖，并以此为平台，使高校优秀原创作品进入市场，从而推动“产、学、研”一体化的进程，实现社会效益和经济效益的最大化。

3.“金龙奖”Cosplay全国超级大赛

主办单位：中国国际漫画节组委会

承办单位：漫友文化传播机构

时间：2008年9月25日

活动简介：2008年9月25日，作为首届中国国际漫画节热身活动与主体项目之一的第5届“金龙奖”COSPLAY全国超级大赛，在中山纪念堂隆重上演，比赛场地级别之高堪称国内第一。一出史上最牛的COSPLAY大戏拉开了华语动漫奥斯卡“金龙奖”五周年庆典活动的序幕，同时也奏响了“漫画黄金周”的序曲。

本次COSPLAY大赛，组委会除设置最佳道具奖、最佳服饰奖、最佳舞台表演奖等专业奖项外，为了体现对原创动漫的扶持，还特别设置了最佳动漫原创大奖，以三万元奖励COS原创动漫作品的团队。重金激励下，本次大赛国内原创动漫人物首唱主角，以往同类活动中以COS日本、欧美的动漫游戏角色为主的情形得到了彻底改观。而且，本着“四海交流”的理念，该大赛区别于同类赛事的报名制而首创了邀请制，得以集中了来自北京、上海、南京、广州、重庆、香港、安徽等地的11支百余名的精英COSPLAY团队，各支参赛队伍均有多次登台表演的经验，在全国及地区COSPLAY比赛中获得无数荣誉，可谓是华语地区COSPLAYER的华山论剑。

第四节　2008年第四届中国国际动漫游戏博览会概况

一、基本情况

由文化部、上海市人民政府共同主办的第四届中国国际动漫游戏博览会（以下简称博览会）将于2008年6月27日—7月1日在上海展览中心隆重举行。以“鼓励原创，开拓市场，促进交流，发展产业”为主题，本届博览会在继续强化“专业性”、“国际性”、“综合性”等自身特点的同时，为国内动漫游戏产业链的打造与完善构建平台。

立足于B2B为主，B2C为辅的定位，第四届博览会展示面积将超过2万平方米，目前包括招商规划、活动策划在内的各项工作已进入收尾阶段。包括张江园区动漫企业群、漫友文化传播机构、宏梦卡通、CCTV辉煌动画、幻想艺术杂志、中国软件行业协会等国内一流原创动漫企业以及文化部下属无锡、杭州、长沙、大连、成都动漫游戏产业基地等机构将集中亮相。此外日本动画协会、日本数字内容协会、韩国内容振兴院、法国昂古莱姆国际漫画节组委会、美国游戏机协会等多家海外专业机构也将组织包括SEGA、ADK、Namco、Bandai、Andamiro、InterPark等著名企业出展。

2008年，博览会将启用Fantasy China作为英文名，力争用创意点亮现场，将动漫游戏产业特有的梦幻气质融入活动策划、现场展示等各个环节。

1. 鼓励原创，国内作品水准显著提升

近几年来，中国原创动漫取得了长足的进步，新人佳作不断涌现，并多次在国际知名大赛中获奖。在本届博览会上，一批国内动漫领头羊将集中展示他们最得意的作品，600分钟原创动画和1000多张原创漫画将在现场展示。除阮筠庭、客心、曹晓丹等知名漫画家的现场签售外，博览会组织的多层次的动漫赛事通过观众的直接投票参与，为新人踏入动漫圈带来更多的机遇。

“四大天王”大赛是面向原创漫画家的全国性评选活动，旨在鼓励原创、聚焦原创、为国内动漫产业挖掘优秀人才。自2006年于“第二届中国国际动漫游戏博览会”成功推出后，通过连续两年的

1 2 3 4 5 6 7 8 9 10

举办，已经成为中国原创漫画评比类的品牌活动项目。包括姚非拉、Benjamin、郭竞雄、于璐、猪乐桃、王昱文、李堃、丁冰在内的国内优秀职业漫画家代表分别获得了前两届四大天王的称号。秉承两届“四大天王”青年职业动漫作者评选的成功经验，2008年的“四大天王：校园小天王大赛”，紧扣“Fantasy China”这一会展主题，鼓励高校学生发挥天马行空的想象，创作出具有梦幻特质的作品。入选的前10名优秀选手作品将携佳作赴现场，与支持他们的粉丝亲密互动。观众在博览会期间可以对入围选手作品进行投票，并将见证2008年四小天王的诞生。新科小天王将有机会与上海文艺出版集团动漫发展中心签约出版个人画册，并有望与国家动漫游戏产业振兴基地签约作为中国代表团团员参加海外漫画节，并由基地代理洽谈海外版权事宜，作为中国原创动漫的代表进军国际舞台，可谓意义非凡。

此外，包括宏梦卡通的新作少年励志动画大片《神厨小富贵》，也将在现场闪亮登场。该片根据民间传奇故事改编，通过展示乡村少年小富贵历经曲折和磨难，最终走向成功的传奇经历，弘扬不畏艰难、执着追求、自强不息的奋斗精神，被称为中国的《大长今》。此外，包括今日动画、水木动画旗下一系列洋溢着浓厚中华文化气息的精美动画也将在现场展映，其中不少已经获得了国际大奖，相信能给广大观众带来耳目一新的感觉。

2. 开拓市场，专业服务助推内需外销

作为业界极具盛名的专业动漫游戏展，巨大的商业机遇和市场空间是历届博览会的核心竞争力所在。

按照惯例，为催生更多现场交易，博览会专设商务配对会，并提前邀请专业观众参与。本次商务配对会在以往的操作模式下，深入整合资源，提前在国家动漫游戏产权交易平台的数据库中进行专业观众筛选，定向邀请相关人员当场与参展企业匹配。通过与上海联合产权交易所交易平台线上线下互动紧密结合，参展企业可利用国家动漫游戏产业振兴基地的庞大数据库筛选出意向合作企业，有针对性地寻找潜在合作对象，并通过协调在博览会现场与意向企业进行秩序井然、目标明确的商务洽谈。一旦达成交易，相关信息将在上海联合产权交易所网站上实时反映。参展商借助这个平台在拓展视野的同时，提升品牌，进而成就自身和企业的共同发展。

此外，参会企业也可以通过国家动漫游戏产业振兴基地的海外平台发布公司信息，与海外相关企业建立良好的沟通机制。此举将切实服务有志于全球发展战略的国内企业，有效促进其对海外市场的开拓。

3. 促进交流，国际名家祝福中国

2008年，对于每个中华儿女都是难以忘怀的一年，在经历磨难时，同胞们众志成城，在主办奥运盛会时，同胞们万众一心。正因如此，中华民族正在赢得全世界的关注和尊重。享誉全球的SIGGRAPH大会主席斯考特·欧文（美）、《指环王》概念设计总监约翰.豪（加）、《新北斗神拳》总导演静野孔文（日）以及我国漫画名家吴冠英、黄玉郎、赖有贤在现场与动漫爱好者见面。来自韩国、俄罗斯、美国、希腊、克罗地亚、伊朗、巴西、土耳其等国的漫画同仁，用风格各异、妙趣横生的作品，从不同角度诠释奥运盛况，描绘出全球人民对北京奥运圆满成功的美好愿景，用漫画为中国加油。

北京奥运会吉祥物的设计者吴冠英、《天子传奇》《龙虎门》作者黄玉郎、《真命天子》《小和尚》作者赖有贤领衔的内地及港澳台地区漫画名家将在现场即兴挥毫，用动漫形式创作画卷祝福北京奥运的圆满成功。艺术家们以北京奥运为创作主题，自由发挥，彰显个性。创作完成后，在签名落款时附上对2008北京奥运的祝福语，八月的北京奥运将使中华民族的凝聚力再次得到升华。

此外，一个特殊的画展势必吸引众多观者的目光和共鸣。由国家动漫游戏产业振兴基地策划，联合数字娱乐网和自由漫画联盟、腾讯动漫频道合作征集的“加油-中国”主题漫画，将赈灾和奥运主题结合在一起，漫画已不再仅仅是单纯的娱乐，更具有“点亮希望”和“传递梦想”的精神力量。2008对于中国注定是不平凡的一年。五月的汶川大地震牵动了所有人的心，中华民族经受住了考验，在磨难中更加坚强和团结，国内漫画一线的作者们在灾难发生后，也纷纷拿起画笔加入了这场抗震的战斗，用线条勾勒出力量，用色彩渲染出希望。

4. 发展产业，品牌论坛剖析成功案例

中国动漫论坛作为博览会的专业性制高点，对症国内动漫游戏业发展中遭遇的投融资瓶颈，得到了政府、企业、投行等社会各界的大力支持。2007年的论坛凭借前瞻性的观点和理论高度确立了业界口碑。而2008年则将对话题作进一步深入，以剖析事迹案例的形式，探讨资本市场与动漫产业相结合的最佳模式。以对动漫游戏产业和资本进行对接的思路和发展趋势的探讨为切入口，清醒认识资本市场与产业交织的机遇与挑战。作为中国动漫投融资领域的一次“案件聚焦”，将对中国动漫游戏产业发展产生深远的影响。

通过邀请国外著名动漫游戏企业高层人士分享经验，联合政府文化管理部门、企业家、投资人士、动漫从业人员共同参与，建立开放性的交流与合作的平台，为国内整个业态的向前发展开辟一条理论之路。包括文化部文化市场司负责人、上海市委宣传部负责人、上海联合产权交易所以及相关会员单位、荷兰银行首席代表、瑞士劳尔银行首席代表、法国爱德蒙得罗希尔银行首席代表、上海张江文化控股有限公司总经理、CCTV辉煌动画总裁、漫友文化出版人、动漫周刊主编、宏梦卡通首席代表、世纪华创总经理、深圳宝德公司总经理都将在本次论坛上发言。

二、现场亮点摘录

暑期常被娱乐业视为黄金档，大量处于假期的学生、年休中的OL或其他都市潮人都期望在这一季节能够找到轻松休闲的好去处。如果你玩惯了小资情调，看惯了自然风光，想要寻找梦幻一些、刺激一些、新潮一些的暑期新娱乐，那么2008年6月27日—7月1日间在上海展览中心举办的“第四届中国国际动漫游戏博览会”一定会带给你更多前所未有的动漫体验。

由文化部、上海市人民政府共同主办，上海市文化广播影视管理局、国家动漫游戏产业振兴基地联合承办，本届博览会容纳了来自中国、日本、韩国、美国、法国、葡萄牙、加拿大等15个国家及地区的知名动漫游戏企业参展，同时也汇集了各国动画、漫画、游戏领域的名人、名作。除了秉承“专业性”、“国际性”、“综合性”等特点，本届更结合时下热点，亮出一系列娱乐王牌，力求带给观众与众不同的新玩法和新体验。

1. 奥运牌：灵感点亮无限激情

2008年8月，奥运圣火将在北京国家体育场点燃，无数运动健儿将为自己的梦想和荣耀奋力拼搏，而在本届动漫博览会上可以提前感受到奥运带给你的无限激情。拟于2008年8月28日举办的内地及港澳台名家迎奥运活动邀请了吴冠英、黄玉郎、赖有贤等著名漫画家现场挥笔，即兴为北京奥运创作，完成之后巨幅画卷将交由相关机构收藏。无论是三位大师的粉丝或是奥运迷都不会错过目睹这一珍贵藏品诞生的良机。

由国家动漫游戏产业振兴基地策划，联合数字娱乐网、自由漫画联盟、腾讯动漫频道合作征集的“加油-中国”主题漫画，将赈灾和奥运主题结合在一起，漫画已不再仅仅是单纯的娱乐，更具有“点亮希望”和“传递梦想”的精神力量。数百位著名漫画家绘制的风格各异（或是幽默或是讽刺）的奥运漫画佳作，将以娱乐大众、情感激励、讽刺幽默、视觉享受等不同角度诠释奥运盛况，足球、篮球、排球、乒乓球、羽毛球、田径、游泳、体操、举重、射击……漫画题材将涵盖赛场内外所发生的一切。来自韩国、俄罗斯、美国、希腊、克罗地亚、伊朗、巴西、土耳其等国家的漫画同仁，用风格各异，妙趣横生的作品，描绘出全球人民对北京奥运圆满成功的美好愿景，用漫画为中国加油。

看了名家的作品如果你也有创作冲动，观众也可以在同期登录国家数字娱乐网参加奥运漫画在线涂鸦大赛，无论是前卫的新卡通，还是传统的老漫画，只要你发挥创意，描绘出对2008北京奥运会的美好愿景，就有机会获得精美奖品。

2. 试玩牌：恶魔猎人联机对抗

在那炎热的沙漠、寒冷的雪山、阴暗的沼泽、明媚的森丘里栖息着温顺的食草龙、莽撞的大野猪、暴躁的轰龙、威严的老山龙等形形色色的怪物。猎人们纷纷急不可耐得整装待发，准备和它们决一生死……以上便是PSP大热游戏《怪物猎人》中的背景设定。老牌游戏厂商Capcom公司的这套游戏不辱它游戏怪物的名号，自发售起便在全球引起热潮。以讨伐怪物为主线，收集怪物掉落的材料、制作装备为乐趣。在大气磅礴的场景中，感受震撼、豪爽的感觉。

在第四届博览会现场提供的《怪物猎人》游戏的试玩与联机，无论是陌生的新玩家还是技术娴熟的老朋友，都可以在现场免费体验讨伐最新BOSS带

来的快感。达人们不需要自己在家独乐，可以充分展现自己精湛的技术。

3. 亲子牌：华夏小神笔动漫创作大赛

作为动漫游戏类的嘉年华，孩子们往往最热衷参与群体活动。而家长们趁此机会不但能和孩子们共同嬉戏，拉近距离，也可以鼓励孩子参加一些益智活动，提高孩子的综合素质及社会竞争力。例如，博览会现场的上海市“汉王杯”华夏小神笔中小学生动漫大赛就是一个不错的选择，此赛事是上海市教委系统下三大绘画类比赛之一，深受好评。

与现今漫展上普遍流行的漫画展示不同，本届华夏小神笔作品展示是一个真正属于小朋友自己的创作盛会，所有的故事、所有的场景、所有的画面都是“原汁原味”的学生制造。有准备的小朋友可以在现场投稿，家长也能和孩子一同在现场的涂鸦墙上共同即兴创作一番。

在展览中心广场上的华夏小神笔“美年达成长乐园”中，设有专门用于粘贴照片的“开心板”。凡是将自己在现场活动中的照片贴到“开心板”上的观众，就有机会获得一份小礼品。这样的活动能够真实地展现中国青少年们旺盛的创作生命力，不仅能给小朋友观众们带来欢乐与笑声，而且带给成年观众们前所未见的感受和感动。

4. 手办牌：正版“敢达”免费制作体验

“手办”一词来源于日语，本意是指没有大量生产的模型套件，目前泛指动漫游戏角色的玩具制作，也是广大动漫爱好者极为憧憬的收藏品种类。虽然国内的爱好者常把手办和量产模型的概念混淆，但真正意义上的手办需要自己DIY的——这也是手办的最大乐趣吧。因为产量很少而且在开模的复杂度上有着很高的难度，因此价格一般都很昂贵。其采用原料多为树脂材料，很适合表现非常细致的细节部分和人物。大部分国际知名的手办工厂都是提供半成品白模，需要玩家自己动手完成打磨、拼装、上色等一系列复杂的工艺。因此手办价格普遍较为昂贵。

所幸的是，正版“敢达”的代理商万代公司将在本届博览会上举办“敢达”模型的现场制作大赛，凡是能在当天活动中获得优胜，就可以将正版手办赢回家，相信这样的机会对于骨灰级动漫爱好者来说是不可错失的良机。

5. 限量牌：博览会推出限量签名纪念品

在游玩之余，意犹未尽的观众可以购买博览会限量纪念品：动漫吸吸杯，从而为本次博览会之行留下一份美好的回忆。由中国台湾著名漫画家，《真命天子》、《小和尚》作者赖有贤亲自监制的动漫吸吸杯，限量发售2000对。采用情侣杯的形式，杯体正面印有赖老师作品中的卡通形象代表，此外还将标注“第四届中国国际动漫游戏博览会官方纪念品”，在实用性之外，更增添了收藏价值。据悉，博览会还将在之后几届连续推出一系列纪念品。对于博览会铁杆粉丝而言，可以成套积累，可谓一举多得。

三、组织机构

主办单位：文化部、上海市人民政府、上海市文化广播影视管理局、上海国家动漫游戏产业振兴基地共同主办

举办时间：2008年6月27日—7月1日

举办地点：上海展览中心

四、展会主题

博览会启用“Fantasy China”这一名称，并采用与之相应的全新VI系统，特此向国内外企业、事业单位、机构、院校、个人工作室以及广大美术设计爱好者征集卡通吉祥物设计作品。

五、核心优势

1. 规模最大

20000平方米展示面积；预计15万人次参观。

2. 专业性最强

汇集业界一流企业，首创B2B现场商务配对模式。

3. 国际化程度最高

历届海外展商平均展示面积超过50%，汇集法国昂古莱姆动漫艺术节、AISAGRAPH等国际一流会展内容。

4. 综合性最强

涉及漫画、动画、游戏等多个领域，内容涵盖原创展示、动画放映、游戏机试玩等众多板块。

1 2 3 4 5 6 7 8 9 10

六、征稿对象

本次卡通吉祥物设计大赛征稿面向国内外企业、事业单位、机构、院校、个人工作室以及广大美术设计爱好者。征稿周期自2007年11月10日起至2008年2月29日截止。

七、大赛流程

（1）2007年11月10日—2008年2月29日，设计大赛作品征集。

（2）2008年3月18日，揭晓卡通吉祥物设计大赛入围作品。

（3）2008年3月31日，揭晓国际博览会官方卡通吉祥物。

八、奖项设置

（1）优胜奖（1名），颁发证书和奖金（不少于5000元）。

（2）优秀奖（若干，至少10名），颁发证书和奖金（不少于500元）。

（3）优胜奖获得者奖金所得税，将由组委会代扣。

（4）所有获奖者都将有机会成为国家动漫游戏产业振兴基地的签约作者。

（5）前100名通过初选、作品出现在大赛官方网站的参赛者都可免费参观第四届中国国际动漫游戏博览会。

第五节　2008年第五届中国（常州）国际动漫艺术周概况

一、基本情况

征集创意独特，充分体现中国故事、中国文化、中国人物等中国元素的动画创意和作品，通过“亚洲动画联盟”（AAR）这一国际合作渠道，使中国的动画作品走向国际

举办时间：2008年5月1日—8月15日

举办地点：常州市

主办单位：中国常州国际动漫艺术周组委会、常州国家动画产业基地管委会、常州卡龙影视动画产业有限公司

二、活动内容

1. 开幕式

2008中国（常州）国际动漫艺术周博览会暨2008中国（常州）国际动漫艺术周开幕式。本届博览会分A、B、C、D、E、F、G七个展馆和两个特色销售馆，展览面积约有10000多平方米，至少可容纳500个标准展位。这些展馆主要分为四大功能区：产业展示区、专业展示区、互动体验区和衍生产品销售区。展览内容包括国内外著名动画机构展示、卡通影视片节目版权交易，动漫画作品展示、动漫数码游戏和影片展示、各类卡通玩具、卡通服装、卡通书籍及其他卡通数码衍生产品的展示展销。

2. 中国国际动漫作品比赛

艺术周计划在全球范围内公开征集卡通动漫艺术作品，并继续设立专门针对中国作品的奖项，引导、扶持国产民族自主知识产权的动画作品生产。

3. 中国国际动漫产业和艺术论坛

将邀请国际一流专家学者和国家相关部委领导，发布国家动画产业权威政策咨询，探讨中国动漫产业发展如何走国际化道路及国际动漫产业和艺术发展的最新动态，赏析优秀动漫作品，发布最新创意成果和常州动画基地长远发展状况及前景。

4. 中外优秀动画影片展映

在艺术周期间将组织中外优秀动画影片的专题展映，丰富市民假日生活，提高市民对动漫艺术的鉴赏水平，引导青少年养成健康的娱乐风尚。

5. 中国原创动画作品创意征集

将征集创意独特，充分体现中国故事、中国文化、中国人物等中国元素的动画创意和作品，通过“亚洲动画联盟”这一国际合作渠道，使中国的动画作品走向国际。

三、活动特色

（1）从政府主办向培育市场主体转变。

（2）博览会动静结合。

（3）更加彰显了产业属性。

四、获奖名单

（1）最佳长片大奖（2008赛达大奖）：《风云决》（中国）

（2）电影长片类评审团特别奖：《猫城2—捕手》（匈牙利）

（3）电影长片类评审团特别奖：《葫芦兄弟》（中国）

（4）最佳短片大奖（2008赛达大奖）：《沿着路》（丹麦）

（5）电影短片类评审团特别奖：《虚拟世界》（德国）

（6）电影短片类评审团特别奖：《小鱼》（俄罗斯）

（7）电影短片类特别荣誉奖：《缆车》（瑞士）

（8）电影短片类特别荣誉奖：《人是笼中鸟》（法国）

（9）最佳学生作品奖（2008赛达大奖）：《西罗科风》（意大利）

（10）学生作品类评审团特别奖：《美国女郎》（法国）

（11）学生作品类评审团特别奖：《孩子来了》（中国）

（12）学生作品类特别荣誉奖：《指纹》（中国）

（13）学生作品类特别荣誉奖：《吉诺和米奥》（捷克斯洛伐克）

（14）学生作品类特别荣誉奖：《大头仔》（中国台湾）

（15）学生作品类特别荣誉奖：《绘画课》（英国）

（16）网络动画类评审团特别奖：《西湖醋鱼》（中国）

（17）最佳电视作品大奖（2008赛达大奖）：《天堂和地狱》（日本）

（18）电视片类评审团特别奖：《人与鲸》（日本）

（19）电视片类评审团特别奖：《风信》（中国）

（20）电视片类特别荣誉奖：《SONY显示器广告》（英国）

（21）电视片类特别荣誉奖：《幼鼠旅行记》（匈牙利）

（22）电视片类特别荣誉奖：《小卓玛》（中国）

（23）电视片类特别荣誉奖：《颠倒的房间》（法国）

（24）最佳中国电视片奖：《茗记》（中国）

第六节　2008年第三届中国（北京）国际大学生动画节概况

一、基本情况

“中国（北京）国际大学生动画节”于2006年由中国传媒大学发起创办，是由国家广电总局批准并获得北京市政府支持的国际性动画交流平台，是中国第一个国际性大学生动画节。

在2006年首届动画节上，共有20多个国家和地区的1585份作品参赛，并成立了亚洲动漫中心、《中国动画年鉴》编辑部。2007年第二届动画节，来自全球37个国家和地区的1687部作品参与竞赛角逐，80余家媒体进行了全面报道，将中国的动画和文化展现在世界面前。

为继续扩大动画节的影响力，充分调动社会各界优势资源，进一步推动北京市文化创意产业的发展，加强动画界的国际学术交流，鼓励国产原创动画的创作与传播，第三届中国（北京）国际大学生动画节由国家广电总局、北京市人民政府主管，在中共北京市委宣传部、教育部体卫艺司、文化部文化市场司、共青团中央学校部、中国教育电视台、中国电视艺术家协会、中国动画学会、世界动画协会ASIFA、ACM SIGGRAPH教育委员会指导下，由中国传媒界最高学府中国传媒大学与强势电视传播媒体北京电视台联合主办，中国传媒大学动画学院、北京卡酷动画卫视、中国动画学会教育委员会共同承办。第三届中国（北京）国际大学生动画节于2008年10月21～24日在中国传媒大学隆重举行。

二、组织架构

批准单位：国家广电总局

主管单位：国家广电总局、北京市人民政府

指导单位：中共北京市委宣传部、文化部文化市场司、教育部体卫艺司、共青团中央学校部、中国教育电视台、中国电视艺术家协会、中国动画学会、世界动画协会ASIFA、ACM SIGGRAPH教育委员会

主办单位：中国传媒大学、北京电视台

承办单位：中国传媒大学动画学院、北京卡酷动画卫视、中国动画学会教育委员会

协办单位：加拿大国家电影局、英国大使馆文化教育处、法国大使馆文化处、加拿大谢里丹学院、法国高布兰学院、深圳市方块动漫画文化发展有限公司、其欣然影视机构

支持单位：北京科学教育电影制片厂、上海美术电影制片厂、美国加州艺术学院、德国波茨坦影视学院、英国国家计算机动画中心、韩国中央大学、北京电影学院动画学院、中国美术学院传媒动画学院、香港理工大学、台湾世新大学

三、机构设置

1. 领导成员

名誉主席：胡占凡、蔡赴朝

主　　席：金德龙、苏志武、刘爱勤

副 主 席：陈冬、庹祖海、杨贵仁、廖文科、余培侠、欧阳逸冰、王松山、张彦民、孙向东、高福安、张晓、胡正荣、吕锐、Rick Barry（美）、Ulrich Weinberg（德）、Maureen E. Callahan（加）、Vesna Dovnikovic(克罗地亚)

2. 组委会

主　任：吕学武、张强

常务副主任：廖祥忠、帅民

副主任：戈晨、宋奇慧、万丽君、孙立军、傅铁铮、金城、常光希、吴小华、路盛章、Angela Stukator（加）、张建军（英国）、Marcy Page(加)

3. 执委会

主　任：廖祥忠、帅民

副主任：李果、缪东、曾伟京、石民勇、贾秀清、叶菁、高薇华、张翼、王雷、吕沁

秘书长：高薇华、张翼

四、活动特点

1. 学院媒体强势联合

本届大学生动画节是由中国传媒界最高学府中国传媒大学与强势电视传播媒体的北京电视台联袂打造的一场国际动画盛宴。中国传媒大学动画学院是国家级动画教学研究基地，经教育部批准率先在全国设立了动画学、数字媒体艺术学博士点、硕士点，成为北京市重点学科交叉学科“动画学”建设单位、教育部动画特色专业建设点、教育部动画专业青年骨干教师培训基地，为业界培养了大批具有人文精神、艺术素养、掌握现代数字技术手段的创新型人才。北京卡酷动画卫视是国家广电总局批准设立的专业动画卫星频道，自2004年开播以来，在总经理帅民先生的领导下，励精图治，积极打造动漫文化创意产业链，实现产业多元发展，形成了立足北京、涵盖沿海、辐射全国的战略布局，迅速扩展“卡酷动画”的优势品牌，4～14岁核心受众收视份额在北京地区独占鳌头，全龄收视领跑全国动画少儿媒体。本届动画节首创的高等学府和电视媒体联合举办动漫节的新模式，更好地发挥高等学府在动漫学术、教育、人才、资源方面的优势，借助电视媒体的传播力和推动力，搭建一个聚合国际、学术、媒体等强势元素的动漫全产业平台。

2. 创意为先的活动理念

动画节倾力打造“白杨奖”、“小白杨奖”和评委会特别奖——“北京动漫文化创意大奖”、“卡酷动漫创意大奖”四大原创奖项。“白杨奖”作为大学生动画节的最高原创奖项，旨在鼓励年轻动画人坚持艺术理想，发掘和培养具有创作激情、

1 2 3 4 5 6 7 8 9 10

原创精神的艺术新人。"小白杨奖"作为中国传媒大学动画学院艺术类考试改革的重要举措之一，设立漫画故事、数字媒体艺术、游戏设计三种评奖类型，进一步全面地选拔在动漫创作、数字媒体艺术制作和游戏设计方面卓有潜力的高中生，为业界积蓄人才。"北京动漫文化创意大奖"、"卡酷动漫创意大奖"旨在挖掘优秀国产动漫作品，助力原创精品通过电视平台走向市场，彰显北京文化创意产业成果和品牌，推动北京地区动漫文化创意产业的发展。

3. 国际化的学术氛围

国际化是中国（北京）国际大学生动画节区别于国内其他动画节展的突出特征。本届动画节所彰显的精神吸引了来自40多个国家和地区、数百所高校的上千名大学生的作品，在赛事普及面上进一步突破了前两届活动的规模。动画节现场汇聚了海内外动画与数字媒体艺术领域的知名专家、学者参与主题展映、大师课程及学术论坛的活动内容。本届动画节特设中国日、法国日、美加日、英国日四个主题展日，在更大范围、更高层次上为各国热爱动画的大学生们搭建一座交流创意、研讨学术、传递友谊的桥梁，打造多元互动的国际动漫学术交流平台。

4. 立体化的展示平台

本届国际大学生动画节注重多渠道、立体化的交流，将电视媒体与网络平台深层植入动画节，邀请大师莅临电视高峰论坛、制作专题电视栏目展示国内外动画精品、举办盛大的卡酷全卡通动漫嘉年华、通过电视和网络平台向全国转播动画节颁奖盛典，并搭建供动漫工作者和爱好者共享的网络资源平台——"中国大学生动漫网络资源库"，使动画节的作用和效应得以持续扩大和延伸。

五、活动主题

【煜·北京·2008】

煜：本义照耀，光辉灿烂，暗含杰出、超群之意。该主题以中华汉字形、音、义的独特魅力，在人类深厚而悠久的历史文化之中，在中西方文化交融的舞台之上，在现代科学技术与艺术表现力的碰撞之际，鼓励年轻动画人大胆创造、表现自我、找寻灵感的光辉。古人云"日以煜乎昼，月以煜乎夜"。日月煜乎当下，彰显动画人的梦想，照亮前行的路。

六、参（竞）赛内容

1. "白杨奖"

作为动画节核心活动的"Aniwow! 2008白杨奖"评选，旨在鼓励年轻动画人坚持艺术理想，发掘和培养具有创作激情、原创精神、良好艺术修养的动画、漫画、新媒体艺术新人。第三届中国（北京）国际大学生动画节共收到来自46个国家和地区共1603部参赛作品，其中国外作品503部；共有来自49所国外高校、65所国内高校的上千名大学生参与。数十位国际知名动画专家莅临本届动画节，同时邀请到包括法国高布兰学院动画系主任兼任学院国际关系事务主任艾瑞克·瑞威尔（Eric Riewer），加拿大谢里丹学院动画、艺术与设计学院副院长安吉娜·斯图凯特（Angela Stukator），著名动画导演、昂西国际动画节金奖获得者、萨格勒布世界动画节评委村上·吉米（Jimmy Murakami），迪士尼公司三维制作总监、美国加州艺术学院副教授凯文·盖格(Kevin Geiger)及曾执导《美女与野兽》、《风中奇缘》等影片的迪士尼高级动画导演大卫·昆斯耐在内的全球顶级动漫大师与教育者担任评委。本届动画节在更大范围、更高层次上为各国热爱动画的大学生们搭建了一座交流创意、研讨学术、传递友谊的桥梁，打造多元互动的国际动漫学术交流新平台。

2. ASIFA中国奖

旨在鼓励中国年轻动画人的艺术创作和对中华文化的承传，在所有征集的中国学生作品中进行甄选。

3. SIGGRAPH优秀学生作品奖

旨在发掘CG技术与艺术领域优秀的学生作品，鼓励动画及图形视效等相关领域的优秀人才。这是SIGGRAPH（ACM美国计算机协会主办的CG领域世界权威学术组织）组委会首次在美国以外的其他国家设立并支持的奖项。

七、奖项设置

本次评选活动设立动画类、视觉特效类、互动设计类、漫画插画类四大评奖类型。评审团由国际国内动画、数字艺术和互动娱乐领域有较高知名度的专家学者、业界资深人士、相关媒体高层人士等组成。评审过程恪守公平、公正的原则。具体奖项设置如下：

1. 动画类

（1）白杨奖一名

（2）ASIFA中国奖一名

（3）最佳导演奖一名

（4）最佳编剧奖一名

（5）最佳美术设计奖一名

（6）最佳原创音乐奖一名

（7）最佳角色动画奖一名

（8）最佳网络动画奖一名

2. 视觉特效类

（1）SIGGRAPH优秀学生作品奖一名

（2）最佳数字合成短片奖一名

（3）最佳影视包装片奖一名

3. 互动作品类

（1）最佳网络互动作品奖一名

（2）最佳游戏作品奖一名

（3）最佳手机互动作品奖一名

4. 漫画插画类

（1）最佳漫画故事奖一名

（2）最佳单幅作品奖一名

八、评委成员

动画类评委会主席：路盛章

评委会成员：兰蒂·卡特莱特（Randy Cartwright）、大卫·昆斯耐（David Quesnelle）、村上·吉米（Jimmy Murakami）、艾瑞克·瑞威尔（Eric Riewer）、茱莉·罗伊（Julie Roy）、马克宣、曾伟京、李剑平、高薇华

ASIFA中国奖评委：村上·吉米（Jimmy Murakami）

视效与互动艺术类评委会主席：谭力勤

评委会成员：安吉娜·斯图凯特（Angela Stukator）、皮托夫（Pitof）、凯文·盖格（Kevin Geiger）、何清超、杨丹、黄心渊、黄健明、陈明

SIGGRAPH 优秀学生作品奖评委：谭力勤

漫画插画类评委会主席：金城

评委会成员：姚非拉、张骏、聂峻、姜剑

九、获奖情况

1. 动画类（见表9-5）

2. 视觉技效类（见表9-6）

3. 互动设计类（见表9-7）

4. 漫画插画类（见表9-8）

5. ASIFA中国奖（见表9-9）

6. SIGGRAPH优秀学生作品奖（见表9-10）

表9-5 第三届中国（北京）国际大学生动画节获奖作品名单（动画类）

奖项	获奖情况	作品	作者	院校
白杨奖	大奖	《童谣》	赵佳音	中国传媒大学动画学院
	提名	《For Sock's Sake》	Carlo Vogele（法国）	GOBELINS(法国高布兰学院)
		《Dreammaker》	Leseek Plichta（德国）	Filmakademie Baden-Württemberg（德国巴登符德堡电影学院）
A1：最佳导演奖	大奖	《For Sock's Sake》	Carlo Vogele（法国）	GOBELINS(法国高布兰学院)和Carlats（美国加州艺术学院）
	提名	《Oktapodi》	Julien Bocabeille、Francois-Xavier Chanioux、Olivier Delabarre、Thierry Marchand、Quentin Marmier、Emud Mokhberi（法国）	GOBELINS(法国高布兰学院)
		《The Clocktower》	Cara Antonelli（美国）	Ringling school of Art and design（美国Ringling艺术设计学院）

续表

奖项	获奖情况	作品	作者	院校
A2：最佳编剧奖	大奖	《Dreammaker》	Leseek Plichta（德国）	Filmakademie Baden-Württemberg（德国巴登符德堡电影学院）
	提名	《For Sock's Sake》	Carlo Vogele（法国）	GOBELINS(法国高布兰学院)和Carlats（美国加州艺术学院）
		《Finders Keepers》	Robb Gibbs（美国）	Ringling school of Art and design（美国Ringling艺术设计学院）
A3：最佳美术设计奖	大奖	《九月》	吴橙子	中国传媒大学动画学院
	提名	《童谣》	赵佳音	中国传媒大学动画学院
		《Après la pluie》	Charles-André Lefebvre、Manuel Tanon-tchi、Louis Tardivier、Sébastien Vovau、Emmanuelle Walker（法国）	GOBELINS(法国高布兰学院)
A4：最佳角色动画奖	大奖	《Oktapodi》	Julien Bocabeille、Francois-Xavier Chanioux、Olivier Delabarre、Thierry Marchand、Quentin Marmier、Emud Mokhberi（法国）	GOBELINS(法国高布兰学院)
	提名	《Finders Keepers》	Robb Gibbs（美国）	Ringling school of Art and design（美国Ringling艺术设计学院）
		《Bave Circus》	Philippe Desfretier、Nicolas Dufresne、Sylvain Kauffmann、Martin Laugero（法国）	Premium Flims（法国Premium Flims学院）
A5：最佳网络动画奖	大奖	《翡翠罐子》	陈曦	北京电影学院
	提名	《花瓶》	张小华	北京大学
A6：最佳原创音乐奖	大奖	《空缺》		
	提名	《亡命鸡礼花》	刘祎聪、李克、刘泉、刘聪	北京电影学院
		《They will come to town》	Thilo Eners（德国）	Filmakademie Baden-Württemberg（德国巴登符德堡电影学院）

表9–6 第三届中国（北京）国际大学生动画节获奖作品名单（视觉特效类）

奖项	获奖情况	作品	作者	院校
B1：最佳数字合成短片奖	大奖	《Screw》	谭晓威、高焓	中国传媒大学动画学院
	提名	《北京站的钟》	李子峘	中国传媒大学动画学院
		《Big world》	郭小傲、徐萌、李达、刘晓婧	北京电影学院
		《Project 57》	Muhammad Fasya Daud、Anuarul Zaid Suhut、Muhammad Fasya Daud、Redha Fansuri Ahmed Fanzi（马来西亚）	Multimedia University（马来西亚多媒体大学）
B2：最佳影视包装片奖	大奖	《Glore》	Ingo Walde、Sermin Kaynak、Steffi Kohl、Verena Probst（德国）	Georg Simon Ohm Hochschule Nürnberg（德国纽伦堡大学）
	提名	《Stop Global Warming》	赵博	中国传媒大学动画学院
		《山水历》	马匡霈（中国台湾）	国立台南艺术大学（Tainan National University of the Arts）
		《墨戏京韵》	贺希、代千之、王晓慧、王颖	中国传媒大学动画学院

表9-7　第三届中国（北京）国际大学生动画节获奖作品名单（互动设计类）

奖项	获奖情况	作品	作者	院校
C2：最佳游戏作品奖	大奖	（空缺）		
	提名	星际链接《虫洞》	段延明、黄恺、郭琎	中国传媒大学动画学院
		《Oddballs》	Goran Kolonic、Sean Flannigan、Devon Braithwaite、Daniel Brown、Jlia Konytchwv、Andrew Bennett、Danny Dryden、Mark Hankins、Timothy McGegor（新西兰）	Media Design School（新西兰媒体设计学校）
		《不许动我的奶酪》	韩若竹、常秋子	中国传媒大学动画学院
C3：最佳手机互动作品奖	大奖	（空缺）		
	提名	（空缺）		
C4：最佳互动装置作品奖	大奖	（空缺）		
	提名	《音悦卉》	陈威廷（中国台湾）	台湾元智大学（Taiwan Yuan Ze University）
		《Rain Remediations》	Anney Bonney（美国）	School of Visual Arts（美国视觉艺术学院）
		《Time of Gene》	靳晶、郑屹	中国传媒大学动画学院

表9-8　第三届中国（北京）国际大学生动画节获奖作品名单（漫画插画类）

奖项	获奖情况	作品	作者	院校
D1：最佳漫画故事奖	大奖	《没谱儿》	郑斯盈（中国香港）	香港设计学院
	提名	《寂寞日记》	温婷	中国人民大学
		《一起旅行吧》	冯健	天津大学
D2：最佳单幅作品奖	大奖	《挽留》	宋寅栋	鲁迅美术学院
	提名	《Drehorgelprozession》	Andreas Pistner（德国）	University of applied sciences Wiesbaden（德国威斯巴登应用科技大学）
		《爬》	申威	中国传媒大学动画学院

表9-9　第三届中国（北京）国际大学生动画节获奖作品名单（ASIFA中国奖）

奖项	获奖情况	作品	作者	院校
ASIFA中国奖	大奖	《孩子来了》	传媒动画创作组	南京艺术学院
		《米拉子子》	沈宏	北京电影学院
		《Office》	陈仕好、梁仓富	广州美术学院

表9-10　第三届中国（北京）国际大学生动画节获奖作品名单（SIGGRAPH优秀学生作品奖）

奖项	获奖情况	作品	作者	院校
SIGGRAPH优秀学生作品奖	大奖	《墨戏京韵》	贺希、代千之、王晓慧、王颖	中国传媒大学动画学院
		《褪色》	李翔	中国传媒大学动画学院
		《沈阳金廊宣传》	张陶然、刘松	沈阳理工大学

十、“小白杨奖”全国中学生漫画故事大赛竞赛

“Aniwow!2008”第三届中国（北京）国际大学生动画节下设的“小白杨奖”面向全国高中生，旨在培养和激发中国青少年一代的创作热情与理想，选拔在动漫创作、数字媒体艺术制作和游戏设计方面卓有潜力、具备一定艺术功底、创意独特、思维新颖的高中生，为中国将来的蓬勃与发展积蓄人才。同时，该大赛作为中国传媒大学动画学院艺术类考试改革的重要举措之一，通过竞赛形式活动，为中国传媒大学动画学院的动画专业、数字媒体艺术专业和游戏设计专业选拔具备相应专业报考资格的高中学生。在培养和激发中国青少年一代的动漫创作热情与理想的同时，为中国传媒大学动画学院选拔优秀的艺术类专业人才。

1. 奖项设置

漫画故事类：一等奖2名，二等奖5名，三等奖8名，入围奖30名。

数字媒体艺术类：一等奖1名，二等奖3名，三等奖6名，入围奖20名。

游戏设计类：一等奖1名，二等奖2名，三等奖3名，入围奖10名。

2. 奖励措施

所有小白杨奖和入围奖的获奖者，大赛组委会为其颁发获奖证书。

在中国传媒大学动画学院艺术类招生考试中，小白杨奖和入围奖的获奖者可直接获得动画学院艺术类专业合格证。其中：

（1）小白杨漫画故事类一、二、三等奖获奖者将获得“高考时进入中国传媒大学动画学院按照动画专业成绩排名录取考生之列”的资格。如果高考成绩达到院校当年确定的动画专业录取分数线，即可被院校动画专业录取；小白杨漫画故事类入围奖获奖者将获得“高考时进入中国传媒大学动画学院按照高考成绩排名录取考生之列，专业排名位于当年专业合格名次的后二分之一”的资格。如果高考成绩达到院校当年确定的动画专业录取分数线，按照高考成绩由高到低的原则择优录取。

（2）小白杨数字媒体艺术类一、二、三等奖和入围奖获奖者将获得“高考时进入中国传媒大学数字媒体艺术专业考试录取考生之列”的资格。如果高考成绩达到院校当年确定的数字媒体艺术专业录取分数线，按照高考成绩由高到低的原则择优录取；其中获得小白杨数字媒体艺术类一等奖的应届高三毕业生将获得“中国传媒大学数字媒体艺术专业全国前三名的资格”，如果高考成绩达到院校当年确定的数字媒体艺术专业录取分数线，即可被该专业录取。

（3）小白杨游戏设计类一、二、三等奖和入围奖获奖者将获得“高考时进入中国传媒大学数字媒体艺术专业(游戏设计方向)录取考生之列”的资格。如果高考成绩达到院校当年确定的数字媒体艺术专业(游戏设计方向)录取分数线，按照高考成绩由高到低的原则择优录取；其中获得小白杨游戏设计类一等奖的应届高三毕业生将获得“中国传媒大学数字媒体艺术专业(游戏设计方向)全国前三名的资格”，如果高考成绩达到院校当年确定的数字媒体艺术专业(游戏设计方向)录取分数线，即可被该专业方向录取。

（4）对于高一年级或高二年级的获奖者，将保留相应的优惠资格至其首次参加高考年度。

十一、“ANIWOW!2008”评委会大奖北京动漫文化创意大奖

旨在鼓励北京地区相关企业和个人的创作热情，彰显北京文化创意产业成果和品牌，推动北京地区动漫文化创意产业的发展。该项评比的推选采取单位团体推荐或自我推荐方式进行，专家评委会对参选作品和个人进行综合评定。

该项评比设置：2008北京动漫文化创意作品大奖、2008北京动漫文化杰出出品人奖，见表9-11。

表9-11　第三届中国（北京）国际大学生动画节（北京动漫文化创意大奖）

奖项	获奖者/获奖作品	单位
2008北京动漫文化创意作品大奖	《福娃奥运漫游记》	北京电视台、卡酷动画卫视
2008北京动漫文化杰出出品人奖	余培侠	中央电视台

十二、"ANIWOW!2008"评委会大奖卡酷动漫创意大奖

面向全国，鼓励原创，挖掘优秀国产动漫作品，培养创意人才，助力原创精品通过电视平台走向市场，推动动漫产业制作与播出环节的有效链接和相互促进，促进同行间、上下游企业间以及中外业内人士之间的合作交流，打造国际青年动漫的创意孵化器。该项评比以卡酷动画卫视年度播出剧目为基础，通过专家评委会综合评定产生。

该项评比设置：2008卡酷年度动画奖、2008卡酷年度动画编剧奖、2008卡酷年度动漫特殊成就奖，见表9-12

表9-12　第三届中国（北京）国际大学生动画节（卡酷动漫创意大奖）

奖项	获奖者/获奖作品	单位
2008卡酷年度动画奖	《喜羊羊与灰太狼》	广东原创动力公司
2008卡酷年度动画编剧奖	《快乐东西》编剧司徒志岚、刘可欣等	北京电视台动画节目中心、其欣然文化传播机构、其卡通动画
2008卡酷年度动漫特殊成就奖	特伟	上海美术电影制片厂

两组评委会大奖的增设旨在鼓励和促进国产原创动画的创作与传播，进一步推动北京乃至全国文化创意产业的发展。其奖项规格、奖金规模和竞争的激烈程度都超过往届，成为本届动画节的一大亮点。

十三、展映内容

1. 中国日

（1）动画《风云决》及幕后制作

放映了由深圳市方块动漫画文化发展有限公司出品的国产动画长片——《风云决》。影片主创人员到现场与观众进行交流与互动。主创人员介绍了影片幕后的故事，强调该片在创作中十分注重画面的质感和表现力，借鉴了西方的动画制作技术，把中国传统文化与西方文化进行了完美融合。

（2）动画《真功夫之奥运在我家》及幕后制作

放映了由北京其欣然卡通影视制作有限公司出品的动画电影《真功夫之奥运在我家》。该片是一部导演技巧与叙事节奏都相当成熟的影片，其制作周期只有一年，影片鲜活生动的人物形象与老北京的民间风情令人为之惊叹，主创人员的创作热情与执着精神感动了在场观众。动画节的首日展映活动发扬了中国动画特色、展现了中国风采。

2. 法国日

（1）法国动画短片展、法国动画《太阳公主》、法国动画《暗夜恐惧》

法国大使馆文化教育处合作，法国动画短片展展映作品均为法国动画高校和电影公司近年来创作的优秀动画作品。电影长片展映单元放映了由法国、比利时、匈牙利合拍的动画影片《太阳公主》，讲述了古代埃及第十八王朝的未来王位继承人艾卡莎，性格活泼叛逆，不愿禁锢于皇宫，辗转逃脱寻找母亲的故事。动画《暗夜恐惧》则是六位插画巨匠用细腻深刻的笔法，诗意暧昧的独白，诠释了真实原色的心灵深处。

（2）法国高布兰学院（Gobelins l' ecole de l' image）优秀学生作品展

与国际顶尖动画专业院校——法国高布兰学院合作举办，邀请该学院动画系主任艾瑞克·瑞威尔（Eric Riewer）到现场进行交流和互动。该单元放映了高布兰学院近年来创作的优秀学生作品，其中包括法国昂西动画节的开幕式影片和SIGGRAPH 2008的获奖影片，这些平均时长只有2分多钟的短片如《神秘的"巫毒教"》、《撞击测试》、《盲点》、《章鱼爱情夺命战》等令台下观众时而赞叹，时而惊喜，时而紧张。展映活动呈现了一场充满浓郁法兰西风情的动画大餐，体现了动画节的学术性与国际性。

3. 加拿大日

（1）加拿大国家电影局经典影片展映

与加拿大国家电影局合作，展映了由加拿大国家电影局出品的，风格各异的经典动画影片，并邀请加拿大国家电影局制片人茱莉·罗伊

(Julie Roy)到现场与观众进行交流。其中，影片《大雨》全剧无对白，仅通过音效和画面刻画了倾盆大雨中永无止息的社会生活常态；影片《领结先生》技艺精湛、内容丰富，通过玩偶和动画展现出枯燥工作的非人性和青春理想枯萎的悲剧现实，以此阐明希望带给人的力量；此外，还有展现光明与黑暗较量的默剧《芬芳之光》、感叹生命短暂的《路易斯》、在真实与恐惧里徘徊的《坐火车的女人》、让企鹅飞上天空的《Antagonia》等等，精彩纷呈。

(2)加拿大谢里丹学院(Sheridan College Institute of Technology and Advanced Learning)优秀学生作品展

与国际顶级动画教育机构，中国传媒大学战略合作伙伴之一——加拿大谢里丹学院合作，展映该校2008年度电脑动画专业研究生及应用艺术学士(动画)专业的优秀学生作品，并特邀该学院动画、艺术与设计学院副院长安吉娜·斯图凯特(Angela Stukator)和大卫·昆斯耐(David Quesnelle)教授亲临现场与观众交流。

4. 英国日

BAA英国动画大奖特展

与英国大使馆文化教育处合办，放映了近年来在国际各大动画节获奖的优秀英国动画影片，其中《那个很老很老的人》、《调整》、《奶牙》等风格各异的英国原创动画异彩纷呈，令会场气氛十分热烈。新锐独创的动画特展，将充满着英伦风情的动画节最后一个国际交流日推向高潮。

5. 其他展映内容

(1)“白杨奖”入围作品展

囊括了2008年第三届中国(北京)国际大学生动画节优秀入围作品，众多原创作品体现了动画节的学术影响力，为国内动画、新媒体的艺术专业学生以及动画爱好者创建了交流及展示自我的平台。

(2)国外优秀学生作品展

该展映单元放映了中国传媒大学动画学院友好院校，如美国加州艺术学院(CalArts)、美国瑞格林艺术与设计学院(Ringling College of Art and Design)、纽约视觉艺术学院(School of Visual Arts)、纽约大学(New York University)、韩国京畿数字内容学院(GDCA)等世界顶级艺术院校的多部优秀学生作品。

(3)SIGGRAPH 2008电脑动画节部分提名及获奖作品展

该展映单元上展出了2008年度SIGGRAPH电脑动画节最受观众欢迎奖、评委会大奖、评委会提名奖、优秀学生作品奖、优秀学生作品提名奖等数十部作品。来自法国高布兰学院的《章鱼爱情夺命战》、德国波茨坦影视学院的虚拟纪实影片《神奇的大自然》、法国影视视听技术学院的影片《倒霉天》等众多优秀作品令观众感受到全球动画专业发展的新力量。

(4)中国传媒大学动画学院师生优秀作品展

展出了中国传媒大学动画学院近年来部分优秀师生作品，其中包括2008年度在国际重大动画节展中入围和获奖的学生作品，如法国昂西国际动画节正式竞赛单元入围作品《Crossing》、《糖果的诱惑》，捷克国际动画节入围作品《纯色》、SIGGRAPH 2008大会学生竞赛单元(SpaceTime)二等奖作品《Time of Gene》以及另两部入围作品《回》、《北京：东方和西方是如何相爱并继续这样的》，展现了中国传媒大学动画学院师生优秀的创作水平，展示了中国动画、CG的新生力量。

十四、展览单元

(1)ACM SIGGRAPH SpaceTime 2008获奖作品展

与ACM SIGGRAPH教育委员会合作，展出了2008年度ACM SIGGRAPH学生竞赛单元(SpaceTime)部分获奖CG静帧作品以及中国传媒大学动画学院在该单元获得二等奖的学生动画作品《Time of Gene》的装置艺术展示。这些作品以独特的艺术构想获得观众极大的关注与喜爱。

(2)日本集英社漫画展

与著名漫画出版社日本集英社合作，展出了集英社众多经典漫画作品原画手稿，《七龙珠》、《圣斗士星矢》、《海贼王》、《网球王子》等一系列著名漫画作品让众多动漫爱好者流连忘返。

十五、大师课程内容

1. 题目：国际化行业视野下的中国原创动画

主讲：王川(著名动画导演、编剧、北京青青树公司董事长)

2. 题目：动画制作流程

主讲：郑寅（韩国著名动画导演，曾在《名侦探柯南》、《x战警》、《蝙蝠侠》等动画中担任原画师）

3. 题目：网页游戏——开创游戏新时代

4. 题目：The Structure of Gobelins Course & How to Prepare for Jobs

主讲：艾瑞克·瑞威尔（法国Gobelins学院动画系主任）

5. 题目：加拿大国家电影局动画人才培养模式及动画影片制作方法

主讲：茱莉·罗伊（加拿大国家电影局制片人）

6. 题目：动漫与游戏艺术表现的异同

主讲：纪峥（北京红图互动公司总裁）

7. 题目：走近动画艺术

主讲：大卫·昆斯耐（加拿大谢里丹学院动画、艺术与设计学院教授，曾担任《美女与野兽》、《风中奇缘》等影片高级动画师）

8. 题目：怎样制作迪士尼风格的动画

主讲：兰蒂·卡特莱特（迪士尼公司著名编剧，曾参与《美女与野兽》、《阿拉丁》、《狮子王》和《怪物史莱克》等多部知名动画编创）

9. 题目：产业风云与时俱进

主讲：村上·吉米（国际著名动画导演，法国昂西国际动画节金奖获得者）

10.题目：CG Production Principles & Practices

主讲：凯文·盖格（迪士尼公司三维制作总监、美国加州艺术学院副教授）

十六、特别活动

1. 第三届中国（北京）国际大学生动画节新闻发布会

2008年7月10日，第三届中国（北京）国际大学生动画节新闻发布会在北京贵宾楼饭店举行，国家广电总局副总编辑、宣传管理司司长金德龙、北京市委宣传部副部长陈冬、北京市广电局党组书记、局长孙向东、中国传媒大学副校长吕锐、文化部文化市场司动漫游戏处处长宋奇慧、北京电视台副总编辑张强、共青团中央学校部大学处处长王松山等领导出席了发布会，中国传媒大学动画学院院长廖祥忠、北京卡酷动画卫视总经理帅民、北京卡酷动画卫视企划副总监张翼、中国传媒大学动画学院动画系主任高薇华等嘉宾以及部分动漫界专家学者，英国大使馆、法国大使馆、微软、苹果、惠普、Autodesk等机构和企业的代表应邀出席。新华社、中央电视台、中国教育电视台、北京电视台、凤凰卫视、人民网、央视国际、新京报、北京晚报等50余家媒体记者参加了发布会。

2. 2008卡酷全卡通动漫嘉年华

“2008卡酷全卡通动漫嘉年华”于9月28日—10月5日在中华世纪坛盛大开宴，作为“第三届中国（北京）国际大学生动画节”的首场重头大戏，为这场国家级动漫盛会拉开了序幕。

“卡酷全卡通动漫嘉年华”是在北京市委宣传部的关心支持下，由北京电视台、北京卡酷动画卫视全力打造的国内顶级品牌的大型动漫活动，2007年创立至今在北京、天津、大连等多个城市成功举办，受到广大动漫爱好者和动漫厂商的热烈欢迎，对推动国内动漫产业发展发挥了十分积极的作用，成为一个极具产业价值的文化创意品牌。作为“第三届中国（北京）国际大学生动画节”的开场活动，本届嘉年华得到政府各有关部门的高度重视和大力支持，是截至目前北京地区官方主办的最高规格的大型动漫活动，比往届活动更具产业规格和国际视野，

嘉年华现场特设“中央舞台”、“福娃展区”、“卡酷漫画长廊”、“中国（北京）国际大学生动画节展区”、“动画精品展播大厅”、“嘉年华游艺区”、“大型充气玩具游艺区”7大主展区，并为广大观众专设“动漫特装展区”、“网游展区”、“收藏玩具精品区”、“互动比赛区”、“创意市集”、“普通展区”和“声优互动秀”7个专题区，为动漫迷打造了一场融动漫、游戏、高科技为一体的完美风暴，为动画节正式登场营造了宏大的气势，聚集了广泛的人气。

3. 第三届中国（北京）国际大学生动画节开幕式暨中国动画艺术陈列馆揭幕仪式

2008年10月21日，第三届中国（北京）国际大学生动画节开幕式暨中国动画艺术陈列馆揭幕仪式在中国传媒大学举行，国家广电总局副总编辑、宣传管理司司长金德龙，北京市委宣传部副部长陈冬，中国动画学会会长、中央电视台青少中心主任余培侠，中国教育电视台台长康宁，北京市广电局副局长李春良，共青团中央学校部大学处处长王松山，北京科学教育电影制片厂厂长薛继军，上海美术电影制片厂厂长周峻等领导出席了开幕式，中国传媒大学校党委书记陈维嘉，北京电视台副总编辑张强，副校长高福安、胡正荣、吕锐，副校级领导兼中国教育电视台副台长吕学武，北京卡酷动画卫视副总经理李果，北京卡酷动画卫视企划副总监张翼等主办单位的领导，以及著名动画艺术家、原中国动画学会会长张松林，著名动画艺术家、北京大学软件学院教授马克宣，著名动画艺术家、上海阿凡提国际动画有限公司董事长曲建方，著名动画艺术家、吉林动画学院副院长常光希，中国视协卡通艺委会副主任傅铁铮，漫友文化传播机构出版人兼总编辑金城，北京电影学院动画学院副院长李剑平，北京电影学院动画学院教授曹小卉，北京电影学院动画学院副教授陈廖宇，央视动画公司创作部主任李捷，英国大使馆文化教育处艺术项目官员沈衍，加拿大国家电影局制片人茱莉·罗伊，加拿大谢里丹学院动画艺术与设计学院院长安吉娜·斯图凯特，加拿大谢里丹学院动画艺术与设计学院大卫·昆斯耐，法国高布兰学院动画系主任兼国际关系事务主任艾瑞克·瑞威尔，迪士尼公司动画师、编剧兰蒂·卡特莱特，韩国MOI动画公司代表理事孙瑞勋，著名韩国动画导演郑寅，Pitof数字工作室创始人、董事长皮托夫，著名影视后期特效专家、杭州汉唐影视动漫有限公司总经理何清超，北京其欣然集团总裁袁梅，北京万豪卡通动画公司总经理陈雷，红图互动总裁纪峥，紫禁之颠艺术总监杨丹，深圳市方块动漫画文化发展有限公司行政总裁钱国栋，电影《风云决》导演黄利成，影片《真功夫之奥运在我家》制片人，动画情景喜剧《快乐东西》总导演王云飞，影片《真功夫之奥运在我家》导演，动画情景喜剧《快乐东西》动画制作朴岸等来自国内外的200余位动漫界专家学者应邀出席了开幕式。出席动画节开幕式的还有来自新华社、《人民日报》、中央电视台、中央人民广播电台、中国教育电视台、中国国际广播电台；《北京日报》、《北京晨报》、《北京晚报》、北京电视台、北京人民广播电台、北京移动电视、《CGM》杂志；腾讯网、新浪网、搜狐网、人民网、视觉同盟网等80余家媒体的记者。中国传媒大学动画学院院长廖祥忠教授主持了开幕式。中国传媒大学校党委书记陈维嘉，北京电视台副总编辑张强，中国动画学会会长、中央电视台青少中心主任余培侠，北京市委宣传部副部长陈冬，加拿大谢里丹学院动画艺术与设计学院院长安吉娜·斯图凯特以及国家广电总局副总编辑、宣传管理司司长金德龙分别在开幕式上致辞。

为展示中国动画艺术发展历史，弘扬中国民族动画艺术精神，中国传媒大学联合上海美术电影制片厂、北京科学教育电影制片厂、八一电影制片厂等单位在中国传媒大学动画学院共同发起创办了“中国动画艺术陈列馆”。在中国动画艺术陈列馆揭幕仪式中，中国教育电视台台长康宁与中国传媒大学副校长吕锐共同为“中国动画艺术陈列馆”揭牌。

中国动画艺术陈列馆的初期建设包括搜集整理中国动画史料、复原传统动画制作流程、保存中国动画经典片目、建设中国动画艺术陈列馆网站等项目，将与北京科教电影制片厂、上海美术电影制片厂、八一电影制片厂、中央电视台等重要动画制作机构合作，依托中国传媒大学动画学院国内领先的媒资管理系统，最终形成权威的在线动画作品数据库，整理研究中国动画历史名作。使老一辈动画人的艺术理念和创作经验薪火相传，承继中国动画学派的优良传统。初步确定在2009年秋季举办“中国动画大师手稿展”。

在开幕式上，中国传媒大学还与其他三家动画教育、制作机构签署了战略合作协议。

4. 与加拿大谢里丹学院签署战略合作协议

中国传媒大学副校长胡正荣与加拿大谢里丹学院动画、艺术与设计学院副院长安吉娜·斯图凯特女士共同签署了双方战略合作协议。

加拿大谢里丹学院被誉为“动画教育界的哈佛”，是全世界最早建立动画和数字媒体专业的大学之一，并率先在全球创立了第一个电脑动画专

1 2 3 4 5 6 7 8 9 10

业，是全球电脑动画教育领域的领军者。中国传媒大学与谢里丹学院在学术和教育等领域有许多共同的兴趣点，双方本着志愿开展和促进发展的目的达成了关于教育资源与项目合作的共识。合作协议的签署将启动双方在以下几大项目的合作：为期五年的短期交流活动——“谢里丹学院—中国传媒大学春季学院”，“4+1”研修班项目，“1+1+1”联合培养硕士生项目，谢里丹学院作为协办单位深度参与中国（北京）国际大学生动画节。

5. 与北京科学教育电影制片厂签署战略合作协议

中国传媒大学副校长高福安与北京科学教育电影制片厂厂长薛继军共同签署了战略合作协议。

为促进中国动画产业和教育的发展，实现高端动画制作机构和最高动画教育学府之间的强强联手，加强动画创作和生产力量，充分利用国家“产、学、研一体化”的优惠政策，共同打造高水平动画作品。北京科学教育电影制片厂和中国传媒大学经过充分酝酿和协商，决定建立长期的战略合作伙伴关系。协议内容包括双方在五年内关于动画创作、动画教学、项目合作、师资交流、学生实习、学生就业等多方面领域广泛开展深入合作。

北京科学教育电影制片厂成立于1960年3月12日，是中国目前最大的科教电影制片厂。整建制划归到中央电视台后，成为“中央电视台科教节目制作中心”。由以生产科教电影为主，转向以制作电视节目、动画、译制片、科教片并存的生产模式，有着一支强大的创作队伍，具有良好的创作条件和设备力量，近年来获得国内、国际各种优秀影片奖励的有76部。

中国传媒大学与北京科学教育电影制片厂建立长期的战略合作伙伴关系，将在纵深层次促进中国传媒大学动画学科与中国动画产业的紧密结合，并在动画教育实践中开拓出动画人才培养新模式，将会推动中国动画产业走上一个全新的层次。

6. 与上海美术电影制片厂签署战略合作协议

中国传媒大学副校级领导兼中国教育电视台副台长吕学武与上海美术电影制片厂厂长周峻签署了合作协议。

为促进中国动画产业和教育的发展，实现高端动画制作机构和最高动画教育学府之间的强强联手，加强动画创作和生产力量，提升动画人才培养水平，中国传媒大学和上海美术电影制片厂决定建立为期五年的战略合作伙伴关系，就师资、实践、设备、咨询服务等多个方面达成互惠互利协议。

上海美术电影制片厂成立于1957年4月，是现今中国规模最大的美术电影制片基地，融美术片、儿童片的制片、制作、发行、放映及图书、杂志、音像制品、多媒体产品的出版、发行、销售；版权授权经营、开发与销售为一体的综合性影视文化机构。在发展过程中云集了一批知名艺术家，逐渐形成了中国美术片的风格。有48部美术片先后在国内69次获奖；有45部美术片在国际上73次获奖，赢得国际声誉。

中国传媒大学与上海美术电影制片厂战略合作协议的签订将充分发挥双方在艺术动画创作实践方面的特色以及在人才培养方面的优势，开展各类教育合作项目。在动画教育实践中秉承出“产学研”相结合、“理论学习与行业实践”的理念，为推动中国动画产业与事业的结合发挥更大的作用。

7. 上海美术电影制片厂-中国传媒大学定格动画联合实验室揭牌仪式暨中国动画艺术陈列馆建设研讨会

2008年10月21日，“中国传媒大学-上海美术电影制片厂定格动画联合实验室”揭牌仪式暨研讨会在中国传媒大学举行。上海美术电影制片厂厂长周峻，著名美术编导、原中国动画学会会长张松林，杭州汉唐影视动漫有限公司总经理何清超，中国动画学会常务理事、国家一级动画设计师常光希，中国动画学会理事、北大软件学院教授马克宣，阿凡提国际动画公司董事长曲建方夫妇，中国传媒大学动画学院院长廖祥忠、中国传媒大学动画学院教授委员会主席路盛章、贾否教授等嘉宾出席了揭牌仪式。揭牌仪式结束后，与会专家对实验室今后的架构规划等问题进行了深入研讨。

8. 中国动画艺术精神——中国动画艺术前辈对话录

作为第三届中国（北京）国际大学生动画节的重要活动之一，“中国动画艺术精神——中国动画艺术前辈对话录”于10月21日在中国传媒大学动画学院举行，中国动画学会理事、北大软件学院教授、原上海美影厂导演马克宣，原中国动画学会会长张松林，阿凡提国际动画公司董事长曲建方，中国动画学会常务理事、国家一级动画设计师常光希，中国传媒大学动画学院教授委员会主席路盛章等五位中国动画界知名前辈出席了此次论坛。

张松林在论坛现场，以自己的切身经验谈论了中国动画的艺术精神，并表现出对中国动画教育极大的关心，并以“作品说话，内容为王”八个字总结了自己的动画创作体验。

国际动画协会会员，原上海美术电影制片厂导演马克宣表示，对生活的触动和体会是进行动画创作的源泉，动画创作需要自己独特的思维方式，即换位思维。与此同时，他通过具体事件展现出中国动画艺术精神的变迁。

国产动画《宝莲灯》的导演常光希是国家一级动画设计师，曾参与过《草原英雄小姐妹》的制作。常光希表示，动画创作要有个性，但更需要冷静的思考。

第一部进入奥斯卡的中国电影《阿凡提》的导演曲建方表示“童心不泯、永远追求、永不放弃”是自己的创作理念。

9. 30岁前我们能做什么？——中国青年动画先锋论坛

该单元于10月24日举行，汇聚了六位中国当代著名年轻动漫人，职业幽默漫画家猫小乐（陈乐），北京电影学院动画学院副教授陈廖宇，创作《强盗的天堂》、《新长征路上的摇滚》的著名闪客、自由动画人老蒋（蒋建秋），《迷宫》动画项目设计者、著名动画人、播客、闪客阿桂（桂华政），中国传媒大学动画学院动画系动画编导教研室主任、讲师猫粮（薛燕平），动画学院教师、独立动画人、《少林寺与武当狗》作者大勇（李智勇）与听众探讨了“30岁前我们能做什么？”这一话题。嘉宾们幽默诙谐的语言，犀利深刻的见解，独到精辟的分析引发了现场观众对人生与社会的思考。

10. 第三届中国（北京）国际大学生动画节闭幕式暨颁奖盛典

作为动画节的压轴戏，由北京卡酷动画卫视携中国传媒大学动画学院共同精心打造的第三届中国（北京）国际大学生动画节闭幕式暨颁奖盛典于10月24日在中国传媒大学举行。中央电视台少儿频道、中国教育电视台、北京卫视、北京卡酷动画卫视对闭幕式进行了全程转播，新浪、搜狐、腾讯、视觉同盟进行了网上视频转播。

国家广电总局副总编辑、宣传管理司司长金德龙，文化部文化市场司副司长庹祖海，北京市委宣传部副部长陈冬，北京市广电局党组书记、局长孙向东，中国动画学会会长、中央电视台青少中心主任余培侠，文化部文化市场司动漫游戏处处长宋奇慧，北京市文化创意产业促进中心主任杨淦，北京市委宣传部改革办主任龙晓雯，北京市委宣传部文化处处长陈建文，文化部文化市场司动漫游戏处副处长马力等嘉宾出席了典礼。中国传媒大学校长苏志武，副校长丁俊杰、吕锐，副校级领导兼中国教育电视台副台长吕学武，北京电视台副总编辑张强，北京卡酷动画卫视副总经理李果，北京卡酷动画卫视制作总监曾伟京，北京卡酷动画卫视企划副总监张翼，中国传媒大学动画学院院长廖祥忠，中国传媒大学动画学院教授委员会主席路盛章，中国传媒大学动画系系主任高薇华等主办方领导，以及央视动画公司总经理王英，著名动画艺术家、教育家、中国动画学会名誉会长张松林，著名动画艺术家、北京大学软件学院教授马克宣，著名动画艺术家、上海阿凡提国际动画有限公司董事长曲建方，国家一级动画设计师、吉林艺术学院动画学院副院长常光希，中国视协卡通艺委会副主任傅铁铮，北京电影学院动画学院副院长李剑平，北京电影学院动画学院教授曹小卉，北京电影学院动画学院副教授陈廖宇，央视动画公司创作部主任李捷，知名动漫人聂峻，职业幽默漫画家猫小乐（陈乐），知名动画人阿桂（桂华政），著名自由动画人老蒋（蒋建秋），法国文化中心影视专员戴蔺炜，SIGGRAPH教育委员会资深会员，美国新州罗格斯州立大学美术系电脑动画教授谭力勤，加拿大国家电影局制片人茱莉·罗伊，加拿大谢里丹学院动画艺术与设计学院院长安吉娜·斯图凯特，谢里丹学院动画艺术与设计学院大卫·昆斯耐，法国高布兰学院动画系主任兼国际关系事务主任艾瑞克·瑞威尔，国际著名动画导演村上·吉米，迪士尼公司动画师、编剧兰蒂·卡特莱特，迪士尼公司三维制作总监、美国加州艺术学院副教授凯文·盖格，中国惠普有限公司工作站产品总经理桃乐姗，苹果公司亚洲教育市场及渠道策略总监吴碧瑄，欧特克（中国）有限公司系统产品总经理徐洋，海皮士信息技术有限公司执行副总裁兼首席技术官竺振宇，著名影视后期特效专家、杭州汉唐影视动漫有限公司总经理何清超，每日视界制作公司总裁黄健明，《电视字幕特技与动画》杂志主编兼国家广电总局广播电视规划院信息研究所副所长辛桂芳，搜狐文化中心总监方军，北青网品牌推广部经理杨西菱，人民网科教文化部副主任藏文丽等200余位来自国内外的动漫界专家学者，中国传媒大学动画学院1000多名师生参加了闭幕式。

颁奖盛典上，众多动漫界大师、学者、业界同仁、相关专业大学生、动漫爱好者以及众多演艺界明星齐聚一堂，共同见证了本届动画节动画类、视觉特效类、互动作品类、漫画插画类以及ASIFA中国奖、Siggraph优秀学生作品奖、北京动漫文化创意大奖和卡酷动漫创意大奖八个类别，总计21个奖项的揭晓。中国、美国、德国、法国、加拿大、新西兰、马来西亚等国家的大学生分别赢得了奖项。中国传媒大学动画学院学生表现优异，共获得其中5项大奖以及7项提名奖。其中2004级动画专业的赵佳音同学凭借其具有浓郁中国文化艺术风格与深刻思想内涵的动画作品《童谣》获得本届动画节“白杨奖”大奖。

本场晚会以其新颖别致的节目、绚烂的舞台效果、出色的演员表演以及精彩的获奖作品点评调动起了全场观众情绪，水木年华、黄征、叶蓓、子曰乐队、海鸣威等众多演艺明星也到场助兴，整场晚会掌声不断，高潮迭起。随着颁奖晚会的终场，为期4天的“Aniwow! 2008”第三届中国（北京）国际大学生动画节在现场数千名观众的掌声和惊叹声中圆满落下了帷幕。现场来自国内外动画专业院校、制作机构的嘉宾们依依不舍，纷纷合影留念。在临别前，嘉宾们为动画节送上了最高的褒赏和最真诚的祝愿，表示本次动画节向世界展示了主办方超强的组织能力，展示了中国传媒大学动画学院高度的国际化视野，展示了中国年轻动画人新锐的创作理念和创作实力。嘉宾们纷纷相约来年再见，相信“Aniwow! 2009”将带来更多的惊喜。

十七、媒体报道

第三届中国（北京）国际大学生动画节自开幕以来，吸引来了众多媒体的关注与报道。据不完全统计，在活动期间，中央电视台早间新闻、新闻30分、晚间新闻，综艺快报等栏目对本届动画节作了全面报道；中央电视台少儿频道、中国教育电视台、北京电视台等多家电视媒体都对本届动画节作了专题报道并全程转播了颁奖晚会盛况；新华社、中新社、中央人民广播电台、中国国际广播电台、北京人民广播电台、China Daily、《侨报》、《北京日报》、《北京青年报》、《北京晨报》、《娱乐信报》、《新京报》、《北京广播电视报》、《北京电视周刊》等传媒机构都派出记者对动画节进行了跟踪报道；新浪、搜狐、腾讯、央视网、人民网、中华网、校内网、视觉同盟、火星时代、TOM网、BTV网站、中国动画网等网络媒体都做了专题板块，以多种形式对动画节各项主体活动进行了实时、立体的全方位报道；数字娱乐技术、数码设计、漫友、游戏创造、MILK新潮流、综艺报等专业平面杂志媒体，以及《开啦》等电子杂志媒体都对本届动画节作了专题报道。本次大赛组委会还与央视国际移动多媒体部以及北京移动电视进行了深入合作，本届动画节相关活动报道以及获奖作品可通过手机、车载电视等新媒体进行免费观看。人民网对第三届中国（北京）国际大学生动画节开幕式进行了网上文字直播。

尤为值得一提的是，本届动画节得到了合作承办方——北京卡酷动画卫视的全力支持与参与。北京卡酷动画卫视在本届动画节的前期策划、节前新闻发布会、动画节宣传片与专题片制作、媒体宣传、颁奖晚会筹办与录制等重要工作中倾注了全台之力，并在动画节期间全天滚动播出动画节的最新情况和入围作品。在动画节前期宣传与动画节期间，卡酷动画频道以及北京电视台的其他频道还安排了大覆盖、高密度的宣传和预告。北京电视台的《北京新闻》、《电视先锋榜》等栏目均在黄金时段对本次活动进行了报道，对动画节开幕和颁奖盛典都进行了及时、充分的宣传。其中动画节颁奖盛典晚会实况由卡酷动画卫视和北京卫视相继播出后，还将分别在央视青少频道、中国教育电视台等频道播出，对动画节的品牌起到了进一步的宣传和推广作用，从而极大提升了本届动画节的媒介关注度与社会影响力。

本届动画节突破以往单一的以现场活动为主、以奖项评比为主的举办方式，注重多渠道、立体化的交流。将电视媒体与网络、手机等新兴媒体深层植入动画节，通过广播、报刊、电视、网络、手机、电子杂志、车载电视等媒介平台立体化播出本届动画节盛况，使动画节的影响范围和效应能得以最大化的传播和发挥。

十八、主要成果

第三届中国（北京）国际大学生动画节共举办了18场展映、10场大师课程、4场论坛、3个主题展览以及闭幕颁奖盛典，为参与其中的业界人士提供了砥砺观点的舞台，为相关专业大学生和爱好者带来了绝佳的学习机会，成为一场丰盛的视觉与精神盛宴。通过展映、课程、论坛等智慧碰撞的契机，东西方动画艺术家、行业领导者共济一堂，共同探讨中国动画的发展方向，让中国动画界接触到了本年度国际业界发展的最新趋势，也为世界了解中国动画打开了一个窗口，取得了一系列丰硕的成果。

1. 继续在国际上树立高端动画学术交流活动品牌

在前两次动画节的基础上，本届动画节继续联合海内外众多动画艺术院校、动画研究和制作机构举办，邀请来自国内外动画教育界和业界的顶级专家，引入国际动画教育和动画创作的最新理念，为促进中外动画界学术交流，搭建高规格、国际化的动画学术交流平台，作出了新的贡献。

动画节在连续举办三年后，已在国际动画界树立了专业、高端的品牌形象。本次动画节共收到来自46个国家和地区共1603部参赛作品，其中国外作品503部；共有来自49所国外高校、65所国内高校的上千名大学生参与。同时，国际化的评委团也凸显了高端学术平台不同于其他节展的特色，数十位国际知名动画专家莅临本届动画节，包括国际顶尖动画院校如法国高布兰学院、加拿大谢里丹学院的专业负责人，多位国际动画大师如昂西国际动画节金奖获得者村上·吉米、迪士尼公司三维制作总监凯文·盖格，曾执导《美女与野兽》、《风中奇缘》等影片的迪士尼高级动画导演大卫·昆斯耐等。

动画节的展览、展映、大师课程和讲座分为“中国日”、“法国日”、“美加日”和“英国日”四大主题日，将来自多个动画发达国家的风格各异、韵味多样的各类作品和信息带给中国观众，也通过“中国日”活动将中国动画的年度最新发展介绍给海外来宾。来自法国、加拿大、美国、英国、爱尔兰、韩国等地的世界顶级动画教育专家、业界人士与国内的业界精英和动画学子们切磋技术和创作经验，分享国际动画艺术和技术发展趋势以及国内外动画教育理念。动画节各个活动现场座无虚席，现场观众积极参加好评如潮，普遍反映说这绝对是“目不暇接的艺术和知识饕餮盛宴”。

2. 高校与传媒强强联手，共同打造北京市文化创意产业发展平台

本次动画节由中国传媒大学动画学院和北京卡酷动画卫视共同举办，充分发挥高校在学术、教育、人才、资源方面的优势及媒体在传播上的优势和在业界的影响力，开高等学府和电视媒体联合举办动漫节的先河。

在共荣共赢的理念指导下，双方积极配合、合理分工、资源共享，强化了北京市在全国动漫产业格局中动漫原创的核心地位。通过加强动画教育机构与文化创意机构和实体的合作与交流，优化北京动画产业与科研资源，整合优势力量，从整体上促进北京市动画创意产业结构的改善，增强了北京市动画创意产业的原创力与竞争力。在全球创意经济浪潮中，为北京城市经济发展不断拓展增长点，为城市增添文化与时尚的内涵，从而提升北京的城市文化魅力与国际竞争力。

3. 整合动画业界、学界资源，打造“产、学、研”一体化平台

本届动画节上，中国传媒大学与国内外顶级动画教育机构和制作机构签署了一系列战略合作协议，打造起一个动画“产、学、研”一体化平台，为开拓中国动画教育和动画产业的共同发展创建了全新的范式。

中国传媒大学联手上海美术电影制片厂、北京科学教育电影制片厂、八一电影制片厂联合创办的“中国动画艺术陈列馆”在本次动画节上挂牌，弥补传统动画工艺和实践教育方面的缺失，成为展示动画艺术发展历程、弘扬民族动画艺术文化的艺术殿堂及动画人才培养、大众休闲娱乐、青少年素质教育的重要基地，在动画人才培养、文化传承和文献保存等多方面将发挥巨大的作用。

本次动画节上，与北京科学教育电影制片厂、上海美术电影制片厂签署战略合作协议，对推动中国高端动画制作机构和最高动画教育学府之间联合，实现“产、学、研一体化”目标具有开创性意义。“中国传媒大学、上海美术电影制片厂定格动画联合实验室”的成立，将借助上海美术电影制片厂在定格动画领域的领先地位与深厚资源，探寻中国动画精神的传承与创新之道。

动画节上，中国传媒大学与国际最顶尖的动画专业院校——加拿大谢里丹学院签署战略合作协议，为中国动画教育和动画学科与国际最前沿的动画教育界和业界接轨搭建了高端交流平台。

依托动画节形成的深远国际影响，中国传媒大学还将进一步加强与国内外业界机构的合作，致力于打造中国动画教育品牌，搭建国际领先的动画创作、技术研发和实验支撑平台，为文化创意产业发展在技术支撑、内容生产以及人才培养等方面作出贡献。

同时，动画节通过打造高端学术交流与合作平台，建立起了包括百余位学者和艺术家在内的全球人才库，其中既有国内外动画业界的大师级艺术家，也有动画教育界的知名学者，更有大批中青年技术专家和艺术家，在业界和学术界享有良好口碑。为中国动画的国际交流、师资建设和人才储备搭建了全球人才网络。

4. 搭建动画教育实践教学成果检验平台

历次动画节依托在国内外的影响力，成为检验中国动画教育发展中学院创作水平的实践平台。在本次动画节获奖的作品来自于多家国际和国内知名的动画院校，以严肃、严格的遴选程序，使多部优秀作品脱颖而出，成为检验动画教育实践教学成果的重要平台。

大学生动画节以针对高校思维活跃、创意前沿的学生创作者为特色，以竞赛检验动画教学成果，在竞赛中凸显新生动画创作力量。获奖作品来自法国高布兰学院、德国巴登符德堡电影学院、美国加州艺术学院等多所国际顶尖高校及中国传媒大学、北京电影学院等多所国内领先高校，体现出各校的动画教学发展水平，并为年轻动画人提供了展现才华的良好平台。

5. 搭建师生实战平台，发挥动画院校在国家动漫产业中的作用

本届动画节不仅是全世界同行汇集的动漫盛会，也为中国传媒大学动画学院搭建起一个检验师生创作水平和组织能力的实践平台。动画学院师生不仅以优秀的作品为中国动画赢得了荣誉，也以良好的组织和管理能力博得了世界同行的赞赏，体现了动画院校在国家动漫产业发展中的作用。

学院在动画节开始前鼓励专业教师指导学生进行高层次、高水准的专业创作，积极参加动画节作品投递。在本次动画节的作品评选中，中国传媒大学动画学院学生表现优异，共获得其中5项大奖以及7项提名奖。其中赵佳音同学的动画短片《童谣》赢得了国内外评委的高度认可，评委们认为，该作品制作精良、意境悠远，既体现了浓郁的中国文化艺术风格，也具有深刻的思想内涵，一致通过将其评定为本届动画节“白杨奖”大奖与最佳美术提名奖。中国传媒大学动画学院的学生作品在与来自北美、欧洲、大洋洲和亚洲其他地区动画院校的优秀学生作品的同台竞争中取得好成绩，从一个侧面检验了动画学院师生的创作水平，更以国际化的视野和标准检验了学院的教学效果。

在鼓励学生创作的同时，动画节所需要的缜密细致的组织工作及其营造的国际化氛围还为动画学院的师生提供了展示自己的舞台。动画节执委会下设统筹组、作品征集组、评审组、新闻宣传组、秘书组、会展组、国际联络组、国内联络组、接待组、作品整理组、品牌管理组、后勤组等具体实施机构，吸收了大量的学生志愿者参与到节展的组织和策划工作中。动画节期间，中国传媒大学动画学院全民动员，所有师生都义务投入到动画节的各项工作中。特别是在各工作组负责老师的带领下，学生志愿者各施其职，克服集中、高强度的工作压力，在动画节组织工作的各个细节和单元发挥着自己的作用，体现了良好的组织能力、协调能力和管理能力。在幕后工作之外，学生志愿者还活跃在动画节各个活动现场，承担了嘉宾陪同、现场协调、流程控制等工作。特别是在国际嘉宾接待任务中，接待组学生全程陪同翻译，并承担了大师课程现场口译任务，展现了良好的外语应用能力。动画学院师生深厚的专业素养、极强的敬业精神以及高度的国际化风范受到与会嘉宾和媒体的一致称赞。

6. 取得了各界的良好反响

第三届中国（北京）国际大学生动画节好评如潮，受到了政府主管单位、国内外动画业界、教育界及国内主流媒体的广泛关注和认可。来自美国迪士尼、法国高布兰学院、加拿大谢里丹学院等国际一流动画机构的专家和学者在谈及本届动画节的感受时，使用频率最高的一个词是“surprise(惊奇)”，他们对本届动画节广泛的国际化参与度、优秀的参赛作品质量、完善的组织工作以及国内权威媒体的高关注度表示了深深的惊叹和敬佩。国际知名华裔电脑动画和互动装置艺术家、美国新州罗格斯州立大学谭力勤教授在采访中谈到，他从本届动画节看到了中国年轻动画人令人惊奇的动画创作实力与潜力。迪士尼著名动画师兰蒂·卡特莱特在谈到动画教育时，对中国传媒大学动画学院高度的国际化程度、完整科学的教学体系与教学理念以及先进有效的教学模式表示了高度赞赏。国家广电总局副总编辑、宣传管理司司长金德龙指出，“第三届（北京）国际大学生动画节较好地秉承了原创性、学术性、国际性的宗旨，逐渐成为推动动画机构交流合作的新平台，成为国际学术学习借鉴的新途径，促进中国动画教育发展的新手段……为国内外动画人才与创作团队提供了展现才华、交流思想的国际舞台。必将为中国动画人才的培养与中国动画产业的发展起到重要推动作用。”

中国（北京）国际大学生动画节经过三年来的发展，已在国内外具有广泛的影响。未来，主办方将继续致力于将动画节发展成为国际知名的顶级动画节品牌，为北京市文化创意产业的发展以及中国动画和数字媒体艺术教育和产业发展作出贡献。

1
2
3
4
5
6
7
8
9
10

第七节 《展会知识产权保护办法》总则

为了规范各地的动漫展会活动，2006年商务部、国家工商总局、国家版权局、国家知识产权局共同颁布了《展会知识产权保护办法》，总则如下：

第一条 为加强展会期间知识产权保护，维护会展业秩序，推动会展业的健康发展，根据《中华人民共和国对外贸易法》、《中华人民共和国专利法》、《中华人民共和国商标法》和《中华人民共和国著作权法》及相关行政法规等制定本办法。

第二条 本办法适用于在中华人民共和国境内举办的各类经济技术贸易展览会、展销会、博览会、交易会、展示会等活动中有关专利、商标、版权的保护。

第三条 展会管理部门应加强对展会期间知识产权保护的协调、监督、检查，维护展会的正常交易秩序。

第四条 展会主办方应当依法维护知识产权权利人的合法权益。展会主办方在招商招展时，应加强对参展方有关知识产权的保护和对参展项目（包括展品、展板及相关宣传资料等）的知识产权状况的审查。在展会期间，展会主办方应当积极配合知识产权行政管理部门的知识产权保护工作。展会主办方可通过与参展方签订参展期间知识产权保护条款或合同的形式，加强展会知识产权保护工作。

第五条 参展方应当合法参展，不得侵犯他人知识产权，并应对知识产权行政管理部门或司法部门的调查予以配合。

10

第十章

中国动画产业年报 CHINA ANIMATION INDUSTRY ANNUAL REPORT

2008—2009年中国动漫产业大事记

2008年1月份

1月1日

国家广电总局正式批复同意东方少儿频道更名为哈哈少儿频道，并同意频道启用全新标识。

1月1～6日

2008动画春节联欢晚会确定再次与北京电视台合作，这是双方继2005年以来的第二次合作。

第四届鼓浪屿（国际）钢琴节暨全国青少年钢琴比赛重要延展活动的2008年“钢琴王子中国原创动漫大赛”在厦门鼓浪屿正式拉开帷幕。

1月2日

第4届“金龙奖”COSPLAY全国超级大赛在广州黄花岗剧院盛大上演，正式揭开“金龙奖”系列活动的序幕。

1月4日

北京中卡世纪动漫文化传媒有限公司总裁魏来被评为《中国文化报》推出的“2007文化产业年度十大人物”。

1月6日

以“动漫形象授权与品牌营销”为主题的“2008中国动漫产业论坛”在北京大学召开。

1月7日

在第24届中国·哈尔滨国际冰雪节签约项目中，哈尔滨市平房区动漫基地引资2400万元，制作大型动画《大志有话说》。

1月7～13日

国内首部“动漫评弹”《王大奎拾鸡蛋》亮相“上海2008评弹之春”，因其将时尚的动漫手段与中国传统的说唱艺术结合得既巧妙又自然，被日本东京国际动画博览会相中，送到日本东京去参加展播和评奖。

1月8日

深圳市政府新闻办宣布，“2008深港动漫嘉年华”将于2月11～17日在深圳举行。

1月9日

安徽出版集团正式与天津神界漫画公司、村人（天津）漫画有限公司在北京图书订货会上签署合作协议，拟共同开发包括《四大名著》在内的一系列漫画作品，并以不同语种在中国与欧洲、日本、韩国等地同步出版发行。

1月10日

上海河马动画设计有限公司设计的全长90分钟的《森林卫士》正式开镜。这是国内首部原创3D动画，从剧本创作到后期制作完全由中国本土动画公司完成。

沈阳市浑南新区管委会主办了“魅力沈阳、动漫之都”沈阳国家动漫产业发展基地首届动漫之星设计大赛。

1月11日

江西师范大学与泰豪集团有限公司签署校企合作协议，就培养动漫人才、开发动漫产品、建设动漫产业基地以及科技开发、企业经营管理等进行全面合作。

1月12日

由全球最大的中文搜索引擎百度主办的“2007百度娱乐沸点年度颁奖礼”在北京保利剧院隆重举行，其中动画《美食总动员》凭借超高的搜索优势获得最热门动画奖。

1月12～14日

由黑龙江省委宣传部牵头主办的“首届全国高等艺术院校学生优秀动漫作品邀请展”在黑龙江动漫产业（平房）发展基地举行，共展出了由国内各高等艺术院校推荐的近300部优秀原创动画短片和近千幅漫画。

1月14～20日

徐州皮克斯动画设计有限公司和徐州丁丁数码动画设计有限公司相继在泉山区成立。

1月15日

由中国、法国和瑞士三方共同投资的无锡鹅湖国际数码动漫项目暨无锡鹅湖数码动漫研发有限公司奠基典礼在锡举行。

1月18日

第四届中国国际动漫节倒计时100天揭幕仪式暨新闻发布会在杭州休博园举行。

中国数字图像节（CCGF）公布了三维动画专业组优秀动画奖名单，武汉闯堂映像有限公司制作的

CG三维作品《翼》榜上有名。

1月19日

历时3个月的首届国际（无锡）中国经典文化创意系列——“演绎三国”动漫设计大赛结果揭晓。经评选，辰维工作室的《空城计》、阮凯的《三国人物形象设计》、麒麟动画工作室的《曹冲称象》三件作品捧得金奖，各获得奖金2万元。

1月19～21日

第4届“金龙奖”原创动画漫画艺术大赛系列活动在广州隆重举行。

1月20日

首届中国漫画家大会在广东国际大酒店举行，以“漫画中国风”为主题，百余名漫画家共同探讨如何走中国特色的漫画之路。

1月21～27日

总投资4.5亿元的芜湖国家动漫产业发展基地建设项目正式签约。

1月22日

湖北省广电局召开全省影视剧（影视动画）创作座谈会，邀请省内著名作家、编剧、导演、演员、影视剧审片委员会委员以及有关制作公司代表参加。

1月22～24日

香港迪士尼乐园举行“一鼠万利过好年”活动，为传统贺年节目注入新意和潮流元素。

1月24日

第二届中国原创手机动漫大赛专项奖在长沙评出。本次大赛自2007年9月27日在长沙正式启动以来，已经成为全国动漫界的热门话题之一。

1月24～27日

第35届昂古莱姆（Angouleme）国际漫画节在法国举行。中国代表团由文化部委托上海国家动漫游戏产业振兴基地组织，由漫友文化传播机构、天津神界漫画公司、上海文艺出版集团动漫发展中心、北京天视全景文化传播公司等组成。

1月24～28日

2008中国台北国际电玩展“Taipei Game Show”举行。

1月27日

“北京电影学院动画学院实验基地”在三亚同济科技园区内举行授牌仪式。

1月28日

由中央电视台引进，中国台湾电视豆动画公司斥巨资打造的26集大型系列电视动画《金牌熊猫》于1月28日在CCTV少儿频道进行首播。

1月29日

贵阳市动漫行业协会正式宣告成立。

1月30日

国家广电总局发出《关于2007年度全国少儿节目精品及动画精品评审结果公示的通知》。

1月31日

偶型动画《秦汉英杰》在中央电视台少儿频道黄金时段开播。

2008年2月份

2月2日

上海美术电影制片厂“动画艺术长廊”正式对外开放。

2月3日

国家广电总局发出《关于2008年度少儿精品发展专项资金及国产动画发展专项资金项目申请事项的通知》，公布了《少儿精品发展专项资金及国产动画发展专项资金评审办法（试行）》。

2月4日

国家广电总局发出《关于2008年1月全国国产电视动画片制作备案公示的通知》。

2月5日

动画春节联欢晚会与北京电视台卡酷动画卫视合作，强力打造主题为“乐满神州·欢动2008”的新年动画大餐，电视和网络同步播出。

2月6日

炫动卡通卫视推出长达6小时的2008年动漫春晚，在揭晓2007年最热动画排行榜的同时，也抢先播出2008年人气动画的精彩片断。

2月9日

为期5天的广西柳州首届动漫节拉开帷幕。

2月11日

由深圳市知识产权局、福田区政府主办的“2008深港动漫嘉年华”在深圳体育馆开幕，“版权保护卫士”卡通形象、版权保护宣传作品征集大赛及动漫大师成长赛三项征集活动同时启动。

2月13日

第16届中国台北国际书展在台北世贸中心开幕。

由广州市青年文化宫、广州市青年动漫艺术交流协会、广州市源子文化传播有限公司和广州漫展展览有限公司联手打造“2008春季动漫嘉年华”。

2月14日

公布了“96年度剧情漫画奖”获奖名单，并在中国台北国际书展动漫主题馆举行颁奖典礼。

国家广电总局发出《国家广电总局关于加强电视动画播出管理的通知》。

2月21日

国家新闻出版总署召开新闻发布会公布首届中国出版政府奖评选结果，100个出版物奖、50个先进出版单位奖、50个优秀出版人物奖从2864份参评材料中脱颖而出。

一部旨在宣传世博理念、体现创新精神的动画《世博冠军——湖丝仔》在上海举行启动仪式。

2月22日

由文化部、国务院信息化工作办公室、湖南省人民政府和中国移动集团公司共同主办的第二届中国原创手机动漫大赛正式落幕。

2月27日

北京卡酷动画卫视推出国产动画购片收视奖励政策。

由北京2008年奥运会银行合作伙伴中国银行和香港《文汇报》联合主办的“三地动漫绘，中银奥运情——2008中国银行奥运动漫作品征集大赛”新闻发布会在中国银行总行大厦举行。

2月28日

广东省汕头市澄海区政府与央视动画有限公司签订合作协议，建立央视动画项目合作战略伙伴关系，澄海区成为央视动画形象玩具产品的指定生产基地。

2008年3月份

3月1日

南京首个针对青年群体的动漫基地——青年漫游馆在市青少年宫开馆。

国家广电总局颁布的有关黄金时段播放国产动画时间延长一小时的新规定，得到了社会的广泛认同。

“蓝精灵50周年全球生日party”在比利时拉开帷幕，“蓝精灵”全球版权方比利时IMPS公司宣布其中文简体版系列图书版权花落接力出版社。

天津首届CG作品巡展暨天津高新区动漫游戏人才实训工程启动仪式在文化创意产业园举行。

3月2日

现代出版社出版的王泽漫画作品《老夫子》荣登“中国出版集团2008年2月推荐畅销书榜”。

3月3日

网络上备受青少年喜爱的卡通形象“小破孩”成为中国首个以网络卡通形象注册的青年志愿者。

3月3～9日

国家广电总局在政务信息中提出：“抓创意，促原创”，是影视动画产业发展的理念，动画产业将以充分挖掘和利用中华传统文化为原则，创作生产出更多更好的传承中华文明、体现“中国特色、中国风格、中国气派”的影视动画作品。

3月4日

国家广电总局发出《关于2008年2月全国国产电视动画片制作备案公示的通知》。

在第五届上海国际电脑图形图像大赛（SICG）的颁奖典礼上，动画《游击神兵》获得了最高奖——“优秀动画奖”，这也是此次作品中唯一一部得奖的长篇电视系列动画。

3月6日

上海市市长韩正在北京出席全国人大上海团分组会议时表示，上海兴建迪士尼乐园项目已向国家发改委汇报。

3月7日

中关村手机动漫产业联盟宣布“中关村动漫公共服务平台”已经正式搭建，并向到场的数十家动漫游戏企业与其他各个领域的合作企业介绍了平台中已经签约代理的50个动漫游戏品牌。

3月9日

第四届中国国际动漫节50天倒计时启动仪式在杭州青少年活动中心广场举行。

中国台湾动漫创作协会理事长、动画《海之传说——妈祖》总策划人邓有立与湄洲妈祖祖庙董事会董事长林金榜再次会面，探讨筹建“海之传说——妈祖”动漫主题公园的可行性。

3月10日

英国维珍（Virgin）动漫公司，与水墨立体动画《姑苏繁华图》的创意制作者苏州金笛卡通公司正式签约，确定了双方今后长期合作的意向。

3月11日

“2008我们是奥运的主人”海尔杯创意动漫大赛新闻发布会在杭州数字娱乐产业园举行，此次大赛由杭州市漫画协会发起，海尔集团（杭州工贸有限公司），杭州娱乐数字产业园主办。

3月12日

北京汇众益智科技有限公司举行了“汇众益智动漫学院盛势启动新闻发布会”，宣布动漫学院项目正式启动。

李嘉诚旗下环球数码创意控股在重庆的子公司——重庆环球数码动画有限公司正式进驻重庆高新区。

第十八届全国图书交易博览会征集吉祥物、张贴画、主题语活动结果揭晓，浙江省温州市苏志怀创作的活泼可爱的小象博克，取意于英文“book”，被评定为吉祥物。

3月13日

第14届上海电视节“聚焦动漫谷——上海动画项目创投”启动仪式暨新闻通气会在张江文化科技创意产业基地隆重举行。

第四届中国国际动漫节在香港新世界中心露天广场举行盛大的新闻发布会。

“2008亚洲青年动漫大赛暨中国（贵阳）卡通艺术节”新闻发布会在贵阳市举办。

中法漫画艺术家作品展在北京法国文化中心开展。

3月17日

广东电视台嘉佳卡通频道正式开播一周年。

十一届全国人大一次会议在人民大会堂举行第七次全体会议，会议根据国务院总理温家宝的提名，决定了国务院其他组成人员。其中，与扶持动漫产业发展部际联席会议相关的国务院组成部门负责人有：文化部部长蔡武、教育部部长周济、科学技术部部长万钢、财政部部长谢旭人、工业和信息化部部长李毅中、商务部部长陈德铭。

3月17～23日

国家广电总局依据《互联网视听节目服务管理规定》，对部分网站开展互联网视听节目服务情况进行了抽查。

由宁夏电视台和宁夏汉恩雅石游戏动画制作公司合作制作的《鸣沙》和《美丽家园》两部动画作品，通过国家广电总局审批。

由河北电视台制作部、河北设计师沙龙及河北艺术职业学院主办的河北影视动漫界“接轨”研讨会在河北艺术职业学院举行。

英国规模最大的中国文化节“时代中国”在伦敦传媒学院推出漫画展，介绍中国的连环画和插图小说这类叙述体艺术形式。

根据香港漫画大师马荣成经典漫画改编的电影《风云Ⅱ》在香港会展中心举行记者招待会，向全球公布影片拍摄计划及演员阵容。

2008年第三届大学生环保漫画·插画大赛开赛。

运动品牌“匹克”在全球订货会上首次推出卡通形象代言人，成人体育用品领域对卡通形象的运用力度开始加大。

美国迪士尼公司副总裁迈克尔·安德林（Michael Andreen）考察了重庆市广电集团视美动漫基地、大足龙水湖影视基地，并与重庆市广电集团就部分投资意向进行磋商。

北京多媒体渲染平台正式挂牌运营，北京中小动漫影视企业可借助此平台顺利完成动画渲染工作，而无需将更多的资金投资在硬件设备上。

1 2 3 4 5 6 7 8 9 10

由超人集团主办的“当代大学生心目中的超人——2007年度十大新闻人物”评选结果揭晓，年仅22岁的动漫人包白龙以最高票数成为十大新闻人物之首。

3月18日

南昌大学泛美动漫教学与研究基地在该校成立，江西省动漫行业人才培养进入课堂教学与实践制作相结合的阶段。

香港国际影视展正式揭幕，本届影视展特辟的动画与数码娱乐馆异常火爆，玉皇朝集团、火狗工房等数十家来自海内外的动漫机构参加了展会。

3月19日

中国台湾漫画家敖幼祥与长春华漫兄弟互动娱乐有限公司、吉林音像电子出版社进行签约，拟进行《乌龙院》衍生产品的开发，包括音像制品、小说、游戏、玩具模型、服装等，同时双方还将以形象授权方式进入更广泛的合作领域，比如无线增值业务等。

3月21日

江苏省无锡市委市政府、江阴市委市政府与江苏力多文化传播有限公司在北京举行“动漫及服务外包产业（北京）投资说明会暨与江阴临港新城入驻签约仪式”。

3月22日

大连欧派科技有限公司一次性买断三年香港环保卡通明星“小海白”品牌在婴童湿巾用品上的使用授权。

3月25日

三维大型动画《魔幻仙踪》全球播映将拉开序幕，首播安排在中央电视台一套。

第5届“金龙奖”全球征稿启动新闻发布会在广州隆重举行。

3月26日

香港创业板上市公司网龙公司和福州市软件园联合宣布，将携手筹建福州动漫产业基地公共服务平台。

国家广电总局副局长胡占凡听取了中国国际动漫节组委会筹备工作汇报，并提出了指导意见。

3月26～27日

由中共云南省委宣传部、中国产业发展论坛、云南省文化体制改革和文化产业发展领导小组办公室共同主办的2008（昆明）中国民族文化产业发展国际高峰论坛隆重举行。

3月27日

第四届中国国际动漫节在北京举行新闻发布会。

湖北省政府首次召开扶持动漫产业发展部门联席会，整合力量，研拟动漫产业发展方略。

“第二届泉城网络文化博览会暨2008动漫欢乐总动员”新闻发布会在济南市文化局举办。

香港创业板上市公司网龙公司和福州市软件园联合宣布，将携手筹建福州动漫产业基地公共服务平台。

百度正式发布《2008百度风云榜网游行业报告（第二期）》。

3月28日

中国移动宣布将从4月1日起，在北京、上海、天津、沈阳、广州、深圳、厦门和秦皇岛8座城市正式启动国产3G（即TD-SCDMA）的社会化业务测试和试商用。

《福娃奥运漫游记》新制作完成的后50集开始在北京卡酷动画卫视播出，北京卫视也于3月31日起周一至周五每天17:20播映一集。

2008年4月份

4月1日

金鹰卡通正式覆盖上海数字网络，上海已有的20万数字用户可以收看金鹰卡通的电视节目。

4月1～6日

改编自中国台湾漫画大师敖幼祥同名漫画的二维动画项目《龟兔赛跑》在济南全面启动。

曾红遍网络的成人漫画《小老爷们儿那点事儿》和《熟女养成日志》，分别由国际文化出版公司和现代出版社正式出版面市。

著名作家余华担任《虹猫蓝兔七侠传》第三部的文学顾问，并负责剧本大纲以及分集策划等，但并不亲自从事具体的剧本编写。

国家广电总局发出《关于2008年3月全国国产电视动画片制作备案公示的通知》。

中国知名漫画家猪乐桃被日本媒体《朝日新闻》评选为“时代的旗手——影响中国的100人”中的八位文化人之一。

由中国著名漫画家陈维东、梁小龙共同创作的全彩色写实漫画《三国演义》在韩国首尔举行了全球首发仪式。

4月2日

广东省省长黄华华等省直领导，在广东省委常委、广州市委书记朱小丹、市长张广宁等陪同下，来到位于广州市黄花岗科技园区的漫友文化传播机构及“金龙奖”组委会进行考察和调研。

应北京大学文化产业研究院邀请，来自英国Portsmouth大学的动漫专家Dr. Ken Newman给北大学生带来一场关于英国动漫创意的讲座，文化产业研究院副院长向勇主持了这次讲座。

4月4～6日

中国动漫网8周年庆典系列活动暨2008北京欢乐谷动漫嘉年华闪亮登场。

4月8日

“小破孩”代言洛阳国家牡丹园新闻发布会举行。

孔祥东、叶兆言、李冯等中国知名文艺界专家汇集山东泰安，就百集动画《孔子》的剧本创意、展现形式、制作风格等多方面进行探讨。

“2008中国文化创意高峰会暨投融资洽谈会”新闻发布会举行。

4月9日

江西省首届大学生动漫节活动周拉开帷幕。

《老夫子》漫画原稿出现在香港苏富比春季拍卖现场，这是苏富比首次拍卖漫画。最终两组（每组四幅）漫画分别卖出了25.95万和21.15万港元，是起拍价的三倍。

4月10日

日本特酷动画株式会社董事长田代敦巳一行参观访问常州动漫基地，并就合作事宜与常州市有关方面进行了会谈。

4月12日

中国美术家协会动漫艺术委员会成立大会在中央美术学院隆重举行，中国文联副主席、中国美术家协会主席靳尚谊出席会议，并宣布中国美术家协会动漫艺术委员会正式成立。

泉州市召开《燕尾侠》动漫项目专项对接暨创作研讨会，泉州子燕轻工有限公司与上海美术电影制片厂签订《燕尾侠动漫制作》协议。

江门梓晴科技有限公司的原创动漫品牌“缤果”在第六届中国中小投资项目创业合作洽谈会开幕式上，获得该展会“十大最具投资价值的项目”奖。

由天津市高新技术人才市场、天津华苑软件园管理中心、天津新技术产业园区人才交流服务中心共同主办，天津高盛教育、天津大学软件学院共同承办的第二届天津高新区动漫游戏人才交流会在天津大学举办。

4月14～20日

中法合作系列绘本《阿香游中国》在江西南昌举行首发仪式。

深圳唐人动画影业有限公司制作的三维动画《憨八龟的故事》，被日本IMA集团购买其在日本的播映权、代理权、发行权以及衍生产品开发权。

广州市少年宫、广州市儿童活动中心等7个少年宫相继开展了以“我心中的亚运吉祥物”为主题的少年儿童绘画创作活动，广大青少年用画笔描绘出自己心中亚运吉祥物的形象。

4月15日

《漫友·少年S》诞生号新鲜出炉。

4月16日

“沧浪杯”2008全国法治动漫大赛启动。

加拿大CineGroupe影视动画集团“合作建设动漫外包基地项目”落户广州从化动漫产业园。

4月18日

中国无锡动漫及网络游戏产业合作恳谈会在韩国首尔举行。

4月20日

根据香港著名漫画家马荣成代表作《风云》改编的动画《风云决》召开新闻发布会。

4月21～27日

热播电视剧《家有儿女》的动画版第一部在全国各地电视台播出。

蓝狮子财经出版中心联合著名漫画家姚非拉和新世纪出版社，共同推出了全彩财经传记人物系列漫画《财富群英绘》。

汕头大学出版社从美国两大漫画出版社之一的DC Comics引进了经典动画《太空堡垒》的漫画版，由隶属四川出版集团的新华文轩负责全国总发行。

江西泰豪集团与法国克莱蒙第一大学签署发展动漫产业全面合作协议，这一项目被江西省委宣传部列入江西文化产业发展十大工程。

日本作者远藤誉撰写的《中国动漫新人类》出版。

4月22日

在“日中青少年动漫展”中获奖的6名中国学生拜访了日本首相福田康夫的官邸，并赠送了福田首相的速写画像。

4月24日

因成功引入红杉资本，宏梦卡通与其他项目的招商引资功臣分享了长沙高新区颁发的逾百万元大奖。

4月25日

新浪播客与北京梦幻动画公司联手推出“中国动漫排行风云榜”，揭晓了2008年第一季度评选结果。

4月26日

2008上海韩国动漫节在韩国驻上海总领事馆开幕。

4月26～28日

第三届中部博览会·国际动漫游戏展在武汉国际会展中心开幕。

4月27日

由漫友文化与现代出版社联合推出的“全新彩版·蔡志忠国学典藏漫画系列”首发式及签售会于第十八届全国图书交易博览会期间举行。

4月28日

由上海文广新闻传媒集团、上海炫动卡通卫视携手brother公司共同打造的首届“兄弟杯炫动中国原创大赛”正式启动。

4月30 日

第三届中国光谷国际动漫节在武汉光谷广场开幕。

2008年5月份

5月1日

创刊三年的《漫画世界》杂志正式改版，成为国内首本幽默漫画类旬刊。

第二届泉城网络文化博览会暨2008动漫欢乐总动员在济南舜耕国际会展中心开幕。

5月1～3日

“2008动漫同人大会”在上海东亚展览馆举办。

5月3日

由国家广电总局、浙江省人民政府主办，杭州市人民政府、浙江省广电局、浙江广电集团共同承办的第四届中国国际动漫节，历时6天，圆满落下帷幕。

5月4日

北京电影学院动画学院与漫友文化传播机构正式签署了合作协议，这标志着国内动漫教育和漫画产业运营领域的两大领先机构开始携手，进行动漫产业上下游之间的深度合作。

广州从化动漫产业园奠基典礼举行。

5月4～6日

第20届中国广州国际玩具及礼品展暨首届广州国际模型科技展在广州锦汉展览中心举行。

5月5日

国家动漫产业发展基地授牌仪式在山东工艺美术学院长清校区举行。

广州迪文文化传播有限公司与珠海出版社合作，推出了一本针对8～12岁年龄段女孩的漫画期刊《可爱漫妮》。

5月6日

深圳市知识产权宣传用语征集活动、版权保护卫士卡通形象与版权保护宣传作品征集大赛揭晓，宣传用语“知识产权·智造深圳”获优胜奖，版权保护卫士“卫卫”和宣传作品《消除盗版 人人有责》荣获一等奖。

5月8日

2008台北电影奖剧情短片、动画短片、纪录片三奖项入围名单揭晓，除入围名额大幅增加，还增加了动画奖项与奖金。

5月8～10日

由苏州工业园区和新加坡跨媒体实验室（X Media Lab）共同主办的“从创意到财富——2008XML苏州动漫产业大会”在苏州国际科技园举行。

5月10～11日

河北省作协动漫创作艺术委员会成立暨燕娃动漫原创项目研讨会在石家庄召开。

5月12日

黑龙江省首本动漫杂志《漫画部落》创刊号正式出版，这本月刊填补了黑龙江省动漫杂志的空白。

由深圳广播电影电视集团承办的第四届文博会“数字影视·动漫游戏展”已结束招展工作。

5月13日

第16届亚洲运动会吉祥物“乐羊羊”故事征集大赛启动仪式在广州举行。

在第十一届海峡西岸武夷国际旅游投资洽谈会上，由福建省信息产业厅和南平市政府共同主办的创意（动漫）产业推介说明会举行。

苹果公司与中国传媒大学动画学院联合实验室正式成立。

5月14日

首届中国国际漫画节组委会第一次工作会议在广州举行，国家新闻出版总署副署长孙寿山、广东省副省长雷于蓝出席并讲话。

由上海市科委、虹口区人民政府联合主办的“2008上海国际数字媒体技术与产业发展论坛”举行。

深圳动漫城举行开园仪式，深圳市委常委、宣传部部长王京生到场祝贺。

昆明电视台与香港广告网络有限公司签下合资经营意向合同，将共同投资3亿元打造“动漫昆明”。

5月15日

国家新闻出版总署副署长孙寿山在广东省新闻出版局局长朱仲南、国家新闻出版总署音像电子和网络出版管理司副司长寇晓伟等陪同下，专程来到国内漫画龙头企业漫友文化进行调研。

5月16日

在中国（长乐）第四届郑和开洋节上，海西（福建长乐）动漫工业园项目一期工程正式动工兴建。

5月17日

文化部在第四届中国（深圳）国际文化产业博览交易会上发布了《中国文化产业2008投融资项目手册》，其中包括来自全国各地的800多个动漫游戏、影视音像、娱乐演艺等文化项目。

5月18日

“扬州市动漫设计衍生产品工程技术研究中心”和“中央电视台动画形象毛绒玩具指定研发生产基地”同时揭牌，扬州正式成为央视动画形象毛绒玩具研发生产基地。

5月19日

扶持动漫产业发展部际联席会议办公室组织开展了动漫市场专项调研活动，内容涉及动漫书报刊、动漫音像制品、互联网动漫产品以及动漫衍生产品。

北京木偶剧院的儿童影院举行了动画《小兵张嘎》放映仪式暨主创人员交流会。

深圳华强文化科技集团和伊朗Saman Gaostar公司就“方特卡通动漫园”项目进行签约。

上海炫动卡通卫视首创了卡通形象“抱抱”，并赶制了“抱抱”抱枕和“抱抱”系列心理按摩动画，送往四川汶川地震灾区，慰藉孤残儿童幼小的心灵。

5月20日

中国动漫作品版权服务平台南方中心正式投入运作。

首届海峡两岸大学生创意设计（科普动漫）作品巡回展暨2008南京-台湾创意产业合作与发展研讨会在南京科技馆开幕。

5月23日

杭州市召开动漫游戏业和文化会展业发展专题会议。

5月24日

由香港动漫画协会主办的“香港原创漫画巡

礼”开幕，香港特区商务及经济发展局局长马时亨在开幕式致辞时表示，香港漫画业市场总额达到10亿港元、读者人数达30余万、普及程度在亚洲仅次于日本。

5月26日

宏梦卡通集团与湖南童美动漫烟花有限公司联合召开项目启动会，宣布将共同打造动漫烟花品牌——童美烟花。

5月27日

常州产权交易所（动漫产权交易服务中心）联合江苏万事通通讯科技有限公司及常州永太文化传媒有限公司共同举办了江苏联通手机动漫业务发布会。

5月30日

环球数码最新出品的三维动画《潜艇总动员》开始在全国各大院线上映。

海南省动漫基地在三亚田独高新技术产业区挂牌，海南省委常委、宣传部长周文彰为基地揭牌。

5月31日

由河南日报报业集团、四川日报报业集团联合出版的全国首部震后心理干预漫画口袋书《和你在一起》，首批5万册已赠予地震灾区。

由中国银行和香港《文汇报》共同主办的“三地动漫绘，中银奥运情——2008中国银行奥运动漫作品征集大赛”结束作品征集。

2008年6月份

6月1日

中国国际漫画节组委会和共青团广州市委以“心连心，手拉手，共建美好家园”为主题，举办“首届中国国际漫画节·让漫画形象进入千家万户系列活动之青少年漫迷为地震灾区人民献爱心”主题活动。

由广东省委宣传部、广东省精神文明建设委员会办公室、广东宇航鼠动漫有限公司倡议发起“川粤连心，动漫救灾”的心理自助主题活动，在四川绵阳九洲体育馆举行。

6月2日

由中国电视艺委会、中国美协动漫艺委会、北京电影学院动画学院、国际动画教育联盟共同主办的“中国原创动漫之路——从《福娃奥运漫游记》谈中国动漫产业”主题学术研讨会在京召开。

6月2～10日

儿童心灵抚慰彩绘读本《抱抱你，抱抱我》第一批已经印刷完毕，并通过中国青少年发展基金会的绿色通道和中国教育电视台“空中课堂”站点送到地震灾区孩子手中。

中科院心理研究所、中央电视台青少中心与上海增爱基金会共同发起此次针对灾区少年儿童进行心理干预的“我要爱”（5.12）动漫心理援助公益活动，央视动画有限公司应邀承办。

天津市高新区管委会出台了《天津新技术产业园区加快动漫产业发展的鼓励办法》，这是天津市第一项支持动漫产业发展的政策性文件。

6月3日

文化部等相关部门召开了第四届中国国际动漫游戏博览会首次新闻发布会。

安徽省动漫协会在合肥正式成立。

6月10日

安徽出版集团与上海城漫漫画有限公司正式签约，共同筹资人民币1000万元成立安徽时代漫游文化传媒股份有限公司。

6月11日

由国家动漫产业发展基地（石家庄）、石家庄市新闻出版局主办的首届河北动漫营运与高校数字教育论坛举行。

6月11～13日

“聚焦动漫谷——上海动画项目创投”项目评审及颁奖仪式、专业论坛和投资洽谈会三大板块活动在上海张江文化科技创意产业基地举行。

6月11～16日

亚洲青年动漫大赛新闻发布会在贵阳召开，宣布2008亚洲青年动漫大赛暨中国卡通艺术节将于7月18日在贵阳举行。

6月12日

广州市副市长徐志彪在第12届中国国际软博会上发表演讲时表示，2008年广州市委市政府专门出台政策加快电子信息软件和动漫高新技术产业的发展。

6月13日

“白玉兰”奖颁奖典礼在上海东视剧场举行。

2008贵阳市中小学生原创动漫大赛进行最终评审，决出各奖项。

6月13～16日

由长春市政府、吉林省文化厅、ChinaJoy组委会主办的“2008长春国际数字娱乐动漫艺术节”在长春欧亚卖场新会展中心举行。

6月14日

北京电影学院动画学院第七届动漫节举办了开幕仪式和颁奖典礼。

《中国漫画史》出版座谈会在北京召开，该书作者甘险峰教授、著名漫画家方成等出席。

常州卡龙影视动画产业有限公司与韩国江原情报文化振兴院举行签约仪式，双方将共同投资合作开发《朋朋》、《云彩面包》和《大商人》3部动画。

6月16日

国家广电总局发展研究中心在北京举行《2008年中国广播电影电视发展报告》发布会，向国内新闻媒体全面发布了2007年中国广播电影电视发展状况。

6月17日

首届中国国际漫画节委会执行主任、广州市副市长徐志彪率团赴港举办首届中国国际漫画节香港业界介绍会。

6月19日

由国家新闻出版总署授牌的国家动漫产业发展基地（河南基地）在郑州落户。

苏州工业园区动漫公共技术服务平台正式开通并投入使用，启用的动漫平台一期项目包括动画渲染、视频和音频的后期处理等。

浙江省2006年度文化精品工程项目之一、系列动画《小红军长征记》第一部《我要当红军》在中国美术学院举行观摩会。

“网龙杯”全国游戏动漫设计大赛圆满结束，各大奖项在2008“中国·海峡项目成果交易会”之“创意产业海西论坛”上正式揭晓，来自全国各地的37位入围选手出席了颁奖仪式。

由广州市人事局、广州市新闻出版和广播电视局主办的“动漫人才培训名家大讲堂”在广州举办。

6月20日

武侠动画《风云决》在上海电影节期间召开新闻发布会，宣布这部历时5年，耗资1000万美元的动画将于7月19日在全国上映。

由辽宁省信息产业厅、财政厅、文化厅、广播电视局和新闻出版局联合主办的2008中国（辽宁）国际动漫产业发展高峰论坛在大连世界博览广场召开。

6月24～30日

国家新闻出版总署推动动漫产业发展工作领导小组公布了2007年原创动漫作品扶持项目的评审结果。

6月26日

“2008中国青少年数字创意行动”项目在上海正式启动。

由文化部市场司主办、上海市文广局承办的“全国演出娱乐市场暨动漫市场管理工作座谈会”在上海市举行。

6月27日

上海市张江动漫谷揭牌仪式在浦东新区办公中心举行。文化部副部长孟晓驷，上海市委常委、浦东新区区委书记徐麟，上海市副市长沈晓明共同为动漫谷揭牌。

河北省动漫协会成立暨第一次会员代表大会在石家庄召开。

6月27～28日

2008年扶持动漫产业发展部际联席会议专家委员会年会在上海举行。

6月27～7月1日

由文化部、上海市人民政府共同主办，上海市文化广播影视管理局、国家动漫游戏产业振兴基地联合承办的第四届中国国际动漫游戏博览会在上海展览中心举办。

2008年7月份

7月1日

国家新闻出版总署发出《关于做好图书期刊动漫出版专业人才业务培训推荐工作的通知》。

为纪念丰子恺先生诞辰110周年，“丰子恺晚年漫画精品展”在湖北省博物馆开展，展出作品约100幅。

7月5日

2008亚洲动漫大赛暨中国（贵阳）卡通艺术节动漫嘉年华在贵阳市白云区公园开幕。

7月7日

由上海文广新闻传媒集团与北京中卡世纪动漫文化传媒有限公司联合推出的365集大型互动系列动画《霹霹乐翻天》，开始在央视少儿频道暑假黄金档期首播。

搜狐动漫频道宽屏新版正式上线。全新的搜狐动漫频道视觉感受更加时尚美观，内容包括动漫产业资讯、专题评论、动漫连载等，还创办了“漫视界”和“漫生活”两个全新栏目。

7月8日

第三届中国原创手机动漫大赛在文化部举办了隆重的启动仪式。

7月8～9日

由内蒙古自治区党委宣传部、文化部中外文化交流中心、中国动画学会创意发展中心、内蒙古动漫产业研创发展中心发起主办，内蒙古大学艺术学院承办的首届全国民族题材动漫产业研讨会在呼和浩特市举行。

7月9日

“2008卡通总动员”于上海世贸商城亮相，推出为期5天以“奥运总动员 爱心总动员”为主题的精彩活动。

7月10日

国家级动漫盛会“Aniwow! 2008”第三届中国（北京）国际大学生动画节，在京召开新闻发布会，教育部、文化部、国家广电总局、共青团中央、北京市委、北京市政府有关领导和部分动漫界专家学者应邀出席。

7月12日

“快乐奥运、福地沈阳——沈阳市第二届动漫原创作品大赛”各奖项揭晓，沈阳日报美术编辑孙大江的作品《和平》获得最佳漫画奖，《罗格猜想》、《中国个性》获得优秀作品奖。

7月16日

华语武侠动画《风云决》在上海马戏城举行了隆重的首映典礼，高调启动《风云决》全国宣传攻势。

广州市软件（动漫）产业发展领导小组办公室、广州市新闻出版和广播电视局、广州市科学技术局等相关单位代表广州市政府，在广州大厦组织召开表彰第4届“金龙奖”本地获奖作者大会。

青岛市动漫创意产业促进会成立大会在市机关会议中心召开，标志着青岛市动漫创意行业正式步入团结协作、优势互补、自治自律的良性运行轨道。

广州天河软件园和华南师范大学网络教育学院共同主办“软件和动漫人才联合培训战略合作签约仪式”，双方领导共同为“广州市软件（动漫）人才培养培训基地”揭牌。

2008“钢琴王子”中国原创动漫大赛颁奖音乐会在厦门鼓浪屿音乐厅开幕。

7月17日

以“弘扬奥运精神，再创产业辉煌”为主题的第六届中国国际数码互动娱乐展览会（China Joy）在上海新国际博览中心开幕。

7月18日

2008亚洲青年动漫大赛（AYACC）暨“宏立城”中国（贵阳）卡通艺术节在贵州贵阳市人民广场开幕。

7月19日

《风云决》开始在全球同步上映。

投资2500万元、由国内独立生产制作的三维动画《向钱冲，向前冲》在苏州科技文化艺术中心举行首映。

在庆祝漫友文化成立11周年之际，第五届“爱漫友”创意大赛结果揭晓，并在广州市百万葵园鲜花动漫港进行了颁奖。

7月21日

山东省扶持动漫产业发展联席会议第一次全体会议在济南召开。

7月23日

由首届中国国际漫画节组委会主办、广州市

越秀区人民政府承办的首届中国国际漫画节——第5届“金龙奖”COSPLAY全国超级大赛，在越秀区政府召开新闻发布会，对外发布了大赛相关信息。

7月24日

玉皇朝集团发布公告称，以现金490万港元收购龙动画控股及龙动画各51%股权。

7月25日

由文化部、工信部、共青团中央、湖南省人民政府和中国移动集团共同主办，湖南移动公司和湖南拓维信息系统股份有限公司等单位具体承办的第三届中国原创手机动漫大赛产业高峰论坛在长沙举行。

7月26日

由杭州市文化创意产业办、中国国际动漫节节展办主办的“酷卖街·动漫市集”在杭州正式开街。

7月26～28日

新疆第四届原创动漫展及表演大赛在乌鲁木齐市青少年宫进行。

7月28日

中国国际漫画节组委会举办了“漫画进军营”主题活动，慰问空军95171部队。

由中国移动通信集团安徽有限公司与安徽出版集团合作的《移动漫》手机动漫杂志项目正式开通。

7月29日

广州动漫行业协会筹备成立大会在广州召开。

由漫画杂志《知音漫客》主办的首届本土原创故事漫画家笔会在武汉东湖召开，包括第一代新式漫画作者颜开、陈翔在内的22位漫画家纵论中国漫画无限广大的未来。

7月30日

黑龙江省青少年动漫协会成立。

由中国电子信息产业发展研究院、中国国际青少年动漫周组委会联合主办的2008中国国际动漫产业发展高峰论坛在哈尔滨市举行。

7月31日

由汇众教育控股有限公司、凯鹏华盈（上海）投资咨询有限公司、陈宇工作室、腾讯教育共同主办的“钱江论道——首届长三角动漫游人才培养高峰论坛”在杭州举办。

2008年8月份

8月1日

最受香港青少年欢迎的暑期“招牌”活动之一，为期5天的2008第十届香港动漫电玩节在香港会议展览中心开幕。

由南宁市政府、广西壮族自治区教育厅、中国国际贸易促进委员会广西分会联合主办的第四届广西动漫节在南宁国际会展中心开幕。

8月4日

杭州国家动漫游戏公共服务平台与毕加索国际企业股份有限公司在杭州举行了“毕加索派黎思动漫授权签约仪式”。

由漫画改编的电影《蝙蝠侠：黑暗骑士》北美票房突破4亿美元。

8月5日

“第十届香港动漫电玩节”在香港会议展览中心落下帷幕。

陕西省召开动漫产业发展联席会议，讨论研究推动动漫产业发展的有关工作。

济南市动漫游戏产业发展座谈会召开。

8月6日

2008“北京网通宽带杯”娱乐调频87.6新文化COSPLAY剧场暨中国动漫网8周年金面具cosplay盛典活动媒体沟通会在电子工业出版社华信大厦举行。

8月7日—9月14日

“Never Ending Story几米创作10年展”展开一系列展览及文艺活动。

8月13日

2008台湾第九届漫画博览会开幕。

8月15日

杭州世翔信息技术有限公司研发的模拟经营类网页游戏《中华小当家on web》测试版与玩家见面。

8月18日

《文化部关于扶持中国动漫产业发展的若干意

见》出台，对动漫产业的发展提出了四个方面共17条政策意见。

8月19日

首届“绿色奥运，宜居城市”城市管理科普知识动漫创意大赛结果揭晓。

由深圳唐人动画出品的《憨八龟的故事》第二部《拯救王子》，在中央电视台少儿频道《动画梦工场》首播，每天两集。

8月20日

沈阳市动漫艺术协会建立的首个动漫培训学校——蓝翼动漫培训学校成立。

8月21日

中宣部表示，将把动画纳入2009年的“五个一工程奖”。

国家广电总局副局长胡占凡主持召开会议，听取了中国动画学会负责人的工作汇报，并对中国动画学会今后工作提出了明确要求。

8月22日

沈阳市市长李英杰会见了香港凌速博览有限公司行政总裁梁中本，双方就在沈举办中国沈阳东北亚动漫电玩节进行了初步磋商。

百集木偶动画《西游新记·孙大圣环保行》前50集顺利封镜。

8月26日

日本新高和软件株式会社与江阴创映动画制作有限公司签署合作协议，双方将在江阴软件园合资成立动画公司。

8月28日

第六届青岛国际动漫艺术节在青岛国际会展中心拉开帷幕。

2008年9月份

9月1日

中国证券监督管理委员会发行审核委员会召开年内第127次工作会议，会上审议通过了广东奥飞动漫文化股份有限公司的首发申请。

9月3日

由文化部文化市场司主办，天津市文化局承办的全国动漫行业协（学）会工作座谈会在天津召开。

9月4日

2007年度浙江省动画影视颁奖会召开。

天津市河北区新闻中心旗下的北新动画技术有限公司与加拿大CINE GROUPE公司动画合作项目签约仪式举行。

9月7日

济南动漫游戏产业发展高峰论坛暨“CG杯”动漫大赛颁奖大会在济南舜耕山庄举行。

9月8日

福建天狼星动漫有限公司与上海阿凡提卡通艺术有限公司在厦门举行签约仪式，取得了本土卡通明星“阿凡提”在手机动漫领域的独家合作权。

重庆环球数码动画有限公司正式宣告成立。

9月9日

昆明电视台与（香港）广告网络有限公司合资组建的昆明泰视信息动漫有限公司在昆明揭牌成立。

9月10日

首期《漫画BAR》全面登场，随同10月号（中）《漫画世界》免费赠阅。

由光明日报社总编室主办、珠海天行者国际传播机构协办的“推动原创动漫产业科学发展研讨会”在京召开。

全国人大常委会财经委员会副主任委员汪恕诚、全国人大常委会教科文卫委员会副主任委员任茂东、全国人大常委会环境与资源保护委员会副主任委员汪纪戎率领的全国人大常委会财经委“十一五”规划中期评估调研组，视察了湖南三辰卡通集团公司和拓维信息系统股份有限公司。

广州市首家“青少年动漫体验基地”在南沙区百万葵园正式挂牌。

由陆蓉之、柳淳风、崔黎三位策展人共同策划的《漫天动海》在上海林大画廊揭幕。

9月11日

为庆祝香港漫画家刘云杰夺得第二届国际漫画奖最优秀奖，日本驻港总领事馆举办了颁奖礼暨庆祝酒会。

《2008中国动漫产业发展研究报告》专家评审

会在北京大学举行。

“金马奖”执委会表示，2008年金马影展国际动画单元“焦点影人”确定为奥斯卡得主、俄罗斯动画大师亚历山大·佩特洛夫，曾在奥斯卡盛会献唱的歌手李玟则将担任国际动画单元代言人。

9月12日

花旗银行（中国）有限公司（简称花旗中国）宣布将把国内首本儿童理财教育漫画书《神探贝妮与威力哥哥历险记》进一步推广至京、穗、深三地。该书旨在向8～12岁的孩子们推广少年理财教育以及灌输对金钱的正确观念。

9月16日

第五届“金龙奖”原创漫画动画艺术大赛公布了各个奖项的提名名单。

9月18日

由印度金字塔·赛米拉公司和南京龙者集团共同合作建设的动漫影视工厂在南京江宁落户动工。

9月19日

武汉市作协动漫创作委员会成立。

9月22日

“2008中国原创动漫创新创业大赛”在广东省佛山市南海区拉开序幕。

9月25日

第5届“金龙奖”COSPLAY全国超级大赛在广州中山纪念堂隆重举行。

9月27日

由常州产权交易所（常州动漫产权交易服务中心）组建的“常州动漫网”正式开通。

南京高新技术产业开发区与中央电视台新影制作中心正式签约，合作组建新科动漫产业联盟。

9月28日

广州中山纪念堂，随着国家新闻出版总署副署长孙寿山大声宣布：“首届中国国际漫画节开幕！”。

9月29日

国内唯一的全国性漫画创作行业峰会中国漫画家大会在广州东方宾馆隆重召开。

2008年10月份

10月1日

引进香港动漫节办展模式的ACG穗港澳动漫游戏展在广州锦汉展览中心开幕。

10月2日

由河北省委宣传部和石家庄市政府共同主办的2008中国·石家庄第三届国际动漫节在石家庄市人民会堂闭幕。

10月5日

2008全国大学生原创动画大赛颁奖晚会暨首届国际漫画节闭幕式在华南理工大学体育馆举行，动画大赛74个奖项现场揭晓并进行了颁奖。

为期8天的2008中国（常州）国际动漫艺术周暨博览会，在中华恐龙园圆满落幕。

由山西省委宣传部、省文化厅等单位联合主办的山西省第三届动漫艺术节圆满落幕。

10月8日

主题为“放飞梦想，祥和亚洲”的第16届亚运会吉祥物故事征集大赛在广州揭晓，亚组委公布了文字故事、动漫故事、单项奖三个类别的获奖名单。

10月9日

国产家庭喜剧动画《真功夫》在北京新首都影城举办了隆重的首映仪式。

10月11日

上海炫动卡通卫视、上海文广传媒集团等主办的首届“兄弟杯”原创动漫大赛结果揭晓。

10月15日

世界动画协会秘书长芙丝娜·多尼科维奇女士委托世界动画协会中国代表处宣布：“内蒙古动漫卡通协会会长包白龙被吸纳为世界动画协会会员。”

10月16日

第二届烟台国际动漫艺术节在烟台大学体育馆隆重开幕，主题为“海漫梦幻”的大型晚会同期举行。

以“动漫创造南北共赢商机”为主题，吉林与深圳共同举办新闻发布会，宣布动漫品牌《乌龙院》正式入驻深圳怡景国家级动漫基地。

10月19日

由国家新闻出版总署审批通过的国家动漫产业发展（保定）基地在河北省保定市揭牌。

10月21～24日

“Aniwow! 2008”第三届中国（北京）国际大学生动画节在京举行。

10月22日

由15所高校联盟创建的重庆动漫产业人才培训基地在四川美术学院正式授牌。

河南天乐动画影视发展有限公司与津巴布韦超级影视公司战略合作暨《独脚乐园》（第二部）版权交易协议签字仪式在河南新华建国饭店举行。

10月23日

由文化部牵头并联合多个部委主办的第六届中国国际网络文化博览会在北京展览馆开幕。

10月24日

三辰卡通、宏梦卡通与江西艺术职业学院在南昌达成合作协议，双方将共同在江西本土培养卡通原创人才，以提高这一朝阳产业在江西的新发展。

10月25日

国产动画《风云决》在动漫圣地日本东京秋叶原举办试映活动，吸引日本动画协会、电影界、发行界人士以及大批慕名前来的动漫爱好者到场观看。

10月27日

宏梦卡通宣布，即将进驻常州新天地不夜城，开设2万平方米左右的卡通动漫城——宏梦星城。

10月28日

“国家动漫游戏原创产业基地”落户宁波，工业与信息化部中国电子技术大会秘书长封洪向宁波水木动画设计有限公司董事长施向东授牌。

央视动画有限公司联手青岛普达海动漫影视有限责任公司，举行了国产原创大型系列动画《小牛向前冲》的启动发布会。

10月30日

由14家国内著名风投担保机构组成的“杭州创新投资联盟”，与杭州国家动画产业基地内的10家动漫游戏企业代表，进行了首次对洽会。

中国·石家庄第三届国际动漫节总结表彰大会举行，对本届动漫节有突出成绩的21个先进单位和93名先进个人进行表彰。

10月31日

无锡数字动漫创业服务中心在锡山东亭开发区奠基。

以“蔡田”系列四格漫画打响知名度的台湾著名漫画家老琼，因罹患肺癌病逝，享年55岁。

2008年11月份

11月1日

2008厦门国际动漫节在厦门软件园拉开帷幕。

11月2日

国家新闻出版总署动漫出版专业人才业务培训班在上海出版印刷高等专科学校举行开班仪式。

11月3日

“小樱桃动画央视全球首播成功新闻发布会暨小樱桃战略合作伙伴签约仪式”在河南郑州举行。

11月5日

2008厦门国际动漫节“金海豚”动画作品大赛颁奖典礼隆重举行，八项大奖一一揭晓。

11月6日

北京百游汇通网络技术有限公司与拥有“泡泡兵”等知名动漫卡通形象的常州卡米文化传播有限公司签约。

“华祥动漫之旅”漫画作品全国巡回展暨宁波大学科技学院第二届动漫艺术节正式开展。

11月7日

国际动画协会（ASIFA）中国研发中心、无锡高训·北京迪生动漫中心以及迪生动画（无锡）发展有限公司的项目签约和揭牌仪式在无锡举行。

安徽合肥国家动漫产业基地产学研平台正式启动。

11月10日

由网易携手上海漫唐堂文化传播有限公司倾力打造，由人气网游《梦幻西游》改编而成的同名长篇全彩漫画在《漫投周刊》正式展开连载。

由文化部文化市场司委托北京电影学院动画学院举办的2008国家原创动漫高级研修班的开班仪式

在北京电影学院举行。

11月11日

2008厦门国际动漫节总结会举行，会上宣布第二届厦门国际动漫节将于2009年11月的首个周五开幕，2009年1月1日开始面向全球征集参赛作品。

11月12日

上海文广新闻传媒集团（SMG）举行记者招待会，宣布其联合广东原创动力文化传播有限公司、北京优扬文化传媒有限公司共同出品的动画《喜羊羊与灰太狼之牛气冲天》将于2009年春节前后正式公映，这也将是国产动画影片首次冲击贺岁档。

11月13日

无锡市召开动漫产业工作推进会，对进一步推进动漫产业发展作出部署，并下达了动漫产业招商任务书，为第二批“试点示范企业”授牌。

11月14日

浙江中南集团、杭州置地投资控股集团有限公司、上海长庚投资管理有限公司三家企业负责人共同奔赴沈阳，推进中国卡通娱乐城项目实施。

11月15日

由香港漫画大师黄玉郎创作的全彩色漫画版《天龙八部》（21卷本）开始在各地新华书店亮相。

11月17日

金马国际数位动画短片竞赛结果揭晓。

11月18日

迪士尼公司最深入人心的动画形象之一米老鼠迎来了80岁生日。

11月26日

由中央新闻纪录电影制片厂等联合打造的中央电视台新科动漫频道正式开播。

11月27日

为纪念中日和平友好条约缔结30周年，由日本漫画家协会、“八月十五日会”、“JAPUNCH”联合主办的“日中漫画交流展”在日本东京元麻布展览馆隆重开幕。

11月28日

由姚明独家授权的漫画形象首次在京曝光，这一形象还同时走进了著名的“老夫子”漫画故事。

由深圳市凤凰星影视传媒有限公司主办的《孔子》样片观摩及图书音像发行研讨会在深圳商报社二楼会议室举行。

11月29日

吉林动画学院成立大会在长春隆重举行。

2008年12月份

12月1日

第八届东京国际动漫展（Tokyo International Anime Fair 2009，简称TAF）中国地区新闻发布会在北京梅地亚中心召开。

12月2日

2008国家原创动漫高级研修班在湖南大学开讲。

深圳市少年儿童图书馆正式竣工，宣布将在年底前正式投入使用，这是省内首家专为少年儿童而设立的图书馆。

12月3～4日

2008中国动画学会在广州隆重举行。

12月7日

《风云Ⅱ》在北京举行首批海报揭幕仪式，宣布本片将抢占2009年贺岁档，全亚洲首映预定为2009年12月。

12月7～8日

由宏梦卡通与三辰卡通，联合广州科技贸易职业学院主办的“第三届全国动漫人才高峰论坛”在华南理工大学国际学术交流中心召开。

12月10日

由西安市碑林区政府和西安高新技术产业开发区碑林科技产业管理办公室负责实施的总投资3亿元的“西安碑林动漫产业平台”建设项目正式启动。

12月11日

江苏省在南京召开了全省文化产业引导资金扶持项目签约仪式，全省共82个项目获得1亿元文化产业引导资金扶持。

由浙江省广电局和台州市黄岩区人民政府主办、中国美术学院传媒动画学院和黄岩区外经贸局承办的推动动漫衍生产业创新发展专题研讨会在黄岩区召开。

12月12日

沈阳市沈北新区与深圳华强集团在沈阳正式签约，由华强投资200亿元人民币，创建沈阳华强文化科技产业园。

12月13日

“第二届苏州动漫产业与教学研讨会”在苏州科技学院举行。

由中国东方文化研究会连环漫画分会主办的第六届中国漫画奖颁奖典礼暨作品展在北京电影学院举行。

12月14日

旨在推动中国特殊教育学校开展动漫培训工作、提高特殊教育学校教育质量、扩展残疾学生就业门路的“首届特殊教育学校动漫制作教师培训班”在北京电影学院动画学院开班。

12月16日

以《北京卡通》杂志为基础，由北京出版社出版集团创建的“北京卡通”动漫平台正式启动。

深圳市动漫产业创新研讨会在南山数字文化产业基地举行，全市40余家动漫企业参加了研讨。

12月17日

以“文化创意与人文奥运”为主题的第三届中国北京国际文化创意产业博览会在京开幕。

12月17～21日

由北京市新闻出版局（版权局）主办的第三届文博会“新闻出版与动漫游戏展”在北京国际展览中心亮相。

12月18日

由第三届中国北京国际文化创意产业博览会组委会办公室主办、北京文化发展基金会承办的第三届文博会“动漫美学创意产业国际论坛”在北京月亮河度假酒店举行。

石家庄市召开动漫产业发展工作会议，市委常委、宣传部长孙万勇，副市长张妹芝，及市动漫产业发展领导小组成员，市动漫协会、市动漫创意产业园、石家庄职业技术学院等单位负责人参加了会议。

南京数码动漫创业园组织召开了“数码动漫园软件产业创业种子专项资金资助合同签约”仪式。

上海文广新闻传媒集团（SMG）宣布，动画电影《喜羊羊与灰太狼之牛气冲天》已正式确定档期，将于2009年的大年初一在全国公映。

12月19日

由福建省广播影视集团所属的福建省音像出版社与福州神画时代数码动画有限公司联合制作的大型动画片《妈祖》开机制作。

12月19～21日

由北京电影学院动画学院主办的第八届动画学院奖在京举行。

12月20日

首家“喜羊羊”形象专门店在广州面世，香港明星李彩桦亲临现场剪彩致贺。

12月20～21日

“千与千寻——久石让宫崎骏动漫试听交响音乐会”在上海美琪大戏院上演。

12月22日

为贯彻中央经济工作会议精神，落实文化部“三定”方案，理顺动漫游戏产业管理体制，推进动漫游戏产业健康有序发展，文化部召开了专题工作会议，研究推动动漫产业发展。

12月22～23日

由国家广电总局主办，江苏省广播电视局、无锡市人民政府协办的全国影视动画工作会议在无锡召开。

12月23日

韩国江原情报文化振兴院与常州卡龙影视动画产业有限公司在韩国首尔召开新闻发布会，宣布双方将全面合作，联手打造面向国际市场的动漫作品，首批4部作品将先期进入制作阶段。

上海市首家集动漫周边产品与知名玩具产品于一体的大型互动娱乐综合性连锁卖场——上海书城动漫世界·玩具城开业。

12月24日

第五届中国国际动漫节2009“美猴奖”在杭州正式启动。

1 2 3 4 5 6 7 8 9 10

由江苏省广播电视总台、江苏省动漫艺术协会主办的“2008江苏东方国际动漫节”在南京开幕。

12月24～26日

由澳门动漫文化产业协会主办的首届澳门国际动漫节&MY青年文化祭在澳门渔人码头举行。12月25日，作为此次动漫节的重要环节之一，华语动漫领袖澳门高峰会举行。

12月26日

上海动漫衍生产业园在上海宝山区大场镇开园。

第三届中国原创手机动漫大赛进入最后评审阶段。

中国传媒大学与惠普公司联合召开新闻发布会，宣布双方共建“中国传媒大学动画学院惠普教育卓越中心”。

吉林省动漫游戏协会正式成立。

“2008年数字动漫游戏版权交易会”在北京举行。

12月27日

首部以马拉松为主题的52集运动励志动画《马拉松王子》举行开机仪式。

12月28日

位于合肥高新区的合肥国家动漫产业发展基地及国家服务外包基地城市示范区项目正式破土动工。

12月29日

央视动画《美猴王》品牌授权拍卖会系列活动启动仪式在北京举行，这是央视动画2009年动漫主题营销活动的开篇之作。

12月30日

深圳华强集团在皖增资25亿元兴建的大型文化产业项目——芜湖华强文化科技产业园在芜湖城东新区破土动工。

2008广州（国际）动漫节在广州天汇城开幕。

由中国民主促进会湖南省委员会、湖南省文化厅主办的“保护非物质文化遗产，弘扬民族传统戏曲文化——10万张中国戏曲经典原创动画DVD入校园、进农村”活动启动仪式在长沙举行。

12月31日

关注少儿心理成长的动画《小男生阳帆》（第一部30集）在中央电视台少儿频道首播。

2009年1月份

1月1日

首家卡酷旗舰店在京开业，随后又在北京、天津、贵阳和无锡四地开设了六家旗舰店，这是国内首家由电视媒体运营的专业连锁卖场。

1月5日

由第24届哈尔滨世界大冬会组委会主办的全国高校动画教育论坛暨首届黑龙江省原创动漫大赛举行。

1月7日

国家工业和信息化部正式发放3G牌照，助推中国手机动漫发展。

1月8日

国家广电总局发出《关于推荐2008年度第四批优秀国产动画片的通知》。

1月9日

美国迪士尼公司总部通过媒体发表声明称，迪士尼总部与上海市政府签定关于迪士尼项目的框架协议，将把与上海市政府共同拟定的申请报告提交中国政府审批。

1月12日

第6届“金龙奖”以“温暖”主题启动全球征稿，奏响“温暖”三部曲。

1月16日

由上海文广传媒集团、北京优扬文化传媒有限公司和广东原创动力文化传播有限公司共同出品的动画电影《喜羊羊与灰太狼之牛气冲天》公映，总票房超过1亿元，再次刷新了国产动画的票房记录，引发动画电影的新一轮投资制作热潮。

央视动画《美猴王》品牌授权拍卖会在京举行，共拍得包括音像、毛绒、纸质、塑胶、图书各项在内的1703万元，这是国内首次以拍卖形式预先出售版权。

1月18日

2009年首部贺岁档国产动画《喜羊羊与灰太

狼之牛气冲天》上映3天时间，票房突破3000万元大关。

2009年武汉市软件行业新春联谊会暨武汉市动漫产业联盟成立大会举行。

1月19日

文化部就如何开展以“爱动漫、爱生活”为主题的原创动漫推广计划暨动漫文化普及推广活动召开了媒体恳谈会，会议由文化部办公厅副主任陆耀儒主持，文化部文化市场司副司长庹祖海发表讲话。同时，文化部启动原创动漫推广计划暨动漫文化普及推广活动，通过电视、报纸、杂志、网络等媒体开展系列宣传活动，在全社会广泛营造动漫文化氛围，宣传推介优秀原创动漫作品，倡导原创动漫文化，培育动漫市场，促进动漫文化消费，推动动漫产业发展。

1月20日

国家广电总局发出《关于2008年国产原创电视动画片及国产动画片创作人才扶持项目申请事项的通知》。

动画片《淘气包马小跳》在全国700余块数字银幕同时亮相。

1月21日

央视《新闻联播》播出“节前动漫影片成‘新宠儿’”新闻，其中重点报道了国产动画影片《喜羊羊与灰太狼之牛气冲天》。

由广东咏声文化传播有限公司制作的卡通版春节晚会《喜娃闹新春》在广东电视台嘉佳卡通频道播出，该片将京剧与先进的卡通制作技术结合，以全新表现手法庆祝春节。

1月28日

原创3D音乐动画《动物狂欢节》在全国上映，这是央视动画自2007年3月成立以来完成的第一部在院线公映的动画。

文化部办公厅公布原创动漫扶持计划（2008）评审结果。

2009年2月份

2月2日

杭州文广集团和中南集团联合成立影视动漫有限公司，强力打造一家集“产、学、研、媒体”四位一体的动漫公司。

2月4日

国家广电总局发布了《关于2008年度全国电视动画片制作发行情况的通告》。

2月5日

江西省动漫产业座谈会召开，江西省文化部门将紧密加强与省内动漫教育机构、动漫企业及基地的联系。

2月9日

新版《黑猫警长》动画项目在宁波北仑数字科技园启动。

国家广电总局发出《关于2008年12月全国国产电视动画片制作备案公示的通知》。

2月15日

国务院总理温家宝考察天津豪峰动画科技有限公司，年内还考察了武汉江通动画、深圳华强动漫、吉林动画学院和厦门青鸟动画等一批动漫机构，他鼓励企业加大研发和推广力度，生产出更多拥有自主产权的动画，让中国的孩子多看自己国家生产的动画。

2月16日

创刊于2005年的幽默漫画杂志《漫画世界》推出第100期。

国产动画电影《喜羊羊和灰太狼之牛气冲天》突破8000万票房。

2月17日

中国首部大型动画历史纪录片《中华五千年》在浙江宁波制作完成，首次尝试用动画的方式展示历史文化的宏大主题。

2月19日

“2009江苏省流媒体·手机动漫业务研讨会”在南京召开。

2月22日

广东省政协十届二次会议上，省民盟提交了《发展动漫产业，促进广东自主创新和产业转型》的提案。

贵州省政府办公厅出台了《关于推动我省动漫

产业发展意见的通知》。

2月23日

原创动漫扶持计划（2008）公布仪式暨第三届中国原创手机动漫大赛颁奖典礼在湖南广电中心隆重举行。本次原创动漫扶持计划共扶持了漫画、动漫演出（动漫舞台剧和Cosplay）、网络动漫和手机动漫四大类别的50个项目和51个团队，资助总额为700万元人民币。这是中国首次在中央财政支持下，对原创动漫作品和原创动漫人才展开的扶持工作。

2月26日

“国家动画产业基地”揭牌仪式在厦门软件园举行，园区内设有包括动作捕捉摄影棚、三维扫描、集群渲染服务器、录音棚、3D放映、培训教室、图形工作站在内的配套数字媒体公共技术服务平台。国家广电总局副局长胡占凡，福建省委常委、宣传部部长唐国忠等出席。

2月27日

沈阳“国家动画产业基地”在浑南新区举行了揭牌仪式，这是继2007年被国家新闻出版总署正式批准为“国家动漫产业发展基地”以来获得的第二块国家级牌匾。

由南京江宁开发区、央视动画有限公司和江苏少儿频道联手打造的“动画中国·炫彩江宁”晚会在央视少儿频道播出。

2月28日

国家广电总局发出《关于2009年1月全国国产电视动画片制作备案公示的通知》。

2009年3月份

3月4日

文化部和天津市签署了文化发展战略合作框架协议，双方在滨海新区合作建设国家动漫产业综合示范园区，项目将于7月1日正式开工建设，拟划分为创意编剧策划区、研发与孵化区、综合服务区、高端设备集成和智能衍生品集成基地、高端办公区、动漫人才培育学校和动漫主题公园等。

3月5日

第十一届全国人民代表大会第二次会议在北京人民大会堂开幕。国务院总理温家宝首次在政府工作报告中提出积极发展动漫，并指出积极扩大国内需求特别是消费需求，增强内需对经济增长的拉动作用，积极发展网络、动漫等新型消费。

3月7日

中国美术出版总社将成立动漫中心，欲打造具有国际影响、权威地位、一流品质和超强运营能力的国家级动漫出版中心。

3月9日

第五届中国国际动漫节倒计时50天暨“中国COSPLAY联盟”成立大会在杭州新闻大厦举行。

山东淄博市相关部门拟投资1000万元建设“数字动漫技术支撑平台”。

3月10日

国家广电总局发出《关于2009年2月全国国产电视动画片制作备案公示的通知》。

“2009年高校动漫游戏教材体系研讨会”在北京电影学院多功能厅隆重举行。教育部、文化部、国家广电总局相关领导出席会议并作了重要讲话。新一轮高校动漫游戏教材已由北京电影学院中国动画研究院策划、京华出版社出版。

3月12日

十一届全国人大二次会议举行了“文化市场与文化产业发展”专题采访，文化部副部长欧阳坚称近期将会组建一个注册资金10亿元的动漫企业集团。

3月15日

工信部发出《关于开展动漫开发软件（工具）技术人才扶持工作的通知》。

郑州市动漫产业基地暨国际服务外包示范园区揭牌仪式在惠济区举行。

3月17日

中国首部高清动画连续剧《三国演义》在东京宣布完成，该片由中央电视台青少节目中心、中国国际电视总公司辉煌动画公司、央视动画公司、未来行星株式会社、多美株式会社等联合制作。

3月18～21日

文化部组织中国数十家动画公司和动漫产业基地首次以国家团的方式参加第八届东京国际动漫

展，积极向国际市场推介国内动画制作机构和动画产品。中日两国10家动漫企业就8个项目签订合作协议，签约金额与合作意向将近1亿元人民币。

3月20日

福建省动漫游戏行业协会在福州成立。

3月21日

“CCTV-新科动漫频道银川制作基地”授牌仪式举行，西部首家央视动漫基地正式落户银川。

由佛山禅城区政府、佛山创意产业协会、佛山市信息协会共同主办的首届佛山创意动漫展开幕。

3月23日

脱胎于相声大师刘宝瑞长篇单口相声的漫画书《官场逗》首发。

3月25日

沈阳市沈北新区政府与香港凌速姊妹集团就合作举办东北亚动漫电玩节进行签约。

3月26日

国产动画《虹猫蓝兔之功夫天音寺》在北京举行了发布会。

3月28日

2010年广州亚运会组委会在广州购书中心举行《漫画亚运》画册首发仪式。

3月29日

昆明咕噜科技有限公司创意制作的动画短片《后羿射日》获得在美国迈阿密举行的国际动画节“火烈鸟”银奖。

3月29日—4月3日

40多家中国机构参加了第四十六届戛纳电视节，由北京电视台卡酷动画卫视、慈文影视等制作的动画《西游记》备受关注，以单集10万美元的价格刷新了亚洲动画海外发行价格的纪录。

3月30日

《中国动画年鉴》广州编辑部成立。

国务院总理温家宝到武汉江通动画股份有限公司调研。

2009年4月份

4月1日

湖南省国税局举行了第18个税收宣传月启动仪式暨《蓝猫菲菲探税历险记》首发式。

深圳原创动漫衍生品进入邮政报刊亭销售平台签约仪式在怡景国家动漫基地举行。

“服务动画基地企业座谈会”在常州国家动画产业基地创业园区召开。

4月5～6日

由陕西省文化厅、高新区管委会等单位联合主办的中国（陕西）动漫产业投资促进论坛在西安召开。

4月8日

八一电影制片厂和深圳市方块动漫画文化发展有限公司联合召开“正义红师”玩具系列新闻发布会。

4月8～10日

第21届广州国际玩具及模型展览会举行，影视动漫成为本届玩具模型展的最大亮点。在全球金融危机的冲击下，玩具企业纷纷通过与动漫影视公司合作探索新型赢利模式，大力塑造品牌，扩大内销市场，进而寻求实现转型升级。

4月9日

国家广电总局发出《关于2009年3月全国国产电视动画片制作备案公示的通知》。

广州市副市长徐志彪先后对漫友文化传播机构和广东原创动力文化传播有限公司进行了考察和调研。

4月12日

简体中文版《火影忍者》漫画媒体见面会在北京电影学院动画学院举行。

4月13日

由教育部、文化部设立的高等学校动漫类教材建设专家委员会举行成立大会并召开了第一次全体委员会议，研究讨论了该专家委员会章程和工作计划。

4月15日

中国原创漫画“四大名著”系列首部作品《三国演义》首发仪式在京举行。该书全套20册，由天津神界漫画公司历时7年精心绘制而成，在忠实原著精神的基础上，融入中国元素，此前已成功输出多个海外版权，销量超过54万册。

拥有自主知识产权的中国原创动漫主题乐园——沈阳中南卡通城在沈阳棋盘山国际风景旅游

开发区开工奠基，项目投资总额约100亿元。

河北省动漫协会和河北游戏学院共同举行新闻发布会，决定面向全省高校毕业生推出“河北省动漫游戏产业大学生创业精英工程”。

4月16日

国家新闻出版总署公布了第六次向全国青少年推荐的百种优秀图书名单，《小樱桃系列》、《猪猪侠勇闯未来之城》、《海宝传奇》、《羊羊运动会》等12种动画图画类图书榜上有名。

4月17～19日

“2009XML苏州动漫产业大会”在苏州工业园区举行。“从创意到财富”是本届大会的主题。

4月18日

文化蓝皮书《2009年中国文化产业发展报告》出炉。在多种文化产业中，动漫的崛起尤其令人瞩目。

4月20日

2009年全国动漫游戏研讨会在桂林召开。

深圳市华夏动漫科技有限公司在整合深圳唐人动画、深圳华利达、广州甲壳原等5家公司后，组建成“华夏动漫集团”，在国内率先实现动漫产业链的垂直整合。

4月21日

国家广电总局发出《关于2008年度全国少儿节目精品及动画精品评审结果公示的通知》。通知说，在国家财政部的大力支持下，国家广电总局设立全国少儿节目精品及国产动画发展专项资金。本次共评出优秀动画频道3个，优秀国产动画栏目7个、优秀国产动画41部。

4月28日—5月3日

国家广电总局和浙江省人民政府主办的第五届中国国际动漫节在杭州萧山区休博园举行，近80万人次参加了各项活动，累计成交额达65亿元。本届动漫节的主题为“动情都市，漫优生活”，宗旨是“动漫的盛会，人民的节日”，由展会、论坛、大赛、活动四大板块组成，期间举办中国国际动漫节开幕式暨“美猴奖”颁奖晚会、中国国际动漫产业博览会、中国国际动漫产业高峰论坛、中国国际动漫节产业信息发布、投资洽谈暨项目签约、2009中国国际动画交易大会、中国COSPLAY超级盛典等24项活动。

2009年5月份

5月5日

日本总务相鸠山邦夫在北京与中国工业和信息化部部长李毅中举行会谈，双方在推进3G领域合作的备忘录上签字。

扬州市动漫创意行业协会成立，一届一次会员大会同时召开。

5月9日

2009中日樱花·动漫交流活动在东北财经大学开幕。该活动旨在以日本动漫产业和服装文化为载体，促进中日文化交流，加强两国旅游合作。

5月13日

上海无障碍电影工作室制作的首部无障碍动画《大耳朵图图》在上海市盲童学校首映。

国家新闻出版总署署长柳斌杰在副署长阎晓宏，山东省委常委、宣传部部长李群等陪同下，考察了青岛市动漫游戏产业。

吉林整合全省动漫资源组建吉林动漫集团，宣布近日将正式挂牌运营。吉林动漫集团由省内12家企业发起，政府投入部分引导资金，骨干企业以现金、固定资产、无形资产或项目形式投资参股，注册资金为1300万元。

5月15～18日

文化部“中国原创动漫推广计划”展览与深圳文博会同期举行，随后在北京、上海、天津、贵阳、南昌等地巡回展出，集中展示文化部“原创动漫扶持计划（2008）”入选作品，宣传推介优秀原创动漫作品，推动动漫产业发展。

5月18日

“沪台数字动漫与创意产业论坛”在上海举行，中共上海市委常委、市委统战部部长杨晓渡出席。

吉林动漫集团成立大会在长春举行，集团由省内11家企业发起，政府投入部分引导资金，这是国内首家拥有完整产业链条，能够基本覆盖全行业并以省为单位组建的大型动漫集团。

5月20日

国家广电总局发出《关于公布2008年度全国少儿节目精品及动画精品评审结果的通知》，最终确定2008年度八大类奖励项目204个，奖励资金共计1976万元。其中，优秀少儿频道、动画频道22个，优秀国产动画栏目7个，优秀国产动画41部，奖励资金1126万元。

5月22日

苏州首个以漫画为基点的动漫创意产学研基地挂牌。

5月23日

国家广电总局发布《2009年中国广播电影电视发展报告》（广电蓝皮书）。报告指出，中国动画产业集群带已经初步形成。

5月25日

国家广电总局发出《关于2009年4月全国国产电视动画片制作备案公示的通知》。

5月26日

由央视动画制作的大型动画《美猴王》在中央电视台少儿频道《动画梦工场》栏目首播，该片历时3年制作完成，被业内人士称作是为振兴国产动漫市场而推出的又一巨制。

5月28日

动画《喜羊羊与灰太狼》个性化邮票限量珍藏版在广州市各大邮政网点正式发售。

“2009长春国际动漫艺术节暨ChinaJoy Cosplay嘉年华东北赛区预选赛”于长春市远东艺术馆开幕。

5月31日

中国第一家以动漫产业为研究对象的省级学术性社团——浙江省动漫产业学会成立。

5月31日—6月7日

由北京市海淀区文化委员会主办的第六届海淀文化节暨北京电影学院动画学院第八届高校动漫节举行。

2009年6月份

6月7日

文化部、中国文联、中国美协发出《第十一届全国美术作品展览暨首届中国美术奖评奖活动实施方案》的通知，动画漫画首次纳入全国美展展出画种。

6月9日

南昌国际动漫产业园项目签约仪式在江西宾馆举行。

6月10日

由国家文物局主办的第二届中国文化遗产动漫大赛在京拉开帷幕。

中国当代著名漫画家孙晓纲的长篇连环漫画手稿《郎雀》入藏国家博物馆，成为国家博物馆收藏的首部连环画。

6月12日

少林寺与上海文广新闻传媒集团签署“少林寺动画”全球项目合作协议，SMG获得少林寺独家授权，将投入巨资打造系列功夫动画。

6月15日

国家广电总局发出《关于2009年5月全国国产电视动画片制作备案公示的通知》。

6月16日

湖南山猫卡通有限公司制作的动画《山猫吉咪历险记》荣获美国纽约国际独立电影电视节的“最佳动画影片奖”，成为首部获得该奖的中国原创动画故事片。

6月17日

尼克儿童频道在京宣布，其亚洲频道从7月5日起开办《中国卡通》栏目，用于播放中国原创动画，使之成为中国动画的对外展示平台，为国产动画走向海外市场搭建桥梁。

6月19日

由上影集团、上海美术电影制片厂、厦门上乘科技有限公司、中国教育电视台历时3年、投资1500万元联合摄制的民族奇幻动画大片《马兰花》上映，总票房约800万元。

6月23日

扶持动漫产业发展部际联席会议在文化部召开，会议传达和学习了中央领导同志关于动漫产业发展的一系列重要指示精神，通报了扶持动漫产业发展工作进展情况，研究部署当前扶持动漫产业发展各项工作。

6月24日

文化部下发《关于加强动漫游戏会展交易节庆等活动管理的通知》，目的在于改变全国范围内的各类动漫游戏会展交易活动（含节庆、比赛、论坛等活动，以下统称动漫游戏会展交易活动）过多的现状。

6月27日

北京市广播电影电视局举行了北京市“国家动画产业基地”授牌仪式，并将这一称号授予海淀、石景山和通州三家文化创意产业集聚区。

由北京市国际教育交流中心和ACG国际动画教育主办的“2009年北京学生动漫作品大赛”举行了颁奖典礼。

6月29日

以原创漫画品牌命名的《小樱桃》漫画杂志批准创刊，该刊以“小樱桃”漫画作品为主，兼及其他优秀漫画作品。

2009年7月份

7月1日

文化部与天津市合作共建的国家动漫产业综合示范园在天津滨海新区正式开工建设。

2009卡通总动员在上海东亚展馆开展，汇集了来自世界各地的卡通明星、书籍、影片及众多限量版周边产品。

7月2日

由天津市文化广播影视局和天津滨海高新技术产业开发区共同主办的天津市动漫产业基地揭牌仪式暨天津滨海高新区原创动漫项目扶持资金颁发活动举行。

河北省石家庄市新近设立动漫产业发展专项资金，主要用于对优秀动漫原创作品（项目）创作生产的奖励、补助、贴息以及举办动漫会展、建立动漫公共技术服务平台等。

由湖南天闻动漫传媒有限公司与宏梦卡通合作推出的动漫杂志《虹猫蓝兔》正式创刊并全国发行。该刊主要以虹猫蓝兔系列为主角，重新策划、创作、开发全新的原创手绘风格漫画连载故事。

7月3日

文化部、上海市人民政府共同主办，上海市文化广播影视管理局、国家动漫游戏产业振兴基地、奉贤区人民政府、上海市张江高科技园区管理委员会承办的第五届中国国际动漫游戏博览会在上海展览中心举办。

江苏慈文紫光数字影视有限公司在无锡成立，这是江苏省内首家注册资本达1亿元的动漫企业。其中无锡市及新区两级政府的风险投资占注册资本的45%。

7月3～6日

第五届中国国际动漫游戏博览会在上海展览中心举行，期间举办了“中国原创动漫推广计划”展、“故事天王”评选、“原创动画、游戏看片会”、“原创漫画看稿会”等活动。

7月4日

上海视金石动画有限公司制作的原创3D科幻动画《超蛙战士》在第五届中国国际动漫游戏博览会举行了预告片首发仪式。

7月7日

文化部“原创动漫扶持计划（2009）”开展申报工作。

7月9日

复刊的《北京卡通》与上海点击书实业有限公司在京签署合作协议。

7月10日

淮南市动漫协会正式成立。

7月11日

首届国际动漫产业科学发展论坛在青岛大学举行。

7月12日

动画《快乐奔跑》同名新书发布会在北京图书大厦举行。

7月13日

国家广电总局发出《关于推荐2009年度第二批优秀国产动画的通知》。

文化部部长蔡武一行先后到三辰卡通集团和拓维信息公司进行考察。

7月15日

中国动漫艺术大展开始征集作品手绘原稿。

7月16日

黑龙江（大庆）文化创意产业园启动仪式在大庆举行。

7月17日

由央视网为手机电视倾力打造的原创手机系列动画《绝对小孩》正式启动。

财政部、国家税务总局联合发布了《关于扶持动漫产业发展有关税收政策问题的通知》，明确了经认定的动漫企业将享受增值税、企业所得税、营业税、进口关税和进口环节增值税等方面的税收优惠政策。

7月18日

以《庄子说》、《老子说》等经典漫画享誉世界的台湾漫画大师蔡志忠，正式签约入驻杭州之江文化创意园。

7月18～22日

第三届中国国际青少年动漫周在哈尔滨市举行。

7月19日

国家动漫人才教育培训基地授牌仪式举行。

7月20日

株洲市与华强集团在深圳举行湖南华强文化科技产业基地项目签约仪式。

7月21日

第六届中国常州国际动漫艺术周作品初评活动在内蒙古大学艺术学院举行。

中国哈尔滨国际动漫乐园建设启动仪式举行。

7月22日

国务院总理温家宝主持召开国务院常务会议，讨论并原则通过《文化产业振兴规划》。

国家广电总局发出《关于2008年国产原创电视动画片及国产动画创作人才扶持项目评审结果公示的通知》。

由文化部主办、天津市文化广播影视局与天津滨海高新区承办的“中国原创动漫推广计划暨2009天津原创动漫展”在天津博物馆开幕。

52集大型高清动画电视连续剧《三国演义》首发首映仪式在人民大会堂隆重举行。

7月23日

国家广电总局发出《关于2009年6月全国国产电视动画片制作备案公示的通知》。

7月24日

文化创意产业论坛暨“杭州国家动漫游戏公共服务平台东北亚制作基地”授牌仪式举行。

动画电影《麦兜响当当》公映，首周末票房3300万元，超越《喜羊羊与灰太狼之牛气冲天》首周末创下的3000万元票房纪录，总票房为7500万元。

7月26日

国务院总理温家宝在吉林省委书记王珉、省长韩长赋等陪同下视察了吉林动画学院。

《正义红师》动画短片及MV首映暨发布会在北京举行，同时在北京卡酷动画卫星频道首播。

7月27日

中国版权保护中心与中国动画学会正式签署战略合作协议。

7月28日

“中关村动漫游戏孵化基地”在海淀科技大厦正式启用。

7月31日

第十一届香港动漫电玩节盛大开幕，共有103家参展商参加，另有近百个创意地摊，五天累计入场人次破记录超过64万。

2009年8月份

8月1日

由中国国际电视总公司、北京辉煌动画公司与日本未来行星株式会社合作拍摄的52集大型高清动画电视连续剧《三国演义》在中央电视台电视剧频道首轮播映，该片运用现代动画艺术手段，对历史名著《三国演义》的精髓进行了淋漓尽致的展现和最大限度的提升。

8月2日

“敖幼祥大师漫画创作30年暨落户广州5周年

原创漫画成就大展”在广州举行，共展出百余幅漫画，并辅以实物、漫画图书、珍藏照片和原稿，重现了代表名作《乌龙院》的演变历史。

8月4日

广州动漫行业协会第七次会员开放日活动暨广州从化动漫产业园招商中心落成典礼在广州从化举行。

8月5日

广州慈善动漫节开幕式上，广州市领导平欣光代表有关部门为漫画大师敖幼祥颁发了亚运会志愿者名人堂入选证书。

8月5～8日

2009年广州慈善动漫节在锦汉展览中心拉开帷幕。

8月7日

首届深圳动漫节在深圳会展中心拉开帷幕。

8月7～9日

以“欢乐动漫、创意贵阳”为主题的2009亚洲青年动漫大赛暨中国（贵阳）卡通艺术活动（AYACC）在贵阳国际会议中心举行。

8月7～11日

第3届烟台国际动漫艺术节暨中国（烟台）动画短片大奖赛在山东烟台举行。

首届深圳动漫节在深圳举办。

8月8日

由孙立军导演的原创动画《快乐奔跑——勇闯冒险岛》剧组带领亲子家庭团，在北京、烟台、苏州共同起跑，以亲子互动的形式纪念奥运一周年，参与全民健身日。

8月9～16日

两年一度的“动画大放送”活动在澳门文化中心小剧院举行。

8月12日

由国家新闻出版总署出版产业发展司主办、新闻出版报社承办的“庆祝建国60周年青年原创动漫作品大赛”在京启动。

北京动漫游戏产业联盟第一届会员大会暨成立大会在京举行，大会讨论通过了《北京动漫游戏产业联盟章程》，选举了联盟第一届理事会和监事会。

8月12～16日

2009中国沈阳动漫电玩博览会在辽宁工业展览馆举行。

8月12～17日

2009中国台湾第十届漫画博览会一连六天在台北展演二馆（原世贸二馆）开展。

8月13日

江苏少儿出版社与上海文广新闻传媒集团签署了影视出版战略合作协议，双方将出版国产人气动画电影《喜羊羊与灰太狼》第二部系列图书。

8月13～17日

第二届云南·昆明动漫节在昆明举办。

8月15日

国际知名动漫品牌海绵宝宝正版授权产品在国内正式面市。

“日本百名漫画家笔下的八·一五”漫画展在南京展出。

上海第一家“悠嘻猴”直营主题店“悠嘻生活”开业，经营商品包括服饰、文具、玩具、家居、图书、数码等用品。

8月16日

动漫插图本《红旗谱》在天津图书大厦举行签售会。

中央电视台欢乐动画城石家庄巡展新闻发布会举行。

8月17日

耗资近2000万元，历时三年完成的国产动画电影《快乐奔跑》在北京举行首映式。

国务院印发《文化产业振兴规划》，将动漫产业列入国家重点发展的文化产业门类之一，为动漫产业的发展提供了难得的机遇。

8月19日

由国家扶持动漫产业发展部际联席会议办公室主办的“中国原创动漫推广计划·优秀动漫产品进西藏赠送仪式”在拉萨市举行，共向西藏捐赠了合计价值逾百万元的优秀动漫产品。

真人和3D卡通动画结合的数字电影《寻找酷巴熊》在成都文殊坊开机。

以机器人为题材的53集动画《火焰战士》在央视少儿频道开始播出。

8月20日

“2009中国·石家庄第四届国际动漫博览交易会”在石家庄市人民会堂开幕。

全国高科技动漫游戏产业化委员会专家委员会成立仪式在石家庄市举行。

国家广电总局发出《关于公布2008年国产原创电视动画片及国产动画创作人才扶持项目评审结果的通知》，最终确定2008年度三大类扶持项目获奖数额共有20个，奖励资金共计890万元。

8月20～24日

2009中国·石家庄第四届国际动漫节在石家庄举办。

8月21日

浪漫爱情喜剧《非常完美》与长江文艺出版社在京签订漫画新作《非常爱情手册》出版合同。

8月22日

国产动画《心灵之窗》在央视少儿频道播出，随即被网友指出抄袭日本动画《秒速5厘米》。该动画出品方柳州蓝海世纪数码传媒有限公司随后发表道歉，承认部分镜头与《秒速5厘米》画面相似，并表态进行画面修改。

8月24日

作为中国首家上市的动漫类企业，奥飞动漫在深圳举行首次路演。

在内地创下近亿票房的国产动画《喜羊羊与灰太狼之牛气冲天》在香港举行首映礼。

8月26日

上海多媒体交易平台举办“金融危机下国内原创动漫企业生存之道”交流会。

由央视动画有限公司和青岛普达海动漫影视有限责任公司合作出品的52集国产原创动画《小牛向前冲》首播仪式在北京举行。

8月27日

第二届中国国际动漫创意产业交易会新闻发布会在合肥举行。

8月28日

广东省文化厅举行“广东动漫游戏游艺产业集群”授牌仪式。

广州动漫行业协会在肇庆广宁山区开展了一场以“爱生活、爱动漫、爱心在八月”为主题的动漫扶贫活动。

8月29日

《快乐奔跑》、《淘气包马小跳》、《喜羊羊与灰太郎之牛气冲天》和《麋鹿王》四部动画影片获得第13届中国电影“华表奖”。

8月30日

由中国电影集团公司主办的“中国动画市场营销研讨会”在怀柔举行。

8月31日

湖南首个动漫博士后科研工作站在拓维信息股份有限公司成立。

广州开发区与美高马莎罗（中国）签订了马莎罗动漫城项目合作协议。

上海世博局举行《海宝来了》系列动画新闻发布会，宣布该片将于2010年春在全球200多家电视台同步播出。

8月31日—9月4日

中央电视台经济频道“财富故事会”栏目推出特别制作的系列节目“论道迪士尼”。

2009年9月份

9月2日

动漫与文化创意展暨太原高新区与上海美术电影制片厂战略合作系列活动在高新区数码港启动。

9月3日

安徽美术出版社与日本株式会社学习研究社就中国原创新漫画《三国演义》日文版权输出在京签署了正式协议。

9月5日

哈尔滨中央书店举办了首届全国连环画交流会。

9月7日

中央编办印发《中央编办对文化部、国家广电总局、国家新闻出版总署<"三定"规定>中有关动漫、网络游戏和文化市场综合执法的部分条文的解释》的通知。

9月8日

文化部出台《文化产业投资指导目录》，鼓励社会资本进入动漫创作、动漫工作室、动漫文化推广、动漫技术开发与应用、动漫服务平台和动漫衍生产品开发等领域，限制进入国内大型动漫游戏会展类。

9月10日

文化部发出《关于加快文化产业发展的指导意见》，进一步强调了动漫产业的重要作用和地位，明确了其发展的基本路径、方向和目标。

由文化部、中国文联、中国美协共同主办的"第十一届全国美展——动漫与综合作品展"在哈尔滨举办，全国美展首次设立动漫专项展，较全面地展现了五年来动漫创作的整体水平和发展现状。

首家A股动漫上市公司"奥飞动漫"在深圳证券交易所正式挂牌交易，此次公开发行4000万股，发行价22.92元/股，发行市盈率达58.3倍，为IPO重启以来深圳市场发行市盈率最高的新股。当天开盘价达42元，收盘价40.95元，全日升幅达78.66%。

9月15日

全国文化行政部门动漫产业管理专题研修班在吉林省长春市开班。

9月15～17日

2009吉林国际动漫游戏论坛举行。

9月17日

郑州市动漫行业协会成立大会在郑州日报社举行。

9月19日

小樱桃杂志社、小樱桃卡通公司、上海点击书、郑州点击百年分别签署战略合作与版权合作协议。

9月20日

中国首部手机动画《美丽人生》开始在全国26个城市2000多个大学校园进行展播。

第十一届全国精神文明建设"五个一工程"(2007—2009)获奖名单揭晓，《福娃奥运漫游记》、《大耳朵图图》、《郑和下西洋》、《独脚乐园》、《喜羊羊与灰太狼》、《三国演义》6部动画获得了首次设立的动画奖。

9月21日

大型动画片《孔子》首播式暨图书首发式在京举行，第一季(1至26集)于9月28日孔子诞辰纪念日在中央电视台一套《动画城》首播，抓帧版图书由青岛出版集团出版8册。

湖北省政府办公厅发布《关于推动全省动漫产业发展的意见》，从2010年起连续3年每年安排2000万元专项资金支持动漫产业发展，同时在税收上对动漫企业给予减免等优惠措施，在信贷上可获利率优惠。

中国最大手机SNS网站天下网和国内知名动漫公司拾荒动画签署战略合作协议。

9月23日

第十一届全国美术作品展览——动漫、综合画种展在哈尔滨国际会展中心盛装落幕。

香港贸发局、湖南省商务厅、湖南省文化厅在长沙共同举办"湖南—香港动漫沙龙"。

9月25日

国家新闻出版总署在京启动中国原创动漫作品版权保护工作项目，每年定期举办动漫版权服务周活动，推动动漫版权价值评估工作和扩大投融资渠道，深入开展著作权登记服务工作。

9月29日

动画《齐天大圣前传》和《麋鹿王》同日上映，《神兵小将》随后于10月1日上映，国庆黄金周期间超过三部动画同时上映，总票房收入仅约一千万元。

第6届"金龙奖"颁奖典礼在广州举行，共颁出22个奖项、23名获奖者，并邀请了来自中国、日本、韩国、马来西亚等国家和地区的众多名家大师、业界精英出席。

9月29日—10月5日

第二届中国国际漫画节举办了动漫版权交易会、"金龙奖"颁奖典礼、中国漫画家大会、穗港澳动漫游戏展、大学生原创动画大赛、中国原创连环画展等系列活动，展会入场观众逾15万人，国内外参展商交易额超过40亿元。

第三届ACG穗港澳动漫游戏展在广州锦汉展览中心举行。

9月30日

国内唯一的全国性漫画创作行业峰会——第三届中国漫画家大会在广州锦汉展览中心召开。

2009年全国大学生原创动画大赛在广州举行颁奖仪式。

湖南省动漫产业发展扶持领导小组办公室、省文化厅召开"湖南动漫产业面临的形势与对策"座谈会，传达省领导关于湖南省动漫产业形势的批示，客观分析2009年以来湖南省动漫产业发展的新亮点和面临的严峻形势，提出了一系列建设性意见和措施。

9月30日—10月2日

第七届青岛动漫艺术节隆重举行。

2009年10月份

10月10日

"2009年中日青少年动漫展"在长春市举行。

10月12日

国家广电总局发出《关于进一步加强电视动画片播出管理的通知》，要求自2010年1月1日起播出国产动画片黄金时段由原先的17点到21点延长至17点到22点，进一步扩大国产动画片的播出需求，为国产动画产业的发展营造良好的市场环境。

根据摇滚歌手郑钧创作的系列漫画书改编的3D动画《摇滚藏獒》正式启动，该片预计投资总额高达3000万美元，将聘请好莱坞一线团队进行故事和原画再创作，预计2011年暑期档上映。

10月14日

中国动漫游戏城项目厂启动，该项目由文化部和北京市共同建设、扶持，集动漫创作、生产、交易于一体。

全国动漫游戏产业发展与管理工作座谈会在北京举行。

10月17日

《马兰花》击败《麋鹿王》和《淘气包马小跳》，赢得第十八届金鸡百花电影节最佳美术片奖。

10月17～21日

由江西省文化厅、南昌市人民政府、法国埃松省埃夫里市政府以及泰豪集团共同主办的SIANA（南昌）数字艺术动漫国际活动周在南昌举行。

10月18日

第六届中国国际动漫节暨"美猴奖"恳谈会在杭州举行。

10月19日

国家广电总局发出《关于推荐2009年度第三批优秀国产动画片的通知》。

10月20日

龙源国际金泰煤业鄂尔多斯动漫博物馆奠基仪式在内蒙古康巴什举行。

10月21日

上海市文广局召开2009年度全市部分重点动漫企业座谈会。

10月20～22日

以"畅享动漫，创意郑州"为主题的第一届中国（郑州）国际动漫高峰论坛暨2009中国（郑州）国际动画节目交流会在郑州市黄河迎宾馆举行。

10月23日

天津首个动漫游戏产品产业化平台"海泰·可乐多互动娱乐平台"正式上线。

派来蒙动画公司与皖新传媒召开新闻发布会，发布90分钟原创动画《球道》。

10月23～26日

"东联杯"内蒙古第二届动漫展在内蒙古科技馆举行。

第二届中国国际动漫创意产业交易会在安徽芜湖举办。

第十届国际漫画家大会在台湾淡水举行，大陆多位知名漫画家参会，并获得了多个重要奖项。

10月24日

"传承·动漫"新世纪的希望——首届华夏青少年中国诗书画大型系列公益活动启动。

10月27日

国家新闻出版总署主办的“庆祝建国60周年青年原创动漫作品大赛”专家评审会在北京召开。

首届中国动漫艺术大展组委会以“动漫：艺术与产业”为题举办专场学术研讨会。文化部有关领导、动漫业内专家、动漫创作人及企业代表共计150余人参加了研讨会，共同探讨当代中国动漫艺术和产业发展过程中所面临的问题和对策。

10月28日

中关村多媒体创意产业园首届“中国原创动漫”商业模式研讨会在京举行。

10月28～31日

“Aniwow! 2009”第四届中国（北京）国际大学生动画节举办了20场展映、19场大师课程、13个论坛讲演和4个主题展览，并颁发了“白杨奖”。

10月28日—11月2日

2009中国（常州）国际动漫艺术周暨国际动漫交易会在江苏常州举行。

10月26日—11月18日

首届中国动漫艺术大展在中国美术馆开幕。

首届中国动漫艺术大展27日召开以“动漫：艺术与产业”为主题的首届中国动漫艺术大展学术研讨会。

10月30日—11月1日

2009中国国际（天津）游戏动漫产业文化交流展览会隆重举办。

10月30日—11月3日

第二届厦门国际动漫节在福建厦门举办。

10月31日

“首届中国动漫艺术大展”动画展映首映式在北京高端影城百丽宫电影院举行。

2009年11月份

11月3日

江苏省2009年度文化产业引导资金项目签约仪式举行，《快乐奔跑》、《诺诺森林》、《象棋王》等14个动漫类项目共获得1525万元奖励补贴资金。

11月4日

中共中央政治局常委李长春参观首届中国动漫艺术大展，专门对动漫产业发展作出重要指示，要求培育更多专业型、创新型、复合型、外向型动漫人才，为加快动漫产业发展提供有力的人才支撑。

11月6日

上海市动漫工作领导小组办公室召开专题会议，研究张江动漫博物馆的建设工作，并就如何进一步推动张江动漫谷的发展进行了研究。

11月8日

山东省威海市漫画家协会成立暨首届代表大会举行。

11月10日

国家广电总局副局长胡占凡召开会议，听取中国国际影视动漫版权保护和贸易博览会组委会筹备工作汇报，并提出了指导意见。

拓维信息（002261.SZ）通过一项调整募资项目的决议，决定将“手机动漫”项目延期一年。

11月12日

文化部文化市场发展中心、中国演出管理中心转企改制共同组建的中国动漫集团有限公司在京成立。该集团将积极引进战略投资者，实施股份制改造，打造代表国家水准、具备行业引领能力的动漫游戏产业骨干企业，并促进数字文化资源整合，提高产业集中度。

11月15日

由日本国际交流基金会与北京电影学院共同主办的首届“Anime Festa 2009”中日动漫交流会在北京电影学院开幕。

11月17日

由文化部主办、北京电影学院承办的“2009国家原创动漫高级研修班（动画导演方向）”在京举办，持续20余天，邀请了十余位国内外专家现场授课，40多名来自全国各地动漫创作、开发、教育一线的学员参加了学习交流。

11月18日

杭州市召开加快动漫产业发展专题会议，明确了2010年杭州市政府为促进动漫产业发展将推出的八大举措。

11月23日

国家发改委正式批复核准上海迪士尼乐园项目。首期开发建设工程占地116公顷，计划用5年到6年时间完成，投资规模约250亿元，最早于2014年开园迎客。

上海电影集团有限公司宣布将与全球最大的影视技术公司汤姆逊集团联手，共同出资在上海成立面向影视、广告、动画等行业提供后期制作的上影THOMSON合资公司。

11月24日

数字动漫游戏洽谈会剪彩仪式在北京国家会议中心举行。

11月25日

福州市出台《关于推动动漫产业发展的若干政策》，以免租、创业补助等方式吸引台湾业界来榕创业，同时拟建设中小软件动漫企业投融资服务平台，解决企业在融资担保、风险投资方面的瓶颈。

上海东方传媒集团（SMG）举行新闻发布会宣布动画《喜羊羊与灰太狼》第二部《虎虎生威》将于2010年寒假正式公映。

中国台湾“新闻局”2009年度剧情漫画奖颁奖，首奖由阮光民的《东华春理发厅》获得。

11月27日

济南市出台《关于扶持济南市动漫产业发展的若干意见》，鼓励通过参股、控股或兼并等方式重组壮大现有动漫企业，鼓励非公有资本投资和参与各类动漫产品的研究开发和创作生产，鼓励各类企事业单位与海外留学人员合资或合伙创办动漫企业。

庆祝建国60周年青年原创动漫作品大赛颁奖典礼在京举行。

知音集团斥资把旗下漫画杂志《知音漫客》由旬刊改版为周刊，每刊由64页改为80页，售价仍为5元，每周分为“锐系、幻系、萌系、燃系”。

11月30日—12月2日

国家新闻出版总署培训中心在京举办漫画期刊国际研讨班和漫画书刊骨干编辑培训班，亚洲著名动漫产业界人士森田荣光、赵宽济、徐有利、王庸生、陈煌、陈维东等人就日韩动漫产业发展、中式漫画的崛起、数字时代东亚漫画的未来、漫画刊网互动等话题进行了深入研讨。漫画期刊、书刊有关负责人、骨干编辑140余人参加了学习。

2009年12月份

12月1日

由国内动漫出版企业漫友文化倾力打造的全新彩色漫画半月刊《漫画SHOW》创刊号在全国各地面市。

12月4日

国内动漫出版龙头企业漫友文化旗下漫画杂志《漫画世界》从2010年首期（提前一个月面市）起全面实现周刊化。这是继《知音漫客》周刊化后又一漫画强刊。

12月5日

第九届北京电影学院动画学院奖颁奖仪式举行，《自画像》获得最佳创意奖，动画短片《树上的鸡》获得最佳导演奖，《打，打个大西瓜》获得最佳技术应用奖，《月神》获得最佳视觉效果奖，最佳短片奖空缺。

12月10日

首届中国·桂林创新创意文化节暨桂林动漫节举行。

由央视网为手机电视倾力打造的原创手机系列动画《绝对小孩》正式上线，该动画根据朱德庸同名漫画作品改编，是首部被改编成手机动画的漫画作品。

12月11日

文化部联合有关部委在北京电影学院举办首届中国动漫艺术大展中国原创动漫展映研讨会。

12月12日

2009动漫美学双年展在上海当代艺术馆开幕。

江通动画股份有限公司与法国达高集团签署合作协议联手制作104集3D版电视系列剧《加菲猫》（中文版），计划2010年夏季在国内各大电视台播出。

12月15～18日

“两岸动漫游戏产业中关村论坛”在京举办。

12月17日

“广东动漫游戏游艺产业集群从化基地”正式落户广州从化动漫产业园。

12月17～18日

由中国动画学会、中央电视台、海口市政府共同主办的2009中国动画年会在海口举行。

12月18日

“动漫版权服务周”活动在北京雍和园的国际版权交易中心拉开帷幕。

由中国国际动漫节节展办主办的“我是动漫王”首届杭州青少年创意大赛举办终极PK。

12月22日

纪念毛泽东同志下达连环画工作重要指示60年暨姜维朴著《新中国连环画60年》座谈会在京举行。

12月23日

奥飞动漫发布公告称获得“全国企事业知识产权示范单位”称号。

由北京市广播电影电视局主管的北京影视动画协会在京举行会员大会，大会通过了协会章程，选举产生了协会会长、副会长和理事单位，北京电影学院党委副书记、动画学院院长孙立军当选为首届会长。

12月24日

中国国际动漫节之首届WMG3数字娱乐游戏博览会在杭州世贸中心展馆开幕。

第四届中国原创手机动漫游戏大赛作品评审会在湖南长沙召开。

12月30日

文化部、财政部、国家税务总局联合公布了首批通过认定的全国百家动漫企业名单。在全国23家省级认定机构初审通过的303家企业中，共有100家企业通过审核，被认定为国家级动漫企业，可享受增值税、企业所得税、营业税、进口关税、进口环节增值税等税收优惠政策。

12月30日—1月3日

由国家广电总局、广东省人民政府联合主办的首届中国国际影视动漫版权保护和贸易博览会在东莞举行，博览会以影视动漫版权贸易为核心，旨在打造影视动漫版权保护和交易的平台。

12月31日

国家新闻出版总署2009“原动力”中国原创动漫出版扶持计划获得扶持项目公示新闻通气会在京召开。经过初评、复评及终评，50种作品、10个作者/创作团队及10位动漫出版编辑入选公示，共获得3～15万元不等的资金扶持。

后 记

凝聚了编委会顾问、专家、学者和亲历两年调研编撰工作的编辑部全体撰稿人员心血的研究报告终于完稿出版了。在此诚挚的感谢为《中国动画产业年报》付出辛劳的各界朋友们！

回顾编撰出版“动画年报”这六年来中国动漫产业在国家宏观调控、市场微观调节、业界不懈努力等综合因素的驱骋中，呈现出了可喜的抬头发展之势。国产电视动画片2008年度实际生产创作131042分钟，2009年就增长到了171816分钟，较之2004年的20000分钟产量简直翻了三番，中国动漫产业的利好发展形势可以说是举世无双的，相信在2010年度国产电视动画片产量一定会再创新高！

由于年报内容的整理、调研和编撰工作是阶段性的工作，所以，在本版年报截稿时，我们的调研结果也许会与实际情况存在一些偏差，我们为此表示歉意。

当然从一个动漫大国真正发展到动漫强国，还有很多问题需要解决！由于编辑部水平原因，本版年报中存在的疏漏和不足之处，恳请业内外关心中国动漫产业发展的各界人士批评指正！

《中国动画产业年报》编辑部

2010年6月20日

影视艺术类专业特色

1. 强势的行业背景：参与本项目的11家影视行业组织涵盖影视界各个领域，均为全国一级协（学）会。在影视界有巨大的号召力、影响力和公信力。

2. 权威的主考学校：北京电影学院为本项目主考学校，它是国内首家影视教育高等学府，在世界上享有盛誉。毕业时获得的毕业证书具有不可逾越的权威性。

3. 学历证书与职业证书相结合的教育考试模式，突出专业的职业教育特点。

4. 课程设置突出实践性、实用性，注重素质培养和能力训练。专业中有1/2课程采取实践方式进行考核，对外语学习要求灵活。

毕业证书样本

学位证书样本

职业水平证书（正面）

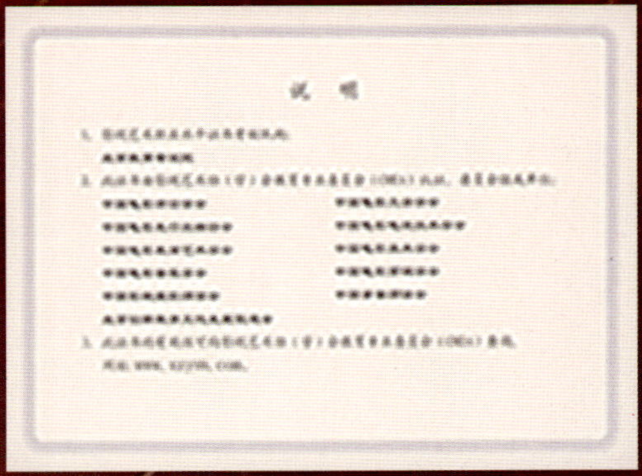

职业水平证书（反面）

HTTP://WWW.XZY99.COM

梦幻传奇
之
白蛇传
梦幻和传奇
激情与创造
创作我们的传奇故事
打造中国自己的动画
传世经典《白蛇传》被“传奇”所颠覆
新的梦幻故事正在孕育
它的神秘面纱将由你揭开
梦幻传奇（北京）文化传媒股份有限公司
Dream & Legend Culture Media Co. Ltd.
网址： www.dreamlegend.cn
联系电话：010－52786186